| 개정판 |

왕양명의 생명철학

| 개정판 |

왕양명의 생명철학

1판1쇄 2019년 10월 31일 1판2쇄 2024년 6월 28일
발행인 김정겸 지은이 김세정
펴낸곳 충남대학교출판문화원 주소 대전광역시 유성구 대학로 99
전화 042-821-6045 홈페이지 http://www.cnupress.co.kr E-mail cnupress@cnu.ac.kr

ISBN 979-11-6503-004-9 93510
정가 38,000원

| 개정판 |

왕양명의 생명철학

김세정

충남대학교출판문화원

왕양명의 생명철학 (개정판) | 지은이의 말

2006년 이 세상에 첫 선을 보인『왕양명의 생명철학』이 어느덧 14살이 되었습니다. 양명학은 조선시대 이단, 사문난적으로 심한 배척을 받았습니다. 그리고 1970년대까지만 하더라도 한국은 양명학 불모지와도 같았습니다. 그러나 지난 40년간 뜻있는 학자들에 의해 양명학은 한국사회에 뿌리를 내리고, 이제는 '현대한국양명학'이라는 명패를 달 수 있을 만큼 성장했습니다. 그 과정에『왕양명의 생명철학』은 태어났고, 여러분들의 사랑도 많이 받으면서, 현대한국양명학 수립에도 나름 기여를 하였습니다.『왕양명의 생명철학』은 2006년 3월 30일 청계출판사에서 초판이 발행되고, 그 해 가을에 '2006 문화관광부 우수학술도서'로 선정되는 영광을 얻었습니다. 그리고 2008년 8월에 제2판이 발행되고, 2009년 10월에 '제1회 사단법인 대한철학회 운제철학상'을 수상하는 영예를 안았습니다. 당시 "귀하의 위 저서는 동양철학의 생명존중사상을 탁월하게 논증함으로써 철학사상의 저변 확대에 기여하는 바가 크다고 인정되어 …."라는 평가를 받았습니다.『왕양명의 생명철학』으로 인해 저는 여러분들께 분에 넘치는 사랑을 받았습니다. 이 자리를 빌려『왕양명의 생명철학』을 사랑해주신 여러분께 진심으로 감사하다는 말씀을 올립니다.

출간한 책들이 모두 절판되고 많은 시간이 흘렀습니다. 책을 필요로 하는 많은 분들의 지속적인 요청에도 불구하고 이 책을 처음 출판한 출판사 사정으로 더 이상 책을 찍을 수 없게 되어 재출판을 미루어오다가 이번에 충남대학교출판문화원으로 옮겨서 개정판을 내게 되었습니다.

필자는 『왕양명의 생명철학』 「맺는 말」에서 이 책은 제 학문의 종착점이 아니라 출발점이라고 밝힌 적이 있습니다. 왕양명의 철학을 넘어 중국양명학과 한국양명학, 더 나아가 유학사상 전반으로 확대하여 오늘날의 시대문제인 생명 위기 문제를 해결할 수 있는 방안을 마련해 보겠다고 했습니다. 이에 2013년에 중국양명학파에 관한 저서 『양명학파 전덕홍의 양지철학』(충남대학교출판문화원)을 출간하고, 2014년에 일반독자들을 위한 문고판 『왕양명의 『전습록』 읽기』(세창미디어)를 출간하고, 2015년에 한국유학에 관한 저서 『한국 성리학 속의 심학』(예문서원, 2016년도 대한민국학술원 우수학술도서 선정)을 출간하였습니다. 그리고 2017년에 생태철학과 유학사상을 융합한 『돌봄과 공생의 유가생태철학』(소나무, 2018년 세종도서 학술부문 선정)을 출간하였습니다. 2017년 여름에는 이러한 저술의 성과를 담아낸 『양명학, 돌봄과 공생의 길』이 '한국형 온라인 공개강좌(K-MOOC)'에 선정되었습니다. 현재 매 학기 K-MOOC에서 일반인들과 대학생들을 대상으로 공개강좌를 진행하고 있습니다. 그리고 2019년 1학기부터 「양명학, 돌봄과 공생의 길」이 충남대학교 교양강좌로 개설되어 많은 학생들이 본 강좌를 수강하고 있습니다. 다양한 저서와 강좌를 통해 양명학, 나아가 유학에 관심 있는 독자들과의 거리를 좁히기 위한 노력을 진행해 나가고 있습니다.

본 개정판은 초판에 비해 몇 가지 변화를 주었습니다. 첫 번째는 미주를 각주로 바꾸었습니다. 미주처리로 인해 원문과 참고문헌을 찾아보는데 많은 불편함이 있었으나, 각주로 변경함으로써 이러한 문제를 해결하였습니다. 아울러 많은 오탈자를 수정하였습니다. 둘째, 1장 2절 '양명학 연구에 대한 반성' 부분에서 국내에서의 양명학 연구 성과에 대한 분석과 평가의 대상을 초판에서는 2003년도까지의 연구 성과물을 대상으로 했으나, 본 개정판에서는 본서 부록 2. 「국내 왕양명 연구 문헌 목록」에 수록된 2019년 8월까지의 연구 성과물을 대상으로 하여 대폭 수정・보완하였습니다. 이를 통해 1960년대부터 2010년대까지 지난 60년간 국내에서 진행된 양명학 연구의 흐름과 변화와 특징을 한 눈에 볼 수 있도록 하였습니다. 셋째, 「제4차 산업혁명시대 돌봄과 공생의 양명학」(『유학연구』 45집, 충남대학교 유학연구소, 2018.11)이란 제목의 글을 부록으로 첨부하였습니다. 필자는 2006년도에 이 책을 처음 출판한 이후에도 양명학 관련 논문을 계속 써왔습니다. 지면 관계상 이 책에 모든 글을 다 담을 수가 없어서 이 책의 주제와 관련 있는 가장 최근의 성과만을 담았습니다. 이 글에서는 제4차 산업혁명시대에 있어서의 양명학의 의미와 역할을 다음과 같이 세 가지 측면에서 다루어봤습니다. 첫째, 생명을 살리는 '살림의 창의성', 둘째, 양지의 통각과 감통에 근거한 '돌봄과 배려와 치유', 셋째, 존재의 하나 됨을 위한 '상생과 공생의 길'입니다. 이미 우리 눈앞에서 펼쳐지고 있는 제4차 산업혁명시대를 고민하고 대비하는데 도움이 되었으면 합니다. 넷째, 「국내 왕양명 연구 문헌 목록」을 부록으로 첨부하였습니다. 이 목록은 1960년대부터 2019년 8월 30일까지 지난 60년간 한국에서 간행된 저서, 번역서, 학위논문 및 각종 논문집과 학술잡지에 게재된 왕양명의 생애와 사상 전반과 관련된 연구 성과 자료를 목록화 한 것입니다. 양명학을 전문적으로 연구하는 학자분들은 물론 양명학에 관심 있는 독자분들께 많은 도움이 되었으면 합니다.

마지막으로 그 동안 오탈자를 찾아서 바로잡아준 많은 동학과 후학들에게 감사를 표합니다. 아울러 상업성이 떨어지는 학술서를 개정판으로 출판하기로 하고 정성어린 편집과 출판 작업을 진행해준 충남대학교출판문화원 가족 여러분께 진심으로 감사의 말을 전합니다.

2019년 10월 1일

삼가 김세정 씀

왕양명의 생명철학 | 지은이의 말

양명학이 이곳 한반도에 전래된 지 어느덧 480여 년의 세월이 흘렀다. 양명학은 전래 초기부터 이황李滉(1501~1570)에 의해 선학禪學보다 못한 배척의 대상으로 규정되고, 이후 이황 문하에 의해 '이단異端', '사문난적斯文亂賊'으로 배척받으면서 고난과 시련의 역사를 시작하였다. 그러한 시련과 고난 속에서도 양명학의 '심즉리설心卽理說'과 '양지설良知說'을 수용한 최명길崔鳴吉(호는 遲川, 1586~1647)은 병자호란 당시 대의大義와 명분名分만을 중시하여 '척화론斥和論'을 고집하는 주자학자들에 대항하여 국가와 백성을 수호하고자 하는 마음의 주체적 판단과 "의義는 때에 따라 달라진다"(義亦隨之)는 수시변역隨時變易의 논리에 근거하여 '주화론主和論'을 주장하였다.

나아가 한국의 양명학을 꽃피운 정제두鄭齊斗(호는 霞谷, 1649~1736)는 주체성과 실천성을 기저로 하는 독창적 생리설生理說과 지행합일설知行合一說 및 치양지설致良知說을 바탕으로 당시 교조주의적이고 명분론적 사고에 경도된 주자학파들의 폐단을 비판하였다. 그리고 그는 타자의 생명 손상을 아파하는 감응과 통각의 주체로서의 양지 본체가 모든 인간들의 마음속에 본질적으로 다 존재한다고 보아 인간의 보편적인 마음에 기초한 '인간 주체성'을 강조함과 아울러 '인간평등의식'에 기초한 계급 타파를 주장하였다. 또한 주자학파의 '존주대의尊周大義'의 명분론을 근거하여 '존중화尊中華・양이적攘夷狄'하는 '숭명배청崇明排淸'론에 대응하여 '화이일야華

夷一也'의 '인간평등론'을 주장하고, 배타적 입장이 아니라 오히려 주체적 입장에서 청나라와 대등한 외교관계를 맺을 수 있다고 주장하였다. 정제두의 문하로 구성된 강화학파의 학인들 또한 인간의 천부적 양지를 근거로 하여 심학心學에 역점을 두고 시문학詩文學과 훈민정음 그리고 사학 등을 폭넓게 연구하여 인간의 주체적 사관 확립에 역점을 두어 고질적 노예사상으로부터 인간해방을 추구하고자 하였다. 그리고 그들은 천문天文·지지地誌·의약醫藥·역법曆法 등 실용實用과 실사實事에 역점을 두어 대의명분론이나 허위의식에 사로잡히지 아니하고 실질적으로 민초들의 삶에 도움이 될 수 있는 학문 연구에 주력하였다.

중세에서 근대로의 전환점, 즉 19세기 말 서세동점西勢東漸의 한말전환기에 박은식朴殷植(호는 白巖, 1859~1925)과 정인보鄭寅普(호는 爲堂, 1892~미상)는 양지론을 바탕으로 한 '인간평등론'과 '천지만물일체설天地萬物一體說'에 근거한 양명학을 통해 서구문화에 대한 대응이라는 동북아시아의 공통적 과제와 일제로부터의 국권회복이라는 시대적·민족적 과제를 해결하고자 하였다. 예컨대 박은식은 "천부적 양지는 천하만인天下萬人 누구나가 차별 없이 동일하게 품수하고 있다"고 하는 '인간평등론'에 근거하여 민권신장론과 사상의 자유, 개개인의 자립화와 인간의 주체성을 근본으로 하는 자주정신의 계발을 강조하고, 자주정신의 확대를 통하여 국가와 민족의 자주독립을 쟁취해야 한다고 주장하였다. 그는 양명학의 핵심을 '만물일체萬物一體의 인仁'으로 이해하고, 천지만물일체설에 근거하여 대동大同사상과 사해동포주의를 제창하여 약육강식의 제국주의 논리를 '세계평화의 논리'로 전환시킴으로써 새로운 '인류 공존의 길'을 모색하였다.

정인보는 과거 수백 년간의 조선의 역사는 허虛와 가假로써 연출한 자취이며 온 세상에 가득 찬 것은 가행假行과 허학虛學이라고 진단하고, '실심實心'에 기초한 '실행實行'을 주장하였다. 그는 실심인 '양지'의 회복을 통해 개인의 주체의식 확립과 한민족 정신을 고취시키고 나아가 전인류의 화합을 꾀하고자 하였다. 그는 양지를 천지만물과 '감통感通'하는 주체, 특히 생민의 아픔을 자신의 아픔으로 느끼는 통각의 주체로 규정하고, 명덕·친민하는 '치양지致良知'는 다름 아닌 감통을 통해 민중과 아픔을 함께하는 일로서, 치양지는 국가 민중을 심내사心內事로 통감痛感하여 오직 말려 해도 스스로 마지 못하는 것을 이루는 것이라고 보았다. 즉, 정인보는 천지만물일체설에 근거하여 민중의 고통과 고난을 자신의 고통과 고난으로 느끼는 본심 양지의 감통에 근거하여 당시의 시대적 과제를 해결하고자 하였다.

필자가 이렇게 조선조 양명학에 대해 장황하게 늘어놓은 이유는 바로 한국의 양명학 속에서 양명학의 본래 정신을 찾아볼 수 있기 때문이다. 한국의 양명학자들이 보여준 양명학의 본래 정신이란 바로 '인간의 주체성'과 '평등 의식' 그리고 '역동적 시대정신'과 '생명 존중의 정신'이다. 특히 필자는 그들의 역동적이고 주체적인 시대정신에 주목하고자 한다. 고정 불변한 규범과 원칙에만 얽매여 시대적 변화와 상황을 반영하지 않고 오로지 명분과 형식에만 집착하는 주자학적인 정리론적定理論的 의리 또는 교조주의와 달리, 조선조 양명학자들은 어떠한 이념이나 명분 또는 학문적 권위나 교조주의에 얽매이지 않았다. 그들은 어떠한 권력에도 야합하지 않고 어떠한 탄압에도 굴복하지 않으며 그들 자신이 당면한 중대한 시대 문제에서 출발 자신의 수시변역隨時變易하는 주체적 양지에 의거하여 시대 문제를 해결하고자 하는 역동적이고 실천적인 시대정신을 전개해나갔다. 그들이 당면한 그리고 그들이 해결하고자 했던 시대 문제는 한편으론 지배층의 착취와 탄압에 의해 다른 한편으론 외세의 침략으로 인해 억압받고 고통받는 민중들의 아픔을 함께하면서 이들의 아픔을 어루만지고 민중들을 그러한 억압과 고난으로부터 해방시켜주는 일이었던 것이다. 이러한 시대 문제를 해결하기 위한 방안으로 '인간의 주체성 회복'과 '평등 의식' 및 '생명 존중 사상'을 전개하였던 것이다.

그렇다면 현대를 살아가고 있는 우리에게 있어, 우리가 직면한 그리고 우리가 해결해야 할 중대한 시대 문제는 무엇일까? 인간 사회의 불평등 그리고 인간에 대한 인간의 억압과 착취와 같은 문제 해결에 있어서는 지난 수세기 동안의 '자유와 평등'을 향한 투쟁과 인간 의식의 진화와 계몽 등을 통해 많은 진척이 있었다. 반면 지난 수세기 동안의 과학기술의 급속한 발전과 전 지구적 산업화 과정을 통해 진행된 자연세계에 대한 무자비한 착취와 파괴는 자연의 죽음만이 아니라 급기야 인간 자신의 생존마저 위협하는 '전 지구적 생명 위기'라는 시대 문제를 잉태하였다. 필자는 오늘날 우리가 직면한 그리고 해결해야 할 가장 중요한 시대 문제는 자연계와 인류가 함께 공멸할지 모를 '전 지구적 생명 위기'의 문제라고 생각한다.

인간의 자연에 대한 착취와 지배로 인한 전 지구적 생명 위기라는 시대문제와 관련하여 필자의 눈을 사로잡은 것은 "천지만물과 인간은 본래 한 몸이다" 그리고 "사람은 천지만물의 마음이며, 마음은 천지만물의 주체이다"라는 왕양명의 말이었다. 특히 인간의 마음 즉, 양지良知(=萬物一體의 仁心)는 '인간이 천지만물과 감응하는 주체'이자 '천지만물의 생명 손상을 나의 아픔으로 느끼는 통각의 주체'라고 하는 것은 '생명 위기 문제'를 고민하는 필자에게 이 문제 해결에 다가설 수 있는 실마리를 제공해 주었다.

지금 현대를 살아가는 우리의 마음, 양지는 마치 진한 먹구름이 태양을 가리듯 물질적 풍요로움과 육체적 즐거움만을 추구하는 욕망에 의해 가려져버렸다. 생명 위기를 해결하는 첫걸음은 자연세계가 무생명의 기계 또는 우리가 마음대로 유린해도 되는 정복의 대상이나 무한한 자원이 아니라 우리 인간과 더불어 함께하는 하나의 생명이라는 자각과 아울러 나와 함께 살아 숨쉬는 자연세계의 생명 손상을 나의 아픔으로 느낄 수 있는 '양지'를 회복하는 일이다. 정상적인 사람이라면 스스로 자신의 몸을 자해하지도 않으며, 자신의 몸의 일부가 타인에게 유린당하는 것을 외면하거나 방관하지도 않는다. 더욱이 자신의 몸이 질병에 걸리거나 손상되어 아픔을 느낄 때, 그 아픔을 무시하고 자신의 질병이나 상처를 돌보지 않을 사람은 아무도 없다. 그 아픔을 참을 수 없기에 그 상처를 치료하고 그 상처가 아물고 상처 난 곳이 건강을 회복할 수 있도록 보살피고, 이후에 다시는 그러한 상처가 발생하지 않도록 자신의 몸을 보살피는 것이다. 따라서 '천지만물과 인간이 하나의 생명체라는 자각'과 '천지만물과의 감응과 통각의 주체인 양지를 회복'하는 일은 자연세계와 인간 자신의 생명을 위협하는 전 지구적 생명 위기로부터 벗어나 자연세계와 인간이 함께 건강하고 행복한 삶을 꾸려나가기 위한 첫걸음이 될 것이다.

필자가 1996년 박사과정에 진학하면서 '양명학'을 통해 '생명 위기'라는 오늘날의 시대 문제를 풀어보겠다고 겁 없이 달려든 지 어느덧 10여 년의 세월이 흘렀다. 1999년 2월 「왕양명의 생명철학에 관한 연구」란 주제로 박사학위를 받고 나서, 필자는 그 동안의 생각이 너무 낙관적이었다는 사실과 이 문제를 풀어내기에는 필자 자신이 너무 무지하고 부족하다는 사실을 깨달았다. 그래서 지난 6년간 '양명학을 통한 생명 위기의 해법 찾기'라는 과제와 고민들을 다시 끌어 않은 채 부족함을 메우기 위한 작업에 매진하면서 새로운 글들을 발표하였다. 이 책은 지난 10여 년간 필자의 학문적 탐구와 연구 성과를 바탕으로 만든 작품으로 수차례에 걸쳐 수정 · 보완을 하였다. 물론 이 책은 양명학을 통해 오늘날의 생명 위기 문제를 해결할 수 있는 해법을 모색해 보겠다는 필자의 지난 10년간의 고뇌와 연구의 흔적들이지만 아직은 미완성의 작품이다. 아마도 필자는 이 문제에 관한 한 영원히 완성된 작품을 내놓지 못할 것이다. 생명체는 어느 한 순간의 멈춤도 없이 끊임없이 변화한다. 멈춤은 곧 죽음을 의미하기 때문이다. 그러하기에 '생명'에 대한 고뇌와 탐구에는 '멈춤'도 '완성'도 없다. 오로지 그 생명의 무한한 변화를 따라가면서 함께 변화해 갈 뿐이다.

생명 위기 해결을 위한 양명학 연구의 필요성과 방향성에 대한 필자의 생각들은 본서의 서론에 해당하는 1장 「생명 위기와 양명학의 새로운 지평」에서 상세하게 논의하고 있기 때문에, 이곳에서는 더 이상의 언급은 피하고자 한다. 다만 독자들의 이해를 돕기 위해 이 책의 구성에 대해서 간략하게 소개하고자 한다.

서론에 해당하는 본서 1장에서는 먼저 현대 문명의 생명 위기의 원인과 생명 위기에 대한 다양한 대응 방안들에 대해 살펴보고, 근·현대 중국과 한국 학계에서의 다양한 양명학 연구 현황과 그 의의 및 문제점들에 대해 분석하고, 생명 위기 문제와 관련하여 양명학 연구의 새로운 방향에 대해 다루었다. 그리고 2장에서는 왕양명의 역동적이며 실천적인 삶의 전 과정과 주체적이고 창조적인 생명철학의 수립 과정을 추적하였다. 아울러 3장 「천지만물과 인간이 한 몸인 세계」에서는 양명철학의 핵심이자 진수로서 왕양명 생명철학을 전체적으로 조망할 수 있는 '천지만물일체설天地萬物一體'을 중심으로 '천지만물과 인간이 하나인 세계', '유기체적 대동사회', '천지만물의 중추적 인간' 등 세계관과 사회관과 인간관을 총체적으로 조망하였다.

이러한 총체적 조망을 토대로 4장에서부터 8장에 이르는 총 5개장에 걸쳐 '심즉리설心卽理說', '지행합일설知行合一說', '양지설良知說', '치양지설致良知說', '친민설親民說' 등 왕양명의 주요한 학설들을 중심으로 양명학을 생명철학의 입장에서 재정립해 보았다. 4장 「마음의 창조적·역동적 생명 원리」에서는 '심즉리설'을 중심으로 인간이 천지만물의 중추적 존재가 될 수 있는 근거가 되는 인간 마음의 역동적이고 주체적이며 창조적인 생명 원리에 대해 살펴보았으며, 5장 「인간 양지의 유기적 생명성」에서는 성인됨의 근거이자 천지만물과의 감응感應 주체로서의 인간 양지의 다양한 함의와 특성들을 생명의 문제와 관련하여 새롭게 재정립해보았다. 6장 「양지의 일원적 체계와 생명 창출」에서는 '양지의 체용體用 일원적 체계'와 '양지의 하나됨과 생명 창출' 과정에 대한 논의를 통해 천지만물과의 감응 과정에서 요구되는 실천 행위 문제를 다루었다. 7장과 8장에서는 '치양지설'을 중심으로 다루었는 바, 먼저 7장 「양지 실현과 지행합일」에서는 후천적인 양지 실현 공부가 요구되는 원인과 '치양지'의 의미에 대해 살펴보고, '지행합일설'이 '양지 실현'과 어떠한 관련성이 있는지에 대해 고찰해 보았다. 그리고 8장 「양지 실현과 참된 즐거움의 경계」에서는 다양한 양지 실현의 실천 공부 방안들의 의미와 상호 연관성에 대해 고찰하고, 양지 실현을 통해 도달하는 '천지만물일체'='여물동체與物同體'='물아일체物我一體'의 경지와 '자겸自慊', '진락眞樂'에 대해 살펴보았다.

본서의 2부에 해당하는 9장에서부터 12장에 이르기까지 총 4개장에서는 '왕양명의 생명철학과 현대의 만남'이라는 주제로 생명과 관련 현대사회에서 대두되고 있는 사회적 문제들과 관련하여 왕양명 생명철학의 역할 가능성과 의의에 대해서 모색해 보았다. 먼저 9장 「생명철학과 참된 자아 실현의 교육론」에서는 양명의 '참된 자아 실현의 교육론'의 의미와 구체적 교육 방안에 대해 고찰하고, 양명의 교육론이 총체적 교육 위기에 직면한 현대사회에 제시하는 시사점에 대해 모색해 보았다. 다음 10장 「유기체적 대동사회 구현의 친민親民 정치론」에서는 만물일체의 유기체적 대동사회 구현 방안으로서의 '친민 정치'에 대해 고찰하고 친민 정치의 현대적 의의에 대해 살펴보았다. 11장 「인심仁心과 만물일체의 생명윤리」에서는 생명공학과 의료기술의 발전에 따른 생명윤리의 문제를 유교와 관련하여 그 문제점을 진단하고, 나아가 선진 유학과 양명학을 중심으로 유교의 생명관을 고찰함과 아울러 새로운 '인심仁心과 만물일체의 생명윤리' 정립 가능성을 모색해 보았다. 12장 「인간과 자연, 그 하나 됨의 생명철학」에서는 오늘날의 생태계 위기의 원인과 이에 대한 서구 환경철학의 대응 방안과 문제점을 진단하고, 서구 환경철학과의 비교를 통해 양명학을 '인간과 자연, 그 하나 됨의 생명철학'이라는 이름으로 재정립하면서 생태계 위기를 해결해나가는 데 있어 양명학의 역할 가능성을 모색해 보았다.

본서의 결론에 해당하는 마지막 13장 「맺는 말」에서는 지금까지의 논의를 간추려보면서 현대 인류가 직면한 생명 위기를 해결해나가는 데 있어 왕양명의 생명철학이 지니는 의의를 살펴보고 앞으로의 과제를 제시하는 것으로서 대장정을 마무리하였다.

필자에게 진정한 학문의 길과 따뜻한 생명애를 직접 보여주시고 이끌어주신 많은 고마운 분들이 계셨기에 오늘 '생명'을 담은 이 글이 세상에서 빛을 볼 수 있게 되었다. 특히 두 분의 은혜는 평생 잊을 수 없다. 먼저 항상 자상하면서도 올곧은 모습으로 학자와 예술가의 길을 함께하시면서 지난 20여 년간 필자에게 진정한 학문의 길과 사람됨의 길을 이끌어주신 우산友山 송하경 교수님께 깊은 감사를 드린다. 그리고 '온생명'이란 화두로 박사논문과 관련 필자에게 새로운 영감을 주시고 1998년 가을 필자의 부족한 박사학위논문의 심사위원을 맡아 꼼꼼하게 지도편달해주시고, 지금까지도 격려와 애정을 아끼지 않으시는 장회익 교수님께 또한 깊은 감사를 드린다.

학창시절 가르침을 주신 모교 은사님들과 학문의 길을 함께해온 선후배 동학들, 그리고 지금 이 순간 연구실에서 학문연마에 전념할 수 있도록 관심과 애정을 주신 충남대 철학과 교수님들께도 깊은 감사를 드린다. 더불어 이 책이 나올 수 있도록 양명학에 대한 훌륭한 연구성과를 남겨주고 양명학을 매개로 필자와 학문적으로 함께 고뇌하고 토론하면서 많은 가르침을 주신 최재목 교수님을 비롯한 수많은 양명학도들에게도 고마운 마음을 전하고자 한다.

한울타리 안에서 힘든 학문의 길을 이끌어주시고 물심양면으로 평생 도움을 주시고 계시는 아버님과 어머님의 은혜는 평생 갚을 길이 없다. 그리고 많은 어려움 속에서도 묵묵하게 필자를 뒷바라지하면서 큰 바람막이가 되어준 아내 현정과 항상 밝은 웃음으로 아빠에게 기쁨을 주고 생명의 소중함을 일깨워준 나의 두 공주 동은·동희에게도 고마운 마음을 함께 전하고 싶다.

마지막으로 10년 전 처음 만나 지금까지 변치 않는 우정으로 필자에게 때론 격려를 때론 질책을 아끼지 않았던, 그리고 이 책이 지금 이 세상 빛을 볼 수 있는 계기를 만들어주고 기다려준 허탁 사장님, 그리고 어려운 출판 여건 속에서도 정성어린 윤문과 출판 작업을 진행해준 청계출판사 이요성 사장님과 청계 가족 여러분께 진심으로 감사의 말을 전한다.

2006년 2월 15일

삼가 김세정 씀

왕양명의 생명철학 | 차례

제3장 천지만물과 인간이 한 몸인 세계

제4장 마음의 창조적·역동적 생명 원리

제1장
생명 위기와 양명학의 새로운 지평

제1절 현대 문명의 생명 위기와 대응

오늘날 인류는 과학기술의 급속한 발전과 전 지구적 산업화 과정에 힘입어 유사 이래 최대의 물질적 풍요를 만끽하고 있다. 그러나 그 이면에는 열대 우림과 오존층의 파괴, 토양의 산성화 및 수천 · 수만 종에 이르는 동식물의 소멸 등 전 지구적 생태계 위기라는 어두운 그림자가 숨겨져 있다. 이러한 생태계의 위기는 인간의 생존 문제와도 직결된다. 박이문의 말처럼 "자연을 정복하고 파괴한 과학기술 문명은 자신이 축적한 문명을 파괴하는 부메랑으로 변모하고 있다. 종으로서의 인간은 과학기술 발전의 결과로 나타난 오존층의 파괴, 인구 팽창, 자연 고갈, 대기와 하천 오염, 생태계 파괴로 인한 자연의 죽음만이 아니라 자신의 멸종이라는 종말론적 위협을 피부로 느끼게 되었다."[1] 서구의 생태철학자 토마스

1) 박이문, 『더불어 사는 인간과 자연』(서울: 미다스북스, 2001), 86~87쪽.

베리(Thomas Berry)는 "인간 종들의 생존 가능성에 관한 물음은 직접적으로 지구의 생존 가능성에 관한 물음과 연결되어 있다"[2]고 주장한다.

1. 생명 위기의 원인

인간의 생존마저 위협하는 전 지구적 생명 위기는 인간의 무한한 번영과 복지를 꿈꾸며 숨 돌릴 틈도 없이 달려온 근대문명의 부산물이다. 그 이면에는 '기계론적 세계관', '인간중심주의', '전 지구적 산업화 과정', '과학기술의 발달' 등 다양하고 복합적인 요인들이 실타래처럼 얽혀 있다.

1) 기계론적 세계관

근·현대 산업문명은 17~18세기에 걸쳐 성립한 서구의 근대과학을 바탕으로 성립되었다. 서구 근대과학을 바탕으로 당시 새로운 세계관이 성립되었던 바, 이를 '기계론적 세계관'이라 한다. 기계론적 세계관은 갈릴레오 갈릴레이(Galileo Galilei, 1564~1642)와 르네 데카르트(René Descartes, 1596~1650), 아이작 뉴턴(Isaac Newton, 1642~1727) 등에 의해 그 기반이 성립되었다. 기계론적 세계관은 크게 '이원론적 입장'과 '인과론적 입장' 및 '수학적 입장'이라는 세 가지 특성을 지닌다.[3]

첫째, 이원론적 입장이다. 데카르트에 의하면 이 세계는 '연장하는 실체'(res extensa; 물질)와 '사유하는 실체'(res cogitans; 정신)라고 부르는 두 가지 서로 결합될 수 없는 근본적으로 이질적인 존재로 구성되어 있다. 이 두

---

2) Thomas Berry, "The Viable Human", Michael E. Zimmerman 2eds., *Environmental Philosophy* (New Jersey: Prentice Hall, 1998) 184쪽.

3) 기계론적 세계관에 대한 구체적 내용은 박이문의 『문명의 미래와 생태학적 세계관』(당대, 1997)과 김재희 엮음의 『신과학 산책』(감영사, 1995)에 수록된 프리쵸프 카프라의 「지구를 살리는 새로운 선택」과 데이비드 보옴의 「온그림-우주의 숨결」을 참조하였다.

영역은 속성상 서로 완전히 독립해 있는 별개의 세계에 속한다. 이러한 이원론에 근거하여 물질적인 세계는 데카르트에 의해 하나의 '기계'로 이해된다. 아울러 그는 인간의 정신성이 부재한 존재, 즉 수학의 수단으로 완벽히 해명될 수 있는 연장으로 규정된 자연을 기계론적 사고에 기반해서 존재론을 정당화했으며, 생물을 자동 기계에 불과한 존재로 파악했다.

둘째, 인과론적 사고와 환원주의(reductionism)이다. 데카르트는 자연이란 절대적으로 자연의 섭리, 즉 기계적인 법칙에 따라 움직이고 있기 때문에 물질적인 환경에 속하는 것은 무엇이든지 '그를 구성하는 작은 부품의 움직임'과 '그들의 인과적인 연결', 이렇게 두 가지만 정확히 관찰하여 기술하면 완벽한 이해가 가능하다고 보았다. 이러한 데카르트 인식론의 핵심적인 요소는 분석적인 사고방식이며, 이는 한마디로 '전체성의 단절'과 '환원주의'라 할 수 있다. 이러한 자연 안에서 생성되는 물질적 현상은 한결같이 물질이라는 동일한 실체의 다양한 양상을 나타내며, 그러한 현상은 어떠한 경우에도 깨뜨릴 수 없는 절대적 인과법칙에 의해서 기계적으로 일어난다는 신념은 기계론적 자연관의 핵심을 이룬다. 이러한 기계론에서는 이 세상은 오직 '물질'로 이루어져 있으며, 이 세상을 구성하는 물질의 성분을 낱낱이 쪼개어 보면 이들은 결국 몇 개 안 되는 기본 요소로 모두 환원시킬 수 있다고 본다.

셋째, 수학적 입장이다. 갈릴레이는 자연에서 발견되는 모든 규칙적 현상을 수학을 사용하여 정확히 서술하는 방안을 모색하였다. 이에 갈릴레이는 과학이란 어떤 대상을 연구하는 데 있어 그 대상의 물질적인 특성—크기나 움직임 등—만을 수數로 표현하는 행위에만 국한하는 것이라고 천명하고, 모든 물체는 자로 잴 수 있고 양量으로 표현하는 한에서 과학의 대상이 된다고 주장했다. 그리고 다른 특성들—빛깔, 소리, 맛, 냄새 등—은 주관적으로 파악할 수 있는 정신의 작용이므로 과학의 범주에서 제외되어야 한다고 주장함으로써, 경험의 구체적인 상황이나 그의 질적인 면 혹은 가치 등은 완전히 무시되었다. 이렇듯 데카르트와 갈릴레이가 닦아 놓은 과학의 방법론적 기초는 뉴턴에 의해 완성되었으며, 기계론적 세계상은 수학적 공식으로 아주 정교하게 표현하는 방법으로 개발되었다.

이러한 기계론적 세계관은 자연을 객체화하고 자연물에 어떠한 생명권도 인정하지 않음으로써 생명체의 기술적 조작을 정당화하는 기술지향적 태도와 자연의 파괴와 살생에 대해 어떠한 윤리적 의식도 갖지 않는 탈생명윤리적 태도의 근거를 제공한다.[4] 또한 기계론적 세계관은 모든 존재가 궁극적으로는 계량적計量的으로 환원될 수 있다고 보고, 인간의 정신과 육체 또한 완전히 구분되는 것으로 보면서 인간을 물질로 환원하여 인간의 삶을 기계적 작동으로 봄으로써 인간으로부터 주체성, 자율성, 욕망, 목적, 가치를 박탈한다.[5] 특히 오늘날 경제학은 기계론적 세계관의 환원주의식 학문 전통에 근거하여 우리 사회 전체 또는 생태학적인 환경과 관련된 맥락은 고려하지 않은 채 생산성·효율성·국민총생산과 같은 경제적인 이해관계만을 고려한다. 이로 인해 성장과 팽창만을 중요시하고 생산성의 향상에 혈안이 됨으로써 자연환경을 파괴하고 오염시키는 결과를 초래하게 되었다고 비판받는다.[6]

2) 인간중심주의

반면 환경철학 분야에서는 서구 사회의 철학적·신학적 맥락에 그 뿌리를 두고 있는 '인간중심주의'(anthropocentrism)를 생태계 위기의 원인으로

---

4) 김국태, 「과학기술문명의 반환경성」, 『과학사상』 17호(범양사, 1996), 158~159쪽 참조.

5) 박이문, 『문명의 미래와 생태학적 세계관』, 55~59쪽 참조.

6) 프라쵸프 카프라, 「지구를 살리는 새로운 선택」, 25~27쪽 참조.

문제 삼는다. 모든 가치는 인간적 가치이며 그런 가치를 위해서 인간 외의 모든 존재는 단순한 도구 · 수단에 지나지 않는다[7]는 신념으로 정의되는 인간중심주의는 다음과 같은 서구 사회의 3가지 전통에 기인한다.[8]

첫째, 다른 종들을 넘어서는 인간의 고유한 우수성은 인간이 '이성적 동물'이라는 고전적인 그리스의 휴머니즘적 정의에 함축되어 있다. 인간의 '동물적 본성'은 이를 다스릴 이성의 질서와 제한을 필요로 하는 야만적인 욕망으로 정의되며, '합리성'(rationality)은 동물들에 대한 인간의 우수성의 열쇠가 되는 것으로 이해된다.

둘째, 동물들은 영혼을 지니지 못한 반면 인간은 영혼을 지니고 있다는 사실로부터 인간의 우수성이 도출된다고 가정하는 데카르트의 영혼/육체 이원론(dualism)이다. 동물에게는 인간을 정신적 존재로 만들어주는 신성한 요소들이 결핍되어 있다.

셋째, 인간은 그들의 창조주가 그들에게 사슬 위의 높은 자리를 주었기 때문에 인간은 동물 · 식물보다 우수하다고 보는 '존재의 위대한 사슬'이라는 유대－기독교적 전통이다. God의 형상에 의해 만들어진 인간은 그들 존재의 덕이 God에 보다 가깝기 때문에 본질적으로 동물 · 식물보다 우수하다는 것이다. 특히 『성경』 창세기[9]에 대한 전통적 해석은 인간을 모든 피조물 가운데 특권적 지위를 갖는 것으로서 인간 이외의 모든 존재를 지배하고 군림할 수 있는 것으로 비춰지게 했다.[10]

이러한 서구 사회의 철학적 · 신학적 맥락에 그 뿌리를 두고 있는 인간

---

7) 박이문, 『문명의 위기와 문화의 전환』(민음사, 1996), 77쪽.

8) Paul W. Taylor, "The Ethics of Respect for Nature", Michael E. Zimmerman eds., *Environmental Philosophy* (New Jersey: Prentice Hall, 1998) 82~84쪽 참조.

9) 『성경』, 창세기 1장 27~28절, "하나님이 자기 형상 곧 하나님의 형상대로 사람을 창조하시되 남자와 여자를 창조하시고 하나님이 그들에게 복을 주시며 그들에게 이르시되 생육하고 번성하여 땅을 충만하라, 땅을 정복하라, 바다의 고기와 공중의 새와 땅에 움직이는 모든 생물을 다스리라 하시니라."

10) 한면희, 『환경윤리』(철학과 현실, 1995), 55쪽 참조.

중심주의 아래에서는 모든 가치가 인간의 가치에 기여하는 가운데 발생하며, 자연의 모든 요소들도 기껏해야 인간의 이해관심을 만족시키기 위한 도구적 가치를 갖는다고 믿는다. 결국 인간중심주의는 자연을 인간의 이익을 위한 하나의 도구로 전락시키는 '도구적 자연관'으로 연결된다.[11] 이러한 서구의 '인간중심주의'와 '도구적 자연관'은 인간에 의한 자연의 무제한 개발과 도구화, 즉 자연의 정복에 철학적 정당성을 부여한다. 인간은 이러한 인간중심주의와 도구적 자연관을 바탕으로 자신의 맹목적 욕망에 따라 과학기술을 운용하여 자연을 무자비하게 약탈함으로써 오늘날의 환경오염과 생태계의 파괴는 물론 지구를 병들게 하고 급기야는 죽음으로 몰아가는 상황을 초래하게 되었다는 것이다.[12]

3) 전 지구적 산업화 과정과 과학기술의 발전

물론 기계론적 세계관과 인간중심주의 자체만으로 지금처럼 생태계를 무자비하게 초토화시킬 수 있는 것은 아니다. 주지하듯이, 근대 이후 서구의 기계론적 세계관의 출현은 과학기술을 비약적으로 발전시키면서 전 지구적으로 산업화 과정을 빠르게 확산시켰다. 토마스 베리는 총체적 지구에 대한 잔혹한 약탈이 산업화 과정에서 자행된 착취를 통해 발생했다고 주장한다. 지난 100년 동안 근대과학과 기술은 자연자원들뿐만 아니라 인간의 직무까지 통제해왔다. 이처럼 지구를 지배해온 거대한 산업화 과정 속에서 수천의 유독 물질들이 대기와 해양과 토양을 흠뻑 적시고 수많은 종들의 거주지를 되돌릴 수 없게 침해하는 등의 약탈이 자행되었다. 결국 지난 20세기에 진행된 산업화 과정은 지구 생태계의 총체적 파괴의 과정이며, 이는 결과적으로 인간 자신의 생존을 위협하는 상

11) 한면희, 『환경윤리』, 61쪽 참조.

12) 박이문, 『문명의 위기와 문화의 전환』, 76~80쪽 참조.

황을 초래하였다는 것이다.[13]

지구 생태계의 총체적 파괴는 물론 인간의 생존조차 위태롭게 만든 산업화 과정이 가능할 수 있었던 이면에는 '과학기술의 급속한 발전'이 자리잡고 있다. 과학기술 비판론자들에 의하면, 오늘날의 생태계의 위기는 과학기술의 발달에 따라 생산력이 비약적으로 증가한 데서 그 원인을 찾을 수 있으며, 산업문명을 주도하는 기술의 자기증식은 지구상의 모든 자원을 소모하고 나서야 멈출 것이라고 한다.[14] 장회익 또한 과학 자체는 중립적 성격의 존재이나 인간의 일차적 관심사가 욕구 충족에 있기 때문에 과학은 도구적 지성으로 전락하게 되었다고 평가한다.[15] 그리고 오늘의 산업기술은 시장경제를 통해 경쟁 사회로 연결되고 경쟁적 시장은 다시 인간의 물질적 욕구를 부추긴다. 상승된 욕구는 또다시 새로운 기술과 제품을 갈구하고, 이는 다시 보다 격화된 형태의 경쟁 사회로 인도하는 악순환이 계속된다는 것이다.[16] 현대의 유사과학문화가 인간의 물질적 욕구를 충족시키는 데 매우 성공적으로 기능함으로써 모든 가치의 기준을 물질적 풍요라고 하는 단일 기준으로 몰고 가는 성향을 지니며, 이로써 세기말에 이르러 우리는 물질적 풍요라는 것이 생태적 재앙이라는 엄청난 대가가 요구되는 것임을 알게 되었다고 한다.[17] 결국 자본주의 시장경제의 경쟁 사회와 과학기술의 욕구 충족을 위한 도구화의 결합으로 인해 오늘날의 생태적 위기를 초래하게 되었다는 것이다.

물론 이러한 다양한 요소들이 각기 개별적으로 상호 무관하게 작용하는 것은 아니다. 토마스 베리가 주장하듯 산업화 과정의 밑바탕에는 실재와 가치에 대한 인간－중심적 규범, 즉 인간중심주의가 자리잡고 있

---

13) Thomas Berry, "The Viable Human", 183~186쪽 참조.
14) 임홍빈, 『기술문명과 哲學』(문예출판사, 1995), 55쪽 참조.
15) 장회익, 『삶과 온생명』(솔, 1998), 243쪽 참조.
16) 장회익, 『삶과 온생명』, 254쪽 참조.
17) 장회익, 『삶과 온생명』, 322쪽 참조.

다.[18] 또한 기계론적 세계관의 출현이 과학기술을 비약적으로 발전시키는 계기가 되었다면, 과학기술의 비약적인 발전은 전 지구적 산업화 과정을 더욱 빠르게 확산시키는 결과를 야기하였다. 이러한 '기계론적 세계관', '인간중심주의', '전 지구적 산업화 과정', '과학기술의 비약적 발전'은 상호 맞물림을 통해 자연으로부터 생명성을 제거하고 이를 인간의 욕망과 이익을 위한 하나의 도구로 전락시켜 철저하게 정복 · 파괴 · 착취토록 함으로써 전 지구적 생태계의 위기를 초래하였다. 그리고 생태계의 위기는 결국 자연과 더불어 공생해야 하는 인간의 생존을 위협함으로써, 오늘날 인간은 물질적 풍요만이 아니라 생태적 재앙이라는 엄청난 대가를 지불하게 되었다.

2. 생명 위기에 대한 대응

"21세기로의 전환기에 있어 주된 사회의 물음은 '자연과 인간 관계'에 관한 것, 곧 생태이슈에 관한 것이라 해도 과언이 아니다"[19]라고 주장될 만큼, 생태계 위기의 문제는 인간이 해결해야 할 가장 중요한 시대 문제로 떠오르게 되었다. 현대 문명이 직면한 생태계 위기를 포함한 전 지구적 생명 위기의 해결 방안은 인간, 자연, 생명을 비롯한 '인간과 자연의 관계'에 대한 새로운 이해로부터 출발한다. 현재 기계론적 세계관과 인간중심주의로부터 새로운 패러다임으로 전환해야 한다는 요청이 강력하게 제기되고 있다. 예를 들어 자연과학 분야의 경우, 프리쵸프 카프라(Fritjof Capra)는 기계론적 세계관으로부터 '온살스럽고(holistic) 생태론적(ecological)인 세계관'으로 전환해야 한다고 주장하고,[20] 장회익은 근대의 '개체생명

18) Thomas Berry, "The Viable Human", 186쪽 참조.
19) 문순홍, 「서구 생태 패러다임의 등장과 그 분화」, 『과학사상』 41호(범양사, 2002), 21쪽.

중심적 관점'을 대체할 수 있는 '온생명 중심적 관점'이라는 새로운 생명관을 제안한다.[21] 한편 환경철학 분야에서는 인간중심주의를 문제삼으면서 '동물평등주의', '생명중심주의', '생태중심주의'와 같은 다양한 대안들을 제시하고 있다. 박이문 또한 근대문명에 깔려 있는 이원론적 형이상학과 인간 중심적 가치관으로 규정할 수 있는 서양적 세계관으로부터 일원론적 형이상학과 자연 중심적 가치관으로 서술할 수 있는 동양적·생태학적 세계관으로 전환해야 한다고 주장한다.[22]

그렇다면 이들이 주장하는 새로운 패러다임의 요체가 무엇인지 그리고 어떠한 공통점을 갖고 있는지 살펴보고자 한다.

1) 카프라의 생태론적 세계관

먼저 물리학자 카프라는 기계론적 세계관이 현대 생물학과 의학에 도입됨으로써 동·식물은 물론 인간조차 생명성이 무시되고 하나의 기계로 취급되는 상황이 연출되었으며, 우리사회에 기계론적 세계관이 팽배해짐으로 인해 인간은 남과 화합하기보다는 혼자서 모든 걸 독점하고자 하고, 세상을 옴살스럽게(holistic) 보는 대신 모든 걸 쪼개어 보고자 하며, 직관적인 지혜를 기르기보다는 당장 써먹을 수 있는 지식에만 연연한 채 종교보다는 과학을 신뢰하고, 협동보다는 경쟁으로 일을 하게 된 것이며, 현재 소유한 것으로는 만족하지 못하여 다른 사람을 착취하고 정복하려 하며, 성장과 팽창만을 중요시하고 생산성의 향상에 혈안이 됨으로써 자연환경을 파괴하고 오염시키는 결과를 초래하게 되었다고 비판한다.[23]

---

20) 프리쵸프 카프라, 「지구를 살리는 새로운 선택」, 15쪽 및 『생명의 그물』(범양사, 1998), 20쪽 참조.

21) 장회익, 「온생명과 인류 문명」, 『동아시아 문화와 사상』 4호(동아시아문화포럼, 2000), 12~42쪽 참조.

22) 박이문, 『문명의 미래와 생태학적 세계관』(당대, 1997), 9쪽 참조.

23) 프리쵸프 카프라, 「지구를 살리는 새로운 선택」, 24~28쪽 참조.

이러한 비판을 근거로 카프라는 기계론적 세계관에서 현대물리학의 성과에 바탕을 둔 '생태론적 세계관'으로 전환할 것을 주장한다. 카프라는 현대물리학에 따르면 우리들이 보고 있는 물질세계는 여러 객체들이 따로 떨어져 기계적으로 구성되는 그런 체계가 아니라 여러 가지의 상호관계가 서로 얽히고설키는 아주 거대하고 복잡한 그물처럼 이루어져 있다고 전제하면서, 현대물리학이 보여주는 세계상은 옴살스럽고(holistic) 생태론적(ecological)이라고 단언한다.[24] 우리가 어떻게 유지 가능하게 살아갈 수 있는가의 방법을 생태계에서 배울 수 있다고 주장하는 카프라는, 30억 년 이상의 진화의 역사를 통해 이 행성의 생태계는 유지가능성을 극대화시키기 위해 교묘하고 복잡한 방식으로 스스로를 조직해왔으며, 이 자연의 지혜가 바로 생태학적 소양의 진수라고 평가한다. 그는 경제학이 경쟁, 확장 그리고 지배를 강조한 반면, 생태학은 협동, 보전 그리고 협력을 강조한다고 전제하면서, 상호의존성(interdependence), 자원의 순환적 흐름, 협동 그리고 협력(partnership)과 같은 생태학의 원리들을 유지 가능한 인간 공동체를 건설하기 위한 지침으로 삼을 수 있다고 주장한다.[25]

그가 주장하는 생태론적 세계관은 현대과학에 의해 새롭게 확립되기 시작한 것이지만, 이는 원래 과학의 범주에 머무는 대상이 아니라 '실재'에 대한 우리의 직관적 감수성에 바탕을 두는 것이라고 한다. 과학적으로 볼 때도 생명이란 우주 안에서 여러 차원의 계층과 주기적 변환을 그리며 발현하는 다채로운 현상임에 틀림없지만, 우리의 직관적 인식과 체험을 통해서도 우주의 모든 것은 유기적으로 연결이 되며 결국은 한 몸을 이룬다는 시스템적이며 생태론적인 세계관의 근간을 직접적으로 깨달을 수 있다는 것이다. 이와 같이 우리가 생태론적인 세계관을 지니게

24) 프리쵸프 카프라, 「지구를 살리는 새로운 선택」, 30~31쪽 참조.
25) 프리쵸프 카프라, 『생명의 그물』, 390~395쪽 참조.

된다는 것은 곧 우주와 내가 하나가 되는 그런 직관에 관통됨을 뜻한다. 내가 더 이상 개별적으로 존재하는 게 아니라 우주와 완전히 하나로 합치하는 그러한 강렬한 체험은 생태론적일 뿐 아니라 종교적인 체험이기도 하다.[26]

2) 장회익의 온생명

반면 물리학자 장회익은 현대의 생명 위기의 원인을 개체생명 중심적 관점에서 찾고 있다. 기존의 '개체생명 중심적 관점'에서는 개체생명 그 자체가 생명으로서의 의의를 지니는 최종적인 존재자이므로 개체생명의 생존에 절대적인 가치를 부여해왔고, 따라서 이러한 생존을 지켜나가려는 개체생명 단위의 투쟁을 생존의 본원적 양상으로 파악해왔기 때문에 생물계의 생존 활동이란 바로 생존 경쟁이며 약육강식이라는 이해에 집착하게 되었다고 한다.[27] 따라서 이러한 생명관은 인간 사회를 경쟁 사회로 치닫도록 하는 자본주의적 시장경제와 과학기술의 욕구 충족을 위한 도구화를 정당화시켜줌과 동시에 자연의 파괴로 귀결되기 때문에, 새로운 생명관의 출현은 생태 위기를 포함한 전 지구적 생명 위기를 해결할 수 있는 출발점이 된다.

장회익은 자연과학의 성과를 토대로 '개체생명 중심적 관점'을 대체할 수 있는 새로운 '온생명 중심적 관점'을 제시한다. 먼저 ① 임계 결집핵 형성 조건 ② 개체계열 형성 조건 ③ 변이계열 형성 조건 ④ 협동 호혜성 조건을 의미 있는 기간 동안 만족하는 동적 체계가 출현하는 현상을 '생명'이라 규정하며, 이러한 현상을 가능케 할 최소한의 물리적 여건을 모두 포함한 하나의 체계, 즉 '자족적 단위로서의 생명'을 '온생명'(Global

26) 프리쵸프 카프라, 「지구를 살리는 새로운 선택」, 38쪽 참조.
27) 장회익, 『삶과 온생명』, 191~192쪽 참조.

life)이라 지칭한다. 그리고 온생명 안에서 상대적 독자성을 견지하며 유한 기간 동안 동적 체계로 존속되는 개개의 조건부적인 단위의 생명을 '낱생명'(Individual life)이라 정의한다.[28] 기존의 생명관이 낱생명 중심의 생명 정의에 머물러 있었다고 한다면, 장회익은 지속적인 자유에너지가 공급되는 '항성－행성 체계'를 하나의 자족적 생명 체계로 보는 온생명적 관점으로 나아갈 것을 주장한다.

온생명적 관점에 있어 '협동 호혜성 조건'과 '온생명의 정신'은 생명 위기 문제를 해결해나가는 데 있어 상당히 중요한 의미를 지닌다.

첫째, 생명의 형성 조건 가운데 하나인 '협동 호혜성 조건'은 개체 또는 계열간의 협동이 이루어질 경우 이들의 생존율이 이러한 협동이 이루어지지 않을 경우의 생존율에 비해 더 커진다고 하는 조건으로서 생명 현상 안에서 호혜성 조건이 지니는 결정적인 중요성은 이러한 협동으로 인해 '상위개체'가 형성된다는 데 있다.[29] 따라서 개체생명 중심적 관점과 달리 온생명의 관점을 취하게 되면 자연의 본원적 질서는 기본적으로 경쟁이 아닌 '협동'을 통해 한층 높은 차원의 상위 개체를 형성하며 이러한 상위 개체들은 다시 그들 사이의 새로운 협동을 통해 한층 더 높은 상위 개체를 형성해나가면서 최종적으로 하나의 생존 단위인 온생명에 이르게 되는 동시에 타종의 개체생명들은 서로가 서로의 생존을 지탱해주는 생태적인 연계로 묶여 있음으로써 전체적으로 온생명 안에서의 분화된 기능을 담당한다고 말할 수 있다.[30]

둘째, '온생명의 정신'이다. 인간을 비롯한 고등동물에서는 어떤 주체적 '의식 중심'이 형성되어 이를 통해 스스로의 생존 조건에 대한 여러 정보들을 통합・지휘하게 되고, 더불어 '나'라고 하는 자기 정체성에 대

---

28) 장회익, 「온생명과 인류 문명」, 『동아시아 문화와 사상』 4호, 23쪽 참조.
29) 장회익, 「온생명과 인류 문명」, 21~22쪽 참조.
30) 장회익, 『삶과 온생명』, 192쪽 참조.

한 의식이 발현된다고 말할 수 있는 바, 집합적 의미의 인간의 의식이 온생명 자체를 하나의 통일체로서 인지하는 기능을 담당한다고 본다. 인간은 개체로서의 자신을 의식하는 지적 기능을 소유하고 있음과 동시에 개체와 개체 사이의 지적 소통을 통해 이러한 의식을 초개체적으로 확장하는 기능을 지녔으며, 이러한 기능이 온생명 전체로 퍼져나가 온생명 자체를 개체적 '나'의 연장선상에서 이해하는 단계까지 이르러 이러한 이해가 인간공동체 안에서 공유된다면, 이를 일러 온생명의 의식 혹은 온생명의 '정신'이라 할 수 있다는 것이다.[31] 결국 온생명은 인간을 의식 중추로 한 하나의 자족적 생명 체계라 할 수 있다. 따라서 인간은 온생명 내의 한 개체로서 단순히 온생명에 의존하여 생존을 유지해가는 존재가 아니라 자신이 지닌 집합적 지식을 활용하여 최초로 자신이 속한 생명의 전모, 즉 온생명을 파악해내는 존재가 된다.[32]

개체들 사이의 관계를 경쟁 · 투쟁의 관계가 아닌 협동 호혜적 관계로 봄과 아울러 인간을 자연 위에 군림하는 정복자 · 지배자가 아닌 전체 생명의 의식 중추로 바라보는 온생명의 개념에 이르게 되면 인간의 당위 또는 가치 의식에 결정적인 영향을 미치게 된다. 그리고 온생명 중심적 가치 의식을 가질 경우 생태계의 파괴는 곧 마치 자신의 몸을 다치는 것과 같은 아픔으로 다가오게 됨으로써 그만큼 더 온생명을 보호하게 될 감성과 당위성을 높여가게 된다는 것이다.[33]

3) 서구 환경철학의 생태중심주의

1960~70년대 서구에서 정립되기 시작한 환경철학 분야에서는 복합적 생태계 위기의 원인 가운데 '인간중심주의'를 주로 문제삼고 있다. 이들

---

31) 장회익, 「온생명과 인류 문명」, 25~28쪽 참조.
32) 장회익, 『삶과 온생명』, 195쪽 참조.
33) 장회익, 「온생명과 인류 문명」, 39쪽 참조.

은 "우주 안에서 인간만이 고유하게 가치 있는 존재인가?", "식물, 동물, 생명 영역과 같은 자연 세계는 인간에 주어질 수 있는 사용 가치와는 독립된 그들 자신의 가치를 가지고 있는가?", "인간은 동물들, 식물들 심지어는 생태계에 관해서도 도덕적인 의무를 지니고 있는가?" 등과 같은 다양한 물음들을 던지면서,[34] '자연에 대한 인간의 관계'에 관한 근본적인 물음으로 돌아간다.

서구의 환경철학은, 자연에 대한 우리의 도덕적인 권리와 의무는 전통적인 인간 중심적 윤리설(anthropocentrism)에 의해서도 만족스럽게 설명될 수 있다는 입장과 생태학적인 방향의 정위와 그러한 인식을 통해 지금까지의 도덕 공동체의 범위를 보다 확대한 규범윤리, 예컨대 동물 중심적이거나 생명 중심적인 윤리(biocentrism)의 전개를 요구하는 입장 그리고 생태학이나 유기적인 자연관은 근본적으로 새로운 윤리, 즉 인간 중심적인 윤리가 아닌 생태 중심적인 윤리(ecocentrism)의 전개를 불가피하게 한다는 입장으로 대별된다.[35]

첫 번째 '인간 중심적인 환경윤리'는 자연세계에 대한 인간의 도덕적인 의무가 인간 상호간에 지니고 있는 제반 의무에서 도출된다고 주장한다. 우리가 지구의 환경을 이야기하거나 그 속에 거주하는 인간 이외의 다른 존재들을 취급함에 있어서 어떤 제한이나 제약을 부과하는 까닭은 바로 우리가 인간의 권리를 존중해야 하기 때문이다. 또한 제3세계의 인간과 미래세대를 포함하는 인류의 복리를 보호하고 증진해야 하기 때문이라는 것이다.[36] 다만 이러한 인간을 모든 가치의 원천으로 삼고 인간 이외의 세계에는 도구적 가치만을 귀속시키며, 자연환경 그 자체를 위해 환

---

34) Michael E. Zimmerman 2eds., *Environmental Philosophy* (New Jersey: Prentice Hall, 1998), 1~6쪽 참조.(이하 *Environmental Philosophy*는 *EP*로 표기)

35) 황경식, 『개방사회의 사회윤리』(철학과현실사, 1997), 378~379쪽 참조.

36) 황경식, 『개방사회의 사회윤리』, 380~381쪽 참조.

경을 보존하는 것이 아니라 자연환경이 인간에게 가져다주는 유용한 가치 때문에 보존한다고 하는 주장은 인간중심주의의 한계를 벗어나지 못하는 것으로 평가되기도 한다.[37]

환경철학의 두 번째 입장은 '동물평등주의', '생명중심주의'와 같은 '개체 중심적 접근'을 들 수 있다. 한 예로 동물 실험과 육식 행위를 우리 사회의 '종차별'(speciesism)의 주요한 형태라고 비판하면서 '동물해방윤리'(animal liberation)를 주장하는 피터 싱어(Peter Singer)는 종차별을 야기하는 인간중심주의는 인간 중심적 편견이라 비판한다. 그는 지능의 높낮이, 합리성의 소유 여부, 언어 사용 능력에 관계없이, 고통이나 즐거움을 겪을 수 있는 '감각'(sentience)이 있는 존재가 고통을 받지 않을 이해 관심을 갖기 때문에, 이런 동물에게 불필요한 고통을 주어서는 안 된다고 주장한다.[38] 그리고 톰 레간(Tom Regan)은 동물들에게도 고유한 가치를 인정해야 한다는 '동물의 권리'(Animal Rights)를 주장한다.[39] 그러나 동물평등주의는 고등동물들을 도덕적으로 고려하지만, 무생물과 전체로서의 자연은 물론 연체동물, 곤충, 식물조차 동물해방 또는 권리에 대한 고려에서 완전히 제외된다고 하는 한계점을 지닌 것으로 지적된다.[40] 이에 반해 '생명중심주의'(biocentrism)는 동·식물과 같은 개체 생명체에 내재적 가치가 있음을 승인한다.[41] 굿패스터(Kenneth E. Goodpaster)는 생물학적 입장에서 볼 때 감각이란 생명을 유지함에 있어 수단이지 생명의 목적이 아니기 때문에 '살아 있음'(being alive)이란 조건을 도덕적 고려 가능성의 필요충분조건으로 삼아야 한다고 주장한다.[42] 테일러(Paul W. Taylor) 또한 모든 생명체

---

37) 한면희, 『환경윤리』, 160쪽 참조.
38) Peter Singer, "All Animals Are Equal", *EP*, 27~36쪽 참조.
39) Tom Regan, "Animal Rights, Human Wrongs", *EP*, 41~54쪽 참조.
40) J. Baird Callicott, "Introduction", *EP*, 10~12쪽 참조.
41) 한면희, 『환경윤리』, 123쪽 참조.
42) Kenneth E. Goodpaster, "On Being Morally Considerable", *EP*, 56~69쪽 참조.

들은 '목적론적 생명 중심체들'(teleological centers of life)이며, 모든 유기체들은 평등한 내재적 가치를 갖기 때문에,[43] 지구의 야생 생명 공동체들과 관련된 인간의 도덕적 관계를 결정하는 것은 개체 유기체들의 이익(good, welfare)이라고 주장한다.[44] 생명중심주의는 도덕적 고려의 자격을 식물을 포함한 살아있는 존재들(개체생명체들) 전반으로 확대시켰으나 종들(species) 또는 생태계와 같은 '전일적인 실체들'에는 그다지 관심을 두지 않는 한계점을 지닌 것으로 지적된다.[45]

세 번째로는 이러한 개체 중심적 접근과 달리 자연생태계를 포괄하는 총체적 지구의 차원에서 가치와 권리의 문제를 다루면서 새로운 인식의 전환과 확대를 주장하는 '생태중심주의'(ecocentrism)가 있다. 아느 네스(Arne Naess)는 '관계적인 전체적 장場'(relational, total-field)이란 관점을 선호하며 "생태계에 존재하는 모든 것들은 자기를 실현할, 즉 생존하고, 번성하고, 자기 나름의 형태에 도달할 평등한 권리를 갖는다"는 '생명평등주의'를 취하며, '다양성'과 '공생'의 원리를 추구하는 운동을 '심층생태운동'(deep ecology movement)으로 규정한다.[46] 이후 네스는 1984년 심층생태론과 관련하여 8개의 강령을 발표하면서, 지구상의 인간과 인간 이외의 생명의 복지와 번영은 인간의 유용성과 무관하게 그들 자체로서 가치를 가지며, 생명 형태들의 풍부함과 다양성은 이러한 가치의 실현에 공헌하며 또한 그 자체로서 가치를 가진다고 주장한다. 따라서 인간은 자연계의 풍부함과 다양성을 감소시킬 권리가 없으며, 자연생태계의 생명의 다양성과 풍요로움을 위해 인구의 감소가 필요하며, 자연계에 대한 인간의 간섭을 감소시켜야 한다고 주장한다.[47] 이에 네스는 오늘날의 생태계 위기를 해

---

43) J. Baird Callicott, "Introduction", *EP*, 11~12쪽 참조.

44) Paul W. Taylor, "The Ethics of Respect for Nature", *EP*, 71쪽 참조.

45) J. Baird Callicott, "Introduction", *EP*, 12쪽 참조.

46) Arne Naess, "The Shallow and Deep, Long-Range Ecology Movement: A Summury", *Inquiry 16*, 1973, 95~96쪽 참조.

결하기 위해서는 개인 중심의 이기적 자아(self, ego)로부터 타자와 동·식물은 물론 전체로서의 자연에까지 확대된 '대자아—실현'(Self-realization)을 극대화해야 한다고 본다.[48] 반면 토마스 베리(Thomas Berry)는 생태계 위기를 극복하기 위해서는 산업화 제도의 근간이 되는 '인간 중심적 규범'(human-centered norm)에서 '생명 중심적 규범'(biocentric norm)으로 전환해야 한다고 주장한다.[49] 생명 중심적 규범으로의 전환은 '생명공동체'(life community) 즉, 모든 살아있는 종들(life species)의 공동체가 보다 큰 실재이며 보다 큰 가치라는 사실과 인간의 주요한 관심이 이러한 보다 큰 공동체의 보존과 강화여야 한다는 사실을 받아들이는 것을 의미한다고 한다.[50]

지금까지 살펴본 카프라의 생태론적 세계관과 장회익의 온생명론 그리고 서구 환경철학과 같이 생명 위기 극복을 위해 제시되고 있는 새로운 패러다임들에서는 다소간의 차이는 있지만 다음과 같은 몇 가지 공통된 특징들이 발견된다. 첫째, 자연을 물리적 기계의 차원이 아닌 '생명의 차원'에서 보아야 한다는 것이다. 둘째, 지구를 개체 존재물의 산술적·물리적 집합체가 아닌 '유기적인 생명의 그물망'으로 형성된 하나의 '유기체'로 보아야 한다는 것이다. 셋째, 인간 또한 자연과 분리된 개별적 존재로서 자연 위에 군림하면서 자연을 정복하고 지배하고 착취하는 존재가 아니라 유기적 관계망 안에서 '자연과 공생하는 존재'로 파악해야 한다는 점이다.

---

47) Arne Naess, "The Deep Ecological Movement: Some Philosophical Aspects", *EP*, 196~197쪽 참조.

48) Arne Naess, Translated by David Rothenberg, *Ecology, community and lifestyle* (Cambridge: Cambridge University Press, 1989) 84~85쪽 &. 196~210쪽 참조.

49) Thomas Berry, *The DREAM of the EARTH* (San Francisco: Sierra Club Books, 1988) 21쪽 참조.(이하 DE로 표기)

50) Thomas Berry, "The Viable Human", *EP*, 184~185쪽 참조.

3. 동양 전통사상에 대한 관심과 비판

1) 동양 전통사상에 대한 새로운 접근

현대문명이 직면하고 있는 생태계 위기를 포함한 전 지구적 생명 위기의 문제를 해결하기 위한 대안을 모색하는 과정에서 나타나는 또 하나의 중요한 특징 가운데 하나는 국・내외적으로 동양의 전통사상에 대한 관심이 점차 증폭되고 있다는 점이다.

먼저 동양철학에 대한 새로운 관심을 불러일으킨 대표적 인물로는 프리쵸프 카프라(Fritjof Capra)를 들 수 있다. 물리학자인 카프라는 『현대물리학과 동양사상』(*The Tao of Physics*), 『새로운 과학과 문명의 전환』(*The Turning Point*), 『탁월한 지혜』(*Uncommon Wisdom*), 『신과학과 영성의 시대』(*Belong to the Universe*), 『생명의 그물』(*The Web of Life*) 등을 저술하면서[51] 현대 생명 위기의 원인으로 기계론적 세계관을 지목하고, 유기체론적 특성과 생태론적 특성을 풍부하게 내재하고 있는 동양의 전통사상과 현대물리학의 만남과 조화를 통해 기계론적 세계관을 대체할 수 있는 생태론적 세계관을 모색한다. 그는 중국철학자들에 있어 실재實在는 연속적으로 유동流動하고 변화하는 과정이며, 우리가 관찰하는 모든 현상은 이 우주적 과정에 참여하는 것으로 본질적으로 역동적이라고 주장한다.[52] 나아가 동양의 종교 전통이나 가르침에 있어 우주만물은 기계적이며 정태적인 것이 아니라 유기적이고 역동적이며, 서구 전통의 기계론적 세계관과는 대조적으로 동양에서는 철저히 생태론적이고 옴살스런 안목의 사고방식이 발달했다고 평가한다.[53] 따라서 현대물리학과 동양 신비주의의 세계관 사이의 심

---

51) 프리쵸프 카프라의 이러한 저서들은 범양사출판부에서 신과학총서로 번역·출판되었다.

52) 프리쵸프 카프라, 『새로운 科學과 文明의 전환』(범양사, 1992), 35쪽 참조.

53) 프리쵸프 카프라, 「지구를 살리는 새로운 선택」, 16쪽 참조.

오한 조화를 깨닫는 것이 곧 보다 큰 문화적 전환의 뗄 수 없는 일부며, 거기서 우리들의 사상, 지각과 가치관을 밑바닥에서부터 뒤바꾸게 될 새로운 실재관이 출현하게 된다고 주장한다.[54] 카프라는 동양사상에 대한 새로운 관심을 촉발시키고 생명 위기 해결을 위한 현대 자연과학과 동양철학의 만남의 장을 열어주었다는 점에서 그 의의를 찾을 수 있다.

아울러 하바드 대학에서는 1990년대 후반 『불교와 생태학』(*Buddhism and Ecology*)과 『유교와 생태학』(*Confucianism and Ecology*)을 편찬하면서 동양철학의 생태학 정립 가능성을 모색하고 있다.[55] 『유교와 생태학』의 서문에서는 "유학은 자연에 대한 태도, 인간의 역할, 그리고 환경윤리에 관해 제공할 수 있는 지적이고 영적인 자원을 가지고 있다. 역동적이고 유기적인 유학의 세계관, 기氣에 대한 유학의 생기론적 이해, 거대한 생명의 연속성에 대한 존중, 공정하고 안정된 사회의 토대를 건설하고자 하는 유학의 열망, 전일적이며 도덕적인 교육에 대한 유학의 중시, 그리고 상호 연결된 동심원 안에서의 생명의 내포성에 대한 유학의 적절한 이해와 인식은 단지 생태론적인 주제들과 관련된 유학 전통의 풍부한 자원에 대한 약간의 보기에 지나지 않는다"[56]고 하여, 유가철학의 유기체론적 · 생태론적 특성을 적극적으로 긍정하면서 유가철학의 생태철학으로의 정립 가능성을 모색하고 있다.

반면 국내에서는 박이문이 환경 · 생태계 위기 문제와 관련하여 동양의 전통사상에 대한 새로운 관심을 촉발시켜 주었다. 그는 『문명의 미래와 생태학적 세계관』을 저술하면서 현재 인류가 처한 위기는 근대문명

54) 프리쵸프 카프라, 『현대물리학과 동양사상』(범양사, 1992, 2판), 19쪽 참조.

55) Mary Evelyn Tucker and Duncan Ryuken Williams eds., *Buddhism and Ecology* (Harvard University Press, 1997), Mary Evelyn Tucker and John Berthrong eds., *Confucianism and Ecology* (Harvard University Press, 1998).

56) Mary Evelyn Tucker and John Berthrong eds., *Confucianism and Ecology*, p.xxxv.

에 깔려 있는 이원론적 형이상학과 인간 중심적 가치관으로 규정할 수 있는 서양적 세계관에서 찾을 수 있기 때문에 인류의 미래를 보장하기 위해서는 일원론적 형이상학과 자연 중심적 가치관으로 서술할 수 있는 동양적 · 생태학적 세계관으로 전환해야 한다고 주장한다.[57] 그는 동양의 세계관이 일원론적이고 순환적인 형이상학과 자연 중심적이며 유기적인 자연관의 결합으로 기술될 수 있으며, 동양적 세계관은 미학적 · 감성적 사고를 내포한다고 평가하고,[58] 힌두교, 불교, 도교, 유교로 대표되는 동양의 전통사상은 생태학적 세계관의 모델이 될 수 있다고 주장한다.[59] 박이문은 서양 근대철학과의 대비적 입장에서 동양철학이 내재하고 있는 생태론적 특성을 체계적으로 밝혀내고,[60] 생태계 위기와 관련 동양철학의 새로운 역할 가능성을 제시해주었다는 점에서 그 연구 의의를 찾을 수 있다.

환경철학 전공자인 한면희 또한 동양의 자연관과 기학氣學에 의거한 '온가치론'을 주장하면서 자연과 친화적인 동양의 세계관이 지구촌 인류에게 확산되어야 한다고 주장한다.[61] 그리고 사회학 분야의 이영찬은 "이성주의, 개인주의, 과학주의로 특징지어지는 서구 근대정신에서 파생되는 문제점을 보완하고 극복할 수 있는 유교적 이상 내지 합리성으로는 이성 중심주의에 대한 대대주의待對主義, 개인주의에 대한 도덕적 개인주의, 과학주의에 대한 생명주의를 들 수 있다"[62]고 하면서, 유교사회학의 재정립을 통해 현대 생명 문제를 해결하기 위한 시도를 하고 있다.

---

57) 박이문, 『문명의 미래와 생태학적 세계관』(당대, 1997), 9쪽 참조.

58) 박이문, 『문명의 미래와 생태학적 세계관』, 93쪽 참조.

59) 박이문, 『문명의 미래와 생태학적 세계관』, 103쪽 참조.

60) 동양철학의 생태론적 특성은 박이문의 『문명의 미래와 생태학적 세계관』, 100~104쪽에 자세하게 정리되어 있다.

61) 한면희, 『환경윤리』, 292쪽 참조.

62) 이영찬, 『유교사회학』(예문서원, 2001), 47쪽.

이처럼 다양한 시도들과 더불어 90년대 중반 이후 국내의 동양철학 전공자들에 의해서도 동양철학을 환경윤리 또는 생명윤리의 입장에서 재조명하고 재정립하고자 하는 노력들이 진행되고 있다. 한국불교환경교육원에서는 1993년 '동양사상과 환경문제'란 주제로 10차례 개최한 강좌의 결과를 1996년 같은 제목으로 간행하였다. 먼저 이 책에서는 서구적 사유의 특징인 분절적이고 환원론적인 사고로 인해 자연과 인간, 인간과 인간을 분리하여 바라보는 시각이 오늘날 환경문제를 야기한 원인이라고 진단한다.[63] 그리고 「동양사상에서의 환경인식」(유승국), 「노장철학의 자연관」(이강수), 「불교사상과 환경문제」(전재성), 「힌두이즘의 우주관과 자연관」(김용정), 「유학에서의 정치와 자연관」(최영진), 「한국의 전통 속에 나타난 환경윤리」(최근덕), 「동학에 나타난 자연관과 세계관」(임운길) 등의 제목에서 볼 수 있듯, 동양의 전통사상 전반에서 보여지는 전일적이고 유기체적인 특성들을 바탕으로 환경・생명 위기 해결을 위한 대안을 모색하고 있다. 비록 시론적 단계이기는 하지만 동양철학 전공자들을 중심으로 동양철학 전반에서 환경・생명 문제 해결을 위한 대안을 모색하는 계기를 마련해주었다고 하는 점에서 그 의의를 찾을 수 있다.

한국동양철학회에서 2000년 9월에 간행한 『동양철학』 13집에는 '새천년의 동양철학과 환경윤리'란 특집주제를 다루면서 동양철학을 환경윤리로 정립하기 위한 시도를 하고 있다. 이밖에도 많은 연구 성과물들이 있으나, 2000년대 초반 그리고 유가철학과 관련된 논문으로 국한시켜 보았을 때 다음과 같은 대표적인 논문들이 있다.

① 이효걸, 「생태론의 빛과 그림자 — 환경 생태 문제에 대한 동양철학의 대안」, 『현대의 위기 동양철학의 모색』, 예문서원, 1998.

---

63) 한국불교환경교육원 엮음, 『동양사상과 환경문제』(모색, 1996), 6쪽 참조.

② 황갑연, 「21세기 유가철학의 발전 방향 — 환경윤리를 중심으로」, 『동양철학』 12집, 2000.
③ 이동희, 「한국 성리학의 환경철학적 시사」, 『동양철학』 13집, 2000.
④ 김세정, 「생태계 위기와 유가 생태철학의 발전 방향 — 서구 환경철학과의 비교를 중심으로」, 『철학연구』 85집, 대한철학회, 2003.
⑤ 정병석, 「우주 대가정의 생태론적 사유와 천인합일의 생명윤리」, 『유교사상연구』 10집, 1998.
⑥ 최영진, 「『주역』에서 보는 인간과 자연의 관계」, 『동양철학』 13집, 2000.
⑦ 곽신환, 「『주역』의 생생불식 사상」, 『생명과 더불어 철학하기』, 철학과현실사, 2000.
⑧ 최재목, 「양명학과 환경윤리」, 『동아시아 문화와 사상』 1호, 1998.
⑨ 김교빈, 「양명학과 생명사상」, 『동양철학』 13집, 2000.
⑩ 김세정, 「서구의 환경철학과 왕양명의 한몸철학」, 『양명학』 4호, 2000.
⑪ 최재목, 「자연과 양명학」, 『양명학』 4호, 2000.
⑫ 한예원, 「양명학의 만물일체관에서 본 '생명윤리'」, 『양명학』 6호, 2001.

①~④는 유가철학 전반을 다루고 있는 반면, ⑤~⑦은 선진유학을 중심으로 다루고 있으며, ⑧~⑫는 양명학을 중심으로 다루고 있다. 이러한 시도들의 개괄적 특성을 살펴보면 다음과 같다.

먼저 유가철학 전반에 관한 부분이다. 이효걸은 「생태론의 빛과 그림자」에서 동양철학의 자연관은 "생명을 중심에 놓고 보는 자연관"이라 전제하면서, 『주역』에 있어서의 "모든 존재의 생태학적 원리는 언제나 전체 혹은 타자와 교감할 수 있는 능력을 가지고 자기 조절(자기 변화)을 통해 균형을 유지하려는 것"이라 할 수 있으며, 동양의 인간관은 자연주의적 인간 혹은 생태론적 인간을 지향했다고 말할 수 있기 때문에, 동양철학은 그 자체가 생태철학이라 할 만하다고 주장한다. 반면 황갑연은 「21세기 유가철학의 발전 방향」에서 만물평등주의에 입각한 환경윤리학 정립의 필요성을 역설하고, 유가철학의 환경윤리 정립의 당위론적 근거를 『중용』의 '천명지위성天命之謂性'과 주희朱熹(1130~1200, 자는 元晦, 호는 晦庵)의 '물물구유일태극설物物具有一太極說' 그리고 양명의 '일기유통설一氣流通說'에서 찾는다. 그리고 환경윤리 정립의 실천적 근거를 도덕 주체의 감통무애感通無隔 작용과 관련한 공자의 인仁, 맹자의 심성心性, 양명의 양지良知 그리고 『중용』의 진성盡性에 둔다. 그는 결론에서 인간과 자연의 가치를 상하 수직적인 주종 관계에서 바라보지 말고, 상호 수평적인 관계에서 재조명해야 하며, 이에 오륜五倫 이외의 "인간과 자연간의 윤리인 제팔륜第八倫"을 정립해야 한다고 주장한다. 그리고 이동희는 「한국 성리학의 환경철학적 시사」에서 유가사상은 "자연친화적 인간(중심)주의", "인간 주체적, 또는 인간 우위의 자연중심주의"라고 평가하고, 성리학은 인간중심주의 입장에 서서 자연을 친화적으로 보려는 입장에 서있다고 하여, 이를 '인문주의적 생태주의'(유기체적 인문주의)라고 이름한다. 그는 결론에서 동양철학 중에서도 환경철학 형성에 일조를 할 수 있는 가능성은 유가사상이나 성리학에 많다고 주장한다.

다음은 선진유학과 관련된 부분이다. 정병석은 「우주 대가정의 생태론적 사유와 천인합일의 생명윤리」에서 선진유학이 작은 가정에 대한 사랑(孝)에서 시작하여 보편적 인류의 사랑(愛人, 즉 仁)을 거쳐 우주의 모든 만물에 대한 애정으로 확대되어가는 생명 존중의 전개 과정을 설명하는 생태론적 사유 모형을 보여준다고 주장한다. 그는 또한 인간의 개체생명을 위주로 하는 인仁의 개념이 천인합일天人合一의 대생명이란 개념으로 확장되었을 때, 우리는 자신 있게 '자신을 포기할 수 있는 보다 높은 차원의 자유', 즉 '살신성인殺身成仁'의 생태론적 요구를 정당화할 수 있다고 본다. 그리고 최영진은 「『주역』에서 보는 인간과 자연의 관계」에서 환경파괴의 원인으로 인간중심주의를 문제삼고, 유교의 '대인對人윤리'를 '대물對物윤리'로 전환함으로써 새로운 생태윤리 정립을 시도하고 있다. 『주역』의 '물物'은 생명성과 정신성을 지닌 존재이자 도덕적 요소까지 고려해야 할 대상이며, 인간과 물은 동일한 기氣로 구성된 동기간同氣間이다. 따라서 '애인愛人'에서 '애물愛物'로, '추기급인推己及人'에서 '추기급물推己及物'로, 그리고 '기소불욕물시어인己所不欲勿施於人'에서 '기소불욕물시어물己所不欲勿施於物'로의 전환을 모색해야 한다고 주장한다. 곽신환 또한 「『주역』의 생생불식 사상」에서 『주역』에는 생태사상과 관련을 가질 수 있는 요소가 많다고 전제하면서, 생태 보전에 도움이 될 역학적 덕목으로 '만물은 일체이며 서로 감응하는 유기체', '항구적 생명', '자기 주체성을 지니고 함께 어우러져 사는 세상', '때를 따르는 삶', '중정中正의 행위론', '사랑과 사귐의 인식', '처지를 편안히 여기는 마음', '천지자연은 가치의 원천' 등을 제시한다.

마지막으로 양명학과 관련된 부분이다. 먼저 최재목은 「양명학과 환경윤리」에서 양명학을 '공생의 철학'으로 규정하고, 양명의 공생의 원리로서의 마음(心·良知)과 만물을 한 몸으로 여기는 만물일체의 인仁이 만남으로써 우주를 생명과 사랑에 찬 커다란 하나의 '공생의 마을'로 만들어 가는 과정을 그려내고 있다. 나아가 「자연과 양명학」에서는 양지良知를 천지만물과 끊임없이 교감하는 우주적인 생태적 심성으로 규정하고, 이러한 양지를 지닌 인간은 만물 속에서의 고유한 지위뿐만 아니라 그만큼의 천지자연(만물)에 대한 책임도 야기된다고 본다. 인간의 지위와 책임은 마음(양지)을 통해 자연과 교감함으로써 상호 관계성에서 성립하는 공동존재성을 확보하는 것이라고 주장한다. 김교빈 또한 「양명학과 생명사상」에서 양지는 공생의 출발점으로, 치양지致良知는 적극적 실천을 통해 공생

원리를 실현하는 것으로, 그리고 만물일체설은 '생명의 파괴에 대한 아픔'이라는 생명적 연대감에 근거하며 지행합일의 강한 실천을 통해 이루어지는 것으로 규정한다. 그는 양명학의 강점은 가장 적극적인 인간중심주의에 서 있으면서도 다른 사물을 정복하고 지배하는 것이 아니라 스스로의 내면에 대한 지속적인 반성적 성찰을 통해 다른 사물과의 관계를 바로 잡아가려고 하는 데 있으며, 치양지의 과정은 행위지향적이며 관계지향적이기 때문에, 양명이 지향한 것은 관계 정립을 통한 생명원리의 확산이라고 주장한다. 양명학이 사물과 인간을 나누지 않는 유기체적 관점과 인간과 자연의 역동적 본성을 긍정하는 실천적인 세계관을 지녔다는 점에서 양명적 세계관은 오늘날의 환경문제를 해결하기 위한 대안적 세계관임이 틀림없다고 주장한다. 그리고 한예원은 「양명학의 만물일체관에서 본 '생명윤리'」에서 명대의 만물일체의 인仁이 주자학적인 인간중심주의를 탈피하고 인간과 자연 사물의 일체를 사유의 목표로 삼는 점에서 생명윤리로의 전환이라고 전제하고, 양명학은 인간과 자연을 일체로 삼으면서 자연을 인간의 양지 안으로 포용하여 내면화하는 '심정적' 윤리체계이자 자연을 인간 안으로 내재화하는 통합적 윤리라고 주장하면서, 양명학적 만물일체의 인仁을 통해 인간 중심적 윤리를 포기하고 '생명 중심적 윤리'로 전환할 수 있는 가능성을 모색하고 있다. 필자 또한 「서구의 환경철학과 왕양명의 한몸철학」에서 천지만물의 역동적 자기-조직성, 기氣의 심리-물리적 속성 및 인간과 천지만물의 호혜성을 토대로 양명학이 동물평등주와 생명중심주의와 같은 개체중심적 접근보다는 생태중심주의, 특히 근본생태주의에 보다 부합된다고 밝힌 바 있다.

동양의 전통사상을 생태계·생명 위기와 같은 현대적 시대 문제와 관련하여 새롭게 체계화하고, 그 안에서 오늘날의 시대 문제를 해결할 수 있는 대안을 모색해나가는 이러한 시도들은 동양의 전통사상에 대한 몇 가지 공통적 이해를 담고 있다. 첫째, 동양의 전통사상은 기계적이며 정태적인 세계관이 아닌 역동적이며 유기적인 세계관이다. 둘째, 인간 중심적인 가치관이 아니라 자연 중심적인 가치관이다. 셋째, 우주만물을 개별적 존재로 파악하지 않고 연속적 존재로 파악한다. 넷째, 갈등하고 대립하는 배타적 관계가 아닌 포용적 · 협동적 · 조화적 관계를 중시한다. 다섯째, 합리적 이성주의보다는 감성적 · 내면적 · 직관적 체험을 중시한다.

이러한 유기체론적 또는 생태론적 특성을 지닌 동양의 전통사상이 기계론적 세계관과 인간중심주의 및 자본주의 체제 하에서 야기된 오늘날의 생명 위기의 문제를 해결해나가는 데 있어 충분한 역할과 기여를 할 수 있다고 보고 있는 것이다. 분명 이러한 시도들은 박물관에 소장된 고대 유물과 같이 전통철학으로서의 동양철학을 단지 구시대의 유산으로 치부하거나 현실과 무관한 고준담론으로 가두어 두지 아니하고 현대사회와 만날 수 있는 대화의 장을 만들어준다. 또한 이는 서구 일변도의 환경 · 생태계 문제에서 보다 다양하고 폭넓은 논의의 장을 마련해준다는 점에서 그 연구 의의를 과소평가할 수 없다.

2) 생명 위기 대응에 대한 반성과 모색

다른 한편에서는 동양의 전통사상과의 연계성 속에서 현대문명이 직면한 생태계 · 생명 위기 문제를 해결하려는 이러한 시도들에 대해 비판적 입장을 취하고 있다.

먼저 사회생태론자 머레이 북친(Murray Bookchin)은 서구의 유기체적 전통이 동양의 유기체적 전통보다 오늘의 상황에 더 건강하게 대처할 수 있으며,[64] 동양의 유기체적 전통은 덧없는 공허함이나 신비주의적인 외형을 가지는 경향이 있다고 전제하면서, 아시아의 '중심성'은 더 큰 고통

64) 머레이 북친, 『사회 생태론의 철학』(문순홍 옮김, 솔, 1997), 138쪽 참조.

과 해악을 줄 수 있다고 경고한다.[65] 그는 나아가 동양의 전통사상에 내재된 유기체론적 · 생태론적 특성에 관심을 갖고 새로운 패러다임을 모색해나가는 카프라와 같은 부류의 서양 학자들을 '생태-기회주의'로 규정하고, 이들에 대해 "도구적인 방법론이라는 측면에서 이 철학자의 마음이 서구적이라면, 감상적인 생각에 사로잡힌 그의 심장은 무비판적으로 동양적이다. 도구적 · 분석적 · 실증주의적 형태라는 서구의 '마음'과 공허하고 비늘로 덮인 동양의 '심장'을 낯설게 조합한 것은 평화 공존이란 복음을 통해 해결될 수 있는 것이 아니라 종국에는 전면적인 모순과 갈등을 결과시킬 것임에 틀림없다"[66]고 하는 혹독한 비판을 가하고 있다.

온생명을 주장하는 장회익 또한 물리학뿐만 아니라 동양사상과 관련한 새로운 패러다임 추구에 대해 "정말로 카프라가 주장하듯이 현대물리학은 동양의 전통사상으로 돌아왔는가? 동양문화의 뿌리와 현대 과학문명은 하나의 산 문명으로 접목될 수 있는가?"[67]라고 반문한다. 그는 일단 동양의 전통사상 가운데 신유학新儒學, 즉 성리학性理學의 예를 들면서, 성리학은 과학적 탐구 자체에 대해 중요한 비중을 두지 않았으며, 그들의 주된 논의는 자연 현상에 대한 객관적 이해를 도모하기보다는 인간의 심성론에 치중해왔으며, 지식에 대한 실험적 검증 방식을 채택하지 않았기 때문에, 현대적 의미의 과학을 잉태하는 데 실패했다고 평가한다.[68] 따라서 상호간의 사상적 태동 배경과 이론적 체계의 차이점을 충분히 고려하지 않은 채 단지 외형적 유사성에 근거하여 동양사상이 현대물리학과 흡사하다고 하는 카프라의 주장은 많은 오해와 헛된 기대를 불러일으킬 가능성이 있다고 비판한다.[69]

---

65) 머레이 북친, 『사회 생태론의 철학』, 148쪽 참조.
66) 머레이 북친, 『사회 생태론의 철학』, 138쪽 참조.
67) 장회익, 『삶과 온생명』, 370쪽 참조.
68) 장회익, 『삶과 온생명』, 375~384쪽 참조.
69) 장회익, 『삶과 온생명』, 385~386쪽 참조.

나아가 생태중심주의를 주장하는 토마스 베리는 장횡거의 「서명西銘」이나 왕양명의 만물일체론萬物一體論과 같은 동양의 전통사상들이 인간과 자연의 친밀한 관계를 복원하는 데 있어 일정 부분 기여할 수는 있지만 신비한 용어들로 표현된 이러한 직관적 통찰은 과학적 탐구의 시대에는 더 이상 충분하지가 못하다고 비판한다.[70] 황태연 또한 근대성을 기준으로 근대이념을 견지하는 환경이념과 근대를 비판하고 탈피하려는 반근대적 환경이념을 구분하고, 동양사상과의 연계를 시도하는 생태주의를 반근대적 · 신비적 생태주의라 하여[71] 신랄하게 비판하고 있다.

이들은 비판의 논거를 동양의 전통사상이 전근대적이며 반이성적 · 반과학적인 신비적 사유라는 점에서 찾고 있다. 동양 전통사상과의 연계성 속에서 현대문명의 생명 위기 문제를 해결하려는 시도들은 그 동안 자연계의 합법칙적 질서를 밝혀온 자연과학의 성과와 이성주의의 긍정적 결실을 모두 부정하고 근세 이전, 즉 중세의 신비주의나 정령주의로 회귀하는 오류를 범하고 있다고 비판하는 것이다. 물론 근대 서양의 이성적 · 객관적 · 분석적 · 논리적 방법과 대비시켜 볼 때, 동양의 전통사상은 상대적으로 직관적 · 주객합일적 · 전일적 · 유기적 방식에 뿌리를 두고 있다. 그렇다고 동양의 전통사상을 지나치게 서구의 획일적 준거틀을 가지고 재단 · 평가하고, 그 척도에 맞지 않는다고 하여 이를 신비주의라고 매도하는 것은 서구중심주의의 또 다른 편견이라 할 수 있다. 이러한 부정적 입장은 동양사상이 지니고 있는 특성을 충분히 고려하면서 동양의 전통사상을 생태계 · 생명 위기와 관련하여 현대적 입장에서 새롭게 해석할 수 있는 가능성 자체를 막아버리는 문제를 야기한다.

그러나 다른 한편으로 생태계 · 생명 위기 문제와 관련한 동양의 전통

---

70) Thomas Berry, *The DREAM of the EARTH*, 14~20쪽 참조.

71) 황태연, 「근대 합리성 이념과 환경위기의 합리적 이해」, 『공간과 사회』, 9호(한국공간환경학회, 1997), 23~26쪽 참조.

사상에 대한 새로운 접근들이 생명 위기 문제 해결을 위한 실질적 대안으로 자리매김하기 위해 해결해야 할 문제점들을 안고 있는 것 또한 사실이다. 예컨대 동양철학 전공자들에 의한 선행 연구물들은 다음과 같은 문제점들을 지니고 있다.

첫째, 환경·생태계 위기의 원인에 대한 정확하고 체계적인 진단이 이루어지지 않고 있다. 환경 위기는 단일한 원인에 의해 발생한 것이 아니다. 그러므로 동양철학을 통해 환경윤리를 정립하기 위해서는 환경 위기의 복합적 원인들에 대한 체계적인 분석과 진단이 선행되어야 한다. 그럼에도 불구하고 대부분의 경우 환경 위기의 원인에 대한 다각적인 진단이 부족하다.[72] 환경 위기의 원인에 대한 체계적이고 명확한 진단이 이루어지지 못할 경우 환경윤리에 대한 동양철학의 접근은 결국 현실과 괴리된 공허한 담론으로 끝나게 된다.

둘째, 서구 환경철학 또는 환경윤리학에 대한 구체적 논의가 부족하다는 점이다. 환경윤리학은 분명 동양에서 탄생하고 성립된 학문이 아니다. 환경윤리학은 서구가 직면한 문제의식을 바탕으로 서구의 문화적·사상적 배경에서 성립된 학문이다. 따라서 환경윤리에 대한 동양철학적 접근을 시도하기 위해서는 어느 정도 서구 환경철학과 환경윤리학에 대한 연구가 선행되어야 한다. 그럼에도 불구하고 이효걸의 「생태론의 빛과 그림자」와 이동희의 「한국 성리학의 환경철학적 시사」를 제외하고는 서구 환경윤리학 또는 환경철학에 대한 논의를 찾아볼 수가 없다. 이는 환경윤리와 관련된 개념에 대한 자의적 해석과 불명확한 언어 사용으로 인해 언어 소통에 있어 혼란을 야기할 뿐만 아니라 서구 환경철학과의 비교

72) 예컨대 『동양사상과 환경문제』 및 김교빈과 최재목은 환경 위기의 원인에 대한 진단과 언급이 없다. 최영진, 황갑연, 한예원은 인간중심주의만을 간략하게 다루고, 정병석은 과학기술 문명만을 간단히 언급하고, 이동희는 근대과학의 자연관과 자본주의적 문명양식만을 단편적으로 다루고 있다.

연구가 제대로 이루어지지 못하는 문제점을 낳는다.

셋째, 서구 환경철학과의 비교 연구가 충분하게 이루어지지 않고 있다는 점이다. 이효걸의 논문에서만 비교 연구가 구체적으로 다루어지고 있으며, 이동희가 현대 환경윤리학의 상반된 자연관(인간중심주의와 자연중심주의)을 소개하면서 유가철학을 '자연친화적 인간중심주의'라고 평가하고,[73] 한예원은 양명의 만물일체설이 서구 생명중심주의와 유사한 측면을 지닌다고 주장하고,[74] 황갑연은 유가철학이 생태 중심의 전체론적 환경윤리와 유사하다고만 말하고 있을 뿐,[75] 이외의 다른 논문에서는 서구 환경철학에 대한 언급 또는 비교 내용을 찾아볼 수 없다. 그렇기 때문에 서구 환경철학이나 환경윤리학과 다른 동양철학만의 생태론적 특성이 명확하게 밝혀지지 않았음은 물론, 서구 환경철학이 내재하고 있는 문제점이나 한계를 극복할 수 있는 동양철학적 방안이 마련되고 있지 못하다. 또한 동양철학이 서구 환경철학을 비롯한 인접 학문 분야들과 공조를 이룰 수 있는 발판을 마련하지 못하는 문제점을 야기하고 있다.

이러한 문제점들은 결국 환경윤리에 대한 동양철학적 접근이 환경·생명 위기의 문제를 해결해나가는 데 있어서 구체적이고 실제적인 대안으로 자리매김하지 못할 뿐만 아니라, 일시적 유행 사조나 추상적 담론의 수준에 머무르게 되는 한계점을 야기한다고 말할 수 있다. 물론 이러한 문제는 적어도 30~40년 이상의 역사를 갖고 있는 서구 환경철학에 비해 10년도 안 되는 짧은 연구 기간에 주원인이 있다. 사실 환경윤리에 대한 동양철학적 접근은 걸음마 단계에 있다고 해도 과언이 아닐 것이다. 그렇다 하더라도 동양철학을 바탕으로 새로운 환경윤리를 정립하고 생명 위기를 해결할 수 있는 실제적 대안으로 자리매김하기 위해서는 위

73) 이동희, 「한국 성리학의 환경철학적 시사」, 34쪽 참조.
74) 한예원, 「양명학의 萬物一體觀에서 본 '생명윤리'」, 133쪽 참조.
75) 황갑연, 「21세기 유가철학의 발전 방향」, 187쪽 참조.

에서 제시한 문제들을 해결하고 넘어가야 한다.

이 시점에서 우리는 이효걸과 장회익의 다음과 같은 주장에 귀 기울일 필요가 있다. 이효걸은 환경운동은 기술과학과 실천윤리와 철학이 유기적으로 연결되어 추진되어야 할 뿐만 아니라 이제 동양적인 것과도 변증적 종합이 이루어져야 할 단계에 이르렀다고 전제하면서 다음과 같이 말한다.

> 동양의 지혜가 옳다고 하는 것은 서양의 지식을 배제하자는 의미도 아니고, 서양의 과학적 방법과 기술에 한계가 있다는 것이 동양의 공부론과 명상적 지혜로 돌아가야 한다는 의미도 아니다. 타자에 대한 부정이 자기의 정당성을 입증하지 못하듯 이 타자에 대한 긍정 또한 자기의 부당성을 입증하지 못한다는 사실을 역사적 교훈을 통해 배웠다면, 앞으로 올바른 길은 동서양 모두 자기 긍정과 자기 부정을 통해 무한한 자기 발전으로 나아가는 것이 아닐까?[76]

장회익 또한 동양 학문의 입장에서는 자신의 기존 개념의 틀을 고수하지 말고 서구 과학적 이해의 틀을 과감히 도입하여 이해를 추구할 것이며 이를 바탕으로 삶의 본연의 의미를 추구해나가도록 하는 유연성을 발휘해야 할 것이라고 전제하면서 다음과 같이 주장한다.

> 동양의 문화적 유산 위에 현대 과학을 얹고 다시 변증법적인 도약의 법칙에 따라 새 문화를 창조해낼 수 있으리라는 것이다. … 이는 단순히 기존 학문을 종합하는 것이 아니라 이들을 새로운 구도에 따라 하나의 유기적 체계로 묶어냄으로써 우주와 인간에 대한 전일적인 이해를 가능하게 하고 이를 통해 동양사상이 그 동안 애써 찾으려 했던 바른 삶의 지혜를 획득할 수 있도록 해야 하는 것이다.[77]

---

76) 이효걸, 「생태론의 빛과 그림자」, 280쪽.

77) 장회익, 『삶과 온생명』, 392~394쪽.

이효걸은 동양철학 전공자의 입장에서 동서철학의 변증법적 종합의 필요성을 역설하고 있으며, 장회익은 과학자의 입장에서 동양의 전통사상과 현대과학의 변증법적 도약의 필요성을 말하고 있다. 분명 생명 위기는 국지적인 문제도 아니며 철학적 · 윤리적 담론만으로 해결될 수 있는 문제도 아니다. 생명 위기는 전 지구적 인류 공동의 문제이며, 인문 · 사회 · 자연과학 나아가 전통과 현대 그리고 동양과 서양의 상호 협력과 보완을 통해 해결될 수 있는 문제이다. 동양철학에 대한 절대적 긍정이나 절대적 부정만으로 생명 위기의 문제는 해결되지 않는다. 우리는 동양철학이 내재하고 있는 유기체론적 · 생태론적 특성들을 충분히 밝혀내는 작업과 동시에 서양철학 그리고 자연과학과의 유기적인 보완과 공조 작업을 통해 생명 위기 문제 해결에 한 발 더 다가설 필요가 있다.

현대 생명 위기의 문제를 해결해나가는 과정에 있어 자연계에 대한 합법칙적 질서를 탐구해온 과학과 이성주의를 부정하고 다시 중세의 정령주의나 신비주의로 회귀하는 우를 범해서는 안 된다. 현 시점에서 필요한 것은 자연과 인간의 관계에 대한 새로운 인식이다. 자연과 인간은 분리되어 있는 것이 아니라 상호 연결되어 있는 하나의 생명체라는 인식, 중세와 같이 자연에 정령이 있기 때문에 두려워서 자연을 파괴하지 않는 것이 아니라 생명 본질이기 때문에 자연을 파괴하지 아니하고 존중하며 살려나가야 한다는 인식의 전환이다. 이를 위해서는 자연계의 합법칙적 질서를 인정하고 이를 끊임없이 탐구해온 근 · 현대 자연과학과 이성주의를 통해 자연계와 인간의 생명 현상을 충분히 이해하는 바탕 위에, '인간과 자연의 친화적 · 유기적 · 호혜적 관계', '자연을 인간 삶의 동반자' 나아가 '인간의 전체 생명'으로 보는 동양의 전통사상의 생명철학적 특성을 새롭게 체계화할 필요성이 요구된다.

제2절 양명학 연구에 대한 반성

일반적으로 전통적인 동양철학에서는 자연계를 하나의 '유기적인 생명의 관계망'으로 본다고 하는 점에서 기계론적 세계관과는 차이점을 드러낸다. 또한 동양의 전통사상이 대체적으로 일원론적, 생태론적, 유기체론적이라고 평가되듯, 동양철학은 개체 중심적 생명관보다는 '전체중심적 생명관' 또는 '생태론적 세계관'의 경향을 지니고 있다. 이러한 입장을 가장 잘 표현해주는 이론이 바로 '만물일체론萬物一體論'이다. 만물일체론은 유가, 도가, 불가의 근본적 사상이라고 말할 수 있으나, 송대宋代 유가儒家의 만물일체론은 도가와 불가의 만물일체론을 초극超克하여 형성된 것으로, 유가사상 전개에 있어 최고봉에 도달한 왕양명의 양지설良知說 또한 최후에 '만물일체의 인仁'으로 귀결된다고 평가된다.[78]

그럼에도 불구하고 그 동안 생명 위기 문제를 해결하기 위한 방안을 탐구해나가는 과정에 있어 동양사상에 대한 새로운 관심과 접근은 유학보다는 불교와 도가에 편중되어 있었다. 이는 유학을 '인간중심주의'라고 보는 데서 연유한 것이 아닌가 생각된다. 그러나 유학을 인간중심주의라고 하더라도, 이는 생태계 파괴를 초래한 서구 근대의 인간중심주의, 즉 모든 가치는 인간적 가치이며 인간 외의 모든 존재는 인간적 가치를 실현하기 위한 단순한 도구·수단에 지나지 않는다는 신념과는 본질적으로 다르다. 유학에서는 인간과 자연의 관계를 대립적 관계로 파악하지

78) 岡田武彦, 「儒教的萬物一體論」, 『儒學國際學術硏討會論文集(上)』(中國孔子基金會/新加坡東亞哲學研究所編, 齊魯書社, 1987), 18쪽 참조.

아니하고 만물일체의 구도 속에서 상생相生·조화造化의 '상보적相補的 관계'로 파악한다. 다만 인간과 자연의 관계를 파악함에 있어 인간을 중심으로 놓고 자연세계의 생명 창생·양육 과정에 있어 인간의 중추적인 역할과 사명을 중점적으로 논의하고 인간의 책임을 강조하고 있는 것이 특징이다.

특히 "천지만물과 사람은 본래 한 몸이다"(蓋天地萬物與人原是一體),[79] "사람은 천지만물의 마음이며, 마음은 천지만물의 주체이다"(人者, 天地萬物之心也, 心者, 天地萬物之主也)[80]라고 주장하는 명대明代 유학자 왕양명王陽明(이름은 수인守仁, 자는 백안伯安, 통상 양명선생陽明先生이라 불린다. 1472~1528)의 '천지만물일체설天地萬物一體說'은 동양 전통사상의 결실이라고 말할 수 있다. 양명은 초년에 주희의 격물설格物說을 탐구하던 중 주희 격물설이 물리物理와 오심吾心을 양분하는 문제가 있다는 사실에 회의를 느끼면서 불교와 도교를 섭렵하고, 유배지 용장龍場에서 주희의 성즉리설性卽理說과 선지후행설先知後行說에 대응하는 '심즉리설心卽理說'과 '지행합일설知行合一說'을 제창함으로써 인간의 주체성과 실천성을 핵심으로 하는 '심학心學'을 정립한다. 그러나 양명은 이에 머물지 아니하고 변방에서 생사환난生死患難의 고난을 겪는 삶의 체험을 바탕으로 말년에 '치양지설致良知說'과 '친민설親民說' 그리고 '천지만물일체설'을 제창함으로써 우주론과 인간론 및 실천론을 일원화시키는 자신의 독창적인 역동적 '생명철학'을 완성한다.

심즉리설, 지행합일설, 치양지설로 대표되는 양명학은 선진유학의 세계관은 물론 송대 유학의 세계관을 비롯하여 도가와 불가의 사상을 포섭하고 있는 '원융회통圓融會通'의 철학이라고 평가된다.[81] 특히 양명의 천지

---

79) 『傳習錄』(下), 「黃省曾錄」, 274조목.

80) 『王陽明全集』(上海: 上海古籍出版社, 1992), 권6, 「答李明德」, 214쪽.

81) 송하경, 「王陽明의 儒佛道 思想背景에 關한 硏究」, 『東西哲學硏究』, 창간호(동서철학연구회, 1984), 143쪽 참조.

만물일체설은 『예기禮記』, 「예운편禮運篇」은 물론 정호程顥와 장재張載의 만물일체론을 집대성하고 양지良知를 근본으로 하여 심원광대深遠廣大하게 변화시켰다고 평가된다.[82] 따라서 양명학은 선진유학에 그 뿌리를 두어 현실 긍정과 인간성의 구현을 추구하는 바탕 위에 도가와 불가의 자연과 우주에 관한 문제의식을 수용하고 북송유학의 만물일체론을 체계화하여 선진유학을 전우주적 차원의 생명철학으로 새롭게 발전시킨 철학사상이라 할 수 있다.

근・현대에 이르러 한국・중국・일본 등 동북아시아 지역에서의 양명학 연구는 다양한 입장과 관점에서 진행되고 있다. 이러한 연구의 다양성은 유가와 불교・도교 삼가를 회통會通하는 양명학 자체의 다양성에서 그 원인을 찾을 수 있지만, 또한 양명학 연구자들이 당면한 시대적 과제의 다양성에서도 그 원인을 찾을 수 있다.

19세기 말엽부터 본격화된 서구문화와의 접촉은 동북아시아 지역이 겪었던 역사적 경험 가운데 가장 큰 충격이다. '서세동점西勢東漸과 동서문화의 융합融合이라는 시대적 조류에 어떻게 대응해야 할 것인가'라는 문제는 근대 동북아시아의 시대적 과제이다. 서구열강의 군사적 힘에 의한 강압적 문호개방이라는 방식으로 이루어진 서구문화와의 만남은 독립자강獨立自强을 위한 정치적 방안을 마련할 수 있는 새로운 사상체계의 건립을 요구하였다. 이때 양명학은 그것이 지닌 독특한 면모 때문에 서구문화를 주체적이고 능동적으로 수용하고자 하는 일군의 사상가들에 의해서 주목을 받게 된다.[83] 그러나 1990년대에 접어들면서 동북아시아 지역에서는 지난 세기 동안 진행된 민주화와 경제 성장을 바탕으로 근대화를 성공적으로 이끌어냄으로써 시대적 과제는 동서문화의 융합을 통한 근

82) 岡田武彦, 「儒家的萬物一體論」, 35쪽 참조.

83) 한정길, 「王陽明의 마음의 철학에 관한 硏究」(연세대 박사학위논문, 1999), 5쪽 참조.

대화 문제에서 새로운 시대 문제인 '생태계 위기'를 포함한 '생명 위기'의 문제로 점차 전환한다. 전자가 동북아시아 지역에 한정된 과제였다고 한다면, 후자는 어느 한 지역에 국한된 문제가 아닌 전인류 또는 전 지구적 차원의 과제이다.

비록 시론적 단계이기는 하지만, 양명학을 통한 생태계·생명 위기의 문제를 해결하고자 하는 시도들이 점차 활성화되고 있다. 이에 필자는 왕양명의 생명철학을 체계적으로 다루기 전에 먼저 기존의 양명학 연구 성과물들의 연구 경향을 개괄적으로 살펴봄으로써, 현시점에서 양명학에 대한 새로운 탐구가 왜 필요하며, 앞으로의 양명학 연구가 어떠한 방향으로 진행되어야 하는가에 대한 문제를 풀어가 보고자 한다. 근·현대 양명학 연구는 크게 한국학계에 가장 많은 영향을 미친 중국학계의 연구 경향과 한국학계의 연구 경향으로 나누어 살펴보고자 한다.

1. 중국학계의 양명학 연구

근·현대 중국학계에서 이루어진 양명학 연구는 '도덕적 형이상학과 도덕실천철학', '주관유심주의와 봉건예교', '1990년대 문화다원주의의 입장' 등 크게 세 가지 경향으로 나누어 볼 수 있다.

첫째, 대체적으로 양명학을 중국 유학의 완성으로 간주하고 양명학의 기초 위에서 서구문화를 흡수하고자 하는 대만과 홍콩 학계의 연구 경향을 들 수 있다. 대표적인 학자들로는 슝스리(熊十力), 머우쭝산(牟宗三), 탕쥔이(唐君毅), 차이린호우(蔡仁厚) 등이 있는 바, 이들은 양명학을 '도덕적 형이상학' 또는 '도덕실천철학'으로 정립해나간다.

머우쭝산은 정주학程朱學(정이천과 주자의 학문)은 지식의 문제와 성덕成德의 문제를 혼합하여 도덕에 철저하지 못하고 도덕의 본성을 밝힐 수 없었기 때문에 송명유학의 방지旁枝이자 선진유학의 기출岐出, 즉 '횡섭橫攝 계통'의 별자別子인 반면, 육왕학陸王學(육상산과 왕양명의 학문)은 공맹을 직승한 '종관縱貫 계통'의 선진유학의 정종正宗이자 송명유학의 대종大宗이라고 평가한다.[84] 그는 양명학이 인의仁義의 도덕본심道德本心을 사람이 본래 갖추고 있는 내재적인 도덕성으로 간주하는 맹자학에 속하는 것으로 규정한다. 양명학의 심즉리心卽理의 심心은 심리학적 심이 아니라 맹자의 본심, 즉 초월적인 본연의 도덕심道德心으로서 인간의 내재적인 도덕성이다. 아울러 양명의 양지良知는 맹자의 양지를 발전시킨 것으로 인仁·의義·예禮 및 도덕상의 시비是非를 알 수 있는 인간의 능력이며, 이러한 양지는 칸트가 말한 '초월적 도덕본심道德本心'이라고 하여, 머우쭝산은 칸트의 윤리학적 입장에서 양명학을 정의한다. 양지가 천지만물 전체와 서로 감응한다는 점에서 양지는 절대보편성을 함유하며, 양지는 도덕실천의 근거일 뿐만 아니라 일체 존재의 존재론적 근거가 된다는 점에서 양지는 형이상학적 실체의 의미를 지닌다. 이러한 이유로 머우쭝산은 양명학을 '도덕적 형이상학'이라고 규정한다.[85] 이러한 머우쭝산의 입장을 계승한 차이런호우 또한 양명학의 종지宗旨는 양지를 향외向外로 확충하는 '치양지致良知'라고 전제하고, 치양지는 구체적이고 실제적인 '도덕실천철학'이라고 규정한다.[86]

둘째, 중국철학사는 유물주의唯物主義와 유심주의唯心主義의 투쟁사라는 기본 입장에서 재조명하면서 양명학을 주관유심주의主觀唯心主義로 규정함과 아울러 봉건 지배 이데올로기를 공고히 하기 위한 '봉건예교' 또는 '강상윤리'라고 규정하는 1990년대 이전의 중국 대륙 학자들의 연구 경향이다.

대표적으로 호우외이루(侯外廬)는 양명이 중국 주관유심주의를 집대성

84) 牟宗三, 『心體與性體(一)』(臺灣 正中書局, 民國 78), 19, 49~54쪽 참조.
85) 牟宗三, 『從陸象山到劉蕺山』(臺灣 學生書局, 民國 73), 216~223쪽 참조.
86) 蔡仁厚, 『王陽明哲學』(臺灣 三民書局, 民國 81年), 序文의 내용.

하였다고 평가한다. 양명학에 있어서의 리理는 모두 봉건 도덕률을 가리키는 것으로, 양명은 도덕 관념의 근원 문제에 있어 존재와 의식의 주종관계를 뒤엎고 봉건 도덕의 생산을 봉건 도덕의 일방적인 주관 의식을 이행하는 것으로 왜곡시켰으므로 이는 주관유심주의 세계관의 필연적인 결과라고 혹평한다.[87] 한편 런지위(任繼愈)는 양명이 대관료・지주의 입장에서 명왕조明王朝의 위기를 구하기 위해 잔혹하게 농민반란과 소수민족의 항거를 진압하였다고 비판하면서, 양명의 주관유심주의 철학 이론은 지주계급이 직면한 정치 위기를 구하고 봉건 통치의 요구를 공고히 하기 위하여 제출된 것이라고 평가한다.[88]

셋째, 1990년대 이후 '문화다원주의 입장'과 '서양현대철학과의 비교적 시각'에서 양명학의 특성을 파악하려는 천라이(陳來)와 양구오룽(楊國榮) 같은 중국 대륙 학자들의 연구 경향이다.[89] 이들은 기존의 양명학에 대한 비판 일변도의 입장에서 벗어나, 일면으로는 홍콩・대만과 구미 지역에서 활약하는 현대신유가들의 입장을 수용하여 양명학이 지니는 순수철학적 요소와 시대정신 등 양명학의 긍정적 요소를 새롭게 부각시키고 있다. 다른 일면으로는 현대철학의 방법론들을 적극적으로 도입하여 폭넓은 시각에서 양명학의 내재적 가치와 중국사상사에서 차지하는 역할을 새롭게 조명하고 있다.

먼저 천라이는 『유무지경有無之境』에서 양명의 심학 제창은 명明 중기

---

87) 侯外廬 外, 『宋明理學史(下)』(中國 人民出版社, 1986), 201~265쪽 참조.

88) 任繼愈 主編, 『中國哲學史(三册)』(中國 人民出版社, 1979), 296~297쪽 참조.

89) 이 시기 다음과 같은 양명학 전문 서적들이 출간되었다. 楊國榮, 『王學通論－從王陽明到熊十力』(中國 上海三聯書店, 1990), 陳來, 『有無之境－王陽明哲學的精神』(中國 人民出版社, 1991), 趙士林, 『心學與美學』(中國 社會科學出版社, 1992), 楊國榮, 『心學之思』(北京 三聯書店, 1997), 劉宗賢, 『陸王心學研究』(山東人民出版社, 1997), 郭長智, 『王學聖地話王學』(貴州人民出版社, 1999), 『王學之思』(貴州民族出版社, 1999), 『王學之路』(貴州民族出版社, 2000), 錢明, 『陽明學的形成與發展』(江蘇古籍出版社, 2002), 『王學之魂』(貴州民族出版社, 2005) 등.

봉건통치계급이 부패하고 정주리학이 점차 경직되어 가는 상황에서 출현한 사상운동으로 시대적인 의미를 지닌다고 평가한다. 그는 양명이 도덕적 주체성을 고양하고 '심외무리心外無理', '치극양지致極良知', 그리고 '인자여물동체仁者與物同體'를 통해 유학 고유의 '유有'의 경계境界를 지극한 데까지 끌어 올렸으며, 또한 유가의 입장에서 출발하여 불가와 도가의 생존지혜生存智慧를 충분히 흡수함으로써 유아지경有我之境과 무아지경無我之境을 결합해내고, 자신의 생명生命 체험을 통해 북송이래 유학이 견지해온 입세入世적 가치 이성을 완성했다는 점에서 양명학의 의의를 찾는다.

그리고 양구오롱은 『심학지사心學之思』에서 정주리학에서는 성체性體를 제일원리로 하는 형이상학에 근거하여 성인이 되는(爲聖) 방법을 탐구한 반면, 양명은 '심체心體'를 제일원리로 하여 성인이 되는 방법을 탐구하였다고 하는 기본적 입장에서 양명 심학을 고찰한다. 그는 양명이 심체와 인간 존재의 내적 연관성을 긍정하는 입장에서 출발하여 정통리학에서 본체세계와 인간 자신의 존재를 분리해서 고찰하는 방식을 거절하고, 성체로부터 심체로의 전환, 즉 초월적인 형이상의 본질로부터 개체존재로 회귀하였다고 하는 점에서 양명학의 주요 특성을 찾는다. 초월적인 천리天理가 아닌 개체 양지良知로서 행위를 인도하는 것은 행위에 대한 외재적 강제성을 지양하는 것이자 본질상 주체의 내재적 요구를 표현하는 것으로서, 주자학으로부터 양명 심학으로의 사상사적 전환은 이념윤리로부터 '덕성윤리'로의 전환을 의미한다. 보편성 원칙만을 지나치게 나타내는 성체와 달리 심체는 동시에 개체성의 원칙을 함유하기 때문에, 주체의 내재적 덕성에서 체현되며 또한 구체적 존재인 '나'로부터 전개되기 때문에, 양명 심학에 있어 성기成己와 성성成聖은 내재적 일치성을 갖는 특징을 지닌다. 그는 또한 양명의 만물일체설萬物一體說은 자아自我와 군체群體, 존재와 공존共存의 관계를 분리로부터 융합시키고, 논리적으로 개체원칙이 과도하게 강화되는 가능성을 억제하였다는 점에서 이론상의 의미를 지니고 있다고 평가한다.

이상에서 살펴본 바와 같이, 근·현대 중국학계에서의 양명학 연구는 양명학이 유가철학의 대종大宗이며 서양사상에 대응하면서도 이를 융합해낼 수 있는 유일한 기초라는 절대 긍정에서부터 근대화에 역행하는 봉건지배이데올로기로서 타도의 대상이 된다는 절대 부정에 이르기까지 다양한 양상으로 전개된다. 이는 양명학 연구자들이 처한 서로 다른 시대적 배경과 문제의식에서 연유한다.

2. 1990년대 이전 한국학계의 양명학 연구

양명학이 한반도에 처음 전래된 지 어느덧 500여 년의 세월이 흘렀다. 양명학은 전래 초기부터 이황李滉(1501~1570)에 의해 선학禪學보다 더한 배척의 대상으로 규정되고, 이후 퇴계 문하에 의해 '이단異端', '사문난적斯文亂賊'으로 배척받으면서 고난과 시련의 역사를 시작하였다. 그러한 시련과 고난 속에서도 양명학은 이요李瑤, 장유張維(1587~1638), 최명길崔鳴吉(1586~1647) 등에 의해 수용되고, 나아가 정제두鄭齊斗(1649~1736)와 강화학파江華學派에 이르러 한국양명학으로 꽃을 피우게 된다. 이들은 한결같이 당시 병자호란과 임진왜란을 거치면서 보여준 주자학적 대의명분大義名分의 허위의식과 비주체성 및 실천성의 부재 등을 비판하고 양명학적 양지론良知論과 지행합일설 그리고 인간평등론 등에 근거하여 실심實心, 실질實質, 실리實理, 실사實事의 정신과 주체성, 실천성 및 자주성을 회복함으로써 당시 시대 문제를 해결하고자 하였다.

이후 근·현대에 있어 한국에서의 양명학 연구는 크게 세 시기로 나누어 살펴 볼 수 있다. 첫째는 중세에서 근대로의 전환점, 즉 19세기 말 서세동점의 한말전환기에 양명학을 통해 서구문화에 대한 대응이라는 동북아시아의 공통적 과제와 일제로부터의 국권회복이라는 민족적 과제를 해결하고자 한 시기이다. 둘째, 정인보 이후 1950・60년대 침체의 늪에 빠져있던 양명학 연구가 송하경, 김길락, 송재운 등 몇몇 선구적인 학자들에 의해 새롭게 연구되기 시작한 1970・80년대이다. 이때에는 주로 대만 학풍의 영향으로 양명학을 '도덕형이상학' 또는 '도덕실천철학'의 입장에서 바라보는 경향이 지배적이다. 셋째, 1990년대 이후 현재에 이르는 시기로 양명학 연구자와 연구 성과의 괄목할 만한 양적・질적 성장은 물론 양명학 연구의 심화와 다양화 등 '현대한국양명학의 토착화 시기'이다. 이 시기에는 양명학 연구자의 연구 배경, 관점 그리고 문제의식에 따라 도덕실천철학, 사회철학, 환경철학, 예술철학, 교육학, 신학, 철학상담, 심리학, 여성학 등 다양한 측면에서 양명학이 연구된다.

1) 한말 전환기의 양명학

19세기 말 한말 전환기의 양명학 연구의 대표적 인물로는 박은식朴殷植과 정인보鄭寅普를 들 수 있다. 국권회복이라는 민족적 과제에 직면한 박은식(1859~1925, 호는 백암白巖, 겸곡謙谷)은 51세(1909) 때 양명학에 입각한 유교개혁을 주장하는 「유교구신론儒教求新論」을 발표하였다. 또한 52세 때에는 주자학을 지리한만支離汗漫하다고 비판하고 간이직절한 양명학 수용의 필요성을 역설하는 「왕양명선생실기王陽明先生實記」를 발표하면서, 양명학의 대중화를 통한 국권회복을 주장한다. 박은식은 세상사람 모두가 본연한 양지를 동일하게 품수하고 있다는 '인간평등론'에 근거하여 '민권신장론'과 사상의 자유를 강력하게 주장하는 한편, 개개인의 자립화와 인간의 주체성을 근본으로 하는 '자주정신' 계발을 강조하고, 자주정신의 확대를 통하여 국가와 민족의 '자주독립'을 쟁취해야 한다고 주장한다.[90] 나아가 박은식은 양명학을 본령학문으로 수용하여 서구 문명의 장점을 주체적으로 수용하는 한편, 적자생존의 사회진화론에 바탕을 둔 제국주의 이론이 한일합방이라는 현실로 드러나자 양명학의 「발본색원론拔本塞源論」에 입각한 '대동사상大同思想'을 제창하여 약육강식의 제국주의 논리를 '세계평화의 논리'로 전환시킴으로써 새로운 '인류 공존의 길'을 모색하였다고 평가된다.[91] 이러한 박은식의 양명학 연구의 성과는 양명학을 단지 인간 개인의 도덕실천 문제로 국한시키지 아니하고 국권회복과 자주독립과 같은 사회・국가적 차원의 문제로 확대시켰다는 점에서 찾을 수 있다.

강화학파의 마지막 맥을 이은 정인보(1893~1950, 호는 위당爲堂)는 1930년 『양명학연론陽明學演論』을 저술하여 국내에서 최초로 양명학과 중국양명학파는 물론 조선의 양명학파를 체계적으로 정리・소개하는 괄목할 만한 성과를 남겼다. 이 책에서 정인보는 과거 수백년간의 조선의 역사는 실심實心과 실행實行을 떠난 허虛와 가假로써 연출한 자취이며 온 세상에 가득 찬 것은 가행假行과 허학虛學이라고 진단하면서, 실심인 양지良知의 회복을 통해 개인의 주체의식 확립과 한민족정신을 고취시키고 나아가 전인류의 화합을 꾀하고자 하였다. 그는 양명의 심학이 우리의 마음이 타고난 그 번밑대로 조그만 협사挾詐가 없이 살아가려는 공부라고 정의하고, 이 번밑 마음은 자신을 속일 수 없는 본심이자 양지이며, 양지의 주요 특성은 '감통感通'에 있다고 본다. 그는 양지를 천지만물과 '감통'하는 주체, 특히 생민의 아픔을 자신의 아픔으로 느끼는 통각의 주체로 규정하고, 명덕明德・친민親民하는 '치양지致良知'는 감통을 통해 민중과 아픔을 함께하는 일로서, 치양지는 국가 민중을 심내사心內事로 통감痛感하여 오

---

90) 『朴殷植全書』(단국대부설 동양학연구소, 1975) 下卷, 「告我學生諸君」, 「儒敎求新論」, 「王陽明先生實記」 등 참조.

91) 송석준, 「한말 전환기의 사상과 양명학: 백암 박은식의 사상을 중심으로」(『陽明學』 5호, 2001), 161~164쪽 참조.

직 말려 해도 스스로 마지 못하는 것을 이루는 것이라고 보았다. 정인보의 양명학 연구의 성과는 양명학에 대한 체계적 소개는 물론 양명의 천지만물일체설에 근거하여 민중의 고통과 고난을 자신의 고통과 고난으로 느끼는 본심 양지의 감통에 근거하여 당시의 시대적 과제를 해결하고자 하였다는 점에서 찾을 수 있다.

2) 1970년대와 1980년대 양명학 연구의 새로운 시작

한반도에서의 양명학은 '조선시대의 양명학'과 '현대 한국의 양명학'으로 크게 나누어진다. '조선시대의 양명학'과 '현대 한국의 양명학' 사이에는 학맥과 학파적인 연결 고리가 존재하지 않는다. 조선의 양명학은 조선의 패망, 그리고 일제 강점기를 거치면서 역사의 뒤안길로 사라졌다. 조선양명학의 마지막 인물이 바로 정인보이다. 1950년 정인보의 납북과 함께 조선양명학은 맥이 끊어졌다.[92] 현대한국양명학은 조선시대의 양명학이 계승・발전된 것이 아니다. 현대한국양명학은 1970년대에 새롭게 시작되어 현재에 이르기까지 지난 50년간 형성되고 발전된 현대적 의미의 양명학이다. 현대한국양명학은 1970년대 후반과 1980년대에 주로 대만과 일본에서 유학하고 돌아온 양명학 전공자들에 의해 한국에 유입・소개되었으며, 한국의 근대화와 산업화 문제들을 해결하기 위한 방안으로 연구되었다. 그리고 1990년대에는 국내의 자생적인 양명학 전공자들이 등장하여 '한국양명학회'(1995)를 창립하고 한국사회 나아가 인류가 직면한 현대적 문제들을 해결하기 위한 방안을 모색하는 연구로 발전해 나갔다. 그리고 2000년대와 2010년대에는 1980년대와 1990년대에 마련한 학문적 토대를 바탕으로 철학은 물론 교육학, 문학, 역사, 예술, 체

---

92) 정인보의 딸 정양완과 정인보의 제자 민영규가 정인보의 학문을 계승했다고 하지만, 현대 한국양명학 형성과는 관련성이 크지 않다.

육학, 심리학, 철학상담, 치유학, 신학 등 다양한 분야에서 폭넓은 양명학 전공자들을 기반으로 양질의 연구물들이 많이 생산되었다. 2000년대와 2010년대는 명실상부하게 대만, 일본, 중국의 양명학은 물론 조선시대의 양명학과도 차별화된 '현대한국양명학'의 시대를 열었다고 말할 수 있다. 1960년대부터 지금까지 지난 60여 년간 양명학과 관련하여 24권의 저서, 30권의 번역서, 49편의 박사학위논문, 85편의 석사학위논문, 487편의 학술논문을 포함하여 총 675종의 연구 성과가 있었다.

먼저 1970년대와 1980년대의 양명학 연구 성과에 대해 살펴보고자 한다. 정인보 이후 오랜 기간 침체의 늪에 빠져있던 한국에서의 양명학 연구는 1960·70년대 들어서야 비로소 연구물이 새롭게 나오기 시작한다. 구체적 논의에 앞서 양명학과 관련된 단행본과 번역서, 석·박사학위논문 및 학술논문을 총괄하여 연도별 연구 수량을 파악해 보면 <표1>과 같다.

〈표1〉 연대별 양명학 연구 문헌 유형별 통계표[93]

유형 / 연대	저서	원전 번역	외서 번역	국내박사 학위논문	해외박사 학위논문	석사 학위논문	학술 논문	계
1950	0	0	0	0	0	0	0	0
1960	0	0	0	0	0	0	4	4
1970	2	2	0	0	0	2	7	13
1980	0	0	1	2	5	13	37	58
1990	8	3	8	10	6	22	111	168
2000	7	6	2	9	3	30	160	217
2010	7	3	5	12	2	18	168	215
계	24	14	16	33	16	85	487	675

93) 본 통계표는 본서 부록 2. '국내 왕양명 연구 문헌 목록'에 수록된 자료를 바탕으로 작성한 자료임.

<표1> '연대별 양명학 연구 문헌 유형별 통계표'에서 볼 수 있듯, 국내에서의 양명학에 관한 연구는 해방(1945) 이후 1964년도까지 20년간 전무하다. 1965년에 이르러서야 양대년의 「주朱・왕王의 격치관格致觀과 그 학풍」이란 학술논문이 처음 출현한다. 이 논문을 이어 1966년에 이돈령의 「왕양명철학의 특성」, 1968년에 최증호의 「양명의 심학心學」과 조영록의 「양명사상에 있어서 「분分」의 문제」가 추가적으로 나온다. 양적으로도 빈약하지만, 그 내용 또한 양명학을 개괄적으로 소개하는 수준에 머물러 있다. 그렇다하더라도 이 4편의 논문은 수십 년간의 침묵을 깨고 양명학 불모지에 양명학을 소개했다고 하는 학술적 의미가 있다고 평가할 수 있다.

1970년대의 양명학 연구 성과물은 총 13종으로 비록 양적으로는 적지만, 2종의 저서와 2종의 『전습록傳習錄』 번역서가 간행되고 2편의 석사학위논문이 나오는 등 학술적으로 다소 진전이 있었다. 물론 저서 가운데 정인보의 『양명학연론陽明學演論』(삼성문화재단, 1972)은 그 내용이 1970년대의 연구 성과로 볼 수는 없지만,[94] 『양명학연론』이 단행본으로 간행됨으로써 이민수의 『양명학이란 무엇인가』(서문당, 1976)와 함께 1970・80년대 양명학에 대한 관심을 불러일으키고 양명학 연구의 기틀을 만들어 주었다는 점에서 학술적인 의의를 무시할 수는 없다. 그리고 『전습록』 번역서로는 김학주의 『중국사상대계 8: 주자・왕양명』(대양서적, 1972)과 송하경의 『세계의 대사상 30: 왕양명 전습록』(휘문출판사, 1974) 2종이 있다. 김학주 번역본은 『전습록』 상・중・하 가운데 중이 빠지고 상과 하만 번역 되고, 송하경 번역본은 상・중・하 모두 번역되었으나 원문이 실려

94) '양명학연론陽明學演論'은 1933년 9월 8일부터 12월 17일까지 『동아일보』에 발표된 내용으로 1955년 문교사文教社에서 『담원국학산고薝園國學散藁』를 간행하면서 제4편에 게재하였으며, 1983년 연세대학교 출판부에서 『담원정인보전집薝園鄭寅普全集』 6권을 간행하면서 제2권에 수록하였다.

있지 않은 한계가 있다. 그러나 이 두 권의 번역서는 『전습록』 원전조차 널리 보급되지 않은 한국 학계에서 이후 『전습록』을 바탕으로 양명학을 연구할 수 있는 초석을 마련해 주었다는 점에서 학술적으로 의미 있는 성과라고 할 수 있다. 그리고 1971년도에 양명학과 관련한 주제, 즉 김순임이 성균관대학교에서 「양명철학 연구: 치양지론을 중심으로」라는 주제로, 송하경이 대만국립대학臺灣國立大學에서 「陽明心學三綱領之研究」란 주제로 각각 석사학위를 받는 성과가 있었다. 이 외에 7편의 학술논문이 나왔는데 이 가운데 4편이 송하경의 논문이다. 그리고 송하경의 「왕양명 도덕철학중 치양지공부론」(1972), 「양명의 심즉리설과 성설性說에 관한 고찰」(1972)과 정대현의 「지행합일이란 무엇인가?」(1978)란 제목에서 알 수 있듯, 이 시기에는 양명의 3대 학설에 대한 논문들이 주를 이룬다.

비록 1970년대에 양명학에 관한 연구 성과가 있었다 하더라도 아직 본격적인 양명학 연구의 시기라고 말할 수는 없다. 1980년대에 들어 본격적으로 양명학 전공자들이 다수 등장함과 아울러 양명학에 대한 전문적이고 체계적인 연구 성과물들이 등장한다. 1980년대에는 비록 저서나 『전습록』 번역서는 없지만, 1편의 외국문헌 번역서와 7편의 박사학위논문과 13편의 석사학위논문 및 38편의 학술논문이 나온다. 번역서는 시마다 겐지(島田虔次)의 『朱子學と陽明學』이 김석근·이근우의 번역으로 『주자학과 양명학』(까치사, 1986)이란 제목으로 출간되었다. 일본의 양명학 연구 성과를 한국에 소개해 주었다는 점에서 의미가 있으며, 이후 1990년대까지 양명학 연구자들의 필독서로 활용된다. 1980년대의 가장 큰 성과는 바로 양명학 관련 박사학위논문이 나왔다는 점이다. 7편의 박사학위논문 가운데 4편이 대만에서 나온 박사학위논문이다.[95] 국내 박사학위논문은 송재

---

95) 崔完植의 「王陽明詩研究」(國立臺灣師範大學, 1984), 宋河璟의 「王陽明心學之研究」(國立臺灣師範大學, 1986), 鄭勝元의 「陽明哲學之研究」(臺灣文化大學, 1987), 李明漢의 「陽明'良知'概念之形成及其意義之義探討」(臺灣文化大學, 1988)이다.

운의 「왕양명 심학의 연구: 심즉리의 연원과 치양지를 중심으로」(동국대학교, 1985)와 박성기의 「왕양명의 치양지에 관한 연구」(동아대학교, 1985)가 있다. 그리고 <표2> '주제별 양명학 연구 분석 통계표'에서 볼 수 있는 바와 같이, 1980년대에 쓰인 학술논문의 경우 '양명학 형성과 개요' 관련 9편, '제사상과의 관련성 · 비교' 관련 11편, '3대 학설' 관련 10편 등 양명학의 원형과 본질을 탐구하는 연구가 주를 이룬다. 아직 현실 문제에 대한 응용 및 적용으로까지는 나아가고 있지 않다. 그리고 이 시기의 대표적인 연구자로는 송하경과 김길락 그리고 송재운을 들 수 있다. 송하경은 「王陽明心學之硏究」란 박사학위논문을 비롯하여 왕양명의 사상 전반을 다룬 4편의 학술논문을,[96] 김길락은 양명학과 제학문과의 관계 및 양명학의 주요학설을 주제로 한 6편의 학술논문을,[97] 송재운은 「왕양명 심학의 연구」란 박사학위논문을 비롯하여 양명학과 불교와의 영향관계를 밝힌 4편의 학술논문을[98] 각각 발표하였다. 이들은 1980년대 발표된 학술논문의 절반정도를 차지하고 있다. 연구 주제에 있어서도 '양명학의 형성과정과 배경', '유儒 · 불佛 · 도道 제학문과 양명학의 관련성', '양명학의 주요학설: 심즉리설心卽理說 · 지행합일설知行合一說 · 치양지설致良知說 · 친민설親民說' 등 양명학에 관련된 중요하면서도 기초적인 내용들이 총망라하여 다루어지고 있다. 이들은 현대 한국에서의 양명학 연구의 초석을 닦음과 동시에 1980년대 양명학 연구의 중심축을 이루었다고 평가할 수 있다.

96) 「만물일체관으로부터 본 왕양명의 발본색원론과 대학문大學問」(1982), 「왕양명의 유·불·도 사상배경에 관한 연구」(1984), 「왕양명의 양지설에 관한 연구」(1986), 「왕양명의 심즉리설 연구」(1987).

97) 「양명철학과 주자학의 관계」(1980), 「양명철학과 상산학의 관계」(1981), 「양명철학의 심즉리설에 관한 연구」(1982), 「양명철학의 지행합일사상에 관한 연구」(1985), 「양명철학의 치양지설에 관한 연구」(1986), 「왕양명의 친민사상에 관한 연구」(1987).

98) 「성즉리와 심즉리의 비교고」(1982), 「육조선六祖禪과 왕양명의 치양지」(1983), 「양명심학에 미친 선학禪學의 영향에 관한 고찰」(1984), 「양명학과 불교」(1987).

〈표2〉 주제별 양명학 연구 분석 통계표[99)]

연구 주제 \ 연대	1960	1970	1980	1990	2000	2010	계
1. 양명학 형성과 개요	2	0	9	16	10	9	46
2. 제사상과의 관련성 · 비교	1	2	11	18	40	32	104
3. 심즉리설	0	2	3	10	6	6	27
4. 지행합일설	0	2	3	6	6	6	23
5. 양지 · 치양지설	0	1	4	15	7	7	34
6. 경세사상	0	0	2	8	3	3	16
7. 수양론 · 공부론 · 교육론	0	0	0	10	22	26	58
8. 문학 · 예술 · 체육	0	0	2	6	10	10	28
9. 생명 · 환경 · 생태	0	0	0	12	26	17	55
10. 철학상담 · 심리학 · 치유	0	0	0	0	7	21	28
11. 현대사회문제	0	0	0	1	0	8	9
12. 기타	1	0	3	9	23	23	59
계	4	7	37	111	160	168	487

1980년대는 국내의 자생적인 양명학 연구자에 의한 독자적인 연구의 시기라기보다는 대만의 양명학이 유입 · 소개되고 대만 자료의 영향으로 양명학을 '도덕형이상학' 또는 '도덕실천철학'으로 바라보는 경향이 지배적이었던 시대이다. 예컨대 대만에서 석 · 박사 과정을 유학한 송하경은 한국에서의 양명학 연구가 결핍된 것을 통감하고 양명학에 대한 연구에 착수한다.[100)] 그는 왕양명의 심즉리설心卽理說은 인류의 윤리 도덕적 근원을 마음에서 구하고 윤리도덕의 근원을 인류 내심內心의 순수한 자연욕구에 두려는 의도이기 때문에 서양철학적인 절대적 유심론이라고 말할 수 없다고 단정한다.[101)] 양명의 양지良知는 절대존재 · 절대창조 · 절대인

99) 본서 부록 2. '국내 왕양명 연구 문헌 목록'에 수록된 자료를 주제별로 분류한 도표임. 많이 논문들이 한 영역이 아닌 2개 또는 3개 영역에 동시에 해당하는 경우가 있으나 논문의 내용과 성격을 참고하여 한 영역에만 포함시켰다.

100) 宋河璟, 「王陽明心學之硏究」(臺灣師範大 박사학위논문, 1986), 7쪽 참조.

101) 송하경, 「왕양명의 심즉리설 연구」(『유교사상연구』 2집, 1987), 141쪽 참조.

식・절대가치임과 동시에 양지의 속성은 자유와 통일이며, 양지의 본래 면목은 공아公我이자 또한 세계의 근원이며 주체・기준이다.[102] 이러한 양지를 확충・실현하는 치양지설致良知說은 객관세계를 사유의 대상으로 삼아 지식을 정립해 가는 지식 활동이 아니라, 자아와 세계 창조의 주체이자 동원動源으로서의 양지, 즉 자기 사유와 법칙의 척도, 세계의 창조와 변화 등 일체를 선험적으로 정합整合하고 있는 양지를 자각하고 확신하며, 아울러 자각하고 확신하는 자기 양지에 의해 세계를 창조하고 서술하는 실천 활동이라고 주장한다.[103] 송하경은 또한 '치양지'란 행위와 도덕 원리가 아닌 행위와 도덕 원리를 구체적인 사실 세계에서 실현하는 것이며, 치양지 공부는 이론이 아닌 철저한 실천과 실학實學이라고 하여, 양명학을 '실천철학'으로 규정하고 있다. 그는 결론적으로 양지 실현을 통해 이루어지는 자아는 개별적 자아가 아닌 만물일체의 자아, 즉 공아公我로서, 공아의 경계는 성인聖人・대인大人・인인仁人의 경계이며, 피아彼我・주객主客・심물心物・도기道器 등의 이원적 대립이 타파된 경계라고 주장하고 양명학을 '양지학良知學'으로 규정한다.[104)]

김길락 또한『상산학象山學과 양명학陽明學』서문에서 밝히고 있듯 1970년대 후반 한국학계의 양명학 불모 현상을 극복해 보겠다는 취지에서 양명학 연구에 착수한다.[105] 그는 양명학이 현실성 없는 형이상학적 사변에 머물지 아니한 현실적 실천을 근본으로 한 '실천철학'이며, 유심론이라고 하기 보다는 실천철학이라고 하는 것이 타당하다고 주장한다. 양명

---

102) 宋河璟,「王陽明心學之硏究」, 2~3쪽 참조.

103) 송하경,「왕양명의 치양지의 경계」(『유학연구』3집, 1995), 3쪽 참조

104) 宋河璟,「王陽明心學之硏究」, 197쪽, 217쪽, 및 255~256쪽 참조.

105)『상산학과 양명학』(예문서원)은 1995년에 발간되었다. 그러나 저자가 밝히고 있듯, 저자가 1978년 이후 두 차례에 걸쳐 2년 동안 대만의 국립대만사범대학에 있으면서 양명학에 관한 학술자료를 수집·정리하기 시작하여 발표한 1970년대 후반과 1980년대의 연구논문을 토대로 집필한 것이므로, 1980년대 연구 성과물로 보아도 무방하다.

학은 파악되는 존재(대상)보다 파악하는 존재(주체)를 더 중시, 자율적이고 능동적인 자각 존재가 본래적 존재로 복귀하는 것을 통해 양지를 이루게 된다는 치양지설致良知說을 중심으로 한 실천철학이라고 규정한다. 그의 양명학 연구의 성과 가운데 하나는 양명의 경세사상을 체계적으로 밝히면서 양명학의 근대지향적 성격을 면밀히 밝히고 있다는 점이다. 그는 서문에서 "양명은 과감하게 신분적 봉건 계급 체제에 도전하여, 양지良知를 근본으로 한 인간평등을 주장하고, 신분과 직업적 계층의식을 탈피하고자 사士 · 농農 · 공工 · 상商 '사민四民 평등론'을 제창하였다. 이러한 그의 주장은 신분적 봉건 계급 사회에서는 도저히 용납할 수 없는, 근대 지향적 사유 체계에 기반을 둔 사상이었다"고 평가한다. 그는 만물일체萬物一體의 인심仁心의 실천을 통해 현실 사회에서 안민安民, 보민保民, 교민敎民, 양민養民하는 양명의 친민親民 사상, 교육을 통해 덕성 양지를 계발하는 인류의 평등 교육의 기본 원칙과 직업의 전문화와 직업의 평등 의식이 전제되어 있는 교육 시책은 물론 당시 혼란한 사회를 바로잡기 위해 양명이 몸소 실천으로 옮긴 제민론 등의 근대 지향적 특성들을 체계적으로 밝히면서, 양명은 단순한 이론가나 이상주의자가 아니라 스스로 실천을 통해 자신의 이상을 구현한 실천 철학자라고 평가한다.

송하경과 김길락은 양명학을 주관유심주의로 보는 중국학자들의 입장을 반대하면서 대만의 머우쫑산(牟宗三) 계열의 입장에 따라 양명학을 '도덕실천철학'으로 규정하는 공통점을 지니고 있다. 1980년대 이들의 연구 성과의 의미는 주자학 일색으로 양명학 연구의 불모지와도 같은 한국학계에 양명학에 대한 체계적 소개와 더불어 현대양명학 연구의 풍토와 기반을 조성해 주었다는 점에서 찾을 수 있다. 다만 1980년대는 송하경 · 김길락 · 송재운 세 사람의 연구물이 연구 성과의 절반을 차지하고 있을 만큼 양명학 전공자 층이 그리 두텁지 못하다. 그리고 연구 성과의 대부분이 대만 학계의 연구 성과에 크게 의존하고 있으며, 양명학을 다룸에 있어 우리의 시대 문제와 관련된 자생적인 연구물이 아직은 나오지 않았다는 한계점을 지적할 수 있다. 그러나 1980년대의 연구 성과를 기반으로 꾸준히 성장·발전한 한국에서의 양명학 연구는 1990년대에 접어들면서 우리의 구체적 시대 문제와 관련한 자생적 연구물들이 나오는 등 새로운 단계로 접어들면서 1980년대의 문제점들을 해결해나간다.

3. 1990년대 양명학 연구의 다양화와 토착화

1980년대가 한국에서의 현대양명학 연구의 새로운 터전을 마련하는 시기였다고 한다면, 1990년대부터는 양명학 연구자와 연구 성과의 괄목할 만한 증가는 물론 양명학 연구의 심화와 다양화 등 '현대한국양명학의 토착화 시기'라고 말할 수 있다. 우선 <표1> '연대별 양명학 연구 문헌 유형별 통계표'를 살펴보면, 1990년대 저서 8권, 원전 번역서 3권, 외국문헌 번역서 8권, 국내 박사학위논문 10편, 해외 박사학위논문 6편, 석사학위논문 22편, 학술논문 111편으로 총 168종에 달한다. 이는 1980년대까지의 연구 성과물을 모두 합한 75종의 두 배가 넘는 바, 괄목할 만한 성장을 이루었다고 평가할 수 있다.

1990년대 연구 성과물을 저서, 번역서, 박사학위논문, 학술논문으로 나누어 살펴보고자 한다. 먼저 저서의 경우 총 8권이 출간되었다. 이 가운데 송재운의 『양명철학의 연구』(사사연, 1991)와 최재목의 『동아시아의 양명학』(예문서원, 1996)과 장성모의 『주자와 왕양명의 교육이론』(교육과학사, 1998)은 필자들은 박사학위논문을 단행본으로 출간한 것이다. 『양명철학의 연구』는 양명심학과 불교(화엄학, 선종)의 심설心說의 연관성을 체계적으로 다루고 있으며, 『동아시아의 양명학』은 한·중·일 삼국의 양명학의 전개와 특성을 다루고 있으며, 『주자와 왕양명의 교육이론』은 교육이론에 대한 비교를 통해 주자학과 다른 양명학의 특성을 밝히고 있다. 그리고 김길락의 『상산학과 양명학』(예문서원, 1995)은 '양명학의 형성', '왕양명의 철학사상', '왕양명의 경세사상'은 물론 '양명학의 전개'에 이르기까지 양명학을 총체적으로 조망함으로써 이후 양명학 연구자들의 길잡이 역할을 하였으며, 자료 또한 대만과 중국, 일본의 연구 성과들을 최대한 반영함으로써 한국에서 자생적인 양명학 연구가 싹틀 수 있는 기반을 마련해 주었다. 박연수의 『양명학의 이해』(집문당, 1999) 또한 '양명학의 형성 과정'과 '3대 학설', '영향 관계' 등 양명학을 총체적으로 소개하고 있으며, 특이할 만한 내용은 별도의 장에서 '왕양명의 군사사상'에 다루고 있다는 점이다. 그 외에 정동국 · 정덕희의 『공자와 양명학』(태학사, 1999)은 공자의 사상과 양명학의 연관성에 대해 다루고, 김순임의 『양명사상과 원불교』(원광대출판부, 1996)는 양명학과 원불교에 대한 비교를 다루고 있다. 그리고 최재목의 『양명학과 공생 · 동심 · 교육의 이념』(영남대출판부, 1999)은 1장 '한국에서의 양명학 연구성과의 회고와 전망', 2장 '양명학의 현대적 흐름', 3장 '공생의 원리로서의 심心', 5장 '왕양명 심학에서 아동교육론의 특질'에서 볼 수 있듯, 국내 · 외에서의 양명학 연구의 경향과 흐름을 소개하고 양명학의 현대적 적용 가능성을 모색하고 있다. 이상 1990년대에 간행된 8권의 저서는 양명학의 '형성 과정', '주요 이론 체계', '경세사상'은 물론 다른 사상(주자학, 불교, 원불교)과의 비교, 나아가 동아시아 삼국에서의 양명학파의 형성과 전개 등을 총체적으로 다룸으로써 1990년대 이후 한국에서 양명학 연구가 자생적으로 싹트고 성장함으로써 양명학 연구가 토착화를 할 수 있는 기반을 만들어주었다고 평가할 수 있다.

다음은 번역서 분야에 대한 분석이다. 이 시기 『전습록』의 경우 안길환과 김흥호의 번역서 두 종이 출간되었다. 안길환의 『신역新譯 전습록傳

習錄』(명문당, 1998)은 독립된 단행본으로 출간된 첫 번째 『전습록』 번역서라는 점에서 의의가 있다.[106] 다만 『전습록』 중권의 경우 서신 10편[107] 가운데 「고동교顧東橋에게 보낸 답신」과 「섭문울聶文蔚에게 보낸 답신」 2편만이 번역되고, 하권의 경우 어록 5편[108] 가운데 「황이방록黃以方錄」이 빠지고 4편만이 번역되어 있는, 미완의 번역서라는 아쉬움이 남는다. 또 다른 완역의 『전습록』 번역서를 기다려야 한다. 김흥호의 『양명학 공부』(솔, 1999, 2000)는 총 3권으로 구성되어 있다. 이 가운데 『전습록』 상권과 하권을 번역한 『양명학 공부(1)』과 중권을 번역한 『양명학 공부(2)』가 1999년에, 그리고 양명의 시문詩文을 번역한 『양명학 공부(3)』은 2000년에 각각 출간되었다. 이 책은 기독교적 관점에서 『전습록』과 양명의 시문을 강의한 내용을 엮은 책이다. 새로운 관점에서 『전습록』을 해설했다고 하는 점에서 양명학 연구의 새 지평을 열어주었다고 평가된다. 양명학 관련 외국문헌 번역서의 경우에는 총 16종 가운데 50%에 해당하는 8종이 1990년대에 출간되었다. 일본의 아라키 겐고(荒木見悟)의 『佛教と陽明學』(1979)이 김석근과 배영동에 의해 『불교와 양명학』(서광사, 1993과 혜안, 1996)이란 제목으로 각각 번역되었고, 중국의 양구오롱(楊國榮)의 『王學通論』(1988)이 송하경과 김형찬에 의해 『陽明學通論』(박영사, 1994)과 『양명학: 왕양명에서 웅십력까지』(예문서원, 1994)로 각각 번역되었으며, 대만의 차이런호우(蔡仁厚)의 『王陽明哲學』(1974)이 황갑연에 의해 『왕양명 철학』(서광사, 1996)으로 번역·출간됨으로써 동아시아의 양명학 연구 경향과 흐름과

---

106) 참고로 1970년대에 출간된 김학주의 『주자·왕양명』과 송하경의 『왕양명 전습록』은 '중국사상대계'와 '세계의 대사상'이라는 전집 속의 한 부분으로 들어가 있다.

107) 『전습록』 중권에 수록된 서신 10편 : 1. 答顧東橋書, 2. 答周道通書, 3. 答陸原靜書, 4. 答陸原靜書 又, 5. 答歐陽崇一, 6. 答羅整菴少宰書 7. 答聶文蔚, 8. 答聶文蔚 二, 9. 訓蒙大意示教讀劉伯頌等, 10. 教約

108) 『전습록』 하권에 수록된 어록 5편 : 1. 陳九川錄, 2. 黃直錄, 3. 黃修易錄, 4. 黃省曾錄, 5. 黃以方錄

특성을 파악할 수 있는 기반을 마련해 주었다. 그뿐만 아니라 서구권 저서 가운데 뚜 웨이 밍(Tu Wei-Ming)의 Neo-Confucian Thought in Action, Wang Yang-ming's Youth *(1472-1509)*(1976)가 권미숙에 의해 『한 젊은 유학자의 초상, 靑年 王陽明(1472-1509)』(통나무, 1994)으로 번역되고, 쥴리아 칭(Julia Ching)의 TO ACQUIRE WISDOM: The Way of Wang Yang-ming(1976)이 이은선에 의해 『왕양명의 길: 지혜를 찾아서』(분도출판사, 1998)로 번역되었다. 1980년대에는 대만 자료에 편중됨으로써 양명학 연구가 다소 획일화된 측면이 있었다면, 1990년대 들어서는 다양한 지역과 국가에서 간행된 양명학 관련 저서가 번역・출간됨으로써 양명학 연구에 있어 문제의식, 관점, 연구 방법 등이 대만의 획일적인 영향에서 벗어나 다양화의 길로 나아갈 수 있는 발판을 마련해 줌과 동시에 1990년대에 이미 다양화되고 있었다는 것을 반증해준다.

다음은 박사학위논문에 대한 분석이다. 1990년대는 양명학과 관련하여 국내에서 10편, 해외에서 6편, 총 16편의 박사학위논문이 나오는 바, 1970년대부터 2010년대까지 통틀어 양명학 관련 박사학위논문이 가장 많이 나온 시기이다. 해외의 경우 여전히 대만이 4명으로[109] 가장 많다. 그 외에 최재목이 일본에서[110] 김흡영이 미국에서[111] 각각 박사학위를 받았다. 박사학위분야에서 가장 괄목할 만한 성장은 국내박사가 10명이 배출되었다는 점이다. <부록2> '국내 왕양명 연구 문헌 목록'에 근거할 때, 국내의 경우 성균관대(양재열, 김세정), 서울대(김수중, 장성모), 충남대(양태

---

109) 鄭德熙, 「明嘉靖年間朱子學派批判王學思想硏究」(文化大學, 1990), 李相勳, 「王陽明工夫論之硏究」(東海大學, 1994), 田炳述, 「從理學到心學之發展看王陽明哲學的特色」(文化大學, 1995), 黃甲淵, 「心學的道德形上學硏究: 從心性論開展到形上學之探」(東海大學, 1996)

110) 崔在穆, 「東アジアにおける陽明學の展開」, 筑波大學校, 1991.

111) 김흡영, "Lantification and Lelificultioation: A Study of Karl Barth and Neo-Confuciation(Wang Yang Ming)," Berkely Univ., 1992

호, 오홍민)에서 각각 2명씩, 전북대(이준자), 동아대(김재구), 부산대(권오륜), 연세대(한정길)에서 각각 1명씩 배출 되는 등 전국적으로 분포되어 있다. 이를 통해 양명학 연구가 특정 지역에 한정되지 않고 전국적으로 확대되었다는 점과 양명학 전문 연구자 층이 두터워졌다는 점을 알 수 있다. 그리고 국내에서 양명학을 전공하는 다수의 박사들이 배출되었다는 점은 국내에서의 자생적인 양명학 연구와 함께 양명학 연구의 토착화가 가능해졌다는 것을 말해 준다. 자생적인 양명학 연구와 토착화는 다양한 박사학위논문 주제는 물론 대만이나 일본 학계와는 차별화된 문제의식 및 연구 방법론에서도 나타난다. 예컨대 김수중의 「양명학의 대동사회의식에 관한 연구」(서울대, 1991), 장성모의 「교육이론으로서의 주자학과 양명학」(서울대, 1993), 오홍민의 「양명철학에 있어서의 인간주체성에 관한 연구」(충남대, 1993), 권오륜의 「양명학의 신체사상에 관한 연구」(부산대, 1997), 김세정의 「왕양명의 생명철학에 관한 연구」(성균관대, 1998), 한정길의 「왕양명의 마음의 철학에 관한 연구」(연세대, 1999) 등의 박사학위논문은 현대 한국사회가 직면한 다양한 문제의식에서 시작하여 이를 해결하기 위한 방안으로 양명학을 재해석하고 재구성하려는 노력의 결과물이다. 그리고 국내는 물론 해외에서 취득한 박사학위논문을 종합적으로 고려할 때, 연구관점 또한 기존의 도덕철학의 관점은 물론 사회철학적 관점, 생명철학적 관점, 체육학적 관점, 신학적 관점 등 다양한 관점이 등장했다. 김수중은 「양명학의 대동사회의식에 관한 연구」에서 사회철학의 관점에서 양명의 도덕주의의 이면에는 강렬한 사회의식이 깔려있다고 전제하면서, 양명의 만물일체론은 치국治國·평천하平天下를 목적으로 하는 정치적·사회적 일체론一體論을 말하는 것이 주된 의도였으며, 이는 '대동大同'의 친애親愛의 이념에 다름 아니라고 평가한다. 또한 양명의 발본색원론에서 보여지는 갈등이 없는 유기체적 통일사회는 명대 사회의 기본적인 모순

인 각 계층간의 갈등을 반영한 것이며, 양명은 이를 해결하기 위해 '일체화된 유기체적 사회'를 주장하면서 주자학적인 정분론定分論과 계재적階梯的 사회관을 부정하고, 기능적 분업은 인정하면서도 인간의 근본적인 가치에 있어서는 사민四民(士·農·工·商)의 평등을 지향하는 '사민이업동도론四民異業同道論'을 주장했다고 한다. 그리고 한정길은 「왕양명의 마음의 철학에 관한 연구」에서 왕양명의 철학은 도덕적 주체성과 실천을 강조하는 철학이며 대립과 갈등의 현실을 구제하기 위한 하나의 해법이라고 전제하면서, 양명학은 양지에 의해 분열된 주체를 통일하고, 분열된 사회를 통합하며, 나아가서는 세계를 통일시킨 하나의 통일철학이며, 치양지致良知의 공부는 구체적인 일상사에서 끊임없이 양지를 실천하는 과정만 있기 때문에 양명학은 강력한 실천철학이라고 규정하면서, 타인의 완성을 통해서야 자기의 완성이 이루어진다는 양명의 발언은 자기 안에서만 갇혀 있는 오늘날 우리들에게 뼈아픈 자기반성을 요구한다고 하는 점에서 양명학은 현대적 의의를 지닌다고 평가한다. 나아가 김세정은 「왕명의 생명철학에 관한 연구」에서 양명학을 생명철학의 입장에서 총체적으로 재구성하고 있다. 전 지구적 생명 위기의 해법을 양명학의 핵심 개념인 양지良知에서 찾는다. 양지는 인간이 천지만물과 감응할 수 있는 감응의 주체이자 천지만물의 생명 손상을 인간 자신의 아픔으로 느끼는 통각의 주체라고 주장한다. 이 논문에서는 천지만물일체설을 중심으로 왕양명의 세계관·사회관·인간관을 조망하고, '심즉리설心卽理說', '지행합일설知行合一說', '양지설良知說', '치양지설致良知說', '친민설親民說' 등 양명학의 주요이론들을 생명철학의 입장에서 그 의미를 새롭게 고찰하고 있다. 이 논문은 양명학의 생태론적·유기체론적 특성을 중심으로 생명철학적 관점에서 양명학을 읽어냄으로써 그동안 양명학 연구가 인간과 사회문제에만 국한되었던 것을 탈피하여 자연세계를 포함하는 전 지구적 차원의 환경 · 생명문제에 대한 탐구로까지 확대시켰다는 점에서 학술적으로 의의가 있다.

마지막으로 학술논문에 대한 분석이다. 이 시기 총 111편의 양명학 관련 학술논문이 나왔다. <표2> '주제별 양명학 연구 분석 통계표'에 의하면, 양명학 형성과 개요가 16편, 제사상과의 관련성 · 비교가 18편, 심즉리설이 10편, 지행합일설이 6편, 양지 · 치양지설이 15편, 경세사상이 8편, 수양론 · 공부론 · 교육론이 10편, 문학 · 예술 · 체육 관련 6편, 생명 · 환경 · 생태 관련 12편, 기타 10편 등이 있다. 1980년대에 비해 연구주제와 분야가 매우 다양해졌다는 점을 알 수 있다. 몇 가지 주요한 성과를 살펴보면 다음과 같다. 첫째, 3대 학설 가운데 전기의 학설에 해당하는 심즉리설이나 지행합일설에 대한 학술논문보다는 후기학설에 해당하는 '치양지설'이나 '만물일체설'에 대한 학술논문이 상대적으로 많다는 점이다. 그 주된 이유는 1990년대 연구 경향이 양명학에 대한 원론적인 연구를 넘어 '양명학과 현실 문제의 만남'을 추구하는 데서 비롯되었다고 보인다. 1990년대에 한국은 1970 · 1980년대의 경쟁 성장과 민주화를 바탕으로 지역적인 근대화의 문제에서 전 지구적인 환경 위기와 생명 위기의 문제로 전환한다. 여기서 유기체론적 특성과 생태론적 특성을 풍부하게 함유하고 있는 양명학의 '만물일체론'과 '치양지'설이 주목 받게 되고, 양명학을 통한 환경 · 생명 위기 문제 해결을 위한 다양한 방안들이 모색된다.[112] 둘째, 연구 분야가 왕양명의 철학사상에 국한하지 않고 경세사상,[113] 군사사상,[114] 교육사상,[115] 체육사상[116] 등과 같은 다양한 분야로

112) 예컨대 김세정의 「왕양명의 생명중심의 유기체적 우주관」(1998), 한예원의 「만물일체에서 본 왕양명의 '생명윤리'」(1998), 김세서리아의 「자연과 인간의 새로운 대화 가능성: 왕수인의 치양지를 중심으로」(1998), 최재목의 「양명학과 환경윤리」(1998), 김세정의 「왕양명 친민설에 대한 생태론적 접근」(1999), 김길락의 「21세기 지구와 인류에 공헌하는 양명학」(1999) 등의 논문이 여기에 해당한다.

113) 대표적으로 김길락의 「왕양명의 경세사상 연구」(1994), 김성찬의 「강서江西지방

확대된다. 이 또한 양명학을 현실의 다양한 문제 해결을 위한 방안으로 확대 적용한 노력의 결과라고 할 수 있다. 대표적으로 김길락은 「왕양명의 경세사상 연구」에서 양명의 경세제민관經世濟民觀을 '친민론', '교육론', '정치론', '제민론'으로 나누어 양명의 경세사상을 총체적으로 소개하면서 양명을 단순한 이론가나 이상주의자가 아닌 몸소 실천을 통해 자신의 이상을 구현한 실천철학자로 그려내고 있다. 각론에 해당하는 군사사상과 관련해서는 박연수・조은영이 「왕양명의 군사사상」에서 양명의 '군사적 업적'을 비롯하여 '군사력 운용의 전략과 전술', '군사력 건설의 원칙' 등을 면밀하게 다루면서, 양명의 군사적 업적은 인명 피해를 최소화하며 무고한 선량한 백성들의 생명을 살리고 생업을 회복하여 민심을 수습하는데 있었으며, 이는 천지만물을 한 몸으로 삼는 인仁・양지를 실현하는 일이었다고 평가하고 있다. 교육과 관련해서 정성모는 「신유학의 도덕교육 이론」에서 양명의 지행합일설이 도덕교육에서 지니는 의미와 역할 가능성을 면밀하게 밝혀주고 있다. 체육사상은 권오륜이 「양명학의 체육철학적 접근」에서 서양의 심신이원론적 신체관과 대비되는 양명의 '심신일원론적 신체사상'을 소개하고, 양지를 미적美的 체험의 주체로 그려내고 있다. 이러한 다양한 분야에서의 양명학에 대한 접근의 공통점은 인간의 주체성과 실천성을 회복하고 생명을 살리는 방안으로 양명학을 그

통치체제의 이완과 왕양명의 대응」(1997), 이성구의 「왕양명과 강서사회: 양지·친민론의 전개를 중심으로」(1999) 등이 있다.

114) 대표적으로 박연수·조은영의 「왕양명의 군사사상」(1997), 송정수의 「정덕조正德朝의 향촌사회와 왕양명의 향약보갑제鄕約保甲制」(1994), 원정식의 「강서에서의 왕양명의 민병 조직과 운용」(1990) 등이 있다.

115) 대표적으로 이은선의 「페스탈로찌와 왕양명의 인간교육에 있어서의 종교적, 철학적 근거」(1990)와 장성모의 「신유학의 도덕교육 이론: 도덕교육 이론으로서의 주희의 선지후행설과 왕양명의 지행합일설의 관계」(1993), 목영해의 「급진적 구성주의와 양명학적 구성주의 관점의 비교와 구성주의적 도덕교육론」(996) 등이 있다.

116) 대표적으로 권오륜의 「양명학의 체육철학적 연구」(1995), 「양명학의 신체사상에 관한 연구」(1997), 「양명학의 체육철학적 접근」(1997) 등이 있다.

려내고 있다는 점이다.

이상에서 살펴본 1990년대의 연구 성과를 간략히 정리하면 다음과 같다. 첫째, 양명학 연구가 1970・1980년대와 같이 몇몇 특정인에 의해 이루어지는 것이 아니라 전국적인 규모로 확대되고, 또한 대만 유학에 편중되지 않고 일본・중국・미국 등으로 확대됨으로써, 양명학 연구자 층이 두터워짐과 동시에 다양화되었다는 점이다. 둘째, 연구주제가 왕양명의 철학사상에 국한되지 아니하고 교육・체육・예술・신학 등으로 폭넓게 확대되었다는 점이다. 셋째, 양명학을 통해 좁게는 현대한국사회 넓게는 인류가 직면한 시대 문제를 해결하기 위한 다양한 노력이 시도되었다는 점이다.

4. 2000년대와 2010년대 양명학 연구의 신지평

1990년대를 한국에서의 양명학 연구의 다양화와 토착화 시기라고 정의한다면, 2000년대와 2010년대는 1990년대의 다양화와 토착화를 기반으로 하여 '양명학 연구의 신지평을 연 시대'라고 평가할 수 있다. 지금부터는 2000년부터 2019년까지의 양명학 연구 성과물을 유형별로 나누어 간략하게 분석하고, 나아가 주제별로 나누어 주요한 연구 성과물에 대한 분석을 하고자 한다.

1) 2000년대의 양명학 연구 성과 분석

먼저 2000년대(2000~2009)에는 저서 7권과 번역서 8권, 박사학위논문 12편(국내 9편, 해외 3편), 석사학위논문 30편, 학술논문 160편을 포함 총 217종의 연구 성과가 나왔다. 1960년대부터 1990년대까지 40년간 나온 연구 성과물이 총 243종인 것을 고려할 때 양적으로 엄청나게 증가한 것을 알 수 있다. 2010년대에는 저서 7권과 번역서 8권, 박사학위논문 14편(국내 12편, 해외 2편), 석사학위논문 18편, 학술논문 168편을 포함하여 총 215종의 연구 성과물이 나왔다. 2019년도 후반기의 연구 성과물이 아직 포함되지 않은 것을 고려할 때, 2019년 후반기 간행물을 포함할 경우 2000년대와 비슷한 수준일 것으로 예상된다. 1960년대부터 지난 60년간 나온 총 675종의 성과물 가운데 2000년대와 2010년대의 성과물이 432종으로 3분의 2 정도의 분량에 해당한다. 일단 양적인 면에서 볼 때 한국에서의 양명학 연구는 시작의 단계를 넘어 본격적인 연구 궤도에 올랐다고 평가할 수 있다. 그리고 유형별에 있어서도 저서 14권, 원전 번역서 9권, 외국문헌 번역서 7권, 국내 박사학위논문 21편, 해외 박사학위논문 5편, 석사학위논문 48편, 학술논문 328편으로 모든 유형에 다양하게 분포되어 있다.

먼저 2000년대의 양명학 연구 성과물의 유형별 특징에 대해 간략히 살펴보고자 한다. 저서의 경우 2000년대에 총 7권의 양명학 관련 저서가 출간되었다. 이 가운데 『王陽明 철학연구』(청계, 2001)는 한국의 대표적인 양명학 전공자들이 왕양명의 철학을 현대적 감각에 맞게 재조명한 14편의 글을 「왕양명의 생애와 사상」, 「역동적 마음의 철학」, 「실천과 합일의 세계관」, 「다른 사상과의 관련성」 4부로 나누어 구성함으로써 한국에서의 양명학에 대한 새로운 차원의 이해와 방향을 제시해준 저서라고 평가할 수 있다. 그리고 유명종의 『왕양명과 양명학』(청계, 2002)과 최재목의 『왕양명의 삶과 사상 내 마음이 등불이다』(이학사, 2003) 또한 왕양명의 생애와 사상을 다양한 자료들을 활용하여 총체적으로 그려줌으로써 양명학 입문자들의 입문서와 길잡이로써의 역할을 하고 있다. 그리고 김세정의 『왕양명의 생명철학』(청계, 2006)과 박정련의 『왕양명의 마음의 예술, 음악 그리고 음악교육론』(민속원, 2007)은 본인들의 박사학위논문을 발전시켜 출간한 저서이다. 이 두 권 모두 생명철학과 예술철학의 관점에서 양명학을 새롭게 조망한 한국의 자생적 연구 성과물이라는 점에서 학술적으로 매우 의미가 있다.

다음은 번역물이다. 2000년대 번역서는 원전 번역서 6권과 외국문헌 번역서 2권이 출간되었다. 이 시기 가장 중요한 성과물은 정인재와 한정길이 『전습록』을 번역한 『전습록 실천적 삶을 위한 지침』(청계, 2001) 1과 2, 두 권이다. 이 번역서는 천룽지(陳榮捷)의 『王陽明傳習錄詳註集評』(1983)의 내용을 최대한 참고하여 『전습록』을 번역하고 해설한 번역서로서 지금까지 국내에서 나온 『전습록』 번역서 가운데 가장 우수한 번역서라고 평가할 수 있다. 이 시기에는 김흥호가 번역한 『양명학 공부 3』(솔, 2000)과 함께 정차근이 번역한 『전습록』(평민사, 2000)과 김학주가 번역한 『전습록』(명문당, 2005)을 비롯하여 정지욱이 번역한 『양명선생유언록』(소나무, 2009)이 출간되는 등 원전 번역서의 전성기라고 칭할만하다. 원전 번역서에 비해 외국문헌 번역서는 단 두 권에 불과할 정도로 매우 초라하다. 중국학계를 대표하는 천라이의 『有無之境』(1991)을 전병욱이 『양명철학』(예문서원, 2003)이란 이름으로 번역 출간하고, 일본학자 코지마 츠요시(小島毅)의 『朱子學と陽明學』(2004)을 신현승이 『사대부의 시대: 주자학과 양명학 새롭게 읽기』(동아시아, 2004)란 제목으로 번역 출간하여 중국과 일본 학계의 양명학 연구 경향을 알 수 있도록 해주었다.

다음은 박사학위논문과 관련한 내용이다. 박사학위논문의 경우 1980년대와 1990년대 국내가 12명, 해외가 11명이었던 반해, 2000년대 들어서는 국내가 9명, 해외가 3명, 2010년대에는 국내가 12명, 해외가 2명으로, 양명학 관련 박사학위논문이 해외에서는 계속해서 줄어드는 반면 국내에서는 꾸준히 증가하고 있다. 이는 해외에서 양명학을 수입하던 단계를 지나 한국에서 양명학을 자생적으로 생산하는 단계에 진입했음을 입증하는 것이라고 할 수 있다. 해외박사의 경우에도 <표3> '국내학자 양명학 관련 박사학위논문 해외 수여국 통계표'에서와 같이 1980년대와 1990년대에는 해외 박사 11명 가운데 대만 박사가 8명으로 가장 많았다면,[117] 2000년대와 2010년대에는 해외 박사 5명 가운데 대만 박사는 하나도 없고 중국 박사가 4명으로 가장 많다.[118] 이러한 변화는 1980년대와 1990년대 한국에서의 양명학 연구의 주된 관점이 대만 신유가 계열의 '도덕형이상학', '도덕실천철학'이었던 반면, 2000년대 들어서는 이러한 획일적 관점에서 벗어나 다양한 관점과 문제의식에서 양명학에 접근하는 연구 경향의 변화와 무관하지 않다고 할 수 있다. 이 시기 대표적인 박사학위논문으로는 만물일체론을 중심으로 양명철학을 재구성하고자 한 정갑임의 「왕양명의 만물일체론」(한국정신문화연구원, 2002), 양명학을 예술철학의 입장에서 새롭게 접근한 박정련의 「왕양명의 심학적 악론樂論」(영남대, 2003), 왕양명과 이나시오의 종교적 경험을 비교하여 오늘의 영성적 상황에 새로운 전망을 제시하고자 한 현재우의 「왕양명과 이나시오의 종교적 경험 연구」(서강대, 2007), 도덕교육에서의 양명학의 활용 방안을 모색한 석재홍의 「왕양명 양지론의 도덕교육적 의의」(경북대, 2009) 등이 있다. 이 논문들은 양명학에 대한 원론적 탐구나 철학적 담론에 머무르지 않고 철학, 예술, 종교, 교육 등 다양한 분야에서 현실적 문제들을 해결해 나가는데 있어 양명학의 역할 가능성을 모색했다는 점에서 공통점을 지니며, 현대한국양명학의 신지평을 여는데 중요한 역할을 했다고 평가할 수 있다.

---

117) 대만 박사로는 최완식, 송하경, 정승원, 이명한, 정덕희, 이상훈, 전병술, 황갑연이 있다.

118) 林洪兌, 「王陽明 四句教 硏究」(人民大, 2001), 金演宰, 「宋明理學和心學派的易學與道德形上學」(北京大, 2002), 朴吉洙, 「本體與境界之間: 王陽明心性說的本質與特征」(北京大, 2012), 朴炫貞, 「陽明學的體用與情」(北京大, 2018)

〈표3〉 국내학자 양명학 관련 박사학위논문 해외 수여국 통계표[119)]

연대 \ 수여국가	대만	일본	중국	구미권	계
1980	4	0	0	1	5
1990	4	1	0	1	6
2000	0	0	2	1	3
2010	0	0	2	0	2
계	8	1	4	3	16

마지막으로 학술논문에 대한 분석이다. 2000년대에는 총 160편의 양명학 관련 학술논문이 나왔다. <표2> '주제별 양명학 연구 분석 통계표'에 의하면, 양명학 형성과 개요가 10편, 제사상과의 관련성 및 비교가 40편, 심즉리설이 6편, 지행합일설이 6편, 양지・치양지설이 7편, 경세사상이 3편, 수양론・공부론・교육론이 22편, 문학・예술・체육 관련이 10편, 생명・환경・생태 관련이 26편, 철학상담・심리학・치유학 관련이 7편, 기타 23편 등이 있다. 1990년대와 비교해볼 때 양적인 면에 있어서 눈에 띄는 변화는, 제사상과의 관련성 및 비교 분야(1990년대 15편에서 2000년대 40편으로 증가)와 수양론・공부론・교육론 분야(10편에서 22편으로 증가) 및 생명・환경・생태 관련 분야(11편에서 26편으로 증가)의 논문이 상대적으로 늘어난 반면, 주요 3대 학설에 대한 연구논문(32편에서 19편으로 감소)이 줄었다는 점이다. 이러한 양적인 면에서의 변화는 1990년대 중・후반에 양명학에 대한 연구가 원론적이고 이론적인 탐구와 함께 한국사회가 마주한 현실의 다양한 문제들을 해결할 수 있는 방안을 모색하는 방향으로 전환했다고 한다면, 그 결과물들이 2000년대 들어서 본격적으로 나오기 시작한데서 기인한다. 3대 학설의 경우 3대 학설 자체에 대한 개별적이고 원론적인 연구보다는 비교연구, 공부론이나 교육론, 예술이나 생명,

119) 본서 부록 2. '국내 왕양명 연구 문헌 목록'에 수록된 자료를 분류한 도표임.

환경 문제 등 현실적인 문제들을 논의하는 과정에서 3대 학설의 주요한 내용과 특징들이 다루어지고 있다. 그리고 제사상과의 관련성 및 비교 관련 논문의 경우 1990년대와 같이 주자학이나 상산학 등 신유학과의 비교 또는 불교와 도교와의 비교논문도 지속적으로 나왔지만 서양철학,[120] 서양종교학,[121] 서양교육학,[122] 심리학[123] 등 현대 서양학문과의 비교논문이 많이 나왔다. 그리고 의의치료학, 심리학, 철학상담 분야의 논문들이 새롭게 출현했다.[124] 서양 학문과의 비교논문이나 새로운 분야와 관련된 연구논문들은 대체적으로 교육, 환경, 생명 등과 관련한 현실의 주요 문제들을 해결하기 위한 방안으로 양명학을 재구성하고 있다. 2000년대 한국에서의 양명학 연구는 독자적인 학문 영역으로 자리매김하면서 양명학 연구의 신지평을 열어간 시기라고 평가할 수 있다.

2) 2010년대의 양명학 연구 성과 분석

먼저 저서의 경우이다. 2010년대에는 총 7권의 양명학 관련 저서가 출간되었다. 1990년대와 2000년대에는 주로 학자들을 위한 전문 학술서가 출간되었다면, 이 시기에는 일반 대중들을 위한 대중서가 주를 이룬다.

---

120) 김세정의 「서구의 환경철학과 왕양명의 한몸철학」(2000), 여종현의 「후설 현상학에서 본 주자학과 양명학」(2005), 소병선의 「둔스 스코투스와 왕양명의 철학적 비교」(2008), 정갑임의 「왕양명과 비트겐슈타인의 현재관 비교연구」(2009) 등이 있다.

121) 현재우의 「왕양명의 종교적 경험 연구: 윌리엄 제임스의 시각을 중심으로」(2008), 김흡영의 「양명학을 통해 본 신학: 왕양명과 칼 바르트의 유교-그리스도교 대화」(2009) 등이 있다.

122) 임병덕의 「키에르케고르와 왕양명: 교육원이로서의 주관성」(2001), 이은선의 「한나 아렌트의 '탄생성'의 교육학과 양명의 '치양지'」(2007) 등이 있다.

123) 전병술의 「유학과 의의치료학: 왕양명과 프랑클의 비교를 중심으로」(2007), 전병술의 「양명학과 심리학의 만남과 소통」(2009) 등이 있다.

124) 전병술의 위의 논문을 비롯하여 정갑임의 「왕양명과 비트겐슈타인의 현재관 비교연구」(2009)와 「왕양명의 "용장오도龍場悟道"에 대한 치유철학적 해석」(2009) 등이 있다.

예컨대 문성환의 『전습록, 앎은 삶이다』(북드라망, 2012), 김세정의 『왕양명의 『전습록』 읽기』(세창미디어, 2014), 황갑연의 『왕양명 읽기』(세창미디어, 2018)는 모두 문고판으로 일반 독자들이 양명학을 쉽게 이해할 수 있도록 기획 출간된 책으로 양명학의 저변 확대에 많은 기여를 하고 있다. 『왕양명의 『전습록』 읽기』와 『왕양명 읽기』는 분량이 적은 대중서임에도 불구하고 저자들이 오랜 시간의 양명학 연구의 성과를 바탕으로 집필한 저서로서 양명학의 중요한 요소와 특성들을 충실하게 담아내고 있으며, 저자의 관점과 풀이 방식이 서로 다르다는 점에서 양명학이 추구하는 주체성과 다양성과 시대정신을 잘 드러내고 있다. 정인재의 『양명학의 정신』(세창출판사, 2014)은 한국연구재단의 석학과 함께하는 인문강좌의 내용을 저서로 엮은 것으로 학술서와 대중서 양자의 성격을 함께 지니고 있다. 저자는 개인적인 실리 추구와 도덕지상주의라는 양극단에 빠진 현대사회의 문제점을 양명학, 즉 덕성 양지의 회복을 통해 해결하고자 하는 의도에서 이 저서를 저술하고 있다. 그리고 전병술은 『심학과 심리학』(모시는사람들, 2017)에서 심리 치료의 주류인 서구의 심리학이 심신 이원론에 갇혀 인간성 상실이라는 현대 인간사회의 위기에 해답을 제시하지 못하는 상황에서 양명학을 기반으로 새로운 길을 모색하고 있다. 이 두 권의 저서는 양명학의 현대적 적용과 관련한 지평을 넓혀줌으로써 양명학을 통해 현대사회의 문제를 해결하기 위한 2000년대의 논의에서 한 발 더 나아갔다고 평가할 수 있다.

다음은 번역물이다. 2010년대 번역서는 원전 번역서 3권과 외국문헌 번역서 5권이 출간되었다. 저서의 경우와 같이 『전습록』 번역서의 경우에도 김동휘가 번역한 『전습록』(신원문화사, 2010)과 같이 전문 학술서 성격의 번역서도 있지만, 일반 대중을 위한 번역서가 출현한다. 예컨대 『낭송 전습록』(북드라망, 2014)은 누구나 쉽게 읽어 볼 수 있게 함이라는 원칙

하에 편집·번역된 책이며, 김용재의 『전습록: 실천하는 지식인, 개혁을 외치다』(풀, 2019)는 청소년의 지적 수준에 맞춰서 읽힐 만한 고전을 선별하여 기획한 '청소년 철학창고'의 기획물 가운데 하나로 번역 출판된 책이다. 비록 원문이 없고 선역을 한 관계로 『전습록』 전체를 볼 수는 없지만, 일반 대중, 특히 청소년들이 『전습록』에 쉽게 접근하고 양명학을 쉽게 이해할 수 있도록 해줌으로써, 양명학의 저변 확대는 물론 양명학 대중화운동에 한 발 더 다가섰다고 평가할 수 있다. 외국문헌 번역서의 경우 학술서로는 일본 서적의 경우 마노 센류(間野潛龍)의 『朱子と王陽明: 新儒学と大学の理念』(1974)이 이석주에 의해 『주자와 왕양명: 신유학과 『대학』의 이념』(학고방, 2010)이란 제목으로, 야스다 지로(安田二郎)의 『中國近世思想研究』(1997)가 이원석에 의해 『주자와 양명의 철학: 연속관과 습관론으로 본 주자학과 양명학』이란 제목으로 번역·출간되고, 미국의 토마스 메쯔(Thomas A. Metzger)의 *Escape From Predicament: Neo-Confucianism and China's Evolving Political Culture*가 나성에 의해 『곤경의 탈피: 주희·왕양명부터 탕쥔이·펑유란까지 신유학과 중국의 정치 문화』(민음사, 2014)란 제목으로 번역·출간되었다. 이 번역서들은 양명학만을 다루기보다는 주자학이나 현대신유학과의 연관성 등을 함께 다룸으로써 양명학에 대한 연구 시야를 넓혀주고 있다. 그리고 일본과 중국에서 먼저 간행되었던 최재목의 저서가[125] 이우진에 의해 『동아시아 양명학의 전개』(정병규에디션, 2016)란 제목으로 번역되었는데, 이 저서는 동아시아 지역, 한국·중국·일본 양명학의 전개과정을 비교사상사의 관점에서 다룸으로써 양명학의 보편성과 각 지역의 특수성을 동시에 이해할 수 있도록 도와주고 있다. 이러한 학술서와 달리 중국 저장대학 둥핑(董平)교수의 CCTV 교양강좌 백가강

125) 崔在穆, 「東アジア陽明學の展開」(日本 ぺりりかん社, 2006.12) 및 崔在穆 著, 錢明 譯, 『東亞陽明學的展開』(國立臺灣大學出版中心, 2011.12)

단의 강연 내용을 책으로 엮은 『传奇王陽明』(2010)이 이준석에 의해 『칼과 책: 전쟁의 신 왕양명의 기이한 생애』(글항아리, 2019)란 제목으로 번역·출간되었다. 이 책은 무장, 관료, 철학자로서의 왕양명의 생애를 한 편의 소설처럼 쉽게 풀어냄으로써 일반 독자들이 왕양명의 삶과 사상을 쉽게 이해하는 데 도움을 주고 있다. 전기왕양명

2010년대의 양명학 관련 저서와 『전습록』 번역서와 외국 문헌 번역서에서 눈에 띄는 특징은 전문 학자나 전공자들을 위한 전문 학술서보다 일반 대중을 위한 대중서가 많이 출간되었다는 점이다. 이 점은 시사하는 바가 크다. 조선시대부터 근대에 이르기까지 오랜 시간 동안 양명학은 사문난적, 이단으로 취급 받거나 비주류, 마이너리티 학문으로 도외시되고 소외되었다. 그랬던 양명학이 1980년대부터 새롭게 연구되고 지난 30~40년간 많은 학자들의 노력에 의해 현대한국양명학으로 새롭게 탄생함과 아울러 이를 바탕으로 대중적 관심과 사랑을 받기 시작했다는 것을 의미한다. 즉 1단계는 양명학과 관련한 과거의 자료와 외국에서의 수입한 자료들을 바탕으로 양명학을 이해하는 과정이었다. 2단계는 한편으론 양명학에 대한 원론적인 이해와 해외 학자들의 다양한 관점에 대한 이해를 바탕으로 지금 여기서 살아 숨 쉬는 한국인의 눈과 마음으로 양명학을 새롭게 읽어냄으로써 학문적으로 현대한국양명학을 정립하는 과정이었다. 3단계는 이러한 현대한국양명학을 바탕으로 양명학은 전문적인 학문세계의 울타리를 넘어 일반대중사회로 나아가 대중문화운동으로 실천해 나가는 시기이다. 따라서 2010년대의 저서와 번역서에서 보이는 연구 성과와 의의는 바로 2단계에서 3단계로 넘어가기 위해 필요한 교두보를 점차 확보해 나가고 있다는 점에 있다. 물론 양명학의 본격적인 대중문화운동으로 나아가기까지는 아직 좀 더 많은 시간과 노력을 필요로 한다.

다음은 박사학위논문과 관련한 내용이다. 2010년대 박사학위논문의

경우 국내 박사학위논문이 12편, 해외 박사학위논문이 2편으로 2000년대보다도 국내박사학위논문의 비율이 높다. 이는 자생적인 현대한국양명학이 정착 단계를 넘어 재생산 단계에 들어갔음을 의미한다. 그리고 지금까지 왕양명을 전공한 박사가 51명이 나왔다고 하는 것은[126] 양명학이 이제 한국학계에서 중요한 하나의 학문 분과로 자리 잡았다는 것을 의미한다. 이 시기에도 대부분의 박사학위논문은 2000년대와 같이 양명학의 주요 학설에 대한 원론적인 연구보다는 현실의 다양한 문제 해결 방안으로 다양한 분야와 방향에서 연구가 진행된다. 예컨대 양선진의 「왕양명과 베르그손의 생명론과 철학상담 적용에 관한 연구」(충남대, 2015)는 생명철학과 비교철학의 관점에서 양명학을 재조명하면서 양명학을 철학상담에 적용할 수 있는 방안을 모색하였다. 그리고 이우진의 「왕양명 공부론의 교육학적 해석」(한국학중앙연구원, 2012), 이천일의 「왕양명 아동교육론 연구」(연세대, 2013), 조지선의 「양명철학에 있어 인성교육의 함의 연구」(충남대, 2017) 등에서는 양명학의 교육학적 특성들에 대한 분석을 바탕으로 현대의 아동교육이나 인성교육에 양명학을 활용할 수 있는 방안을 모색하였다. 박평선의 「왕양명의 대동사상에 관한 연구」(성균관대, 2016)는 양명의 대동사상을 바탕으로 현대사회가 직면한 다양한 사회적 문제들을 해결할 수 있는 방안을 모색하였다. 그 외에 김영건의 「왕양명의 심학의 종교적 성격 연구: 내재적 초월을 중심으로」(성균관대, 2012)는 양명학과 종교의 만남을 모색하고, 염호택의 「왕양명의 성학聖學과 예술의 상관성에 관한 연구」(한남대, 2012)는 양명학과 예술의 만남을 모색하였다.

마지막으로 학술논문에 대한 분석이다. 2010년대에는 총 168편의 양명학 관련 학술논문이 나왔다. <표2> '주제별 양명학 연구 분석 통계표'에

126) 중국양명학파나 한국양명학과 관련한 박사학위 취득자까기 포함할 경우 그 숫자는 150명을 넘어선다.

의하면, 양명학 형성과 개요가 9편, 제사상과의 관련성 및 비교가 32편, 심즉리설이 6편, 지행합일설이 6편, 양지・치양지설이 7편, 경세사상이 3편, 수양론・공부론・교육론이 26편, 문학・예술・체육 관련이 10편, 생명・환경・생태 관련이 18편, 철학상담・심리학・치유학 관련이 21편, 현대사회문제가 8편, 기타 23편 등이 있다. 주제별로 양적인 면에 있어서는 2000대와 같이 '양명학 형성과 개요'를 비롯하여 '심즉리설', '지행합일설', '양지・치양지설'과 관련한 논문이 적은 반면, '제사상과의 관련성 및 비교'를 비롯하여 '수양론・공부론・교육론', '생명・환경・생태'와 관련한 논문이 많다. 이러한 경향은 2000년대의 연장선상에서 양명학 연구가 학설과 이론중심의 원론적인 연구보다는 현실 문제 해결을 위한 하나의 방안으로 양명학을 연구해 나가고 있다는 것을 보여준다. 주제별 변화의 경우에는, 먼저 '생명・환경・생태' 관련 논문의 경우 2000년대에는 26편 가운데 김세정이 총 13편으로 2분의 1에 해당하는 논문을 발표하였다. 그리고 황갑연, 조현규, 이종훈이 각각 2편씩, 최재목, 김교빈, 이은선, 한예원, 김세서리아, 박혜순, 박연수, 최일범이 각각 1편씩으로, 총 12명이 '생명・환경・생태' 관련 논문을 작성한 반면, 2010년대에는 17편 가운데 양선진과 김세서리아가 각각 3편, 최재목과 김혜수가 각각 2편, 이명수, 김영건, 이은선, 임홍태, 우쩐(吳震), 박병진, 고재석이 각각 1편씩을 작성하여, 총 11명이 '생명・환경・생태' 관련 논문을 발표하였는데, 이 가운데 7명은 2010년대 들어서 이 주제를 처음 다룬 학자들이다. 양명학과 관련한 '생명・환경・생태 담론'은 1990년대 후반에 시작되어(논문 12편), 2010년대에 본격적인 연구와 함께 우수한 성과물들이 나오고, 2010년대에는 새로운 연구자들의 출현과 함께 저변으로 확대되어 나가는 경향을 지녔다. 양명학에 대한 현대적 접근에 있어 2000년대는 '생명・환경・생태 담론'이 주축을 이루었다면, 2010년대는 '철학상담・

심리학 · 치유학'과 관련한 논제가 주요한 문제로 떠올랐다. 2000년대 후반에 전병술과 정갑임에 의해 시작된 '철학상담 · 심리학 · 치유학'과 관련한 양명학에 대한 논의는 2010년대에 이르러서는 정갑임에 의해 주도된다. '철학상담 · 심리학 · 치유학'과 관련한 총 21편의 논문 가운데 10편이 정갑임의 논문이다. 정갑임은 「왕양명 철학과 철학상담」(2011)과 「생명, 아이의 마음[童心], 그리고 놀이: 왕양명의 치유철학과 게슈탈트 치료의 만남」(2015) 등의 논문을 통해 철학상담과 치유철학의 입장에서 양명학에 대한 신지평을 열어주었다. 그 외에 양선진이 심리학 관련 1편과 철학상담 관련 2편의 논문을 발표하고,[127] 전병술, 박길수, 김세서리아가 심리학의 측면에서 각각 1편씩,[128] 김영건, 이우진, 손성은이 '치료학'의 측면에서 각각 1편씩을 발표하였다.[129] 이 분야에서의 연구는 우리사회에서 계속 증가하고 있는 갈등, 외로움, 자살, 심리적 · 정서적 장애 문제 등을 고려할 때 앞으로 더욱 활성화될 것으로 예상된다. 아울러 이 시기에 제4차 산업혁명과 관련해서도 4편의 논문이 발표되었는데,[130] 우리 인류가 마주한, 앞으로 마주할 전 지구적인 문제를 해결해 가나는 데 있어 시사하는 바가 크다.

---

127) 양선진, 「행복심리학의 비판적 해석- 베르그손과 왕양명을 중심으로」(2016), 「지성중심의 사고를 넘어선 철학상담의 가능성 모색-왕양명과 베르그손 사상의 유사성을 중심으로-」(2017) 및 「왕양명과 베르그손의 철학 상담과 인성교육」(2017)

128) 전병술, 「『전습록』의 심리학적 독법—켄 윌버의 '의식의 스펙트럼'에서의 자리매김을 중심으로」(2010), 박길수, 「왕양명 철학에서 도덕 감정과 즐거움의 문제: 왕양명 심체心體 사상에 대한 도덕 심리학적 고찰」(2014), 김세서리아, 「왕양명 철학에서의 감정 이해와 그 윤리적 함의」(2014)

129) 김영건, 「양지의 자가 치유 메커니즘」(2013), 이우진, 「"치유학"으로서의 양명학」(2013), 손성은, 「한국 청소년 심리치료에 유용한 양명학 원리」(2016)

130) 양선진, 「양명학을 통해 본 인공지능(AI)시대의 과학기술윤리」(2016), 박성호, 「제4차 산업혁명시대의 인류정신혁명과 양명사상」(2018), 조지선, 「4차 산업시대의 공동체와 양명학의 활용가치」(2018), 김세정, 「제4차 산업혁명시대, 돌봄과 공생의 양명학」(2018)

3) 양명학 연구 신지평의 지형도

이상에서 2000년대와 2010년대의 연구 성과를 유형과 통계 자료를 중심으로 개요와 형황과 특징에 대해 간략하게 살펴보았다. 지금부터는 이러한 분석을 바탕으로 지난 20년간 한국에서 전개된 양명학 연구 성과를 몇 가지 유형으로 나누고, 유형별로 대표적인 연구 성과물에 대한 분석을 중심으로 현대한국양명학 연구의 신지평의 지형도를 그려보고자 한다. 양명학과 관련한 주요한 연구 경향은 다음과 같이 여러 가지 유형으로 나누어 볼 수 있다. ① 비교철학의 관점에서의 양명학 연구, ② 오늘날의 생명 문제와 연관 지어 생명윤리・환경윤리・생태철학의 입장에서 양명학을 새롭게 조명하는 입장, ③ 교육철학 또는 교육학의 입장에서 양명학을 재조명하면서 교육 분야에서의 양명학의 현대적 역할을 모색하는 입장, ④ 양명학을 철학상담, 심리학, 치유학과 연결 지으면서 양명학에 대한 현대적 적용을 모색하는 입장, ⑤ 예술과 체육학 분야에서의 양명학에 대한 새로운 접근, ⑥ 여성주의 및 제4차 산업혁명시대와 관련한 양명학 연구이다.

① '비교철학'의 관점에서의 양명학 연구

먼저 비교철학의 관점에서 이루어진 양명학 연구 경향과 그 성과에 대해 살펴보도록 하겠다. 먼저 유・불・도 사상과의 비교 연구가 눈에 띈다. 유학 안에서의 비교는 김우형의 「주희와 왕양명에서 주체와 자아 인식」(2004), 선병삼의 「주자와 왕양명의 체용론 비교 연구」(2012), 서강휘의 「주희와 왕양명의 본령공부론本領工夫論」(2014) 등과 같이 주자학과 양명학의 비교 연구는 물론, 이상호의 「상산심학과 양명심학의 차별성 연구」(2008), 안영석의 「육상산과 왕양명 심학의 비교 연구: 공부론을 중심으로」(2011) 등과 같이 상산학과 양명학의 비교 연구를 통해 신유학 안에서의 양명학의 위상과 특성을 밝히고 있다. 반면 정빈나의 「왕수인王守仁과 대진戴震의 중화론中和論 비교 연구」(2016), 임홍태의 「왕수인과 손응오의 사서관四書觀 비교 연구」(2018) 등과 같은 논문에서는 양명 이후 명·청시대의 사상과의 비교를 통해 명·청사상사에 끼친 양명학의 영향 관계를 밝히고 있다. 나아가 정태섭의 「불교의 지知와 양명학의 지」(2002), 송재운의 「왕양명의 양지와 불교 반야지般若智 비교연구」(2002) 등에서는 '지知의 문제를 중심으로 불교와 양명학의 비교 연구를 진행하고,[131] 박철홍의 「왕양명의 "양지"론과 도가·도교적 사유」(2003), 「왕양명의 "입지立志"설과 그 도교내단학적道教內丹學的 이해」(2003) 등에서는 양명학이 도가·도교와 어떠한 동이점이 있는 지를 밝히고 있다.

비교연구의 대상은 중국철학만으로 국한되지 않는다. 2000년대 들어서는 양명학과 한국철학과의 비교연구가 활성화되고, 그 비교 대상 또한 다양해진다. 한국유학의 경우 비교연구는 퇴계학과의 비교 연구에 집중되어 있다. 김세정의 「양명 심학과 퇴계 심학의 비교 연구」(2007), 이상익의 「왕양명 심학의 이중성과 퇴계 심학」(2006), 이은선의 「어떻게 '행위'할 수 있고, '희락'할 수 있는 인간을 기를 수 있을 것인가? 퇴계 '경敬의 심학'과 양명 '치양지'의 현대 교육철학적 비교연구」(2010) 등에서 볼 수 있듯, 양명학을 이단이라고 배척한 퇴계의 학문 또한 심학이라고 지칭되는 상황에서 양명의 심학과 퇴계의 심학이 어떻게 같고 다른지에 대해 밝히고자 하는 연구가 진행되었다.[132] 나아가 최재목의 「원효元曉와 왕양명의 장애론障碍論에 관한 비교」(2011), 김방룡의 「보조지눌普照知訥의 공적영지空寂靈知와 왕양명의 양지의 비교연구」(2014) 등에서 볼 수 있듯 한국

---

131) 기타 김제란의 「명대 유학에 미친 불교의 영향(2): 양명학과 양명 후학을 중심으로」(2005)와 박철홍의 「양명심설의 내재구조와 선학적 사유」(2006) 등이 있다.

132) 기타 최재목의 「『전습록』과 『퇴계선생언행록』의 언행비교로 본 양명과 퇴계의 사상적동이점」(2009)과 이상훈의 「왕양명과 이퇴계의 경계론 비교 연구」(2009) 등이 있다.

불교와의 비교연구가 진행되었다. 또한 비교연구는 한국 근·현대로도 이어져 동학의 교조 최재우崔濟愚(1824~1864)는 물론 함석헌咸錫憲(1901~1989)의 사상과의 비교연구도 함께 진행되었다.[133] 이러한 다양한 비교연구를 통해 한국철학과 양명학이 만날 수 있는 접점과 소통의 기회를 넓혀주었다.

2000년대 들어서 눈에 띄게 증가한 비교연구는 서양철학과의 비교연구이다. 2000년~2019년의 학술논문 328편 가운데 대략 30여 편에 달한다. 먼저 고대철학과의 비교 논문으로는 이주강의 「소크라테스와 왕양명의 지행합일설에 관한 연구」(2012)가 있고, 중세철학은 스콜라 철학자 둔스 스코투스(1266~1308)와 비교를 다룬 소병선의 「둔스 스코투스와 왕양명의 철학적 비교: 실재론적 주의주의의 관점에서」(2008)가 있으며, 근세철학과 관련해서는 칸트(1724~1804)와 비교를 다룬 박종식의 「칸트의 관점에서 본 왕양명과 불교의 인간관」(2014)과 「왕양명과 Kant의 도덕철학 비교 연구」(2014)가 있다. 현대철학과 관련해서는 먼저 훗설(1859~1938)의 현상학과 관련해서 여종현의 「후설 현상학에서 본 주자학과 양명학(Ⅰ)」(2005)과 권영화의 「후설의 현상학과 양명철학에서 심의 지향성」(2017), 양선진의 「왕수인 심즉리의 현상학적 의미」(2016) 등이 있다. 베르그손(1859~1941)의 생명철학과 관련해서는 「왕양명과 베르그손의 생명론과 철학상담 적용에 관한 연구」(2015)란 주제로 박사학위를 받은 양선진이 다수의 논문을 발표하였다.[134] 비트겐슈타인(1889~1951)과 관련해서는 정갑임

---

133) 이와 관련 송봉구의 「양명의 치양지와 수운의 시천주侍天主 비교 연구」(2010)와 최재목의 「함석헌과 양명학」(2012)과 이은선의 「왕양명의 '양지'와 함석헌의 '씨올', 생물권정치학 시대를 위한 존재사건」(2013) 등이 있다.

134) 양선진, 「육체와 정신의 동서 철학적 관점의 비교: 왕양명과 베르그손을 중심으로」(2015), 「공간적 사고에서 시간적 사고로의 전환: 왕양명과 베르그손의 사상을 중심으로」(2016), 「행복심리학의 비판적 해석: 베르그손과 왕양명을 중심으로」(2016). 이외에 권영화의 「왕양명의 양지와 베르그손의 직관에 대한 유사성에 관한 연구」(2019)가 있다.

이 「왕양명과 비트겐슈타인의 현재관 비교연구」(2009) 등 수편의 논문을 발표하였으며, 메를리뽕티(1908~1961)와 관련해서는 양선진의 「네트워크 존재론의 시대: 왕양명과 메를로-뽕띠를 중심으로」(2019)가 있다. 이 외에도 과정철학,[135] 환경철학,[136] 교육철학,[137] 치료철학,[138] 심리학,[139] 신학 등[140]과의 비교논문 등 매우 다양한 분야와의 비교논문이 있다. 비교의 범위가 서양 고대철학에서 현대철학에 이르기까지 매우 폭넓고 다양하다. 그리고 고・중세 철학보다는 현대철학과의 비교에 집중되어 있다. 이러한 비교연구는 양명학을 동양철학 안에 가두어 두지 않고 서양철학과의 대화와 소통을 통해 양명학이 세계의 보편철학으로 발돋움 할 수 있는 가능성을 열어주고, 현대한국양명학을 통해 전 인류가 공통적으로 안고 있는 다양한 현실의 문제들을 해결할 수 있는 대안을 마련해 나가는데 큰 공헌을 했다고 평가할 수 있다.

② '생명철학'・'환경윤리'・'생태철학'의 관점에서의 양명학 연구

두 번째는 오늘날의 생명 위기・생태계 위기 문제와 관련하여 양명학을 생명윤리・환경윤리・생태철학의 입장에서 재조명하고 재구성한 연구 성과이다. 1990년대에 접어들면서 동북아 지역에서는 지난 세기 동안

---

135) 이동희의 「과정철학에서 본 주자학과 양명학」(2010)이 있다.

136) 김세정의 「서구의 환경철학과 왕양명의 한몸철학」(2000) 등이 있다.

137) 이은선의 「한나 아렌트의 '탄생성'의 교육학과 양명의 '치양지'」(2007), 김준승의 「왕양명 아동교육관의 지행합일: 루돌프 슈타이너의 발도르프교육과 비교해서」(2015) 등이 있다.

138) 정갑임의 「생명, 아이의 마음[童心], 그리고 놀이: 왕양명의 치유철학과 게슈탈트 치료의 만남」(2015) 등이 있다.

139) 전병술의 「양명학과 심리학의 만남과 소통」(2009) 등이 있다.

140) 박사논문으로 Oh, Kyoung-soo의 A Comparative Study on the Idea of Salvation: Wang Yang-Ming and John Wesley, Theology(2004)와 현재우의 「왕양명과 이나시오의 종교적 경험 연구: 윌리엄 제임스의 시각을 중심으로」(2007)가 있고, 학술논문으로 현재우의 「왕양명의 종교적 경험 연구: 윌리엄 제임스의 시각을 중심으로」(2008) 등이 있다.

진행된 민주화와 경제 성장을 바탕으로 근대화를 성공적으로 이끌어냄으로써 시대적 과제는 동서문화의 융합을 통한 근대화 문제에서 새로운 시대 문제인 '생명 위기' 또는 '생태계 위기'의 문제로 점차 전환한다. 전자가 동북아 지역에 한정된 과제였다고 한다면, 후자는 어느 한 지역에 국한된 문제가 아닌 전 인류 또는 전 지구적 차원의 과제이다. 1990년대 중반부터는 이러한 현대의 환경·생태계·생명 위기 문제와 관련하여 양명학의 생태론적·유기체론적 특성들을 중심으로 생명윤리와 환경철학적 관점에서 양명학을 새롭게 체계화함으로써 양명학을 오늘날의 생명·생태계 위기 문제 해결의 대안으로 자리매김 시키려는 연구 경향이 나타나기 시작하여, 2000년대와 2010년대에도 43편의 학술논문이 나오는 등 주요한 연구 성과를 도출하였다.

이 시기 환경·생태철학과 관련한 대표적인 연구 성과로는 우선 저서 부분에서 김세정의 『왕양명의 생명철학』(청계, 2006)이 있다. 그리고 연구 논문의 경우 양명학을 중심으로 유가철학에서 환경 문제에 대한 대응 방안을 제시한 논문으로 황갑연의 「21세기 유가철학의 발전 방향: 환경윤리를 중심으로」(2000)와 김세정의 「생태계 위기와 유가생태철학의 발전 방향」(2003)이 있고, 환경철학·환경윤리학의 관점에서 양명학을 재구성한 논문으로 김세정의 「서구의 환경철학과 왕양명의 한몸철학」(2000), 이종훈의 「왕양명 생명관의 생태 윤리적 고찰: 생태가치의 공감적 인식과 실천을 중심으로」(2006), 최일범의 「양명학의 환경윤리적 해석」(2008) 등이 있다. 그리고 김혜수의 「양명의 동물생명에 대한 배려」(2010)에서는 동물권과 관련한 문제를 다루고, 박혜순의 「생태적 감응력 회복을 위한 공부론: 치양지致良知」(2005)와 김영건의 「공감적 영성의 발견과 인간 및 자연과의 관계 회복: 왕양명의 심학을 중심으로」(2012) 등에서는 실천 방안 등에 대해 다루었다. 또한 조현규는 여기서 한 발 더 나아가 「왕양명의 생명사상과 그 윤리교육적 의미」(2004)와 「왕양명 생명사상의 생명윤리교육에의 적용」(2006)이란 2편의 논문에서 왕양명의 생명사상을 실제 교육 현장에서 생명윤리교육에 적용시킬 수 있는 구체적 방안에 대해 논의하고 있다.[141] 이 외에 주목할 만한 연구 성과로는 이명수의 「전지구화, 대상과 지역 간 공생 사유의 양명학적 접근」(2011), 최재목의 「왕수인의 심학에서 식물과 광물 비유의 의의」(2011), 양선진의 「왕양명의 생명존재론: 왕양명의 자연과 생명에 대한 이해」(2016) 등이 있다.

③ '교육철학' 및 '교육학'적 관점에서의 양명학 연구

다음은 교육철학 또는 교육학의 입장에서 양명학의 교육철학적 특성과 교육학적 요소들을 파악하고 오늘날 교육 분야에서의 양명학의 현대적 역할과 적용 가능성을 모색하는 연구 경향이다. 주로 2000년대 들어 이러한 연구가 활성화되었는바, 석재홍의 「왕양명 양지론의 도덕교육적 의의」(경북대, 2009)와 이승철의 「왕수인의 내적 자각에 관한 교육적 이해」(성균관대 2016), 이천일의 「왕양명 아동교육론 연구」(연세대, 2013) 등 수편의 박사학위논문이 이 시기에 나왔다. 그리고 지난 20년간 교육철학 또는 교육학의 관점에서 양명학을 다룬 학술논문 또한 48편에 이른다. 양명학을 교육과 관련하여 다룬 연구들은 교육이론으로 양명학을 해석할 목적으로 지행합일론, 양지론, 심즉리론, 공부론, 치양지론 등을 다룬 연구나,[142] 양명학에 내포된 교육적 가치를 다룬 연구가[143] 주를 이룬다.

---

141) '생명윤리'를 크게 '의료윤리'와 '환경윤리'로 나누어 볼 때, 이 논문에서 다루고 있는 생명윤리는 '환경윤리'에 한정된다.

142) 차미란의 「도덕교육의 목적으로서의 지행합일」(2004), 이옥순의 「왕양명 '양지(良知)'의 도덕교육적 함의」(2006), 이종흔의 「왕양명 양지와 치양지의 도덕교육적 함의」(2012), 서강휘의 「주희와 왕양명의 본령本領공부론」(2014), 이우진의 「왕양명 심즉리와 그 도덕교육적 의미」(2016) 등이 있다.

143) 이은선의 「우리 시대와 양명 공부법의 교육철학적 의의」(2001), 정덕희의 「왕양명의 심학적心學的 강령과 그 교육적 의미」(2005), 이승철의 「양명의 인간 본성과 본

그리고 양명학과 관련되어 연구된 교육영역은 교육일반,[144] 도덕·윤리교육,[145] 아동교육,[146] 음악교육,[147] 생명윤리교육,[148] 인성교육,[149] 종교교육[150]이었으며, 주로 교육일반이나 도덕·윤리교육 영역에 연구 성과가 집중되어있다. 그 외에도 서구 교육학과의 비교논문이 있다.[151]

양명학을 교육과 관련하여 다룬 연구 성과 가운데 양명학이 지닌 교육적 가치를 바탕으로 현대사회에서 발생하는 교육문제의 해결 방안을 제시하거나 교육적 활용 측면에서 양명학을 분석한 의미 있는 박사학위논문들이 이 시기에 나왔다. 예컨대 이우진은 「왕양명 공부론의 교육학적 해석」(한국학중앙연구원, 2011)에서 양명의 공부론과 성인관 그리고 양명의 실제교육활동들을 교육학적 입장에서 새롭게 해석하면서 양명의 공부과정을 성인이라는 목표를 향해 나아가는 하나의 자아실현 과정으로 파악하였다. 나아가 양명이 당시에 풍미했던 주자학과 노불의 공부론을 넘어 독자적인 공부론을 확립하는 과정을 생애사적으로 추적하였다. 그리고

성의 사회적 실현에 관한 교육적 이해」(2017) 등이 있다.

144) 김세정의 「왕양명의 생명철학과 참 자아 실현의 교육론」(2004), 곽준식·정화영의 「왕양명의 교육사상」(2005), 이천일의 「왕양명 교육론의 교육원리 고찰」(2018) 등이 있다.

145) 김민재의 「왕수인이 제시한 마음공부의 도덕교육적 해석」(2017) 등이 있다.

146) 김태오·김병희의 「왕양명의 아동교육관」(2005), 이천일의 「치양지 관점에서 본 왕양명 아동교육론 고찰」(2013), 김준승의 「왕양명 아동교육관의 지행합일: 루돌프 슈타이너의 발도르프교육과 비교해서」(2015) 등이 있다.

147) 박정련의 「왕양명의 음악교육사상으로 본 현대음악교육」(2005)와 「'친민親民'의 관점에서 본 왕양명의 음악관과 음악교육」(2009)이 있다.

148) 조현규의 「왕양명 생명사상의 생명윤리교육에의 적용」(2004)이 있다.

149) 조지선의 「양명학의 인성교육적 함의」(2016), 양선진의 「왕양명과 베르그손의 철학 상담과 인성교육」(2017), 김세정의 「양명심학을 통해 본 돌봄과 치유의 효 인성교육」(2018) 등이 있다.

150) 김행주의 「왕양명의 수양론과 통일가의 종교교육: 교육적 의미를 중심으로」(2002)가 있다.

151) 임병덕의 「키에르케고르와 왕양명: 교육원이로서의 주관성」(2001), 이은선의 「한나 아렌트의 '탄생성'의 교육학과 양명의 '치양지'」(2007), 목영해의 「허스트의 후기 교육론과 왕양명 교육설의 맥락적 관계연구」(2007) 등이 있다.

조지선은 「양명철학에 있어 인성교육의 함의 연구」(충남대, 2017)에서 수동적이고 자율성과 실천성을 약화시키는 한국인성교육의 문제점을 해결하기 위해 인성교육의 이론적 토대가 되는 철학적・교육적 가치를 양명철학에서 발견하고자 하였다. 이 논문은 양명철학 속에서 인성의 의미를 정의하고 인성교육의 목적을 발견하고 현대의 인성교육에 활용할 수 있는 교육방법과 활용가치를 발견하는 내용으로 구성하고 있다.

학술논문 가운데는 이은선이 「한나 아렌트의 '탄생성'의 교육학과 양명의 '치양지'」(2007)에서 한나 아렌트의 '판단력'개념과 양명의 '양지'의 특성을 비교하여 정리하고, '판단력 확장'과 '양지 확충'의 의미를 교육학 안에서 밝히고자 하였다. 그 결과 양명의 치양지 교육은 미적 감수성으로서의 판단력과 양지를 기르고 더불어 의지를 중시하는 교육이라는 결과를 도출하였고, 양명의 아동교육에 있어서 음악교육, 예술교육, 취미교육의 중요성을 강조하는 것으로 파악하였다. 그리고 김세정의 「왕양명의 생명철학과 참 자아 실현의 교육론」(2004), 이우진의 「치유학으로서의 양명학」(2013), 김민재의 「왕수인이 제시한 마음공부의 도덕교육적 해석」(2017) 등의 논문에서는 양명학을 교육학적 측면에서 고찰하고 이를 토대로 양명의 교육관이 교육학적 체계 속에서 구체화 될 수 있는 방법을 고민하였으며, 양명의 구체적 아동교육방법이 담긴 「훈몽대의시교독유백송등訓蒙大意示教讀劉伯頌等」과 「교약教約」과 같은 문헌들을 바탕으로 양명의 교육관과 교육방법을 현대적으로 활용할 수 있는 방안을 제시하였다.

④ '철학상담', '심리학' 및 '치유학'과의 연관성 속에서의 양명학 연구

다음은 '철학상담', '심리학' 및 '치유학'과 관련한 양명학의 현대적 적용 모색이다. 2000년대가 되면서 한국에서는 현실적 문제 가운데 하나인, 경제적 풍요에 반비례하는 정신적 빈곤의 문제를 해결해야하는 과제를

안게 되었다. 이에 미국과 유럽에 존재하는 철학상담을 한국에 도입해야 한다는 입장에서 '한국철학상담치료학회'가 설립되고, 양명학 또한 철학상담과의 연계 속에서 연구되기 시작하였다. 이 분야의 선도적인 연구자는 정갑임이다. 정갑임은 2007년 「행위론에 입각한 앎의 성격에 관한 연구: 왕양명과 비트겐슈타인의 앎에 대한 연구를 중심으로」를 시작으로, 「왕양명 철학과 철학상담」(2011) 등에서 왕양명의 철학을 철학상담에 활용할 수 있는 가능성을 타진하였다. 그는 "감성, 지성 그리고 영성을 포괄하는 통합적인 능력이란 측면에서 양지의 발굴은 오늘날 철학상담의 방향성에 매우 의미 있는 제안이 될 수 있다고 생각한다."고 전제하면서, 왕양명의 '양지'를 '몸의 감각'의 회복, '자각적인 사유'의 활성화, 그리고 '우주적 연대감'의 복원이라는 측면으로 재조명하고 있다.[152] 나아가 「왕양명의 '양지良知'와 게슈탈트 치료의 '알아차림(awareness)' 비교 연구」(2013), 「생명, 아이의 마음[童心], 그리고 놀이: 왕양명의 치유철학과 게슈탈트 치료의 만남」(2015), 「자연自然과 치유: 왕양명의 철학과 프릿츠 펄스의 게슈탈트 치료 비교연구」(2015)에서 왕양명과 게슈탈트 심리치료의 접목을 시도하여, 왕양명의 철학이 가진 치유적 성격을 잘 부각시키고자 있다. 그리고 「왕양명과 베르그손의 생명론과 철학상담 적용에 관한 연구」(충남대, 2015)란 주제로 양명학과 철학상담을 연결시킨 최초의 박사학위를 받은 양선진은 한국적 현실 문제인 정신적 문제를 해결할 해법을 왕양명의 사상 속에서 밝히려는 시도를 하였다.

나아가 전병술의 저서 『심학과 심리학』(2014)을 비롯하여 김영건의 「양지의 자가 치유 메커니즘」(2013), 이우진의 「"치유학"으로서의 양명학」(2013), 박길수의 「왕양명 철학에서 도덕 감정과 즐거움의 문제: 왕양명

152) 정갑임, 「철학과 상담이 만날 때: 왕양명의 良知와 철학상담」(『철학논집』 26호, 2011), 35~58쪽 참조.

심체心體 사상에 대한 도덕 심리학적 고찰」(2014) 및 손성은의 「한국 청소년 심리치료에 유용한 양명학 원리」(2016) 등의 학술논문에서 볼 수 있듯, 양명학과 서양 심리학 및 치유학과의 대화를 통하여 서로를 이해하고 소통할 수 있는 계기를 만들뿐만 아니라 양명학을 통한 심리치료 방안을 모색하고 있다.

⑤ '예술'과 '체육학' 분야에서의 양명학 연구

2000년대와 2010년대 한국에서의 양명학에 대한 연구는 철학이나 교육학 분야에만 국한되지 않고 군사 · 예술 · 체육 · 신학 등 다양한 분야에서 활성화된다. 군사학과 관련해서는 박연수의 「문무를 겸한 실천적 군사지휘자로서의 왕양명」(2003)과 서인범의 「왕양명의 지방 진무鎭撫와 민병民兵」(2003)이 있다. 박연수는 양명의 다양한 군사적 시책을 소개하고 나아가 문덕文德과 무덕武德의 함양을 바탕으로 양명이 전투상황에서 어떻게 군을 운용하여 군사적 업적을 거두었는지를 고찰하고 있다.

예술과 관련해서는 양명의 예술세계의 철학적 근거와 예술세계 전체를 조망한 염호택의 박사학위논문 「왕양명의 성학聖學과 예술의 상관성에 관한 연구」(한남대, 2012)가 있다. 염호택은 이 논문에서 양명의 철학에 대한 평가 역시 양명이 새롭게 제시하는 성학과 예술의 상관성에 대한 통일적 방안에 있다고 보고, 성학에 이르는 방법이 어떤 의미를 지니고 있으며, 성학과 심미적 정신경지인 예술의 상관성을 검토함으로써 이 논제가 조명될 수 있다고 전제하면서, 양명의 예술에 관한 전반적인 이해를 성학을 근본으로 삼아 예술정신의 실천적 입장에서 통일된 세계관과 가치관을 밝히고 있다. 그리고 전상모의 「양명 심학의 미학적 이해」(2018)에서는 양명 심학의 미학적 의의를 밝히기 위해 양명의 3대 학설을 각각 심물동체心物同體의 본체미학本體美學, 사상공부事上工夫의 실천미학實踐美學,

심상공부心上工夫의 체인미학體認美學으로 정의하고 양명 심학을 미학적으로 해설하고 있다. 예술과 관련한 성과물은 음악분야에서 가장 많이 나왔다. 「왕양명의 심학적 악론樂論」(영남대, 2003)이란 주제로 박사학위를 받은 박정련은 『왕양명의 마음의 예술, 음악 그리고 음악교육론』(민속원, 2007)이란 저술을 비롯하여 4편의 음악 관련 논문을 발표하였다.[153] 박정련은 종래에 관심을 갖지 못했던 왕양명의 음악사상을 『전습록』의 음악 관련 내용을 중심으로 고찰하면서 양명 음악사상의 의의와 특질을 밝혀주고, 나아가 양명의 음악교육론과 현재 우리나라 음악교육을 비교·검토하면서 아동의 음악성 개발교육 성취를 위해 아동 마음을 양육하는 구체적 방안을 양명의 음악교육론을 통해 제시하고 있다. 이외에 이난수의 「K-Pop의 '감흥感興'과 양명 심학, 그 마음의 역동성」(2012)에서는 '양지' 개념에 대한 현대적 접근을 K-Pop의 '감흥'을 중심으로 논의하면서, 도덕적 실천으로서의 양지가 아니라 행위의 발아지점으로서 양지가 실현되는 과정을 중심으로 감흥과의 연관성을 모색하고 있다. 예술 분야와 관련해서는 서예와 무용 관련하여 장지훈의 「서예, 그 심신합일心身合一의 미학」(2018), 이화진의 「왕양명 심관心觀에서 본 무자舞者가 갖추어야 될 심경心境」(2017)과 김미영의 「왕양명의 심학 이론으로 본 한국전통춤의 사욕私欲과 천리체인天理體認」(2018) 등이 있다.

다음은 체육학 분야에서의 양명학 연구이다. 우선 박사학위논문으로는 김시연의 「왕양명의 수양론을 통해서 본 무도武道의 도덕공동체 구상」(영남대, 2010)이 있다. 김시연은 무도에서의 수련·수행·수도는 양명학에 있어서 '치양지致良知'라는 의미와 상통할 수 있다고 전제하면서, 양명의 수양론을 바탕으로 무도의 정체성과 실천방법론 및 무도의 도덕성을

153) 박정련, 「왕양명의 심학에서 음악사상의 의의와 특질」(2003), 「왕양명의 예술론에 대한 일시론」(2004), 「왕양명의 음악교육사상으로 본 현대음악교육」(2005), 「'친민親民'의 관점에서 본 왕양명의 음악관과 음악교육」(2009)

파악하고 궁극적으로는 무도의 도덕공동체를 구상하려는 시도를 하고 있다. 학술논문으로는 권오륜이 「양명학과 체육학의 만남과 소통」(2010) 등 4편의 논문을 발표하였다.[154] 권오륜은 「양명학과 체육학의 소통」에서 두 학문간 학제적, 융복합적 연구의 가능성과 삶의 질 향상을 위한 미래지향적 대안을 제시하고자 하였다. 이 외에도 김부찬의 「양명학의 신체관과 체육적 가치」(2009) 등이 있다.

⑥ '여성주의'와 '제4차 산업혁명시대'와 관련한 양명학 연구

이 외에 '여성주의', '인지과학', '제4차 산업혁명시대' 등과 같은 현대의 다양한 흐름 및 문제들과 관련한 연구 성과가 있다. 김세서리아는 4편의 논문에서 양명학을 페미니즘과 연결시키는 논의를 본격적으로 전개하였다. 먼저 여성주의에 대한 본격적인 논의에 앞서 「양명학에서의 몸 담론과 그것의 현대적 의미」(2003)에서 선진 유학이나 성리학에서와는 다르게 구성되어 온 양명학적 몸 담론에 관한 논의를 살펴봄으로써 몸과 여성, 몸 철학과 인간, 자연의 문제에 대한 연구를 수행할 때 생산적으로 접근할 수 있는 개요를 제시하고자 하였다. 그리고 이어지는 논문 「양명학의 도덕 주체를 통한 여성 주체 형성의 모색」(2005)에서 본격적으로 양명학의 도덕 주체 문제에 주목하면서 여성 주체의 형성 문제를 다루면서 양명학이 여성주의에 기여할 수 있는 가능성을 모색하고 있다.[155] 나아가 「양명학의 '한 몸'이미지에 대한 여성주의 이해」(2010)에서 양명학의 한 몸 이미지가 현대 여성주의의 소통의 의미와 어떤 맥락에서 만나거나 결

154) 권오륜, 「양명사상의 스포츠 미학적 탐구: 良知개념을 중심으로」(2000), 「양명학의 체육철학적 접근: 신체운동을 중심으로」(2002), 「양명학과 21세기 체육학」(2003)

155) 김세서리아는 이 논문 결론 부분에서 "우리는 양명학의 도덕주체 논의를 통해 여성들 역시 주체가 될 수 있다는 입장을 이해하고 그 속에서 그것이 가능해질 수 있는 다양한 방식을 산출할 수 있게 된다. 우리가 어떻게 여성주의 주체 형성을 이루어 내야 하는지에 대한 단초를 마련해갈 수 있다는 것이다."라고 평가하고 있다.

별하는 것인지 등을 탐구하고 있다. 이러한 연구 성과를 바탕으로 「여성주의 철학 상담을 위한 양명학적 사유의 전망」(2011)에서는 양명학의 심성론에 나타난 주체성의 측면과 타자와의 감응에 주목하면서 동양적 맥락에서의 여성주의 철학상담 이론을 개발하려고 시도하고 있다.

제4차 산업혁명시대와 관련해서도 4편의 논문이 있다. 먼저 양선진은 「양명학을 통해 본 인공지능(AI)시대의 과학기술윤리」(2016)에서 인공지능시대에는 인간과 로봇의 사회에 적합한 과학기술의 윤리와 공존의 윤리가 요청된다고 전제하면서, 서양현대철학과 양명학에서 새로운 과학기술윤리 마련을 위한 가능성을 모색하고 있다. 양명학의 제4차 산업혁명과 관련한 본격적인 논의는 박성호, 조지선, 김세정의 논문에서 전개된다. 먼저 박성호는 「제4차 산업혁명시대의 인류정신혁명과 양명사상」(2018)에서 제4차 산업혁명시대의 특징과 과제를 융합과 창조로 설명하고, 산업혁명을 성공적으로 맞이하기 위해서는 그 융합과 창조의 주체인 인간의 정신혁명에 바탕을 두어야 함에 주목하면서, 그 정신혁명의 사상적 근간을 양명의 '만물일체설과 전일적 융합', '심즉리설과 주체적 창조'라는 두 가지 측면에서 찾고 있다. 그리고 조지선은 「4차 산업시대의 공동체와 양명학의 활용가치」(2018)에서 제4차 산업혁명시대 인성교육의 필요성을 역설하면서, 공동체 차원의 인성교육에서 양명학의 활용가치를 '공감능력', '사욕 제거를 통한 갈등 해결', '관계적 자아관 형성 및 실현'으로 나누어 고찰하고 있다. 마지막으로 김세정은 「제4차 산업혁명시대, 돌봄과 공생의 양명학」(2018)에서 제4차 산업혁명시대를 맞이하여 발생하는 급격한 변화와 이로 인해 파생되는 다양한 문제들을 해결해 나가는데 있어 양명학의 역할 가능성을 모색하고 있다. 김세정은 다음과 같은 세 측면, 첫째, '생명을 살리는 살림의 창의성', 둘째, '양지의 통각과 감통에 근거한 돌봄과 배려와 치유', 셋째, '존재의 하나 됨을 위한 상생과 공생의 길'에서 양명학의 역할 가능성을 찾아나가고 있다.

이러한 군사・예술・체육・여성주의・인지과학・제4차 산업혁명시대 등과 관련한 양명학에 대한 연구는 양명학 연구의 지평을 넓혀 주었다고 하는 점과 아울러 양명학이 현대 사회에 기여할 수 있는 방안들을 새롭게 모색해 나가고 있다는 점에서 그 의의를 높이 평가할 수 있다. 특히 이러한 다양한 분야에서의 양명학 연구는 양명학에 대한 학술적・철학적 연구를 발판으로 하면서도 양명학이 하나의 대중운동, 사회운동으로 나아가기 위한 교두보를 마련했다고 하는 점에서 더 큰 의미를 찾을 수 있다.

제3절 양명학 연구의 새로운 지평

1. 21세기와 양명학 연구

필자는 1절에서 현대 문명의 생명 위기의 원인을 진단하고 나아가 생명 위기에 대한 다양한 대응 방안은 물론 동양의 전통사상에 대한 관심과 문제점 등을 고찰하였다. 그리고 2절에서는 중국과 한국학계의 양명학 연구 현황과 특성에 대해 살펴보았다.

근대 서구의 이성주의・과학주의는 분명 중세의 자연에 대한 무지, 불안, 공포로부터 인간을 해방시켜 주었다. 또한 이는 과학문명과 산업문명을 발달시키면서 인간에게 유사이래 최대의 물질적 풍요로움을 가져다 주었다. 그러나 그 과정에서 진행된 생태계의 파괴는 인간 생존의 위협이라는 대가를 우리에게 요구하고 있다. 결국 21세기의 문턱을 넘어선 지금, 현인류는 생태계 파괴와 이로 인한 인간 생존의 위협이라는 전 지구적 생명 위기를 해결해야 하는 시급하고 중대한 시대적 과제에 직면해 있다.

현재 각 학문분야에서는 이러한 과제를 해결하기 위한 작업을 진행하면서 근대문명에 대한 비판과 더불어 패러다임의 전환을 강력하게 요청한다. 근대문명의 토대가 된 기계론적 세계관과 인간중심주의를 대체할 수 있는 '유기체론적 세계관', '생태론적 세계관', '온생명론' 등과 같은 새로운 세계관과 생명관이 제시되고 있다. 또한 그 과정에서 유기체론적·생태론적 특성을 풍부하게 함유하고 있는 동양의 전통사상에 대한 관심 또한 고조되고 있다. 아울러 동북아시아에서의 양명학에 대한 연구 또한 19·20세기의 서양 문명과의 충돌이라는 근대적·지역적 과제를 해결하기 위한 노력에서 점차 '생태계·생명 위기'라는 21세기의 현대적·전 지구적 과제를 해결하기 위한 대안 마련이라는 측면으로 옮겨가고 있다.

필자는 이러한 시대적·학문적 흐름 속에서 양명학의 특성과 관련하여 '전 지구적 생명 위기 대응 마련'이라는 과제를 해결하기 위한 양명학 연구의 방향성에 대해 이야기해보고자 한다.

역사적으로 모든 사상과 이론이 그러했듯이 21세기의 생명 위기의 문제 또한 어떠한 결함이나 부족함 없이 어느 단일한 사상이나 이론만으로 완벽하게 해결할 수 있는 것은 아니다. 더욱이 전 지구적 생명 위기는 국지적인 또는 지엽적인 문제가 아니기 때문에, 전통과 현대, 인문학과 자연과학, 나아가 동양과 서양의 만남을 필요로 한다. 상호간의 만남을 통해 서로의 장점을 취하고 한계점을 보완하는 공조가 수반될 때 비로소 생명 위기의 문제는 해결될 수 있다. 수시변역隨時變易과 시대정신을 중시하는 양명학에 대한 연구 또한 여기서 예외일 수는 없다.

앞에서 살펴본 바와 같이, 동양의 전통사상은 반이성적이고 반과학적인 신비주의로서 동양의 전통사상을 통해 현재의 생태계·생명 위기를 해결하려는 시도는 전근대적인 신비주의로 회귀하려는 것이라고 비판하는 학자들도 있다. 물론 이러한 비판은 동양 전통사상의 특성을 고려하지 않은 서구의 이성지상주의 또는 과학지상주의의 편견에서 비롯되었다고 할 수 있다. 그렇다 하더라도 동양 전통사상의 특성과 체계를 현대적 관점과 현대적 언어로 새롭게 풀어냄으로써 동양의 전통사상으로부터 신비주의라는 굴레를 벗겨내는 작업은 현대를 살아가는 우리가 해결해야 할 과제이다. 이 과제는 양명학을 포함한 동양의 전통사상에 대한 충분한 연구는 물론 환경철학과 자연과학 등 현대학문의 성과를 적극적으로 수용하는 바탕 위에 상호 비교와 비판 그리고 공조의 과정 등을 통해 해결될 수 있다.

그렇다고 동양 전통사상의 고유한 특성과 체계를 무시한 채 환경철학 또는 현대과학과의 유사성에만 지나치게 집착해서는 안 된다. 이는 오히려 동양 전통사상이 내재하고 있는 고유한 특성들을 왜곡시킬 뿐만 아니라, 생명 위기의 문제를 해결해나가는 데 있어서도 아무런 도움을 주지 못한다. 오히려 상호 비교·비판을 통해 환경철학 또는 자연과학과 다른 동양 전통사상의 특수성을 찾아내고, 이를 바탕으로 상호 보완 또는 공조할 수 있는 측면들을 모색해나가야 한다. 예컨대 서구 양명학자 쥴리아 칭은 1997년 일본에서 있었던 「국제양명학교오토회의」에서 서양의 생태학적 운동이 매우 큰 걸음의 폭으로 진행되었으나 환경 보존에 대한 주장은 주로 공리적인(utilitarian) 고려에서 도출되었다고 비판하면서, 생태학적 운동은 '마음'(heart and mind), 즉 양명이 말하는 '심心', '양지良知' 또는 전 우주를 포용할 수 있도록 스스로를 초월시키는 인간 영혼(정신)의 정상에 기초하여 보다 깊이 있게 진행시킬 필요가 있다고 주장한 바 있다. 또한 환경철학 분야에서 제기된 심층생태주의의 경우 인간중심주의의 문제점을 극복해주는 대신 또 다른 문제를 야길 할 수 있다. 심층생태주의는 인간과 자연을 생명공동체의 평등한 구성원으로 규정하고 인간과 자연의 존재물들에게 동일한 가치를 부여함으로써, 자연계의 존재 가치를 위해 전 지구적 진화의 최고 결실이라 할 수 있는 인간의 존재 가치와 위상을 무너뜨리고 인간을 단지 자연의 부속물로 전락시키고, 극단적인 경우에는 자연생태계의 본질적 가치를 실현하기 위해 인간을 희생시키는 생태 파시즘이라는 비판을 받을 수도 있다.156) 그러나 양명학은 유기체론적 · 생태론적 특성을 지니고 있다는 점에서 심층생태주의와 표면적으로 유사해 보이지만, 인간을 만물과의 감응 주체인 천지만물의 마음(天地萬物之心)으로 규정하여 인간의 가치와 위상을 긍정하면서도 자연과 인간의 공생을 통해 인간과 자연의 가치를 동시에 실현할 수 있다고 주장하는 점에서는 분명 심층생태주의와 다른 입장을 지닌다. 이러한 양명학적 입장과 요소들은 심층생태주의가 안고 있는 문제점을 해결해나가는 데 있어 긍정적인 역할을 할 가능성을 충분히 지니고 있다.

다음은 기존의 양명학 연구에서 보여지는 문제점과 관련한 앞으로의 양명학 연구의 방향성 문제이다.157) 현대 학문에서는 '사실 세계'와 '가치 세계'의 문제를 자연과학과 인문학에서 각각 나누어 다루고 있다. 그러나 유학사상 전반이 그러하듯 양명학 또한 사실과 가치의 문제를 명확하게 분리시켜 다루지 않는다. 생명의 문제만 하더라도 사실적 측면의 '생물학

---

156) 예컨대 Tom Regan은 "만일 우리가 탈인간중심주의의 총체론을 따를 때, 인간과 희귀한 야생화 중 어느 하나를 죽여야 하는 상황에 처한다면, 토지 공동체의 통합성·안정성·아름다움의 보전에 기여하는 희귀한 야생화를 살리고 인간을 죽인다고 해도 그것은 정당화된다"고 주장한다.(노희정, 「환경윤리학에서의 개체론과 총체론의 통합」, 한국교원대 박사학위논문, 2002, 114쪽 재인용)

157) 이 부분은 『왕양명의 생명철학』(청계, 2006) 초판에 수록되어 있는 내용으로 2000년대 초반까지의 양명학 연구 성과만을 분석 대상으로 한 내용이다.

적 생명'과 가치적 측면의 '도덕적 생명'을 분리시키지 아니하고 이 둘을 통합하여 다루고 있다. 따라서 양명학을 연구함에 있어 하나로 통합되어 있는 사실과 가치에 대한 부분이 상호 균형 있게 다루어질 때만이 양명학 본래의 의미와 특성이 제대로 파악될 수 있다. 그러나 기존의 연구물들은 연구의 무게 중심이 지나치게 윤리학적인 가치론 또는 인식론에 편중되어 있다. 그 결과 우주, 자연, 인간의 사실적 생명 문제에 대한 양명의 입장을 충분히 밝혀내지 못하는 한계점을 안고 있다. 특히 사실적 세계와 사실적 생명을 탐구해온 현대과학의 큰 시각으로 보았을 때, 양명의 우주, 자연, 인간의 생명에 대한 이해는 현대과학과 충돌하는 부분보다는 일치하는 측면이 많다. 그럼에도 불구하고 지나치게 가치론에 편중된 결과 이러한 부분들을 명확하게 밝혀내지 못하고 형이상학적 담론만을 계속하고 있다. 지나치게 인간의 심성心性 문제에만 초점을 맞춤으로써 거시적 측면 즉, 우주·자연 안에서의 인간의 역할과 인간과 자연의 유기적이고 상보적인 관계성을 충분히 밝혀내지 못하고 있는 것이다.

최근에 자연, 생명 및 환경 문제와 관련하여 발표된 몇 편의 양명학 연구논문은 양명의 철학사상 전반을 다루기보다는 양명의 만물일체설에 집중된 편향성을 보여주고 있을 뿐만 아니라 아직은 초보적·시론적 단계에 머물러 있다. 대부분 생태계·생명 위기의 원인에 대한 다각적인 측면의 진단이 부족하고, 공동의 관심사를 갖고 있는 환경윤리학과 생명윤리학을 비롯한 현대적 학문들과의 비교 연구가 충분하게 이루어지지 않고 있다. 그렇기 때문에 서구적인 현대적 학문에서는 볼 수 없는 양명학만의 특성을 명확하게 드러내지 못함은 물론, 양명학과 제학문과의 공조 방안을 제시하지 못하고 있다. 이것은 결국 생태계·생명 위기의 문제를 해결해나가는 데 있어서 양명학을 구체적이고 실제적인 대안으로 자리매김하지 못하고 추상적 담론의 수준에 머무르게 하는 문제점을 야기한다.

기존의 양명학 연구의 성과들이 보여준 긍정적 측면을 인정한다 하더라도 이들이 지니는 한계성과 문제점을 극복하고 양명학 연구가 한 발 더 나아가기 위해서는 양명학을 기존과 같이 주관유심주의 또는 도덕형이상학이나 도덕실천철학으로 국한시켜 다루기보다는 생명철학의 입장에서 새롭게 조명해 볼 필요가 있다고 생각한다. 이러한 연구는 현대 사회가 안고 있는 인간과 자연에 대한 이원론적 사고와 인간중심주의의 도구적 자연관으로 인한 자연 생태계 파괴와 인간의 생명가치 상실이라는 시대문제를 해결할 수 있는 대안을 모색해나가는 타학문과의 공조를 위해 반드시 필요한 작업이라 할 수 있다.

2. 생명철학으로서의 양명학

철학은 단지 지난 역사에 대한 서술이 아니라 시대정신의 구현이다. 따라서 양명학에 대한 연구 또한 과거로 회귀하여 단순히 과거의 틀로 재단할 것이 아니라, 양명학의 본의를 올바로 살려나가면서 현대사회의 문제의식에서 출발해야 한다. 또한 타학문의 성과물들과의 공조・연대를 통해 현대사회 또는 미래사회의 문제를 해결할 수 방안으로 새롭게 정립해나가야 한다.

본서는 자연 생태계의 파괴와 인간의 생명가치 상실이 현대사회가 직면한 가장 중대한 문제라는 전제에서 출발한다. 그리고 이러한 시대 문제를 해결할 수 있는 방안을 새롭게 정립하기 위한 선행 작업으로서 양명이 '우주', '자연', '인간', '자연과 인간의 관계'를 어떻게 이해하고 있었는가를 밝혀보고자 한다. 다만 앞에서도 밝힌 바와 같이 양명학은 사실과 가치의 문제를 통합하고 있는 바, 필자는 기존의 가치론 중심의 연구 경향과 달리 사실적 측면과 가치적 측면을 동시에 고려하고자 한다. 아울러 기존의 인간론 중심의 연구 경향과 달리 우주론과 인간론을 균형 있게 통합적으로 다룰 것이다.

이러한 연구를 통해 그 동안 가치론 중심의 연구 경향으로 인해 방기 또는 무시되어 온 사실적 측면, 특히 생명에 대한 사실적 이해의 부분을 새롭게 살려냄으로써, 양명학이 사실 세계와 무관한 단지 형이상학적 담론이나 신비주의가 아니라는 사실을 밝혀보고자 한다. 아울러 이러한 선행 작업을 통해 인간의 주관과 가치를 배제한 채 생명을 사실적·객관적으로 탐구해 온 자연과학은 물론 현대의 생명 문제를 해결하기 위해 제시되고 있는 다양한 방안들과 양명학이 연대·공조할 수 있는 기반을 마련할 것이다. 또한 양명학을 생명철학적 입장에서 새롭게 정립함으로써 양명학을 통해 이러한 시대 문제를 해결할 수 있는 방안을 모색해나갈 것이다.

앞에서 살펴보았듯이 현재 전 지구적 생명 위기의 문제를 해결하기 위한 노력들이 환경철학과 자연과학을 비롯한 다양한 학문 분야에서 진행되고 있다. 아울러 생명 위기는 동양의 전통사상에 대한 새로운 관심을 불러일으키는 계기를 마련해 주었다. 비록 동양의 전통사상이 오늘날 회자되고 있는 유기체론, 생태론, 온생명론, 가이아 이론 등과 유사한 측면을 지니고 있다고는 하지만, 이들과 반드시 일치하는 것은 아니다. 동양의 전통사상은 분명 이러한 이론들과는 다른 그 나름의 특성을 지니고 있다. 예컨대 동양의 전통사상 가운데 양명학에 국한해 보더라도 다음과 같은 차이점을 발견할 수 있다.

카프라의 유기체론과 장회익의 온생명론은 주로 물리학과 생물학의 현대적 성과에 근거한 것이고, 베르탈란피의 유기체론과 화이트헤드의 유기체론 또한 생물학에 바탕을 두고 있으며,[158] 러브록의 가이아론은 대기과학에 중점을 두고 전개하고 있듯이,[159] 현대적 이론들은 자연과학 분야에서의 자연 세계에 대한 미시적이고 거시적인 관찰과 실험의 결과를 토대로 정립되었다. 그리고 환경철학은 논리적 사변을 중시하는 서구 근대의 이성주의에 그 바탕을 두고 있다. 그러나 양명학은 양명 자신이 격물치지格物致知를 깨달았다든가[160] 생사환난을 겪고 나서 치양지에 대한 확신을 얻게 되었다고[161] 말하고 있는 내용에서 알 수 있듯, 직관적 깨달음과 삶의 체득 과정을 기반으로 형성되었다. 따라서 서로가 비록 '유기체적 · 생태론적'이라고 하는 맥락에서 상당한 유사성을 지닌다 하더라도, 구체적인 부분에 있어서는 상당한 차이점을 지닐 수밖에 없다. 예컨대 전자에서는 자연세계 자체에 대해 세부적인 부분까지 파헤치고 있는 반면, 후자는 사실상 자연세계 자체에 대한 논의보다는 인간에 대한 논의가 중점을 이루고 있다. 그리고 전자는 인간과 자연의 유기적 상관관계를 병렬적으로 다루고 있는 반면, 후자는 인간과 자연의 유기적 상관관계를 인간을 중추로 하여 다루고 있다. 따라서 필자는 양명의 생명철학을 서구의 유기체론 또는 생태론의 틀로써 재단하지 아니하고, 양명학 자체가 지니고 있는 생명철학의 구조와 더불어 양명의 생명철학이 지니는 창조성과 독자성을 밝혀나가는 데 중점을 두고자 한다.

---

158) 박창근, 『시스템학』(범양사, 1997), 23~24쪽 & 김용정, 『과학과 철학』(범양사, 1996), 116~119쪽 참조.

159) 제임스 러브록 저, 홍욱희 역, 『가이아의 시대』(범양사, 1992) 참조.

160) 『王陽明全集』, 권33, 「年譜一」, 1228쪽, "先生始悟格物致知. … 忽中夜大悟格物致知之旨."

161) 『王陽明全集』, 권34, 「年譜二」, 1278쪽, "自經宸濠忠泰之變, 益信良知眞足以忘患難, 出生死, … 近來信得致良知三字, 眞聖門正法眼藏."

제2장
역동적 생애와 주체적 학문

중국 명대明代(1368~1644)의 한복판을 살다간 왕양명은 어린 시절부터 현학적 지식의 습득이나 과거를 통해 관료가 되는 입신출세가 아닌 진정한 인간인 '성인聖人'이 되기를 희구하면서 주자학과 사장학詞章學뿐만 아니라 불교와 도교를 두루 섭렵하였다. 그는 또한 중앙 정계에서의 안락하고 윤택한 관료나 학자로서의 삶이 아닌 오지에서의 유배생활과 변방에서의 생사를 넘나드는 무관武官의 삶을 살았다. 그 과정에서 양명은 민초들의 고통을 함께하고 이들의 고난을 사랑으로 어루만지는 험난한 일생을 보낸다. 그는 이러한 역동적 삶의 길을 걸으면서 '심즉리설心卽理說', '지행합일설知行合一說', '치양지설致良知說', '천지만물일체설天地萬物一體說', '친민설親民說' 등 다양한 학설을 제창하며 역동적이고 실천적이며 주체적이고 창조적인 생명철학을 수립·전개하였다.

양명의 일생이 파란만장하고 역동적인 만큼 그의 생애와 사상 또한 다양한 변천과 발전의 과정을 거친다. 명말·청초의 유학자인 황종희黃宗羲(1610~1695)는 『명유학안明儒學案』에서 양명의 사상적 변천 과정을 전·후기로 나누어 다음과 같이 서술하고 있다.

선생의 학문은 사장詞章을 두루 보는 것으로부터 시작되었다. 이어서 고정考亭(주자)의 서적을 두루 보고 격물格物의 순서를 따랐다. 그러나 생각건대 사물의 이치와 나의 마음이 둘이어서 아무런 깨달음도 얻지 못하였다. 그리하여 오랫동안 불교와 도교에 관심을 가졌다. 그 뒤 어려운 곤경에 처해서는 마음을 굳건히 하고, "만약 성인이 이러한 어려움에 처했다면 다른 방법이 있겠는가"라고 생각하자, 홀연히 격물치지格物致知의 본의를 깨닫게 되었다. 성인의 도는 나의 본성에 본래 갖추어져 있기 때문에 밖에서 구할 필요가 없다. 그의 학문은 무릇 세 차례 변하면서 비로소 성학聖學에 입문하게 되었다. 용장龍場에서의 깨달음 이후 지엽말단을 모두 제거해버리고, 오직 본원本源을 밝히는 일에만 전념하였다. 묵좌를 통해 마음을 맑게 하는 것(默坐澄心)을 학문의 방법으로 삼았다. … 보고 듣고 말하고 움직임의 행위는 대략 수렴을 위주로 하고 발산은 부득이한 경우에만 하였다. 강서江西로 돌아온 이후에는 오로지 치양지致良知 세 글자만을 주장하였다. 묵默은 반드시 정좌靜坐를 빌려서 할 필요가 없게 되었고, 마음은 인위적으로 맑게 하지 않아도 스스로 자신을 드러내게 되었으며, 후천적으로 배우고 생각하지 않아도 표현하는 것마다 모두 천리天理였다. … 또한 이 양지는 스스로 발산하므로 다시는 발산을 기다릴 필요가 없다. … 월越에 거주한 이후 이미 깨달아 간직한 바를 더욱 원숙히 하고 체득한 바를 더욱 승화시켰다. 언제라도 옳고 그름을 스스로 분별하고, 또 언제라도 시시비비의 대립을 초월하였다. 입을 열어 말하는 것마다 본심의 발현이므로 따로 다른 것에 의지할 필요가 없었다. 이미 마치 태양이 하늘에서 모든 만물과 만상을 비추는 것과 같았다. 이것이 학문이 완성된 이후 있었던 세 차례의 변화이다.[1]

황종희는 양명 사상의 변천 과정을 전·후기로 구분하여 말하고 있다. 차이런호우(蔡仁厚)는 황종희의 이 말에 근거하여 양명의 학문적 변천 과정을 이질적인 변화 과정으로서의 '전기 3차례의 변천'과 동질적인 발전과 완성의 과정으로서의 '후기 3차례의 변천'으로 나누어 본다. 먼저 전기 3차례의 변천 과정은 ① 사장詞章 즉, 시문학을 탐독한 시기(21세 이후

1) 黃宗羲, 『明儒學案』 권10, 「姚江學案」

5~6년 간), ② 불교와 도교에 출입한 시기(27세 이후), ③ 용장에서 도를 깨달은 시기(37세)로 구분된다. 그리고 후기 3차례 변천은 ① 묵좌징심默坐澄心의 시기, ② 치양지致良知를 제창한 시기, ③ 원숙화경圓熟化境의 시기로 구분된다.[2] 그러나 담약수湛若水(1466~1560, 호는 甘泉)는 「왕양명선생묘지명王陽明先生墓地銘」에서 양명이 용장에서 도를 깨닫기까지의 시기, 즉 전기의 변천 과정을 5단계로 나누고 '다섯 가지 탐닉의 시기'(五溺)라고 명한다. "처음 임협任俠(남자답고 용감함)의 습속에 탐닉하고, 두 번째는 말타기 · 활쏘기를 익히는 데 탐닉하며, 세 번째는 사장詞章을 익히는 데 탐닉하고, 네 번째는 신선神仙(불로장생을 추구하여 仙人이 되려는 도교)을 익히는 데 탐닉하고, 다섯 번째는 불교를 익히는 데 탐닉했는데, 정덕正德 병인丙寅(1506)에 비로소 성현의 학문으로 돌아가 바르게 되었다"[3]고 한다.

이러한 내용들에 근거해 보더라도, 양명은 병법, 사장학, 주자학, 도교, 불교 등 다방면에 관심과 정열을 쏟았으며, 그 과정에서 여러 차례의 사상적 변천이 있었음을 알 수 있다. 다만 이러한 내용만으로는 양명이 왜 주자학뿐만 아니라 기존의 사상에 회의를 느끼고 수많은 시련과 방황을 겪으면서 자신의 독창적이고 주체적인 철학사상을 수립하게 되었는지 알 수 없다. 이에 필자는 양명의 생애와 사상적 변천 과정을 「연보」를 중심으로 하여,[4] 「양명 탄생과 성인聖人에 대한 희구의 시기」, 「유 · 불 · 도 삼가三家의 섭렵과 주자학에 대한 회의의 시기」, 「용장 유배와 격물설에 대한 깨달음의 시기」, 「변방에서의 삶과 치양지설 제창 시기」, 「천지만물일

---

2) 蔡仁厚, 『王陽明哲學』(臺灣 三民書局, 民國 63), 5~19쪽 참조.

3) 『王陽明全集』(上海: 上海古籍出版社, 1992, 이하 『全集』이라 표기), 권38, 「陽明先生墓碣銘」, 1401쪽, "初溺於任俠之習, 再溺於騎射之習, 三溺於辭章之習, 四溺於神仙之習, 五溺於佛氏之習, 正德丙寅始歸正於聖賢之學."

4) 양명의 생애에 대해서는 유명종의 『왕양명과 양명학』(청계, 2002)과 최재목의 『내 마음이 등불이다』(이학사, 2003) 등에서도 상세하게 기술되어 있는 바, 필자는 왕양명의 「연보」와 아울러 이 책들을 참고하였음을 밝혀둔다.

체와 생명철학의 완성 시기」라는 5단계로 나누고, 양명의 역동적 삶과 주체적 학문의 수립 과정을 고찰해 보고자 한다.

제1절 양명의 탄생과 성인에 대한 꿈[5)]

왕양명은 이름이 수인守仁이고, 자는 백안伯安이며, 양명陽明은 그의 호이다. 명明(1368~1644) 중기 헌종憲宗 성화成化 8년(1472) 9월 30일 절강성浙江省 소흥부紹興府 여요현餘姚縣 서운루瑞雲樓에서 태어나 세종世宗 가정嘉靖 7년(1528) 11월 29일 강서성江西省 남안南安의 청용포青龍浦에서 향년 57세의 나이로 세상을 떠났다. 양명의 그리 길지 않은 생애는 명대 한복판에 해당한다.

명나라는 빈농 출신의 주원장朱元璋(1328~1398)이 1368년 1월 이민족인 몽고족이 지배하는 원나라를 무너뜨리고 건국한 나라이다. 주원장은 명을 건국한 이후에 지주와 지식인을 숙청하고 황제의 독재권력을 확립하였으며, 권력을 뒷받침하기 위해 학교 제도와 과거 제도를 정비하여 새로운 인재를 육성하고 그들을 관료로 등용했다. 그는 『맹자』를 읽고 이 가운데 자신의 마음에 들지 않는 민본民本, 혁명, 인정仁政 등 40여조를 삭제하고 『맹자절문孟子節文』을 만들어 학교 교과서로 배포하였다.

명나라 2대 혜제惠帝(재위 1398~1402)의 황제 자리를 박탈한 성조成祖(재위 1402~1424)는 송나라 때의 유학을 종합적으로 체계화하고 전제적인 검열

5) 양명 20대 이전의 시기로 『全集』, 권33, 「年譜一」, 1220~1223쪽에 수록된 내용을 참고하여 구성하였다.

아래『영락대전永樂大全』,『사서대전四書大全』,『오경대전五經大全』,『성리대전性理大全』과 같은 백과사전적 편집물들을 간행하였다. 성조는 수도를 남경南京에서 북경北京으로 옮기고 남북을 관통하는 운하運河를 회복하는 업적도 이루었다. 그는 또한 북벌을 하고 안남安南을 쳐서 국위를 선양하면서 30여 국가의 조공을 받았다.

성조의 손자 선종宣宗(재위 1425~1434)의 선덕宣德 연간은 명나라의 최전성기에 해당하나 이미 쇠퇴의 징조가 나타나서 내몽고의 침략과 안남의 독립을 허용하게 된다. 다음 영종英宗(재위 1435~1449) 때는 부패하고 타락하는 현상이 만연하여 환관 왕진王振을 신임하게 되었고, 급기야 북벌에서 실패하고 포로가 되었다. 영종의 아우 경종景宗(재위 1449~1457)은 등극하면서 수비를 굳히고 많은 금전을 보내서 영종을 환국시켜 복위(재위 1457~1464)시켰으며, 이후 그의 아들 헌종憲宗(재위 1464~1487)이 즉위하였다.

양명은 바로 이 시기에 태어났다. 그가 태어날 당시 명나라는 내우외환의 위기에 처해 있었다. 안으로는 환관에 의한 부패 정치와 공포 정치가 횡행하고 각지에서 도적들이 봉기하였으며, 밖으로는 오이라트(衛拉特)와 타타르(韃靼), 묘족苗族 등의 침입에 대항하기 위해 해상으로의 진출 노력을 중단한 채 북방 경계의 방어에 집중하는 쇄국 정책을 유지하였다. 학술・사상 면에 있어서는 남송南宋 이후 관학官學으로서 지배적 지위를 차지한 주자학을 바탕으로 엄격한 과거제도를 시행하면서 명나라 초기에 편찬된『사서대전』과『오경대전』의 범위 안에서만 과거 시험 문제를 출제하고 사상의 표현 형식을 엄격하게 규제함으로써, 명나라 학계를 위축시키는 결과를 가져왔다. 이로 인해 많은 지식인들은 한편으로는 과거 시험에 참여하는 것을 거부하고 은둔 생활을 통해 도덕적 심성 함양과 학문 연마에 일생을 바치거나, 다른 한편 자기의 수양은 돌보지 않은 채 훈고訓詁・사장詞章에만 빠져들어가 공허한 지식을 가지고 겉만을 꾸미거나 주희朱熹(1130~1200, 자는 원회元晦, 호는 회암晦庵)의 말만을 더욱 교조화하여 수용하는 경향이 지배적이었다.

이러한 내우외환과 학문적 교조화의 분위기 속에서 양명은 헌종 성화 8년(1472) 9월 30일 밤 10시에 절강성 소흥부 여요현 서운루에서 태어났다.[6] 어릴 때의 이름은 운雲이며, 뒤에 수인으로 개명하였다. 본명 이외에 성년 이후 붙인 이름은 백안伯安이다. 훗날 회계산會稽山 기슭의 양명동陽明洞[7]에 석굴을 만들고 살았기 때문에 사람들이 '양명선생陽明先生'이라 불렀으며, 이것이 그의 유명한 호가 되었다. 죽은 뒤에 높여서 부른 이름(諱號 · 諡號)은 문성文成이다.

왕씨王氏는 진晉나라 왕람王覽(206~278)에서 시작되었으며, 왕희지王羲之(303~379)는 왕람의 종손자이다. 왕씨는 대대로 사대부의 가계로 가난한 집안은 아니었다. 양명의 고조 여준與準(호는 둔석옹遁石翁)은 예禮와 역易에 정통하여 『역미易微』를 저술했으며, 증조 왕걸王傑은 경학 · 송학에 회통하였지만 벼슬은 하지 않았다. 할아버지는 왕윤王倫(1421~1490, 자는 천서天敍, 호는 죽헌竹軒)이며, 아버지는 왕화王華(1446~1522, 자는 덕휘德輝, 호는 실옹實庵, 용산공龍山公이라 불림)이다. 왕화는 성화 17년(1481) 과거에 장원(진사 일등)으로 합격하여 남경南京의 이부상서吏部尙書(문관의 任免을 행하는 人事院 장관)를 지냈다. 어머니 정씨鄭氏는 성화 7년(1471) 왕화와 결혼하여 양명을 낳았지만, 양명의 나의 13세가 되던 해 49세의 나이로 세상을 떠났다.

양명의 문인 전덕홍錢德洪의 「서운루기瑞雲樓記」에는 양명의 탄생과 관련된 일화가 실려있다. 양명의 어머니 정씨는 양명을 임신한 지 14개월이 되었는데도 아이를 낳을 기색이 없었다. 어느 날 밤 양명의 할머니 잠씨岑氏의 꿈에 신인神人이 비색緋色 옷을 입고 오색구름 속에서 북을 치고

6) 餘姚縣은 上海의 남쪽, 술의 명산지로 알려진 紹興의 동쪽에 위치하고 있다.
7) 陽明洞은 四明山의 남쪽(陽)에 위치한 동네(洞)라는 뜻에서 붙여진 이름이다.

피리를 불면서 어린아이를 안고 나타나 "이 아이를 너에게 주겠다"고 하였다. 이에 잠씨가 "나는 아들이 있습니다. 며느리가 효행이 지극하므로 훌륭한 아이를 얻어서 손자로 삼고자 합니다"라고 하니 신인이 허락했다. 잠씨가 놀라서 눈을 뜨자마자 아기가 태어났다. 이 이상한 꿈 이야기를 들은 양명의 할아버지 왕윤은 그 손자의 이름을 '운雲'이라 하였으며, 이후 사람들은 양명이 태어난 집을 '상서로운 구름의 누각'이라는 의미의 서운루瑞雲樓라고 불렀다고 한다.

그러나 양명은 5세(成化 12년, 1476)가 될 때까지 말을 하지 못하였다. 어느 날 양명이 다른 아이들과 놀고 있는데 지나가던 신승神僧이 "좋은 아이인데 비밀을 입으로 말해버렸으니 아깝다"고 말했다. 꿈꾼 것을 다른 데 누설해서는 안되는 데 할아버지가 '운雲'이라 이름지어서 사람들에게 그 비밀을 밝혀버렸다는 것이다. 이 말을 들은 할아버지가 양명의 이름을 '어짊을 지킨다'는 '수인守仁'으로 고치자 말을 하기 시작했다고 한다.

양명이 10세가 되던 해(성화 17년, 1481) 아버지 왕화는 진사 시험에 수석으로 합격하여 경사京師(지금의 北京)에 직책을 얻고 아버지 왕윤을 경사로 맞이하여 효양孝養하고자 초청했다. 양명이 11세가 되던 다음해 양명은 할아버지와 함께 아버지가 있는 경사로 떠났다. 경사로 가던 도중 강소성江蘇省 진강鎭江에 있는 금산사金山寺를 둘러보았다. 할아버지가 술을 마시며 시를 지으려고 생각하던 참에 양명이 다음과 같은 시를 한 수 지어 그곳에 모인 사람들을 놀라게 만들었다.

금산이 한 점 주먹과 같이 크지만,	金山一點大如拳
유양 물속의 하늘을 깨뜨리는구나!	打破維揚水底天
취하여 묘고대에 기대어 달을 바라보며	醉倚妙高臺上月
옥피리를 불어 동굴 속 잠든 용을 깨운다.	玉簫吹徹洞龍眠[8]

8) 이 시는『全集』, 권33,「年譜一」, 1221쪽에 수록되어 있다.

양명은 12세가 되던 해(1483) 경사에서 학교를 다니며 공부를 시작했다. 이때 양명은 전쟁놀이를 좋아했다. 어느 날 아이들과 전쟁놀이를 하고 있을 무렵 마침 관상쟁이가 양명의 용모를 보고 놀라서 "뒷날 크게 깨달아 성인聖人의 경지에 들어갈 상을 가지고 있다"고 말했다. 양명은 이 말을 듣고 감동하여 그때부터 독서에 힘쓰고, 또 정좌응사靜坐凝思에 힘썼다. 어느 날 양명이 글방 선생님에게 물었다. "무엇이 천하에서 가장 중요한 일입니까?" 선생이 대답하였다. "오직 독서하여 과거에 급제하는 일이다." 그러자 양명은 의심하면서 말했다. "과거에 급제하는 일은 천하에서 제일 중요한 일은 아닌 것 같습니다. 독서하여 성현聖賢이 되는 것을 배울 뿐입니다." 이에 부친이 이 말을 듣고 웃으면서 "너도 성현이 되고자 하는구나!"라고 하였다. 우리는 여기서 양명이 이미 어린 시절부터 과거 급제를 통한 입신양명의 출세가 아닌 유가儒家의 진정한 인간인 '성인'이 되고자 하는 데 자신의 삶의 목표를 두었다는 사실을 알 수 있다.

천성이 다재다능한 성품을 지닌 양명은 종교와 철학은 물론 독서, 시, 말타기, 활쏘기, 병법 등 모든 분야에 관심과 흥미를 보여준다. 15세 때에는 경사의 서북방 창평현昌平縣에 있는 만리장성의 군사적 요충지인 거용삼관居庸三關을 여행하면서 천하를 경략經略할 뜻을 품었다. 변방의 이민족의 취락聚落을 찾아가 방비의 책략에 대해 자세히 묻고, 이민족의 아이들과 말타기와 활쏘기를 겨루었으나 그 누구도 감히 양명을 이길 수가 없었다고 한다. 어느 날 밤 꿈속에서 마복파馬伏波[9] 장군의 묘당을 보고 시를 짓기도 하였다.

양명은 17세 때(孝宗 弘治 원년, 1488) 고향 월성越城으로 돌아가 강서성江西

---

9) 後漢 光武帝 때 북베트남의 交趾를 평정하고 漢의 경계선을 표시하는 구리 기둥을 세운 공적이 뛰어난 장군.

省 남창南昌에서 포정사布政司[10] 참의參議인 제양화諸養和의 딸과 혼인하였다. 양명은 혼례 당일 집을 나섰다가 우연히 근처 산중의 철주궁鐵柱宮이라는 도교 사원에 들어가 일양一楊이라는 도사道士를 만나 양생養生의 도道를 묻고서 도사와 함께 가부좌하며 선가仙家 공부에 열중하였다. 양명의 장인이 사람을 풀어 그를 찾았지만 다음 날 아침이 되어서야 찾아서 돌아올 수 있었다고 한다. 이 일화는 양명이 어려서부터 어떠한 틀에도 구속받지 않는 자유로운 정신과 진지한 성격을 지니고 있었다는 사실을 보여준다.

양명은 이후 장인의 관사에 머물면서 열심히 붓글씨를 연마하였는데 글씨가 매우 뛰어났다고 한다. 양명은 훗날 학생들에게 서법을 가르치면서, 이때를 다음과 같이 회고하고 있다.

> 내가 처음 글씨를 배울 때 오래된 서첩(古帖)을 모방하여 그 서첩의 글자 모양을 흉내내는 데 만족하였다. 뒤에는 붓을 잡고 가볍게 종이에 글을 쓰지 않고, 엄숙하고 고요하게 사려하여 마음속에 모양을 또렷하게 떠올리기를 오래한 연후에 비로소 그 서법에 통할 수 있었다. 이후에 "나는 글씨를 쓸 때 매우 경건히 하였지 글씨가 잘 써지기를 바라지 않았으니, 바로 이것이 배움이다"라는 정명도程明道 선생의 글을 읽었다. 이미 글씨를 잘 쓰기 위한 것이 아니라면 또한 무엇을 배운단 말인가? 이에 옛사람들은 수시隨時로 일에 따라 단지 마음에서만 공부한다는 것을 알았다. 이 마음이 정밀하고 밝으면 글씨가 잘 써지는 것 또한 그 가운데 있다.[11]

양명은 붓글씨를 쓰는 일을 단지 고첩古帖과 같은 외재적 사물을 준칙으로 삼아 모방하는 것이 아니라 자신의 마음을 정밀하고 밝게 하는 수양이자 자신의 마음의 표현으로 정의함으로써, 이미 '심외무리心外無理',

10) 포정사란 당시 중국에서 전국을 13개의 布政區로 나누어 중앙직할관으로서 民政과 財政을 담당하는 장관직이다.

11) 『全集』, 권33, 「年譜一」(17歲條), 1222쪽.

'심외무사心外無事', '심외무물心外無物'로서의 '심즉리설心卽理說'의 단초를 마련하고 있다.

다음 해(홍치 2년, 1489) 12월 양명은 남창에서 부인 제諸씨와 함께 배로 고향 여요餘姚로 돌아오는 도중 강서성江西省 광신廣信에 들러 주자학자 루량婁諒(1422~1491, 호 一齊)을 만나게 되었다. 루량은 양명에게 송나라 유학자들의 격물학格物學에 대해 이야기하면서 "성인은 반드시 배워서 이를 수 있는 것이다"(聖人必可學而至)라고 알려 주었다. 이에 양명은 이 말을 마음 속 깊이 새겨두고 성학聖學을 흠모하였다. 다음 해 19세 때 부친을 외간外艱에서 뵙고 여요餘姚로 귀향하여 종제從弟 면冕, 계階, 궁宮 및 매서妹胥 목牧과 같이 여러 경서經書와 자사子史의 공부에 힘을 쏟았다.

위에서 서술한 바와 같이, 양명은 소년 시절 총명과 예지를 발산하여 성현이 되기를 희망하였으며, 때로는 영웅호걸의 행적을 흠모하여 천하를 경략經略하고자 하는 뜻을 갖기도 하였고, 때로는 속세를 떠나 양생을 배우려고도 하였지만, 마침내 한 유학자와의 만남을 통해 성현의 학문에 뜻을 두게 되었다. 결국 양명이 소년 시절부터 희구하였던 것은 단지 현학적 지식의 습득이나 과거를 통해 관료가 되는 입신출세가 아니라 스스로 성학聖學을 통해 '성인'이 되는 데 있었던 것이다. 이러한 삶의 목표는 양명이 이후 향외적·주지주의적·관념적·사변적 사상이 아닌 향내적·역동적·실천적·주체적·창조적인 심학 사상을 수립할 수 있는 바탕이 된다.

제2절 삼가三家의 섭렵과 주자학에 대한 회의[12)]

어려서부터 성현이 되고자 하는 뜻을 품었던 양명은 20대에 접어들면서 주자학과 불교와 도교를 본격적으로 탐구·연마하는 등 성현이 되기 위한 본격적인 학문연마의 단계에 들어선다.

먼저 21세 때(홍치 5년, 1492) 절강浙江 향시鄕試에 급제하고 송나라 유학자들의 격물설格物說을 연구하기 시작하였다. 양명은 경사京師에서 아버지 왕화를 모시고 주희가 남긴 서적을 두루 구하여 읽었다. 하루는 "모든 사물마다 반드시 겉과 속, 정밀함과 거칠음이 있으며, 한 포기의 풀과 한 그루의 나무도 모두 지극한 이치를 지니고 있다"는 주희의 말을 깊이 있게 생각하고, 주희의 격물궁리格物窮理를 몸소 실천해 보고자 집 앞뜰에 있는 대나무를 마주하고 앉아서 대나무의 이치를 궁구하는 격죽格竹을 시도하였다. 그러나 7일 밤낮 동안 지속하다가 끝내 이치를 얻지 못하고 병을 얻고 말았다. 이에 양명은 주자학에 회의를 품고 "성현이 되는 것은 분수가 따로 있다"고 선언하면서 세속을 따라 사장詞章의 학문에 힘을 쏟았다고 한다. 주희의 격물설을 몸소 실행에 옮긴 격죽 사건은 이후 양명이 주자학과 결별하고 한편으로는 사장을 탐독하고 도가와 불가에 출입하는 계기를 가져다주지만, 다른 한편 실천적이고 향내적인 독창적 심학사상을 수립하는 계기를 마련해준다.

다음 해 22세 때(1493년)에는 경사의 춘회시春會試(봄에 各省의 科擧人을 北京

12) 주로 양명 20대에서 해당되는 시기로 『全集』, 권33, 「年譜一」, 1223쪽(21歲條)~1226쪽(31歲條)에 수록된 내용을 참고하였다.

에 모아 베푸는 시험)에서 낙제하였다. 그 때 제상 이서애李西涯가 양명의 실력을 인정하고 "그대는 이번 시험에는 합격하지 못했지만 다음에는 반드시 장원으로 급제할 것이니 장원부壯元賦를 지어 보라"고 했다. 양명이 이에 곧 글을 지으니 모두들 "과연 천재다! 천재로다!"라고 경탄했다. 그러나 양명을 시기하는 자들은 양명이 장원으로 급제한다면 자신들에게 대단히 위협적인 존재가 되리라는 두려움과 질투심을 가졌다. 이에 양명은 3년 뒤 25세 때 회시會試에서 몇몇 사람들의 질투로 인해 다시 낙방하고 말았다. 한 동료가 낙제를 부끄러워하자 양명은 "세상 사람들은 급제하지 못한 사실을 부끄러워하지만 나는 낙제하여 마음이 흔들리는 것을 부끄럽게 생각한다"고 말하였다. 그 뒤 양명은 낙심하지 않고 고향 여요로 돌아와 용천산사龍泉山寺에서 시詩 동우회를 조직하였다. 그리고 26세 때에는 당시 변경의 사태가 매우 급박하게 돌아가자 경사에 거주하면서 무사武事에 마음을 두고 병가兵家의 비서秘書란 비서는 모두 정밀하게 연구하였다. 이때 식사를 할 때마다 과일 씨를 모아서 진陳을 치는 놀이를 즐겼다고 한다.

27세(홍치 11년, 1498)에 이르러 양명은 사장詞章과 예능藝能으로는 지극한 도리에 이르기가 불가능하다고 생각하고 다시 스승과 벗을 구하였으나 만나지 못하고 곤혹스러움에 빠졌다. 어느 날 주희가 송나라 광종光宗에게 올린 소疏를 읽다가 "경敬의 상태에서 뜻을 지키는 것이 독서의 근본이요, 차례에 따라 정미함에 이르는 것이 독서의 방법이다"라는 구절을 읽고, 지난날 비록 넓게는 탐구했으나 격물의 차서에 따르지 않아 아무런 소득이 없었음을 후회하면서 다시 주희의 학설에 따라 궁리 공부를 하였다. 그러나 이번에도 주희의 학설에는 "사물의 이치와 나의 마음이 끝내 나뉘어 둘로 분리된다"는 문제를 안고 있다는 사실을 깨닫게 된다. 그리하여 오랫동안 침울해 있다가 "성현이 되는 것은 분수가 따로 있다"

는 옛날의 생각이 재발하였다. 이런 와중에 우연히 도사가 양생養生을 말하는 것을 듣고 마침내 세상을 등지고 입산할 뜻을 갖게 된다.

양명은 28세 때 회시에 급제하여 관정공부觀政工部에 배속받고 분묘의 축조를 감독하였으며, 29세 때에는 형부의 운남청리사주사雲南淸吏司主事를 제수받았다. 30세 때는 새로운 임지인 강소성 강북江北에 부임하여 사형수의 판결을 재심하라는 어명을 받들어 사건을 다시 조사하여 억울하게 죄받은 사람들을 감형시키거나 누명을 벗겨주는 일에 종사하였다. 일을 마치고 구화산九華山에 들려 시부詩賦를 읊으며 무상無相과 화성化城이라는 도교 사원에서 지냈다. 이때 어느 한 도사를 만나 손님의 예로 대하면서 수차례 선도仙道의 가르침을 청하였으나, 그 도사는 "아무리 융성한 예로 나를 대해도 소용이 없다. 그대는 관리의 상相을 떨쳐버리지 못했다"고 하면서 끝내 거절하였다. 이에 양명은 웃으면서 도사와 작별하고 돌아와 버렸다. 양명은 어느 날 구화산 지장동地藏洞에 불에 익힌 음식을 먹지 않는 기인이 산다는 말을 듣고 험한 산길을 타고 올라가 기인을 찾았다. 마침 그 기인이 잠자고 있어 양명이 다리를 흔들어 깨우자 깜짝 놀라 일어나 양명에게 불가의 최상승最上乘의 도리를 말해주었다. 그는 "주렴계周濂溪와 정명도程明道는 유가의 수재이다"라고 말하였다. 양명이 그를 다시 찾았을 때 그는 이미 떠나고 없었다고 한다.

31세가 되던 해(홍치 15년, 1502) 5월 양명은 어명을 받았으나 병가를 내고 경사를 떠나 고향 땅 월越(고향인 超興越城인 餘姚)로 돌아와 양명동陽明洞에 집을 짓고 도교에서 행하는 호흡법인 도인술導引術을 닦았다. 오래지 않아 마침내 앞일을 내다볼 수 있는 경지에 이르렀다. 하루는 양명동에 앉아 있는데 갑자기 왕사여王思輿 등 네 친구가 성문을 나서는 것이 보였다. 양명은 하인에게 그들을 영접하게 하였는데, 하인들이 손님을 영접하려 가는 도중 그 네 사람을 만나게 되었다. 모두 놀라 양명이 이미 득도하였다고 생각했다. 그러나 얼마 뒤 양명은 "이러한 것은 단지 정신을 가지고 노는 장난일 뿐 진정한 도가 아니다"라고 생각하여 그만두었다. 그러나 마음속에는 아직도 속세를 멀리 떠나 입산하고픈 생각이 있었으나 할머니와 아버지에 대한 생각 때문에 주저하고 결정하지 못했다. 그러던 중 홀연히 "이러한 부모에 대한 정은 유아 때부터 생겨난다. 이 마음을 없앤다면 이는 본성을 끊어 없애버리는 것이 된다"는 것을 깨닫게 되었다.

다음 해 32세 때에는 양명동을 떠나 아름다운 전당錢塘 서호西湖에서 병을 치료하고 있었다. 어느 날 사묘寺廟를 요람하던 중 양명은 한 선승이 3년 동안 문을 닫고 앉아 말도 하지 않고 눈도 뜨지 않았다는 소문을 들었다. 양명은 그 선승을 찾아가 큰 소리로 "이 화상아! 하루 종일 무슨 소리를 그렇게 중얼거리며, 눈을 크게 뜨고 무엇을 바라보고 있는 것인가?"라고 하였다. 선승은 놀라 일어나 눈을 뜨고 말았다. 양명이 그의 집안에 관해 물으니, 승이 어머니가 계시다고 답변하였다. 양명은 "어머니를 보고 싶은 생각이 일어나지 않느냐?"고 물어 보니, 승은 어머니에 대한 생각이 일어나지 않을 수 없다고 답변하였다. 양명은 곧 그에게 부모를 사랑하는 마음은 본성에서 나온 것인데 사람이 어떻게 눈을 감고 입을 닫아 부모에 대한 정을 막을 수가 있느냐 하고 타일렀다. 이 말에 선승은 감동하여 눈물을 흘리면서 다음날 집으로 돌아갔다고 한다.

성인이 되기 위한 방법으로 21세 때 주희가 말한 격물을 몸소 실천하려다가 실패하고 사장학에 몰두했던 양명은 27세 때 다시 한 번 주희의 격물궁리가 사물의 이치와 나의 마음을 양분시키는 문제점이 있다는 것을 깨닫고 주자학에 대해 회의를 느끼고 나서 32세 때까지 주로 도교와 불교에 관심을 두지만 결국 도교와 불교를 통해서도 성인이 되고자 하는 자신의 꿈을 실현하지는 못하게 된다.

양명의 주자학과 사장학은 물론 불교와 도교에 대한 섭렵 과정은 단지 지적 욕구에서 비롯된 다양한 지식의 추구가 아니라 그 자신이 희구하고 갈망하는 성인이 되기 위한 하나의 방편으로 선택하였던 것이다. 아울러 이러한 유가와 불교 및 도교에 대한 섭렵 과정은 이후 양명이 교조주의나 독단주의에 빠지지 아니하고 유・불・도 세 학파의 사상을 회통하면서 '주체적이고 역동적이며 창조적인 마음'에 대한 자각과 '천지만물과의 일체성' 및 '인간의 평등성'을 중시하는 독창적인 심학 사상을 수립함에 있어 그 밑거름으로 작용하게 된다.

제3절 용장에서의 깨달음과 심즉리[13]

20대~30대 초반에 걸쳐 성인이 되기 위한 방안으로 주자학과 사장학은 물론 불교와 도교를 섭렵하면서도 그 해답을 찾지 못한 양명은 30대 중반 용장龍場 유배 생활에서의 험난한 삶의 체험과 깨달음을 바탕으로 기성 사상에 얽매이지 않는 자신의 독창적 심학 사상을 수립하는 기틀을 마련한다.

건강이 회복된 양명은 33세 되는 해(홍치 17년, 1504) 8월 산동山東 향시를 주관하는 주고관으로 초빙되어 친히 「산동향시록山東鄕試錄」을 지으면서, "불교와 도교가 도道를 해친 것은 성학聖學이 밝지 못하기 때문이며, 기강이 진흥되지 못한 것은 명칭과 기물을 너무 함부로 쓰기 때문이고, 사람을 쓰는 데 너무 급한 것은 빠른 효과를 구하기 때문이다"하고 언급하였

---

13) 주로 양명 30대에 해당되는 시기로 『全集』, 권33, 「年譜一」, 1226쪽(33歲條)~1230쪽(38歲條)에 수록된 내용을 참고하였다.

다. 그리고 토지의 분배와 치안은 물론 오랑캐에 대한 방책 및 송사訟事를 없애는 일에도 일정한 법도가 있다고 여겼다. 여기서 우리는 양명이 도가나 불가가 아닌 유가의 '성학'을 통해 시대 문제를 해결하고자 하는 의지를 지니고 있음을 읽을 수 있다.

그 해 9월에는 다시 병부의 무선청리사주사武選清吏司主事로 발탁 기용되고, 34세 때 경사로 다시 귀임한다. 이 당시 학자들은 신심身心의 학문이 있음을 알지 못하고 성현의 글귀만을 암송하는 사장詞章과 기송記誦의 습관에만 빠져있었다. 이에 양명은 '심신의 학문'을 제창하면서 사람들에게 "먼저 반드시 성인이 되고자 하는 뜻을 세우라"(先立必爲聖人之志)고 강조하였다. 소문이 퍼져 문하에 사람이 모여 강학을 열기도 하였지만, 사도師道가 이미 없어진 지 오래되어 양명을 보고 "괴이한 논의를 주장하여 이름을 날리기를 좋아한다"고 하는 사람도 있었다. 양명은 이때 담약수湛若水(1466~1560, 호는 甘泉)를 만나 교우를 맺고 함께 성학聖學을 창명倡明한다.

양명의 나이 35세 때(1506) 15세의 무종武宗이 즉위하였다. 당시 권세가였던 환관 유근劉瑾은 무종을 농락하면서 권력을 마음대로 휘둘렀다. 유근은 주요 기관을 자신의 심복으로 채우고 문무의 인사를 직접 결정했으며, 인사 여부는 뇌물의 액수로 결정했다고 한다. 심지어 패전한 장군도 뇌물로 출세할 수 있었던 반면, 군사적인 공적이 있어도 유근에게 선물을 바치지 않으면 파면되었다. 남경의 감찰어사監察御史 대선戴銑과 박언휘朴彦徽가 표表를 올려 수년간 권력을 맘대로 휘두르던 환관 유근을 간하다가 천자의 뜻을 거역했다는 명분으로 칙명에 의해 체포되어 투옥되었다. 이에 양명은 항소를 올려 그들을 구하려 하였다. 그러나 양명은 당시 권력자인 유근을 탄핵하려 했다는 이유로 무종의 화를 불러 오히려 투옥되고 장형杖刑[14] 40대의 형벌이 내려졌다. 몽둥이 40대를 맞는 동안 양명은

---

14) 궁전의 계단 아래에서 관리를 몽둥이로 힘껏 내리치는 가혹한 형벌.

수차례 기절하였다가 정신을 되찾곤 하였다. 얼마 후 귀주貴州 용장역龍場驛의 역승驛丞[15]으로 강등 유배당한다.

다음 해(正德 2년, 1507, 양명 36세) 여름 양명은 귀양길에 올랐다. 유근은 여러 차례 자객을 보내 양명을 해치려 하였으나, 양명은 위기를 모면하고 이리저리 피해다니다가 37세 되던 해 봄에야 용장에 도착하였다. 양명이 도착한 용장은 온갖 산이 겹겹이 둘러 있는 변방의 땅으로 지금의 귀주성貴州省 귀양시貴陽市 수문현修文縣 경내에 속한다. 당시 벌레와 뱀이 우글거리고 풍토병이 만연한 곳으로, 주민은 굴 속에서 사는 만족蠻族 아니면 유배되어 도망온 한족漢族뿐이었다. 이때에도 유근의 노여움이 그치지 않아 암암리에 그를 해칠 가능성이 있었다. 그러나 양명은 이때 속세의 득실과 영욕을 모두 초탈하였다. 단지 생사 일념만이 아직 가슴속에 남아있었다. 이에 석곽石槨을 하나 만들어 놓고 "나는 오직 운명을 기다릴 뿐이다"라고 맹세하면서, 밤낮으로 항상 말없이 조용히 앉아 마음을 깨끗이 하고 고요함만을 추구하였다. 그렇게 함이 오래되자 마음이 훤하게 통하고 시원해졌다. 그러나 그를 따르는 시종자들은 모두 열악한 주변 환경 때문에 병으로 쓰러져버렸다. 양명은 그들을 위해 스스로 땔나무를 하고 물을 길어다가 죽을 지어주고, 그들의 마음을 편안하게 해주기 위해 시가詩歌를 낭송해 주고, 때로는 농담으로 위로해 주었다. 이에 모두 질병과 근심을 잊을 수 있었다고 한다.

양명은 이때 만약 성인이 이런 경우에 처하였다면 어떠한 도道가 있었을까 생각하다가 밤중에 홀연히 격물치지의 본뜻을 크게 깨닫고 너무 기뻐서 자신도 모르게 큰소리로 외치며 춤을 추니 시종들이 모두 깜짝 놀랐다. 양명은 여기서 "비로소 성인의 도는 나의 본성으로 스스로 충족하니, 지난날 대상 사물에서 이치를 구한 것은 잘못이었다는 것을 알았다"

15) 驛은 관리들이 머물러 가는 여인숙이며 丞은 여인숙의 助役.

고 선언하게 된다. 이는 인간 누구나 성인이 될 수 있는 바탕은 마음 밖에 존재하는 것이 아니라 자신의 마음에 있다고 하는 '심즉리설心卽理說'에 대한 깨달음이다.

양명은 용장에서의 깨달음과 더불어 "이전에 기억하고 있던 오경五經의 말로 인증해 보니 나의 마음에 들어맞지 않는 것이 없다"고 하여, 「오경억설五經臆說」을 저술하게 된다. 한편 용장에서 생활하면서 양명은 그곳의 원주민(苗族)들과 친숙해지면서 그들의 말을 배우고 그들에게 집 짓는 방법과 학문을 가르쳐주었다. 용강서원龍岡書院을 비롯하여 인빈당寅賓堂, 백루헌白陋軒, 군자정君子亭, 완역와玩易窩 등을 신축하고 강설講說과 교화敎化를 도모하였다.

용장에서의 '격물치지'에 대한 양명의 깨달음은 '성즉리설'에 근거한 주희의 격물설에 대한 반론이자 양명 자신이 독창적인 심학 사상을 수립하는 출발점이다. 주희는 『대학』에 「격물치지보망장格物致知補亡章」을 지어 넣으면서, "이른바 치지致知가 격물格物에 있다고 하는 것은 나의 앎(知)을 극진한 데까지 이르게 하고자 하면 사물에 다가가서 그 이치를 끝까지 캐들어 가는 데 있다는 것을 말하는 것이다"[16]라고 하였다. 주희에게 있어 마음에 내재된 본성(性)만이 리理로 정의될 뿐 마음(心)은 리를 지각하고 운용하는 기능적인 측면만을 지닌 기적氣的 존재로 정의된다. 그리고 격물은 인식 주체인 마음이 객관적 대상 사물에 나아가 그 곳에 내재된 물리物理(所以然之故)를 궁구하거나 인간의 당위 규범에 대한 성현의 진술이 담겨있는 경전을 독서하여 사리事理(所當然之則)를 궁구・인식함을 의미한다. 따라서 주자학에 있어 마음과 리는 인식 주체와 인식 대상이라는 이원적 체계를 지니게 되며, 주희의 격물설은 이러한 이원적 체계에 근거

16) 『大學章句』, 「格物致知補亡章」, "所謂致知在格物者, 言欲致吾之知, 在卽物而窮其理也"

하여 리에 대한 마음의 종속성과 향외적, 주지주의적, 사변적 성격을 강하게 내포한다.

양명은 이러한 주희의 격물설이 대상 사물에 나아가 고정불변한 이치(定理)를 구하는 것으로서, 이는 내 마음이 사물 가운데에서 리를 구하는 것이 되어 마음과 리를 양분하는 문제가 있다고 다음과 같이 비판한다.

> 주자의 이른바 격물 운운하는 것은 사물에 나아가서 그 리理를 궁구하는 데 있다. 사물에 나아가 리를 궁구한다는 것은 곧 각각의 개별적 사물에서 이른바 정해진 리(定理)를 구하는 것이다. 이것은 내 마음이 각각의 개별적 사물 가운데서 리를 구하는 것으로, 마음과 리를 따로 나누어 둘로 구분하는 것이다. 무릇 각각의 개별적 사물에서 리를 구한다고 하는 것은 효의 리를 어버이에게서 구한다고 하는 것과 같다. 효의 리를 어버이에게서 구한다고 한다면, 효의 리는 과연 내 마음 속에 있는 것인가? 아니면 어버이의 몸에 있는 것인가? 가령 효의 리가 어버이의 몸에 있다고 한다면 어버이가 돌아가신 뒤에 내 마음 속에는 효의 리가 없는 것인가? 어린아이가 우물에 빠지는 것을 보면 반드시 측은히 여기는 리理가 생기는데, 이 측은히 여기는 리는 과연 어린아이의 몸에 있는가? 아니면 내 마음의 양지良知에 있는가? 혹은 '우물에 따라 들어가면 안 되는 것인가?', 혹은 '손으로 구원할 수 있는 것인가?'라는 것이 모두 이른바 리이다. 이것이 과연 어린아이의 몸에 있는가? 아니면 내 마음의 양지에서 비롯되는 것인가? 여기서 유추하면 온갖 사물의 리가 모두 그렇지 않음이 없다. 따라서 마음과 리를 나누어 둘로 삼는 것이 잘못된 것임을 알 수 있다.[17]

주희의 격물은 효도의 리를 그 부모에게서 구하고 어린아이가 우물에 빠지려는 것을 목격했을 때 이를 불쌍하게 여기는 리를 어린아이에게서 구하는 것과 같다. 이에 양명은 도덕 원리를 나의 마음 밖에서 찾는 것을 반대하고, 격물格物에 대한 해석을 주희와 달리한다. 격格은 바르게 한다

---

17) 『傳習錄』(中), 「答顧東橋書」, 135조목.

는 정正으로, 그리고 물物은 마음이 발동한 의지가 내재되어 있는 일(事)로 해석하여, 격물은 '올바르지 못한 것을 바로잡아 올바름으로 돌아가게 하는 것'(正其不正而歸於正)으로 정의한다. 여기서 그 올바르지 못한 것을 바로잡는 것은 악을 제거하는 것(去惡)을 말하고, 올바름으로 돌리는 것은 선을 행하는 것(爲善)을 말한다.[18] 따라서 격물은 인식 주체인 마음이 인식 대상으로서의 외재 사물에 내재된 리를 인식하는 과정이 아니라 대상과의 관계맺음에서 마음으로부터 의지가 발동하는 단계에서 사사로운 욕망에 기인한 사의私意를 제거하고 본심本心에서 직접적으로 발현한 성의誠意를 실천으로 이행하는 위선거악爲善去惡을 의미한다. 즉 격물은 인간 자신의 내면에 대한 자각을 통한 '선한 본심의 회복'과 아울러 본심의 발현으로서의 '선한 실천 행위'를 동시적으로 함축한다.

양명의 새로운 격물설은 사실상 심즉리설心卽理說에 다름 아니다. 성性만을 리로 보고 마음을 인식 주체로 보는 주희의 입장과 달리 양명은 "마음이 곧 리이다"[19]라고 하고 "마음이 곧 성이며, 성性이 곧 리"[20]라 하여, 마음과 리와 성을 한 가지로 보고 있다. 먼저 양명은 '대상 사물에 있는 것이 리가 된다'(在物爲理)는 정이程頤(1033~1107, 호는 伊川)의 주장에 반론을 제기하여 "이 마음이 물에 있은 즉 리가 된다. 예컨대 마음이 어버이 섬기는 데 있으면 효가 된다"고 주장하고,[21] 또한 "리란 마음의 조리條理이다. 이 리가 부모에게 발휘되면 효가 된다"[22]고 주장한다. 따라서 양명에게 있어 효와 같은 리는 주자학에서와 같이 인간 마음 밖에 존재하는 불

---

18) 『全集』, 권26, 「大學問」, 972쪽, "物者, 事也, 凡意之所發必有其事, 意所在之事謂之物. 格者, 正也, 正其不正以歸於正之謂也. 正其不正者, 去惡之謂也. 歸於正者, 爲善之謂也. 夫是之謂格."

19) 『傳習錄』(上), 「徐愛錄」, 3조목, "心卽理也."

20) 『傳習錄』(上), 「陸澄錄」, 33조목, "心卽性, 性卽理."

21) 『傳習錄』(下), 「黃以方錄」, 321조목.

22) 『全集』, 권8, 「書諸陽伯」, 277쪽.

변하는 선험적인 당위의 도덕 규범을 의미하는 것이 아니라 어버이와 같은 대상과 감응하는 과정에서 상황에 부합되도록 마음으로부터 항상 새롭게 '창출되는 실천 조리'를 의미하는 바, '마음이 곧 리'가 되는 일원의 계기를 갖는다.

아울러 양명은 "마음의 본체는 성性이니, 성이 곧 리理이다. 그러므로 부모에게 효도하는 마음이 있으면 곧 효도의 리가 있고 효도하는 마음이 없으면 곧 효도의 리는 없다"[23]고 한다. '성性'이란 주자학에서와 같이 미발未發, 즉 마음이 순응해야 하는 작용성이 없는 도덕적 규범이 아니라 마음 그 자체의 '유기적 속성'으로서 성은 상황에 따라 효와 같은 구체적인 실천 조리로 드러나게 된다. 예컨대 자식이 추위에 떨고 있는 부모님을 마주하였을 때 마음으로부터 이를 안타깝게 여기고 부모님을 따뜻하게 해드리고자 하는 의지가 발동하여 부모님을 따뜻하게 해드리는 방법을 강구하고 이에 실제로 따뜻하게 해드리는 실천 행위를 수행하게 된다. 부모님을 따뜻하게 해드리고자 하는 마음의 발동이 바로 효의 리로서 이는 마음이 창출하는 것이다. 부모님과 마주하기 이전부터 자식은 마땅히 부모님께 효도해야 한다고 하는 선험적인 당위의 규범으로서의 리가 선재하는 것이 아니라, 부모님과 마주함으로써 비로소 마음으로부터 본성이 발현되어 상황에 부합되는 구체적인 실천 조리로서의 리로 나타나게 되는 것이다. 이러한 의미에서 '마음이 곧 리'이며 '성이 곧 리'라고 말할 수 있으며, '리는 내 마음 바깥에 존재하지 않는다'(心外無理)고 말할 수 있다.

양명은 이러한 심즉리설과 격물설을 통해 비로소 20대 때의 주희 격물설에 대한 회의로부터 벗어나 자신의 독창적 학설을 수립하게 된다. 양명의 심즉리설과 격물설은 외재적 규범에 대한 종속으로부터 인간을 해

---

23) 『傳習錄』(下), 「答顧東橋書」, 133조목, "心之體, 性也, 性卽理也. 故有孝親之心, 卽有孝之理; 無孝親之心, 卽無孝之理矣."

방시켜주며, 실천 조리와 실천 행위를 창출하는 주체적이고 역동적이며 창조적인 인간상을 정립해준다.

용장에서의 깨달음 이후에도 양명은 그곳에 머물면서 38세 때(正德 4년, 1509)에는 자신의 2번째 독창적 학설인 '지행합일知行合一'을 논한다. 귀양의 제학부사提學副使(지방의 學政을 통괄하는 관리) 석서席書(호는 元山)에게 양명이 지행본체知行本體를 들어 오경五經 등을 증명해 보여주자, 석서는 점차 깨닫게 되었다. 석서는 "성인의 학문을 지금 다시 본다. 주자와 육상산의 학문은 각기 득실이 있으니 변론할 것이 없고 내 본성을 찾는다면 스스로 밝아질 것이다"라고 말하고, 귀양서원貴陽書院을 수리하고 귀양의 학생들을 이끌고 양명에게 스승으로 모시는 예를 올렸다.

양명의 지행합일설은 심리心理 일원적 체계에 바탕하고 있으며, 이는 '먼저 알고 나서 실천한다'고 하는 주희의 선지후행설先知後行說에 대한 비판이다. 주자학에서는 마음이 외재적인 정리定理를 인식할 수 있는 인식 능력으로 국한되기 때문에, 먼저 '궁리窮理'를 통해 외재적 리를 인식하고 나서 비로소 정리를 실천으로 이행하는 '선지후행'의 차서를 지닌다. 이에 양명은 마음 밖에서 리를 구하기 때문에 '앎'(知)과 '실천'(行)이 둘로 나뉘는 문제점을 야기한다고 비판한다.[24)]

양명에 있어 '마음'은 실천 조리를 창출하는 '역동적 창출성'과 의념과 사태에 대한 시비를 판단하는 '자각적 판단력'뿐만 아니라 실천행위를 이끌어내는 '실천 지향성', 그리고 이를 신체를 통해 실천 행위로 이행하는 '능동적 실천성'을 동시적으로 내재하기 때문에, 앎과 실천은 사실상 마음 안에서 이미 합일의 계기를 지닌다. 따라서 양명에게 있어 앎은 주자학에서와 같이 마음 밖에 존재하는 객관적 사물의 원리나 도덕적 당위의 규범에 대한 후천적·경험적 지식을 의미하지 않는다.

---

24) 『傳習錄』(中), 「答顧東橋書」, 133조목.

양명의 앎(知)은 "의意 영명靈明한 것" 또는 "몸을 주재하는 마음이 발동한 의意의 명각明覺"으로 정의되고, 실천(行)은 "의가 섭착涉着한 것" 또는 "명각의 감응"으로 정의된다.[25] 예컨대 어린아이가 우물에 빠지려는 상황을 목격하게 되었을 때 깜짝 놀라 측은해하는 마음의 자각과 어린아이를 구하고자 하는 의지의 발동이 바로 마음의 선험적인 영명한 앎을 의미한다면, 마음으로부터 발동한 의지가 몸을 통해 직접적으로 어린아이를 구하는 실천 행위를 이끌어내는 것이 바로 실천을 의미한다. 불쌍히 여기는 마음의 자각과 어린아이를 구하고자 하는 의지의 발동 그리고 어린아이를 구하는 실천 행위는 인간의 마음과 천지만물 사이에 간격 없이 이루어지는 일련의 감응 과정이다. 이에 양명은 "앎은 실천의 주된 의지이며, 실천은 앎의 공부이다. 앎은 실천의 시작이며, 실천은 앎의 성취이다"[26]라고 주장한다. 실천 행위를 이끌어내는 실천 의지로서의 앎이 직접적으로 실천 행위의 시작이라면 실제적인 실천 행위를 통해서만 마음의 자각과 의지의 발동으로서의 앎이 비로소 성취되는 것이다.

아울러 "앎의 참되고 절실하며 독실한 곳이 실천이며, 실천의 분명히 자각하고 자세히 살피는 곳이 앎이다. 앎과 실천의 공부는 본래 분리해서는 안 된다"고 전제하면서 "참된 앎(眞知)은 곧 실천하는 바가 있는 것이기 때문에, 실천하지 않으면 족히 앎이라고 말할 수 없다"고 하였다.[27] 사사로운 욕망을 제거하여 본심을 회복함으로써 마주한 사태의 시비를 자각적으로 판단하고 천지만물의 생명을 온전하게 유지시키기 위한 의지의 발동도 중요하지만, 앎은 결국 실제적인 실천 행위를 통해서만 참

25) 『傳習錄』(下), 「陳九川錄」, 201조목 및 『傳習錄』(中), 「答羅整菴少宰書」, 174조목 참조.

26) 『傳習錄』(上), 「徐愛錄」, 5조목. "知是行的主意, 行是知的功夫. 知是行之始, 行是知之成"

27) 『傳習錄』(中), 「答顧東橋書」, 133조목, "知之眞切篤實處卽是行, 行之明覺精察處卽是知. 知行工夫, 本不可離. … 眞知卽所以爲行, 不行不足謂之知."

된 앎으로 완성될 수 있다고 봄으로써 강한 실천성을 바탕으로 한 '실천적 인간상'을 정립하고 있다.

제4절 정좌에서 치양지로[28)]

용장에서 심즉리설과 지행합일설을 제창한 양명은 50세를 전후하여 '치양지설致良知說'을 제창하기 전에 정좌靜坐를 통해 마음을 맑게 하는 '묵좌징심默坐澄心'의 단계를 거친다. 정덕正德 5년(1510) 양명이 39세가 되던 해 양명을 박해하던 유근이 죽자 양명은 유배에서 풀려 여능현廬陵縣 지현知縣으로 승진된다. 용장을 떠나 상덕부上德府와 신주辰州를 지날 때 배우려는 자들이 많이 따랐다. 그 가운데 기원형冀元亨, 장신蔣信, 유관시劉觀時가 뛰어난 자들로 양명은 이들에게 정좌를 강조하였다. 양명은 "후회스럽게도 옛날 귀양에서 지행합일의 가르침을 제시하였을 때 모두들 이견만 분분할 뿐 어디에서부터 시작해야 할지를 몰랐다. 근래에 여러 학생들과 절에서 정좌를 하고 스스로 성체性體를 깨닫도록 하였는데, 이 방법이 효과가 있는 듯하다"고 하였다. 양명은 다시 길을 가던 도중 그들에게 다음과 같은 편지를 보냈다.

> 전에 절에서 말한 정좌靜坐는 좌선坐禪으로 입정入定하고자 하는 것이 아니다. 우리들이 평상시 사물 때문에 번잡함에 이끌려 자기를 위할(爲己) 줄 모

28) 양명 39세~50세에 해당하는 시기로 『全集』, 권33, 「年譜一」, 1230쪽(39歲條) ~ 『全集』, 권34, 「年譜二」, 1283쪽(50歲條)에 수록된 내용을 참고하였다.

르니, 정좌를 통해 『소학』의 잃어버린 마음을 수렴하는(收放心) 공부를 보충할 뿐이다. 정명도가 "배우자마자 모름지기 힘 쓸 곳이 있음을 알아야 하며, 이미 배웠으면 모름지기 힘 얻을 곳을 알아야 한다"고 하였으니, 여러 친구들은 마땅히 이곳에 힘을 기울여야만 비로소 진보가 있게 되고, 다른 날 비로소 힘을 얻을 곳이 있을 것이다.29)

양명은 정좌를 통해 잃어버린 본심을 회복하는 수렴 공부에 전념할 것을 권하고 있는 것이다. 비록 양명이 말하는 정좌가 불교에서 말하는 참선參禪과는 다르다고는 하지만, 이 또한 동적인 공부인 치양지와는 구별되는 '정적靜的'인 공부라 말할 수 있다.

3월 여능현에 도착한 양명은 위엄과 형벌로써 정사를 일삼지 아니하고 오직 인심人心을 개도하는 것을 근본으로 삼고 백성들을 위무하고 도적을 방어하는 데 충실하였다. 11월 경사로 올라가 대흥륭사大興隆寺에 머물면서 황종현黃宗賢・황관黃綰・담약수湛若水와 더불어 함께 공부하였다. 12월에 남경南京 형부刑部의 사천정리사주사四川淸吏司主事(남경의 형법 소송을 관장하는 주임)로 승진하였다. 이때 황관・응량應良에게 양명은 "성학聖學이 밝지 못한 지가 오래되었다. 만일 학자들이 성인이 되고자 한다면, 반드시 심체心體를 넓히고 맑게 하여 약간의 그늘(잡념)도 남지 않도록 해야 한다. 그래야만 비로소 진성眞性을 보고 본체를 간직하고 함양할 수 있는 곳이 있게 된다"고 말하였다. 이에 응량이 그렇게 하기가 어렵다고 하자 양명은 다음과 같이 대답하였다.

성인의 마음은 밝은 거울과 같아서 약간의 가림도 용납하지 아니하며 열심히 갈고 닦는다. 그러나 보통 사람들의 마음은 얼룩지고 때묻고 부식한 거울과 같아서 반드시 철저하게 갈고 닦아 때와 부식을 모두 벗겨내야만 한다. 그러한 뒤에는 아주 작은 것이라도 비추어 볼 수가 있고 아주 작은 먼지

29) 『全集』, 권33, 「年譜一」(39歲條), 1230~1231쪽.

라도 쓸기만 하면 되기 때문에 큰 힘을 쓰지 않아도 된다. 이 경지에 이르면 이미 인체仁體를 터득한 것이다. … 무릇 사람들은 쉬운 것을 좋아하고 어려운 것을 싫어한다. 이는 그 사이에 본래 사의私意와 습기習氣에 의한 얽힘과 가림이 있기 때문이다. 이런 것을 깨달은 후에는 자연히 그 어려움이 보이지 않는다. 옛날 사람들이 만 번을 죽는 어려움에 부딪치더라도 즐거움을 잃지 않았던 것은 바로 이 진실한 본체를 체험하였기 때문이다. 나는 이전에 그 안의 의미를 알지 못하였기 때문에 이 공부를 말할 수 없었으나, 지금은 이러한 의미를 알았지만 학자들이 단지 쉬운 것만을 좋아하고 어려운 것을 싫어하는 까닭으로 말미암아 불교의 선학禪學으로 흐를까 걱정이 된다.[30]

이러한 양명의 말을 통해 이 시기 양명이 말하는 정좌 공부는 세상을 등지고 깨달음을 통해 부처가 되고자 하는 불교의 선학과는 다르다는 것을 알 수 있다. 양명의 정좌는 세상 한가운데서 마음을 갈고 닦아서 사사로운 의념과 습기를 완전히 제거하고 마음의 선천적인 '인체仁體'를 회복하는 공부이다. 인체仁體는 지금 바로 이 순간 현실의 장 한가운데서 천지만물과 감응하면서 천지만물과 내가 하나가 되게 하는 인간의 본질적이고 사실적인 마음이자 인간 누구나 성인이 될 수 있는 근거이다. 따라서 인체의 회복은 천지만물일체를 실현하고 성인이 되기 위한 선행 조건이 된다.

정덕 6년(1511, 양명 40세) 정월 양명은 이부험봉吏部驗封 청리사주사淸吏司主事가 되었으며, 2월에는 진사 시험관인 회시동고관會試同考官이 되었다. 그 때 이부吏部의 장관 방헌부方獻夫의 직위가 양명보다 높았으나 여러 번 양명의 학문 강의를 듣고 마침내 예를 갖추고 양명을 스승으로 섬겼다. 10월 문선청리사원외랑文選請吏司員外郞(吏部에서 문관의 인사를 취급하는 벼슬)으로 승진하였다. 담약수가 안남사安南使로 떠남을 아쉬워하면서 성인의 학문은 밝히기 어려우나 습속에 미혹되기는 쉬우며, 인생의 이별은 쉬우나

30) 『全集』, 권33, 「年譜一」(39歲條), 1231쪽.

만나기는 어려운 것이라고 송별사를 나누었다.

41세가 되던 해(1512) 3월 양명은 고공청리사랑중考功清吏司郎中(고등 문관의 인사를 취급하는 관직, 공로·업적을 조사하는 부서의 계장)으로 승진하였다. 이때 고응상高應祥·황관黃綰·서애徐愛(1488~1518, 자는 왈인曰仁, 호는 횡산橫山) 등 20여 명의 제자들이 양명에게 수학하였다. 12월 남경 태복사소경太僕寺少卿(병부의 요구에 응하는 관청의 차관격)으로 승진하여 부임하는 길에 서애와 함께 선상에서 『대학』의 종지를 논하였다. 서애가 이를 듣고 통쾌하게 생각하여 이를 『전습록傳習錄』 수권首卷에 기록하였다.

양명은 42세 되던 해(1513) 2월 월越에 도착하였다. 서애와 함께 여러 산을 유람하면서 학문을 논했다. 10월 저주滁州에 도착하여 마정馬政을 감독하였다. 벼슬이 한직이라서 제자들과 이곳저곳을 돌아다니며 학문을 강의하였다. 이때 맹원孟源이 양명에게 "정좌靜坐하는 중에도 생각이 번거롭고 혼잡하여 억지로 금지하고 끊어버릴 수가 없습니다"라고 하니, 양명이 다음과 같이 대답하였다.

> 번거롭고 혼잡한 생각은 또한 억지로 금지하여 끊어버릴 수가 없는 것이다. 다만 생각이 싹트는 곳에서 성찰省察하고 극치克治하여 천리天理가 정명精明함에 이른 뒤에 그것을 각기 고수하려는 의지가 있다면 자연히 정신이 전일해져서 번거롭고 혼잡한 생각이 없게 될 것이니, 『대학』의 '멈출 곳을 안 이후에 안정됨이 있다'(知止而後有定)는 것이 이것이다.[31]

당시 대부분의 학자들이 학문을 심신을 수양하기 위한 목적보다는 과거 급제를 통한 입신양명의 수단으로 삼고 있었다. 양명은 고명일로高明一路[32]로써 이러한 시대적 폐단을 척결하고자 한 것이다.

---

31) 『全集』, 권33, 「年譜一」(42歲條), 1236쪽.

32) 高明一路는 '아래로부터 배워서 위에 이른다'(下學而上達)와 같이 한 걸음 한 걸음 점진적으로 추진하는 것이 아니라 처음부터 높은 경지에서 출발하는 것을 의미한

다음 해(1514, 양명 43세) 4월에 양명은 남경의 홍려사경鴻臚寺卿(朝會와 손님 접대 및 흉사凶事의 의식儀式을 담당하는 관청의 장관)에 승진하였다. 양명은 저주滁州를 떠나 5월에 남경에 이르렀다. 서애가 남경에 온 후로 문하가 날로 증가하였다. 그러던 어느 날 한 손님이 저주에서 유학遊學한 학자들 대부분이 함부로 말하거나 높은 경지에서 학문을 논하고 또 점차 스승(양명)의 가르침을 어기는 자들이 있다고 하였다. 이에 양명이 다음과 같이 말하였다.

> 내가 근래에 말세 풍속의 천박함을 징계하려고 학자들에게 고명일로에서 시대의 폐단을 척결하도록 하였다. 그러나 지금 학자들을 보니 점차 공허한 데로 빠져들고 신기한 논의나 일삼으니, 나는 이미 그것을 후회한다. 그러므로 남기南畿에 있을 때 학문을 논하면서 학자들로 하여금 '천리를 보존하고 인욕을 제거하여'(存天理·去人欲) 오로지 성찰省察하고 극치克治하는 실제적인 노력을 다하도록 가르쳤다.[33]

양명이 42살 때 신주에서 지식만을 추구하는 제자들에게 정좌를 가르쳐준 일이, 오히려 제자들이 정靜만을 추구하고 동動을 싫어하면서 오묘한 해석이나 깨달음에만 관심을 갖게 되는 폐단을 야기한 것이다. 양명은 이러한 폐단을 시정하기 위해 제자들에게 정좌 대신에 천리를 보존하고 인욕을 제거하는 성찰省察 극치克治의 실제적인 공부를 하도록 한 것이다. 비록 치양지致良知로까지는 나아가지 못했지만 정적인 정좌로부터 '동적'인 치양지를 향해 한 발 다가서고 있음을 알 수 있다. 또한 이때 문인 왕가수王嘉秀와 소혜蕭惠가 도교와 불교에 대해 담론하는 것을 좋아하자, 양명은 그들을 경계하여 다음과 같이 말하였다.

다.(차이린호우 저, 황갑연 역, 『왕양명의 철학』, 서광사, 35쪽에서 인용)

33) 『全集』, 권33, 「年譜一」(43歲條), 1237쪽.

나는 어린 시절에 성학聖學을 얻지 못하고 또한 일찍이 도교와 불교에 돈독히 뜻을 두었다. 그 후 용장에서 3년간 머무르면서 비로소 성인의 단서端緖를 보고 나서, 20년간 공부를 잘못한 것에 대해 후회하였다. 도교와 불교의 학문이 신묘하기가 성인과 단지 터럭만한 차이가 있을 뿐이다. 그러므로 변별하기가 쉽지 않다. 오직 성학에 뜻을 돈독히 한 자만이 비로소 능히 그 은미한 것을 궁구하여 분석할 수 있으니, 추측하고 억측해서 미칠 수 있는 것이 아니다.[34]

정덕 10년(1515) 44세 되던 해 양명은 자식이 없이 아비지의 권유로 욕촌 동생 왕수신王守信의 아들인 정헌正憲을 양자로 삼아 후사를 잇게 하였다. 8월 서역西域의 스님을 모시고자 하는 무종武宗의 영불迎佛을 반대하는 「간영불소諫迎佛疏」를 올리려다 그만두었다. 이 해 병을 고하여 상소를 올렸다.

비록 양명이 30대 후반에 정좌의 방식을 취하기는 하였지만, 이후 천리를 보존하고 인욕을 제거하는 성찰省察 극치克治의 실제적인 공부를 행하면서 정좌의 방식을 취하지 않았을 뿐 아니라 도교와 불교를 경계하였다.

양명은 이후 45세부터는 강서와 복건福建 등지에서 웅거한 비적의 무리들을 토벌하고 명나라에 반기를 든 영왕寧王 신호宸濠를 평정하는 군사 업무에 전력하는 등 군사·정치적으로 뛰어난 업적들을 이룩하였다. 그러던 중 50세 때에 이르러 자신의 심학 사상의 최종 귀결처라고 할 수 있는 '치양지설致良知說'을 제창한다.

양명은 45세(1516) 9월에 도찰원都察院(행정의 이득과 손실, 관리의 잘못됨과 올바름을 감시하는 기관) 좌첨도어사左僉都御史[35]로 임명되어 강서성江西省 남부에 있는 남주南州와 공주贛州 및 복건성 서남부의 정주汀州와 장주漳州 등지를 순시하며 군민을 어루만지며 위로하였다. 당시 정주와 장주의 각 군郡

34) 『全集』, 권33, 「年譜一」(43歲條), 1237쪽.

35) 도찰원에 속하는 직책, 각지를 돌면서 지방 관리의 부정을 바로잡고 폭동·반란 등을 단속하고 감찰 및 巡撫하는 임무를 지님.

에는 큰 도적들이 있었다. 양명은 10월 귀성歸省하여 월越에 돌아왔다.

46세(1517) 정월에 양명은 공주로 가면서 만안萬安(강서성의 길안吉安)을 지날 때 도적 수백과 만나게 된다. 상선商船이 감히 전진을 못하자 양명은 상선을 모아 대형隊形을 갖추고 기를 날리면서 북을 치고 진격의 태세를 보이자 도적들이 놀라 모두 언덕에 올라 "기황饑荒에 굶주린 유민이니 구제해 주기를 바랍니다"라고 하였다. 양명은 배를 언덕에 정박하게 하고 군관을 보내 이들에게 유민 구제를 약속하고 타일러 도적들을 해산시켰다. 양명은 남주와 공주에 도착하여 도적을 근절하고 백성을 편안하게 한다는 취지 아래 '십가패법十家牌法'을 시행하고, 또한 민병民兵을 뽑아 병부兵符(병제兵制와 그 명칭)를 두는 '민병제民兵制'를 만들었다. 십가패법은 일부 백성이 도적과 내통하는 것을 막기 위하여 각 가家의 명단을 작성하여 열 가구를 하나의 패牌 또는 갑甲으로 하여, 이것을 가지고 의심스러운 자가 있는지 감시하고 보고하는 제도이다. 이는 재능이 있고 마을 사람으로부터 신뢰를 받는 사람을 선출하여 보장保長으로 삼아 유사시 마을을 지휘하여 도적의 침입을 막도록 하는 향토방위제와 같은 제도이다.[36]

양명은 십가패법과 더불어 백성의 도덕적 교화를 제도적, 집단적 노력에 의해 성취코자 하였다. 이의 구현 방법으로 첫째, 부자간에 자효慈孝, 형제간에 애경愛敬, 부부간에 화수和隨, 장유간에 혜순惠順하는 인간관계에서 상호간의 도덕적 의무를 제시하고 있다. 둘째, 각자가 처한 사회에 따라 그 의무를 다해야 한다. 국가사회의 일원으로 법을 지키고(奉官法), 나라의 과업을 분별하며(辨國課), 가정의 일원으로서 공경과 검소함으로써 가업을 지키며(恭儉以守家業), 마을의 일원으로서는 겸손과 화합으로 마을에 처한다(謙和以處鄉里). 셋째, 그 마음은 평서平恕를, 일에 있어서는 함인含忍해야 한다. 넷째, 선善을 보았을 때는 권면勸勉하고, 악惡이 있을 때는 징계懲

36) 『全集』, 권17, 「申諭十家牌法增立保長」, 610쪽 참조.

戒하여, 예양禮讓과 돈후敦厚의 아름다운 풍속을 이루어나가도록 하였다.[37]

2월에는 장주漳州 도적의 난을 평정하였으며, 6월에는 공주에서 발매를 중지하고 있던 소금을 유통해 달라는 「소통염법소疏通鹽法疏」를 올렸다.[38] 9월에는 남주와 공주 및 정주와 장주 지방의 군무軍務를 제독提督하는 무관의 최고 지위인 제독提督직에 임명되었다. 이때 장주의 도적들이 비록 평정되었으나, 낙창樂昌과 용천龍川의 도적 소굴에는 오히려 많이 모여들었다. 양명은 군대를 이용하여 그들을 소탕하기 전에 먼저 고기와 술 그리고 은銀과 베(布)로써 그들을 달래고 다시 그들에게 깨우치기 위해 다음과 같이 말하였다.

> 사람들이 공히 부끄럽게 여기는 바는 자신의 몸에 도적이라는 이름이 붙는 것보다 더한 것이 없고, 사람들이 공히 분노하는 바는 자신의 몸이 위협당하고 겁탈당하는 고통을 겪는 것보다 더한 것이 없다. 이제 가령 너희들을 도적이라 부르는 사람이 있으면 너희는 반드시 분연히 화를 낼 것이며, 또한 가령 너희들의 집(室廬)을 불태우고 너희의 재산을 빼앗으며 너희들의 처자를 겁탈하는 사람이 있으면 너희는 반드시 골수에 사무치도록 한을 품고 죽을지언정 반드시 복수할 것이다. 너희들이 다른 사람들에게 이러한 피해를 가하는데, 원망하지 않는 사람들이 있겠는가? 사람의 마음이 모두 이와 같거늘(人同此心), 어찌 너희들만 유독 이를 알지 못하는가? 그럼에도 불구하고 반드시 이와 같이 하고자 하는 것은, 생각해보건대 또한 어쩔 수 없어서 그러한 것이리라. 혹자는 관부官府로부터 핍박을 당하고, 혹자는 대호大戶로부터 침탈을 당하여, 한 때 생각을 잘못 일으켜서, 그릇되이 그 가운데로 들어가고, 후에 마침내는 그로부터 감히 벗어나지 못한 것이다. 이러한 고통스런 정情이 또한 매우 애석하도다. 그러나 또한 모두 너희들의 뉘우침이 절실하지 않기 때문에 그러한 것이다. 너희들이 당시에 도적질을 할 때는 살아있는 사람이 죽음의 길(死路)을 찾는 것이거늘, 오히려 또한 생生을

37) 『全集』, 권16, 「十家牌法告諭各府父老子弟」, 528~529쪽 참조.

38) 『全集』, 권9, 「疏通鹽法疏」, 321~324쪽 참조.

버리고자 하여 버려버린다. 이제 행실을 고쳐 선善을 따르고자 하는 것은 죽은 사람이 삶의 길을 구하는 것이니, 도리어 감히 하지 않겠는가? 만일 너희들이 기꺼이 당초 도적질할 때와 같이 죽음으로부터 벗어나고자 하여 행실을 고치고 선을 따르고자 한다면, 우리 관부官府에서 어찌 반드시 너희들을 죽이고자 하겠는가? 너희들은 오랫동안 악독惡毒에 물들어서 잔인하게 살인하고 시기하고 의심하는 마음이 강하다. 그러하니 우리 훌륭한 사람(上人)의 마음으로는 이유 없이 차마 한 마리의 닭이나 개조차도 죽이지 못하거늘 하물며 하늘과 통하는 인명人命에 대해서는 더더욱 그렇게 할 수 없다는 것을 너희들이 어찌 알겠는가? 만일 가볍게 살해한다면, 명명冥冥한 가운데 단연코 보복이 돌아올 것이며, 재앙이 자손에게 미칠 것이거늘, 어찌 고통스럽게 이와 같이 하는가. 나는 항상 너희들에 대한 생각이 여기에 이르면, 문득 밤새도록 편안히 잠을 잘 수가 없으며, 또한 너희들이 하나의 삶의 길을 찾기를 바라지 않는 적이 없다. 오직 너희들이 어리석고 고집스러워서 변화하지 않기 때문에, 부득이하게 군대를 일으키니, 이는 내가 너희들을 죽이는 것이 아니라 하늘이 너희들을 죽이는 것이다. 이제 나는 살인하고자 하는 마음이 전혀 없다고 말한다면, 또한 이는 기만일 뿐이다. 만일 반드시 죽이고자 할 뿐이라고 말한다면, 또한 나의 본심이 아니다. 너희들이 지금은 비록 악을 따르지만, 그 처음에는 조정朝廷의 어린아이(赤子)와 같았다. 비유컨대 한 부모가 10명의 자식을 낳았는데, 8명은 착하고 2명은 배역背逆하여 8명을 해치고자 한다면, 부모의 마음은 반드시 그 2명을 제거한 연후에 8명이 편안하게 살 수 있도록 할 것이다. 자식은 모두 똑같거늘 부모의 마음이 무슨 까닭으로 2명의 자식을 반드시 죽이고자 하겠는가. 할 수 없어서 그렇게 하는 것이다. 내가 너희들에 대한 것도 또한 바로 이와 같을 뿐이다. 만일 이 두 자식이 하루아침에 자신의 잘못을 뉘우치고 선善으로 옮겨서 눈물을 흘리고 성실하게 산다면, 부모 된 자 또한 반드시 불쌍히 여겨 용서할 것이다. 무엇 때문인가? 차마 그 자식을 죽일 수 없는 것이 바로 부모의 본심이기 때문이다. 이제 그 본심을 이루었으니, 무엇이 이보다 더 기쁘고 더 행복하겠는가? 내가 너희들에 대한 것도 또한 바로 이와 같을 뿐이다. 너희가 도적이 되어 고통스러운 것은 그리 많지 않으나, 그 사이에 오히려 의식衣食이 충분하지 않다고 들었다. 어찌하여 너희는 도적이 되어 수고스러운 정력을 경농耕農에 쓰지 아니하고 상고商賈를 운영하지 아니하면서, 앉아서 부자가 되어 안일하게 향락을 누리고 마음과 뜻을 제멋대로 하고, 성시城市의 한 가운데서 유람하며, 전야田野 안에서 유유자적하는가. 어찌하여 금일에 나아가서는 관官을 두려워하고 원수를 피하며, 들어와서는 토벌을 방어하고 죽임 당함을 두려워하여, 자취를 감추고 종신토록 근심하면서, 끝내 몸이 멸하고 집안이 파산하며 처자가 능욕(치욕)을 당할 것이니, 또한 무슨 좋음이 있겠는가? 너희들이 만일 나의 말에 귀를 기울일 수 있어 행실을 고치고 선으로 옮긴다면, 나는 너희들을 양민良民으로 간주하고 다시는 너희의 옛 잘못을 추궁하지 않을 것이다. 만일 습성이 이미 익숙해져서 다시 고치기가 어려울 것 같으면, 또한 너희들 임의대로 하거라. 내 남쪽으로는 양광兩廣의 랑달狼達을 조율하고 서쪽으로는 호상湖湘의 사병土兵을 조율하여, 친히 대군을 이끌고 너의 소굴을 포위하여, 1년으로 부족하여 2년에 이르고, 2년으로 부족하여 3년에 이르렀다. 너희들의 재력財力에는 한계가 있으나, 우리 군대의 군량은 무궁하니, 설령 너희들이 날개 달린 호랑이가 아니라면, 진실로 또한 천지 밖으로 도망하지 못할 것이다. 오호라! 백성들은 모두 나의 동포요, 너희들은 모두 나의 자식인데, 나는 끝내 너희들을 어루만져 구휼할 수 없어 죽이게 되니, 가슴이 아프도다! 가슴이 아프도다! 말이 여기에 이르니 나도 모르는 사이에 눈물이 흐르는구나.[39]

우리는 여기서 양명의 불인지심不忍之心과 측은지심惻隱之心에 바탕을 둔 강한 '애민愛民'과 '보민保民' 의식을 읽을 수 있다. 비록 양명이 무관으로서 도적 떼를 소탕할 수밖에 없는 처지에 있었다고는 하나, 이는 또 다른 백성들의 피해를 막고 고통으로부터 백성들을 구제하기 위한 것이었다. 그리고 양명은 어쩔 수 없이 그들을 소탕하는 과정에서도 무력으로 무차별적인 살상을 자행하는 것이 아니라, 부모가 자식을 구하고자 하는 마음으로 그들을 선으로 인도하고 죽음으로부터 살려내고자 간절히 노력하였다. 무력의 행사는 선량한 백성과 형제를 지키고 악을 징계하고자 하는 불가피한 최후의 수단으로 간주하였다. 이에 당시 추장이던 황금소黃

39) 『全集』, 권33, 「年譜一」(46歲條), 1244~1245쪽.

金巢, 노가盧珂 등이 무리를 이끌고 와서 투항하였으며 목숨을 바쳐 보답하고자 하였다.

10월에는 강서江西의 남서 성경省境에 있는 횡수橫水와 통강桶岡의 난을 평정했다. 12월에 양명은 제구諸寇를 평정하고 군사를 거느리고 공주에 돌아왔다. 군대가 남강南康에 이르렀을 때 백성이 연도에 나와 향을 피우고 영배迎拜했다. 또한 주州, 현縣, 애隘, 소所에서는 각기 양명의 생사生祠[40]를 세웠다. 멀리 있는 백성들은 각기 조당祖堂에 양명의 초상을 모시고 세시歲時에 시축尸祝을 지내기까지 하였다.

47세 되던 정덕 13년(1518) 정월에 양명은 군대를 출사出師시켜 강서江西 광동성廣東省 변경 일대의 삼리三浰를 정벌하였다. 이때 문인 설간薛侃(?~1545, 자는 상겸尙謙, 호는 중리中離)에게 보낸 서간에서 필승의 비책을 말하고 전일前日 양서楊書(호는 사덕仕德)에게 보낸 편지에 "산중의 도적을 격파하기는 쉬우나, 심중心中의 적을 격파하기는 어렵다"고 하여, 진중陣中에서도 면학勉學을 권장하였다. 3월에는 대모大帽(산 이름)의 이두浰頭의 난을 평정하였다.

4월에는 토벌군을 철수시키고 사학社學(부락의 학교)을 설립하여 아동 교육에 노력하도록 하였다. 양명은 덕행과 마음의 근본에 힘쓰고, 서로 예禮로써 양보함이 날로 새롭게 되고, 풍속이 나날이 아름다워지기를 바라고 사학을 흥성시킨 것이다.[41] 이때 양명은 '아이들을 훈육하는 대의를 책 읽기를 가르치는 교사 유백송劉伯頌 등에게 보여준다'는 「훈몽대의시교독유백송등訓蒙大意示教讀劉伯頌等」을 써서 유백송 등에게 보여주었다. 양명은 이곳에서 당시 어린아이들에게 구두법句讀法과 고시형식의 문장을 짓도록 감독하고 단속만 하는 획일적이고 강압적인 주입식 교육 방식이

40) 공덕 있는 사람을 추앙하여 그 사람이 생존해 있을 때에도 신처럼 제사지내는 사당.
41) 『全集』, 권17, 「頒行社學教條」, 610~611쪽 참조.

어린아이들의 정서를 억압함으로써 어린아이들로 하여금 교육받는 것을 꺼리게 할 뿐만 아니라 어린아이들의 선한 본성을 질곡 시켜 거짓과 위선과 궤변을 일삼게 하고 종국에는 우둔하고 비속하고 용렬하게 만들어 자신들의 생명 본질을 구현할 수 있는 계기를 상실케 한다고 비판하면서, 어린아이들의 선한 본성을 충분히 발휘할 수 있는 밑바탕이 되는 능동성과 자율성 및 창의성 등을 증진시켜주는 교육 방안을 제시하고 있다.

> 이제 아동 교육은 오직 효제충신孝悌忠信과 예의염치禮義廉恥를 가르치는데 오로지 힘써야 한다. 그들을 기르고 함양하는 방법은 시를 노래하도록 유인하고 그 뜻을 드러내게 하고, 예를 익히도록 인도하여 그 위의威儀를 엄숙하게 하며, 글을 읽도록 인도하여 그 지각을 개발해 주어야 한다. … 대체로 어린아이의 정서는 놀기를 좋아하고 구속받기를 꺼려한다. 마치 초목이 처음 싹을 틔울 때 그것을 펼쳐주면 가지가 사방으로 뻗어가지만, 꺾거나 휘어버리면 쇠하여 시들어버리는 것과 같다. 이제 어린아이들을 가르칠 때는 반드시 그들의 취향을 고무시켜서 속마음이 즐겁도록 해주어야 한다. 그러면 스스로 그치지 않고 나아갈 것이다. 비유컨대 때맞춰 비가 내리고 봄바람이 불어 초목을 적시면 싹이 움터 자라지 않을 수 없어서 자연히 나날이 자라나고 다달이 변화될 것이지만, 만약 얼음이 얼고 서리가 내린다면 생의生意가 쇠잔해져서 날마다 말라 가는 것과 같다. 그러므로 시를 노래하도록 인도하는 것은 비단 그들의 뜻을 드러내게 만들 뿐만 아니라, 또한 그 뛰고 소리치고 휘파람부는 것을 노래를 통해 발산하고, 그 답답하게 억눌리고 막혀 있는 것을 음절을 통해 펼쳐내게 하는 것이다. 예를 익히도록 인도하는 것은 비단 그 위의威儀를 엄숙하게 만들 뿐만 아니라, 또한 응대하고 읍양하여 그 혈맥을 움직이게 하고, 절했다 일어났다 굽혔다 폈다 하여 그 힘줄과 뼈를 튼튼하게 하는 것이다. 글을 읽도록 인도하는 것은 비단 그 지각을 개발시킬 뿐만 아니라, 또한 침잠하고 반복하여 그 마음을 보존하고, 올렸다 내렸다 하며 소리를 내어 글을 읽어서 그 뜻을 펴게 하는 것이다. 무릇 이것들은 모두 그 뜻을 순리대로 인도하고, 그 성정을 길들이고, 그 속되고 인색함을 가라앉혀 없애고, 그 거칠고 완고함을 묵묵히 변화시키는 것이다. 그리하여

예의에 점차 나아가되 그 어려움을 고통스럽게 여기지 않게 하고, 중화中和에 들어갔으되 그 까닭을 알지 못하게 하는 것이다. 이것이 대개 선왕이 가르침을 세운 은미한 뜻이다.[42]

어린아이에 대한 교육은 외재적 기준에 맞춘 획일적·강압적 방법이 아닌 그들의 생기발랄한 정서에 따라 그들이 약동하는 생명력을 마음껏 펼칠 수 있는 환경을 조성해줌으로써 그들이 자발적이고 자율적으로 학습에 연마할 수 있는 계기를 설정해 주어야 한다는 것이다. 즉 교육은 피교육자를 구속하고 속박함으로써 획일적인 인간을 만들어내는 교육이 되어서는 안되며, 반드시 피교육자의 재능과 기질에 따라 그들의 다양성을 증진시켜주는 교육이 되어야 한다. 어린아이들의 본성과 재능을 발전시켜주는 능동적이고 자율적인 구체적 교육 방안은 어린아이의 덕성德性 계발에 바탕을 두고, 구체적으로는 시를 노래하고, 예를 익히고, 책을 읽는 방법을 통해 의지意志를 계발시키고 태도를 바로 잡아주며, 지각을 계발시켜 주어야 한다는 것이다. 이는 본성에 바탕을 둔 '시가歌詩⟹의지意志', '습례習禮⟹위의威儀', '독서讀書⟹지각知覺'의 관계로서, 인간의 정감·태도·정신 이 삼자를 어느 한쪽에도 치우치지 아니하고 고루고루 계발시켜주는 유기적 인간 창출의 교육 방안이다. 정주程朱의 리학理學이 정찰천리精察天理와 역행力行을 강조하는 엄숙주의에 치우쳐 있다면, 양명의 교육관은 엄격주의를 배격하고 아동들의 생의生意에 바탕을 둔 자연주의를 강조하며 아동 정서의 함양에 주력한다.

5월에는 화평현和平縣을 설치할 것을 상주上奏하였으며, 6월에는 도찰원都察院의 차관급인 우부도어사右部都御史로 승진하였다. 7월에는 「고본대학古本大學」을 간행하였다. 양명이 군사적인 성공을 거두고 있는 사이에도

---

42) 『全集』, 권33, 「年譜一」(47歲條), 1252쪽. 이 내용은 『傳習錄』(中), 「訓蒙大意示教讀劉伯頌等」, 195조목에도 수록되어 있다.

문인들은 강학회講學會를 멈추지 않고 열었다. 이때 군대가 휴식을 취하게 되어, 비로소 붕우들과 뜻을 같이하고 『대학』의 본지를 밝혀내고 도道에 들어가는 방법을 지시했다. 지난날 양명이 용장에 있을 때, 주희의 『대학장구大學章句』가 성문聖門의 본지本旨가 아닐 것이라는 의문이 들어 고본대학을 수록手錄하여 읽고 정밀하게 사색하여 비로소 성인의 학문이 본래 간이簡易 명백明白하다는 것을 믿게 되었다. 『대학』은 단지 한 편을 글일 뿐 경經과 전傳의 구별이 없고, 격물치지格物致知는 성의誠意를 근본으로 하는 것으로, 본래 보충해야 할 누락된 전傳은 없다. 성의誠意를 중심으로 치지격물致知格物의 공부를 해야 하니 반드시 경敬이란 글자를 첨가할 필요가 없다. 양지良知로써 지선至善의 본체本體를 삼으니, 견문見聞에서 가차假借할 필요가 없다고 하였다. 그리고 「대학고본」을 간행하면서 서문을 지었다.[43] 주희가 『대학장구』에서 고본의 '친민親民'을 '신민新民'이라 개정한 데 대해, 양명은 고본의 '친민'이 옳다고 하였다. 이때 또한 「주자만년정론朱子晩年定論」을 간행하고, 8월에는 문인 설간薛侃이 『전습록』(현재의 상권)을 간행하였으며,[44] 양명이 아끼던 서애徐愛가 세상을 떠났다. 9월에는 염계서원濂溪書院을 수리하여 사방에서 밀려든 학생들을 교육하였다.

10월에는 지방민이 지켜야 할 규범인 향약鄕約을 만들어 노부자제老父子弟에게 고유告諭해서 서로 경계토록 하였다. 11월에는 소금을 소통하는 법을 만들어 상주하였다. 명대의 대표적 향약이기도 한 양명의 '남감향약南贛鄕約'은 백성 상호간의 협동과 화합(協和爾民)을 근본 목적으로 한다. 그

---

43) 『全集』, 권33, 「年譜一」(47歲條), 1253~1254쪽 참조.

44) 설간은 서애가 남긴 『傳習錄』 1권(현재의 『傳習錄』(上), 「徐愛錄」 1조목~14조목)과 序 2편, 육징이 남긴 1권(현재의 『傳習錄』(上), 「陸澄錄」 15조목~94조목), 그리고 자신이 수록한 1권(현재의 『傳習錄』(上), 「薛侃錄」 95조목~129조목)을 기록하여, 현재의 『傳習錄』 상권을 처음 간행했다. 이후 6년 뒤 양명 53세에 문인 남대길이 『傳習錄』 중권을 간행하였고, 양명이 죽은 28년 뒤(1556)에 전덕홍이 앞의 2권에서 누락된 「語錄」을 편집하여 새롭게 하권을 만들어 현재의 『傳習錄』이 된다.

세부 내용은 ① 부모에게 효도하고 ② 형과 어른을 공경하고 ③ 자손을 교훈하고 ④ 마을 사람들이 서로 화순和順하고 ⑤ 상喪이 있을 때 서로 돕고 ⑥ 어려운 일이 있을 때 서로 도우며 ⑦ 선한 일을 서로 권면勸勉하고 ⑧ 악한 일을 경계하거나 처벌하고 ⑨ 소송을 멈추고 다툼을 없애며 ⑩ 신의信義를 강론하고 화목의 도리를 닦아야 한다는 것이다.[45)]

48세 되던 정덕 14년(1519) 6월에 양명은 부름을 받들어 복건福建에 가서 반군의 정세를 살폈다. 환관들은 물론 도적들과 결탁하여 천자天子가 되고자 하는 흑심을 품고 기회를 엿보던 영왕寧王 신호宸濠가 6월 14일 자신의 생일을 기하여 군대를 모아 강서성 남창南昌에서 반란을 일으켰다. 다음 날 풍성豊城에 도착한 양명은 이 소식을 듣고 곧바로 길안吉安으로 돌아가 의병義兵을 일으켰다. 신호가 군대를 이끌고 남경 방향으로 출병하자 양명은 7월 19일 군사를 동원하여 남창을 공격하여 20일에 남창을 함락시켰다. 남창을 구하고자 되돌아오는 신호를 26일 파양호의 배 안에서 사로잡았다. 양명은 남창에 있는 동안 비록 군중의 인심이 흉흉하고 전세가 위태로웠지만 매일 도찰원에 앉아 중문中門을 개방하고 평소처럼 여러 선비들과 학문을 논의하였다. 양명은 신호의 난을 평정한 공로를 시기한 환관 장충張忠과 허태許泰 등 간사한 무리들의 모함으로 오히려 한때 위협을 받았다. 그러나 양명 50세 때 무종武宗이 죽고 세종世宗이 즉위하자 그의 공훈이 재평가되어 신건백新建伯에 봉해진다.

정덕 15년(1520, 양명 49세) 6월에는 길안吉安까지 순행하여 나흠순羅欽順(1465~1547, 자는 윤승允升, 호는 정암整菴)의 격물치지에 관한 질문에 회답하였다.[46)] 9월에는 남창南昌에 이르자 태주泰州의 왕간王艮(1483~1541, 자는 여지汝止, 호는 심재心齋)이 찾아와 양명과 격물치지설을 논하였다. 이에 왕간은 깨

45) 『全集』, 권17, 「南贛鄉約」, 599~604쪽 참조.

46) 이 내용은 『傳習錄』(中), 「答羅整菴少宰書」, 172조목~177조목에 수록되어 있다.

달음이 있어 이르기를 “저의 학문은 마음을 속이고 절조를 지켜 굽히지 않으며 밖으로 교만하나, 선생님의 학문은 매우 깊고 매우 은미하여 마음을 얻는 것입니다”고 하고 마침내 절을 하고 제자의 예를 올렸다. 또한 진현進賢과 서분舒芬 또한 양명을 찾아와 양명의 가르침을 듣고 제자의 예를 올렸다. 이때 문인 진구천陳九川(1495~1562, 자는 유준惟濬, 호는 명수明水), 구양덕歐陽德(1496~1554, 자는 숭일崇一, 호는 남야南野), 위량필魏良弼 등이 그 자리에 참석하였는데, 양명은 이들에게 “나는 참으로 양지良知가 사람마다 같다는 것을 알았다. 다만 배우는 자들이 깨닫지 못하여 달갑게 습속의 그릇됨을 따르는 것이다”라고 하여 ‘양지’에 대한 확신을 피력하였다.

50세(1521) 되던 해 정월 양명은 남창에 머물면서 정식으로 ‘치양지致良知’ 학설을 제창했다. 양명은 신호의 난과 장충과 허태의 작란을 겪고 난 후부터는 더욱더 양지야말로 참으로 환난을 잊고 생사를 초월할 수 있게 하는 것이라는 확신을 갖게 되었다고 한다. 이에 양명은 추수익鄒守益(1491~1562, 자는 겸지謙之, 호는 동곽東廓)에게 다음과 같은 내용의 편지를 보낸다.

> 근래 치양지致良知 세 자야말로 참으로 성인 문하의 바른 진리의 눈이 간직되어 있는 곳(正法眼藏)임을 믿게 되었다. 지난날에는 아직도 의문이 완전하게 없어지지 않았으니 여러 일을 경험한 지금에 이르러서는 이 양지만이 완전하여 부족함이 없음을 알게 되었다. 비유하자면 배를 조종함에 있어서 키를 손에 꽉 잡고 있으면 잔잔한 물, 파도치는 물, 얕은 물, 빠른 물에 관계없이 자기 뜻대로 되지 않는 바가 없다. 비록 역풍과 역랑逆浪을 만나더라도 키의 손잡이가 손안에 있으면 물에 빠지는 근심을 면할 수가 있다.[47]

양명은 또한 진구천에게 “나의 이 양지 두 글자는 참으로 천고의 성인

47) 『全集』, 권34, 「年譜二」, 1278쪽.

聖人과 성인이 서로 전수한 한 점의 적골혈滴骨血이다"라 말하고, 또 "나의 양지 학설은 백사천난百死千亂의 어려움을 극복한 경험에서부터 얻어진 것이지만 부득이하게 한 마디로 표현하였다. 그러나 학자들이 이를 쉽게 얻어지는 것으로 간주하여 그것을 일종의 광경光景으로만 완농玩弄하고 실제의 일에 힘을 쏟지 않아 양지를 저버릴까 걱정된다"[48]고 하였다.

양명은 5월에 문인들을 백록동白鹿洞에 모이게 하여 학문을 강의하였다. 6월에는 세종世宗이 즉위하여 양명을 조정으로 부르려 하였으나 중도에 간신들의 방해가 있자 세종은 양명을 남경 병부상서兵部尙書로 임명하여 기무機務의 일을 돕게 하였다. 부임길에 귀성歸省을 소청하였다. 8월에 월越에 돌아왔으며, 9월에는 고향인 여요餘姚에 돌아와 성묘하였다. 전덕홍錢德洪(1494~1578, 자는 홍보洪甫, 호는 서산緖山) 등이 수학하였으며, 12월에는 '신건백新建伯'으로 봉해졌다.

양명의 3대학설 가운데 하나인 '치양지설'은 양명의 독창적 심학 사상의 최종 귀결처이다. 양명의 전기 학설인 심즉리설이나 지행합일설이 어느 정도 삶의 체험에서 비롯되었다고는 하지만, 이후 정좌靜坐나 성찰省察극치克治 공부를 중요시하는 입장에서 보여주듯 정靜적인 본체 공부에 치우쳐 있다. 그러나 치양지설은 양명 자신이 밝히고 있듯, 오랜 기간 동안 변방에서의 삶과 죽음을 넘나드는 환난을 체험하고 백성들의 고난을 어루만지는 역동적 삶의 장 한가운데서 몸소 체득한 생명철학의 진수이다.

더욱이 중요한 사실은 전기 학설과 달리 양명은 치양지설을 제창한 이후 다음절에서 보여주듯 치양지설과 함께 천지만물일체설을 계속해서 함께 주장하고 있다는 점이다. 생민生民의 고통을 내 몸의 절실한 아픔으로 느끼는 만물일체의 인심仁心, 예컨대 측은지심惻隱之心, 불인지심不忍之心, 민휼지심憫恤之心, 고석지심顧惜之心이 바로 양지良知인 것이다. 자신의 이익

---

48) 『全集』, 권34, 「年譜二」, 1278쪽.

과 안위에만 집착하는 사욕을 극복하고 자신의 생명 주체인 양지를 회복하여 천지만물의 아픔을 어루만져 주고 친애하며 이들을 온전하게 양육시켜나가는 것이 바로 '치양지'이다.

양명이 어린 시절부터 그토록 희구하고 갈망한 '성인'이란 다름 아닌 양지를 실현한 인간, 즉 자신과 천지만물이 한 몸임을 자각하고 자·타와 물·아의 구별을 두지 않으며, 천지만물의 고통이나 배고픔을 자신의 고통이나 배고픔으로 느끼고, 이들을 안전하게 보살피고 교양하는 등의 친애親愛의 실천을 통해 진정으로 천지만물과 한 몸이 되는 인간이다. 이는 곧 양지 실현을 통한 자아의 본질 실현(內聖·成己·修己·明明德)과 만물의 본질 실현(外王·成物·治人·親民)이 하나됨을 의미한다. 이러한 치양지설을 통해 양명학은 비로소 주자학의 주지주의적 사변철학의 한계성을 극복하면서 역동적이며 주체적이고 실천적인 '생명철학'으로 새롭게 태어난다.

제5절 천지만물일체의 세계로[49)]

양명은 '심즉리설'과 '지행합일설'에 이어 50세에 이르러 '치양지설'을 제창함으로써 자신의 독창적 심학 사상을 완성한다. 이후 양명은 후기 3차례의 변천 가운데 마지막 단계인 '원숙화경圓熟化境'의 시기를 맞이하는 바, 이 시기 양명은 자신의 생명철학의 진수라 할 수 있는 '천지만물일체

49) 양명 50대에 해당하는 시기로 『全集』, 권35, 「年譜三」, 1284쪽(51歲條)~1327쪽에 수록된 내용을 참고하였다.

설'을 적극적으로 펼쳐낸다.

양명은 51세 되던 해(가정嘉靖 1년, 1522) 2월에 부친상을 당하여 월越(회계會稽)에서 거상居喪하였다. 7월에 어사 정계원程啓元이 재상의 사주를 받아 양명이 올바른 학문을 막았다는 이유로 양명을 모함하였다. 이때 문인 가운데 형부주사刑部主事 육징陸澄(자는 원정原靜, 1514년 양명에게 就學)이 상소하여 육변六辯을 하여 이를 꺾으려 하였으나 양명이 이를 듣고 중지시켰다고 한다.

가정 2년(1523) 양명이 52세가 되던 해 2월 남궁南宮(禮部)의 책사策士가 심학心學에 관한 문제를 내어 음으로 양명을 제거하고자 하였다. 문인 서산徐珊이 이러한 시험 문제를 보고 이르기를 "내 어찌 악으로 빠지랴! 능히 나의 지식을 이용하여 유행을 따라 요행을 바라지 않겠노라"고 탄식하여 말하면서 답하지 아니하고 자리를 떠났다. 문인 추수익鄒守益, 설간薛侃, 왕간王艮 등이 양명을 모시고 앉아서 양명을 비방하는 말들이 천하에 더욱더 많아짐을 언급하자, 양명은 다음과 같이 양지에 대한 자신의 확신을 확인시킨다.

> 내가 남경에 오기 전에 나에게는 약간의 향원鄕愿의 경향이 있었다. 그러나 지금은 오직 진정으로 양지의 시비 판단을 믿게 되었고 또한 조금이라도 덮어 감추려고 하지 않았기 때문에 비로소 광자狂者의 심경을 갖게 되었다. 천하 사람들이 나의 행동이 말과 합치하지 않는다고 하더라도, 나는 또한 단지 양지에 의거해서 행할 것이다.[50]

11월 당시 장원충張元沖이라는 사람이 양명에게 이씨二氏(老·佛)와 성인聖人의 학문의 차이를 논하면서 "노·불의 작용이 또한 내 몸에 공功이 있으니, 이 둘을 겸해서 취해야 하지 않겠습니까?"라고 물으니, 이에 양명

50) 『全集』, 권35, 「年譜三」, 1287쪽.

이 다음과 같이 대답하였다.

> '겸해서 취한다'(兼取)고 말하면 옳지 않다. 성인의 "성을 다하고 명에 이른다"(盡性至命)[51]라는 것이 어떠한 것인들 포함하지 않겠는가? 그러므로 어찌 (노·불을) 겸하여 취할 필요가 있겠는가? 노·불이 쓰고 있는 것은 모두 내가 쓰고 있는 것이니, 바로 성性을 다하고 명命에 이르는 가운데 이 몸을 온전하게 기르는 것을 '선仙'이라 하고, 성을 다하고 명에 이르는 가운데 세속의 얽매임(世累)에 물들지 않는 것을 '불佛'이라고 한다. 다만 후세의 유자들이 성학聖學이 온전하다는 것을 알지 못한 까닭에 노·불과 더불어 두 견해를 이룬 것일 뿐이다. 청당廳堂에 비유하건대, 세 칸이 함께 한 청廳이 되는 것인데, 유자들은 그것들 모두를 자신들이 쓰는 것인 줄을 알지 못하고 불씨佛氏를 보자 왼쪽 한 칸을 베어주고 노씨老氏를 보자 오른쪽 한 칸을 베어주고는 자기들은 스스로 그 중간에 처하니, 모두 하나를 취하느라 백 가지를 버린 결과이다. 성인은 천지민물天地民物과 더불어 동체同體로서, 유·불·노·장은 모두 내가 쓰는 것이니, 이를 일러 대도大道라 한다. 노·불은 자기의 몸을 사사롭게 하니, 이를 일러 소도小道라 한다.[52]

본래 본성 하나만 깨달으면 우주 만물의 이치를 모두 깨닫게 되어 유儒·불佛·선仙 어느 경지에 있어서나 서로 통할 수 있다. 그런데 서로 담을 쌓고 구분을 지어 자기만 옳다고 주장함으로써, 그 한 부분만 알고 전체를 잃게 되는 결과를 초래하게 되었다고 비판하고 있는 것이다. 이런 점으로 미루어 볼 때, 양명은 이 시기에 도가와 불교를 이단으로 배척하기보다는 유가를 중심으로 불교와 도가를 하나로 회통하는 원숙의 단계에 이르고 있음을 알 수 있다. 아울러 양명은 "성인은 천지민물과 더불어 동체이다"(聖人與天地民物同體)라고 하여, 천지만물일체설을 성학의 핵심처로 보고 있다.

---

51) 『易經』, 「說卦傳」, 第1章, "窮理盡性, 以至于命."

52) 『全集』, 권35, 「年譜三」(52歲條), 1289쪽.

53세(1524) 때에는 문인들이 더욱 증가하였는데, 사방에서 몰려와 양명의 주위를 빙 둘러앉은 자가 3백 명이 되었다고 한다. 8월 중추절에 문인 1백여 명과 함께 천천교天泉橋에서 연회를 열었다. 양명은 여러 학생들이 흥겹게 노는 모습을 바라보며 물러나면서 시 한 수를 지었다. 그 시에 다음과 같은 구절이 있다.

> 쨍하니 거문고를 던지고서 봄바람을 쐬러 가고 싶구나. 비록 증점曾點이 광자狂者이지만 나의 동감을 얻었다.[53)]

이 달에 서백舒柏이 "경외敬畏가 쇄락灑落(인품이 깨끗하고 시원함)에 누累가 되느냐?"고 묻자, 양명은 다음과 같이 대답하였다.

> 군자의 이른바 경외敬畏란 우환을 걱정하는 것(恐懼憂患)을 말하는 것이 아니라 보지 못하는 것을 삼가고(戒愼不睹) 듣지 못하는 것을 걱정하는(恐懼不聞) 것을 말하는 것이다. 군자의 이른바 쇄락灑落이란 방탕하게 제멋대로 하는 것(曠蕩放逸)을 말하는 것이 아니라 심체心體가 사욕私欲에 얽매이지 아니하여 어디든 자득自得하지 않는 것이 없다는 것을 말하는 것이다. 대저 마음의 본체는 곧 천리天理이고, 천리의 밝고 밝은 신령스러운 지각(昭明靈覺)이 이른바 양지良知이다. 군자가 두려워하는(戒懼) 노력을 어느 때라도 중단하지 아니하면 천리가 항상 보존되고 그 밝고 밝은 신령스러운 지각의 본체는 스스로 어둡거나 가림이 없고, 스스로 이끌리거나 요동침이 없으며, 스스로 굶주리거나 부끄러움이 없고, 몸가짐(動容周旋)이 예禮에 맞고, 마음이 하고자 하는 대로 하더라도 법도를 어기지 않으니, 이것이 바로 이른바 진정한 쇄락이다. 이 쇄락은 천리의 상존常存에서 생기며, 천리의 상존은 계신공구戒愼恐懼가 쉼이 없는 곳에서 생긴다. 누가 경외敬畏하는 마음이 도리어 쇄락에 누가 된다고 이르는가?"[54)]

---

53) 『全集』, 권35, 「年譜三」, 1291쪽, "鏗然舍瑟春風裏, 點也雖狂得我情."
54) 『全集』, 권35, 「年譜三」, 1291쪽.

또한 유후劉侯가 입산양정入山養靜에 대해 묻자, 양명은 다음과 같이 대답하였다.

> 군자가 마음을 기르는 학문(養心之學)은 훌륭한 의사가 병을 치료하는 것과 같다. 허실虛實과 한열寒熱에 따라 보양할 것과 없앨 것을 짐작하여 병을 제거하는 것일 뿐이니, 처음에 일정한 방책이 없고 반드시 사람들로 하여금 이에 복종토록 하는 것이다. 만일 궁산窮山에 들어가 정좌靜坐하여 세상의 연고를 끊고 사려를 물리치면, 아마도 이미 공적空寂의 성性을 양성養成하여, 비록 공적에 흐르지 않도록 하더라도 그렇게 할 수가 없다.[55]

양명은 쇄락灑落을 사욕을 제거하여 마음의 본체인 천리를 자각함으로써 천리의 밝고 밝은 신령스러운 지각(昭明靈覺)인 양지가 활발발하게 작용하는 역동적 과정으로 규정하고 입산양정入山養靜이 공적空寂으로 흐르는 폐단이 있다고 지적한다. 이를 통해 양명이 치양지설을 제창한 이후 정적인 공부가 아닌 '사상마련事上磨鍊'과 같은 '동적'인 수양 공부를 중시하고 있다는 사실을 다시 한 번 확인할 수 있다.

그 해 10월에는 문인 남대길南大吉(1487~1541, 자는 원선元善, 호는 서천瑞泉)이 회계에서 『전습록』 속록續錄(오늘의 중권)을 간행하였다. 양명은 이 해에 다음과 같은 두 수의 시를 지어 '천지만물일체'에 대한 자신의 뜻을 담아내고 있다.

〈벽하지야좌碧霞池夜坐〉

한줄기 비 서늘한 가을밤에 들어 더욱 새로우니,	一雨秋涼入夜新
연못가 외로운 달 정신을 배가하는구나.	池邊孤月倍精神
잠수한 물고기는 물속에서 마음의 비밀을 전하고,	潛魚水底傳心訣

55) 『全集』, 권35, 「年譜三」, 1291쪽.

나뭇가지에 깃들인 새는 진리를 말한다. 棲鳥枝頭說道眞
천기天機가 기욕嗜慾이 아니라고 말하지 말라, 莫謂天機非嗜慾
모름지기 만물이 내 몸이라는 것을 알아야 하거늘. 須知萬物是吾身
끝없이 예악禮樂으로 분분히 따진다면, 無端禮樂紛紛議
누가 청천靑天을 가지고 묵은 때를 씻어내리오? 誰與靑天掃舊塵

〈야좌夜坐〉

홀로 가을 뜰에 앉음에 달빛이 새로우니, 獨坐秋庭月色新
천지간 어느 곳에 이렇듯 한가한 사람이 있으리오? 乾坤何處更閑人
높은 소리의 노래는 청풍淸風과 함께 퍼져가고, 高歌度與淸風去
깊은 뜻은 유수流水를 따라 흐르누나. 幽意自隨流水春
천성千聖은 본래 마음 밖에 비결이 없고, 千聖本無心外訣
육경은 거울 속의 먼지를 털어내는 도구로다. 六經須拂鏡中塵
도리어 심란히 주공의 꿈을 그리워함이, 却憐擾擾周公夢
누항의 가난에서 깨어있음만 같지 못하도다. 未及惺惺陋巷貧

가정 4년(1525) 양명이 54세 되던 해 정월 부인 제씨諸氏가 세상을 떠나자 4월에 서산徐山에 장사지냈다. 양명은 4월에 다음과 같은 내용의 「계산서원존경각기稽山書院尊經閣記」를 지었다. 절강성 월성의 장관인 남대길이 이 해 정월에 성현의 도를 진작시키기 위하여 산음현山陰縣 지사인 오영吳瀛에게 명하여 계산서원을 복원하고 존경각을 건립하였다. 이 존경각의 건립에 부쳐서 경서의 의의는 '심'에 있음을 명기한 것이 「계산서원존경각기」이며,[56] 그 핵심 내용은 다음과 같다.

> 성인이 인극人極을 붙들고 후세를 근심하여 육경六經을 지었다. … 육경은 내 마음의 기록이니, 육경의 결실은 내 마음에 갖추어져 있다. … 세상의 학자들이 육경의 결실을 내 마음에서 구할 것을 알지 못하고, 한갓 그림자와

---

56) 최재목, 『내 마음이 등불이다』(이학사, 2003) 281쪽 참조.

메아리 사이에서 고색考索하고 문의文義의 말단에서 견제牽制하여 소인小人처럼 이를 육경이라 생각한다.[57]

이 해에 예부상서禮部尙書 석서席書가 양명을 복직시키자는 상소를 올렸으나 대신들의 방해로 받아들여지지 않았다. 9월에는 용천사龍泉寺의 중천각中天閣에서 문인들과 함께 모여 매월 삭망朔望, 초팔일, 23일에 모이기로 결정하였다. 10월에는 문인들이 월성越城(회계)에 양명서원陽明書院을 세웠다.

양명은 54세 때 「발본색원론拔本塞源論」, 「친민당기親民堂記」, 「중수산음현학기重修山陰縣學記」를 지었으며, 55세 때에는 「답섭문울答聶文蔚」을 짓고, 56세 때에는 「대학문大學問」을 지었다. 이 글들의 모두 '천지만물일체설'을 핵심적 내용으로 하고 있다. 이를 통해 우리는 양명 학설의 후기 3차례 변천 가운데 마지막 단계인 원숙화경圓熟化境의 시기가 '천지만물일체'의 세계라는 것을 알 수 있다. 이 5편의 글은 양명 생명철학의 진수를 맛볼 수 있게 해주는 글이다. 다만 이곳에서는 천지만물일체설과 관련된 핵심적인 내용만을 간략하게 소개하고 이에 대한 구체적 논의와 생명철학적 접근은 다음 3장에서부터 다루고자 한다.

먼저 「발본색원론拔本塞源論」은 본서 3장 4절 「만물일체의 유기체적 대동사회관」과 10장 「유기체적 대동사회 구현의 친민親民 정치론」에서 구체적으로 다루어지고 있는 바, 「발본색원론」 가운데 일부 주요한 내용만을 수록하면 다음과 같다.

무릇 발본색원론拔本塞源論이 세상에 밝혀지지 않는다면, 세상에서 성인聖人을 배우는 사람들이 날마다 번잡해지고 어지러워져서 사람이 금수禽獸나 오랑캐(夷狄)와 같은 지경에 빠져들어서 오히려 스스로 성인의 학문이라고

57) 『全集』, 권35, 「年譜三」, 1293쪽.

여길 것이다. … 무릇 성인聖人의 마음은 천지만물을 한 몸(一體)으로 삼으니, 세상 사람을 보는 데 안과 밖, 멀고 가까움의 차별을 두지 않는다. 혈기血氣가 있는 것은 모두 그의 형제나 자식의 친속이기 때문에, 그들을 안전하게 가르치고 길러서 만물일체萬物一體의 염원을 성취하고자 한다. 세상 사람의 마음은 처음에는 역시 성인과 다름이 없으나, 다만 나만 있다고 하는 사사로움에 이간離間되고, 물욕物欲의 가리워짐에 격단되어 큰 것이 그 때문에 작아지고 통하는 것이 그 때문에 막혀서 사람마다 제각기 사사로운 마음이 생겨났고, 심지어 자신의 부모와 자식, 형과 아우를 원수처럼 여기는 자가 생기게 되었다. 성인께서 이것을 우려하여 그의 천지만물을 한 몸으로 삼는 인심仁心을 미루어서 세상 사람들을 가르쳐서 모두 그 사사로움을 이기고 그 가리워짐을 제거하여 누구에게나 똑같은 마음의 본체를 회복하게 하셨다. … 생각건대 그 심학心學이 순수하고 밝아서 만물일체萬物一體의 인仁을 온전히 이룰 수 있었기 때문에, 그 정신이 흘러 관통하고 지기志氣가 통하여 자타自他의 구분이나 물아物我의 간격이 없었다. … 이것이 바로 성인의 학문이 지극히 쉽고 지극히 간단하며 알기 쉽고 따르기 쉬운 까닭이다. 학문이 쉽게 성취되고 재능이 쉽게 완성되는 것은 바로 대강이 오직 누구나 동일한 마음의 본체를 회복하는 데 있기 때문이니, 지식과 기능은 함께 논할 것이 아니다.

하·은·주 삼대 이후로 왕도王道가 쇠미해지고 패술覇術이 번창하였다. 공자와 맹자가 이미 돌아가시자 성인의 학문이 희미해지고 그릇된 학설이 횡행하여, 가르치는 자는 다시 그것을 가르침으로 삼지 않았고, 배우는 자는 다시 그것을 배우지 않았다. 패도覇道의 무리들은 선왕先王의 가르침에 근사한 것을 몰래 취하여 밖으로는 그것을 따르는 것처럼 가장하고, 안으로는 자신의 사사로운 욕망을 달성했다. … 성인의 학문이 날로 멀어지고 날로 어두워졌으며, 공리功利의 습성은 점점 더 번져나갔다. 그 사이에 불가와 도가에 눈이 멀어 미혹된 적이 있었지만, 불가와 도가의 학설도 마침내 그 공리의 마음을 이길 수는 없었다. 또 여러 유학자들에게서 절충한 적이 있었지만, 여러 유학자들의 이론도 마침내 그 공리의 견해를 깨뜨릴 수는 없었다. … 오호라! 그와 같이 오랫동안 쌓인 악습과 그러한 마음의 뜻을 가지고 또 그러한 학술을 강론하니, 그들이 우리 성인의 가르침을 듣고 그것을 군더더기나 서로 맞지 않는 것이라 여기는 것도 당연한 일이다. 그래서 그들이 양지

> 良知를 충분하지 못하다고 생각하고, 성인의 학문이 쓸모없는 것이라 말하는 것도 그 추세가 필연적으로 도달하는 것이다. … 다행히 천리天理는 사람의 마음에서 끝내 없앨 수 없고, 양지의 광명은 영원히 불변하기에 나의 발본색원론을 들으면 반드시 측은히 여겨서 슬퍼하고, 근심하여 마음 아파하며, 분연히 일어나서, 마치 장강과 황하를 터놓은 것처럼 성대하게 흘러서 막을 수 없는 것이 있을 것이다. 어디에도 의지하지 않고 흥기하는 저 호걸 선비가 아니면, 내가 누구에게 바라겠는가?[58]

양명은 이 글에서 하夏·은殷·주周 삼대로부터 공자에 이르기까지의 성인의 학문이란 다름 아닌 '천지만물로써 일체一體'를 삼는 심학心學임을 천명하고 있다. 이러한 성인의 학문은 공리功利만을 추구하는 한대漢代의 패술霸術과 당대唐代의 훈고학訓詁學, 기송학記誦學, 사장학辭章學 그리고 불교와 도교 등이 흥기함으로써 그 빛을 잃고 말았다. 이에 양명은 사욕私欲을 극복하고 인간의 선험적인 성인의 마음인 만물일체의 인심仁心을 회복하는 양지학良知學을 통해 세상을 구제하기 위해 이 '발본색원론'을 주장하고 있다. 손기봉孫奇逢은 양명의 "발본색원론은 우주를 일가一家로 삼고 천지만물을 한 몸으로 삼으며 참으로 사람을 측은惻隱히 슬프게 하고 척연惕然히 아프게 하며 분연憤然히 일어나게 한다. 이것은 문집 가운데 한 편의 위대한 문장이며, 또한 세상에서도 한 편의 두드러진 문장이다"[59]라고 평가하고 있다.

다음 「친민당기親民堂記」에 나오는 내용은 본서 8장 1절 「명명덕과 친민의 일원적 체계」에서 구체적으로 다루어지고 있는 바, 「친민당기」 가운데 일부 주요한 내용만을 수록하면 다음과 같다.

---

58) 이 글은 『全集』, 권35, 「年譜三」, 1295~1297쪽과 『傳習錄』(中), 「答顧東橋書」, 142조목~143조목에 모두 수록되어 있다.

59) 陳榮捷, 『王陽明傳習錄詳註集評』(臺灣 學生書局, 民國 72), 199쪽.

남원선南元善이 월越 지방의 도지사道知事로 부임하게 되어, 양명을 찾아가 어떻게 정치하는 것이 좋은가에 대해 물어보았다. 양명이 대답하였다. "정치는 친민親民에 있다." 남원선이 물었다. "친민은 어떻게 합니까?" 양명이 대답하였다. "명명덕明明德에 있다." 남원선이 물었다. "명명덕은 어떻게 합니까?" 양명이 대답하였다. "친민에 있다." 남원선이 물었다. "명덕明德과 친민親民은 하나입니까?" 양명이 대답하였다. "하나다. 명덕明德이란 하늘이 부여한 본성으로 신령하고 밝으며 어둡지 아니하여 모든 이치가 그곳에서 나오는 것을 말한다.(明德者, 天命之性, 靈昭不昧, 而萬理之所從出也) … 남원선이 물었다. "어찌하여 명명덕이 친민에 있습니까?" 양명이 대답하였다. "덕德이라는 것은 그 자체만으로 밝혀질 수가 없다. 사람이 그 효의 덕을 밝히고자 하면, 반드시 그 아버지에게 친애親愛 한 후에 효의 덕이 밝아진다. 그 공손의 덕을 밝히고자 하면, 반드시 그 형에게 친애한 후에 공손의 덕이 밝아진다. 임금과 신하, 남편과 아내, 친구 사이가 모두 그러하다. 그러므로 명명덕은 반드시 친민에 있는 것이며, 친민은 곧 명명덕하는 방법이다. 그러므로 하나라고 하는 것이다." … 양명이 대답하였다. "사람은 천지의 마음이며(人者, 天地之心也), 민民이란 나에 대응하여 말하는 것이니, 민이라 말하면 천天·지地·인人 삼재三才의 도道가 다 들어간다. 그러므로 내 아버지를 친애하는 것으로부터 남의 아버지도 친애하는 데까지 이르러 천하의 부자가 친애하지 않음이 없게 되어야 하고, 나의 형을 친애하는 것으로부터 남의 형도 친애하는 데까지 이르러 천하의 형제가 친애하지 않음이 없게 되어야 한다. 임금과 신하, 남편과 아내, 친구 사이뿐만 아니라, 짐승·새와 풀·나무에 미루어 이르기까지 모두 친애함이 있는 것은 내 마음을 다하여 스스로 그 명덕을 밝히는 일 아님이 없다. 이것이 천하에 명덕을 밝힌다고 말하는 것이요, 이것이 가정이 다스려지고 국가가 다스려지고 천하가 평화롭게 된다고 말하는 것이다. … 무릇 이것을 대인大人의 학문이라고 하는 것이다. 대인은 천지만물을 한 몸으로 삼는다. 그런 뒤에야 능히 천지만물로써 한 몸을 삼을 수 있는 것이다."[60]

양명은 이 글에서 "사람은 천지의 마음"이며 명명덕明明德과 친민親民이

60) 이 글은 『全集』, 권7, 「親民堂記」, 250~252쪽에 수록되어 있다.

천지만물일체를 실현하는 한 가지 일임을 역설하고 있다. 또한 친민의 대상을 단지 인간으로만 국한하는 것이 아니라 짐승·새와 풀·나무와 같은 모든 만물까지 포함시킴으로써 천지만물일체설의 범주를 자연세계로까지 확대하고 있다. 이러한 입장에서 양명은 도교와 불교가 '명명덕'에만 치우쳐 공적空寂한 데로 빠져버림으로써 집과 나라와 천하에 베풀지 못하는 폐단이 있음을 비판하고 있다.

양명은 이어지는 「중수산음현학기重修山陰縣學記」에서 성인聖人의 학문이란 자신의 선천적 본심을 극진히 발휘하는 심학心學이며, 심학의 진심盡心은 천지만물로써 한 몸을 삼는 것이라고 천명하고 있는 바, 그 주요한 내용을 살펴보면 다음과 같다.

> 대저 성인聖人의 학문이란 심학心學이니, 그 마음을 다하기를 구하는 것을 배울 뿐이다.(學以求盡其心而已) 요堯와 순舜과 우禹가 서로 전수해주면서 "인심은 아주 위태롭고 도심은 아주 은미하니, 오로지 순수하고 전일하게 하여 그 중을 잡으라"(人心惟危, 道心惟微, 惟精惟一, 允執厥中)고 하였다. 도심은 솔성率性을 이르는 것으로 인위가 섞이지 않은 것이다. 소리도 없고 냄새도 없으며 매우 은미하면서도 나타나는 것으로, 성誠의 근원이다. 인심은 인위가 섞여서 위태로운 것으로 모든 거짓의 실마리가 된다. 어린아이가 우물에 빠지는 것을 보고 측은해 하는 것이 '솔성의 도道'이다. 그러나 저 아이의 부모는 내가 잘 아는 사람이고 아이를 구해줌으로써 동네에서 칭찬을 받고자 하는 것은 인심이다. 배고프면 먹고 목마르면 물 마시는 것은 '솔성의 도'이다. 그런데 매우 맛있는 음식을 찾아다닌다거나 배불리 먹고서도 또 음식을 탐한다면 그것은 곧 인심이다. 유일惟一이란 도심과 하나가 되는 것을 말한다. 유정惟精이란 혹 인심 때문에 분열되어 도심이 하나가 되지 못했을까 걱정하는 것을 말한다. 도道는 중中하지 않는 것이 없으니, 도심에 하나가 되어 그침이 없는 것, 이것을 '윤집궐중允執厥中'이라 이른다. 도심과 하나가 되면, 보존하는 것이 중中하지 않은 것이 없고, 발동하는 것이 화和하지 않는 것이 없다. 그러므로 이 도심을 따라 부자의 관계에 발휘되면 친親하지 않음이 없으

며, 군신의 관계에 발휘되면 의義롭지 않음이 없으며, 부부와 장유長幼와 붕우朋友 관계에 발휘되면 별別과 서序와 신信이 안 될 수가 없다. 이것을 '중절지화中節之和, 천하지달도天下之達道'라고 이르는 것이다. … 대저 선학禪學과 성인聖人의 학문은 모두 그 마음을 다하기를 구한다는 점에서는 또한 서로 차이가 거의 없다. 성인이 그 마음을 다하기를 구하는 것은 천지만물로써 한 몸을 삼는 것이다. 우리 부자간에 친애하면서 천하에 친애하지 않는 자가 있다면, 내 마음을 다한 것이 아니다. … 우리 집안은 배부르고 따뜻하고 행복하고 즐거우나 천하에 배부르고 따뜻하고 행복하고 즐겁지 아니한 사람이 있다면, 비록 친親, 의義, 별別, 서序, 신信이 다 된다 하더라도 나의 마음이 다한 것은 것이다. 그러므로 이에 기강紀綱·정사政事의 설치가 필요한 것이며, 예악禮樂·교화敎化의 베풂이 있는 것이다. 무릇 일을 알맞게 처리하고 도와서 자신을 완성하고 존재물을 완성하는 것(凡以裁成輔相成己成物)으로 나의 마음을 다하기를 구하는 것일 뿐이다. 마음이 다해지면 가정이 다스려지고 국가가 다스려지며 천하가 평화롭게 될 것이다. 그러므로 성인의 학문은 마음을 다하는 데서 벗어나지 않는다. 선학이 마음으로써 말씀을 삼지 않는 것은 아니지만, 그 뜻이 자기만 깨닫겠다는 데(達道)에 있기 때문에, 나의 마음만을 고집하여, '나는 오직 그 중中에 내 마음이 어둡지 않으면 그것으로 다된 것'이라고 생각하고 다른 사람들을 모두 깨끗하고 편안하게 만들어야겠다는 마음이 없다. 밖에 있는 천하가 모두 편안하지 못한데, 어찌 반드시 자신의 마음만이 편안할 수 있겠는가? 이 또한 이른바 진심盡心이라고는 하지만, 자신이 이미 자사자리自私自利의 편벽됨에 빠져서 그러한 것을 알지 못하는 것이다. 인륜을 도외시하고 사물을 버리고서 홀로 잘되겠다고 한다면 집과 나라와 천하를 다스릴 수가 없다. 대저 성인의 학문은 나와 다른 사람을 똑같이 생각하고 우리 집이나 남의 집을 똑같이 생각하며 천지만물을 하나로 생각하는 것으로써 마음을 삼는다.(一天地萬物以爲心) 그런데 선학에서는 저 혼자만 성불成佛하겠다는 자사자리自私自利의 이기주의에서 일어나 자신과 다른 사람을 구분하는 잘못을 면할 수 없으니, 그런 것이 우리 성학과 다른 점이다. 지금 심성心性의 학문을 하는 자들도 만일 인륜을 도외시하고 사물을 내버린다면 선학과 다를 것이 없다. … 세상의 학자들(주자학자들)은 벼슬길에 오르기 위한 과거 시험공부와 시나 짓고 글이나 쓰는 사장詞章의 습속에만 빠져서 그 마음이 다 황폐해지고 말았으니, 성인의 진심盡心

의 학문과는 서로 배치되고 나날이 그런 학문과는 거리가 멀어져서 그 바닥을 모를 지경에까지 떨어져버렸다. …[61]

양명은 이 글에서 성인聖人의 학문은 '진심盡心', 즉 자신의 선천적 본심을 극진히 발휘하여 천지만물로써 한 몸을 삼는 '심학心學'이라고 주장한다. 이는 어린아이가 우물에 빠지는 것을 보고 측은해 하며 배고프면 먹고 목마르면 물 마시는 일과 같이 일상적 삶 속에서 인간의 선천적 도심道心을 극진히 하는 '솔성率性의 도道'이다. 성인의 학문은 나와 다른 사람을 똑같이 생각하고 우리 집이나 남의 집을 똑같이 생각하며 천지만물을 하나로 생각하는 것으로써 마음을 삼는다는 점에서 저 혼자만 성불하겠다는 자사자리自私自利의 이기주의에서 일어나 자신과 다른 사람을 구분하는 잘못을 범하는 선학과 다르다고 명확히 밝히고 있다. 아울러 벼슬길에 오르기 위한 과거 시험공부와 시나 짓고 글이나 쓰는 사장의 습속에만 빠져있는 당시의 학자들(주자학자들)은 성인의 진심의 학문과는 서로 배치된다고 비판한다.

양명 55세(1526) 3월에 문인 추수익에게 예서禮書에 관한 질문에 답하였다. 4월에는 문인 남대길에게 다시 서신을 보내고, 또한 구양덕의 서신에 답하였다. 8월에는 섭표聶豹(1487~1563, 자는 문울文蔚, 호는 쌍강雙江)의 서신에 답하였다. 이 서신「답섭문울答聶文蔚」에서 천지만물일체설을 상세하게 역설하였다.「답섭문울」의 내용은 본서 3장과 7장 등에서 구체적으로 다루어지고 있는 바, 핵심적 내용만을 수록하면 다음과 같다.

무릇 사람이란 천지의 마음이다. 천지만물은 본래 나와 한 몸이니, 살아있는 백성(生民)들의 곤궁함과 고통은 어느 것인들 내 몸의 절실한 아픔이 아니겠는가? 내 몸의 아픔을 알지 못하는 사람은 시비지심是非之心이 없는 사람

---

61) 이 글은『全集』, 권7,「重修山陰縣學記」, 256~258쪽에 수록되어 있다.

이다. 시비지심이란 생각하지 않더라도 알고 배우지 않더라도 능한 것으로 이것이 이른바 양지良知이다. 양지가 사람의 마음에 있는 것은 성인과 어리석은 사람의 구분이 없으며, 천하 고금이 다 같다. 세상의 군자가 오직 양지를 실현하는 데 힘쓰기만 한다면, 저절로 시비是非를 공유하고 호오好惡를 함께하며, 남을 자기와 같이 보고 나라를 한 집안처럼 보아서 천지만물을 한 몸으로 여길 수 있다. 그러면 천하가 다스려지지 않기를 구할지라도 얻을 수 없을 것이다. … 후세에 양지학良知學이 밝혀지지 않아서 천하 사람들은 그 사사로운 꾀(私智)를 사용하여 서로 겨루고 배척하게 되었다. 그래서 사람마다 각각 제 마음을 갖게 되어 치우치고 사소하고 편벽되고 고루한 견해와 교활하고 음험한 술수가 이루 다 말할 수 없는 지경에 이르렀다. 겉으로는 인의仁義라는 이름을 빌리지만 속으로는 스스로를 사사롭게 하고 스스로를 이롭게 하는 실질을 추구하며, 궤변으로써 세속에 영합하고 행위를 꾸며서 명성을 구하고 있다. … 서로 능멸하고 서로 해쳐서 골육骨肉을 나눈 일가친척조차도 이미 너와 나 사이에 승부를 가르려는 생각과 피차에 울타리는 치는 모습이 없을 수 없는데, 하물며 광대한 천하의 수많은 백성과 사물에 대해 또한 어떻게 한 몸(一體)으로 여길 수 있겠는가? … 나는 참으로 하늘의 은총에 힘입어 우연히 양지학良知學을 발견했으며, 반드시 이것으로 말미암은 뒤에야 천하가 다스려질 수 있다고 생각하였다. 때문에 백성들이 곤경에 빠져 있는 것을 생각할 때마다 슬프도록 마음이 아파서 자신이 못난 사람이라는 사실도 잊어버리고 양지학으로 그들을 구제하려고 생각하고 있으니, 또한 자신의 역량도 스스로 알지 못하는 사람이다. 세상 사람들은 나의 이러한 모습을 보고 마침내 서로 더불어 비난하고 조소하며 꾸짖고 배척하면서 미쳐서 정신을 잃어버린 사람일뿐이라고 생각한다. 오호라! 이것이 어찌 고려할 만한 가치가 있는 것이겠는가? 내가 지금 한창 몸을 에이는 듯한 고통을 느끼고 있는데 남의 비난과 조소를 헤아릴 겨를이 있겠는가? … 오호라! 요즘 사람들이 비록 나를 미쳐서 정신을 잃어버린 사람이라고 말할지라도 상관없다. 천하 사람들의 마음은 모두 나의 마음이다. 천하 사람들 가운데 오히려 미친 사람이 있는데, 내가 어찌 미치지 않을 수 있겠는가? 오히려 정신을 잃어버린 사람이 있는데, 내가 어찌 정신을 잃어버리지 않을 수 있겠는가? … 생각건대 천지만물을 한 몸으로 하는 어진 마음(仁)의 아픔이 절박하여 그만두고자 해도 저절로 그만둘 수 없는 것이 있었기 때문이다. … 오호라! 참으로 천지만물을 한 몸으로 생각하는 사람이 아니라면 누가 공자의 마음을 알 수 있겠는가? … 못난 내가 어떻게 감히 공자의 도를 자기의 임무로 삼겠는가? 다만 내 마음도 역시 아픔이 자신의 몸에 있음을 조금 알았기 때문에 이리저리 방황하고 사방을 돌아보면서, 장차 나에게 도움을 줄 사람을 찾아 서로 함께 강구하여 그 병을 제거하려고 했을 뿐이다. 이제 진실로 호걸과 뜻을 같이하는 선비를 얻어 부축하고 보필하여 양지학良知學을 천하에 함께 밝혀서, 세상 사람들로 하여금 모두 그 양지를 스스로 실현할 줄 알게 하여 서로 편안하게 해주고 서로 기르며, 사사롭고 이기적인 데 가려진 것을 제거하고, 모함하고 질투하고 다투고 성내는 습성을 일소하여 대동大同사회에 이른다면, 나의 미친병은 정말로 깨끗하게 치유될 것이고, 결국은 정신을 잃어버리는 우환을 면할 것이니, 어찌 유쾌하지 않겠는가? …[62]

양명은 이 글에서 천지만물일체설을 상세하게 역설하였는 바, 사람이 천지의 마음이고 천지만물은 본래 나와 한 몸이며 인간의 선천적인 양지의 실현을 통해 천지만물일체를 실현할 수 있다고 함으로써 천지만물일체설과 치양지설을 별개의 과정이 아닌 하나의 과정으로 통합하고 있다. '양지학良知學'은 천하 사람들의 아픔을 자신의 아픔으로 느끼는 학문이다. 양지의 마음으로 천하 사람들의 아픔을 바라볼 때 너무 안타까워서 미쳐서 정신을 잃어버리지 않을 수 없다. 양지의 마음은 천하 사람들의 아픔을 자신의 아픔으로 삼아 그들을 구제하고자 하는 마음이다. 이러한 천지만물일체를 실현하는 양지학이 밝혀지지 않았기 때문에 천지만물과 한 몸이 되지 못하고 자타自他와 물아物我 사이에 대립과 갈등이 심화되어 간격이 생기게 되었으며, 이로 인해 천하가 어지러워졌다. 이에 양명은 양지학을 천하에 밝혀서 천지만물과 한 몸이 되는 대동사회를 실현하고자 하였던 것이다.

---

62) 이 글은 『全集』, 권35, 「年譜三」, 1300~1302쪽 및 『傳習錄(中)』, 「答聶文蔚」, 179조목~184조목에 수록되어 있다. 「答聶文蔚」에는 전문이 실려 있으나 「年譜」에는 중간부분들이 생략되어 있다.

양명 55세(1526년) 11월에 계실繼室 장씨張氏 부인에게서 장남 정억正億이 태어났으며, 12월에 「석음설惜陰說」을 지었다. 56세 5월 도찰원都察院 좌도어사左都御史에 임명되어 광동廣東·광서廣西의 군무軍務를 관장하면서 사은四恩과 전주田州 지방의 도적의 난을 토벌하라는 명령을 받았다. 9월 난을 토벌하기 위해 출발하기 하루 전인 8일에 전덕홍錢德洪과 왕기王畿(1498~1583, 호는 용계龍溪, 자는 여중汝中)가 장원충張元沖의 배를 방문하여 양명의 교학 근본 즉, "선도 없고 악도 없는 것이 마음의 본체이고, 선도 있고 악도 있는 것이 의념의 발동이며, 선을 알고 악을 아는 것이 양지이고, 선을 행하고 악을 제거하는 것이 격물이다"(無善無惡是心之體, 有善有惡是意之動, 知善知惡是良知, 爲善去惡是格物)라는 사구교四句教에 대해 토론하였다.[63]

왕기가 먼저 이 사구교가 양명의 궁극적인 화두가 아닐 것이라고 전제하면서, "만일 심체가 이미 선도 없고 악도 없다고 말한다면, 의념(意) 역시 선도 없고 악도 없는 의념이며, 앎(知) 역시 선도 없고 악도 없는 앎이고, 물物 역시 선도 없고 악도 없는 물일 것이다. 만약 의념에 선악이 있다고 말한다면, 필경 심체에도 여전히 선악이 있게 된다"[64]고 하여, 심心·의意·지知·물物이 모두 선악이 없다는 '사무설四無說'을 제시하였다. 이에 전덕홍은 "심체는 하늘이 명한 본성으로서 원래 선도 없고 악도 없다. 그러나 사람에게는 습관화된 마음이 있어서 의념에 선악이 있음을 보게 된다. 격물格物·치지致知·성의誠意·정심正心·수신修身, 이것은 바로 그 성체性體를 회복하는 공부이다. 만약 의념에 원래 선악이 없다면 공부 또한 말할 필요가 없다"[65]고 하여, 왕기와 달리 심·의·지·물이 모두

---

63) 이 내용은 『全集』, 권35, 「年譜三」, 1306~1307쪽 및 『傳習錄』(下), 「黃省曾錄」, 315조목에 수록되어 있다. 내용이 약간 다르기는 하지만 의미는 차이가 나지 않는다.

64) 『傳習錄』(下), 「黃省曾錄」, 315조목, "若說心體是無善無惡, 意亦是無善無惡的意, 知亦是無善無惡的知, 物是無善無惡的物矣. 若說意有善惡, 畢竟心體還有善惡在."

65) 『傳習錄』(下), 「黃省曾錄」, 315조목, "心體是天命之性, 原是無善無惡的. 但人有習心, 意念上見有善惡在, 格致誠正修, 此正是復那性體功夫. 若原無善惡, 功夫亦不消

선악이 있다는 '사유설四有說'의 입장을 취하고 있다.

왕기는 "내일 선생님께서 출발하시니 함께 가서 물어보도록 하자"고 제의하고, 이날 밤 손님이 모두 물러간 뒤에 양명이 안으로 들어오자 두 사람은 뜰아래에 섰다. 양명이 자리를 천천교天泉橋로 옮기도록 했다. 전덕홍이 왕기와의 논변으로 질문하자, 양명은 기뻐하며 다음과 같이 말했다.

> 두 사람의 견해는 서로 의뢰하여 사용하는 데 꼭 알맞으니, 각기 한쪽에 집착해서는 안 된다. 내가 여기서 사람을 접하는 데는 원래 다음 두 가지 종류의 방법이 있다. 근기가 영리한 사람은 곧바로 본원本源으로부터 깨우쳐 들어간다. 사람 마음의 본체는 원래 밝고 맑아서 막힘이 없으며, 원래 정감이 아직 발현하지 않은 평형 상태(未發之中)이다. 근기가 영리한 사람은 단번에 본체를 깨달으니 그것이 바로 공부이며, 타인과 자기, 안과 밖이 한꺼번에 모두 통하게 된다. 그 다음 근기의 사람은 습관화된 마음(習心)이 있어서 본체가 가려짐을 면하지 못한다. 그러므로 잠시 동안 의념상에서 착실하게 선을 행하고 악을 제거하도록 가르친다. 공부가 무르익은 뒤에 찌꺼기가 다 제거되었을 때는 본체도 전부 밝아지게 된다. 여중(왕기)의 견해는 내가 여기서 근기가 영리한 사람을 접할 때 사용하는 것이고, 덕홍의 견해는 내가 여기서 그 다음 근기의 사람을 위해 교법을 세운 것이다. 그대들 두 사람이 서로 취하여 사용한다면, 보통 사람 이상이나 이하의 사람들을 도道로 인도해 들어갈 수 있을 것이다. 만약 각자 한쪽만을 고집한다면 눈앞에서 바로 사람을 그르칠 것이고, 도체道體에 대해서도 각자 완전히 이해하지 못할 것이다.
>
> 이후 벗들과 학문을 강론할 때는 절대로 나의 근본 취지를 잃어버려서는 안 된다. 선도 없고 악도 없는 것은 마음의 본체이고, 선도 있고 악도 있는 것은 의념의 발동이며, 선을 알고 악을 아는 것은 양지이고, 선을 행하고 악을 제거하는 것은 격물이다. 오로지 나의 이 화두에 근거하여 사람에 따라 적절히 가르친다면 저절로 병통이 없을 것이다. 이것은 원래 위와 아래를 꿰뚫는 공부이다. 근기가 영리한 사람은 세상에서 만나기 어렵다. 본체 공

說矣."

부는 단번에 깨달아 다 통하는 것으로, 이것은 안자顔子(안연顔淵)와 명도明道(정호程顥)도 감당하지 못한 것이거늘, 어찌 경솔하게 다른 사람들에게 바랄 수 있겠는가? 일반 사람들에게는 습관화된 마음이 있어서 그에게 양지상에서 착실하게 선을 행하고 악을 제거하는 공부를 가르치지 않고 다만 허공에 매달려 본체를 생각하게 한다면, 일체의 행위가 모두 착실하지 않아서 공허하고 적막한 것만을 길러내는 데 불과할 것이다. 이러한 병통은 결코 작은 것이 아니므로 조기에 밝히지 않으면 안 된다.

양명은 왕기의 사무설과 전덕홍의 사유설을 조화시키려는 입장을 취한다. 왕기의 사무설은 상근인에게 적합하고 전덕홍의 사유설은 중근 이하의 사람들에게 적합하지만, 어느 한쪽으로 치우쳐서는 안 되며 서로 상대방의 견해를 취하여 사용해야 한다는 것이다. 그러나 반드시 "선도 없고 악도 없는 것은 마음의 본체이고, 선도 있고 악도 있는 것은 의념의 발동이며, 선을 알고 악을 아는 것은 양지이고, 선을 행하고 악을 제거하는 것은 격물이다"라는 사구종지四句宗旨에 의거해서 사람들을 가르쳐야 한다고 하는 입장을 견지하고 있다.

양명은 가정 6년(1527, 양명 56세) 10월 사은思恩과 전주田州 지방에서 봉기한 노소盧蘇와 왕수王受의 반란을 평정하라는 명령을 수행하기 위해 부임하는 도중 남창南昌에 가까운 남포南浦에 도착하였다. 이때 신호의 반란을 평정하고 지방민을 구한 은혜를 아는 부로父老와 군민軍民들이 양명을 환영하기 위해 향을 받들고 길과 골목을 가득 메워 행차할 수가 없었다. 사람들은 수레를 호위하면서 도사都司에 따라 들어왔다. 양명이 부로와 군민들로 하여금 알현토록 하자 군중이 동쪽에서 들어와서 서쪽으로 나갔는데 어떤 사람은 나갔다가 다시 들어왔으며, 진시辰時에 시작하여 미시未時가 되어서야 비로소 돌아갔다. 어떤 학자가 양명을 보고 "3대 이후에 어찌 이러한 기상이 있었단 말인가!"라 하며 경탄했다. 다음날 문묘文廟를 배알하고 명륜당明倫堂에서 『대학』을 강의했다. 길안吉安에 도착하여 여러

사인붕우士人朋友들과 나천역螺川驛에 모여 다음과 같이 말했다.

> 양지의 묘용妙用은 육허六虛를 두루 흐르고, 그 변통함이 어느 한 곳에 멈추지 않는다. 만약 외적인 것으로 억지로 꾸민다면 그 피해는 클 것이다.

양명은 12월 사은과 전주의 실정을 주의 깊게 파악한 뒤 여러 고위관리들과 회의를 통해 당시 사은과 전주에 대해 무조건 토벌작전을 구사하여 평정을 할 경우에는 10가지 고통(患)이 있고 그 실정을 살펴 위무慰撫로써 다스리면 10가지 선善이 있다고 하였다.[66] 토벌보다는 위무의 방책을 통해 민심을 얻을 수 있고 경제적 파탄을 피할 수 있으며 그를 통해 자연스레 변방의 방위문제까지도 해결된다고 본 것이다.

다음 해 양명이 57세가 되던 가정 7년(1528) 정월 26일 양명은 남령南寧에 도착하여 징집한 수만의 수비병력을 해산시키고 반란군의 항복을 권고하였다. 이에 노소와 왕수도 양명의 뜻을 알고 감복하여 스스로 포박한 채 부하 1만 7천여 명을 이끌고 투항하였다. 양명은 이들을 모두 사면하고 지난 수년간 돌보지 못한 가업을 돌볼 수 있도록 귀향시켜 본업을 회복하도록 조치하였다. 이에 반란군 모두 감격하여 울면서 환호하고 재생의 은혜에 보답하고자 하였다. 4월 사은과 전주에 학교를 세우고, 6월에는 남령南寧에 부문서원敷文書院을 세워 교화에 노력하고 백성의 안전을 확인하였다. 7월에는 험한 산골짜기에 기반을 두고 폭행을 제멋대로 해대던 팔채八寨와 단등협斷藤峽의 수만의 오랑캐 도적들을 기습 공격하여 평정하였다. 이것이 그의 마지막 내란 평정이다.

10월에는 병이 심하여 조정에 귀경할 것을 청하고 오주梧州에서 광신廣信으로 왔다. 소관韶關과 남웅南雄의 사이에서 왕명을 기다렸으나 받아들

66) 『全集』, 권14, 「奏報田州思恩平復疏」, 467~476쪽 참조.

여지지 않았다. 11월 28일 강서江西 남안南安의 청룡포靑龍鋪에 도착했다. 주적周積이 곁에서 모시던 중 양명은 "나는 간다"라고 했다. 주적이 눈물을 흘리면서 "무슨 말씀을 남기시렵니까?"라고 묻자, 양명은 "나의 마음이 광명한데 또 다시 무슨 말을 하겠느냐!"(此心光明, 亦復何言!)라 하고, 잠시 후 세상을 떠났다. 이때가 가정 7년(1528) 11월 29일 아침이었다. 12월 3일 입관식을 마치고 다음 날 배에 승선하자 연도의 백성들이 마치 자신의 부모를 장사지내는 것처럼 땅이 진동하도록 통곡하였다. 가정 8년(1529) 정월 남창南昌에서 발상發喪하였으며, 2월에 유해가 고향 월越로 돌아가 집에 안치되었다. 11월 천여 명이 상복하고 조문하는 가운데 유해가 월성越城에서 30리, 난정蘭亭에서 5리 들어간 홍계洪溪에 안장됐다.

양명이 죽은 후에 조정에서는 이견이 많아 작위와 시호 등을 내리지 않았으며, 오히려 어명을 내려 작위를 빼앗아버렸고, 또한 위학僞學이라고 하여 왕학王學을 금지시켰다. 그러나 문인들은 굳건히 천하에 서원書院과 정사精舍 및 사당祠堂을 건립하고 학문 강의를 늦추지 않았다. 양명 사후 7년 뒤에 『문록文錄』이 간행되고, 사후 28년 뒤에 『전습록』이 간행되었다. 사후 39년(1567) 뒤 목종穆宗이 즉위하자 백작伯爵을 회복시키고 '신건후新建侯'로 추증하고 '문성文成'이라는 시호를 내렸다.

제3장
천지만물과 인간이 한 몸인 세계

1장에서 살펴본 바와 같이, 현대문명이 야기한 전 지구적 생명 위기의 이면에는 '기계론적 세계관'과 '인간중심주의'가 자리잡고 있다. 자연으로부터 생명성을 제거하고 생명체의 기술적 조작을 정당화하는 기술지향적 태도와 자연의 파괴와 살상에 대해 어떠한 윤리적 의식도 갖지 않는 탈생명윤리적 태도를 제공한 기계론적 세계관으로부터 새로운 세계관으로의 전환은 생명 위기 해결을 위한 선행 조건이다. 이 장에서는 "인간과 천지만물은 한 몸"이라는 양명의 천지만물일체설을 중심으로 양명학의 새로운 세계관으로의 정립 가능성을 모색해 보고자 한다.

오늘날 우리가 사용하는 '우주'라는 단어는 '완전한 질서를 가진 세계'란 의미의 Cosmos와 '시간과 공간 속에 존재하는 사물의 총체', 더 좁게는 '제한된 범위에서의 사물'을 의미하는 Universe라는 단어를 번역한 말이다.[1)] 그리고 '자연'이란 단어 또한 서구의 Nature라는 단어를 번역한 것이다. 근대의 자연 개념은 의식에 대하여 독립적으로 존재하는 자연, 즉 객관적 자연으로 나타난다. 그리고 좁은 의미의 자연은 무한한 다양성을 가지고 우리를 둘러싸고 있는 사물의 세계이며, 시작도 끝도 없이 영원

1) 『哲學事典』(도서출판 중원문화, 1987), 499쪽 참조.

하게 존재하고 운동하는 객관적 실재이며, 인간 사회의 존재 근거, 인류의 물자 및 여러 힘의 한없는 저장소, 인간 활동의 대상으로 정의된다.[2] 그러나 양명은 이러한 근・현대적 의미의 '우주' 또는 '자연'이라는 말을 직접적으로 사용하지 않는다. 다만 다음과 같은 양명의 주장 속에서 '천지만물天地萬物'이 오늘날의 우주 또는 자연의 의미와 다소 유사하다고 하는 점만을 유추해볼 수 있다.

> 천지만물과 인간은 본래 한 몸이니, 그 발동하는 기관 가운데 최고로 정령精靈한 곳은 인간 마음의 한 점 영명靈明이다. 바람·비, 번개·이슬, 태양·달, 별·성좌, 새·짐승, 풀·나무, 산·시내, 흙·돌은 인간과 더불어 본래 한 몸이다.[3]

'천지만물'은 은하계와 태양계 그리고 동물계, 식물계, 무생물계는 물론 자연 현상 모두를 포함하는 개념이다. 따라서 일단 천지만물은 시공간 속에 존재하는 사물의 총체로서의 우주 또는 인간을 둘러싼 객관적 사물의 세계를 지칭하는 자연을 의미한다고 가정해볼 수 있다. 그러나 "인간은 본래 천지만물과 한 몸"이라는 말과 "동・식물과 천지 또한 인간과 동체同體"[4]라는 말에 근거해 볼 때, 천지만물로서의 우주・자연은 기계적 법칙에 따라 작동하는 생명이 없는 물리적 실체를 의미하지는 않는다. 오히려 천지만물은 '유기적인 생명의 관계망'으로 이루어진 하나의 생명체라고 말할 수 있다.

근대 유럽계의 자연관이 자연을 낱낱의 궁극적 요소로 나누어 이들 사이의 상호작용과 결합・분해 등에 의하여 사물과 현상을 설명하려는 원

---

2) 『哲學事典』, 580쪽 참조.

3) 『傳習錄』(下), 「黃省曾錄」, 274조목, "蓋天地萬物與人原是一體, 其發竅之最精處, 是人心一點靈明. 風雨露雷日月星辰禽獸草木山川土石, 與人原只一體."

4) 『傳習錄』(下), 「黃以方錄」, 336조목, "你只在感應之幾上看, 豈但禽獸草木, 雖天地也與我同體的."

자론・인과론적 입장이었다면, 중국의 전통사상은 우주자연을 하나의 커다란 유기체로 보고 전체적으로 이해하려는 유기체론적 세계관이 뒷받침되어 있다고 평가된다.[5] 아울러 전통적인 중국의 사상가들에게 있어 우주・자연의 주제는 정적인 구조가 아니라 성장하고 변화하는 동적인 과정이었다. 우주는 하나의 연속체이며 그 구성 요소들은 내적으로 연결되어 있다. 우주는 각각의 복잡성의 단계에 따라서 역사적으로 통합된 하나의 유기체적 통일체이다.[6]

양명은 "대저 사람이란 천지의 마음으로 천지만물은 본래 나와 한 몸이다"[7]라고 말하고, 또한 "사람은 천지만물의 마음이며, 마음은 천지만물의 주체이다"[8]라고 주장한다. 이러한 주장에 근거할 때, 양명의 세계관은 '인간을 중추로 한 유기체적 세계관'이라고 잠정적으로 이름을 붙여 볼 수 있다. 양명의 이러한 세계관은 선진 유학은 물론 북송 유학에 그 뿌리를 두고 있다. 따라서 선진 유학과 북송 유학에서 보여지는 '인간을 중추로 한 유기체적 세계관'의 단아를 먼저 살펴보고, 이를 토대로 양명의 '인간을 중추로 한 유기체적 세계관'이 어떠한 특성과 체계를 지니고 있는가를 살펴보고자 한다.

---

5) 김용운·김용국 공저, 『東洋의 科學과 思想』(一志社, 1992), 430쪽 참조.

6) 허광·이동희 공저, 『인간과 자연·환경 그리고 생태』(서울: 동일출판사, 2000), 119쪽 참조.

7) 『傳習錄』(中), 「答聶文蔚」, 179조목, "夫人者, 天地之心, 天地萬物, 本吾一體者也."

8) 『王陽明全集』(上海: 上海古籍出版社, 1992, 이하 『全集』이라 표기), 권6, 「答李明德」, 214쪽, "人者, 天地萬物之心也, 心者, 天地萬物之主也."

제1절 선진 유학의 유기체적 세계관

1. 『주역』과 『중용』의 유기체적 자연관

양명은 천지가 만물을 화육化育한다고 보고[9] 또한 "천지가 서고 만물이 양육된다"[10]고 말함으로써, 천지만물을 하나의 유기적인 생명체로 보고 있다. 이러한 양명의 유기체적 세계관의 뿌리는 먼저 『주역』과 『중용』에서 찾아볼 수 있다.

『주역』에서는 "천지의 위대한 덕德을 생生이라 한다"[11]고 하고, "낳고 또 낳는 것을 역易이라 한다"[12]고 하였다. 여기서 '낳고 또 낳는다'는 '생생生生'이라는 용어는 '자연의 지속적인 창조와 재생'을 묘사하는 낱말이며, 그것은 '변화'(易)가 광물 · 식물 · 동물 · 인간으로 이루어진 '생명의 그물 체계'(the web of life systems)의 상호작용과 지속성의 기초라는 이해의 성분이다.[13] 『주역』에서는 또한 '천지의 마음'과 '천지의 정情'[14]을 말하고 있다. 이는 '천지가 만물을 낳는 마음'(天地生物之心)으로서, 『주역』에서는 자연을 기계적 물체가 아니라 목적 지향적 생명체로 이해하고 있었다는 사실을 말해준다.[15] 농경이라는 생산양식을 토대로 형성된 역학적 사

---

9) 『全集』, 권6, 「答友人問」, 208쪽, "知天地之化育."

10) 『全集』, 권7, 「自得齋說」, 265쪽, "天地以位, 萬物以育."

11) 『周易』, 「繫辭傳」(上), 1장, "天地之大德曰生."

12) 『周易』, 「繫辭傳」(上), 5장, "生生之謂易."

13) Mary Evelyn Tucker and John Berthrong eds., *Confucianism and Ecology* (Harvard University Press, 1998), xxxvii쪽 참조.

14) 『周易』, 「復卦·彖傳」, "復 其見天地之心乎." 「咸卦·彖傳」, "天地之情 見矣."

고에 있어서 변화란 단순한 과정으로 끝나는 것이 아니라 생명의 생성, 즉 생명체를 '낳고 기름'(生育)을 그 본질로 한다.[16]

천지가 만물을 낳고 기르는 생육은 무작위적으로 이루어지는 것이 아니다. 『주역』에서는 "위대하도다 건원乾元이여, 만물이 이를 바탕으로 시작되나니 이에 하늘을 통섭한다"[17]고 하고, "지극하도다 곤원坤元이여, 만물이 이를 바탕으로 생성되나니 이에 하늘을 순승順承한다"[18]고 한다. 하늘의 건원乾元과 땅의 곤원坤元이 만물이 시작되고 생성되는 근원으로 제시되고 있다. 하늘과 땅은 만물을 생육함에 있어 개별적으로 작용하거나 대립적 관계에 놓여있는 것이 아니다. "천지가 교합하여 만물이 태통泰通하게 된다"[19]는 주장이나, "천지가 감응함에 만물이 변화 생성된다"[20]는 주장에서 볼 수 있듯, 천지는 상보적 · 상의적 감응 원리에 따라 끊임없이 만물을 창생 · 양육해 간다.

이러한 감응의 원리를 가장 잘 표현한 것이 "한번 음陰하고 하번 양陽하는 것을 도道라고 한다"[21]는 말이다. 『주역』에 있어 세계의 구조를 이루는 구성요소는 음양陰陽이며 그 관계는 대대待對와 질운迭運이라는 '대대성待對性'이다. 음양은 상반되는 성질을 갖고 있는데 '상반相反'이라는 관계성 자체가 교감과 조화의 계기가 됨으로써 운행의 원동력이 마련된다.[22] 음양의 교감(待對)에 의해 생성 변화가 이루어지며, 이 생성 변화에 의해 다시 음양이 정립(待對)된다. 순환은 변화를 의미하지만 이는 또한 음양의

15) 최영진, 「유학에서의 정치와 자연관」, 『동양사상과 환경문제』(한국불교환경교육원 엮음, 모색, 1996), 213쪽 참조.
16) 최영진, 『유교사상의 본질과 현재성』(유교문화연구소, 2002), 111쪽 참조.
17) 『周易』, 「乾卦·彖傳」, "大哉 乾元 萬物資始 乃統天."
18) 『周易』, 「坤卦·彖傳」, "至哉 坤元 萬物資生 乃順承天."
19) 『周易』, 「泰卦·彖」, "天地交而萬物通也."
20) 『周易』, 「咸卦·彖」, "天地感而萬物化生."
21) 『周易』, 「繫辭傳」(上), 5장, "一陰一陽之謂道."
22) 최영진, 『유교사상의 본질과 현재성』, 26쪽, 95~96쪽 참조.

균형이 무너짐을 지속적으로 시정하는 것이기도 하다. 음양의 순환에 의해 음양이 역동적으로 균형을 이루는데, 이는 음양의 정립을 의미한다. 이렇게 균형있게 정립된 음양의 교감에 의해 만물이 화생化生한다. 화생된 만물은 또한 순환하게 될 것이고, 이러한 현상은 끊임없이 반복된다.[23] 따라서 『주역』에 있어 천지만물은 외재적인 초월자에 의해 창조되는 창조물도 아니며, 그렇다고 기계적인 법칙에 따라 작동하는 물리적 기계도 아니다. 천지만물은 대대성이라는 내재적인 감응의 원리에 따라 끊임없이 자기-조직하는 하나의 유기적인 생명체이다.

천지만물의 자기-조직하는 유기체론적 속성은 『중용』에서도 찾아볼 수 있다. 『중용』에서는 "천지가 만물을 화육한다"[24]고 하고, "하늘이 만물을 생성한다"[25]고 하며, 또한 "천지가 서고 만물이 길러진다"[26]고 말한다. 이러한 주장 속에서 『중용』 또한 천지만물을 기계적인 비생명체가 아닌 유기적인 생명체와 같은 존재로 인식하고 있었다는 사실을 알 수 있다.

『중용』에서는 "천지의 도는 한마디 말로 다할 수 있으니, 그 물物됨이 변치 않는다. 그리하여 물物을 생生함이 측량할 수 없는 것이다"[27]라고 하여, '천지'는 자신의 부분으로서의 개체들(萬物)을 창생·양육하는 창발성(道)을 지닌 것으로 규정한다. "성誠은 하늘의 도이다"[28]라는 주장과 "성誠은 스스로 이루어지는 것이요, 도道는 스스로 행해지는 것이다. 성誠은 사물의 끝과 시작이니, 성실하지 못하면 사물이 없게 된다"[29]는 주장에 근

---

23) 이상익, 『儒家 社會哲學 硏究』(심산, 2001), 50~51쪽 참조.
24) 『中庸』, 22장, "天地之化育."
25) 『中庸』, 17장, "天之生物."
26) 『中庸』, 1장, "致中和, 天地位焉, 萬物育焉."
27) 『中庸』, 26장, "天地之道, 可一言而盡也, 其爲物不貳, 則其生物不測."
28) 『中庸』, 20장, "誠者, 天之道也."
29) 『中庸』, 25장, "誠者, 自成也, 而道, 自道也. 誠者, 物之終始, 不誠無物."

거할 때, '성誠'은 바로 천지의 '창발성'을 의미한다. 이는 보다 구체적으로 '무궁성'과 '포용성'의 결합을 통한 생명의 영속성으로서의 '지성무식至誠無息'으로 정의된다.

> 지성至誠은 쉼이 없으니, 쉬지 않으면 오래고, 오래면 징험이 나타나고, 징험이 나타나면 여유 있고 오래하며, 여유 있고 오래하면 넓고 두터워지고, 넓고 두터워지면 높고 밝아진다. 넓고 두터움은 물物을 실어주는 것이요, 높고 밝음은 물物을 덮어주는 것이요, 여유 있고 오래함은 물物을 이루어주는 것이다. 넓고 두터움은 땅을 배합하고, 높고 밝음은 하늘을 배합하고, 여유 있고 오래함은 다함이 없다. … 『시경』에 이르기를 '하늘의 명命이, 아! 심원深遠하여 그치지 않는다'하였으니, 이는 하늘이 하늘이 된 소이所以를 말하는 것이다.[30]

지성무식至誠無息은 '넓고 두터움', '높고 밝음', '여유 있고 오래함'을 그 특성으로 한다. '땅'(地)의 특성으로서의 '넓고 두터움'과 '하늘'(天)의 특성으로서의 '높고 밝음'은 바로 만물이 창생·양육되기 위한 공간적 특성이다. 그리고 하늘과 땅이 짝을 이룸으로써 이루어지는 특성으로서의 '여유 있고 오래함'은 바로 만물이 창생·양육되기 위한 시간적 특성이다. 여기서 하늘의 무궁성과 땅의 포용성이 만나 생명의 영속성을 보장하는 것이다. 이러한 무궁성, 포용성, 영속성이 바로 천지만물의 자기－생성 원리로서의 '지성무식至誠無息'이다.

천지의 생명 창출성은 또한 '다양성'으로 나타난다. 『중용』에서는 "하늘이 물物을 생生할 때에는 반드시 그 재질에 따라 돈독히 한다. 그러므로 심은 것은 북돋워주고, 기운 것은 엎어버리는 것이다"[31]라고 한다. 천지

---

30) 『中庸』, 26장, "至誠無息, 不息則久, 久則徵, 徵則悠遠, 悠遠則博厚, 博厚則高明. 博厚, 所以載物也, 高明, 所以覆物也, 悠久, 所以成物也. 博厚, 配地, 高明, 配天, 悠久, 無疆. … 詩云, 維天之命, 於穆不已, 蓋曰天之所以爲天也."

31) 『中庸』, 17장, "故天之生物, 必因其材而篤焉, 故栽者, 培之, 傾者, 覆之."

의 만물 창생·양육 과정은 인위적인 틀로 획일적으로 재단하는 것이 아니라, 부분들(만물)이 내재하고 있는 자연한 특성에 따라 다양하게 창생·양육해나감으로써 만물의 다양성을 보존한다. 자연의 다산성의 토대가 되는 이러한 다양성은 생태계의 복잡성과 유기체들이 등장하는 전제조건이 되기도 한다.[32]

'성誠'은 전체 생명의 자기-생성의 원리임과 동시에 전체 생명의 부분들(만물)에 내재된 생명 본질(性)로서의 '천명天命'이기도 하다.[33] 부분들은 성誠의 발현을 통해 자신은 물론 다른 개체들의 생명을 온전하게 유지시켜나간다.[34] 따라서 성誠은 개체들과 무관한 천天만의 속성도 아니며, 그렇다고 개별화된 개체들의 속성만도 아니다. 이는 개체들간의 상호의존성을 바탕으로 발현·전개되는 속성으로서 다른 개체들의 생명을 온전하게 유지·성취시켜주고자 하는 목적성을 지닌 개체의 속성임과 동시에 개체들의 유기적 관계망으로 이루어진 전체(天地萬物)의 속성이다. 따라서 개별 존재물들은 각기 독립적으로 상호 무관하게 존재하지 않는다. 상호의존성과 관계성을 토대로 생명의 원동력으로서의 '지성至誠'의 발현을 통해 자신은 물론 다른 존재물들의 생명 본질을 구현케 함으로써 궁극적으로는 전체 생명의 자기-조직화 과정에 주체적으로 참여한다.[35] 결국 부분(개체)들의 생명 본질은 전체의 생명 본질에 의거하는 것이며, 전체 생명의 자기-조직화 과정은 부분들간의 상호 의존적인 관계성 속에서 전개되는 것이므로, 전체와 부분 사이에는 유기적 의존 관계와 창발성이 존재한다고 볼 수 있다.

---

32) 머레이 북친, 『사회 생태론의 철학』(문홍순 옮김, 솔, 1997), 62쪽 참조.

33) 『中庸』, 1장, "天命之謂性."

34) 『中庸』, 25장, "誠者, 非自成己而已也, 所以成物也."

35) 『中庸』, 22장, "惟天下至誠, 爲能盡其性, 能盡其性, 則能盡人之性, 能盡人之性, 則能盡物之性, 能盡物之性, 則可以贊天地之化育, 可以贊天地之化育, 則可以與天地參矣."

『중용』에서는 천지와 만물이 보여주는 '유기적인 상보성'에 대해 다음과 같이 말한다.

> 하늘과 땅이 실어주지 않음이 없고 덮어주지 않음이 없는 것과 같으며, 비유하면 사시四時가 교대하여 운행함과 같으며, 일월日月이 교대하여 밝음과 같다. 만물이 함께 길러져 서로 해치지 않으며, 도가 함께 행하여 서로 위배하지 않는다. 작은 덕德은 냇물의 흐름이요, 큰 덕은 화化를 돈독하게 하니, 이는 천지가 위대함이 되는 것이다.[36]

만물이 창생·양육되는 시·공간적 존재로서의 삶의 장(천지)은 모두가 대립적 관계가 아닌 상호 유기적이고 상보적인 관계성을 유지한다. 이러한 여건 아래 만물 또한 상호간에 경쟁과 대립의 관계가 아닌 상보적이고 유기적인 관계를 맺고 양육된다. 만물이 각기 자신의 특성을 살리고 상호간에 유기적이고 상보적인 관계망을 유지시켜나가는 것이 바로 자연의 '덕德'이며 우주의 위대함인 것이다.

이렇듯 『중용』은 천지만물을 무궁성, 포용성, 영속성, 다양성, 부분들의 유기적인 상보성의 원리를 바탕으로 끊임없이 자기－조직하는 하나의 유기적인 생명체로 파악하고 있다.

이상에서 살펴본 『주역』과 『중용』의 우주관은 오늘날의 개체론적 사고보다는 '시스템 이론'에 보다 부합된다. 개체론적 사고에 의하면 유일하게 실재하는 것은 부분(개체)이지 전체가 아니며, 전체는 단지 부분들의 집합체이다. 부분들을 초월한 전체란 관념적인 것일 뿐 구체적인 것이 아니다. 총체로서의 전체는 추상적 개념에 지나지 않으며 창발성을 갖는 것이 아니다. 전체성은 오로지 부분들의 성질들의 무더기에 불과하기 때

36) 『中庸』, 30장, "辟如天地之無不持載, 無不覆幬, 辟如四時之錯行, 如日月之代明. 萬物竝育而不相害, 道竝行而不相悖, 小德川流, 大德敦化, 此天地之所以爲大也."

문에 전체의 변화란 부분들의 변화의 총화이다. 그러나 '시스템 이론'에 의하면 전체도 부분도 모두 실재하는 것이다. 전체는 부분들의 단순한 무더기가 아니며 부분을 초월한 추상적 총체도 아니다. 그것은 상호 연관되어 작용하는 부분들의 통일체, 즉 '체계'(system)이다. 체계로서의 전체는 총괄성을 가진다. 그것은 부분과 부분들 사이의 상호작용에 의해 창발한 것으로서 부분들의 성질과는 다른 것이다. 전체와 부분 사이에는 유기적 의존관계가 존재한다. 전체의 전체성으로 인해 부분은 전체와 분리될 수 없으며 각 부분은 전체의 구성부분이다. 또한 전체는 부분에 의해 구성되고 부분들의 상호작용에 의해 존재하는 총체이다. 본질적으로 전체와 부분의 관계는 상호 의존하고 작용하고 침투하고 전환하는 관계이다.[37]

앞에서 살펴본 바와 같이 '천지天地의 화육化育', 즉 존재 전체의 자기-생성 과정을 주장하는 『중용』에서는 자기-생성적 생명 원리로서의 '성誠'이란 개체 자신만이 아니라 여타 존재물의 생명을 성취시켜주는 것이며, '지성至誠'을 통해 자신의 생명 본질은 물론 다른 존재물의 생명 본질을 성취시켜줌으로서 존재 전체의 자기-생성 과정에 참여할 수 있다고 주장하고 있다. 따라서 전체로서의 천지만물은 부분들 사이의 상호 유기적인 관계성과 의존성을 토대로 끊임없이 생명을 창생·양육해 가는 창발성을 지닌 유기체적 존재로서, 전체는 단지 부분들의 집합체로서 창발성을 갖지 않는다는 개체론적 사고 또는 전체를 개체들의 기계적 결합체로 보는 기계론적 사고와는 이질적인 반면, 시스템 이론에 상당히 부합된다고 말할 수 있다.

37) 박재주, 「易의 全一論的 世界觀」, 『東西哲學硏究』 15호(한국동서철학연구회, 1998), 51~52쪽 참조.

2. 천지만물의 중추적 인간관의 뿌리

천지만물이 '자기－조직화 과정'에 놓여있는 하나의 유기적인 생명체라고 할 때, 다음의 문제는 '인간'이 이러한 유기체적 세계와 어떠한 관계를 지니고 있으며 또한 유기체적 세계 내에서 어떠한 위상을 지니고 있는가를 밝히는 일이다.

자연과 인간은 존재론적 측면과 실천적 측면에서 '대립'하는 존재라는 관점이 있다. 자연은 필연적으로 인간에게 위협의 근거이자 불안의 요소이기 때문에 인간에 의한 정복과 지배 그리고 약탈의 대상이 된다는 것으로, 이러한 자연관에는 이원론적 형이상학과 인간 중심적 세계관이 함축되어 있다.[38] 자연과 인간의 대립적 관점은 유대－기독교의 신이 모든 만물을 창조한다는 창세기의 다음과 같은 구절에서 연유한다.

> 하나님께서 "우리 모습을 닮은 사람을 만들자. 그래서 바다의 물고기와 공중의 새, 또 집짐승과 모든 들짐승과 땅 위를 기어다니는 모든 길짐승을 다스리게 하자"고 하시고, 당신의 모습대로 사람을 만들어 내셨다. 하나님의 모습대로 사람을 지어내시되 남자와 여자로 지어내시고, 하나님께서는 그들에게 복을 내려주시며 말씀하셨다. "자식을 낳고 번성하여 온 땅에 퍼져서 땅을 정복하여라. 바다의 고기와 공중의 새와 땅 위를 돌아다니는 모든 짐승을 부려라!"[39]

창세기의 구절에서 전개되고 있는 관점은 매우 인간 중심적이다. 이러한 견해에 따르면 인간은 모든 창조에 있어서 특권적 위치를 차지한다. 신의 형상대로, 신의 모습과 비슷하게 창조되었기 때문에 인간은 도덕과 형이상학에서 독특한 위치를 차지한다. 인간은 다른 자연과 구분되며 그

---

38) 박이문, 『문명의 미래와 생태학적 세계관』(당대, 1997), 73쪽 참조.

39) 『성경』, 「창세기」, 1장, 26절~29절.

것을 뛰어넘는다. 신은 도덕적 위계질서를 창조했는데, 거기에서 인간은 자연보다 우월하고 자연을 지배하도록 신에 의해 명령받았다는 것이다.[40)]

양명학에서는 이러한 인간 중심적 관점과 같이 인간과 자연의 관계를 지배자와 피지배자의 관계 또는 대립과 갈등의 관계로 파악하지 않는다. 그렇다고 인간과 자연을 동일한 가치와 위상을 지닌 평등한 구성원의 관계로 보지도 않는다. 비록 인간과 천지만물이 하나의 유기체 안에서 유기적이고 상보적인 관계를 맺고 있다고는 하지만, 양명학에 있어 인간은 '천지만물의 마음', 즉 하나의 유기체로서의 우주자연의 '중추적 존재'로 평가된다. 이러한 양명학의 '천지만물의 중추적 인간관'의 뿌리는 멀리 선진 유학에서 찾아볼 수 있다.

『예기』에서는 "인간은 천지의 덕德이며 음양이 교합한 존재이며, 귀신이 모인 존재이며, 오행五行의 수기秀氣이다. 그러므로 인간은 천지의 마음이다"[41)]라고 주장한다. 인간이 비록 우주자연의 생명 원리인 음양의 교감에 따라 탄생하였지만, 인간만이 가장 빼어난 기氣를 품수받은 관계로 '천지의 마음'(天地之心)이라는 위상을 지닌다는 것이다. 인간이 만물 가운데 가장 빼어난 존재라고는 하지만, 이는 인간이 자연의 질서를 위배하거나 자연의 정복자·지배자로서 군림하는 것을 의미하지는 않는다. 『주역』「건괘乾卦」의 문언文言에서는 "대인大人은 천지와 그 덕을 합하고, 일월과 그 밝음을 합하고, 사시와 그 질서를 합하고, 귀신과 그 길흉을 합하니, 하늘보다 앞서도 하늘을 어기지 못하며, 하늘보다 뒤에 해도 천시天時를 받든다"[42)]고 밝히고 있다. 인간은 자연 위에 군림하는 것이 아니라 천지만물의 자연한 질서인 생생불식生生不息의 생명 원리(天地之大德曰生)에

40) J. R. 데자르뎅, 『환경윤리의 이론과 전망』(김명식 옮김, 자작아카데미, 1999), 144~145쪽 참조.

41) 『禮記』, "人者, 天地之德, 陰陽之交, 鬼神之會, 五行之秀氣也. 故人者天地之心."

42) 『周易』, 「乾卦」, "夫大人者, 與天地合其德, 與日月合其明, 與四時合其序, 與鬼神合其吉凶, 先天而天不違, 後天而奉天時."

부합되는 삶을 살아가는 존재인 것이다. 이에 『주역』에서는 "일음일양一陰一陽을 일러 도道라 한다. 이것(道)을 계승하는 것이 선善이며, 이것을 담고 있는 것이 성性이다"[43]라고 한다. 우주자연의 변화가 '생명을 낳고 기름'(生育)을 그 본질(道)로 한다면, 이러한 우주자연의 생명성을 계승하여 행위하는 것이 바로 선善이며, 우주자연의 존재원리이자 도덕법칙인 천도天道가 내재된 것이 바로 '인간의 본성(性)'이다.[44]

『중용』에서도 천天은 인간에게 자연을 지배할 특권을 부여하지 않는다. 『중용』의 천은 만물의 생명의 근원처이며, 만물의 창생・양육을 생명 본질로 삼는다. 그리고 인간에게 있어서도 '천'은 자신의 생명 본질(性)의 근원처이다. 인간은 '천'에 근원한 자신의 생명 본질을 자신의 삶의 전 과정을 통해 끊임없이 구현시켜나가는 존재로 정의된다.[45] 그렇다면 천에 근원한 인간의 생명 본질의 전개 과정은 무엇을 의미하는 것일까? 『중용』에서는 다음과 같이 말한다.

> 도道란 것은 잠시도 떠날 수 없는 것이니, 떠날 수 있으면 도가 아니다. … 기쁨(喜)・성냄(怒)・슬픔(哀)・즐거움(樂)이 아직 발發하지 않은 것을 중中이라 이르고, 발하여 모두 절도에 맞는 것을 화和라 이르니, 중이라는 것은 천하의 커다란 근본(大本)이요, 화라는 것은 천하의 보편적인 도(達道)이다. 중화를 지극히 하면(致中和) 천지가 제자리를 잡고, 만물이 생육될 것이다.[46]

> 오직 천하의 지극히 참된 사람(至誠)만이 능히 자기의 본성을 온전히 발휘할 수 있다. 자신의 본성을 온전히 발휘할 수 있으면 다른 사람의 본성도 온

---

43) 『周易』「繫辭傳」(上), 5장, "一陰一陽之謂道, 繼之者善也, 成之者性也."

44) 최영진, 『유교사상의 본질과 현재성』, 117~135쪽 참조.

45) 『中庸』, 1장, "天命之謂性, 率性之謂道, 修道之謂教."

46) 『中庸』, 1장, "道也者, 不可須臾離也, 可離, 非道也. … 喜怒哀樂之未發, 謂之中, 發而皆中節, 謂之和, 中也者, 天下之大本也, 和也者, 天下之達道也. 致中和, 天地位焉, 萬物育焉."

전히 발휘하게 할 수 있고, 다른 사람의 본성을 온전히 발휘하게 할 수 있으면 사물의 본성도 온전히 발휘하게 할 수 있으며, 사물의 본성을 온전히 발휘하게 할 수 있으면 천지의 화육化育을 도울 수 있으며, 천지의 화육을 도울 수 있으면 천지와 더불어 삼재三才가 될 수 있다.[47]

인간이 자신의 본성(性)을 실현해나가는 과정으로서의 '솔성率性의 도道'는 자연만물의 생육으로 귀결되며, 또한 인간 개인의 본성의 실현은 타자의 본성 실현은 물론 자연계의 여타 존재물의 본성 실현으로 연결되며, 궁극적으로는 천지의 만물 창생·양육 과정에 참여하는 것으로 귀결된다. 인간의 생명 본질을 자연만물과의 단절 속에서 개체화된 인간으로부터 찾아나가는 것이 아니라 자연만물과의 유기적 관계성 속에서 찾고 있다. 여기서 인간은 자연만물과 일체화될 수 있는 가능성을 찾을 수 있다. 그리고 인간이 자연만물과 일체화된 존재인 이상 인간의 생명 본질 실현 과정은 곧 자신의 전체로서의 유기체적 세계의 생명 전개 과정, 즉 전체 생명의 자기-생성 과정일 수밖에 없다. 따라서 『중용』에 있어서의 자연과 인간의 관계는 대립·투쟁의 관계도 아니며, 그렇다고 인간이 자연 밖에 존재하면서 단지 공존하는 관계도 아니다. 인간은 존재 전체로서의 유기체적 세계 내의 자기-조직화 과정에 참여하면서 여타 존재들의 생명을 온전하게 양육해나가는 책임과 사명을 부여받은 존재이다.

이에 『중용』에서는 자연의 생명 본질(生生不息의 자기-조직성: 天道)을 '성誠'으로 규정하고, 이러한 성誠을 실천으로 이행하는 것(誠之)을 인간의 생명 본질(人道)로 규정하고 있다.[48] '성誠'이 유기체적 세계의 자기-생성 원리이자 생명력으로서, 유기체적 세계 내의 부분들(만물)은 이 원리와 생

---

47) 『中庸』, 22장, "惟天下至誠, 爲能盡其性, 能盡其性, 則能盡人之性, 能盡人之性, 則能盡物之性, 能盡物之性, 則可以贊天地之化育, 可以贊天地之化育, 則可以與天地參矣."

48) 『中庸』, 20장, "誠者, 天之道也, 誠之者, 人之道也."

명력에 근거하여 자발적으로 창생・양육・소멸의 과정을 거친다면, 인간은 이러한 유기체적 세계의 자기-생성 원리로서의 '성誠'을 인위적 과정을 통해 실현하는 '성지誠之'를 통해 자신은 물론 여타 존재물들의 생명을 온전히 유지시켜주는 과정을 통해 자신과 여타 존재를 일체화시켜나간다.[49] '성지誠之'는 보다 구체적으로 '선善을 택하여 이를 실현해나가는 인위적인 노력 과정'으로 정의된다.[50] 『주역』에 근거할 때, 선善은 자연의 생명성을 계승하여 행위하는 것을 의미한다. 따라서 택선이고집擇善而固執하는 성지誠之는 유기체적 세계가 생명을 부단히 생성하듯이 인간도 자신의 생명 본질의 발현을 통해 자신과 인간 사회 구성원은 물론 자연만물의 생명을 온전하게 창출・양육시켜나가는 것을 의미한다고 볼 수 있다.

이러한 생명의 전개 과정은 그 단서가 부부에서 시작되지만 그 지극함에 미쳐서는 우주자연의 생명 전개로 귀결된다고 『중용』은 주장한다.[51] 인간의 생명 전개 과정은 바로 여타 부분과의 상호 의존적 관계성을 전제로 하는 바, 인간에게 있어 새로운 생명의 탄생과 양육은 남녀 가운데 어느 한쪽만 존재해서는 불가능하다. 부부간의 관계는 바로 생명이 탄생할 수 있는 바탕이자 새롭게 탄생한 생명이 온전하게 양육될 수 있는 조건이 되며, 이러한 상호 의존적 관계성은 단지 인간관계만이 아닌 모든 존재물의 생명의 근원처인 천지에까지 확대된다. 이러한 상호 의존적 관계성을 바탕으로 지성至誠을 발현・전개시켜나가야 한다. 인간은 지성의 발현을 통해 비로소 자신의 생명 본질을 구현하고, 이에 타인들의 생명 본질은 물론 자연만물의 생명 본질을 온전히 구현케 함으로써 종국에는

---

49) 『中庸』, 25장, "誠者, 自成也, 而道, 自道也. 誠者, 物之終始, 不誠無物, 是故君子誠之爲貴. 誠者, 非自成己而已也, 所以成物也, 成己, 仁也, 成物, 知也, 性之德也. 合內外之道也, 故時措之宜也."

50) 『中庸』, 20장, "誠之者, 擇善而固執之者也."

51) 『中庸』, 12장, "君子之道, 造端乎夫婦, 及其至也, 察乎天地."

전우주적 차원의 생명 창생·양육 과정에 참여할 수 있게 된다.[52]

이상의 내용을 종합해 보면, 선진유학에 있어서의 '인간은 천지의 마음'이라는 주장은 자연의 정복자·지배자로서의 인간을 의미하지 않을 뿐만 아니라, 그렇다고 단지 자연의 질서에 수동적으로 종속된 인간을 의미하지도 않는다. 이는 인간만이 자신의 생명 본질인 지성至誠의 발현을 통해 자신의 생명 본질은 물론 천지만물의 생명 본질을 성취시켜줌으로서 '천지天地의 화육化育'이라는 우주자연의 자기-조직화 과정에 참여하는 주체적·능동적 존재가 될 수 있음을 의미한다.

제2절 북송 유학의 만물일체의 세계관

양명의 유기체론적 세계관의 뿌리는 또한 『주역』과 『중용』의 유기체론적 세계관을 계승·발전시킨 북송 유학자들의 만물일체론에서 찾을 수 있다. 선진 유학에서 보이는 유기체론적 세계관과 천지만물의 중추적 인간관의 단아는 북송대에 이르러 '만물일체설'로 보다 체계화된다.

1. 주돈이의 기氣일원론적 세계관

먼저 주돈이周敦頤(1017~1073, 자는 무숙茂叔, 호는 염계濂溪)는 유가 경전인 『주역』에 근거하여 우주론 체계를 건립하였으며, 「태극도설太極圖說」은 그의

52) 『中庸』, 22장 및 『中庸』, 32장, "唯天下至誠, 爲能經綸天下之大經, 立天下之大本, 知天地之化育, 夫焉有所倚."

우주론 체계를 반영하고 있다. 그는 「태극도설」에서 다음과 같이 말한다.

> 무극無極이면서 태극太極이다. 태극이 움직여 양陽을 낳고, 움직임이 극에 이르면 고요해지고, 고요해지면 음陰을 낳고, 고요함이 극에 이르면 다시 움직인다. 한 번 움직이고 한 번 고요함이 서로 뿌리가 되어, 음으로 나뉘고 양으로 나뉘어, 양의兩儀가 성립한다. 양의 변화와 음의 결합으로 말미암아, 수水·화火·목木·금金·토土를 낳는다. 오행五行이 순조롭게 퍼져서 사계절이 운행한다. 오행은 하나의 음양陰陽이요, 음양은 하나의 태극이며, 태극은 본래 무극이다. 오행이 생성되면 각각 그 독특한 본성을 가지게 된다. 무극의 참됨(眞)과 이二(음양)·오五(오행)의 정수가 오묘하게 합하여 응결된다. 건도乾道는 남男이 되고 곤도坤道는 여女가 된다. 이기二氣가 서로 감응하여 만물이 화생化生한다. 만물이 생생生生하여 변화가 끝이 없다.[53]

주돈이의 우주론은 '무극－태극－음양－오행－만물'이라는 체계를 지닌 '기일원론氣一元論'[54] 또는 '기일원적인 세계관'[55]이라고 평가된다. 우리는 여기서 "오행은 하나의 음양이요, 음양은 하나의 태극이며, 태극은 본래 무극이다"라는 주돈이의 말에 귀를 기울일 필요가 있다. 이 말에 근거할 때, 무극 · 태극 · 음양 · 오행 · 만물의 관계는 인과성(casuality)보다는 동시성(synchronicity)의 측면에서 해석할 필요가 있다. 이들은 시간적 선후에 의해 인과론적으로 생성되는 것이 아니다. 유가철학에 있어 '기氣'는 고유한 '역동적 생기론'의 특성을 바탕으로 하여 우주 안에서 일어나는 지속적인 '변화와 변형의 과정'에 대한 기초가 되는 생명력(Vital force, Vital

---

53) 『性理大全』(中國 山東友誼書社, 1989), 권1, 「太極圖」, 13~15쪽, "無極而太極. 太極動而生陽, 動極而靜, 靜而生陰, 靜極復動. 一動一靜, 互爲其根. 分陰分陽, 兩儀立焉. 陽變陰合而生水火木金土, 五氣順布, 四時行焉. 五行一陰陽也, 陰陽一太極也, 太極本無極也. 五行之生也, 各一其性. 無極之眞, 二五之精, 妙合而凝, 乾道成男, 坤道成女. 二氣交感, 化生萬物, 萬物生生, 而變化無窮焉."

54) 陳來, 『송명성리학』(안재호 옮김, 예문서원, 1997), 89쪽 참조.

55) 이기동, 『東洋三國의 朱子學』(성대출판부, 1995), 112쪽 참조.

power)으로 정의된다.[56] 이러한 이해를 바탕으로 할 때, 무극이 기의 무형성과 무실체성을 지칭하는 것이라면, 태극은 기의 근원성과 작용성을 지칭하는 것이다. 그리고 음양은 기의 두 가지 이질적인 속성을 의미한다. 예컨대 '음'은 비활동·여성·수동성·어둠을 대표하고 '양'은 활동성·남성·능동성·밝음을 대표한다. 음양은 자기 충족적이 아니라 양자는 서로 화합하고 협동해야만 한다.[57] 오행 또한 물리적 실체를 의미하는 것이 아니라 음양의 운동을 상세히 표현한 것(火－輕陽, 木－重陽, 水－輕陰, 金－重陰, 土－中性)으로 본질적으로 음양과 다른 것이 아니다.[58] 이처럼 '강건한 하늘의 도道=양陽'과 '유순한 땅의 도=음陰'가 상호 감응하는 작용을 통해 만물이 끊임없이 생성되는 것이다. 이에 주돈이는 "이기二氣와 오행五行이 만물을 화생化生한다. 다섯(오행)의 특이함이 둘(이기)의 내용이 되고, 둘(이기)의 근본은 곧 하나(태극)이다. 만萬(만물)은 하나(태극)가 되고, 하나(태극)는 만(만물)으로 나누어진다"[59]고 주장한다. 즉 이 세계는 스스로 내재하고 있는 자기－조직하는 시스템의 생명 원리(태극=음양=오행)를 통해 다양한 모습(만물)으로 전개되는 것이다. 따라서 주돈이에게 있어 천지만물은 자기－조직하는 시스템에 의해 끊임없이 창생되는 유기적인 생명체라고 말할 수 있다.

인간은 바로 이처럼 자기－조직하는 세계의 시스템적 생명 원리에 따라 창생되는 존재임을 주돈이는 다음과 같이 밝히고 있다.

> 오직 사람만이 빼어남을 얻어 가장 영특하다. 인간의 형체가 이미 생기면

---

56) Mary Evelyn Tucker and John Berthrong eds., *Confucianism and Ecology*, p.xxxvii쪽 참조.

57) 장군매, 『한유에서 주희까지』(김용섭·장윤수 역, 형설출판사, 1991), 156쪽 참조.

58) 이기동, 『東洋三國의 朱子學』, 110쪽 참조.

59) 周敦頤, 『通書』, 「理性命」 제22장, "二氣五行, 化生萬物. 五殊二實, 二本則一. 是萬爲一, 一實萬分."

정신은 지각을 개발시킨다. 오성五性(仁義禮智信)이 감동하여 선악의 분별이 생기고 모든 일이 생겨난다. 성인은 자신을 중정中正과 인의仁義로써 규정하고 정靜을 주요소로 삼아 인극人極을 세운다. 그러므로 성인은 천지와 그 덕이 합치되고, 일월과 그 밝음이 합치되고, 사계절과 그 순서가 합치되며, 귀신과 그 길흉이 합치된다. 군자는 그것을 닦아서 길하고 소인은 그것을 거슬러서 흉하다. 그러므로 하늘이 세운 도道를 일러 음陰과 양陽이라고 하고, 땅이 세운 도를 일러 부드러움(柔)과 굳셈(强)이라 하며, 사람이 세운 도를 일러 어짊(仁)과 의로움(義)이라 한다.[60]

인간은 단지 만물과 동일한 능력과 가치를 가진 자연계의 한 부분이 아니라 세계에서 가장 빼어나고 영특한 기로 구성된 존재이며, 인간만이 지각하고 선악과 시비, 즉 가치를 판단할 수 있는 영명성을 지녔다는 것이다. 그렇다고 주돈이의 이러한 주장이 오로지 인간만이 본질적 가치를 내재하고 있으며 자연만물은 단지 인간의 욕망 충족을 위한 도구나 수단으로서의 도구적 가치만을 갖는다는 인간중심주의를 의미하지는 않는다. 인용문에서 천지만물의 자발적 생성 원리인 음양을 '천도天道'로 규정하면서 인의仁義를 '인도人道'로 규정하고 있다. 그런데 주돈이는 『통서通書』에서 "하늘은 양陽으로써 만물을 낳고, 음陰으로써 만물을 기른다. 낳는 것은 인仁이고, 기르는 것은 의義이다. 그러므로 성인은 윗자리에 있으면서 인仁으로 만물을 자라게 하고 의義로 모든 사람을 바로잡는다"[61]고 하여, 인도의 근원을 천도, 즉 만물의 창생·양육하는 음양의 원리에 두고 있다. 더욱이 주돈이는 다음과 같이 말한다.

---

60) 『性理大全』, 「太極圖」, 13~15쪽, "惟人也 得其秀而最靈, 形旣生矣, 神發知矣, 五性感動而善惡分, 萬事出矣. 聖人定之以中正仁義, 而主靜立人極焉. 故聖人與天地合其德, 日月合其明, 四時合其序, 鬼神合其吉凶. 君子修之吉, 小人悖之凶. 故曰 立天之道曰陰與陽, 立地之道曰柔與强, 立人之道曰仁與義."

61) 『通書』, 「順化」 제11장, "天以陽生萬物, 以陰成萬物, 生仁也, 成義也. 故聖人在上, 以仁育萬物, 以義正萬民."

성誠이란 성인의 근본이다. 위대하도다 건원乾元이여! 만물이 이를 바탕으로 비롯되도다! 바로 이 건원이 성의 근원이다. 건도乾道가 변화하여 각각의 성명性命을 바르게 한다. 성은 여기서 세워지게 된다. 성은 순수하여 지극히 선한 것이다. 그러므로 '한 번 음하고 한 번 양하는 것을 도道라 하고, 이를 잘 이어받는 것을 선善이라 하며, 이것을 잘 이루어내는 것을 성性이라 한다'고 말하였다.[62]

성誠은 『중용』에서 유기체적 세계의 자기-생성 원리이자 생명력으로 정의된다. 주돈이는 이러한 『중용』의 성과 『주역』의 생생불식生生不息의 만물 창생·양육의 원리(道)를 하나로 통합하고, 이를 인간의 생명 본질(性)로 규정하고 있는 것이다. 따라서 인간은 천지만물의 생명 원리에 근원한 자신의 생명 원리로서의 '인의仁義'(誠)를 바탕으로 천지만물의 창생·양육 과정에 주체적으로 참여할 수 있는 계기를 마련하게 된다. 인간은 자연의 질서를 거역하면서 자연만물 위에 군림하는 것이 아니라, 인의仁義(誠)의 발현을 통해 천지의 덕德은 물론, 해와 달의 밝음, 사계절의 순서, 귀신의 길흉과 합치되는 삶을 살아가면서 천지만물의 창생·양육 과정에 주체적으로 참여하는 존재인 것이다.

2. 장재의 기氣에 의한 존재의 연속성

장재張載(1020~1077, 자는 자후子厚, 횡거橫渠라 칭함)는 '기氣'에 의한 존재의 연속성을 주장한다. 그는 "태허太虛는 형상이 없으며, 기氣의 본체이다. 그것(氣)의 모이고 흩어짐은 변화하는 일시적 형체(客形)일 뿐이다"[63]라고 말

62) 『通書』, 「誠上」 제1장, "誠者聖人之本. 大哉乾元, 萬物資始, 誠之元也. 乾道變化, 各正性命, 誠斯立焉. 純粹至善者也. 故曰一陰一陽之謂道, 繼之者善也, 成之者性也."

63) 張載, 『正蒙』, 「太和」, "太虛無形, 氣之本體. 其聚其散, 變化之客形爾."

하고, 또한 "태허에는 기가 없을 수 없고, 기는 모여 만물이 되지 않을 수 없으며, 만물은 흩어져 태허가 되지 않을 수 없다"[64]고 말한다. 장재는 우주의 구조를 '태허↔기↔만물'로 그려내고 있다. 그는 또한 "기가 태허에서 모이고 흩어짐은 마치 얼음이 물에서 얼고 녹는 것과 같다. 태허가 곧 기라는 것을 안다면, 무無 자체가 없을 것이다"[65]고 한다. 태허와 기는 사실상 하나의 통일체이다. 그리고 태허와 기는 무無가 아니며, 그렇다고 물리적 실체(substance)를 의미하지도 않는다.

'실체'란 불변의 존재를 의미한다. 스스로는 변화하지 않으면서 다만 상호 결합과 분리에 의해 여러 가지의 현상을 낳는다는 데모크리토스의 원자론이 실체론의 전형적인 유형이다.[66] 반면 기氣는 우주 안에서 일어나는 지속적인 '변화와 변형의 과정'에 기초가 되는 생명력으로 정의되기도 하거니와,[67] 장재는 기를 존재의 연속성의 근거가 되는 기체機體적 존재로 다음과 같이 정의하고 있다.

> 기氣는 성대하게 허공에 가득 차 있어서 오르고 내리며 날아 퍼지는 것이 잠시도 머무르거나 그쳐본 적이 없다. 이것은 『주역』에서 말하는 인온絪縕이요, 장자莊子가 말하는 '생물이 숨기운(息)을 서로 부는 것이 바로 야마野馬이다'라고 할 때의 야마와 같다. 이 기는 허실虛實과 동정動靜의 기틀이며, 음양陰陽과 강유剛柔의 시초이다. 떠서 올라가는 것은 양의 맑음이요, 가라앉아 내려가는 것은 음의 흐림이다. 그것이 서로 느껴 만나며 모여들고 흩어짐으로써 비와 바람이 되고 눈과 서리가 된다. 만가지로 변하는 만물의 여러 형태와 산천이 이루어지는 것과 기타 여러 현상(糟粕과 煨燼)들이 모두 가르침이 아닌 것이 없다.[68]

---

64) 『正蒙』, 「太和」, "太虛不能無氣, 氣不能不聚爲萬物, 萬物不能不散而太虛."

65) 『正蒙』, 「太和」, "氣之聚散於太虛, 猶冰凝釋於水, 知太虛卽氣, 則無無."

66) 김용운·김용국 공저, 『東洋의 科學과 思想』, 437쪽 참조.

67) Mary Evelyn Tucker and John Berthrong eds., *Confucianism and Ecology*, p.xxxvii쪽 참조.

68) 『正蒙』, 「太和」, "氣块然太虛, 升降飛揚, 未嘗止息. 易所謂絪縕, 莊生所謂生物以息

기는 스스로 끊임없는 유동적 현상 과정을 불러일으키는 기체機體적 존재이다. 이러한 기의 취산 작용에 의해 모든 존재물 또한 취산하는 것이다. 따라서 장재에게 있어 존재란 부동의 실체가 아니라 끊임없는 유동의 상태에 놓여 있으며, 이 기의 운동 속에서 유동하는 우주의 기본적 패턴을 찾을 수 있다. 기는 우주의 근본적인 존재양식이며, 모든 존재물들의 연속성의 바탕이 된다.

장재는 또한 "움직임에는 반드시 기틀(機)이 있고, 이미 기틀이라고 이름하였으니, 그 움직임은 바깥에서 비롯하는 게 아니다"[69]라고 말한다. 기氣의 끊임없는 운동은 외부적인 힘이 아니라 기 안에 '허실동정虛實動靜의 기틀'이 있기 때문에 가능하다는 것이다. 기틀(機)은 내재적인 동력으로서, 사물의 운동은 바로 이 기틀의 작용 아래서 실현되는 것이다. 사물동정動靜의 기가 바로 모든 운동과 변화의 내재적 근원이다. 따라서 사물운동의 근원은 그것의 내부에 있는 것이지, 외부에 있는 것이 아니다.[70]

이러한 기의 내재적 원리가 바로 '태허太虛'이다. 장재는 다음과 같이 말한다.

> 태화太和는 도道라고 하는데, 그 안에서 뜨고 가라앉고, 올라가고 내려가고, 움직이고 고요한 서로 감응하는 성질을 포함하고 있어서, 여기에서 원기가 왕성하여 서로 움직이게 하며 이기기도 하고 지기도 하며 굽혔다 폈다 하는 시작을 낳는다.[71]

相吹野馬者也. 此虛實動靜之機, 陰陽剛柔之始. 浮而上者陽之淸, 降而下者陰之濁. 其感遇聚散, 爲風雨, 爲雪霜. 萬品之流形, 山川之融結, 糟粕煨燼, 無非敎也."

69) 『正蒙』, 「參兩」, "動必有機, 旣謂之機, 則動非自外也."

70) 陳來, 『송명성리학』, 105쪽 참조.

71) 『正蒙』, 「太和」, "太和所謂道, 中涵浮沈升降動靜相感之性, 是生絪縕相盪勝負屈伸之始."

태화는 운동·감응하는 성질을 지닌 하나의 시스템으로서 우주(天地=乾坤)를 생성하고 구성하는 기 내부에 내재된 생명성이자 생명력이다. 자연적 시스템은 모두 그 통째가 하나의 옴살스런 전체로서, 구성요소들이 얽히고설켜 서로가 서로에게 의존하며 서로의 상호작용을 통해 특정한 기능이나 활동을 영위해나간다. 또한 시스템은 최상의 상태로 확정된 최후의 형식이 아니라 끊임없이 움직이는 '역동적 상호관계의 과정'에 의해 전체적인 모습이 유지되는 아주 유연한 구조이다.[72]

이러한 시스템의 '역동적 상호관계의 과정'은 상재의 '음양陰陽의 대대적對待的 감응'에서 찾을 수 있다. 장재는 "하나의 사물이면서 두 몸을 가지고 있는 것이 기氣이다. 하나이기에 신묘하고, 둘이기에 변화한다. 이것이 천天이 셋인 까닭이다"[73]라고 말하고, "둘이 서지 않으면 하나는 드러나지 않고, 하나가 드러나지 않으면 둘의 작용은 그친다"[74]고 말한다. 또한 "느낀 다음에 통하는 것이 있다. 둘이 없으면 하나도 없다"[75]고 주장한다. 여기서 하나는 통일체로서의 '기'를 의미하고, 둘은 대대적 관계의 '음양'을 의미한다. '대대對待'는 서로 마주하여(짝하여) 기다림이란 뜻으로 서양철학의 '대립', '모순'과는 구별되는 용어이다. 음양은 상반되는 성질을 갖고 있는데 '상반相反'이라는 관계성 자체가 교감과 조화의 계기가 됨으로써 운행의 원동력이 마련된다.[76] 우주자연의 변화와 만물의 생성은 결국 음양의 대대적 관계를 전제로 한다. 이에 장재는 "음양이 없는 것은 없다. 이것으로 천지의 변화를 아니, 이단二端일 따름이다"[77]라고 주장한다.

음양의 대대적 관계를 바탕으로 한 음양 상호간의 감응이라는 방식을

72) 프리쵸프 카프라, 「지구를 살리는 새로운 선택」, 24~25쪽 참조.
73) 『正蒙』, 「參兩」, "一物兩體, 氣也. 一故神, 兩故化, 此天之所以參也."
74) 『正蒙』, 「太和」, "兩不立則一不可見, 一不可見則兩之用息."
75) 『正蒙』, 「太和」, "感而後有通, 不有兩則無一."
76) 최영진, 『유교사상의 본질과 현재성』, 52쪽, 96쪽 참조.
77) 『正蒙』, 「太和」, "無無陰陽者, 以是知天地變化, 二端而已."

통해 비로소 만물을 생성해나간다. 이에 장재는 "둘이 있으면 감응한다"[78]고 전제하면서 다음과 같이 주장한다.

> 하늘은 만물을 그 안에 모두 포함하고 싣는다. 감응하는 것과 본성으로 삼는 것은 건곤乾坤과 음양陰陽이라는 이단二端일 뿐이다.[79]

> 감응은 곧 합하는 것이고, 모두이다. 만물의 근본은 하나이기 때문에 하나는 다른 것들을 합할 수 있다. 그것이 다른 것들을 합할 수 있기 때문에 감응이라고 부른다. 만일 서로 다른 것이 없다면, 합이라는 것도 없다. 천성天性과 건곤, 음양은 이단二端이므로 느끼고, 근본이 하나이므로 합할 수 있다. 천지가 만물을 낳음에 비록 품부받은 것은 다를지라도, 모두 잠시라도 감응하지 않은 적이 없다.[80]

장재에게 있어 우주자연은 기라는 전우주적 생명력을 통해 스스로 생명을 창생해나가는 하나의 유기적인 생명체이다. 그 원동력은 기 자체의 태화太和라는 시스템에 있으며, 이는 음양 상호간의 대대적 관계를 바탕으로 자발적으로 조화와 균형을 이루면서, 상호 감응이라는 방식을 통해 만물을 생성해나간다.

인간 또한 이러한 기에 의한 존재의 연속성에서 벗어나지 않는다. 기는 우주만물을 구성하는 생명력이기도 하지만 동시에 인간을 구성하는 생명력이기도 하다. 따라서 장재는 "태허太虛에서 천天이라는 이름이 생겼고, 기화氣化에서 도道라는 이름이 생겼다. 허虛와 기氣가 합해져 성性이라는 이름이 생겼고, 성과 지각이 합해져 심心이라는 이름이 생겼다"[81]고

78) 『張載集』, 「橫渠易說·觀卦」, "有兩則感."

79) 『正蒙』, 「乾稱」, "天包載萬物於內, 所感所性, 乾坤陰陽二端而已."

80) 『正蒙』, 「乾稱」, "感卽合也, 咸也. 以萬物本一, 故一能合異, 以其能合異, 故謂之感. 若非有異, 卽無合. 天性乾坤陰陽也, 二端故有感, 本一故能合. 天地生萬物, 所受雖不動, 皆無須臾之不感."

81) 『正蒙』, 「太和」, "由太虛, 由天之名, 由氣化, 由道之名, 合虛與氣, 有性之名, 合性與

하여, 인간의 본성과 마음의 근원을 태허와 기에 두고 있다. 나아가 그는 다음과 같이 선언한다.

> 하늘은 나의 아버지라 부르고, 땅은 나의 어머니라 부른다. 나는 이렇게 미미하면서 혼연히 천지 안에 놓여 있다. 그러므로 하늘과 땅에 가득한 것이 내 몸(體)을 이루고, 하늘과 땅의 빼어난 것이 내 본성(性)을 이룬다. 사람은 모두 내 동포이고, 만물은 모두 내 짝이다.[82]

인간을 구성하는 기는 또한 천지만물을 구성하는 기이기 때문에, 인간의 입장에서 보자면 하늘과 땅은 나의 부모이고 사람들은 나의 동포이며 만물은 모두 나의 친구로 간주된다. 따라서 인간은 기를 매개로 천지만물과 연속성을 지닌다.

인간의 본성은 기에 근원함과 동시에 이 기를 매개로 하여 천지만물과 연속성을 지니기 때문에, 인간의 본성 또한 음양의 대대적 관계를 바탕으로 한 감응력을 자신의 생명 본질로 한다.[83] 인간은 이러한 본성을 바탕으로 천지만물의 창생 과정에 있어 주체적 존재가 될 수 있는 계기를 마련한다.

> 자기의 본성을 극진히 하면 능히 사람과 사물의 본성도 극진히 할 수 있으며, 명命에 지극하면 능히 사람과 사물의 명에도 지극할 수 있다. 본성은 도道에 근본하지 않음이 없고, 명命은 하늘에 근본하지 않는 것이 없다. 내가 사물을 체득하여 빠뜨림이 없으면 사물 또한 나를 체득하여 빠뜨림이 없는 것을 알 수 있다. 명을 지극히 한 뒤에라야 능히 자신도 이루고 사물도 이루어 도를 잃어버리지 않게 된다.[84]

知覺, 有心之名."

82) 『張子全書』, 권1, 「西銘」, "乾稱父, 坤稱母, 子玆藐焉, 乃混然中處. 故天地之塞吾其體, 天地之帥吾其性. 民吾同胞, 物吾與也."

83) 『正蒙』, 「誠明」, "性其總, 合兩也, 命其受, 有則也. 不極總之要, 則不至受之分. 盡性窮理而不可變, 乃吾則也. 天所自不能已者, 謂命. 不能無感者, 謂性."

인간은 우주자연의 감응력을 내재한 자신의 본성 발현을 통해 비로소 타자는 물론 만물의 생명 본질을 실현해나갈 수 있다. 이는 곧 인간이 성기成己·성물成物, 즉 인간 자신은 물론 천지만물의 생명 창생 과정을 주체적으로 이끌어가는 존재임을 의미한다. 다만 인간은 '나'(我)라고 하는 개체에 대한 집착에서 벗어날 때, 비로소 천지만물의 주체적 존재가 될 수 있다.[85] 이에 장재는 "마음을 크게 하면 천하의 사물들을 체득하게 된다"고 전제하면서 "성인은 본성을 극진히 하여 보고 듣는 것으로써 마음을 잡아매지 않아 그 천하를 봄에 한 물건이라도 자신이 아닌 것이 없다"[86]고 주장한다. 개체에 대한 집착에서 벗어나 천하의 만물과 감응하고 자신의 본성을 실현해나갈 때 비로소 인간은 천지만물과 무간격의 한 몸을 이루게 되고, 이를 계기로 천지만물의 창생 과정에 있어서 주체적 존재로 자리매김하게 되는 것이다.

3. 정호의 만물일체의 인仁

정호程顥(1032~1058, 자는 백순伯淳, 명도선생明道先生이라 칭함)는 "도道가 있고 리理가 있으니, 천天과 사람은 하나이며, 나뉘어 구별되지 않는다"[87]고 말하고, "만물일체가 되는 까닭은 모두 이 리理가 있기 때문이다"[88]라고 주장한다. 또한 "도의 바깥에 사물이 없고, 사물 바깥에 도가 없으니, 하늘과 땅 사이에 도 아닌 것이 없다"[89]고 말한다. 인간을 포함한 세계는 만

84) 『正蒙』, 「誠明」, "盡其誠, 能盡人物之性, 至於命者, 亦能至人物之命. 莫不性諸道命諸天. 我體物, 未嘗遺, 物體我, 知其不遺也. 至於命, 然後能成己成物, 不失其道."
85) 『正蒙』, 「神化」, "無我而後大, 大成性而後聖."
86) 『正蒙』, 「大心」, "大其心, 則能體天下之物. … 聖人盡性, 不以見聞梏其心, 其視天下, 無一物非我."
87) 『二程全書』, 「遺書二上」, "有道有理, 天人一也, 更不分別."
88) 『二程全書』, 「遺書二上」, "所以爲萬物一體者, 皆有此理."

물일체, 즉 하나의 유기적인 생명체이며, 유기적인 생명체는 자체의 생명 원리인 '도道'(理)를 내재하고 있다는 것이다. 정호가 "낳고 낳는 것을 일컬어 역易이라 한다. 이는 천天이 도道가 되는 까닭이며, 천은 단지 낳음(生)을 도로 삼는다"[90]고 밝히고 있듯, '도'란 곧 만물을 끊임없이 창생・양육하는 우주자연의 자기-조직성이자 생명력에 다름 아니다. 이러한 도를 통해 탄생한 만물은 각기 강한 생명 의지(春意・生意)를 내재하고 있으며, 생명 의지는 인仁을 통해 가장 잘 드러난다. 인仁은 인간과 천지만물을 하나의 생명체로 연결해준다.[91]

인仁은 본래 '사람을 사랑하는 일'(愛人),[92] '자기의 사사로움을 극복하고 사회적 윤리질서인 예禮로 돌아가는 일'(克己復禮),[93] 또는 '자기가 서고자 함에 다른 사람도 서게 하고, 자기가 통달하고자 함에 다른 사람도 통달하게 하는 일'[94]로 정의되듯, 인仁은 공자에 의해 인간과 인간의 관계에 있어 윤리적 근거와 실천 방안으로 제시되었다. 이러한 인仁은 정호에 이르러 인간과 인간의 관계성을 넘어 천지만물과 인간이 하나의 생명체가 될 수 있는 바탕으로서의 우주적 차원의 경지로 확대된다. 그는 인仁을 다음과 같이 규정한다.

> 의서에 수족이 마비되는 것을 불인不仁하다고 하니, 이 말이 인仁을 가장 잘 형용한다. 인仁한 자는 천지만물을 한 몸(一體)으로 여기니, 자기 아님이 없다. 천지만물이 바로 자기임을 체득한다면, 어느 것인들 이르지 못하겠는

---

89) 『二程全書』, 「遺書四」, "道之外無物, 物之外無道, 是天地之間無敵而非道也."

90) 『二程全書』, 「遺書二上」, "生生之謂易, 是天之所以爲道也, 天只是以生爲道."

91) 『二程全書』, 「遺書六」, "觀天地生物氣象. … 靜後見萬物自然皆有春意." 『二程全書』, 「遺書十一」, "天地之大德曰生. 天地絪縕, 萬物化醇, 生之謂性, 萬物之生意最可觀. 此元者, 善之長也, 斯所謂仁也. 人與天地一物也."

92) 『論語』, 「顔淵」, 22, "樊遲問仁. 子曰: 愛人."

93) 『論語』, 「顔淵」, 1, "克己復禮爲仁, 一日克己復禮, 天下歸仁焉, 爲仁由己而由人乎哉."

94) 『論語』, 「雍也」, 28, "夫仁者, 己欲立而立人, 己欲達而達人."

가? 만일 천지만물을 자기에게 소속시키지 않으면, 저절로 자기와 서로 관여되지 않는 것이니, 수족이 불인不仁하면 그 기氣가 이미 관통하지 않아 모두 자기에게 소속되지 않는 것과 같다. 그러므로 널리 베풀어서 대중을 구제하는 것(博施濟衆)이 바로 성인의 공용功用인 것이다.[95]

인仁은 인간 자신이 만물과 하나의 생명체가 되는 최고의 정신 경지이다. 이러한 인이 지닌 경지의 기본 특징은, 인간 자신과 천지만물을 긴밀히 연관된 하나의 전체로 간주하고, 우주의 모든 부분을 자신과 직접적으로 연계된 것으로 생각하며, 심지어는 자신의 일부분으로 여기는데 있다.[96] 따라서 인仁은 인간과 천지만물을 하나의 생명체로 연결지어주는 생명의 메커니즘으로서의 '공심公心'인 것이다. 나아가 정호는 다음과 같이 주장한다.

학자는 모름지기 인仁을 체득해야 한다. 인仁이란 혼연히 만물과 한 몸이 되는 것으로, 의義·예禮·지智·신信이 모두 인이다. 이러한 이치를 안다면, 성誠과 경敬으로 그것을 보존할 뿐이지 방비하거나 애써 찾으려 할 필요가 없다. … 천지의 작용은 모두 나의 작용이다. 맹자는 '만물이 모두 나에게 갖추어져 있다'고 말했다. 반드시 스스로를 반성하여 진실해야만 커다란 즐거움이 될 것이다.[97]

인간의 도덕적 덕목인 의義·예禮·지智·신信은 단지 인간 사회에 국한된 가치가 아니라 천지만물과 한 몸이 되는 전우주적 차원의 도덕적 가치이며, 인간은 이러한 도덕적 가치의 발현을 통해 비로소 천지만물과

95) 『二程全書』, 「遺書二上」, "醫書以手足痿痺爲不仁, 此言最善名狀仁者以天地萬物爲一體, 莫非己也. 認得爲己, 何所不至? 若不有諸己, 自不與己相干. 如手足不仁, 氣已不貫, 皆不屬己. 故博施濟衆, 乃聖人之功用."

96) 陳來, 『송명성리학』, 119쪽 참조.

97) 『二程全書』, 「遺書二上」, "學者須先識仁. 仁者渾然與物同體, 義禮智信皆仁也. 識得此理, 以誠敬存之而已. … 天地之用皆我之用. 孟子言萬物皆備於我, 須反身而誠, 乃爲大樂."

한 몸이 될 수 있는 것이다. 비록 정호는 직접적으로 "인간은 천지의 마음"이라고 주장하고 있지는 않지만, "천지의 작용은 모두 나의 작용이다"라고 주장함으로써, 간접적으로 인간에게 천지만물의 중추적 위상을 부여하고 있다.

이상에서 살펴본 바와 같이, 『주역』과 『중용』의 유기체론적 세계관의 단아는 북송대에 이르러 '기일원론의 세계관', '만물일체의 세계관'과 같은 보다 체계적인 세계관으로 발전하게 된다. 세계를 구성하는 생명력으로서의 '기氣'는 천지만물의 존재의 연속성의 토대가 된다. 역동적 상호관계의 과정, 즉 '음양의 대대적 감응' 원리에 따라 만물은 끊임없이 창생되고 양육된다. 만물과 동일한 기에 의해 구성된 인간은 기의 '감응 원리'를 자신의 생명 본질(性)로 삼고, 만물과의 감응 과정을 통해 본성, 즉 '인심仁心'을 발현함으로써 천지만물의 창생・양육 과정에 주체적으로 참여할 수 있는 계기를 마련한다.

제3절 양명의 생생불식의 유기체적 우주관

양명은 『주역』과 『중용』의 유기체론적 세계관과 북송 유학의 만물일체론을 수용하는 바탕 위에 "동・식물과 천지 또한 인간과 동체同體이다", "대저 사람이란 천지의 마음으로 천지만물은 본래 나와 한 몸이다", "사람은 천지만물의 마음이며, 마음은 천지만물의 주체이다"라고 하는 천지만물일체설을 주장한다. 천지만물일체설에서 보여지는 양명의 세계관은 한마디로 '인간을 중추로 한 생생불식生生不息의 유기체적 세계관'이라고 말할 수 있다. 본 절에서는 양명의 천지만물일체설을 '자기－조직하는 천지만물', '천지만물의 중추적 인간', '천지만물과 인간의 호혜성'으로 나누어 살펴봄으로써 양명의 '생생불식의 유기체적 우주관'이 내재하고 있는 특성들을 고찰하고자 한다.

1. 자기－조직하는 천지만물

양명은 천지가 만물을 화육化育한다고 하면서[98] "천지가 서고 만물이 양육된다"[99]고 주장한다. 그리고 천도天道의 운행은 한 순간의 쉼이나 멈춤이 없다고 하고,[100] 천리天理의 운행은 끊임없이 진행된다고 보면서 이러한 중단 없는 작용성을 천덕天德으로 규정한다.[101] 끊임없는 작용성의 기틀로서의 천지의 기기氣機 또한 한 순간의 중단이 없으며,[102] 천기天機는 활발발성活潑發性을 본질로 한다고 주장한다.[103] 따라서 양명에게 있어서도 천지만물로 표현되는 우주자연은 기계적 법칙에 따라 작동하는 무생명의 물리적 기계가 아닌 항구적인 변화 과정을 통해 스스로 생명을 창생・양육해나가는 '생생불식生生不息의 자기－조직성'을 지닌 유기체라고 말할 수 있다.

유기체적 우주는 끊임없는 창출 과정을 통해 스스로를 '자기－조직(self-organizing)'해나가는 특성을 지닌 것으로 규정된다.[104] 그리고 전일적全

98) 『全集』, 권6, 「答友人問」, 208쪽, "知天地之化育."
99) 『全集』, 권7, 「自得齋說」, 265쪽, "天地以位, 萬物以育."
100) 『全集』, 권7, 「惜陰說」, 267쪽, "天道之運, 無一息之或停."
101) 『傳習錄』(上), 「薛侃錄」, 126조목, "天理無一息間斷, 才是能知晝. 這便是天德."
102) 『傳習錄』(上), 「薛侃錄」, 104조목, "天地氣機, 元無一息之停."
103) 『傳習錄』(下), 「陳九川錄」, 202조목, "戒懼之念是活潑發地. 此是天機不息處, 所謂維天之命, 於穆不已, 一息便是死."
104) 예컨대 에리히 얀치는 『자기 조직하는 우주』(홍동성 옮김, 범양사, 1991)에서 우주를 하나의 불변의 사물 또는 기계로 보지 말고 다양한 작용성을 통해 끊임없이 자

一的, 전체론적 세계관(holistic worldview) 또는 생태적 세계관으로 통칭되는 유기체적 세계관은 세계를 분리된 부분들의 집합이라기보다 통합된 전체로 본다. 이러한 세계관은 모든 생명의 일체성, 다양한 현상의 상호의존성, 그것의 변화와 변형의 순환성 등으로 나아가게 하는 실재에 대한 인식에 깊은 뿌리를 두고 있다.[105] 모트는 "중국의 진정한 우주 발생론은 유기체적 과정의 우주 발생론이다. 그것은 우주의 모든 부분들이 하나의 유기체에 속하며, 그 부분들은 모두 스스로 자기－생성하는 생명 과정의 요소로서 상호 작용을 한다는 것을 의미한다"[106]고 평가한다. 『주역』과 『중용』의 우주관을 계승하면서 우주를 하나의 생명체로 파악하고 기계적 법칙에 의해 순화하는 과정이 아니라 끊임없이 생명을 창생・양육하는 과정으로 파악하는 양명의 우주관은 분명 기계론적 세계관보다는 '유기체적 세계관'에 가깝다.

더욱이 양명은 "사람이란 천지의 마음으로 천지만물은 본래 나와 한 몸이다"[107]고 말하고, "사람은 천지만물의 마음이며, 마음은 천지만물의 주체이다"[108]라고 하여, 인간을 총체적 천지만물의 '마음'으로 규정하고 있다. 그레고리 베이트슨은 '마음'이란 살아있는 유기체나 사회조직 혹은 생태계를 특징짓는 시스템적 현상이라고 정의하고, 프리쵸프 카프라 또한 마음이란 살아있는 유기체의 본질적 특성이며 '생명의 정수'로서 생명과 마음은 모두가 생물체의 시스템적 특성인 역동적 자기－조직의 옴살

기 조직해 가는 생명체로 보아야 한다고 주장하고 있으며, 프리쵸프 카프라 또한 『생명의 그물』(범양사, 1998)에서 가이아(지구) 시스템은 자기－생성적이고 자기영속적이라고 하여 지구를 하나의 생명체로 간주한다.

105) 프리쵸프 카프라, 「생태학적 세계관의 기본 원리」, 『과학사상』, 제10호(범양사, 1994년 가을), 201쪽 참조.

106) F.W. 모트, 『중국의 철학적 기초』(김용헌 옮김, 서광사, 1994), 83쪽.

107) 『傳習錄』(中), 「答聶文蔚」, 179조목, "夫人者, 天地之心, 天地萬物, 本吾一體者也."

108) 『王陽明全集』, 권6, 「答李明德」, 214쪽, "人者, 天地萬物之心也, 心者, 天地萬物之主也."

스런 과정이며 서로 다른 모습으로 발현되는 시스템의 각기 다른 양상이라고 주장한다.[109] 이러한 주장들에 근거하더라도 마음이란 속성을 지닌 천지만물, 즉 총체적 우주자연은 무생명체가 아닌 하나의 살아있는 생명체로 볼 수 있다.

천리天理, 천덕天德, 기기氣機, 천기天機로 표현되는 천지만물의 생생불식의 자기-조직성은 보다 구체적으로 천지만물의 역동성과 항동성을 바탕으로 한 '태극太極 음양陰陽 동정動靜'의 동적인 일원적 체계로 설명된다. 주돈이는 「태극도설」에서 "무극無極이면서 태극太極이다. 태극이 움직여 양陽을 낳고, 움직임이 극에 이르면 고요해지고, 고요해지면 음陰을 낳고, 고요함이 극에 이르면 다시 움직인다"[110]고 하여, '태극 음양 동정'의 문제를 기일원론적 입장에서 언급한 바 있다.

주희朱熹(1130~1200, 자는 원회元晦, 호는 회암晦庵)는 "무극이태극無極而太極"에 대해 무극을 말하지 않으면 태극은 한 사물과 같은 것이 되어 만화萬化의 근거가 되기에 부족하고, 태극을 말하지 않으면 무극이 공허한 데 빠져 만화의 근본이 될 수 없다고 전제하면서,[111] 『태극도설해太極圖說解』에서 태극과 음양과 동정의 관계를 다음과 같이 밝히고 있다.

> 태극은 본연의 오묘함이며, 동정動靜은 타는 것의 기틀이다. 태극은 형이상의 도道요, 음양은 형이하의 기물이다. 그러므로 그 드러난 것으로부터 보면 동정은 때가 다르고 음양은 자리가 다르지만 태극은 어디에나 있고, 그 은미한 것으로부터 보면 공허하고 광막하여 아무 조짐도 볼 수 없으나 동정·음양의 리가 이미 그 안에 다 갖추어져 있다.[112]

---

109) 프리쵸프 카프라, 「지구를 살리는 새로운 선택」, 『신과학 산책』(김재희 엮음, 김영사, 1995), 34~35쪽 참조.

110) 『性理大全』, 「太極圖」, "無極而太極. 太極動而生陽, 動極而靜, 靜而生陰, 靜極復動."

111) 『朱文公文集』, 권36, 「答陸子美一」 참조.

112) 朱熹, 『太極圖說解』, "蓋太極者, 本然之妙也; 動靜者, 所乘之機也. 太極, 形而上之

주희는 리기理氣 이원론에 근거하여 '태극'을 현상계를 초월한 지극한 표준으로서의 형이상자(理)로 규정하고 '음양'을 현상계의 형이하자(氣)로 규정한다. 그리고 '동정動靜'은 태극 자체가 동정함을 가리키는 것이 아니라 현상 세계의 표현에 속하는 것으로서 태극이 올라탄 기機라는 기틀의 동정을 가리킨다. 이에 주희는 "태극은 리이고 동정은 기이다"[113]라고 전제하면서, "만약 태극이 바로 동정이라고 한다면 이는 형이상의 것과 형이하의 것을 구분하지 못하는 것이다"[114]라고 주장한다. 따라서 동정은 형이하자인 음양陰陽 이기二氣의 동정을 가리키는 반면, 태극은 본체로 작용하여 이기의 동정 중에 존재하는 형이상자인 리를 가리키는 것으로서,[115] 태극과 음양은 형이상과 형이하라는 이원적 관계를 지닌다.

이러한 태극(理)·음양(氣) 이원론을 바탕으로 주희는 "주자周子가 무극無極을 말한 것은, 그것이 방향도 처소도 없고 형상도 없을 뿐만 아니라 사물이 있기 전에도 있었고 사물이 있은 후에도 존재하지 않은 적이 없으며, 음양의 밖에 있으면서 음양 중에서 행해지지 않음이 없다고 여겼기 때문이다"[116]라고 주장한다. 그는 또한 나아가 "태극은 단지 천지만물의 리이다. 천지로 말하면 천지 가운데 태극이 있고, 만물로 말하면 만물 가운데 각기 태극이 있다. 따라서 천지가 생기기 이전에 반드시 먼저 이 리가 있는 것이다"[117]라고 주장한다. 형이상의 무극, 즉 태극(理)이 형이하

道也; 陰陽, 形而下之器也. 是以自其著者而觀之, 則動靜不同時, 陰陽不同位, 而太極無不在焉. 自其微者而觀之, 則沖穆無朕, 而動靜陰陽之理已悉具其中矣."

113) 『朱子語類』, 권94, 「董銖錄」, "太極理也, 動靜氣也."

114) 『朱文公文集』, 권45, 「答楊子直一」, "若謂太極便是動靜, 則是形而上下不分."

115) 陳來, 『주희의 철학』(이종란 외 옮김, 예문서원, 2002), 65~66쪽 참조.

116) 『朱文公文集』, 권36, 「答陸子靜第五」, "周子所以謂之無極, 正以其無方所, 無形狀, 以爲在無物之前而未嘗不立於有物之後, 以爲在陰陽之外而未嘗不行乎陰陽之中."

117) 『朱子語類』, 권1, 「陳淳錄」, "太極只是天地萬物之理. 在天地中有太極. 在萬物言, 則萬物中各有太極. 未有天地之先, 畢竟是先有此理."

의 사물 이전에도 이미 존재했으며, 음양의 밖에도 존재한다는 점을 인정하고 있다. 주희는 "리가 기에 앞서 있다"(理在氣先)는 리선기후설理先氣後說을 주장하고 있는 것이다. 한 종류의 사물이 생성되기 전에 그 리가 이미 존재해 있다는 인식은, 정리된 세계에 앞서 일반 법칙이 존재한다는 인식에 도달하게 하여 유심주의를 이끌어낼 수도 있는데 이것이 바로 정주리학파가 범한 잘못이라고 평가된다.118)

태극(리)과 음양(기)을 형이상자와 형이하자로 구분하고 동정을 기의 동정으로만 규정함과 아울러 리가 기에 앞서 존재한다고 주장하는 주희의 이원론적 입장과 달리 양명은 '태극 음양 동정'의 관계를 다음과 같이 '체용體用 일원적 관점'에서 설명한다.

> 태극의 낳고 낳는 리(生生之理)는 그 오묘한 작용이 쉬지 않으면서도(妙用無息) 그 항상된 본체는 바뀌지 않는다(常體不易). 태극이 낳고 낳는 것(生生)은 곧 음양의 낳고 낳는 것이다. 그 낳고 낳는 속에서 쉬지 않는 것을 가리켜서 움직임(動)이라 하고 양陽을 낳는다고 말하는 것이지, 움직인 뒤에 양陽을 낳는다고 말하는 것은 아니다. 그 낳고 낳는 속에서 그 항상된 본체가 바뀌지 않는 것을 가리켜서 고요함(靜)이라고 하고 음陰을 낳는다고 하는 것이지, 고요한 뒤에 음陰을 낳는다고 말하는 것은 아니다. 만일 고요한 뒤에 음을 낳고 움직인 뒤에 양을 낳는다고 한다면, 음과 양, 움직임과 고요함이 자른 듯이 각자 하나의 사물이 되고 만다. 음양은 하나의 기氣이다. 하나의 기가 구부렸다 폈다 하여 음양이 된다. 움직임과 고요함은 하나의 리理이다. 하나의 리가 숨었다 드러났다 하여 움직임과 고요함이 된다. 봄과 여름은 양이고 움직임이라 말할 수 있지만, 결코 음과 고요함이 없는 것이 아니다. 가을과 겨울은 음이고 고요함이라고 말할 수 있지만, 결코 양과 움직임이 없는 것이 아니다. 봄과 여름도 그렇게 쉬지 않고, 가을과 겨울도 그렇게 쉬지 않으니, 모두 양이고 움직임이라고 말할 수 있다. 봄과 여름도 그렇게 항상된 본체이고, 가을과 겨울도 그렇게 항상된 본체이니, 모두 음이고 고요함이라 말할

118) 陳來, 『주희의 철학』, 56쪽 참조.

수 있다.[119)]

먼저 양명은 태극과 음양을 형이상자와 형이하자로 나누어 보지 않는다. 양명에게 있어 '태극 생생의 리'는 현상계를 초월하여 정리된 세계에 앞서 존재하는 일반 법칙을 의미하지 않는다. 태극 생생의 리는 그 자체가 묘용무식妙用無息, 즉 만물이 끊임없이 창생·양육되어지는 생생의 생명 창출 과정임과 동시에, 상체불역常體不易, 즉 이러한 항동적 작용주체의 창출성은 절대로 바뀌지 않는 속성을 지닌다. 따라서 '태극 생생의 리'는 그 자체가 천지만물의 자기-조직성의 원리(體)이자 동시에 끊임없는 자기-조직화 과정(用)이라는 체용일원體用一源의 체계를 지닌다. 그러므로 태극과 음양 또한 형이상과 형이하라는 각기 별개의 영역으로 존재하지 않는다. '태극의 생생이 곧 음양의 생생'이 되는, 즉 태극의 생명 창출 과정이 바로 음양의 생명 창출 과정이 되는 일원적 체계를 지니게 된다.

동정 문제 또한 단지 현상적 측면의 기의 문제로 한정되지 않는다. 움직임(動)·고요함(靜) 그리고 '양을 낳음'(陽之生)·'음을 낳음'(陰之生)은 태극의 체용 일원적 관계를 표현하는 말에 불과하다. 태극 생생의 리의 끊임없는 만물의 창생·양육 과정에 있어, '움직임'과 '양을 낳음'이 단지 끊임없이 만물을 창생·양육하는 자기-조직화 과정(妙用無息)을 지칭하는 것이라면, '고요함'과 '음을 낳음'은 항동적 작용 주체의 생명 창출의 불역성(常體不易)을 지칭할 뿐이다. 따라서 동정動靜의 관계 및 음양의 관계는 시간적 선후 관계나 대비적 관계가 아닌 천지만물의 끊임없는 생명 창출

---

119) 『傳習錄』(中), 「答陸原靜書」, 157조목, "太極生生之理, 妙用無息, 而常體不易. 太極之生生, 卽陰陽之生生. 就其生生之中, 指其妙用無息者, 而謂之動, 謂之陽之生, 非謂動而後生陽也. 就其生生之中, 指其常體不易者, 而謂之靜, 謂之陰之生, 非謂靜而後生陰也. 若果靜而後生陰, 動而後生陽, 則是陰陽動靜截然各自爲一物矣. 陰陽一氣也, 一氣屈伸而爲陰陽; 動靜一理也, 一理隱顯而爲動靜. 春夏可以爲陽爲動, 而未嘗無陰與靜也; 秋冬可以爲陰爲靜, 而未嘗無陽與動也. 春夏此不息, 秋冬此不息, 皆可謂之陽, 謂之動也; 春夏此常體, 秋冬此常體, 皆可謂之陰, 謂之靜也."

과정에 있어 현상 작용의 측면에서 보느냐 아니면 작용 주체의 측면에 보느냐에 따른 표현상의 차이일 뿐, 이들은 결국 태극 생생의 리의 체용일원이라는 하나의 과정으로 일원화된다.

음양 · 동정과 리기의 문제 또한 생생의 생명 창출 과정에서 파악된다. '일기一氣'는 만물을 끊임없이 창생 · 양육하는 현상 작용으로서의 양陽과 작용 주체의 생명 창출 불역성으로서 음陰, 이 양자를 모두 포괄하는 것으로 정의된다. 따라서 일기의 구부렸다 폈다 하는 굴신屈伸 작용 자체가 바로 음양의 생명 창출 과정으로서, 음양은 시간적 선후를 지니지 않게 된다. 양명의 체용일원적 체계에서 보았을 때, 굴신은 시간적 선후를 가지고 전개되는 것이 아니라 하나의 생명 창출 과정에서 '굴屈'은 밖으로 드러나지 않는 작용 주체의 불역성(常體不易)을 지칭하는 것이라고, '신伸'은 밖으로 드러나는 생생의 현상 작용(妙用無息)을 지칭하는 것으로 보아야 타당할 것이다.

아울러 '일리一理' 또한 생생의 끊임없는 현상 작용으로서의 '동動'과 생생 작용 주체의 불역성으로서의 '정靜', 이 양자를 모두 포괄하는 것으로 정의된다. 따라서 일리의 숨었다 나타났다 하는 은현隱顯 현상이 바로 동정의 생명 창출 과정으로서, 동정 또한 시간적 선후를 지니지 않게 된다. 은현은 시간적 선후를 가지고 전개되는 것이 아니라 하나의 생명 창출 과정에서 '은隱'은 밖으로 드러나지 않는 작용 주체의 불역성(常體不易)을 지칭하는 것이라면, '현顯'은 밖으로 드러나는 생생의 현상 작용(妙用無息)을 지칭하는 것이다.

결국 태극과 음양, 리와 기는 주자학에서와 같이 형이상자와 형이하자로 구분되지도 않을 뿐만 아니라 또한 선후의 관계로 나누어지지도 않는다. 태극 생생의 리는 그 자체가 끊임없이 만물을 창생 · 양육하는 생생의 생명 창출 과정(妙用不息)으로서의 용用과 이러한 작용 주체의 창출성은 절대로 바뀌지 않는(常體不易) 체體의 속성을 동시에 함축한다. 따라서 태극의 생생이 곧 음양의 생생이자 일기의 굴신임과 동시에 일리의 은현이 되는 일원적 체계를 지니게 된다. 단지 만물이 끊임없이 창생·양육되어지는 묘용불식의 용用의 측면에서 보았을 때, 이를 '동動', '양지생陽之生', '일기一氣의 신伸', '일리一理의 현顯'이라 하고, 항동적 작용 주체의 불역성, 즉 상체불역의 체體의 측면에서 보았을 때, 이를 '정靜', '음지생陰之生', '일기의 굴屈', '일리의 은隱'이라 이름하는 것일 뿐이다.

이렇듯 양명이 주희의 이원론적 체계를 부정하고 태극과 음양을 만물의 창생·양육의 주체로 보고 태극과 동정, 음양 및 리기를 생명 창출의 체용 일원적 과정에서 파악하면서 간접적으로 동적인 상태에 대비되는 부동의 정적인 상태를 부정하는 근본적인 이유는 우주 자체를 하나의 살아있는 유기체로 보는 데 있다. 유기체에게 동적인 상태에 대비되는 정적인 상태는 사실상 죽음을 의미하기 때문에, 리와 음뿐만 아니라 정靜마저도 우주의 생명 창출의 역동적 과정에서의 생명 창출성의 불역성으로 정의되고 있는 것이다. 또한 유기체로서의 이 세계는 고정불변 또는 순환 반복하는 것이 아니라 새로운 생명의 창출을 통해 끊임없이 새로운 단계로 도약한다. 따라서 어떤 종류의 사물이 생성되기 전에 그 리가 이미 존재한다는, 즉 정리된 세계에 앞서 일반 법칙이 존재한다는 인식은 생명을 질곡시키는 것으로 양명학에서는 부정될 수밖에 없다.

2. 천지만물의 중추적 인간

천지만물을 생생불식生生不息의 자기－조직성을 지닌 하나의 유기적인 생명체로 보는 양명은 '인간과 천지만물의 관계'에 대해 다음과 같이 주장한다.

대저 사람이란 천지의 마음으로, 천지만물은 본래 나와 한 몸이다.[120)]

사람은 천지만물의 마음이며, 마음은 천지만물의 주체이다. 마음이 곧 하늘이니, 마음을 말하면 천지만물이 모두 열거된다.[121)]

사람은 천지의 마음이다. 민民은 나와 대응해서 일컫는 것이니, 민民이라고 말하면 삼재三才(하늘·땅·사람)의 도道가 모두 제기된 것이다.[122)]

양명은 한결같이 '인간'을 '천지의 마음'(天地之心) 또는 '천지만물의 마음'(天地萬物之心)으로 규정하고 있다. '천지의 마음'이라는 표현은 『예기』와 『주역』에서 그 연원을 찾을 수 있다. 먼저 『주역』에서는 "복復에서 그 천지의 마음을 볼진저"[123)]라고 주장한다. 천지는 만물의 생육을 목적으로 하는 유기체, 즉 목적 지향적 존재이다. 따라서 '천지의 마음'은 천지가 만물을 낳으려는 목적의식으로 해석할 수 있다. 자연계의 변화는 맹목적인 기계적 운동이 아니라 일정한 목적과 뜻(生意)을 가지고 진행되며, 이것이 바로 '천지의 마음'으로 표현된다.[124)] 양명은 이러한 만물을 창생·양육하고자 하는 생명 의지로서의 천지의 마음을 인간으로 규정하고, 천지만물의 마음으로서의 인간이 바로 천지만물의 주체라고 정의하고 있는 것이다. 따라서 양명에게 있어 인간은 자연의 정복자·지배자가 아니다. 그렇다고 자연에 종속되어 자연을 숭배하고 두려워하는 존재도 아니다. 인간은 만물의 창출·양육 과정을 주체적으로 이끌어가는 '천지만물의 중추적 존재'인 것이다.

---

120) 『傳習錄』(中), 「答聶文蔚」, 179조목, "夫人者, 天地之心, 天地萬物, 本吾一體者也."

121) 『全集』, 권6, 「答李明德」, 214쪽, "人者, 天地萬物之心也, 心者, 天地萬物之主也. 心卽天, 言心則天地萬物皆擧之矣."

122) 『全集』, 권7, 「親民堂記」, 251쪽, "人者, 天地之心也; 民者, 對己之稱也; 曰民焉, 則三才之道擧矣."

123) 『周易』, 「復卦·象傳」, "復, 其見天地之心."

124) 최영진, 「주역에서의 자연관」, 『동양사상과 환경문제』, 213쪽 참조.

앞에서 살펴본 바와 같이 『예기』에서는 인간을 만물 가운데 가장 빼어난 기氣를 품수받은 '천지의 마음'으로 규정하고, 주돈이 또한 인간을 만물 가운데 가장 빼어나고 영특한 기로 구성된 존재로 규정한다. 그런데 양명 또한 인간이 '천지만물의 마음'이 될 수 있는 근거를 다음과 같이 '기氣'의 계층적 차별성에서 찾고 있다.

> 기氣가 약간 정미하면 해·달·별·바람·비·산·강이 되고, 이보다 약간 더 정미하면 우레·번개·도깨비·풀·나무·꽃이 되고, 한층 더 정미하면 새·짐승·물고기·자라·곤충의 무리가 된다. 지극히 정미하면 사람이 되고, 지극히 영묘(靈)하고 지극히 밝은 것(明)은 마음이 된다.[125]

'존재의 연속성'의 토대가 되는 '기氣'는 천지만물의 동일한 질료적 토대임과 동시에 그 정밀함에 따라 '물리적 현상'→'생명 의지를 지닌 식물'→'지각을 지닌 동물'→'인간' 그리고 최고로 정밀한 단계에 이르러서는 '인간 마음의 영명靈明한 속성'으로 나타나는, 천지만물과 인간의 계층적 차별성의 근거가 된다. 따라서 인간은 기를 매개로 천지만물과 존재의 연속성을 유지하며, 이를 바탕으로 인간만이 최고로 정밀한 기의 영명한 속성으로서의 마음을 소유함으로써 '천지만물의 마음'이라는 중추적 위치를 점하게 되는 것이다.

인간이 천지만물의 중추적 존재가 될 수 있는 근거는 또한 '인간 마음'의 본질적 속성에서 찾을 수 있다. 양명은 먼저 "천도天道의 운행은 한 순간의 쉼이나 멈춤이 없으며, 내 마음 양지良知의 운행 또한 한 순간의 쉼이나 멈춤이 없으니, 양지는 곧 천도이다"[126]라고 주장한다. 인간의 마음

125) 『明儒學案』, 권25, 南中王門學案一, 「語錄」, "今夫茫茫堪輿, 蒼然隤然, 其氣之最麤者歟. 稍精則爲日月星宿風雨山川, 又稍精則爲雷電鬼怪草木化蘤, 又精而爲鳥獸魚鼈昆蟲之屬, 至精而爲人, 至靈至明而爲心."

126) 『全集』, 권6, 「惜陰說」, 267쪽, "天道之運, 無一息之或停, 吾心良知之運, 亦無一息

은 천지만물의 끊임없는 자기-조직성과 창출성을 자신의 생명 본질로 한다는 것이다. 그는 또한 "마음이 곧 성性이며, 성은 천天이다"[127]라고 말하고, "천명天命의 성性이 내 마음에 갖추어져 있다. 그 혼연한 전체 가운데에 조리條理와 절목節目이 무성하게 모두 갖추어져 있기 때문에 이를 천리天理라고 부른다"[128]고 말한다. 인간 마음의 생명 본질로서의 '본성'(性)이 바로 '하늘'(天)이라는 것이다. 천지만물의 생명 본질이 선천적으로 인간 마음에 모두 갖추어져 있는 것이다. 따라서 이러한 인간의 마음은 천지만물과 분리되어 독립적으로 작용하지 않는다. 인간의 마음은 천지만물과 유기적인 관계망 속에서 이들의 자연한 생명현상에 따라 작용하는 것이다.[129] 천지만물의 생명 중추로서의 인간은 이러한 자신의 마음을 통해 천지만물과 하나인 자신의 생명 본질을 자각함과 아울러 천지만물과 유기적인 관계를 맺고 실천하는 가운데 천지만물을 온전하게 창생·양육시켜나갈 수 있는 토대를 마련한다.

인간이 천지만물의 생명 중추가 될 수 있는 토대로서의 인간의 마음은 단순히 혈액 순환 작용을 담당하는 생물학적 기관이나 인식 작용을 담당하는 인식 기관을 의미하지 않는다. 그 마음은 생명의 온전성에 대한 감응感應과 통각痛覺 주체로서의 마음, 즉 '양지良知'를 의미한다.

> 이른바 마음이라는 것은 곧 한 덩어리로 된 피와 살이 아니고 지극히 영묘하고 지극히 밝아서 능히 동작하고 아는 것을 가리키는 것이니, 이것이 이른바 양지良知이다.[130]

之或停, 良知卽天道."

127) 『全集』, 권7, 「謹齋說」, 263쪽, "心, 性也; 性, 天也."

128) 『全集』, 권7, 「博約說」, 266쪽, "天命之性具於吾心, 其渾然全體之中, 而條理節目森然畢具, 是故謂之天理."

129) 『傳習錄』(下), 「黃省曾錄」, 270조목, "吾儒養心, 未嘗離却事物, 只順其天則自然, 就是功夫."

130) 『明儒學案』(上) 册五, 권25, 南中王門學案一, 「語錄」, "所謂心者, 非今一團血肉之

> 대저 사람은 천지의 마음이다. 천지만물은 본래 나와 한 몸이므로, 살아있는 존재물들(生民)[131]의 고통은 무엇인들 내 몸에 절실한 아픔이 아니겠는가? 내 몸의 아픔을 알지 못하는 것은 시비지심是非之心이 없는 자이다. 시비지심은 생각하지 않더라도 알고 배우지 않더라도 능한 것이니, 이른바 양지良知이다.[132]

인간의 마음은 천지만물과의 감응을 통해 그들의 생명 파괴나 손상을 자신의 아픔으로 느낌으로써 천지만물의 생명의 온전성을 자각적으로 판단할 수 있는 시비 판단의 마음이다. 이 마음이 바로 인간의 선천적인 천지만물의 생명의 온전성에 대한 자각적 판단력(良知)과 천지만물을 온전하게 창생・양육할 수 있는 능동적 실천력(良能)의 통합체로서의 '양지良知'인 것이다. 이러한 천지만물과의 감응과 통각의 주체인 양지에 대해 양명은 "하늘이 부여한 본성으로 순수하고 지선至善하며 영명하고 밝아서 어둡지 않은 것은 지선至善의 발현이니, 이것이 명덕明德의 본체이며, 곧 이른바 양지이다"[133]라고 말한다. 따라서 양지는 우주자연의 생명 본질에 근원한 인간의 선천적 덕성인 '명덕明德'의 본질적 속성이다.

명덕의 본질적 속성으로서의 양지는 바로 정호가 말한 '만물일체의 인심仁心'이기도 하다. 이에 양명은 만물일체의 인심의 감응과 통각 작용을 「대학문大學問」에서 다음과 같이 그려내고 있다.

具也, 乃指其至靈至明能作能知, 此所謂良知也."

131) 양명은 "民은 나와 대응해서 일컫는 것"이라고 말하고 있는 바, 民은 단지 인간만을 의미하는 것이 아니라, 나를 제외한 모든 존재물, 즉 천지만물을 의미한다.

132) 『傳習錄』(中), 「答聶文蔚」, 179조목, "夫人者, 天地之心. 天地萬物, 本吾一體者也, 生民之困苦荼毒, 孰非疾痛之切於吾身者乎? 不知吾身之疾痛, 無是非之心者也. 是非之心, 不慮而知, 不學而能, 所謂良知也."

133) 『全集』, 권26, 「大學問」, 969쪽, "天命之性, 粹然至善, 其靈昭不昧者, 此其至善之發見, 是乃明德之本體, 而卽所謂良知也."

대인大人은 천지만물을 한 몸(一體)으로 여기는 사람인지라, 천하를 한 집안처럼 보고, 나라 전체를 한 사람처럼 본다. 저 형체를 사이에 두고 너와 나를 나누는 자는 소인小人이다. 대인이 천지만물을 한 몸으로 여길 수 있는 것은 그것을 의도해서가 아니라, 그 마음의 인仁이 본래 그와 같아서 천지만물과 더불어 하나가 되는 것이다. 어찌 오직 대인뿐이겠는가. 비록 소인의 마음이라고 하더라도 또한 그렇지 않음이 없지만, 자기 스스로 작게 만들었을 뿐이다. 그러한 까닭에 어린아이가 우물에 빠지려는 것을 보면 반드시 두려워하고 근심하며 측은해 하는 마음(怵惕惻隱之心)이 일어나는데, 이것은 그의 인仁이 어린아이와 더불어 한 몸이 된 것이다. 어린아이는 오히려 인간과 동류同類이다. 새가 슬피 울고 짐승이 사지에 끌려가면서 벌벌 떠는 것을 보면 반드시 참아내지 못하는 마음(不忍之心)이 일어나는데, 이것은 그의 인仁이 새나 짐승과 더불어 한 몸이 된 것이다. 새나 짐승은 오히려 지각知覺이 있는 것이다. 풀과 나무가 잘려나간 것을 보면 반드시 가여워서 구제하고 싶은 마음(憫恤之心)이 일어나는데, 이것은 그의 인仁이 풀·나무와 더불어 한 몸이 된 것이다. 풀과 나무는 오히려 살고자 하는 의지(生意)가 있는 것이다. 기와장이 무너지고 돌이 깨진 것을 보면 반드시 애석하게 여기는 마음(顧惜之心)이 일어나는데, 이것은 그의 인仁이 기왓장·돌과 한 몸이 된 것이다. 이렇게 한 몸으로 여기는 인仁은 소인의 마음이라고 하더라도 또한 반드시 그것을 지니고 있다. 이것은 하늘이 부여한 본성에 뿌리를 두고 있으며, 자연히 영명하고 밝아서 어둡지 않은 것이다. 그런 까닭에 명덕明德이라고 부른다.[134]

인간이 자신의 형체를 기준으로 자신과 천지만물을 주・객, 내・외로 구분하여 이원화시키지 아니하고 하나의 유기적인 생명체(一體)로 삼을

---

134) 『全集』, 권26, 「大學問」, 968쪽, "大人者, 以天地萬物爲一體者也, 其視天下猶一家, 中國猶一人焉. 若夫間形骸而分爾我者, 小人矣. 大人之能以天地萬物一體也, 非意之也, 其心之仁本若是, 其與天地萬物而爲一也. 豈惟大人, 雖小人之心亦莫不然, 彼顧自小之耳. 是故見孺子之入井, 而必有怵惕惻隱之心焉, 是其仁之與孺子而爲一體也; 孺子猶同類者也, 見鳥獸之哀鳴觳觫, 而必有不忍之心焉, 是其仁之與鳥獸而爲一體也; 鳥獸猶有知覺者也, 見草木之摧折, 而必有憫恤之心焉, 是其仁之與草木而爲一體也. 草木猶生意者也, 見瓦石之毁壞, 而必有顧惜之心焉, 是其仁之與瓦石而爲一體也; 是其一體之仁也, 雖小人之心亦必有之. 是乃根於天命之性, 而自然靈昭不昧者也, 是故謂之明德."

수 있는 토대는 후천적인 인위적 노력이 아니라 선천적인 '만물일체의 인심仁心'에 있다는 것이다. 따라서 천지만물을 한 몸으로 삼는 인심은 한 개체로서의 인간의 마음으로 국한되는 것이 아니라 인간과 천지만물을 하나의 생명체로 연결시켜주는 선천적이고 본원적인 전우주적 마음으로 확대된다. 그리고 천지만물이 한 몸으로 이루어진 세계는 단순히 형이상학적 관념의 세계가 아니라 인심을 통해 사실적으로 느끼고 감응할 수 있는 사실적 세계이다. 인간의 '만물일체의 인심'은 바로 인간이 천지만물의 생명 손상을 자신의 아픔으로 느끼는 '통각痛覺의 주체'인 것이다. 여기서 양명은 인심仁心에 의한 천지만물과의 사실적인 감응과 통각의 과정을 인간계 · 동물계 · 식물계 · 무생물계와 같은 4개의 층차로 구분하여 밝히고 있는 바, 이를 세분하여 살펴보면 다음과 같다.

첫째, 어린아이와 같은 인간계와의 감응이다. 인간은 타인의 생명이 위험에 처한 상황에 마주하게 되면 두려워하고 근심하며 측은해 하는 마음(怵惕惻隱之心)이 발동한다. 이 마음이 바로 천지만물을 한 몸으로 삼는 인심이다. 인간은 타인과 자신을 하나의 생명체로 연결해주는 인심을 통해 타인의 생명 손상을 자신의 아픔으로 느끼는 생명 공조 현상, 즉 통각 작용을 일으키게 된다. 이러한 타인과 생명 공조를 일으키는 인심의 감응 근거는 모든 인간이 동일한 종種이라는 '동류성同類性'에 있다.

둘째, 새나 짐승과 같은 동물계와의 감응이다. 동물은 죽음에 직면하면 본능적으로 죽음을 두려워하는 소리를 내거나 벌벌 떠는 모습을 보인다. 인간이 이러한 상황을 마주하면 이를 참아내지 못하는 마음(不忍之心)이 발동하게 된다. 이 또한 인간 자신과 동물을 하나의 생명체로 연결해주는 인심에 의한 생명 공조 현상이다. 인간과 동물계와의 생명 공조성의 근거는 인간과 동물이 공통적으로 내재하고 있는 '지각知覺'에 있다. 현대 생물학에 의하면 지각은 식물과 구분되는 동물의 특성으로 제시된다. 예컨대 동물은 다음과 같은 두 가지 점에서 식물보다 우위에 선다. 첫째는, 동물의 지각력(sensation)은 운동하는 물체의 차원을 초월하는 것으로서 감각 인식과 감정은 원칙적으로 동물의 외부에서는 재현될 수 없다는 것이다. 둘째, 동물은 세계를 인식하는 수단으로 그 자신을 의식적인 방법으로 통제할 수 있으므로 식물보다 우월한 종합력, 조화력 그리고 자가 조절 능력을 갖고 있다고 한다.[135] 이에 본능적인 활동도 동물의 지각에 의해서 유발되고 조절되는 의식적인 작용으로 평가된다.[136] 동물이 죽음에 직면하여 본능적으로 두려워하는 지각 작용은 인간이 죽음에 직면하여 두려워하는 본능적 지각 작용과 동일하다. 따라서 인간은 동물이 두려워하는 상황을 목격할 경우, 동물이 생명을 위협받고 있음을 알게 되고, 이는 동물의 아픔과 죽음을 외면할 수 없는 불인지심不忍之心이 발동할 수 있는 계기로 작용하게 된다.

셋째, 풀이나 나무와 같은 식물계와의 감응이다. 식물의 생명이 손상 또는 상실되는 상황을 목격하게 되었을 때, 인간은 이를 가엽게 여겨 구제하고 싶은 마음(憫恤之心)이 발동한다. 이 또한 인간에게는 자신과 식물을 하나의 생명체로 연결지어주는 인심이 있기 때문이다. 인간과 식물계의 생명 공조성의 근거는 생명체가 내재하고 있는 살고자 하는 의지, 즉 '생명 의지'(生意)에 있다. 생명 가치는 태어날 때부터 이미 살아가려는 의지, 즉 '의지적 가치'의 형태로 모든 생명체들의 본능 속에 깊이 부각되어 있다.[137] 따라서 '생명 의지'는 인간과 식물계가 공통적으로 내재하고 있는 생명의 속성이다. 인간은 이러한 생명 의지를 토대로 식물이 손상된 모습 속에서 식물의 생명 의지가 좌절됨을 자각하고 이를 불쌍히 여기고

135) 로버트 어그로스·조지 스탠시우, 『새로운 생물학』(오인혜·김희백 역, 범양사, 1995), 76쪽 참조.
136) 로버트 어그로스·조지 스탠시우, 『새로운 생물학』, 88쪽 참조.
137) 장회익, 『삶과 온생명』(솔, 1998), 268~277쪽 참조.

구제하고픈 마음이 발동하게 되는 것이다.

넷째, 기와나 돌과 같은 무생물계와의 감응이다. 무생물이 파괴·손상된 모습을 마주하게 되면 인간은 이를 애석하게 여기는 마음(顧惜之心)이 발동하게 되는 바, 이 또한 인간 자신과 무생물계를 하나의 생명체로 연결시켜주는 인심이 있기 때문에 가능하다는 것이다. 그러나 여기서는 인간계·동물계·식물계에서와는 달리 인간과 무생물계 사이의 생명 공조성의 근거가 제시되고 있지 않다. 물론 무생물 자체만을 분리시켜 놓고 보았을 때, 기와장이나 돌과 같은 무생물은 생명의 범주에 포함되지 않을 뿐만 아니라, 인간과 무생물 사이에는 어떠한 생명에 대한 공통적 현상도 발견되지 않는다.

브리태니커 백과사전에 의하면 지금까지 알려진 '생명'의 정의는 대략 다섯 가지로 분류된다. 생리적(physiological) 정의, 대사적(metabolic) 정의, 유전적(genetic) 정의, 생화학적(biochemical) 정의, 열역학적(thermodynamic) 정의가 그것이다. '생리적 정의'는 먹고 마시고 배설하고 호흡하는 등의 각종 생리 작용을 지닌 대상을 생명체로 규정한다. '대사적 정의'에 의하면 일정한 경계를 지닌 체계로서 일정 기간 내에 그 내적 성격에는 큰 변화를 가져오지 않으면서 외부와는 끊임없이 물질 교환을 수행해나가는 존재가 생명체로 규정된다. 그리고 '유전적 정의'는 한 개체가 자신과 닮은 또 하나의 개체를 만들어내는 특성, 즉 생식 작용이 있는 것을 생명체로 규정한다. 반면 '생화학적 정의'는 가장 기본적인 물질 형태가 유전적 정보를 함축하고 있는 핵산 분자(DNA 분자들)와 생물체 내의 화학적 반응들을 조절하는 효소 분자(단백질 분자)들이라고 보아 이러한 물질들을 기능적으로 함유하고 있는 체계를 생명체라고 보는 입장이다. 그리고 '열역학적 정의'는 생명을 자유로운 에너지 출입이 가능한 하나의 열린 체계로 보아 특정한 물리적 조건의 형성에 의하여 낮은 엔트로피, 즉 높은 질서를 지

속적으로 유지해나가는 특성을 지닌 존재로 규정하고 있다.[138)]

또한 이론생물학자 로위(G. W. Rowe)는 '생명'이란 다음과 같은 세 가지 특성을 갖춘 것이어야 한다고 주장한다. 첫째는 '대사'(metabolism)로서, 하나의 생명체는 주변으로부터 자유에너지를 흡입하여 이를 자체 유지를 위해 사용할 수 있어야 한다는 것이며, 둘째는 '생식'(reproduction)으로, 개체의 유한성을 극복하기 위해 자기 자신에 대한 복제 능력을 가져야 한다는 것이고, 셋째는 '진화'(evolution)로서, 변화하는 환경에 적응하기 위해 세대를 거듭할수록 변이와 선택에 의한 적응력의 증가가 이루어져야 한다는 것이다.[139)]

이러한 생명에 대한 정의와 특성들에 근거할 때, 돌・기와와 같은 무생물은 생명의 범주에 포함시키기 어렵다. 그러나 최근 지구나 우주 자체를 하나의 생명체로 보고자 하는 유기체론이나 온생명론 및 가이아 이론 등에 비추어 보았을 때, 무생물 또한 우주나 지구라는 총체적인 생명체의 한 부분으로 간주할 수 있다.

우주생명과 지구생명은 생물과 무생물간의 유기적인 관계성을 바탕으로 전개되어나가기 때문에 무생물 또한 생명 현상의 한 부분이 된다. 예컨대 데이비드 봄은 유기론적 세계관을 소개하면서 전자나 다른 원소의 입자는 물론 숲들이 접혀진 질서에 따라 펼쳐져 움직이면서 전체적인 모습이 유지되고 또 변화한다고 하는 고찰을 통해 생물이건 무생물이건 모든 물질은 결국, 자기 고유의 끝없는 과정을 통해 더 큰 전체로부터 끊임없이 펼쳐져 나오고 다시 그리로 접혀 들어가고 있다는 사실을 재삼 확인할 수 있기 때문에, 이러한 시각에서 세상을 보면 어느새 생물과 무생물의 엄격한 구분이란 실로 무색해질 수밖에 없다고 주장한다.[140)]

---

138) 장회익, 『삶과 온생명』, 168~171쪽 참조.
139) 장회익, 『삶과 온생명』, 174~175쪽 참조.
140) 데이비드 봄, 「온그림－우주의 숨결」, 『신과학 산책』, 110쪽 참조.

천지만물과 인간이 하나의 유기체임을 주장하는 양명 또한 "바람・비, 번개・이슬, 태양・달, 별・성좌, 새・짐승, 풀・나무, 산・시내, 흙・돌은 인간과 더불어 본래 한 몸이다"[141]라고 하여, 무생물계 또한 하나의 생명체로서의 천지만물의 한 부분으로 간주한다. 이러한 주장에 근거할 때 무생물 또한 총체적 유기체의 한 부분이기 때문에, 천지만물의 중추로서의 인간은 천지만물 안에서 무생물계와도 유기적인 관계망을 형성하고 있으며, 무생물계 또한 인심仁心에 의한 감응과 통각의 대상이 된다고 말할 수 있다.

이상에서와 같이 인간계・동물계・식물계・무생물계 등 다양한 층차와 유기적인 관계성을 맺고 있는 인간은 만물일체의 인심에 근거하여 천지만물 가운데 일부분이 손상되는 현상에 직면하게 되었을 때, 마치 자기 자신의 생명 일부가 손상될 때 느끼는 고통처럼 이를 자신의 고통으로 느끼게 된다. 온생명론을 주장하는 장회익은 온생명의 자의식은 곧 인간의 온생명 의식을 통해 나타날 수밖에 없다고 전제하면서, 온생명을 확대된 나로 느끼기 위해서는 기왕의 주체인 나를 다시 새로 파악된 온생명 안에 위치시킴으로써 나의 주체가 객관적으로 파악된 온생명의 주체와 혼연한 일체로 느껴지게 되어야 한다고 주장한다. 일단 이러한 의식의 전환이 이루어지면 우리는 곧 온생명의 질환에서 오는 통증을 자각적으로 느끼게 되는 바, 이는 환자인 온생명이 스스로 자기 병으로 인한 아픔을 느끼는 일이기도 하며 이 작은 깨어남이 바로 온생명 치유의 첫 걸음이 된다고 한다.[142] 따라서 인간이 만물일체의 인심을 통해 다른 존재물들의 생명 파괴와 손상을 자신의 아픔으로 느끼는 통각의 생명 공조는 우주자연의 생명 치유의 근거와 계기가 된다고 말할 수 있다. 인간은

---

141) 『傳習錄』(下), 「黃省曾錄」, 274조목, "蓋天地萬物與人原是一體, … 風雨露雷日月星辰禽獸草木山川土石, 與人原只一體."

142) 장회익, 『삶과 온생명』, 253~256쪽 참조.

감응을 통해 천지만물의 생명 파괴가 자신의 아픔으로 느껴지기 때문에 이들의 생명을 치유하고 온전하게 보살피는 실천 행위를 할 수 있는 계기를 마련하게 된다. 이렇듯 인간은 자신의 생명 본질에 근거한 마음의 자각과 감응을 통해 천지만물의 중추적 역할을 담당해나가는 것이다.

양명이 인간을 중추로 한 유기체적 우주관을 주장한다고 하여, 양명학을 근대 서구의 도구적 자연관의 근간이 되는 인간중심주의라고 오인해서는 안 된다. 서양의 도구적 자연관은 정신·이성적 존재로서의 인간과 그 밖의 존재로서의 자연의 대립에 바탕을 둔 이원론적 형이상학을 전제로 한다. 또한 그것은 한편으로 이성이라는 신비한 지적 능력을 갖춘 동물로서 혹은 신의 아들로서 내재적 가치를 가진 인간과 다른 한편으로는 물질적 존재로서, 즉 인간의 욕구를 충족시키기 위한 방편인 자연과의 구별에 기초한 인간중심주의적 세계관을 전제한다. 플라톤의 이데아의 세계와 현상 세계의 절대적 구별, 기독교의 천국과 현세, 성과 속의 구별은 인간중심주의의 초석을 이루고, 인간중심주의는 인간적 욕구충족을 위해 도구적 자연관과 자연의 지배와 약탈을 조장하고 정당화했다.[143] 즉 인간중심주의에서의 자연은 오로지 인간에게 유용한가의 기준에 따라 수단적으로만 가치가 있고, 내재적 가치는 인간만이 갖는다.[144] 서구에서 말하는 인간중심주의는 자연과 인간을 나누어 보는 이분법적 사고에 기초하여, 인간과 자연의 관계를 지배자와 피지배자, 정복자와 피정복자의 관계로 나누어 자연을 인간의 욕구충족을 위한 하나의 도구로 파악함으로써 자연계의 파괴와 착취의 결과를 당연시하는 도구적 자연관의 근간이 된다.

반면 양명은 인간과 자연을 각기 개별적으로 존재하면서 대립하는 관

143) 박이문, 『문명의 미래와 생태학적 세계관』, 195~196쪽 참조.
144) 구승회, 『에코필로소피』(새길, 1995), 서문 참조.

계로 파악하지 않는다. 인간과 자연은 총체적 우주라는 하나의 유기적 생명체 안에서 상호 유기적이고 상보적인 관계망을 형성하고 있는 일원적 관계로 규정된다. 인간은 자연의 정복자나 지배자가 아니라 오히려 자연의 창생·양육 과정을 도와주고 이끌어가야 하는 막중한 사명을 부여받은 존재이다. 인간은 이러한 사명을 실천함으로써만 자신의 생명 본질을 실현할 수 있다. 이러한 바탕 위에 양명은 꽃 사이에 있는 풀을 제거하던 설간薛侃이 "어찌하여 천지 사이에 선善은 배양하기가 어렵고 악惡은 제거하기가 어렵습니까?"라고 묻자 다음과 같이 대답하고 있다.

> 천지의 생명 의지는 꽃과 풀이 동일하니, 어찌 일찍이 선악의 나눔이 있겠는가? 네가 꽃을 보고자 하기 때문에, 꽃을 선하다 하고 풀을 악하다고 하는 것이다. 만일 풀을 이용하고자 할 때라면, 다시 풀을 선하다고 할 것이다. 이러한 선악은 모두 너의 마음이 좋아하고 싫어하는 데서 말미암아 생기는 것이므로 잘못된 것임을 알 수 있다.[145]

인간은 자신의 욕망과 필요에 따라 대상 사물에 선악의 가치를 부여한다. 예컨대 관상용 꽃과 풀의 관계에 있어 꽃은 관상할 수 있는 유용성을 지니고 있기 때문에 선하다고 평가하고 풀은 무용할 뿐만 아니라 관상에 방해가 되기 때문에 악하다고 평가한다. 이러한 평가를 바탕으로 풀을 제거함으로써 자연 존재물들의 생명을 인간의 인위적인 가치 기준에 따라 손상시키거나 파괴한다. 그러나 양명은 꽃뿐만 아니라 풀도 동일하게 '생명 의지'(生意)를 지니고 있다고 하여, 인간이 자기의 욕망과 필요에 따라 자연 존재물들에게 임의적으로 도구적 가치를 부여하고 이로 인해 자연 존재물들의 생명을 파괴하는 문제점을 비판하고 있는 것이다. 이러한

145) 『傳習錄』(上), 「薛侃錄」, 101조목, "侃去花間草, 因曰: 天地間, 何善難培, 惡難去? … 曰: 天地生意, 花草一般, 何曾有善惡之分? 子欲觀花, 則以花爲善, 以草爲惡, 如欲用草時, 復以草爲善矣. 此等善惡, 皆由汝心好惡所生, 故知是錯."

양명의 비판을 통해 보더라도 양명의 인간을 중추로 한 유기체적 우주관은 서구의 인간중심주의는 물론 도구적 자연관과는 이질적이라고 말할 수 있다.

좁게는 양명학 넓게는 유가철학에 있어 인간은 서구 인간중심주의의 주장처럼 자연 위에 군림하면서 자연을 정복·지배·착취할 수 있는 특권을 부여받은 존재가 아니다. 그렇다고 심층생태주의에서와 같이 자연물과 동일한 가치를 부여받은 자연생태계의 평등한 구성원도 아니다. 유가철학에 있어 인간은 인간과 천지만물의 유기적인 관계망으로 이루어진 하나의 유기체 안에서 천지만물의 생명 손상을 자신의 아픔으로 느끼고 이들의 생명을 보살피고 양육해야 하는 전우주적 사명과 책임을 부여받은 '천지만물의 마음', 즉 우주자연의 중추적 존재인 것이다.

3. 천지만물과 인간의 호혜성

양명의 생생불식의 유기체적 우주관에 있어 또 하나의 중요한 요소는 인간과 천지만물 사이의 '호혜성互惠性'(reciprocity)의 원리이다. 호혜성의 원리는 인간과 천지만물 사이의 유기적이고 상보적인 관계맺음의 생명 원리로서, 이는 존재의 연속성의 근거가 되는 '일기一氣의 유통流通'과 인간의 영명성靈明性에 근거한 '감응感應'으로 표현된다.

1) 일기의 유통

양명은 인간과 천지만물 사이에 이루어지는 일기一氣의 유통流通에 대해 다음과 같이 말한다.

> 천지만물과 사람은 본래 한 몸이니, 그 발동하는 감각 기관 가운데 가장 정

묘한 곳은 바로 사람 마음의 한 점 영명靈明함이다. 바람과 비, 이슬과 우레, 해와 달, 별과 성좌, 새와 짐승, 풀과 나무, 산과 냇물, 흙과 돌은 모두 사람과 본래 한 몸일 뿐이다. 그러므로 오곡五穀이나 새와 짐승의 부류는 모두 사람을 양육할 수 있고, 약이나 돌침과 같은 부류는 모두 병을 치료할 수 있으니, 다만 이 일기一氣가 동일한 것이기 때문에 서로 통할 수 있는 것이다.[146)]

인간 마음의 '영명靈明'함이 천지만물의 정수로 규정되고, 천지만물과 인간을 하나의 유기적인 정합체로 연결시키려는 입장에서 일기一氣의 유통이 제시되고 있다. 예컨대 무생물·식물·동물은 인간과 동일한 일기의 유통을 통해 인간의 병을 치료해주고 인간의 생명을 건강하게 유지시켜준다는 것이다. 반면 인간은 앞에서 살펴본 바와 같이 천지만물과의 감응을 통해 타자와 동물·식물은 물론 무생물의 생명 파괴에 대해 이를 자신의 아픔으로 느끼는 통각痛覺(怵惕惻隱之心, 不忍之心, 憫恤之心, 顧惜之心) 작용을 일으키며, 천지만물에 대한 인간의 영명한 마음의 감응 과정 또한 일기의 유통으로 정의된다.[147)]

여기서 제시되는 일기의 유통의 의미를 명확히 이해하기 위해서는 먼저 양명의 '기氣'에 대한 입장을 살펴볼 필요가 있다. 양명은 기에 대해 다음과 같이 다양하게 말하고 있다.

생기生氣가 나날이 충만되며, 가지와 잎이 나날이 무성해진다.[148)]

혈기血氣가 있는 모든 것은 그의 형제나 자식의 친속이다. … 정신이 흘러 관통하고 지기志氣가 통달하여 자타의 구분이나 물아의 간격이 없었다. … 원기元氣가 두루 충만하고 혈맥이 뻗어나가 통한다.[149)]

---

146) 『傳習錄』(下), 「黃省曾錄」, 274조목, "蓋天地萬物與人原是一體, 其發竅之最精處, 是人心一點靈明. 風雨露雷日月星辰禽獸草木山川土石, 與人原只一體. 故五穀禽獸之類, 皆可以養人; 藥石之類, 皆可以療疾: 只爲同此一氣, 故能相通耳."

147) 『傳習錄(下)』, 「黃以方錄」, 336조목 참조.

148) 『傳習錄』(上), 「薛侃錄」, 115조목, "生氣日完, 枝葉日茂."

양명은 '생기生氣', '혈기血氣', '지기志氣', '원기元氣' 등으로 다양하게 표현하고 있다. 일반적으로 '생기'는 만물이 자라나는 힘, 생동하는 기운, 생존하는 힘, 원기를 의미하고, '혈기'는 목숨을 유지하는 기운, 생기를 의미하며, '원기'는 만물이 이루어진 근본적인 힘, 천지의 기운, 활동의 근원이 되는 기력으로 규정되기도 한다.[150] 양명은 또한 기의 성격을 '생생불식生生不息'과 '활발발活發發'로 규정하여,[151] 기를 중단 없는 작용성을 지닌 것으로 보고 있다. 대체로 공통된 기 개념의 구인構因(construct)은 자연과 인체에 다 함께 충만되어 있고, 흐르고 움직이면서 작용하는 생명에너지이다. 그리고 측정하거나 객관적으로 파악하기가 용이하지 않다. 중요한 점은 의식에 의해서 작용이 달라질 수 있다는 점이다.[152] 기는 인간은 물론 우주의 모든 생명체가 지니는 '생명의 힘', 즉 '생명에너지' 또는 '생체에너지'로 볼 수 있다.

장회익은 생명현상이 자족적으로 지속될 수 있는 최소한의 기본 단위, 즉 '기본적인 자유에너지의 근원'과 '이를 활용할 물리적 여건'을 확보한 가운데 이의 흐름을 활용하고 있는 각 단계의 개체들로 구성된 유기적 체계 전체를 상정하지 않을 수 없으며, 이것이 바로 '온생명'(global life)이라고 주장한다. 그는 또한 통념에 따라 생명이란 개념을 하나의 전체로

---

149) 『傳習錄』(中), 「答顧東橋書」, 142조목, "凡有血氣, 皆其昆弟赤子之親. … 精神流貫, 志氣通達, 而無有乎人己之分, 物我之間, … 蓋其元氣充周, 血脈條暢."

150) 이러한 해석은 김재은의 『기의 심리학』(이화여자대학교 출판부, 1996) 가운데 부록 「氣心理 용어집」(303~331쪽)에 나오는 내용을 참조한 것이다.

151) 『傳習錄』(上), 「薛侃錄」, 104조목, "天地氣機, 元無一息之停." 『傳習錄』(下), 「黃省曾錄」, 272조목, "自是縱橫自在, 活發發地: 此便是浩然之氣."

152) 김재은은 일본과 한국의 氣 전문가나 대표적인 연구자들의 氣 정의를 네 가지—① 기는 생명력, 생명 에너지, 생체 에너지, 생명의 근원적 힘이다.(생물학적 개념) ② 기는 에너지, 물질, 정보이다.(물상적 개념) ③ 기는 우주적인 에너지이다.(철학적 개념) ④ 기는 의식화된 에너지이다.(심리학적 개념)—로 정의하는 바탕 위에 이러한 주장을 하고 있다.(김재은, 『기의 심리학』, 29~32쪽 참조)

서의 '온생명'과 이를 구성하는 각종 개체생명들에 대해 구분 없이 적용하는 것이 가능하겠으나, 단위체로서의 생명을 지칭할 경우에는 자족적 단위로서의 '온생명'(global life)과 의존적 단위로서의 '개체생명'(individual life)을 분명히 구분할 필요가 있다고 주장한다.[153]

이러한 주장에 근거해 볼 때, 양명이 주장하는 '일기一氣'는 '자유에너지'로 비유될 수 있으며, 일기의 유통을 매개로 한 총체적 천지만물은 자족적 단위로서의 온생명으로 비유될 수 있다. 그리고 인간을 비롯한 개개의 존재물들은 의존적 단위로서의 개체생명으로 비유될 수 있다. 이에 필자는 '일기'를 일단 생명력, 생명에너지, 나아가 연속적으로 전우주에 충만해 있고 사물과 사물의 상호 작용을 매개하는 우주적인 에너지라는 의미에서 '자유에너지'라 칭하고자 한다.

이러한 자유에너지는 한 개체가 전체로부터 분리・독립된 상태에서는 지속적으로 유지될 수 없다. 반드시 다른 개체와의 끊임없는 상호 교환 작용을 통해서만이 자유에너지가 지속적으로 유지되고 이에 각 개체의 생명도 온전하게 존속될 수 있다. 따라서 자유에너지의 상호 유통은 닫힌 시스템을 지니고 있는 개체 사이에서는 불가능하며, 반드시 '열린 시스템'을 가진 개체 사이에서만 가능하다. 이처럼 열린 시스템을 지니고 있는 개체들은 종국에는 하나의 개체생명임과 동시에 개체생명 상호간에 유기적인 관계성을 바탕으로 자유에너지를 교환하면서 생명을 존속시켜나갈 수 있다고 하는 측면에서 전체생명의 한 부분으로 볼 수 있다. 따라서 일기의 유통은 개체들 상호간에 유기적인 관계성을 바탕으로 하나의 전체생명을 구성하고 있을 때 가능하다. 반면 전체생명의 부분으로서의 개체생명들은 상호간에 자유에너지로서의 일기의 유통을 전제로 하여 자신의 생명을 존속시켜나간다고 볼 수 있다.

---

153) 장회익, 「온생명과 현대문명」, 『과학사상』 12호(범양사, 1995), 143쪽 참조.

이러한 '일기의 유통'이라는 인간과 천지만물 사이의 '호혜성'은 하나의 생명체가 건강한 생명을 유지해나가는 토대이며, 전체생명의 부분들이 건강하게 양육될 수 있는 근간이다. 그리고 총체적 천지만물의 생명체계에서 보았을 때, 이러한 호혜성은 부분들간의 호혜적 관계로서 생명의 본질이자 자기—조직화 과정에 다름 아니다.

2) 영명성과 감응

'일기一氣의 유통'을 천지만물의 실제적인 생명 원리로 보는 양명은 기氣로부터 인간 마음의 '영명성靈明性'을 도출하고 있다. 양명은 "기氣가 약간 정미하면 해·달·별·바람·비·산·강이 되고, 이보다 약간 더 정미하면 우레·번개·도깨비·풀·나무·꽃이 되고, 한층 더 정미하면 새·짐승·물고기·자라·곤충의 무리가 된다. 지극히 정미하면 사람이 되고, 지극히 영묘(靈)하고 지극히 밝은 것(明)은 마음이 된다"[154]고 말한다. 우주의 모든 존재물들은 기로부터 형성되는 바, 기의 정밀함의 정도에 따라 무생물→식물→동물→인간→영명한 인간의 마음의 다층적 구조를 지닌다는 것이다. 따라서 지극히 영명한 인간의 마음은 기에 의해 형성되는 것임과 동시에 기에 의해 구성된 천지만물의 최고 정점에 위치한다.

기氣는 물질 혹은 물질의 상태라는 측면뿐 아니라 삶을 유지하는 데 필수적인, 삶의 시스템 안에서 순환되고 있는 그 어떤 물질적 기운과 아울러 정신적 기운이라는 뜻을 강하게 함축하는 것으로 정의되기도 한다.[155] 인간 마음의 영명성이 기에 근원한다는 양명의 주장을 이러한 정의에 비추어 본다면, 양명학에 있어 일기一氣는 단지 자유에너지로서의

---

154) 『明儒學案』(上) 册五, 권 25, 南中王門學案一, 「語錄」

155) 장회익, 『삶과 온생명』, 34~35쪽 참조.

질료적 측면만이 아니라 영명성으로 표현되는 '정신적 측면' 모두를 함축한다고 말할 수 있다. 이에 양명은 황이방黃以方과의 문답에서 인간 마음의 영명성과 관련하여 일기의 유통을 다음과 같이 설명하고 있다.

(황이방이) 물었다. "사람의 마음은 만물과 한 몸(同體)이라고 하셨는데, 내 몸이라면 원래 혈기가 흘러 통하는 것이기 때문에 한 몸이라고 말할 수 있습니다. 그러나 다른 사람과는 몸을 달리합니다. 또한 새와 짐승 그리고 풀과 나무와는 더욱 멀어지는데, 어떻게 한 몸이라고 말할 수 있습니까?"

선생께서 말씀하셨다. "그대가 다만 감응感應하는 기미에서 본다면, 어찌 새·짐승과 풀·나무뿐이겠는가? 비록 천지라고 하더라도 나와 한 몸이며, 귀신 또한 나와 한 몸이다."

가르침을 청하였다.

선생께서 말씀하셨다. "그대는 이 천지 가운데서 무엇이 천지의 마음이라고 생각하는가?"

대답하였다. "일찍이 사람이 천지의 마음이라고 들었습니다."

선생께서 말씀하셨다. "사람은 또 무엇으로 마음을 삼는가?"

대답하였다. "단지 하나의 영묘하고 밝은 것(靈明)을 마음으로 삼습니다."

(선생님께서 말씀하셨다.) "천지 사이에 가득 찬 것은 단지 이 하나의 영명靈明이라는 것을 알 수 있다. 사람은 다만 형체 때문에 스스로 격리되어 있는 것이다. 나의 영명이 곧 천지와 귀신의 주재자이다. 나의 영명이 없다면 누가 하늘의 높음을 우러러보겠는가? 나의 영명함이 없다면 누가 땅의 깊음을 굽어보겠는가? 나의 영명이 없다면 누가 귀신의 길흉吉凶과 화복禍福을 분별할 수 있겠는가? 천지와 귀신과 만물이 나의 영명을 떠난다면, 천지와 귀신과 만물은 존재하지 않을 것이다. 나의 영명이 천지와 귀신과 만물을 떠난다면, 또한 나의 영명도 존재하지 않을 것이다. 이와 같다면 곧 일기一氣가 유통하는 것이니, 어떻게 그것들과 격리될 수 있겠는가?"[156]

---

156) 『傳習錄』(下), 「黃以方錄」, 336조목, "問: 人心與物同體, 如吾身原是血氣流通的, 所以謂之同體. 若於人便異體了. 禽獸草木益遠矣, 而何謂之同體? 先生曰: 你只在感應之幾上看, 豈但禽獸草木, 雖天地也與我同體的, 鬼神也與我同體的. 請問. 先生曰: 你看這箇天地中間, 甚麽是天地的心? 對曰: 嘗聞人是天地的心. 曰: 人又甚麽教

인간이 동물·식물·천지·귀신과 같은 우주의 모든 존재물들과 감응한다고 하는 사실적 측면에서 본다면, 결국 인간은 우주의 모든 존재물과 한 몸일 수밖에 없다는 것이다. '감感'은 받아들임으로서 바깥에서 안쪽을 움직이는 것을 말하고, '응應'은 대답함으로서 안쪽에서 바깥에 대응對應하는 것이므로, '감응'은 자기를 상대에게 투입하는 것, 상대를 자기에게 수용하는 것으로 정의된다.[157] 이러한 감응은 바로 인간 자신의 영명한 마음의 자각에 의해 이루어지는 바, 이를 통해 천지만물과 인간 사이에는 일기가 유통한다는 사실을 알 수 있다는 것이다.

인간은 천지만물 가운데 가장 영명한 마음을 통해 비로소 모든 존재물들과 자신이 하나의 생명체라는 사실을 자각할 수 있다. 그러나 다른 한편 인간은 자신의 개체 욕망에 집착함으로써 형체를 기준으로 천지만물과 자신을 내·외, 주·객으로 분리시킬 수도 있다. 물론 외형상으로 인간의 신체는 인간 자신이 천지만물과 분리되어 존재하는 하나의 독립된 개체처럼 보이게 만든다. 그러나 이러한 경계는 생명 시스템의 유한성을 표시하는 특정한 부위 또는 특정한 규정성을 가리키는 것으로서,[158] 이 경계에 국한되는 영역만으로는 생명을 존속시켜나갈 수가 없다. 마치 인간 유기체의 각 기관들이 상호 분리·독립된 상태에서는 온전히 제 기능을 수행할 수 없을 뿐만 아니라, 자신의 전체인 인간 유기체의 생명 또한 온전하게 유지시켜나갈 수 없는 것과 같다. 반드시 각각의 기관들이 상호간에 유기적인 조화와 협력을 유지해야만 인간 유기체가 건강한 생명

做心? 對曰: 只是一箇靈明. (先生曰) 可知充天塞地中間, 只有這箇靈明, 人只爲形體自間隔了. 我的靈明, 便是天地鬼神的主宰. 天沒有我的靈明, 誰去仰他高? 地沒有我的靈明, 誰去俯他深? 鬼神沒有我的靈明, 誰去辯他吉凶災祥? 天地鬼神萬物離卻我的靈明, 便沒有天地鬼神萬物了. 我的靈明離卻了天地鬼神萬物, 亦沒有我的靈明. 如此, 便是一氣流通的, 如何與他間隔得!"

157) 최재목, 『나의 유교 읽기』(소강, 1997), 263쪽 참조.

158) 박창근, 『시스템학』(범양사, 1997), 82쪽 참조.

을 지속해나갈 수 있는 것처럼, 인간은 하나의 총체적 생명체 안에서 천지만물과 상호 유기적이고 상보적인 조화와 협력을 유지해나가야 하는 것이다.

아울러 인간 신체에 두뇌나 신경망과 같은 의식 중추가 없으면 자신의 전존재, 즉 자신이 하나의 생명체임을 자각하지도 느끼지도 못한다. 반면 인간의 의식 중추로서의 두뇌나 신경망은 전체로서의 인간 유기체를 떠나서는 존재할 수도 없으며 존재한다 하더라도 아무런 작용도 할 수 없다. 이와 같이 인간의 영명성이 존재하지 않는 총체적 유기체로서의 천지만물은 자신의 존재를 자각할 수도 느낄 수도 없으며, 총체적 유기체로서의 천지만물이 존재하지 않는 인간의 영명성 또한 존재하지도 않으며 아무런 기능도 발휘할 수 없다. 따라서 인간의 영명성은 자신의 총체적 유기체로서의 천지만물을 전제로 해서만 존재하며 또한 자신의 본래적 기능을 발휘할 수 있다. 그리고 천지만물은 자신의 부분, 즉 의식 중추로서의 인간의 영명성을 전제로 해서만 자신의 존재를 자각하고 느낄 수 있다. 따라서 양명은 천지・귀신・만물은 인간의 영명함을 떠나서는 존재할 수 없으며, 인간의 영명함 또한 이들을 떠나서는 존재할 수 없다고 주장하고 있는 것이다.

인간은 자신의 영명성을 통해 천지만물과 감응함으로써 천지만물과 자신이 하나의 생명체임을 자각할 수 있음은 물론, 하나의 생명체로서의 천지만물이 존재하기 때문에 인간의 영명성 또한 존재의 필요성과 의미를 지닌다. 이러한 바탕 위에 양명은 결론적으로 인간은 자신의 영명성을 통해 천지만물과 감응, 즉 일기 유통을 하기 때문에 이들과 격리될 수 없다고 주장하고 있는 것이다. 인간은 자신의 영명성을 통해 천지만물과 감응할 수 있으며, 이를 통해 이들과 유기적인 생명의 관계망을 유지하고 이들의 생명을 온전하게 존속시켜나갈 수 있는 것이다.

이러한 영명성은 오늘날 생태학에서 말하는 두 가지 개념, 즉 '집단' 및 '연결망'과 밀접한 관련성이 있다고 보여진다. 대부분의 생물이 생태학적 집단의 구성원일 뿐 아니라 그 자체가 복잡한 생태계이며, 그 속에는 상당한 폭의 자율성을 갖는 그보다 작은 무수한 유기체들이 전체라는 기능 속에서 조화롭게 통일되어 있다. 따라서 생물시스템 체계에는 '생물', '생물의 부분' 그리고 '생물들로 이루어진 집단'이라는 세 가지 종류가 있으며, 이 모두가 통합된 전체를 구성하고 있다. 이 전체의 특성은 그 부분들의 '상호 작용'과 '상호 의존'에 의해 발생한다.[159] 이러한 개별적 구성원들로 이루어진 복잡한 생태계, 즉 생물시스템으로서의 집단은 하나의 우주생명체이며, 이러한 상호 작용과 상호 의존은 양명이 말하는 영명성과 일기의 유통을 통해 가능하다. 그리고 영명성과 일기의 유통을 바탕으로 부분들 상호간에 정신이 유통하고 지기志氣가 통달함으로써 자아와 타자 또는 인간 자신과 자연만물이 이원적으로 분리되지 않는 하나의 총체적인 유기체를 이루어나가는 것이다.[160]

제4절 만물일체의 유기체적 대동사회관

양명은 생생불식의 유기체적 우주관을 바탕으로 자신이 추구하는 바람직한 인간 사회의 모델을 제시한다. 양명의 천지만물일체설에 근거할

159) 프리쵸프 카프라, 『생명의 그물』, 55쪽 참조.

160) 『傳習錄』(中), 「答顧東橋書」, 142조목, "蓋其心學純明, 而有以全其萬物一體之仁, 故其精神流貫, 志氣通達, 而無有乎人己之分, 物我之間."

때, 인간 사회는 인간 개체의 상위 유기체이자 동시에 천지만물이라는 총체적 유기체의 하위 유기체라고 말할 수 있다. 이에 양명은 『전습록』에서 인간 사회는 단순히 구성원들의 물리적·산술적 집합체로서가 아니라 사회 구성원 상호간의 유기적이고 상보적인 관계망을 전제로 구성원 개개인의 다양성과 자율성에 기초하여 추동되는 유기적인 특성을 지닌 하나의 유기적인 생명체로 묘사하고 있다.[161] 필자는 양명의 사회관을 '만물일체의 유기체적 대동사회관'이라 칭하고, 양명의 '만물일체의 유기체적 대동사회관'의 특성에 대해 탐구해 보고자 한다.

1. 유기체적 대동사회

유교는 양민養民과 교민敎民을 동시에 강조하면서도, 궁극적으로는 교민을 통한 인륜적 공동체의 구현에 그 목적이 있는 것으로 평가된다.[162] 또한 개인의 해방을 추구하는 도가와 달리 유가는 공동체적 연대, 즉 모든 구성원이 한 덩어리로 연계된 '대동大同사회'를 추구하며 대동사회는 각 개인의 덕성에 기초한 자발성에 의해 실현되어야 한다고 평가된다.[163] 양명이 추구하는 이상사회론의 근원 또한 『예기禮記』「예운禮運」에 있으나,[164] 「예운」에 관련된 대동사회가 '원시집산적原始集産的 무분화無分化 사회'라고 한다면 양명이 추구한 사회는 '일체화된 유기체적 사회'라고 평가된다.[165]

---

161) 양명의 인간 사회에 대한 관점은 『傳習錄』(中), 「答顧東橋書」 가운데 '拔本塞源論'으로 지칭되는 142~143조목과 「答聶文蔚」 가운데 179~183조목에서 상세히 묘사되고 있다.

162) 이상익, 『儒敎 社會哲學 硏究』(심산, 2001) 284쪽 참조.

163) 김수중, 『공동체란 무엇인가』(이학사, 2002), 28~31쪽 참조.

164) 錢穆, 『王陽明述要』(臺灣 正中書局, 民國56年), 81쪽 참조.

165) 김수중, 「陽明學의 '大同'社會意識에 관한 硏究」(서울대 박사학위논문, 1991), 88쪽 참조.

「답고동교서答顧東橋書」 가운데 이른바 '발본색원론拔本塞源論'이라 불리는 내용은 양명이 '천지만물일체의 인仁'에 입각하여 사적인 공리주의를 배척하고 대공무사大公無私한 양지의 본연성本然性을 회복·실현한 세계를 묘사한 것으로서, 이는 유학의 이상인 내성외왕內聖外王의 사상을 천명하고 도덕과 정치와 교육을 일체화하고 있는 유학적 실학實學의 대표적 논술이라 평가되고 있거니와,[166] '발본색원론'에서 양명이 추구하는 이상적 인간 사회, 즉 만물일체의 유기체적 대동사회의 특징을 엿볼 수 있다.

먼저 다음과 같은 '발본색원론'의 주장에서 인간 사회를 하나의 유기적인 생명체로 볼 수 있는 근거를 찾을 수 있다.

> 무릇 성인聖人의 마음은 천지만물을 한 몸으로 삼으니, 세상 사람을 보는데 안과 밖, 멀고 가까움의 차별을 두지 않는다. 혈기血氣가 있는 것은 모두 그의 형제나 자식의 친속이기 때문에, 그들을 안전하게 가르치고 길러서 만물일체의 염원을 성취하고자 한다. 세상 사람의 마음은 처음에는 역시 성인과 다름이 없으나, 다만 나만 있다고 하는 사사로움에 이간離間되고, 물욕物欲의 가려짐에 격단되어 큰 것이 그 때문에 작아지고 통하는 것이 그 때문에 막혀서 사람마다 제각기 사사로운 마음이 생겨났고, 심지어 자신의 부모와 자식, 형과 아우를 원수처럼 여기는 자가 생기게 되었다. 성인께서 이것을 우려하여 그의 천지만물을 한 몸으로 삼는 인심仁心을 미루어서 세상 사람들을 가르쳐서 모두 그 사사로움을 이기고 그 가려짐을 제거하여 누구에게나 똑같은 마음의 본체를 회복하게 하셨다.[167]

여기서 천지만물은 하나의 생명체이기 때문에 인간 사회 구성원들은

---

166) 송하경, 「王陽明의 致良知의 境界」, 『儒學硏究』 3집(충남대학교 유학연구소, 1995), 11쪽 참조.

167) 『傳習錄』(中), 「答顧東橋書」, 142조목, "夫聖人之心, 以天地萬物爲一體, 其視天下之人, 無外內遠近. 凡有血氣, 皆其昆弟赤子之親, 莫不欲安全而教養之, 以遂其萬物一體之念. 天下之人心, 其始亦非有異於聖人也, 特其間於有我之私, 隔於物欲之蔽, 大者以小, 通者以塞, 人各有心, 至有視其父子兄弟如仇讐者. 聖人有憂之, 是以推其天地萬物一體之仁以教天下, 使之皆有以克其私去其蔽, 以復其心體之同然."

상호간에 자신의 신체를 기준으로 인위적으로 서로를 분리할 수 없으며, 더욱이 서로의 거리가 상대적으로 멀다고 하여 서로를 분리시켜 자신과 무관한 존재로 취급할 수 없다고 전제함으로써, 우주 또는 지구의 한 부분으로서의 인간 사회를 하나의 유기적인 생명의 관계망으로 볼 수 있는 가능성을 제시하고 있다.

이러한 유기적 관계망을 전제로 사회 구성원 개개인은 타구성원들을 자신의 몸을 돌보듯 안전하게 보살피고 교양教養하는 과정, 즉 만물일체의 인仁의 발휘를 통해 상호간에 생명을 온전하게 양육시켜줌으로써 하나의 인간 사회를 온전하고 건강하게 유지시켜나간다고 본다. 따라서 '만물일체의 인'은 사회 구성원 개개인을 하나의 생명 현상으로 연결시켜주는 교량이 되는 동시에 유기적인 생명체로서의 인간 사회를 온전하게 유지시켜나가는 생명력이라 할 수 있다. 다만 인간은 '만물일체의 인'뿐만 아니라, 인간 자신의 이익과 안위에만 지나치게 집착함으로써 자신과 사회 구성원간의 유기적이고 상보적인 관계망을 단절하고 타구성원의 생명을 파괴할 수 있는 '유아有我'와 '물욕物欲', 즉 개체 욕망의 발동 가능성을 내재하고 있기 때문에, 사회 구성원 개개인이 자신의 개체 욕망을 극복하고 '만물일체의 인'을 회복·실현함으로써만 인간 사회는 온전하게 유지될 수 있다.

장회익은 인간이 타생물종과의 종적 관련을 맺음은 물론 횡적으로 동류 개체들과 결합하여 유기적 조직체를 이룸으로써 고차적 개체 형성에 기여하게 되는 바, 이것이 바로 각종 사회조직이며 이러한 사회조직체들을 이루어나가는 주요 구성양식이 사회체제라고 말할 수 있다고 주장함으로써, 인간 사회를 하나의 유기체로 볼 수 있는 가능성을 제시하고 있다. 이러한 주장을 바탕으로 장회익은 일반적으로 사회체제의 구성 원리는 인간이 지닌 기본적 속성, 즉 경쟁과 협동 성향에 기인하며, 근본적으로 개체생명이 지닌 두 상반된 성향, 즉 '개체중심적 성향'과 '생태중심적 성향'에 바탕을 두고 있다고 전제하면서, 이 속성 가운데 '생태중심적 성향'이 발현될 경우 협동적 방식을 위주로 하는 협동적 체제가 존재하게 된다고 주장한다.[168] 이러한 주장과 비교해 볼 때, 하나의 유기체적 사회 안에서 인간 개개인의 '만물일체의 인仁'은 '생태중심적 성향'을 의미하며, 개체 욕망은 '개체 중심적 성향'을 의미한다고 말할 수도 있을 것이다.

양명은 다음과 같이 보다 구체적으로 인간 사회를 유기적인 인간 신체에 비유함으로써 유기체적 생명체로 볼 수 있는 근거를 명확하게 제시한다.

> 생각건대 그 심학心學이 순수하고 밝아서 만물일체의 인仁을 온전히 이룰 수 있었기 때문에, 그 정신이 흘러 관통하고 지기志氣가 통하여 자타自他의 구분이나 물아物我의 간격이 없었다. 이것을 한 사람의 신체에 비유하면 눈은 보고, 귀는 듣고, 손은 쥐고, 발은 걸어서 전신의 작용을 돕는 것과 같다. 눈은 소리를 듣지 못하는 것을 부끄럽게 여기지 않고 귀가 미치는 데 따라서 반드시 거기서 살피며, 발은 물건을 쥐지 못하는 것을 부끄럽게 여기지 않고 손이 찾는 데 따라서 반드시 그리로 나아간다. 생각건대 원기元氣가 두루 충만하고 혈맥血脈이 뻗어나가 통하니, 그 때문에 가렵든지 아프든지 내쉬든지 들이쉬든지 감촉하는 것마다 귀신같이 응하여 말하지 않아도 깨닫는 신묘함이 있게 된다.[169]

이 내용은 '만물일체의 인仁'이 실현되는 인간 사회를 신체에 비유한 말이다. 인간의 신체는 각종 다양한 기관과 조직으로 구성되어 있으며, 이러한 다양한 기관과 조직들은 각기 주어진 역할을 달리하면서 서로 다

168) 장회익, 「온생명과 현대문명」, 149쪽 참조.

169) 『傳習錄』(中), 「答顧東橋書」, 142조목, "蓋其心學純明, 而有以全其萬物一體之仁, 故其精神流貫, 志氣通達, 而無有乎人己之分, 物我之間. 譬之一人之身, 目視耳聽手持足行, 以濟一身之用, 目不恥其無聰, 而耳之所涉, 目必營焉. 足不恥其無執, 而手之所探, 足必前焉. 蓋其元氣充周, 血脈條暢, 是以痒疴呼吸, 感觸神應, 有不言而喩之妙."

른 작용을 진행시켜나가지만 이들은 개별적으로 분리·독립해서 작용하는 것이 아니라 상호 유기적이고 상보적인 작용을 통해 인간이라고 하는 하나의 유기적 생명체를 운용한다. 따라서 인간의 각 기관과 조직들은 외형상으로는 각기 분리해 볼 수 있지만, 그 실제적인 작용에 있어서는 상호 분리되지 않는, 즉 '유기적인 관계망'을 구성하고 있다. 유기적인 인간의 신체와 같이 만물일체의 인仁이 실현되는 인간 사회 또한 "그 정신이 흘러 관통하고 지기志氣가 통하여 자타自他의 구분이나 물아物我의 간격이 없었다"고 표현되듯, 사회 구성원들이 각기 분리되어 상호 무관하게 개별적으로 생존해 가는 것이 아니다. 이들은 정신과 육체 두 측면에서 모두 상호간에 유통함으로써 개체간의 구분과 간격을 타파하여 유기적이고 상보적인 관계망을 형성하고 이에 인간 사회를 온전하게 존속시킨다. 따라서 인간 사회를 인간 상위의 하나의 유기적인 생명체라고 전제할 때, 인간 사회를 구성하는 인간 개개인은 신체에 있어서의 기관들로 비유될 수 있다.

이러한 양명의 주장은 현대의 '시스템 이론'이나 '유기체 이론'들과 대비시켜 볼 수 있다. 생명 시스템에는 세포, 조직, 기관, 개체, 그리고 개체를 초월하는 여러 가지의 생명 시스템과 같은 다양한 종류가 존재할 뿐만 아니라 복잡한 상호 작용에 의해서 논리적인 계층구조를 형성한다고 전제하는 시미즈 히로시는, 생명관계학에서 주목되는 것은 부드러운 계층과 각종의 동·식물이나 인간을 여러 요소로 끌어들여 자기－조직하고 개체를 훨씬 초월해서 이 지상에 존재하는 '커다란 생명 시스템'이라고 한다. 여기서 강조하고자 하는 것은, 이 지상의 생물 시스템은 각각 서로 적절하고 부드러운 관계를 가지고 '커다란 생명 시스템'을 형성하여 그 속에서 서로 생존하고 있다는 현실로서, 인간으로 예를 들면 자연 환경, 사회 그리고 국가 등은 이러한 커다란 살아있는 시스템 속의 구성원이며, 거기에는 인간 이외의 여러 생물과 각양각색의 시스템도 포함된다고 한다.[170] 이러한 시미즈 히로시의 주장에 비추어 볼 때, 인간 신체에 비유하여 인간 사회를 인간 개개인의 유기적이고 상보적인 관계망으로 형성된 하나의 유기적인 생명체로 보는 양명의 견해가 단지 하나의 추상이나 허구가 아니라 사실 세계에 근거하고 있다는 사실을 발견할 수 있다.

아울러 카프라는 생명체, 즉 살아있는 유기체의 관점에서 관찰하면 '시스템 이론'이라는 하나의 사상체계가 나타난다고 전제하고, 사회를 하나의 시스템으로 보아 "시스템적인 측면은 사회현상의 모든 단위, 예컨대 한 가정이나 작은 모임과 같은 사회조직에서도 찾아볼 수 있다. 그리고 끊임없이 무기물을 흡수하고 또 배출하는 다양한 생물체로 이루어진 생태계 전체도 역시 하나의 시스템을 구성하고 있다. 이러한 자연적 시스템은 모두 그 통째가 하나의 옴살스런 전체로서, 구성요소들이 얽히고설켜 서로가 서로에게 의존하며 서로의 상호작용을 통해 특정한 기능이나 활동을 영위해나간다"[171]고 주장한다. 이러한 주장은 양명이 유기체적 대동사회의 근간으로 제시하고 있는 유기적이고 상보적인 관계망과 상당한 유사성을 지닌다.

물론 인간 사회를 하나의 유기적인 생명체로 보는 양명의 관점이 위에서와 같이 오늘날 제시되고 있는 '시스템 이론'이나 '유기체 이론'과 동일한 것은 아니라 하더라도, 이들과의 비교를 통해 양명의 주장이 단지 관념적 추상이나 이상적 허구가 아니라 사실적 세계를 표상하고 있다는 사실을 입증할 수 있다.

170) 시미즈 히로시 저, 『생명과 장소』(임승원 역, 전파과학사, 1994), 87~88쪽 참조.
171) 프리쵸프 카프라, 「지구를 살리는 새로운 선택」, 32쪽.

2. 대동사회의 유기체적 특성

계속해서 '발본색원론'의 내용을 중심으로 하나의 유기체로 간주되는 대동사회가 지니는 유기체적 특성을 고찰해보면 다음과 같다.

① 학교에서는 오직 덕德을 성취하는 일에만 종사하였다. 그러나 재능이 달라서 어떤 자는 예악禮樂에 뛰어나고 어떤 자는 정치와 교육에 뛰어나고 어떤 자는 수리水理와 토지와 농사에 뛰어나기 때문에 그 덕을 성취하는 데 따라서 학교에서 각자의 재능을 더욱 정련하도록 하였다. ② 덕이 있는 자를 천거하여 임용한 뒤에는 종신토록 그 직책에 머물러 다시 바꾸지 않게 하였다. 임용하는 자는 오직 한 마음 한 덕(同心一德)으로 세상의 백성들을 모두 편안하게 해주는 일만을 생각하였고, 재능이 그 직책에 부합하는지의 여부를 볼 뿐이요, 그 직책의 높고 낮음으로써 경중을 삼거나 수고로움과 편안함으로써 좋고 나쁨을 삼지 않았다. 임용된 자도 오직 한 마음 한 덕으로 세상의 백성들을 편안하게 해주는 일만을 생각하였으며, 만약 직분이 자기의 재능에 맞기만 하다면 종신토록 번잡한 데 처하더라도 수고롭게 여기지 않았고, 비천하고 자질구레한 직분도 편안히 여기며 천하다고 여기지 않았다. 당시에는 세상 사람들이 화락하고 너그러워 모두 서로 일가친척처럼 보았다. ③ 재질이 낮은 자는 농農·공工·상商·고賈의 직분에 편안하고 각자 자신의 직업에 힘써서 서로 살리고 서로 길러줄 뿐이지(各勤其業, 以相生相養) 높은 것을 바라거나 자기 분수 이외의 것을 넘보는 마음이 없었다. ④ 재능이 남다른 고皐나 기夔, 직稷이나 설契 같은 사람들은 벼슬길에 나아가 각각 그 재능을 발휘하되 마치 한 집안의 임무처럼 하였으니, 어떤 자는 의식衣食을 경영하고, 어떤 자는 물자를 유통하고, 어떤 자는 기용器用을 갖추되, 지혜를 모으고 힘을 합하여 위로는 부모를 섬기고 아래로는 처자를 양육하는 소원을 이루고자 하였다. 그들은 오직 자기가 맡은 일에 혹 태만하지 않을까 두려워하여 자기의 직책을 중히 여겼다. ⑤ 그러므로 직稷은 농사일을 부지런히 하되 자신이 교육에 대해 알지 못하는 것을 부끄럽게 여기지 않았으며, 설契이 교육을 잘하는 것을 곧 자기가 교육을 잘하는 것으로 여겼다. 기夔는 음악을 담당하되 자신이 예禮에 밝지 못한 것을 부끄럽게 여기지 않았으며, 이

> 夷가 예에 통달한 것을 곧 자기가 예에 통달한 것으로 여겼다. 생각건대 그 심학心學이 순수하고 밝아서 만물일체의 인仁을 온전히 이룰 수 있었기 때문이다.[172](번호는 필자가 첨가한 것임)

위의 내용에 근거해 볼 때, 양명이 제시하는 유기체적 대동사회는 다음과 같은 4가지 특성을 지닌다.

첫째, 사회 구성원의 '다양성'이다. 인용문 ①에서 양명은 사람마다 예악・정치・교육・농업 등 각기 다른 재능을 지니고 있음을 인정하고, ③에서는 재질에 따라 농・공・상・고의 직분이 다르다고 주장하고, ⑤에서는 재능에 따라 일과 임무가 각기 다르다고 주장하고 있다. 이는 사회 구성원간의 서로 다른 재능의 다양성을 긍정적으로 인정하는 바탕 위에 인간 사회는 서로 다른 재능을 지닌 다양한 구성원들로 구성되어 있다는 것을 의미한다. 만일 인간이라는 유기체가 동일한 기능과 역할을 담당하는 기관들로만 구성되어 있다면, 인간은 더 이상 생명을 지속시켜 나갈 수 없다. 이와 마찬가지로 하나의 유기체로서의 인간 사회 또한 구성원 모두가 동일한 재능을 지니고 동일한 기능과 역할만을 담당한다면, 그 사회는 더 이상 존속할 수 없을 뿐만 아니라 구성원 모두가 파멸에 직면하게 된다. 따라서 이러한 인간 사회 구성원간의 재능의 다양성과

---

172) 『傳習錄』(中), 「答顧東橋書」, 142조목, "學校之中, 惟以成德爲事. 而才能之異, 或有長於禮樂, 長於政敎, 長於水土播植者, 則就其成德, 而因使益精其能於學校之中. 迨夫擧德而任, 則使之終身居其職而不易. 用之者惟知同心一德, 以共安天下之民, 視才之稱否, 而不以崇卑爲輕重, 勞逸爲美惡. 效用者亦惟知同心一德, 以共安天下之民, 苟當其能, 則終身處於煩劇而不以爲勞, 安於卑瑣而不以爲賤. 當是之時, 天下之人, 熙熙皡皡, 皆相視如一家之親. 其才質之下者, 則安其農工商賈之分, 各勤其業, 以相生相養, 而無有乎希高慕外之心. 其才能之異, 若皐夔稷契者, 則出而各效其能, 若一家之務, 或營其衣食, 或通其有無, 或備其器用, 集謀幷力, 以求遂其仰事俯育之願, 惟恐當其事者之或怠而重己之累也. 故稷勤其稼, 而不恥其不知敎, 視契之善敎, 卽己之善敎也. 夔司其樂, 而不恥於不明禮, 視夷之通禮, 卽己之通禮也. 蓋其心學純明, 而有以全其萬物一體之仁."

재능에 따른 기능과 역할의 다양성은 유기적인 인간 사회가 원활하게 유지되기 위한 필수불가결의 첫째 조건이다.

둘째, 사회 구성원들의 '온전성'이다. 인간은 천지만물일체를 구현할 수 있는 생명 본질로서의 유기적 생명성(良知=天理=明德=仁=至善)뿐만 아니라, 이에 대립되는 개체 욕망(私欲, 私意, 物欲)을 내재하고 있다. 따라서 교육을 통해 사회 구성원들의 재능을 신장시켜주고 정치적으로는 직능에 부합되는 인재를 등용하는 것만으로는 유기체적 인간 사회를 온전하게 유지시켜나갈 수가 없다. 만일 구성원의 재능이 교육을 통해 신장되고 직능에 부합되는 재능이 있는 사람이 등용되었다 하더라도, 그들이 자신의 재능을 생명 본질에 의거하여 유기체적 인간 사회를 온전히 존속시키는 데 활용하지 아니하고 자신들의 개체 욕망을 충족시키는 데 활용할 경우, 이들의 재능은 오히려 인간 사회 구성원들의 생명을 질곡시키고 나아가 인간 사회를 어지럽히는 결과를 초래하게 된다.173) 따라서 양명은 ①에서 학교에서의 교육은 사회 구성원의 덕성을 성취시켜주는 것을 목적으로 삼되 반드시 덕성에 부합되도록 재능을 신장시켜 주어야 한다고 주장하고, ②에서 정치적으로 인재를 등용함에 있어서는 그의 덕성에 따르되 그의 재능이 그 직책에 합당한가를 평가해야 한다고 주장하고 있다. 즉 유기체적 인간 사회에 있어서 구성원들은 재능과 덕성에 있어 어느 한 가지도 결하지 않는 '재덕일치才德一致'가 요구되는 바, 이를 필자는 사회 구성원의 '온전성'이라 표현하고자 한다. 이러한 온전성을 전제로 해서만이 재능에 따른 사회 구성원의 다양성이 의미를 지니며, 또한 다양한 재능은 유기체적 인간 사회 구현을 위해 올바르게 발휘될 수 있다.

셋째, 사회 구성원들의 '평등성'이다. ②에서 밝히고 있는 바와 같이, 유기체적 인간 사회에 있어서의 개개인의 직책은 해당자의 신분상의 상

173) 『傳習錄』(中), 「答聶文蔚」, 180조목 참조.

하, 존비, 귀천에 따른 것이 아니라 그들의 재능과 덕성의 층차에 따른 것이다. 따라서 유기체적 인간 사회에서는 재능의 다양성과 온전성에 근거한 구성원 개개인의 평등성이 전제되는 바, 직책의 높고 낮음이 중요하다거나 직책의 등급에 따라 신분이 정해지는 것이 아니다. 저마다 타고난 개개인의 재능적 특수성과 인간의 보편적 고유성이 잘 배양되고, 자신에게 알맞은 직업을 갖고 그 직분에 일생토록 종사하면서, 오로지 자신의 직분에 성실할 뿐 타인과의 대립을 지양하여 화해和諧의 세계를 성취코자 한다는 것이다. 이로써 사회 구성원 모두가 '만물일체의 인仁'을 온전히 하고 상호간에 그 순수생명정신과 의지를 교합함으로써 인人・기己와 물物・아我의 구별이 타파되는 경지에 도달하게 된다.[174)]

넷째, 사회 구성원간의 '유기적 상보성'이다. ④에서 밝히고 있는 바와 같이, 유기체적 대동사회 구성원 개개인은 각기 서로 다른 재능에 따라 서로 다른 직무—예컨대 의식衣食을 경영하거나 물자를 생산하거나 유통시키고 정치를 담당하는 등—를 담당한다. 아울러 ⑤에서와 같이 대동사회에서는 한 개인이 다양한 재능을 지니는 것보다는 각자 자신의 타고난 재능과 덕성에 따른 직분에 충실하게 하는 것이 요구된다. 그러나 이러한 다양성은 사회 구성원 개개인이 단절・고립된 상태가 아닌 상호 유기적이고 상보적인 관계망을 전제로 하여 전개된다. 이에 양명은 ②에서 이러한 관계망의 연결 고리로서 '동심일덕同心一德'을 제시하고 있는 바, '동심일덕'은 바로 인간 개개인을 고립시켜 상호 투쟁의 대립적 관계를 야기시키는 개체 욕망에 대비되는 '만물일체의 인仁', 즉 인간 상호간을 유기적・상보적으로 연결시켜주는 인간의 생명본질이자 생명력이라 할 수 있다. 이러한 '동심일덕'을 바탕으로 사회 구성원 모두가 자신의 재능에 따라 부여된 직무에 충실하고 유기체적 대동사회 구성원 상호간에 생

174) 송하경, 「王陽明의 致良知의 境界」, 9쪽 참조.

명을 온전하게 양육해줌으로써 결국 유기체적 대동사회를 온전하게 존속시켜나갈 수 있다.

지금까지 양명의 천지만물일체설을 중심으로 '생생불식의 유기체적 우주관'과 '만물일체의 유기체적 대동사회관'의 내용과 특성에 관해 살펴보았다. 선진 유학의 유기체적 자연관과 북송 유학의 만물일체설에 뿌리를 둔 양명의 세계관은 한마디로 '인간을 중추로 한 유기체적 세계관'이라 말할 수 있다. 양명학에서 천지만물로 표현되는 우주자연은 '역동적 자기-조직성'을 지닌 하나의 유기적인 생명체로서, 이 세상의 모든 존재물들은 우주라는 하나의 유기적인 생명의 그물망 안에서 끊임없이 창생·양육된다. 인간은 이러한 총체적인 천지만물의 마음, 즉 중추적 위상을 지닌 존재로서 천지만물과의 감응을 통해 이들의 생명의 온전성에 대한 시비를 판단하고 이들의 생명 손상을 자신의 아픔으로 느끼면서 천지만물의 창생·양육 과정에 있어 중추적 역할을 담당한다. 천지만물과 인간 사이에는 '일기一氣의 유통'을 통해 서로의 생명을 온전하게 양육시켜주는 '호혜성'을 내재하고 있는 바, 이는 결국 총체적 유기체의 자기-조직화 과정으로 귀결된다. 양명학에 있어 인간 사회 또한 사회 구성원 상호간의 유기적이고 상보적인 관계망을 전제로 구성원 개개인의 다양성과 자율성에 기초하여 추동되는 유기적인 특성을 지닌 하나의 유기적인 생명체이다. 이러한 유기체적 대동사회는 '사회 구성원의 다양성', '사회 구성원의 온전성', '사회 구성원의 평등성', '사회 구성원간의 유기적 상보성'이라는 특성을 지닌다.

제4장
마음의 창조적·역동적 생명 원리

양명학에 있어 천지만물은 생생불식生生不息하는 하나의 생명체이며 인간은 천지만물의 마음(天地萬物之心)이다. 이렇듯 인간이 천지만물의 중추적 존재가 될 수 있는 근거는 인간의 마음(心)에 있다. 본 장에서는 양명의 대표적 학설 가운데 하나인 '심즉리설心卽理說'을 중심으로 인간 마음의 '역동적'이고 '주체적'이며 '창조적'인 생명 원리에 대해 살펴보고자 한다.

제1절 마음의 본체인 천리

1. 성인과 천리

양명의 생애는 한마디로 '성인聖人'이 되기 위한 갈망과 피나는 노력의 과정이었다고 말할 수 있다. 그는 12살 때 스승에게 "과거에 급제하는 일이 천하에서 제일 중요한 일은 아닌 것 같습니다. 독서하여 성현이 되는 것을 배울 뿐입니다"라고 말한 바 있다. 또한 18살 때 루량累諒으로부터 "성인은 반드시 배워서 이를 수 있는 것이다"라는 말을 듣고 성인의 학문을 흠모하기 시작하였다. 20대 때에는 주희의 격물格物을 통해 성인이 되고자 하는 노력을 경주하다가, 오히려 "성현이 되는 것은 분수가 따로 있다"는 회의에 봉착하게 된다. 주자학에 회의를 느낀 양명은 도교와 불교에 직접 몸을 담아보지만 끝내 여기에서도 성인이 되고자 하는 자신의 꿈을 이루지 못한다. 그는 34살 되던 해 사람들에게 "먼저 반드시 성인이 되고자 하는 뜻을 세우라"고 주장하고 성학聖學을 창명倡明한다.

37세가 되던 해 양명은 유배지인 용장龍場에서 이해득실과 영욕과 생사를 초탈하고 성인이 자신과 같은 절박한 상황에 처하였다면 어떠한 도道가 있을까 생각하던 끝에 격물치지格物致知의 본지를 새롭게 깨닫고 "비로소 성인의 도는 나의 본성으로 스스로 충족하니, 지난날 대상 사물에서 이치를 구한 것은 잘못이었다는 것을 알았다"고 선언한다. 이는 양명이 독창적이고 역동적이며 주체적인 생명철학을 수립하는 출발점임과 동시에 자신이 그토록 희구한 성인됨의 진정한 출발점이기도 하다. 38세 때 지행합일설을 제창한 양명은 "앎은 실천의 시작이며, 실천은 앎의 성취이다. 성인의 학문은 다만 하나의 공부이니, 앎과 실천을 두 가지 일로 나눌 수 없다"고 하여, 앎과 실천의 합일을 성인이 되기 위한 실천적 방안으로 제시한다.

심즉리설과 지행합일설을 제창한 이후 양명은 삶과 죽음이 교차하는 세상의 한복판에서 백성들의 고통을 함께 아파하고 이들을 어루만지면서 진정한 성인의 길을 몸소 수행해나간다. 이러한 역동적이고 주체적인 삶을 살아가는 과정에서 양명은 50세 때 비로소 자신의 심학 사상의 최종 귀결처라 할 수 있는 '치양지설致良知說'을 제창한다. 그는 "근래 치양지致良知 세 글자야말로 참으로 성인 문하의 바른 진리의 눈이 간직되어 있는 곳(正法眼藏)임을 믿게 되었다. 지난날에는 아직도 의문이 완전하게 없어지지 않았으니 여러 일을 경험한 지금에 이르러서는 이 양지良知만이 완전하여 부족함이 없음을 알게 되었다"고 말하고, "나의 이 양지 두 글자는 참으로 천고의 성인과 성인이 서로 전수한 한 점의 적골혈滴骨血이다"라고 선언한다. '양지'는 누구나 성인이 될 수 있는 인간의 진실한 생명 본질이요, 인간은 누구나 양지 실현(致良知)을 통해 성인이 될 수 있다.

이렇듯 양명은 어린 시절부터 성인이 되기를 희망하며 무한한 노력을 경주하던 끝에 성인의 학문으로서의 독창적이고 역동적이며 주체적인 심학心學 사상을 수립한 것이다. '성인됨'의 근거는 현란하고 고원한 마음 밖의 지식 속에 있지 않다. 그리고 성인됨의 방법 또한 세속을 떠나 현실을 등지고 홀로 고고하게 수련하는 데 있지 않다. 성인됨의 바탕은 주체적이고 역동적인 '내 마음'(양지)에 있으며, 성인됨의 방법 또한 삶과 죽음을 넘나드는 현실의 한복판에서 '양지를 실현'(치양지=지행합일)하는 데 있다. 성인은 현실 세계를 초월한 지고무상한 초월자도 아니며 스스로 도덕군자처럼 굴며 고준담론이나 논하는 현실과 괴리된 인간도 아니다. 성인은 단지 이상적 인간이기에 앞서 현실 속에서 반드시 도달해야 하는 궁극적 인간의 모습이다. 양명이 "성인의 마음은 천지만물을 한 몸으로 삼으니, 세상 사람을 보는 데 안과 밖, 멀고 가까움의 차별을 두지 않는다. 혈기血氣가 있는 것은 모두 그의 형제나 자식의 친속이기 때문에, 그들을 안전하게 가르치고 길러서 만물일체의 염원을 성취하고자 한다"[1]고 밝히고 있듯, 성인은 자신의 생사와 이익에만 집착하는 사욕에 얽매이지 아니하고 자신과 모든 존재물들을 하나의 생명체로 연결지어주는 '만물일체의 인심仁心(良知)'을 실현하는 역동적이고 현실적인 인간이다.

---

1) 『傳習錄』(中), 「答顧東橋書」, 142조목, "夫聖人之心, 以天地萬物爲一體. 其視天下之人, 無內外遠近, 凡有血氣, 皆其昆弟赤子之親, 莫不欲安全而教養之, 以遂其萬物一體之念."

그렇다면 인간이 성인이 될 수 있는 근거와 그 방안은 무엇일까? 제자 희연希淵(채종연蔡宗兗의 자, 호는 아재我齋)과의 문답에서 그 해답의 실마리를 찾아볼 수 있다.

> 희연이 물었다: 성인은 배워서 이를 수 있습니다. 그러나 백이伯夷와 이윤伊尹은 공자와 비교할 때 재질과 역량이 끝내 같지 않습니다. 그런데도 다 같이 그들을 성인이라 일컫는 까닭은 어디에 있습니까?
>
> 선생님이 말씀하셨다: 성인이 성인이 되는 까닭은 단지 그 마음이 순수한 천리天理로서 인욕人欲의 섞임이 없기 때문이다. 마치 순금이 순수한 까닭은 단지 그것이 지닌 성분이 넉넉하여 구리나 아연이 섞이지 않았기 때문인 것과 같다. 사람이 순수한 천리에 이르러야 비로소 성인이며, 금은 성분이 넉넉한 데 이르러야 비로소 순금이 된다. 그러나 금의 무게에 가볍고 무거움이 있는 것처럼, 성인의 재질과 능력도 역시 크고 작은 차이가 있다. 요·순은 일만 일鎰[2]의 무게와 같고, 문왕文王과 공자는 구천 일과 같고, 우·탕·무왕은 칠천 내지 팔천 일과 같고, 백이와 이윤은 사천 내지 오천 일과 같다. 재질과 능력은 같지 않으나 순수한 천리에 있어서는 같기 때문에 모두 성인이라고 말할 수 있다. 마치 무게가 비록 다르더라도 성분이 같다면 모두 순금이라고 말하는 것과 같다. 오천 일의 금을 일만 일 가운데 섞더라도 그 성분은 동일하다. 백이와 이윤을 요임금과 공자 사이에 섞더라도 그 성분은 동일하다. 생각건대 그것이 순금이 되는 까닭은 순도에 있지 무게에 있지 않다. 그들이 성인이 되는 까닭은 순수한 천리에 있지 재질과 역량에 있지 않다. 그러므로 보통 사람이라도 기꺼이 배워서 이 마음을 천리에 순수하게 만들면 역시 성인이 될 수 있다. 마치 한 냥의 금을 일만 일에 비교한다면, 무게는 비록 현격하게 다르지만 그 순도에 관해서는 부끄러움이 없는 것과 같다. 맹자가 "사람은 모두 요순과 같은 성인이 될 수 있다"[3]고 말한 것도 그 때문이다. 배우는 사람들이 성인이 되기를 배우는 것은 인욕을 제거하고 천리를 보존하는 데(去人欲存天理) 지나지 않는다. 마치 금을 정련하여 충분한 순도를 구하는 것과 같다. 금의 성분이 순금과 별로 차이나지 않는다면 제련하는

---

2) 1鎰은 20兩, 혹은 24兩이라고도 한다.

3) 『孟子』, 「告子」(下), 2장.

> 공정이 줄어들어서 결과가 쉽게 이루어지며, 성분이 떨어지면 떨어질수록 제련은 더욱 더 어렵게 된다. 사람의 기질氣質은 맑거나 흐리고 순수하거나 혼잡하여 중인中人 이상과 중인 이하가 있다. 도道에 대해서도 태어날 때부터 알고 편안히 실천하는 사람(生知安行)이 있는가 하면, 배워서 알고 이롭게 여겨서 실천하는 사람(學知利行)이 있다. 자질이 낮은 사람은 반드시 남이 한 번에 능하거든 자신은 백 번을 힘쓰며, 남이 열 번에 능하거든 자신은 천 번을 힘써야 하지만 그 이루어진 결과는 동일하다. 후세 사람들은 성인이 되는 근본이 순수한 천리임을 알지 못하고, 오히려 오로지 지식과 재능의 측면에서만 성인을 추구한다.[4)]

마음의 순수한 천리는 금의 순도에 비유되고, 재질과 능력은 금의 무게에 비유된다. 금이 아무리 무겁더라도 구리나 아연과 같은 이물질이 섞여 있으면 순금이 아니다. 사람 또한 재질과 역량이 아무리 뛰어나더라도 마음에 인욕이 섞여 있으면 성인이 될 수 없다. 금의 순금 여부가 무게가 아닌 금의 순도에 달려있듯, 사람 또한 성인됨의 여부는 재질과 역량이 아닌 '마음의 천리天理에 대한 순수성' 여부에 달려있다. 성인됨은 마음에 조금의 인욕도 섞임이 없이 순수한 천리의 상태를 유지할 수 있어야 한다는 것이다.

---

4) 『傳習錄』(上), 「薛侃錄」, 99조목, "希淵問: 聖人可學而至. 然伯夷伊尹於孔子才力終不同, 其同謂之聖者安在? 先生曰: 聖人之所以爲聖, 只是其心純乎天理, 而無人欲之雜, 猶精金之所以爲精, 但以其成色足, 而無銅鉛之雜也. 人到純乎天理方是聖, 金到足色方是精. 然聖人之才力, 亦有大小不同, 猶金之分兩有輕重. 堯舜猶萬鎰, 文王孔子猶九千鎰, 禹湯武王猶七八千鎰, 伯夷伊尹猶四五千鎰. 才力不同, 而純乎天理則同, 皆可謂之聖人, 猶分兩雖不同, 而足色則同, 皆可謂之精金. 以五千鎰者, 而入於萬鎰之中, 其足色同也. 以夷尹, 而厠之堯孔之間, 其純乎天理同也. 蓋所以爲精金者, 在足色而不在分兩. 所以爲聖者, 在純乎天理而不在才力也. 故雖凡人而肯爲學, 使此心純乎天理, 則亦可爲聖人. 猶一兩之金, 比之萬鎰, 分兩雖懸絶, 而其到足色處, 可以無愧. 故曰人皆可以爲堯舜者, 以此. 學者學聖人, 不過是去人欲, 而存天理耳. 猶鍊金而求其足色, 金之成色所爭不多, 則煅鍊之工省而功易成. 成色愈下則煅鍊愈難. 人之氣質淸濁粹駁, 有中人以上中人以下, 其於道, 有生知安行學知利行, 其下者, 必須人一己百, 人十己千, 及其成功則一. 後世不知作聖之本, 是純乎天理, 卻專去知識才能上求聖人."

인간은 비록 선천적으로 타고난 기질의 차이에 따라 중인中人 이상의 사람과 중인 이하의 사람으로 층차를 지니지만, 이러한 다양한 층차가 고착화되는 것은 아니다. 마치 순도의 차이가 나는 금을 제련하여 모두 순금으로 만들 수 있는 것처럼, 인간은 누구나 인욕을 제거하고 천리를 보존하려는 후천적인 노력을 통해 성인이 될 수 있다는 것이다. 성인은 한마디로 '인욕의 섞임이 없이 순수한 천리의 마음을 소유한 인간'이라고 정의할 수 있다. 그리고 성인이 되는 방법은 재질과 역량에 달려있는 것이 아니라, '인욕을 제거하고 천리를 보존하는 노력'(去人欲存天理)에 있다고 말할 수 있다. 그렇다면 여기서 중요한 문제는 '천리'와 '인욕'이 무엇을 의미하느냐 하는 것과 '인욕을 제거하는 일'과 '천리를 보존하는 일'이 어떤 관계성을 가지고 있느냐 하는 것이다.

2. 마음의 유기적 생명성

양명은 용장에서의 깨달음(1508, 37세) 이후 4년 뒤(1512, 41세) 서애徐愛와 『대학』의 종지를 논하는 과정에서 정식으로 '심즉리설心卽理說'을 제출한다. 서애가 먼저 '각각의 사물에 모두 정해진 이치(定理)가 있다'는 주희의 주장과 양명의 학설이 서로 다른 것 같다고 질문한다. 이에 양명은 "사사물물에서 지선至善을 구하는 것은 도리어 의義가 마음 밖에 있다고 여기는 것이다. 지선은 마음의 본체이니, 단지 명덕明德을 밝혀서 지극히 정밀하고 지극히 한결같은 곳에 이르기만 하면 된다. 그러나 또한 일찍이 사물을 떠난 적이 없다"고 답변한다.[5] 그러자 서애는 주희의 격물설格物說에 근거하여

5) 『傳習錄』(上), 「徐愛錄」, 3조목, "愛問: 知止而後有定, 朱子以爲事事物物皆有定理, 似與先生之說相戾. 先生曰: 於事事物物上求至善, 卻是義外也. 至善是心之本體. 只是明明德到至精至一處便是. 然亦未嘗離卻事物, 本註所謂盡夫天理之極而無一毫人欲之私者得之."

'마음이 곧 리'라는 양명의 주장에 문제가 있다고 지적한다.

> 서애가 물었다: 지선至善을 단지 마음에서만 구한다면 온 세상의 일의 리理를 다 구하지 못할까 염려됩니다.
>
> 선생께서 대답하였다: 마음이 곧 리(心卽理)이다. 천하에 다시 마음 밖의 일이 있고, 마음 밖의 리가 있겠는가?
>
> 서애가 물었다: 예컨대 부모를 섬기는 효도(孝), 임금을 섬기는 충성(忠), 벗과 사귀는 믿음(信), 백성을 다스리는 어짊(仁) 등 그 사이에는 수많은 리가 있으니, 또한 살피지 않을 수 없을 듯합니다.
>
> 선생께서 탄식하며 말씀하셨다: 그러한 학설의 폐단이 오래되었으니, 어찌 한 마디 말로 깨우칠 수 있겠는가? 우선 그대가 질문한 것에 나아가 말해보자. 가령 부모를 섬기는 경우 부모에게서 효도의 리를 구할 수는 없고, 임금을 섬기는 경우 임금에게서 충성의 리를 구할 수는 없으며, 벗과 사귀고 백성을 다스리는 경우도 벗과 백성에게서 믿음과 어짊의 리를 구할 수는 없다. 모두가 다만 이 마음에 있을 뿐이니, 마음이 곧 리(心卽理)이다. 이 마음이 사욕私欲에 가려지지 않은 것이 바로 천리天理이니, 밖에서 조금이라도 보탤 필요가 없다. 이 순수한 천리의 마음을 부모를 섬기는 데 드러낸 것이 바로 효도이고, 임금을 섬기는 데 드러낸 것이 충성이며, 벗과 사귀고 백성을 다스리는 데 드러낸 것이 바로 믿음과 어짊이다. 다만 이 마음에서 인욕을 제거하고 천리를 보존하는 데 힘쓰기만 하면 된다.[6]

서애는 천하의 사물은 반드시 객관적 존재 원리(所以然之故)와 선험적인 당위의 도덕규범(所當然之則)으로서의 리理를 지닌다는 주희의 리기론[7]에

6) 『傳習錄』(上), 「徐愛錄」, 3조목, "愛問: 至善只求諸心, 恐於天下事理有不能盡. 先生曰: 心卽理也. 天下又有心外之事, 心外之理乎? 愛曰: 如事父之孝, 事君之忠, 交友之信, 治民之仁, 其間有許多理在, 恐亦不可不察? 先生嘆曰: 此說之蔽久矣, 豈一語所能悟? 今姑就所問者言之. 且如事父, 不成去父上求箇孝的理. 事君, 不成去君上求箇忠的理. 交友治民, 不成去友上民上求箇信與仁的理. 都只在此心. 心卽理也. 此心無私欲之蔽, 卽是天理, 不須外面添一分. 以此純乎天理之心, 發之事父便是孝, 發之事君便是忠, 發之交友治民便是信與仁. 只在此心去人欲存天理上用功便是."

7) 『大學或問』 1장, "至於天下之物則必有所以然之故, 與其所當然之則, 謂理也."

근거하여 지선至善과 리는 모두 마음 밖의 사물 세계에 존재한다고 보고, 대상 사물에 나아가 이치를 궁구해야 한다(卽物而窮其理)는 주희의 격물설의 입장에서 양명의 심즉리설에 대한 의문을 제기하고 있는 것이다. 그러나 양명은 지선至善은 마음 밖에 있는 것이 아니라 바로 마음의 본체이기 때문에, '마음이 곧 리(心卽理)'라고 주장한다.

'마음이 곧 리'라는 주장은 사실상 두 가지 의미를 함축한다. 하나는 "이 마음이 사욕私欲에 가려지지 않은 것이 바로 천리天理이다"는 주장에서 알 수 있듯, 심즉리의 리는 '천리'를 지칭한다. 이때 천리는 사욕에 의해 가려지지 않은 마음의 순수한 상태로서의 '마음의 본체'(心之本體)를 의미한다.[8] 다른 하나는 마음이 순수한 천리의 상태일 때 마음으로부터 효도·충성·믿음·어짊과 같은 각종 실천 조리가 창출된다는 의미에서의 심즉리이다.[9]

사실상 마음의 본체로서의 천리는 마음이 실천 조리를 창출할 수 있는 근거가 된다. 양명은 "선善한 생각이 보존되는 때가 바로 천리이다"[10]라고 말하고, "천리를 체득하여 아는 것은 단지 자신의 마음속에서 사사로운 의념(私意)을 없애려는 것일 뿐이다"[11]라고 말한다. 또한 "마음이 곧 리이다. 사사로운 마음(私心)이 없는 것이 바로 리에 마땅한 것이다"[12]라고 말한다. 따라서 천리는 바로 사욕私欲·사의私意·사심私心과 같은 개체의식이 조금도 개입되지 않은 순수하고 지선한 마음의 본질적 상태를 의미한다고 말할 수 있다. 또한 지선至善이 마음의 본체로 규정되고,[13] 천리

8) 『傳習錄』(上), 「薛侃錄」, 96조목, "心之本體卽是天理."
9) 마음의 실천 조리의 창출이라는 의미의 '心卽理'에 대해서는 다음 절에서 구체적으로 다루고 있다.
10) 『傳習錄』(上), 「陸澄錄」, 53조목, "善念存時, 卽是天理."
11) 『傳習錄』(上), 「薛侃錄」, 96조목, "體認天理之要自心地無私意."
12) 『傳習錄』(上), 「陸澄錄」, 94조목, "心卽理也. 無私心, 卽是當理."
13) 『傳習錄』(上), 「徐愛錄」, 2조목, "至善是心之本體."

또한 마음의 본체로 규정되기 때문에, '천리=지선'이라고 말할 수 있다. 지선은 마음 밖의 사물 세계에서 구할 수 있는 것이 아니라, 바로 마음의 순수한 천리의 지극한 상태를 의미한다.[14)]

인간은 자신의 전체로서의 천지만물의 생명 본질을 자신의 생명 본질로 하며, 인간의 마음은 천지가 만물을 낳으려는 마음(天地生物之心)으로서의 생명 의지(生意)를 자신의 생명 본질로 한다. 양명은 천지의 생명 의지를 본질로 하는 인간의 순수한 마음의 본질적 속성(性)에 어떠한 악惡도 개입되어 있지 않다는 점에서 그것을 지선至善으로 규정한다. 천지의 생명 의지는 꽃과 풀을 똑같이 길러내고 어떠한 상대적 선악도 구분하지 않는다.[15)] 이렇듯 인간 마음의 생명 의지(生意)도 천지만물을 한 몸으로 파악하고 똑같이 길러내고자 하며 사사로운 의지(私意)에 의해 조작되는 선악의 구분이 없다. 그것은 사사로운 의지에 의해 조작되는 선악의 상대적 구분을 초월한 순수지선한 본체이다.[16)] 따라서 지선, 즉 '천리'는 천지만물의 생명 본질에 근원한 인간 마음의 생명 의지로서, 개체 욕망을 뛰어넘어 천지만물과 감응하고 천지만물을 창생·양육할 수 있는 인간의 생명 본질인 것이다.

양명은 또한 "천리는 곧 명덕明德이다"[17)]라고 말하고, "양지良知는 천리의 환하고 밝아서 영명하게 깨닫는 곳이다. 그러므로 양지가 바로 천리이다"[18)]라고 말한다. '명덕'은 인간 마음의 본질적 덕성으로서의 인仁,[19)]

---

14) 『傳習錄』(上), 「徐愛錄」, 4조목, "至善只是此心純乎天理之極便是, 更於事物上怎生求?"

15) 『傳習錄』(上), 「薛侃錄」, 101조목, "天地生意, 花草一般, 何曾有善惡之分?"

16) 한정길, 「王陽明의 마음의 철학에 관한 硏究」(연세대 박사학위 논문, 1999), 69쪽 참조.

17) 『傳習錄』(上), 「徐愛錄」, 7조목, "天理卽是明德."

18) 『傳習錄』(中), 「答歐陽崇一」, 169조목, "良知是天理之昭明靈覺處, 故良知卽是天理."

19) 『傳習錄』(上), 「陸澄錄」, 89조목, "明德是此心之德, 卽是仁."

또는 천지만물의 생명 본질에 근원한 인간 마음의 선천적인 영명성으로 정의된다.[20] 그리고 '양지'는 천지만물과의 감응 주체로서 생명의 온전성에 대한 시비판단의 준칙임과 동시에 영명한 자각적 판단력이자 신체와의 일체화를 통해 자신의 판단을 실천으로 이행할 수 있는 유기적 생명력이다.[21] 따라서 '천리'는 마음 밖에 존재하는 형이상학적인 보편적 존재 원리나 당위의 도덕규범을 의미하기보다는 천지만물의 생명 본질에 근원한 인간의 생명 본질로서 천지만물과 감응하고 일체화할 수 있는 인간 마음의 '유기적인 생명성' 또는 '유기적 생명력'을 의미한다고 가정해 볼 수 있다.

양명은 나아가 "처음 배울 때는 반드시 반성하고 살펴서 사욕을 제거할 것을 생각해야 한다. 이것이 바로 '성실함을 생각하는'(思誠) 것이다. 단지 하나의 천리만을 생각하여 천리의 순수하고 완전한 데 도달하는 것이다"[22]라고 한다. '성誠'은 참다운 리理로서 양지로 규정되며,[23] 또한 추울 때 어버이를 따뜻하게 해드리고 더울 때 시원하게 해드리고자 하는 정성스러운 마음의 지향성으로 정의되기도 한다.[24] 따라서 '성誠'은 타자의 생명을 온전히 유지시켜 주고자 하는 인간 마음의 진실된 지향성과 유기적인 생명력이라고 말할 수 있다. 그리고 성誠이 마음의 본체라면, 사성思誠은 그 본체를 회복하는 것으로 정의된다.[25] 따라서 사성思誠, 즉 '천리만

---

20) 『王陽明全集』(上海古籍出版社, 1992, 이하 『全集』이라 표기), 권26, 「大學問」, 968쪽, "是乃根於天命之性, 而自然靈昭不昧者也, 是故謂之明德."

21) 본서 5장 「인간 양지의 유기적 생명성」 참조.

22) 『傳習錄』(上), 「陸澄錄」, 39조목, "初學必須思省察克治, 卽是思誠. 只思一箇天理, 到得天理純全."

23) 『傳習錄』(下), 「黃省曾錄」, 281조목, "誠是實理, 只是一箇良知."

24) 『傳習錄』(上), 「徐愛錄」, 3조목, "此心若無人欲, 純是天理, 是箇誠於孝親的心, 冬時自然思量父母的寒, 便自要去求箇溫的道理. 夏時自然思量父母的熱, 便自要去求箇凊的道理. 這都是那誠孝的心發出來的條件. 卻是須有這誠孝的心, 然後有這條件發出來."

25) 『傳習錄』(上), 「薛侃錄」, 121조목, "誠是心之本體, 求復其本體, 便是思誠的工夫."

을 생각하여 천리의 순수하고 완전한 데 도달하도록 한다'는 것은 개체의 이익에만 집착하는 사욕을 제거함으로써 인간 마음의 본질적인 유기적 생명성으로서의 천리를 회복하여 천리가 온전하게 발현·전개될 수 있도록 하는 것을 의미한다. 이에 양명은 인간의 마음은 본래 자연한(天然) 리理로서 이는 다만 사적 자아에 대한 집착이 없는 무아無我의 상태일 뿐이니 무아의 상태일 때 인간은 겸손할 수 있으며 겸손은 바로 모든 선善의 기초가 된다고 주장한다.[26] 따라서 천리는 곧 개체의 국한성을 탈피한 무아無我의 경지, 즉 인간이 천지만물과 한 몸이 될 수 있는 계기가 된다.

천지만물은 하나의 유기적인 생명체이고, 인간은 천지만물의 마음, 즉 천지만물의 중추적 존재이다. 따라서 인간은 천지만물과 주·객 또는 자·타로 분리·이원화되지 않는다. 오히려 인간은 자신의 영명한 마음을 통해 자신의 전체로서의 천지만물의 생명의 전모를 자각하고, 천지만물의 생생불식生生不息의 역동성과 창출성을 자신의 생명 본질로 한다. 나아가 인간은 자신의 마음을 통해 천지만물과 감응함으로써 천지만물의 생명 창출·양육 과정에 능동적으로 참여하거나 이를 주체적으로 이끌어간다. 이에 양명은 "이 마음이 밝게 깨어 있어서 천리가 한 순간이라도 끊어지지 않아야 비로소 낮을 알 수 있다. 이것이 바로 천덕天德이며, 낮과 밤의 도에 통하여 아는 것이니, 다시 무슨 죽음과 삶이 있겠는가"[27]라고 주장한다. 본래 『주역』 「계사전」에 "천지의 변화를 본뜨고, 그 이치를 두루 갖추어 지나치지 않으며, 만물을 곡진히 이루어 빠뜨리지 않으며, 밤과 낮의 도에 통하여 안다. 그러므로 신神은 일정한 방소가 없고, 역易은 정해진 몸체가 없다"[28]고 하였다. 이처럼 천지만물을 창생·양육하는

---

26) 『傳習錄』(下), 「黃以方錄」, 339조목, "人心本是天然之理, 精精明明, 無纖介染着, 只是一無我而已; 胸中切不可有, 有卽傲也. 古先聖人許多好處, 也只是無我而已, 無我自能謙."

27) 『傳習錄』(上), 「薛侃錄」, 126조목, "此心惺惺明明, 天理無一息間斷, 才是能知晝. 這便是天德, 便是通乎晝夜之道而知, 更有甚麼死生?"

신神과 역易이 바로 인간 마음의 천리로서, 천리는 인간 마음의 '생생불식의 역동성'이자 동시에 천지만물의 생생불식의 역동성(天德)인 것이다.

전체로서의 천지만물의 입장에서 보았을 때, 천리는 역동적으로 끊임없이 전개되는 생명의 창출과정에서 나타나고 구현되는 천지만물의 생명 본질이 된다. 반면 천지만물의 중추인 인간의 입장에서 보았을 때, 천리는 인간이 천지만물 안에서 삶을 전개하는 과정에서 나타나고 구현되는 인간의 생명 본질로서의 유기적 생명성이라고 말할 수 있다. 따라서 양명의 '천리'는 형이상학적인 존재 원리나 법칙 또는 당위의 도덕규범 또는 봉건 도덕규범을[29] 의미한다기보다는 역동성과 창출성을 근본으로 하는 천지만물의 생명 본질임과 동시에 천지만물의 중추로서의 인간 마음의 실제적인 유기적 생명성·생명력을 의미한다고 말할 수 있다. 그러므로 양명학에서는 천지만물과 인간의 생명 본질이 이원화되지 않는 '내 마음이 곧 천리'라는 일원적 체계가 성립된다.

이러한 마음의 유기적 생명성으로서의 '천리'는 불변의 고정된 법칙 또는 규범에 얽매이지 않는 '수시변역성隨時變易性'을 지닌다.

> 중中은 다만 천리天理이며, 다만 역易이다. 때에 따라 변역變易하니 어떻게 고집할 수가 있겠는가? 모름지기 때에 따라 마땅함을 제정해야 하니, 미리 하나의 규구規矩를 정해 놓기가 어렵다. 예컨대 후세의 유자들이 도리道理를 일일이 설명하여 조금도 빈틈이 없게 하고자 하여 격식格式을 세워서 고정시켜 놓은 것이 바로 한 가지만을 고집하는 것이다.[30]

---

28) 『周易』, 「繫辭傳」(上), 4장, "範圍天地化而不過, 曲成萬物而不遺, 通乎晝夜之道而知, 故神無方而易無方體."

29) 예컨대 중국학자 侯外廬의 『宋明理學史(下)』(人民出版社, 1986), 楊國榮의 『陽明學通論』(宋河璟 譯, 박영사, 1994), 馮契의 『中國古代哲學的邏輯發展(下)』(上海人民出版社, 1985) 등에서는 송명유학의 天理를 봉건적 강상윤리 또는 봉건 도덕의 절대 권위 등으로 규정한다.

30) 『傳習錄』(上), 「陸澄錄」, 52조목, "中, 只是天理, 只是易. 隨時變易, 如何執得? 須

천리는 주어진 상황에 따라 지나치거나 부족함이 없는 '중中', 즉 시중時中과 상황에 따라 끊임없이 변화하는 '역易'으로 규정된다. 천리는 단일한 규구나 일정한 격식처럼 상황과 무관하게 고정된 불변하는 법칙이나 규범에 얽매이는 것이 아니라 주어진 상황에 따라 항상 준칙을 새롭게 설정하는 마음의 '수시변역성'이다.

이러한 천리의 변역성은 천지만물의 생명 본질과 밀접한 관련이 있다. 천지만물은 생생불식生生不息의 끊임없는 생명 창출과 변화를 자신의 생명 본질로 한다. 따라서 만일 천리를 고정불변한 당위의 규범으로 상정하게 되면, 인간은 역동적으로 끊임없이 생명을 창출・전개하는 천지만물의 자기-조직화 과정에 긍정적으로 참여하기보다는 오히려 미리 설정된 틀에 변화하는 천지만물을 가두어 버림으로써 천지만물의 생명을 질곡시키는 결과를 초래하게 된다. 인간 자신 또한 이처럼 고정된 틀에 얽매여 천지만물의 변화를 감지하지 못하고 천지만물의 생명 창출 과정에서 이탈함으로써 자신의 생명조차 질곡시키게 된다. 이에 양명은 천리에 수시변역성을 부여하여 천지만물의 자기-조직화 과정에 있어 인간 자신이 미리 설정한 법칙과 격식의 틀 안에 얽매이지 아니하고 항상 새롭게 전개되는 천지만물의 자연한 창생・변화 과정을 매순간 새롭게 담아낼 수 있게 함으로써 천지만물의 창생 과정에 인간이 긍정적・주체적・능동적으로 참여할 수 있는 계기를 열어주고 있다. 아울러 이러한 천리의 수시변역성을 바탕으로 인간은 천지만물의 모든 존재물들과 하나된 삶을 전개함으로써 자신의 생명 본질을 실현할 수 있는 계기를 마련한다.

是因時制宜, 難預先定一箇規矩在. 如後世儒者, 要將道理一一說得無罅漏, 立定箇格式. 此正是執一."

3. 극단적 개체 욕망

성인은 '마음이 천리에 순수하고 인욕의 섞임이 없는 인간'이며, 성인이 되는 방법은 '인욕을 제거하고 천리를 보존하는 일'(去人欲存天理)에 있다. 또한 양명은 "이 마음이 사욕私欲에 가려지지 않은 것이 바로 천리이다"[31]라고 주장한다. 그렇다면 천리를 가로막는 사욕(인욕)은 어떠한 의미를 지니며, 또 어떠한 문제점을 지니고 있는 것일까?

인간은 천지만물의 중추적 존재로서 전체생명의 한 부분임과 동시에 또한 그 자체를 하나의 개체생명으로 볼 수 있다. 따라서 인간은 한편으로는 천지만물과 유기적・상보적 관계를 유지하면서 천지만물의 끊임없는 자기-조직화 과정에 주체적・능동적으로 참여할 수 있는 성향을 지님은 물론, 다른 한편으로는 자신의 이익과 안위에만 집착한 채 천지만물과의 유기적 관계성을 무시하고 형체를 기준으로 자신과 천지만물을 내・외 또는 자・타로 구분하는 성향을 지닐 수 있다. 양명학에 있어 전자가 마음의 유기적 생명성으로서의 '천리'를 의미한다면 후자는 '사욕'(人欲)을 의미한다고 가정해 볼 수 있다.

양명은 '욕欲'을 다음과 같이 규정한다.

> 기뻐하고 성내고 슬퍼하고 두려워하고 사랑하고 미워하고 욕구하는 것을 일곱 가지 정감(七情)이라고 한다. 이 일곱 가지는 모두 사람의 마음에 본래 있는 것이다. 그러나 양지良知를 분명하게 인식해야 한다. … 칠정七情이 그 자연스러운 유행에 따르는 것은 모두 양지의 작용이며, 선과 악으로 구별할 수가 없다. 그러나 집착하는 것이 있으면 안 된다. 칠정에 집착이 있으면 모두 욕망(欲)이라고 하며, 모두 양지를 가리게 된다.[32]

---

31) 『傳習錄』(上), 「徐愛錄」, 3조목, "此心無私欲之蔽, 卽是天理."

32) 『傳習錄』(下), 「黃省曾錄」, 290조목, "喜怒哀懼愛惡欲, 謂之七情. 七者俱是人心合有的, 但要認得良知明白. … 七情順其自然之流行, 皆是良知之用, 不可分別善惡,

양명은 '욕欲'을 서로 다른 두 개의 층차로 나누어 본다. 첫째는 칠정七情, 즉 인간의 감정 가운데 하나로서의 욕이다. 이는 인간 마음이 본래 내재하고 있는 성향 가운데 하나로서, 이 욕을 포함한 모든 감정의 자연한 발용은 오히려 인간의 생명 본질을 구현하는 양지良知의 작용으로 규정된다. 둘째, 감정의 발용에 있어 자연스럽지 못하고 집착하는 바가 있을 때, 이는 또 다른 층차의 욕으로 규정된다. 이는 인간 마음의 유기적 생명성인 양지의 작용을 차폐시키는 것으로서 극복 · 제거의 대상이 된다. 따라서 '욕欲'은 자연한 감정의 한 가지 유형으로서의 욕과 감정의 집착 상태로서의 욕으로 구분되는 바, 전자는 인간의 자연한 생명 현상으로 긍정되는 반면, 후자는 오히려 인간의 생명 본질을 질곡시키는 것으로 부정된다. 여기서 양명이 극복 · 제거의 대상으로 삼는 부정적 사욕은 후자만을 포함한다는 사실을 유추해 볼 수 있다. 아울러 양명은 사욕만이 아니라 사심私心, 사의私意, 사지私智, 자사自私, 자리自利 등의 표현을 사용하고 이들을 극복 · 제거의 대상으로 삼고 있는 바,[33] 사욕은 감정적 영역에만 국한되는 것이 아니라 인간 내면의 심리적, 사변적, 의지적, 감성적 영역 모두를 포함한다고 말할 수 있다.

인간은 하나의 개체생명으로서의 자신의 이익과 안위에만 집착하는 사욕으로 인해 인간 사회의 구성원은 물론 자연세계의 모든 존재물들을 하나의 생명체로 여기는 본질적 마음(萬物一體의 仁心)을 상실함으로써 인간 상호간에 거짓과 위선은 물론 경쟁과 투쟁을 일삼게 되었다. 이로써 가까이는 자신의 혈육과 유기적 · 상보적 관계에서 대립 · 투쟁의 관계로

但不可有所著; 七情有著, 俱謂之欲, 俱爲良知之蔽."

33) 『傳習錄』(下), 「黃省曾錄」, 281조목에서는 私心을, 『傳習錄』(上), 「薛侃錄」, 101조목에서는 私意를, 『傳習錄』(中), 「答聶文蔚」, 180조목에서는 私智, 自私·自利를 말하고 있다.

전환할 뿐만 아니라, 인간 사회 구성원은 물론 자연세계의 모든 존재물들과 자신이 하나의 유기적인 생명의 관계망을 맺고 있다는 사실을 망각하고 천지만물을 계속적으로 파괴하는 현상으로 치닫게 된다고 양명은 비판한다.[34]

나아가 양명은 "욕欲에 움직이고 사사로움에 가리는 데 미쳐서는 이해가 서로 공격하고 분노가 서로 격돌하여 물物을 해치고 류類를 무너뜨리기를 하지 아니하는 바 없고, 심지어 골육이 서로 해치는 데 이르러서는 일체一體의 인仁이 없어질 것이다"[35]라고 하여, 천지만물을 온전히 창생·양육할 수 있는 바탕이 되는 인간 자신의 '만물일체의 인仁'이 사욕에 의해 상실됨으로써, 종국에는 총체적 생명체로서의 천지만물을 구성하고 있는 모든 부분들이 파괴되는 상황에 도달하게 될 것이라 경고하고 있다. 결국 인간의 사욕은 한 개인의 생명 본질을 질곡시키는 데서 끝나는 것이 아니라, 종국에는 인간 사회는 물론 전체생명으로서의 천지만물의 생명을 파멸시키는 상황을 초래하게 된다고 말할 수 있다.

이러한 극단적 개체 욕망으로서의 사욕의 문제는 전체생명으로서의 천지만물과 개체생명의 관계성 속에서 살펴볼 수 있다. 천지만물은 그 부분으로서의 각각의 개체생명들의 존재를 전제로 해서만 그 존재 가능성을 상정할 수 있다. 반면 각각의 개체생명 또한 천지만물이라는 생명의 관계망 안에서 상호간에 단절·고립이 아닌 유기적이고 상보적인 관

---

34) 『傳習錄』(中), 「答聶文蔚」, 180조목, "天下之人用其私智以相比軋, 是以人各有心, 而偏瑣僻陋之見, 狡僞陰邪之術, 至於不可勝說; 外假仁義之名, 而內以行其自私自利之實, 詭辭以阿俗, 矯行以干譽, 揜人之善而襲以爲己長, 訐人之私而竊以爲己直, 忿以相勝而猶謂之徇義, 險以相傾而猶謂之疾惡, 妬賢忌能而猶自以爲公是非, 恣情縱欲而猶自以爲同好惡, 相陵相賊, 自其一家骨肉之親, 已不能無爾我勝負之意, 彼此藩籬之形, 而況於天下之大, 民物之衆, 又何能一體而視之? 則亦無怪於紛紛籍籍, 而禍亂相尋於無窮矣."

35) 『全集』, 권26, 「大學問」, 968쪽, "及其動於欲, 蔽於私, 而利害相攻, 忿怒相激, 則將戕物圮類, 無所不爲, 其甚至有骨肉相殘者, 而一體之仁亡矣."

계를 전제로 해서만 각자의 생명을 존속시켜나갈 수 있다. 만일 하나의 개체생명이 자신의 이익과 안위에 대한 극단적 집착과 욕망으로 인해 다른 개체생명들과의 유기적 관계망을 단절하고 대립·투쟁을 통해 이들을 파멸에 이르도록 한다면, 이는 천지만물의 생명 파멸만이 아니라 개체생명 자신을 보존하려는 생존 의지로서의 자연한 욕구를 실현할 수 있는 기반, 즉 개체생명이 생존할 바탕을 모두 상실하게 됨으로써 종국에는 나라는 개체생명조차 파멸에 도달하게 된다. 따라서 개체생명 자신의 이익과 안위에 대한 극단적 집착과 욕망은 천지만물 안의 다른 개체생명들의 생명 존속이라는 측면에 있어서뿐만 아니라, 나라고 하는 개체생명의 존속이라는 측면에 있어서도 모두 부정적인 결과를 가져온다. 그러므로 공존·공생의 관계이자 자신의 생존의 바탕으로서의 다른 개체생명 또는 개체생명의 전체로서의 천지만물에 해를 끼치지 않는 인간 생존을 위한 자연한 욕구는 긍정될 수 있는 반면, 천지만물의 유기적 관계망을 단절·무시하고 인간 사회의 구성원뿐만 아니라 자연세계의 존재물까지도 모두 파멸에 이르도록 하는 극단적 개체 욕망은 극복·제거의 대상이 된다.

4. 천리의 발현

천리天理가 보편적인 존재 원리와 선험적인 당위의 도덕규범이 아니라 인간 마음의 유기적 생명성을 의미하는 것이라고 한다면, 성인의 실현 근거가 되는 '존천리存天理' 또한 무위無爲, 무사無事, 정靜, 미발未發의 상태에서 마음으로 외재적인 사물의 법칙과 당위의 도덕규범을 인식한다거나 마음이 이에 부합되도록 존양存養한다는 의미로 볼 수 없다.

앞에서 살펴본 바와 같이 천리는 명덕明德과 양지良知로 규정된다. 또한 양명은 양지를 실현하는 것(致良知)이 성인의 학문으로서 성인은 자연스럽게 양지를 실현하는 자라고 주장하고 있다.[36] 성인의 실현 근거가 되는 '존천리'는 바로 '치양지致良知'를 의미한다고도 말할 수 있다. 따라서 '존천리'의 '존存'은 소극적 측면에서 천리를 '보존한다'는 의미가 아니라 '치양지致良知'의 '치致' 즉, 적극적 측면의 천리를 '확충·실현한다'는 의미가 된다.[37] '존천리'는 인간과 천지만물의 유기적 관계성 속에서 유기적 생명성으로서의 천리가 온전하게 발현·전개되어나가는 전 과정을 의미한다고 말할 수 있다.

그렇다면 '존천리存天理'와 '거인욕去人欲'의 관계는 어떻게 볼 수 있는가? 다음과 같은 양명의 주장 속에서 이 둘은 상호 별개의 두 가지 일이 아닌 한 가지 일임을 알 수 있다.

> 마음은 하나이다. 인욕人欲이 섞이지 않은 것을 도심道心이라 하고, 인위人僞가 섞인 것을 인심人心이라 칭할 뿐, 인심이 그 바름을 얻으면 곧 도심이고, 도심이 그 바름을 잃으면 곧 인심이니, 처음에 두 개의 마음이 있는 것이 아니다. 정자程子가 "인심은 곧 인욕이며, 도심은 곧 천리天理이다"[38]라고 말한 것은 인심과 도심을 둘로 나눈 듯하나, 그 뜻은 실질을 얻은 것이다. 이제 도심은 주인이 되고 인심은 (도심의) 명령을 듣는다고 말한다면,[39] 이는 마음을 둘로 하는 것이다. 천리와 인욕은 병립하지 아니하니, 어찌 천리가 주인이 되고 인욕 또한 따라서 명령을 듣는 것이 있겠는가?[40]

---

36) 『全集』, 권8, 「書魏師孟卷」, 280쪽, "心之良知是謂聖, 聖人之學惟是致此良知而已, 自然而致之者而聖人也."

37) 致良知에 대한 자세한 논의는 본서 7장 「양지 실현과 지행합일」 참조.

38) 程子는 程頤를 지칭하는 바, 정이는 "人心, 私欲也. 道心, 正心也."(『二程全書』 「遺書」 第十九)라고 말하였으나, 양명은 여기서 '私欲'을 '人欲'으로 '正心'을 '天理'로 바꾸어 말하고 있다.

39) 주희는 『中庸』, 「中庸章句序」에서 " … 而以爲有人心道心之異者, 則以其或生於形氣之私, 或原於性命之正, … 必使道心常爲一身之主, 而人心每聽命焉."라고 말하였다.

40) 『傳習錄』(上), 「徐愛錄」, 10조목, "心一也. 未雜於人謂之道心, 雜以人僞謂之人心, 人心之得其正者卽道心, 道心之失其正者卽人心, 初非有二心也. 程子謂人心卽人欲,

인간의 마음은 처음부터 '도심'과 '인심'이라는 두 가지 이질적인 형태로 존재하는 것이 아니라 하나의 마음으로 존재한다는 것이다. 다만 인욕 개입 여부에 따라 하나의 마음이 도심이 될 수도 있고 인심이 될 수도 있을 뿐이다. 이 가운데 도심, 즉 인욕이 개입되지 않은 순수한 상태의 마음은 인간 마음의 유기적 생명성인 천리가 발현·전개되고 있는 마음을 의미한다. 마음은 본질적으로 하나로 존재하기 때문에, 마음으로부터 인욕이 제거된 순간 천리가 곧바로 자연스럽게 발현·전개되어나간다는 것을 의미한다.[41] 따라서 '인욕을 제거하는 일'(去人欲)이 곧 '천리를 보존하는 일'(存天理)로서 사욕의 제거와 천리의 발현·전개는 서로 다른 두 가지 일이 아닌 하나의 과정으로 통합된다.

이처럼 인간의 마음은 사욕이 제거된 순수한 상태에서는 유기적 생명성으로서의 천리가 자연스럽게 발현·전개된다. 이에 양명은 천리의 발현·전개 과정을 다음과 같이 밝히고 있다.

> 가령 어버이를 섬기는 경우 어버이에게서 효도의 이치(理)를 구할 수 없고, 임금을 섬기는 경우 임금에게서 충성의 이치를 구할 수 없고, 벗을 사귀고 백성을 다스리는 경우도 벗과 백성에게서 믿음과 어짊의 이치를 구할 수 없다. 모두가 다만 이 마음에 있을 뿐이다. 마음이 곧 리理이다. 이 마음이 사욕에 가려지지 않은 것이 바로 천리天理이니, 밖에서 조금이라도 보탤 필요가 없다. 이 순수한 천리의 마음이 어버이를 섬기는 데 발휘된 것이 바로 효도이며, 임금을 섬기는 데 발휘된 것이 바로 충성이고, 벗과 사귀고 백성을 다스리는 데 발휘된 것이 바로 믿음과 어짊이다. 다만 이 마음에서 인욕을 제거하고 천리를 보존하는 데 힘쓰기만 하면 된다. … 다만 하나의 요령이

道心卽天理, 語若分析, 而意實得之. 今日 道心爲主而人心聽命, 是二心也. 天理人欲不並立, 安有天理爲主, 人欲又從而聽命者?"

41) 『傳習錄』(上), 「徐愛錄」, 3조목, "此心無私欲之蔽, 卽是天理. … 此心若無人欲, 純是天理."

> 있으니, 오직 이 마음이 인욕을 제거하고 천리를 보존하는 데 나아가 강구할 뿐이다. 예를 들어 겨울에 따뜻하게 해드릴 것을 강구하는 경우도 단지 이 마음의 효도를 다하고 조금의 인욕이 끼어들어 뒤섞일까 두려워해야 하며, 여름에 시원하게 해드릴 것을 강구하는 경우도 단지 이 마음의 효도를 다하고 조금이라도 인욕이라도 끼어들어 뒤섞일까 두려워해야 한다. 단지 이 마음을 강구할 수 있을 뿐이다. 이 마음이 만약 인욕이 없는 순수한 천리라서 부모에게 효도하는 데 성실한 마음이라면, 겨울에는 자연히 부모의 추위를 생각하여 저절로 따뜻하게 해드릴 도리를 구하고자 할 것이며, 여름에는 자연히 부모의 더위를 생각하여 저절로 시원하게 해드릴 도리를 구하고자 할 것이다. 이것(溫淸定省)은 모두 효성스러운 마음이 발현되어 나온 조목이다. 그러나 반드시 이 효성스러운 마음이 있어야만 그러한 조목들이 발현되어 나올 수 있다.[42]

효孝・충忠・신信・인仁과 같은 구체적 리理는 대상 사물 또는 마음 밖에 존재하는 당위의 도덕규범이 아니다. 이는 사욕이 완전히 제거된 순수한 천리의 마음이 마주하는 대상에 따라 창출하는 실천 조리이다. 따라서 부모에 대한 효도의 경우 외재적인 당위의 도덕규범으로서의 효도의 리를 먼저 인식한 다음에 이 규범에 맞추어 부모에게 효도라는 실천행위를 하는 것이 아니다. 마음으로부터 사욕을 제거함으로써 순수한 천리를 회복하게 되면 천리가 곧바로 어버이에게 정성껏 효도하고자 하는 마음으로 발현된다. 이 마음은 상황에 따른 구체적인 세부 조목들을 강

42) 『傳習錄』(上), 「徐愛錄」, 3조목, "且如事父, 不成去父上求箇孝的理. 事君, 不成去君上求箇忠的理. 交友治民, 不成去友上民上求箇信與仁的理. 都只在此心. 心卽理也. 此心無私欲之蔽, 卽是天理, 不須外面添一分. 以此純乎天理之心, 發之事父便是孝, 發之事君便是忠, 發之交友治民便是信與仁. 只在此心去人欲存天理上用功便是. … 只是有箇頭腦, 只是就此心去人欲存天理上講求. 就如講求冬溫, 也只是要盡此心之孝, 恐怕有一毫人欲間雜. 講求夏淸, 也只是要盡此心之孝, 恐怕有一毫人欲間雜. 只是講求得此心. 此心若無人欲, 純是天理, 是箇誠於孝親的心, 冬時自然思量父母的寒, 便自要去求箇溫的道理. 夏時自然思量父母的熱, 便自要去求箇淸的道理. 這都是那誠孝的心發出來的條件, 卻是須有這誠孝的心, 然後有這條件發出來."

구하여 추울 때는 따뜻하게 해드리고 더울 때는 시원하게 해드리는 정성스런 실천 행위를 창출해낸다. 결국 마음이 마주한 대상과 상황에 따라 실천 의지나 실천 조리는 물론 실천 행위를 창출하는 과정 모두 마음의 유기적 생명성으로서의 천리의 발현・전개 과정으로 일원화된다.

『전습록』의 내용들이 논의된 시기들을 분석해 볼 때, 양명은 50세를 전후로 치양지설致良知說을 제창하기 이전까지는 '존천리存天理・거인욕去人欲'이라는 말을 자주 사용한다. 그러나 치양지설을 통해 자신의 독자적인 철학체계를 정립하면서부터는 "천리가 곧 양지良知이다",[43] "내 마음의 양지가 바로 천리이다",[44] 그리고 "양지는 천리의 환하고 밝아서 영명하게 깨닫는 곳이다. 그러므로 양지가 바로 천리이다"[45]라고 하여, 인간 마음의 유기적 생명성으로서의 천리를 양지로 일원화시키고 있다. 아울러 '존천리存天理' 대신에 '치양지致良知'라는 말을 주로 사용하면서, 양지를 실현하는 일(致良知)이 바로 성인의 학문이며, 자연스럽게 양지를 실현하는 자가 바로 성인이 된다고 주장한다.[46] 이러한 내용에 근거해 볼 때, '존천리'는 곧 '치양지설'의 단아로 볼 수 있다. 따라서 우리는 양지를 실현함으로써 도달하는 성인의 경지를 통해 천리의 발현・전개의 궁극적 경지가 어떠한 것인지를 유추해 볼 수 있다.

양명은 양지를 실현하는 인간의 참다운 모습을 다음과 같이 그리고 있다.

> 양지가 사람 마음에 있음은 성인과 어리석은 자의 구분이 없으며, 천하 고금이 다 같다. 세상의 군자가 오직 양지를 실현하는 데 힘쓰기만 한다면 저절로 시비是非를 공유하고 호오好惡를 함께하며, 남을 자기와 같이 보고 나라

---

43) 『傳習錄』(下), 「黃省曾錄」, 284조목, "天理卽是良知."

44) 『傳習錄』(中), 「答顧東橋書」, 135조목, "吾心之良知, 卽所謂天理也."

45) 『傳習錄』(中), 「答歐陽崇一」, 169조목, "良知是天理之昭明靈覺處, 故良知卽是天理."

46) 『全集』, 권8, 「書魏師孟卷」, 280쪽, "心之良知是謂聖, 聖人之學惟是致此良知而已, 自然而致之者而聖人也."

> 를 한 집안처럼 보아서 천지만물을 한 몸으로 여길 수 있다. 그러면 천하가 다스려지지 않기를 구할지라도 얻을 수 없을 것이다. 옛 사람이 타인의 선행을 보기를 마치 자기로부터 나온 듯이 여겼으며, 타인의 악행을 보기를 마치 자기가 악에 빠진 것처럼 여겼을 뿐만 아니라, 백성의 굶주림과 곤고함을 마치 자기의 굶주림과 곤고함처럼 보았으며, 한 사람이라도 자기 자리를 얻지 못하면 마치 자신이 그를 도랑에 밀어넣은 것처럼 여겼던 까닭은 의도적으로 그렇게 행하여 천하 사람들이 자기를 믿어 주기를 바랐기 때문이 아니다. 자신의 양지를 실현하여 스스로 만족하기를 구하는 데 힘썼을 따름이다.[47]

양지 실현의 궁극적 경지는 나 자신과 천지만물이 하나됨에 있다. 나와 천지만물이 하나이기에 천지만물의 생명 손상이 나의 아픔으로 느껴지는 것이다. 또한 천지만물의 건강성의 회복은 곧 나 자신의 전체생명의 건강성의 회복을 의미하기 때문에, 이는 곧 나 자신의 내면적 만족으로 느껴지게 되는 것이다. 결국 성인은 자신의 양지를 통해 자신과 천지만물이 하나의 생명체임을 자각함으로써 자·타와 물·아의 구별을 두지 않는다. 성인은 천지만물의 생명의 온전성에 대한 시비와 호오를 올바르게 판단하여 이들의 고통이나 배고픔을 자신의 고통이나 배고픔으로 느끼는 등 이들의 생명 파괴를 자신의 책임으로 자각하는 과정에서 자신의 사욕을 극복·제거하고 나아가 이들을 안전하게 보살피고 교양하는 등의 구체적·실제적 실천 과정을 통해 양지를 실현함으로써 천지만물을 온전하게 창생·양육해나가는 인간이다.[48] 따라서 양지의 실현

---

47) 『傳習錄』(中), 「答聶文蔚」, 179조목, "良知之在人心, 無間於聖愚, 天下古今之所同也. 世之君子, 惟務致其良知, 則自能公是非, 同好惡, 視人猶己, 視國猶家, 而以天地萬物爲一體, 求天下無治, 不可得矣. 古之人所以能見善不啻若己出, 見惡啻若己入, 視民之飢弱, 猶己之飢弱, 而一夫不獲, 若己推而納諸溝中者, 非故爲是, 而以蘄天下之信己也, 務致其良知求自慊而已矣."

48) 『傳習錄』(中), 「答顧東橋書」, 142조목, "夫聖人之心, 以天地萬物爲一體. 其視天下之人, 無內外遠近, 凡有血氣, 皆其昆弟赤子之親, 莫不欲安全而教養之, 以遂其萬物

이 곧 천리의 실현을 의미한다고 할 때, 사욕을 제거하고 천리를 보존하는 '거인욕去人欲 · 존천리存天理'의 궁극적 귀결처는 곧 '나와 천지만물이 하나됨'에 있다고 말할 수 있다.

양명이 추구하는 이상적 인간상으로서의 '성인'은 현실과 괴리된 초월자나 인간 위에 군림하면서 고원한 담론이나 추구하는 현학자가 아닌 역동적인 삶의 장 한가운데서 인간과 천지만물의 생명 손상을 아파하면서 이들의 생명을 온전하게 보살피고 양육하는 현실적인 인간이다. 성인은 인간 자신의 개체 생존과 이익에만 집착함으로써 천지만물과 인간 자신을 분화시키고 대립과 갈등 및 투쟁을 야기하는 극단적인 개체 욕망(사욕)을 제거하고 천지만물과 인간 자신을 하나의 생명으로 연결시켜주는 인간의 생명 본질인 유기적 생명성(천리)을 발현 · 전개함으로써 천지만물의 생명 창생 · 양육 과정에 주체적 · 능동적으로 참여하는 인간의 참 모습에 다름 아니다.

제2절 마음의 생명 창출 근거

인간과 천지만물은 분열되지 않은 하나의 유기적인 생명체이며, 인간은 이러한 생명체의 중추적 존재이다. 인간이 천지만물의 중추적 존재가 될 수 있는 근거로서의 생명 본질은 바로 인간 마음의 유기적 생명성으로서의 '천리天理'이다. 그러나 인간은 또한 그 자체가 하나의 개체생명이

一體之念. … 聖人有憂之, 是以推其天地萬物一體之仁以教天下, 使之皆有以克其私, 去其蔽, 以復其心體之同然."

기 때문에, 개체생명의 이익과 안위에만 집착하는 극단적 개체 욕망인 '사욕私欲'이 내재한다. 따라서 인간이 천지만물과 진정으로 한 몸을 이루고 천지만물의 생명 창생·양육 과정에 주체적·능동적으로 참여하기 위해서는 사욕을 제거하고 천리를 발현하는 주체적이고 인위적인 노력의 과정이 요구된다. 이에 양명은 인간의 마음에 최고의 주체성·창조성·역동성을 부여한다. 그에게 있어 '마음은 곧 하늘'(心卽天)이며 '본성'(心卽性)이다. 또한 마음은 실천 조리를 창출하며(心卽理), 우리의 신체를 주재(心卽身)하고, 실천 행위를 창출(心外無物)하는 생명 주체이다. 따라서 인간의 마음은 인간 내부의 통일과 지知와 행行의 합일 그리고 자아와 세계(천지만물)를 통일하는 토대가 된다.

이러한 양명의 '심즉리'를 비롯한 마음의 일원론적 체계가 그의 주체적이고 역동적인 생명철학의 출발점이다. '지행합일설'과 '치양지설'은 모두가 심즉리설에 뿌리를 두고 발전해나간 학설이다. 이에 송하경은 마음의 본래 모습으로서의 '심즉리心卽理'를 추구하는 것, 즉 마음에서 리를 추구하는 것이 곧 지행합일의 본질적 내용이라면, 지행합일은 곧 나의 마음에서 리를 추구하는 구체적인 형식·수단·방법·절차 등이 내용이라고 주장한다. 또한 심즉리·지행합일·치양지 세 가지는 사실상 이명동실異名同實로서, 내 마음에서 리를 추구하는 구체적인 행위가 지행합일이며 치양지라고 주장한다.[49] 따라서 양명의 생명철학의 특성과 지행합일설과 치양지설을 명확하게 이해하기 위해서는 먼저 '마음'이 지니는 의미와 특성을 구체적으로 살펴볼 필요가 있다. 이곳에서는 '마음이 곧 리'(心卽理)라고 주장하는 양명의 심즉리설을 중심으로 인간 마음의 일원적 생명 체계에 대해 살펴보고자 한다.

---

49) 송하경, 「王陽明의 知行說에 관한 硏究」, 『東洋哲學硏究』 15집(동양철학연구회, 1996), 255~282쪽 참조.

1. 주희의 마음과 리의 이원화

심리心理 일원론을 비롯한 양명의 일원론적 체계는 주희 격물설格物說의 토대가 되는 리기理氣 이원론과 심리心理 이원론에 대한 비판에서 시작되는 바, 양명의 일원론적 체계를 살펴보기에 앞서 주희의 이원론적 체계에 대해 먼저 살펴볼 필요가 있다.

주희는 "천하의 사물은 반드시 소이연지고所以然之故와 소당연지칙所當然之則을 지니는데, 이것을 리理라 한다"[50]고 말한다. '소이연지고'는 현상의 본원이라는 존재 개념인 필연의 법칙, 즉 사물 세계의 객관적 존재의 법칙과 원리를 의미한다. 그리고 소당연지칙은 존재의 행동, 행위규범이라는 실천적 지표의 개념인 선험적인 당위의 법칙이다.[51] 주희는 "소당연지칙이란 임금의 인仁, 신하의 경敬과 같은 것이요, 소이연지고는 임금은 어째서 인仁해야 하며 신하는 어찌하여 경敬해야 하는가?라고 하는 것과 같은 것인데, 모두 천리天理가 그렇게 하도록 한 것이다"[52]라고 말한다. 따라서 인간과 관련해 보았을 때, '소당연지칙'은 인간이 실천해야 할 당위적인 도덕규범이며, '소이연지고'는 그 도덕규범에 대한 존재론적 근거가 된다. 리는 바로 이러한 존재의 원리와 당위의 규범을 동시에 함유한 형이상학적 개념이며, 사물보다 앞서 존재하는 '선험성'과 '초월성'을 지닌다.

> 만일 리의 입장에서 본다면, 아직 사물이 생기기 전이라도 이미 그 사물의 리는 존재한다. 그러나 그 리만 존재할 뿐이지 실제로 그 사물이 존재한 적

50) 『大學或問』, 1장, "至於天下之物則必有所以然之故, 與其所當然之則, 謂理也."
51) 최영찬, 「朱子哲學에 있어서 孔·孟 天人觀의 承受와 展開」(충남대 박사학위논문, 1991), 114쪽 참조.
52) 『大學或問』, 1장, "所當然之則, 如君之仁臣之敬. 所以然之故, 如君何用仁臣何用敬云云, 皆天理使之然."

은 없다.[53)]

> 아직 일(事)은 없더라도 이미 리는 있다. 예를 들어 임금과 신하가 있기 전이라도 이미 임금과 신하의 리가 있으며, 아버지와 아들이 있기 전이라도 이미 아버지와 아들의 리가 있다. 원래 이러한 리가 없었는데, 임금과 신하, 아버지와 아들이 생긴 다음에야 그러한 도리를 그들에게 우겨 넣었겠는가?[54)]

어떤 사물이 아직 생성되지 않았을 때에도 그 사물의 규율이나 법칙, 또는 원리가 이미 존재하며, 인간관계가 설정되기 이전에 이미 당위의 도덕적 규범이 존재한다는 것이다. 리가 사물보다 앞서 존재한다는 것은 법칙과 규율의 일반성과 보편성을 의미함과 동시에 리를 절대화하는 것이다.[55)] 따라서 '리'는 보편성과 선험성 그리고 절대성을 지닌다고 말할 수 있다. 이에 주희는 또한 "천지가 있기 전에는 리만 있었을 뿐이다. 이러한 리가 있기에 이와 같은 천지가 있다. 만일 이러한 리가 없다면 이러한 천지도 없고, 사람과 사물도 없으며, 그 어떤 것도 있을 수 없게 될 것이다. 리가 있으므로 기가 있고, 기가 유행하여 만물을 발육시킨다"[56)] 고 말한다. 우주만물은 리의 '선재성'을 전재로 하여 기의 작용에 의해 존재하게 된다는 것이다. 리는 기에 대해서도 '우선성'을 지닌다. 그는 리와 기를 다음과 같이 정의한다.

> 천지 사이에는 리도 있고 기도 있다. 리는 형이상적인 도道이며, 사물을 생성하는 근본이다. 기는 형이하적인 기器이며, 사물을 생성하는 도구이다. 그

53) 『朱子大全』, 권46, 「答劉叔文」, "若在理上看, 則雖未有物, 而已有物之理, 然亦但有其理而已, 未嘗實有是物也."

54) 『朱子語類』, 권95, "未有這事, 先有這理, 如未有君臣, 已先有君臣之理, 未有父子, 已先有父子之理. 不成元無此理, 直特君臣父子, 却旋將這道理入在裏面."

55) 陳來, 『송명성리학』(안재호 옮김, 예문서원, 1997), 243쪽 참조.

56) 『朱子語類』, 권1, "未有天地之先, 畢竟也只是理, 有此理便有此天地, 若無此理便亦無天地, 無人無物, 都無該載了. 有理便有氣, 流行發育萬物."

러므로 사람과 사물이 생성될 때는 반드시 리를 품부받은 뒤에 성性이 생기고, 기를 품부받은 뒤에 형체가 생긴다.[57]

'리'가 모든 사물이 존재하는 형이상학적 존재 원리, 사물의 본질과 규칙을 의미한다면, '기'는 모든 사물을 구성하는 재료로서 사물이 존재하게 되는 현상적 질료를 의미한다. 이러한 리는 원리적 존재로서 작용성을 지니지 않는 반면, 기는 질료적 특성을 갖는 존재로서 사물을 생성하는 작용성을 지닌다.[58] 따라서 리와 기는 결코 서로 섞일 수 없는 다른 차원의 개념으로 정의된다.[59] 리는 사물 구성상에서 보면, 우주만물의 존재나 작용의 이치, 조리, 운형元形 등으로 Logos, Idea, Form에 해당하는 것이며, 기는 우주만물의 생성변화에 있어서 질료, 기운, 힘으로 Matter나 Energy에 해당된다. 그러므로 우주만물의 변화 그 자체는 기에 해당되고, 기가 작용하고 존재하게 되는 이치나 원형은 바로 리에 해당한다.[60]

주희의 이러한 리기 이원론은 '심리心理 이원론'의 토대가 된다. '성이 곧 리'(性卽理)라고 주장하는 주희는 하늘이 음양·오행으로 만물을 화생化生함에 있어 기氣로써 형체를 이루고 리를 부여하는 바, 사람과 사물이 부여받는 리는 건순健順·오상五常의 덕으로서 이것이 바로 성性이라고 주장한다.[61] 리기 이원에 근거하여 인간 마음에 부여된 당위의 규범으로서의 리理만을 '성性'으로 규정할 뿐 마음 자체를 리나 성으로 보지 않는 것이

57) 『朱子大全』, 권58, 「答黃道夫」, "天地之間, 有理有氣, 理也者, 形而上之道也, 生物之本也, 氣也者, 形而下之器也, 生物之具也, 是以人物之生, 必稟此理, 然後有性, 必稟此氣, 然後有形."

58) 『朱子語類』, 권1, "蓋氣則能凝結造作, 理却無情意無計度無造作. 只此氣凝聚處, 理便在其中. … 氣則能醞釀凝聚生物也, 但有此氣則理便在其中."

59) 『朱子文集』, 권46, "理與氣決是二物."

60) 최영찬, 「朱子哲學에 있어서 孔·孟 天人觀의 承受와 展開」, 127쪽 참조.

61) 『中庸集註』, 1장 1절, "性卽理也. 天以陰陽五行, 化生萬物, 氣以成形, 而理亦賦焉, 猶命令也. 於是人物之生, 因各得其所賦之理, 以爲健順五常之德, 所謂性也."

다. '마음'은 단지 리 또는 마음에 내재된 리로서의 성만을 구비하고 있을 뿐이다.[62] 이에 주희는 "신령한 곳(靈處)은 다만 마음일 뿐 성性이 아니며, 성은 단지 리理일 뿐이다"[63]라고 단호하게 주장한다. 주희에 있어 '마음'은 리가 아닌 허령虛靈한 기적氣的 존재로 리를 지각하고 신체를 운용하는 기능적인 측면만을 지닌다.[64] 따라서 마음과 리는 이원적 체계를 지니게 된다.

심리 이원론에 근거하여 주희는 마음을 성性과 정情으로 구분한다. 그는 "마음은 몸을 주재하는 것으로서 그 본체가 되는 것은 성이고, 그 작용이 되는 것은 정이다"[65]라고 말하고, 또한 "성性은 미동未動이고, 정은 이동已動이며, 마음은 이동·미동을 포괄한다. 대체로 마음의 미동은 성이고 이동은 정이다"[66]라고 하여, '성性'을 작용성이 없는 마음의 본체로 삼고 '정情'을 마음의 작용으로 삼는다. 나아가 "인仁·의義·예禮·지智는 성이고, 측은惻隱·수오羞惡·사양辭讓·시비是非는 정이다. 인으로써 사랑하고 의로 미워하며, 예로 사양하고 지로 아는 것은 마음이다. 성이란 마음의 리이고, 정이란 마음의 작용이며, 마음이란 성과 정의 주재자이다"[67]라고 말한다. 본체로서의 '성'은 내재적 도덕 본질로서의 리이기 때문에 그 자체는 작용성을 지니지 못한다. 다만 마음이 성을 자각하고 인식하여 감정과 사려 작용으로서의 정을 통해 드러내는 것이다. 결국 마

---

62) 『朱子語類』, 권5, "心之全體, 湛然虛明, 萬理具足." 『朱子語類』 권9, "心具萬里." 『朱子語類』 권5, "性便是心之所有之理, 心便是理之所會之地."

63) 『朱子語類』, 권5, "靈處只是心, 不是性, 性只是理."

64) 『朱子文集』, 권24, "人之一身, 知覺運用, 莫非心之所爲." 『朱子語類』 권5, "能覺者, 氣之靈."

65) 『朱子大全』, 권40, 「答何叔京」, "心主乎身, 其所以爲體者, 性也; 所以爲用者, 情也."

66) 『朱子語類』, 권5, 「性理2」, "性是未動, 情是已動, 心包得已動未動. 蓋心之未動則爲性, 已動則爲情."

67) 『朱文公文集』, 권67, 「元亨利貞說」, "仁義禮智, 性也. 惻隱羞惡辭讓是非, 情也. 以仁愛, 以義惡, 以禮讓, 以智知者, 心也. 性者心之理也, 情者心之用也, 心者性情之主也."

음의 본체로서의 성은 마음의 현상 작용으로서의 정이 발동한 이후에야 볼 수 있는 것으로서,[68] '마음'은 단지 체용體用을 포괄하는 총체이며, '성 · 정'은 이러한 총체의 다른 측면에 불과한 것으로 본다.[69]

주희에게 있어 보편적이고 선험적이며 절대적인 존재 원리이자 당위의 도덕규범으로서의 리, 그 자체는 본질적으로 인간의 마음과 무관하게 존재한다. 비록 인간이 태어나면서 이 리를 품부받아 '성性'의 형태로 마음에 구비할 수는 있어도 마음이 리를 창조할 수는 없다. 마음은 단지 지각 작용을 통해 리를 인식하고 운용할 수 있을 뿐이다. 이에 주희는 "지知라는 것은 내 마음의 지이고, 리理라는 것은 사물의 리이다. 이것으로써 저것을 아니 이에 주인과 손님의 나눔이 있는 것이다"[70]고 하여, 마음이 인식 주체에 속한다면 리는 인식 대상에 속하는 것으로 규정하고 있다. 따라서 주희는 사물의 리를 궁구하여 리에 대한 마음의 인식을 확충하는 격물치지格物致知의 과정을 필요로 하게 된다.

주희는 "격물格物은 다만 궁리窮理이다"[71]라고 말하고, 또한 "격물은 사사물물의 리를 궁구하는 것이다"[72]라고 말한다. 그리고 "격格이란 이르는 것이고, 물物이란 일(事)과 같다. 사물의 이치를 끝까지 궁구하여, 그 지극한 곳에 이르지 못함이 없도록 하는 것이다"[73]라고 말한다. 주희에게 있어 '격물'은 구체적 대상 사물과 접촉하여 사물에 내재된 사물의 궁극적 존재 원리를 규명하는 작업이다. 주희는 치지致知와 격물格物의 관계를 다음과 같이 밝히고 있다.

---

68) 『孟子集註』, 「公孫丑章句上」, 6, "惻隱羞惡辭讓是非, 情也. 仁義禮智, 性也. 心統性情者也. 端, 緒也. 因其情之發, 而性之本然, 可得而見, 猶有物在中而緒見於外也."

69) 陳來, 『송명성리학』, 254쪽 참조.

70) 『朱子文集』, 권44, "知者, 吾心之知. 理者, 事物之理. 以此知彼, 自有主賓之辨."

71) 『朱子文集』, 권30, "格物只是窮理."

72) 『朱子語類』, 권15, "格物者, 窮事事物物之理."

73) 『大學章句』, 1장, "格, 至也. 物, 猶事也. 窮至事物之理, 欲其極處無不到也."

> '치지致知가 격물格物에 있다'고 함은, 나의 앎을 극진히 하려면 사물에 나아가 그 리理를 궁구해야 함을 말하는 것이다. 인심人心의 영명靈明함으로 알지 못할 것이 없고, 천하의 사물 가운데 리를 갖추지 않은 것이 없다. 아직 궁구되지 않은 리가 있기 때문에 그 앎도 다하지 못함이 있는 것이다. 그래서 『대학』의 첫 가르침은, 학자들로 하여금 반드시 천하의 사물에 나아가 자신이 이미 알고 있는 리에 근거하여 더욱더 궁구함으로써 그 지극한 데까지 이르도록 하려 한 것이다. 오랫동안 힘써 나아가면 어느 순간에 확 트여 관통하게 된다. 그러면 모든 사물의 표리表裏와 정조精粗에 이르지 못함이 없게 될 것이고, 내 마음의 전체全體와 대용大用은 밝혀지지 않음이 없을 것이다. 이것을 격물格物이라 이르고, 이것을 지지知至라 이르는 것이다.[74]

치지의 대상인 '지知'는 주체에 속하고, 격물의 대상인 '리理'는 객체에 속한다. '마음'은 리를 인식하는 주체이며, '지知'는 리에 대한 마음의 인식 작용과 그 결과를 의미한다. 리는 내 마음이 창조하는 것이 아니라 내 마음 밖의 우주만물에 보편적·선험적으로 존재하기 때문에, 리에 대한 마음의 앎(인식)은 선천적으로 불완전할 수밖에 없다. 따라서 리에 대한 내 마음의 앎을 완전하게 하기(致知) 위해서는 마음이 대상 사물과 접촉하여 그 사물에 내재된 이치를 궁구하는 격물의 과정을 필요로 하게 되는 것이다. 격물은 사물에 내재된 이치를 힘껏 궁구하는 것을 의미하며, 사람들이 사물의 이치를 통달하면 자기의 리에 대한 지식도 철저하게 완비된다. 따라서 치지는 주체가 물리物理를 궁구하여 개인적으로 얻게 된 지식 확충의 결과를 의미할 뿐이다. 치지는 격물의 목적이자 결과이다.[75]

---

74) 『大學章句』, 「格物致知補亡章」, "所謂致知在格物者, 言欲致吾之知, 在卽物而窮其理也. 蓋人心之靈, 莫不有知, 而天下之物, 莫不有理. 惟於理有未窮, 故其知有不盡也. 是以大學始教, 必使學者卽凡天下之物, 莫不因其已知之理而益窮之, 以求至乎其極, 至於用力之久, 而一旦豁然貫通焉, 則衆物之表裏精粗無不到, 而吾心之全體大用無不明矣. 此謂格物, 此謂知之至也."

75) 陳來, 『송명성리학』, 264쪽 참조.

주희에게 있어 절대성과 선험성은 리만이 가진다. 마음은 이러한 리를 인식하고 운용할 수 있을 뿐, 리를 주재하지도 창조하지도 못한다. 따라서 마음과 리는 이원화되며, 마음은 오히려 주체적이지 못하고 리에 종속된다고 말할 수 있다.

2. 마음이 곧 본성

'리와 기', '리와 마음', '성性과 마음'을 이원적으로 나누어 보는 주희와 달리 양명은 "마음이 곧 성이며, 마음이 곧 리이다"[76]고 말하고, 또한 "마음이 곧 리이다. 천하에 또한 마음 밖의 일과 마음 밖의 리가 있겠는가?"[77]라고 말한다. 나아가 그는 "기氣가 곧 성이며, 성은 곧 기이니, 본래 성과 기를 나눌 수 없다"[78]고 말한다. 이러한 양명의 주장들에 근거할 때, '마음'과 '성'과 '리'와 '기'는 각기 개별적으로 존재하는 것이 아니라 마치 하나처럼 보인다.

형이상자인 성性과 구별하여 마음을 형이하자인 음양의 동정動靜 작용 또는 현상으로 보는 주희의 이원론적 견해와는 달리, 양명학은 심·성·리·기가 하나가 되는 일원론적 체계를 지닌다고 평가된다.[79] 물론 양명학에 있어서도 마음과 성과 리와 기가 동일한 의미로 정의되지는 않는다. 그럼에도 불구하고 주희의 이원론적 체계에 대응하여 양명이 '마음'과 '성'과 '리'와 '기'가 하나라고 하는 일원론적 체계를 주장하는 데는 분명 그 나름대로의 이유가 있다.

양명은 "사람은 천지만물의 마음이며, 마음은 천지만물의 주체이다.

---

76) 『傳習錄』(上), 「陸澄錄」, 33조목, "心卽性, 性卽理."
77) 『傳習錄』(上), 「徐愛錄」, 3조목, "心卽理也. 天下又有心外之事, 心外之理乎."
78) 『傳習錄』(中), 「答周道通書」, 150조목, "氣卽是性, 性卽是氣, 原無性氣之可分也."
79) 김길락, 『象山學과 陽明學』(예문서원, 1995), 215~217쪽 참조.

마음이 곧 하늘이니, 마음을 말하면 천지만물이 모두 열거된다"[80]고 말한다. 양명은 리를 우주 본체의 최고범주로 간주하는 정주리학程朱理學과 달리 '마음'을 우주 본체의 지위로 끌어올림으로써 하늘과 인간, 주관과 객관의 대립을 해소하고,[81] 인간의 마음에 주체성을 부여하고 있다. 인간의 마음은 한 개체의 마음으로 국한되는 것이 아니라, 전우주의 존재물들(天地萬物)과 감통할 수 있는 전우주적 차원의 마음이다.[82]

하늘로부터 품부받은 성性만이 리理이며 마음은 결코 리가 될 수 없다고 주장하는 주희와 달리, 양명은 하늘을 마음의 본체인 성의 근원처로 보고 성만이 아니라 마음 또한 하늘이 인간에게 품부한 것으로 규정한다.[83] 나아가 그는 '마음'과 '성'과 '하늘'이 하나라고 주장한다.[84] 그렇다면 성과 마음이 하나가 될 수 있는 근거는 무엇이며, 양명이 말하는 성은 주희가 말하는 성과 어떻게 다른가? 양명은 다음과 같이 주장한다.

> 성性은 마음의 본체이며, 하늘(天)은 성의 근원이다. '마음을 다한다'(盡心)는 것은 곧 '성을 다한다'(盡性)는 것이다. 오직 천하에 지극히 성실한 사람이라야 능히 자기의 성을 다할 수 있고, 천지가 만물을 생성·양육하는 것(化育)을 알 수 있다. '마음을 보존한다'(存心)는 것은 마음에 아직 다하지 못한 것이 있는 것이다. '하늘을 안다'(知天)는 것은 지주知州·지현知縣이 (주와 현의 일을) 주관하는 것처럼, (하늘의 일이) 자기 분수상의 일이며 이미 하늘과 하나가 되는 것이다.[85]

---

80) 『全集』, 권6, 「答李明德」, 214쪽, "人者, 天地萬物之心也, 心者, 天地萬物之主也. 心卽天, 言心則天地萬物皆擧之矣."

81) 한정길, 「王陽明의 마음의 철학에 관한 硏究」, 50쪽 참조.

82) 『全集』, 권5, 「與黃勉之(二)」, 194쪽, "仁人之心, 以天地萬物爲一體, 訢合和暢, 原無間隔."

83) 『傳習錄』(中), 「答顧東橋書」, 134조목, "夫心之體, 性也. 性之原, 天也. … 天之所以命於我者, 心也, 性也."

84) 『傳習錄』(中), 「答聶文蔚」, 192조목, "心也, 性也, 天也, 一也."

85) 『傳習錄』(上), 「徐愛錄」, 6조목, "性是心之體, 天是性之原, 盡心卽是盡性. 惟天下至誠爲能盡其性, 知天地之化育. 存心者, 心有未盡也. 知天, 如知州知縣之知, 是自

먼저 "천지가 만물을 생성・양육한다"는 말에서, 성性의 근원처로서의 '하늘'은 물리적 실체나 형이상학적 본체를 의미한다기보다는 천지만물의 생명 본질로서의 자기－조직성 또는 자기－창출성을 의미한다고 볼 수 있다. 따라서 인간 마음의 본체로서의 '성性'은 천지만물의 생명 본질에 근원하는 자기－조직성 또는 자기－창출성을 의미한다. 아울러 '지주知州・지현知縣'(州와 縣의 知事, 즉 지방 장관)이라는 말이 단지 '주州와 현縣의 일을 안다'는 의미가 아니라 지주・지현의 직분을 담당한 사람이 주와 현에서 일어나는 모든 일들을 자신의 직분으로서 삼고 이를 주재・관장한다고 하는 의미와 같이, '지천知天'은 인간이 단지 인식론적으로 천天, 즉 천지만물의 본질을 이해한다고 하는 앎의 단계를 의미하는 것이 아니라 천지의 화육을 자신의 직분으로 삼아 이를 주재・관장한다는 것을 의미한다. 인간은 천지만물과의 본원적 일체성을 바탕으로 마음을 통해 천지만물의 자기－조직화 과정을 자각하고, 이에 실제적 실천 행위를 통해 천지만물의 창생・양육 과정을 주체적・능동적으로 이끌어 가는 것이다. 따라서 양명에게 있어서의 '성'은 주자학에서와 같이 단지 마음이 구비하고 있는 작용성이 없는 형이상학적 존재의 원리나 도덕적 당위의 규범으로서의 리가 아니다.

양명은 "대저 마음의 본체는 천리天理이다. 천리가 환하고 밝아서 영명하게 깨닫는 것이 이른바 양지良知이다"[86]라고 말한다. 따라서 "마음의 본체가 성"이라는 말은 '성이 곧 천리'라는 것을 의미한다.[87] 앞에서 살펴

己分上事, 已與天爲一."

86) 『全集』, 권5, 「答舒國用」, 190쪽, "夫心之本體, 卽天理也. 天理之昭明靈覺, 所謂良知也."

87) 양명은 "心之本體, 卽是性"(『傳習錄』(上), 「陸澄錄」, 81조목)이라 말하고, 또한 "心之本體, 卽是天理"(『傳習錄』(上), 「薛侃錄」, 96조목)라고 주장하고 있는 바, 이러한 주장 속에서도 '性이 곧 天理'임을 알 수 있다.

본 바와 같이, '천리'는 천지만물의 생명 본질에 근원한 인간의 생명 본질로서 천지만물과 감응하고 일체화할 수 있는 인간 마음의 유기적인 생명성이다. 따라서 성은 천지만물의 생명 본질에 근원한 인간 마음의 본질적이고 유기적인 속성을 의미한다고 말할 수 있다. 그러므로 성은 작용성을 지닌 마음 자체의 '유기적 생명성'으로서 '성이 곧 마음'(心卽性)이라고 하는 일원적 체계가 성립된다.

인간은 이러한 마음의 유기적 생명성인 본성 발현을 통해 천지만물의 생명 창생 · 양육 과정에 주체적으로 참여할 수 있다. 또한 이를 통해서만이 자신의 본성을 실현할 수 있기 때문에, 자신의 마음을 다한다는 '진심盡心'은 마음의 유기적 생명성을 유감없이 발휘한다는 '진성盡性'이 되며, 이는 곧 천지만물의 생명 본질을 구현한다는 '지천知天'이 되기 때문에, '마음'과 '성'과 '하늘'이 하나가 되는 일원적 체계가 성립된다.[88]

양명에게 있어서의 '성'은 주희식의 마음에 구비된 작용성이 없는 도덕적 당위의 규범이 아니라 인간 마음의 주체적이고 역동적인 유기적 생명성이다. 따라서 양명의 심성 일원론의 입장에서는 주희의 성정性情 이원론이 부정된다. 앞에서 살펴본 바와 같이, 주희는 마음의 미동未動의 본체를 성性으로 규정하고 마음의 이동已動의 작용을 정情으로 규정한다. 나아가 인 · 의 · 예 · 지를 마음에 구비된 리理로서의 성으로 규정하고, 측은 · 수오 · 사양 · 시비를 마음의 작용으로서의 정으로 규정한다. 그러나 양명은 육징과의 다음과 같은 문답에서 성과 정이 하나임을 명확히 하고 있다.

> 육징이 물었다: 인·의·예·지라는 명칭은 이미 발한 것으로 말미암아 존재하는 것입니까?

88) 『傳習錄』(中), 「答聶文蔚」, 192조목 : 心也, 性也, 天也, 一也. 故及其知之成功則一.

대답하셨다: 그렇다.

다음날 육징이 물었다. "측은·수오·사양·시비는 성性이 겉으로 드러난 덕(表德)입니까?

대답하였다: 인·의·예·지는 겉으로 드러난 덕이다. 성性은 하나일 뿐이다. 형체라는 측면에서 말하면 하늘(天)이라 하고, 주재하는 측면에서 말하면 하느님(帝)이라 하고, 그 유행流行하는 측면에서 말하면 천명(命)이라 한다. 사람에게 부여된 측면에서 말하면 성이라 하고, 몸을 주재하는 측면에서 말하면 마음이라 한다. 마음이 발동하여 아버지를 만나면 그것을 효라 하고, 임금을 만나면 그것을 충이라 한다. 여기서부터 나아가 명칭이 무궁한 데 이를지라도 다만 하나의 성일 뿐이다.[89]

양명은 사단四端(측은 · 수오 · 사양 · 시비)을 성의 발현으로 규정할 뿐만 아니라, 주희가 미동未動의 성으로 규정한 사덕四德(인 · 의 · 예 · 지) 또한 이미 발현된 상태를 지칭하는 것으로 규정하고 있다. 성은 마음에 구비된 부동不動의 도덕적 당위 규범이 아니라 마음의 역동적이고 주체적인 유기적 생명성을 의미하기 때문에 측은해하고 부끄러워하며 사양하고 옳고 그름을 따지는 마음의 작용뿐만 아니라 어짊, 의로움, 예를 지킴, 지혜로움 또한 성의 발현으로 정의되는 것이다. 부동의 성이 있고 나서 이것이 마음의 작용을 통해 정으로 발현되는 것이 아니다. 역동적인 유기적 생명성으로서의 성이 곧바로 발현하는 것이다. 따라서 인간의 '마음이 바로 성'이며, 인간의 '정이 바로 성'이 되는 일원적 체계를 지니게 된다.

주희가 말한 성과 정만이 아니라 '하늘', '하느님', '천명' 또한 성으로 일원화된다. 인간은 천지만물과 한 몸이며 동시에 천지만물의 중추적 존재이다. 그리고 인간의 생명 본질인 성(천리)은 천지만물의 생명 본질에

89) 『傳習錄』(上), 「陸澄錄」, 38조목, "澄問: 仁義禮智之名, 因已發而有? 曰: 然. 他日澄曰: 惻隱羞惡辭讓是非, 是性之表德邪? 曰: 仁義禮智, 也是表德. 性一而已, 自其形體也謂之天, 主宰也謂之帝, 流行也謂之命, 賦於人也謂之性, 主於身也謂之心. 心之發也, 遇父便謂之孝, 遇君便謂之忠. 自此以往, 名至於無窮, 只一性而已."

근원한다. 따라서 전체로서의 천지만물의 생명 창출 과정에서, 현상적 측면을 '하늘'이라 하고, 주재적 측면을 '하느님'이라 하며, 유행의 측면을 '천명'이라 이름하더라도, 이는 모두 천지만물의 중추적 존재인 인간의 성의 발현에 다름 아니다. 단지 이를 인간의 관점에서 보았을 때, 인간에게 부여되었다는 측면에서 '성'이라 이름하는 것이고, 몸을 주재한다는 측면에서 '마음'이라 이름하는 것뿐이다. 효나 충과 같이 주희가 선험적인 당위의 도덕규범으로 정의한 리理마저도 인간이 관계맺는 대상과 상황에 따라 마음으로부터 성이 주체적으로 발현된 것이다.

성性이 인간 마음의 유기적인 생명성을 의미한다고 할 때, 성은 어떻게 발현되는가? 양명은 이에 대해 다음과 같이 말한다.

> 이른바 네 마음이란 오로지 한 덩어리의 피와 살만이 아니다. 만약 그것이 한 덩어리의 피와 살이라면, 이미 죽은 사람도 그 한 덩어리의 피와 살은 여전히 가지고 있는데, 어찌하여 보고 듣고 말하고 행동할 수 없는가? 이른바 네 마음이 그것을 보고 듣고 말하고 행동할 수 있게 한다. 이것이 바로 성性이고 천리天理이다. 이 성이 있어야 비로소 살 수 있으니, 이 성의 생리生理를 인仁이라 한다. 이 성의 생리가 눈에서 발현하면 볼 수 있고, 귀에서 발현하면 들을 수 있고, 입에서 발현하면 말할 수 있고, 사지에서 발현하면 움직일 수 있다. 이 모든 것이 다만 저 천리가 발생한 것이다. 천리가 한 몸(一身)을 주재하기 때문에 그것을 마음이라 한다. 이 마음의 본체는 본래 다만 하나의 천리이며, 예禮가 아닌 것이 없다. 이것이 바로 너의 참된 자기(眞己)이다. 이 참된 자기가 육체를 주재한다. 만약 참된 자기가 없다면 육체가 없게 된다. 참으로 이것이 있으면 삶이고, 없으면 죽음이다.[90)]

---

90) 『傳習錄』(上), 「薛侃錄」, 122조목, "所謂汝心, 亦不專是那一團血肉. 若是那一團血肉, 如今已死的人, 那一團血肉還在, 緣何不能視聽言動? 所謂汝心卻是那能視聽言動的, 這箇便是性, 便是天理. 有這箇性, 才能生, 這性之生理, 便謂之仁. 這性之生理, 發在目便會視, 發在耳便會聽, 發在口便會言, 發在四肢便會動, 都只是那天理發生. 以其主宰一身, 故謂之心. 這心之本體, 原只是箇天理, 原無非禮. 這箇便是汝之眞己, 這箇眞己是軀殼的主宰. 若無眞己, 便無軀殼. 眞是有之卽生, 無之卽死."

마음은 단지 혈육으로서의 심장과 같은 형상을 지닌 신체 기관을 의미하는 것이 아니라, 몸의 각종 작용을 주재하는 '진정한 자기'(眞己)로 정의된다. 마음이 신체 기관을 주재하여 보고 듣고 말하고 행동할 수 있는 것은 바로 마음에 성性(天理)이 있기 때문이다. 성이라는 유기적인 생명성이 있어야 비로소 마음이 신체 기관을 주재하여 살아갈 수 있는 것이다. 따라서 신체 기관을 통해 드러나는 모든 생명 활동은 바로 성의 발현이 되는 것이다. 단지 신체 기관에 대한 주재의 측면에서 이를 마음이라고 칭하는 것일 뿐, 마음의 작용은 곧 성(천리) 그 자체의 발현에 다름 아니다. 여기서 '인仁'은 성의 생명 원리(生理)로 정의된다. 본래 인은 '만물일체의 인仁', 즉 인간이 천지만물의 생명 손상을 자신의 아픔으로 느끼면서 이들을 보살피고 양육하는 인간의 역동적 생명성이다. 성은 한 개체를 살려나가는 근원일 뿐만 아니라 천지만물과의 감응을 통해 그들을 살려나가는 생명의 근원이기도 하다. 따라서 인간 생명 본질의 구현, 생명 주체의 실현, 천지만물의 온전한 생명 구현은 한 가지 일이 될 수밖에 없다.[91]

3. 마음의 실천 조리의 창출

'마음이 곧 성'(心卽性)이라는 심성 일원적 체계는 바로 마음이 실천 조리를 창출할 수 있는 '심즉리心卽理'의 토대가 된다. 동시에 주희에서와 같이 마음 밖의 대상 사물에서 리를 궁구하는 격물格物 공부는 불필요하게 된다. 그렇다면 양명의 '마음이 곧 리'라고 하는 '심즉리' 명제에서 '리'가 무엇을 의미하는지를 살펴볼 필요가 있다.

91) 『傳習錄』(中), 「答聶文蔚(二)」, 192조목, "心也, 性也, 天也, 一也, 故及其知之成功則一."

우리는 다음과 같은 양명의 문인과의 문답에서 양명이 말하는 리는 정주리학에서 말하는 리와 다르다는 사실을 발견할 수 있다.

> (문인이) 또 물었다: 마음이 곧 리(心卽理)라고 주장하시는데, 정자(程頤)는 "사물에 있는 것이 리이다"[92]라고 했습니다. 어째서 마음이 곧 리라고 말씀하십니까?
>
> 선생께서 말씀하셨다: "사물에 있는 것이 리이다"(在物爲理)에서 '재在'라는 글자 앞에 마땅히 하나의 '심心'이란 글자를 첨가해야 한다. 이 마음이 물物에 있으면 리理가 된다(此心在物爲理). 예를 들면 이 마음이 어버이 섬기는 데 있으면 효가 되고, 임금 섬기는 데 있으면 충이 되는 것과 같은 종류이다. … 그러므로 나는 '심즉리心卽理'를 말하여 마음과 리가 하나라는 것을 알게 하여 곧 마음에서 공부를 하고, 밖에서 의로움(義)을 거두어들이지 않도록 하려고 했으니, 이것이 바로 진정한 왕도王道이다. 이것이 내 주장의 근본 취지이다.[93]

양명은 정이程頤(伊川)의 입장에 대해 반론을 제기하고 있다. 여기서 정이가 말하는 '리'와 양명이 말하는 '리'의 의미가 동일하지 않다는 사실을 발견할 수 있다. 정이는 일단 마음과 관련짓지 아니하고 "사물에 있는 것이 리가 된다"고 하여 외재 사물에 내재된 객관적 사물의 법칙을 리로 보고 있다. 반면 양명은 "이 마음이 물에 있으면 리가 된다"고 하여 마음과의 관련성 속에서 물과 리의 관계를 설명하고 있다. 나아가 그는 "이 마음이 어버이 섬기는 데 있으면 효가 된다"고 말하고 있다. 따라서 양명이 말하는 '물'은 내 마음 밖에 존재하는 대상 사물을 의미하지 않는다. 물은 '어버이 섬김'(事父)과 같이 인간 자신이 관계맺는 대상과 상황에 따

---

92) 『二程全書』, 「伊川易傳」, 권4, 〈周易下經〉, "在物爲理, 處物爲義."

93) 『傳習錄』(下), 「黃以方錄」, 321조목, "又問: 心卽理之說, 程子云在物爲理, 如何謂心卽理? 先生曰: 在物爲理, 在字上當添一心字, 此心在物則爲理. 如此心在事父則爲孝, 在事君則爲忠之類. … 故我說箇心卽理, 要使知心理是一箇, 便來心上做功夫, 不去襲義於外, 便是王道之眞. 此我立言宗旨."

라 마음으로부터 발동되는 섬김(事)과 같은 구체적 실천 행위를 의미한다. 그러므로 양명이 말하는 '리'는 대상 사물에 내재된 사물의 객관적 존재 원리나 법칙을 의미하는 것이 아니라, 내가 대상과 관계맺는 과정 속에서 마음으로부터 창출되는 구체적인 실천 행위의 '조리條理'를 의미한다고 말할 수 있다. 이에 양명은 "마음은 하나일 뿐이다. 그 전체의 측은히 여기는 것으로 말하면 인仁이라 하고, 그 마땅함을 얻은 것으로 말하면 의義라 하고, 그 조리로 말하면 리理라 한다"[94]고 하여, 리를 '마음의 조리'로 정의하고 있다. 따라서 실천 조리(理)나 실천 행위(物=事)는 모두 마음으로부터 창출되는 것이므로, 이들은 모두 인간의 마음 바깥에 존재하는 것이 아니며,[95] 또한 인간 마음 밖에서 구할 수 있는 것이 아니다.[96] 결국 실천 조리로서의 리는 인간 마음으로부터 창출되기 때문에 '마음이 곧 리'(心卽理)라고 하는 일원적 체계가 성립된다.

마음이 실천 조리를 창출할 수 있는 근거는 바로 인간의 생명 본질인 유기적 생명성(性)에 있다. 양명은 다음과 같이 말한다.

> 마음의 본체(體)는 성性이며, 성은 곧 리理이다. 그러므로 어버이에게 효도하는 마음이 있으면 곧 효도의 리가 있고, 어버이에게 효도하는 마음이 없으면 곧 효도의 리가 없다. 임금에게 충성하는 마음이 있으면 곧 충성의 리가 있고, 임금에게 충성하는 마음이 없으면 곧 충성의 리가 없다. 리가 어찌 내 마음에서 벗어나겠는가?[97]

---

94) 『傳習錄』(中), 「答顧東橋書」, 133조목, "心一而已, 以其全體惻怛而言謂之仁, 以其得宜而言謂之義, 以其條理而言謂之理."

95) 『傳習錄』(上), 「陸澄錄」, 83조목, "心外無物. 如吾心發一念孝親, 卽孝親便是物." 『傳習錄』(上), 「陸澄錄」, 32조목, "心外無理, 心外無事."

96) 『傳習錄』(中), 「答顧東橋書」, 133조목, "夫物理不外於吾心, 外吾心而求物理, 無物理矣. 遺物理而求吾心, 吾心又何物邪?"

97) 『傳習錄』(中), 「答顧東橋書」, 133조목, "心之體, 性也, 性卽理也. 故有孝親之心, 卽有孝之理; 無孝親之心, 卽無孝之理矣. 有忠君之心, 卽有忠之理; 無忠君之心, 卽無忠之理矣. 理豈外於吾心邪?"

마음의 본체로서의 '성性'은 주자학에서와 같이 미발未發, 즉 마음이 순응해야 하는 작용성이 없는 도덕적 당위의 규범이 아니라 작용성을 지닌 마음 그 자체의 유기적 생명성이다. 따라서 성은 인간이 마주한 상황에 따라 효도의 리나 충성의 리와 같은 구체적인 실천 조리로 드러나게 된다. 예컨대 자식이 추위에 떨고 있는 부모님을 마주하였을 때 마음으로부터 이를 안타깝게 여기고 부모님을 따뜻하게 해드리고자 하는 의지가 발동하여 부모님을 따뜻하게 해드리는 방법을 강구하고 이에 실제로 따뜻하게 해드리는 실천 행위를 수행하게 된다.[98] 부모님을 따뜻하게 해드리고자 하는 마음, 즉 마음의 유기적 생명성(性=天理)의 발동이 바로 효의 리로서 이는 마음이 창출하는 것이다. 자식은 마땅히 부모님께 효도해야 한다고 하는 선험적 당위 규범으로서의 리가 실제로 부모님과 마주하기 이전부터 존재하는 것이 아니다. 부모님과 마주함으로써 비로소 마음으로부터 유기적 생명성으로서의 성(천리)이 발현되어 상황에 부합되는 구체적인 실천 조리로서의 리로 창출되는 것이다. 따라서 부모님께 효도하고자 하는 마음, 즉 마음의 유기적 생명성(性)이 없으면 효도의 리도 없게 되는 것이다.

'성性'은 인간 마음의 유기적 생명성이며, '리理'는 인간 마음이 창출하는 실천 조리라는 일원론적 체계는 주희 격물설에 대한 비판으로 나아간다. 양명은 마음의 리는 '무궁무진성無窮無盡性'을 지닌다고[99] 전제하면서, 주희의 격물설이 마음과 리를 둘로 나누는 결과를 초래한다고 다음과 같이 비판한다.

> 주자의 이른바 격물格物 운운하는 것은 사물에 나아가 그 리理를 궁구하는

[98] 『傳習錄』(上), 「徐愛錄」, 3조목 참조.
[99] 『傳習錄』(下), 「黃直錄」, 222조목, "心之理無窮盡, 原是一個淵."

데 있다. 사물에 나아가 리를 궁구한다는 것은 각각의 개별적 사물에서 이른바 정해진 리(定理)를 구하는 것이다. 이것은 내 마음을 사용하여 각각의 개별적 사물에서 리를 구하는 것으로, 마음과 리를 둘로 나누는 것이다. 무릇 각각의 개별적 사물에서 리를 구하는 것은 어버이에게서 효의 리를 구한다는 말과 같다. 어버이에게서 효의 리를 구한다면 효의 리는 과연 내 마음에 있는가, 아니면 어버이의 몸에 있는가? 가령 효의 리가 어버이의 몸에 있다면 어버이가 돌아가신 뒤에 내 마음에는 곧 어떤 효의 리도 없는 것인가? 어린아이가 우물에 빠지는 것을 보면 반드시 측은히 여기는 리가 생기는데, 이 측은히 여기는 리는 과연 어린아이의 몸에 있는가, 아니면 내 마음의 양지良知에 있는가? 혹은 우물 속에 따라 들어가면 안되는 것인가? 혹은 손으로 구원할 수 있는 것인가? 라는 것이 모두 이른바 리이다. 이것이 과연 어린아이의 몸에 있는가? 아니면 과연 내 마음의 양지에서 비롯되는 것인가? 여기서 유추하면 온갖 사물의 리가 모두 그렇지 않음이 없다. 따라서 마음과 리를 둘로 나누는 것은 잘못되었음을 알 수 있다.[100)]

주희에 있어 '리'는 사물의 규율이나 법칙, 또는 원리이자 동시에 도덕 원칙으로 평가된다. 사물의 규율이라는 입장에서 보았을 때, 리는 어떤 사물이 생성되지 않았을 때에도 이미 존재하는 것으로 영원히 존재하며 바뀔 수 없는 것으로 규정된다.[101)] 따라서 주희에 있어 격물格物은 구체적 대상 사물에 나아가 사물에 내재된 리, 즉 물리物理를 궁구하는 인식 방법으로 설명되며, 이 과정에서 마음은 대상 사물 속에 내재된 리를 파악할 수 있는 인식 능력으로 평가된다.[102)] 그러므로 주자학에 있어 마음과 리

100) 『傳習錄』(中), 「答顧東橋書」, 135조목, "朱子所謂格物云者, 在卽物而窮其理也. 卽物窮理, 是就事事物物上求其所謂定理者也, 是以吾心而求理於事事物物之中, 析心與理而爲二矣. 夫求理於事事物物者, 如求孝之理於其親之謂也. 求孝之理於其親, 則孝之理其果在於吾之心邪? 抑果在於親之身邪? 假而果在於親之身, 則親沒之後, 吾心遂無孝之理歟? 見孺子之入井, 必有惻隱之理, 是惻隱之理果在於孺子之身歟? 抑在於吾心之良知歟? 其或不可以從之於井歟? 其或可以手而援之歟? 是皆所謂理也, 是果在於孺子之身歟? 抑果出於吾心之良知歟? 以是例之, 萬事萬物之理, 莫不皆然. 是可以知析心與理爲二之非矣."

101) 陳來, 『송명성리학』, 239~241쪽 참조.

는 둘로 나눠는 이원적 구조를 지니게 된다.

반면 양명학에 있어 리는 대상 사물에 내재된 존재 근거 또는 변하지 않는 원리를 의미하는 것이 아니라, 인간 자신이 어버이와 같은 대상과 마주하거나 어린아이가 우물에 빠지는 상황에 직면하게 되었을 때, 효나 측은함과 같이 나의 마음으로부터 대상을 향해 창출되는 실천 행위의 구체적 실천 조리를 의미한다. 따라서 마음과 리는 주희와 같이 둘로 나눠는 것이 아니라, '마음이 곧 리'인 일원적 구조를 지니게 된다.

이러한 일원적 체계를 바탕으로 양명은 대상 사물에 나아가 리를 궁구한다고 하는 주희의 향외적 격물설을 반대한다. 양명에게 있어서 '격물格物'의 '물物'은 '사事'를 의미하는 바, 대상과의 관계성 속에서 발동된 의지에 의해 이루어지는 구체적인 실천 행위를 의미한다. 그리고 '격格'은 '정正', 즉 '부정한 것을 제거하여 바른 데로 복귀시킨다'는 것을 의미한다. '부정한 것의 제거'는 '거악去惡'을 의미하고 '바른 데로의 복귀'는 '위선爲善'을 각기 의미한다. 위선거악하는 실천 행위가 바로 '격格'이 된다.[103] '격물'은 마음으로부터 사욕을 제거하여 마음의 생명 본질인 순수지선한 성性(천리)을 회복하는 것이다. 성은 유기적 생명성이기 때문에, 성의 회복은 단지 성을 회복하는 단계만이 아니라 성의 발현으로서의 '실천 조리의 창출'과 더불어 '선한 실천 행위로의 이행'을 모두 포함한다. 양명은 주희의 향외적 이치 탐구의 방법인 격물을 향내적인 주체 자신의 실천 공부로 전화시키고 있는 것이다.

물론 이때 실천 조리는 단지 대상이나 상황과 무관하게 주관적으로 창출되는 것이 아니라 천지만물과의 감응을 통한 마음의 시비 판단에 근거

102) 주희의 격물설에 대해서는 陳來의 『송명성리학』, 262~266쪽과 大濱晧의 『범주로 보는 주자학』(이형성 옮김, 예문서원, 1997), 317~352쪽 참조.

103) 『全集』, 권26, 「大學問」, 972쪽, "物者, 事也, 凡意之所發必有其事, 意所在之事謂之物. 格者, 正也, 正其不正以歸於正之謂也. 正其不正者, 去惡之謂也. 歸於正者, 爲善之謂也. 夫是之謂格."

하여 창출된다.[104] 양명은 또한 다음과 같이 말한다.

> 내가 말하는 치지격물은 내 마음의 양지를 각각의 사물에 실현하는 것이다. 내 마음의 양지가 바로 이른바 천리이다. 내 마음 양지의 천리를 각각의 사물에 실현하면 각각의 사물이 모두 그 리理를 얻게 된다. 내 마음의 양지를 실현하는 것이 치지이고, 각각의 사물이 모두 그 리를 얻는 것이 격물이다.[105]

'격물'은 바로 내 마음의 유기적 생명성인 '양지=천리'의 실현을 의미함과 동시에 천지만물로 하여금 온전한 생명을 구현토록 하는 것을 의미한다. 따라서 '격물'은 자・타, 주・객, 내・외로 분화시키는 인간의 극단적 개체 욕망(사욕)을 제거하고 유기적 생명성(천리=성=양지)을 회복함으로써 천지만물의 생명을 온전하게 유지하기 위한 실천 조리의 창출은 물론 실제적인 실천 행위로의 전개 과정 모두를 포함한다.

양명이 '성性', '리理', '물物' 등의 개념을 주희와 다르게 정의하면서까지 주희의 이원론적 체계와 격물설을 비판한 이유는 다음과 같은 데서 찾아볼 수 있다. 양명에 있어 천지만물은 끊임없이 생명을 창출하고 전개하는, 즉 자기－조직화(生生不息)하는 하나의 역동적 생명체로 파악된다. 그래서 만일 일정한 법칙과 규범을 미리 정형화하고 이러한 정리定理로서 마음을 얽어매면, 인간은 천지만물의 변화와 창출 과정을 제대로 감지할 수 없을 뿐만 아니라 오히려 천지만물을 미리 설정된 틀(定理) 안에 가두어 재단함으로써 이들의 무한한 생명력을 질곡시키는 결과를 초래하게 된다. 여기서 양명이 주희의 이원론적 체계가 지니는 정리론과 격물설을 비판한 동기를 발견할 수 있다. 즉 인간은 당위의 규범과 같은 정리에 얽

---

104) 『傳習錄』(下), 「黃省曾錄」, 277조목, "心無體, 以天地萬物感應之是非爲體."

105) 『傳習錄』(中), 「答顧東橋書」, 135조목, "若鄙人所謂致知格物者, 致吾心之良知於事事物物也. 吾心之良知, 卽所謂天理也. 致吾心之良知之天理於事事物物, 則事事物物皆得其理矣. 致吾心之良知者, 致知也. 事事物物皆得其理者, 格物也."

매이지 말고 끊임없이 변화하는 천지만물의 유기적인 관계망 안에서 만물과 감응하면서 이들의 생명의 온전성 여부를 정확하게 자각적으로 판단해야 한다. 그리고 이러한 판단에 근거하여 실천 조리와 실천 행위를 창출함으로써 천지만물의 생명 창출 과정에 긍정적으로 참여해야 한다. 이를 위해 양명은 인간의 마음을 단지 형이상학적 리의 담지자 또는 리에 대한 인식 능력으로 국한시키지 않는다. 마음은 천지만물과 한 몸이 될 수 있는 '유기적 생명성'(성=천리)과 실천 조리를 창출할 수 있는 '창조성'과 자신의 신체를 주재하여 실천 행위를 이끌어내는 '역동성'을 지닌 생명의 주체이다. 여기서 '마음이 곧 성'(心卽性)이며 '마음이 곧 리'(心卽理)라는 심즉리설의 본질적 의미를 찾을 수 있다.

제3절 마음의 역동적 실천 원리

인간이 천지만물의 생명 창출・전개 과정에 있어 실제적인 중추적 역할을 담당하기 위해서는 마음의 실천 조리의 창출성뿐만 아니라, 실천 조리를 실제적으로 이행할 수 있는 '역동적인 실천성'이 요구된다. 이러한 실천성은 '성과 기의 일원적 체계'(性卽氣)와 '마음과 몸의 일원적 체계'(心卽身)에서 찾아볼 수 있다.

1. 성과 기의 일원적 체계

양명은 "기氣가 곧 성性이며, 성이 곧 기이니, 본래 성과 기를 나눌 수 없다"[106]고 하여, 성과 기를 일원적 관계로 본다. 성과 기의 일원적 관계를 살펴보기에 앞서 먼저 '기'가 무엇을 의미하는지에 대해 살펴볼 필요가 있다.

3장 3절에서 살펴본 바와 같이, 양명은 "기氣가 약간 정미하면 해·달·별·바람·비·산·강이 되고, 이보다 약간 더 정미하면 우레·번개·도깨비·풀·나무·꽃이 되고, 한층 더 정미하면 새·짐승·물고기·자라·곤충의 무리가 된다. 지극히 정미하면 사람이 되고, 지극히 영묘(靈)하고 지극히 밝은 것(明)은 마음이 된다"[107]고 주장한다. '기'는 천지만물의 동일한 질료적 토대임과 동시에 그 정밀함에 따라 '물리적 현상'→'생명 의지를 지닌 식물'→'지각을 지닌 동물'→'인간' 그리고 최고로 정밀한 단계에 이르러서는 '인간 마음의 영명靈明한 속성'으로 나타나는, 천지만물과 인간의 계층적 차별성의 근거가 된다.

아울러 양명은 "오직 나무를 북돋아 주어 자라도록 한다면, 저절로 밤낮으로 자라고, 생기生氣가 나날이 충만되며, 가지와 잎이 나날이 무성해진다"[108], "혈기血氣가 있는 것은 모두 그의 형제나 자식의 친속이다"[109]고 말하고, 또한 "원기元氣가 두루 충만하고 혈맥血脈이 뻗어나가 통한다"[110]고 말한다. '생기'는 만물이 자라나는 힘, 생동하는 기운, 생존하는 힘, 원기를 의미한다. '혈기'는 목숨을 유지하는 기운, 생기를 의미한다. 그리고 '원기'는 만물이 이루어진 근본적인 힘, 천지의 기운, 활동의 근원이 되는 기력으로 규정된다.[111] 따라서 '기'는 일단 물질 혹은 물질의 상

---

106) 『傳習錄』(中), 「答周道通書」, 150조목, "氣卽是性, 性卽是氣, 原無性氣之可分也."
107) 『明儒學案』, 권25, 「南中王門學案一」, 〈語錄〉, "今夫茫茫堪輿, 蒼然隤然, 其氣之最麤者歟. 稍精則爲日月星宿風雨山川, 又稍精則爲雷電鬼怪草木化蘤, 又精而爲鳥獸魚鼈昆蟲之屬, 至精而爲人, 至靈至明而爲心."
108) 『傳習錄』(上), 「薛侃錄」, 115조목, "只管培植將去, 自然日夜滋長, 生氣日完, 枝葉日茂."
109) 『傳習錄』(中), 「答顧東橋書」, 142조목, "凡有血氣, 皆其昆弟赤子之親."
110) 『傳習錄』(中), 「答顧東橋書」, 142조목, "蓋其元氣充周, 血脈條暢."

태라는 측면뿐만 아니라 삶을 유지하는 데 필수적인, 삶의 시스템 안에서 순환되고 있는 그 어떤 물질적 기운으로서의 '자유에너지' 또는 '생명에너지'를 의미한다고 말할 수 있다.

기가 가장 정밀한 상태에서는 인간 마음의 영명성으로 나타난다. 또한 양명은 "심학이 순수하고 밝아서 만물일체의 인仁을 온전히 이룰 수 있었기 때문에 그 정신이 흘러 관통하고 지기志氣가 통달하여 자타의 구분이나 물아物我의 간격이 없었다"[112]고 말하고, 또한 "양지良知가 야기夜氣에서 발현하는 것이 바로 본모습이니, 물욕物欲에 섞이지 않았기 때문이다"[113]라고 말한다. '지기志氣'는 의지와 기개, 어떤 일을 이루려는 의기로 정의되며, '야기夜氣'는 안식을 위하여 정평精平으로 돌아간 지기志氣, 깨끗한 마음으로 정의된다.[114] 그리고 영명성과 양지는 인간이 천지만물과 감응하면서 하나의 유기적인 생명체를 유지해나가는 마음의 유기적 생명성이다. 따라서 기는 단지 모든 물질과 생명체가 지니는 질료적 측면의 '자유에너지' 또는 '생명에너지'만이 아니라 인간의 정신적 측면의 '의식화된 에너지'를 모두 포괄하는 '우주적인 에너지'인 것이다. 그리고 천지만물의 기가 생생불식生生不息하는 끊임없는 영속성을 지니는 것처럼,[115] 천지만물과 한 몸을 이루고 있는 인간의 기 또한 역동적인 영속성을 지닌다.[116] 인간은 이러한 기를 매개로 천지만물과 유통하면서 존재의 연속성을 유지하고, 최고로 정밀한 기의 영명한 속성으로서의 마음을

111) 김재은, 『기의 심리학』(이화여자대학교 출판부, 1996), 303~331쪽 참조.

112) 『傳習錄』(中), 「答顧東橋書」, 142조목, "蓋其心學純明, 而有以全其萬物一體之仁, 故其精神流貫, 志氣通達, 而無有乎人己之分, 物我之間."

113) 『傳習錄』(下), 「黃省曾錄」, 268조목, "良知在夜氣發的, 方是本體, 以其無物欲之雜也."

114) 김재은, 『기의 심리학』, 303~331쪽 참조.

115) 『傳習錄』(上), 「薛侃錄」, 104조목, "天地氣機, 元無一息之停."

116) 『傳習錄』(下), 「黃省曾錄」, 272조목, "孟子集義工夫, 自是養得充滿, 並無餒歉; 自是縱橫自在, 活潑潑地: 此便是浩然之氣."

소유함으로써 천지만물과 감응하고 만물을 창생・양육하는 '천지만물의 마음'이라는 중추적 위치를 점하게 된다.

양명은 이러한 '기'가 '성性'과 일원적 체계를 지닌다고 다음과 같이 주장한다.

> 맹자의 성선性善은 본원으로부터 말한 것이다. 그러나 성선의 단서는 반드시 기氣 위에서만 살필 수 있다. 만약 기가 없다면 성 역시 살필 수 없다. 측은·수오·사양·시비가 바로 기이다. 정자程子가 "성을 논하되 기를 논하지 않으면 다 갖추어지지 않고, 기를 논하되 성을 논하지 않으면 밝지 못하다"[117]고 말한 것도 역시 배우는 자가 각각 한쪽만을 이해하기 때문에 부득이 이와 같이 말한 것이다. 만약 자기의 성을 명백하게 이해했을 때는 기가 바로 성이고, 성이 바로 기로서 원래 성과 기를 나눌 수는 없다.[118]

양명은 주자학에서 정情으로 규정되었던 측은・수오・사양・시비 자체를 기氣로 규정한다. 그리고 인간의 선한 생명 본질로서의 성은 기의 현상 작용 속에서만 비로소 파악・확인될 수 있다고 주장한다. 기가 질료적 측면의 생명에너지와 정신적 측면의 의식화된 에너지라는 두 층차를 모두 포괄한다고 할 때, 인간의 모든 생명 현상은 결국 기의 작용을 통해 전개된다고 말할 수 있다. 따라서 감정의 발산뿐만 아니라 모든 실천 행위는 기의 작용으로 통합된다. 나아가 양명에 있어 성은 단지 필연적 존재 법칙이나 도덕적 당위의 규범으로서의 형이상학적 관념상의 개념이 아니라 실제적인 작용성을 지닌 인간의 생명 본질로서의 유기적 생명성을 의미한다. 더욱이 인간 마음이 가장 영명한 기로 구성되어 있다

---

117) 『二程遺書』, 권6, 2下; 『近思錄』 권2, 30條.

118) 『傳習錄』(中), 「答周道通書」, 150조목, "孟子性善, 是從本原上說. 然性善之端, 須在氣上始見得. 若無氣, 亦無可見矣. 惻隱羞惡辭讓是非卽是氣. 程子謂論性不論氣不備, 論氣不論性不明, 亦是爲學者各認一邊, 只得如此說. 若見得自性明白時, 氣卽是性, 性卽是氣, 原無性氣之可分也."

고 할 때, 영명한 속성은 바로 성性을 의미한다. 따라서 성은 기와 별개로 존재하지 않는다. 성은 기의 영명한 속성으로서, 성은 기의 작용을 통해 밖으로 드러나는 것이다. 즉 성이 기의 영명한 속성적 표현이라면 기는 성이 현상으로 드러나는 생명에너지와 의식화된 에너지로서, '기가 곧 성'이 되고 '성이 곧 기'가 되는 일원적 체계가 성립된다.

다만 성과 기가 일원적 체계를 지닌다고 하여 모든 기의 작용이 성의 표출로 간주되지는 않는다.

> 무릇 사람들은 함부로 말하고 멋대로 행하면서, 모두 이것은 내 마음과 성에 의거해서 나온 것이며, 이것이 이른바 "타고난 것을 성이라 한다"(生之謂性)는 것이라고 말한다. 그러나 여기에는 반드시 잘못이 있다. 만약 핵심을 깨달아 내 양지良知에 의거하여 말하고 행위한다면 저절로 알맞게 된다. 그러나 양지도 다만 입으로 말하고 이 몸으로 행하는 것이다. 어찌 기질을 배제하고 따로 행하고 말하는 것이 있을 수 있겠는가? 그러므로 "성性을 논하고 기氣를 논하지 않으면 완비되지 않고, 기를 논하고 성을 논하지 않으면 밝지 못하다"고 하였다. 기 또한 성이며, 성 또한 기이다. 그러나 반드시 핵심을 알아야만 합당하게 된다.[119]

인간의 모든 행위가 비록 기의 작용에 의한 것이라 하더라도 이 모두가 성의 발현은 아니라는 것이다. 반드시 시비판단의 준칙이자 유기적 생명력으로서의 양지良知에 의거하여 말하고 행동하는 등의 신체적 활동만이 성의 표출로 간주되며, 이때 "기 또한 성이며, 성 또한 기"라고 말할 수 있다는 것이다.

인간은 전체생명으로서의 천지만물의 중추이자 또한 하나의 개체생명

---

119) 『傳習錄』(下), 「黃直錄」, 242조목, "凡人信口說, 任意行, 皆說此是依我心性出來, 此是所謂生之謂性. 然却要有過差. 若曉得頭腦, 依吾良知上說出來, 行將去, 便自是停當. 然良知亦只是這口說, 這身行, 豈能外得氣, 別有個去行去說? 故曰論性不論氣不備, 論氣不論性不明: 氣亦性也, 性亦氣也, 但須認得頭腦是當."

이다. 따라서 인간에게는 천지만물과 감응하고 생명을 창생・양육해 가는 생명 본질로서의 유기적 생명성(性=良知)이 내재함과 동시에 하나의 개체생명의 이익과 안위에만 집착하는 극단적 개체 욕망(私欲・客氣)의 발동 가능성도 지니고 있다. 이러한 사욕이 발동할 경우 인간의 유기적 생명성은 차폐되고,120) 기의 작용으로서의 신체 활동 또한 극단적 개체 욕망의 지배를 받아 함부로 말하고 멋대로 행동하는 등의 생명 본질에 위배되는 행위를 하게 되는 것이다. 따라서 극단적 개체 욕망을 제거하고 유기적 생명성(성=양지)을 회복하여 신체의 활동을 주재할 때만이, "기 또한 성이며, 성 또한 기"라고 하는 일원적 체계가 성립된다.

양명은 기의 정밀함에 따라 '물리적 현상'→'식물'→'동물'→'인간'→'영명한 인간의 마음'이라는 층차를 지닌다고 말한 바 있다. 따라서 인간의 기는 인간의 신체를 구성하고 '생리적 생명 활동'을 전개하는 기와 '영명한 정신적 속성'으로서의 기라는 2개의 층차로 구분된다. 극단적 개체 욕망의 지배를 받는 기는 전자를 의미한다면, 영명한 마음의 속성으로서의 기는 바로 인간 마음의 유기적 생명성인 성(양지)을 의미한다. 따라서 후자의 입장에서 보았을 때, 성과 기는 별개로 존재하는 것이 아니라 "기가 곧 성이고, 성이 곧 기"이며, 성은 곧 인간의 역동적 실천 활동의 바탕이 된다고 말할 수 있다.

2. 마음과 몸의 일원적 체계

양명은 먼저 "눈에는 일정한 본체가 없으니 만물의 색깔을 본체로 삼는다. 귀에는 일정한 본체가 없으니 만물의 소리를 본체로 삼는다. 코에

120) 『傳習錄』(中), 「答陸原靜書」, 165조목, "性一而已, 仁義禮智, 性之性也; 聰明睿知, 性之質也; 喜怒哀樂, 性之情也; 私欲客氣, 性之蔽也."

는 일정한 본체가 없으니 만물의 냄새를 본체로 삼는다. 입에는 일정한 본체가 없으니 만물의 맛을 본체로 삼는다. 마음에는 일정한 본체가 없으니 천지만물이 감응하는 시비是非를 본체로 삼는다"[121]고 말한다. 귀・눈・입・코와 같은 감각 기관과 마음은 단절・고립된 상태가 아닌 천지만물과의 감응, 즉 천지만물과의 관계맺음이라는 역동적 관계성 속에 놓여있다. 따라서 인간의 몸과 마음은 한 개체의 몸과 마음인 동시에 인간으로 하여금 개체의 국한성을 넘어 전체(천지만물)와 유기적으로 연결되게 하는 생명의 연결망이기도 하다.

그렇다면 몸과 마음은 어떠한 연관성을 지니고 있는 것일까? 양명은 "몸과 마음과 뜻과 앎과 물物이 한 가지"라고 전제하면서 몸과 마음의 일원적 관계에 대해 다음과 같이 말한다.

> 귀와 눈과 입과 코와 사지는 몸(身)이지만 마음이 아니라면, 어떻게 보고 듣고 말하고 움직일 수 있겠는가? 마음이 보고 듣고 말하고 움직이고자 하더라도 귀와 눈과 입과 코와 사지가 없다면 역시 불가능하다. 그러므로 마음이 없다면 몸도 없고, 몸이 없다면 마음도 없다. 다만 그 가득 찬 곳을 가리켜 말한다면 몸이라 하고, 그 주재하는 곳을 가리켜 말한다면 마음이라 하며, … 다만 한 가지일 뿐이다.[122]

> 몸·마음·뜻·앎·물物은 공부가 쓰이는 조리로서, 비록 각각 자기의 자리가 있지만 실제로는 단지 하나의 물物이다. … 무엇을 몸이라고 하는가? 마음의 형체 운용을 말한다. 무엇을 마음이라고 하는가? 몸의 영명한 주재를

121) 『傳習錄』(下), 「黃省曾錄」, 277조목, "目無體, 以萬物之色爲體; 耳無體, 以萬物之聲爲體; 鼻無體, 以萬物之臭爲體; 口無體, 以萬物之味爲體; 心無體, 以天地萬物感應之是非爲體."

122) 『傳習錄』(下), 「陳九川錄」, 201조목, "只要知身心意知物是一件. … 耳目口鼻四肢, 身也, 非心安能視聽言動? 心欲視聽言動, 無耳目口鼻四肢亦不能, 故無心則無身, 無身則無心. 但指其充塞處言之謂之身, 指其主宰處言之謂之心, 指心之發動處謂之意, … 只是一件."

말한다.[123]

인간의 몸과 마음을 서로 결합될 수 없는 근본적으로 이질적인, 즉 속성상 서로 완전히 독립해 있는 두 개의 실체로 인정하는 데카르트의 이원론적 입장과 달리 양명은 몸과 마음을 일원론적 입장에서 바라보고 있다. '몸'과 '마음'은 서로 다른 두 개의 실체로 존재하거나 서로 다른 범주에 속하는 것이 아니라 동일한 현상의 다른 측면이다. 단지 하나의 생명현상에 대해 형체적으로 드러나며 현상적으로 운용되어지는 측면에서 이를 '몸'이라 이름하고, 몸의 보고 듣고 말하고 움직이는 등의 현상 작용을 주재하는 영명성의 측면에서 이를 '마음'이라고 이름하는 것일 뿐이다. 따라서 주재성(마음)이 없는 몸은 살아있는 몸이 아니라 죽은 몸이며, 몸이 없는 마음이란 사실상 공허한 관념 속에서나 찾아볼 수 있는 개념에 불과하다. 이에 양명은 "마음이 없다면 몸도 없고, 몸이 없다면 마음도 없다"고 말하고 있는 것이다.

시스템 이론의 관점에서 보면, '생명'이란 특정한 물질로 이루어져 외부세력과 기계적인 작용을 하는 힘의 존재가 아니며, '마음'이란 것도 물질로 된 생명체와 상호관계를 맺고 있는 독립된 어떤 것이 아니다. 생명과 마음은 모두 생물체의 시스템적 특성인 역동적 자기－조직의 옹살스런 과정이며 서로 다른 모습으로 발현되는, 시스템의 각기 다른 양상인 것이다. 따라서 마음과 몸은 서로 다른 범주에 속하는 것이 아니라 동일한 현상의 다른 측면이다. '마음'은 역동적으로 스스로가 스스로를 짜지어 가는 과정을 연출하는 주체이며, '몸'은 마음의 도움을 받아 역동적인 과정을 실행에 옮기는 생물학적 구조이다.[124]

---

123) 『全集』, 권26, 「大學問」, 971쪽, "蓋身心意知物者, 是其工夫所用之條理, 雖亦各有其所, 而其實只是一物. … 何謂身? 心之形體運用之謂也. 何謂心? 身之靈明主宰之謂也."

마음의 주체적 작용은 생물학적 구조로서의 몸을 통해 드러나며, 몸을 통해 드러나는 마음은 곧 마음의 생명 본질인 유기적 생명성으로서의 성性(天理)임을 양명은 다음과 같이 밝히고 있다.

> 어찌 너의 귀·눈·입·코·사지가 스스로 보고 듣고 말하고 움직이지 않을 수 있겠는가? 반드시 네 마음으로 말미암아야 한다. 보고 듣고 말하고 움직이는 것이 모두 네 마음이다. 네 마음이 보는 것은 눈을 통해 발현되고, 네 마음이 듣는 것은 귀를 통해 발현되며, 네 마음이 말하는 것은 입을 통해 발현되고, 네 마음이 움직이는 것은 몸을 통해 발현된다. 만일 네 마음이 없다면 귀·눈·코·입도 없다. 이른바 네 마음이란 오로지 한 덩어리의 피와 살만이 아니다. 만약 그것이 한 덩어리의 피와 살이라면, 이미 죽은 사람도 그 한 덩어리의 피와 살은 여전히 가지고 있는데, 어찌하여 보고 듣고 말하고 행동할 수 없는가? 이른바 네 마음이 그것을 보고 듣고 말하고 행동할 수 있게 한다. 이것이 바로 성性이고 천리天理이다. 이 성이 있어야 비로소 살 수 있으니, 이 성의 생리生理를 인仁이라고 한다. 이 성의 생리가 눈에서 발현하면 볼 수 있고, 귀에서 발현하면 들을 수 있고, 입에서 발현하면 말할 수 있고, 사지에서 발현하면 움직일 수 있다. 이 모든 것이 다만 저 천리가 발생한 것이다. 천리가 한 몸(一身)을 주재하기 때문에 그것을 마음이라 한다. 이 마음의 본체는 본래 다만 하나의 천리이며, 예禮가 아닌 것이 없다. 이것이 바로 너의 참된 자기(眞己)이다. 이 참된 자기가 육체를 주재한다. 만약 참된 자기가 없다면 육체가 없게 된다. 참으로 이것이 있으면 삶이고, 없으면 죽음이다.[125]

---

124) 프라쵸프 카프라, 「지구를 살리는 새로운 선택」, 『신과학 산책』(김재희 엮음, 감영사, 1995), 35~36쪽 참조.

125) 『傳習錄』(上), 「薛侃錄」, 122조목, "豈是汝之耳目口鼻四肢, 自能勿視聽言動? 須由汝心. 這視聽言動, 皆是汝心. 汝心之視, 發竅於目; 汝心之聽, 發竅於耳; 汝心之言, 發竅於口; 汝心之動, 發竅於四肢. 若無汝心, 便無耳目口鼻. 所謂汝心, 亦不專是那一團血肉. 若是那一團血肉, 如今已死的人, 那一團血肉還在, 緣何不能視聽言動? 所謂汝心卻是那能視聽言動的, 這箇便是性, 便是天理. 有這箇性, 才能生, 這性之生理, 便謂之仁. 這性之生理, 發在目便會視, 發在耳便會聽, 發在口便會言, 發在四肢便會動, 都只是那天理發生. 以其主宰一身, 故謂之心. 這心之本體, 原只是箇天理, 原無非禮. 這箇便是汝之眞己, 這箇眞己是軀殼的主宰. 若無眞己, 便無軀殼. 眞是有

비록 귀 · 눈 · 입 · 코 · 사지와 같은 신체 기관을 통해 듣기도 하고 보기도 하며 말하기도 하고 움직이기도 하지만, 결국 이는 모두가 마음의 작용이라는 것이다. 여기서 '마음'은 심장과 같은 형상을 지닌 신체 기관을 의미하는 것이 아니라 살아 있는 몸에서 전개되는 '지향성'과 '작용성', 즉 '유기적인 생명성'(성=천리)을 지닌 생명 주체이다. 이러한 마음의 유기적 생명성이 살아있는 몸을 통해 발현될 때, 비로소 보고 듣고 말하고 움직이는 등의 생명 활동을 전개할 수 있는 것이다. 그러므로 몸을 통해 전개되는 모든 생명 활동은 인간 마음의 발현이 된다. 결국 살아있는 몸의 작용은 마음의 작용이라고 말할 수 있다. 살아있는 몸의 생명 작용으로부터 분리된 또는 몸의 생명 작용을 배제한 마음은 존재의 의미를 지니지 못할 뿐만 아니라 존재할 수도 없다. 아울러 생명 활동이 정지된 죽은 사람의 몸에 있어서는 마음이 상실됨으로써 어떠한 생명 활동도 진행되지 않는다. 참된 자아는 결국 유기적 생명성(천리)을 상실하지 않고 살아있는 몸을 통해 생명 활동을 전개해나가는 존재이다.

양명은 마음은 천지만물과의 감응의 시비是非로써 본체를 삼는다고 주장한 바 있다. 또한 '성性의 생리生理'를 '인仁'으로 규정하고 있다. 인仁은 인간이 천지만물의 생명 파괴를 자각적으로 감지하고 이를 자신의 아픔으로 느끼는 일체감으로서, 인간은 만물일체의 인심仁心의 발현을 통해 천지만물의 생명 창생 · 양육 과정에 주체적으로 참여한다.[126] 따라서 마음과 몸의 일원적 체계 아래 전개되는 인간의 생명 활동은 개체로서의 역동적인 자기-조직화 과정임과 동시에 궁극적으로는 전체로서의 천지만물의 자기-조직화 과정으로 귀결된다고 말할 수 있다.

之卽生, 無之卽死."

126) 『全集』, 권26, 「大學問」 참조.

3. 실천 행위의 창출

'성과 기의 일원적 체계'(性卽氣)와 '마음과 몸의 일원적 체계'(心卽身)는 인간 마음의 유기적 생명성이 기의 작용으로서의 몸을 통해 '실천 행위'를 창출할 수 있는 토대가 된다. 인간은 실천 행위의 창출을 통해 비로소 천지만물의 창생・양육 과정에 주체적・역동적으로 참여할 수 있는 계기를 마련한다.

양명은 "마음이 없으면 몸도 없고, 몸이 없으면 마음도 없다"고 전제하면서, 마음과 몸의 일원적 체계 아래 전개되는 생명의 전개 과정을 다음과 같이 밝히고 있다.

> 다만 그 가득 찬 곳을 가리켜 말한다면 몸(身)이라 하고, 그 주재하는 곳을 가리켜 말한다면 마음(心)이라 하며, 마음이 발하여 움직인 곳을 가리켜 말한다면 의지(意)라 하고, 의지가 영명靈明한 곳을 가리켜 말한다면 지知라 하며, 의지가 가서 닿아 있는 곳을 가리켜 말한다면 물物이라 하나, 다만 한 가지일 뿐이다.[127]

몸을 주재하는 행위 주체인 마음은 천지만물과의 유기적 관계성 속에서 자신의 영명한 자각 작용을 통해 자신을 드러낸다. 마음의 영명한 자각 작용은 자신이 관계맺는 구체적 대상에 따라 다양한 '의지'(意)로 표출되며, 이 의지는 대상에 대한 구체적 '실천 행위'(物)로 표출된다. '의지'는 어떠한 대상이나 상황과 마주하였을 때 마음으로부터 발동되는 '지향성'이며, '지知'은 마주한 사태에 대해 시비를 판단하고 방향성을 제시하는 마음의 '영명한 자각 능력'이며, '실천 행위'(物)는 마음의 주재 아래 이루

---

127) 『傳習錄』(下), 「陳九川錄」, 201조목, "故無心則無身, 無身則無心. 但指其充塞處言之謂之身, 指其主宰處言之謂之心, 指心之發動處謂之意, 指意之靈明處謂之知, 指意之涉着處謂之物: 只是一件."

어지는 '몸의 작용'으로서, 이들은 모두 마음으로부터 전개되는 일련의 생명 창출 과정이다.

일반적으로 '물物'은 천지 사이에 놓여있는 구체적인 객관 사물을 의미한다. 주희 철학에서도 '물物'은 천지・일월・산천・초목과 같은 객관적인 물질 실체를 가리킬 뿐만 아니라, 인류의 활동, 사람의 사유 방법과 생각까지를 모두 포괄한다. 즉, 인간의 사유 대상이 되는 모든 것이 '물'의 범위에 포함된다.128) 따라서 물은 마음 밖에 존재한다. 그러나 양명은 마음으로부터 발동한 의지가 가서 닿아 있는 곳을 '물物'로 규정한다. 그는 또한 "마음 밖에 물物이 없다.(心外無物) 예컨대 어버이에게 효도하려는 생각이 발동하였다면, 어버이에게 효도하는 것이 물物이다"129)라고 한다. 양명에게 있어 물은 마음 밖에 존재하는 객관 사물을 포함한 사유 대상을 의미하는 것이 아니라, 마음으로부터 발동되는 의지에 의해 추동되는 구체적 실천 행위를 의미한다. 따라서 '마음'과 '물'은 주희에서와 같이 주・객으로 이분되는 것이 아니라, 마음에 의해서 '물'이 창조되는 '심외무물心外無物'의 관계로 통합된다.

이러한 '물'에 대한 새로운 규정은 인간과 객관적 사물 세계에 대한 새로운 관계 설정을 의미한다. 양명은 '마음'과 '의意'와 '지知'와 '물物'의 관계를 다음과 같이 보다 구체적으로 밝히고 있다.

> 마음은 몸의 주재이며, 마음의 허령명각虛靈明覺이 이른바 본연의 양지良知이다. 허령명각의 양지가 감응感應하여 움직이는 것을 의지(意)라고 한다. 양지(知)가 있은 뒤에 의지가 있고, 양지가 없으면 의지가 없느니, 양지는 의지의 본체가 아니겠는가? 의지가 작용하는 곳에는 반드시 그 물物이 있으니, 물이 곧 사事이다. 만일 의지가 어버이를 섬기는 데 작용하면 어버이 섬기는

128) 陳來, 『주희의 철학』(이종란 외 옮김, 예문서원, 2002), 334~335쪽 참조.
129) 『傳習錄』(上), 「陸澄錄」, 83조목, "心外無物. 如吾心發一念孝親, 卽孝親便是物."

것이 하나의 물이 되고, 의지가 백성을 다스리는 데 작용하면 백성을 다스리는 것이 하나의 물이 되고, 의지가 글을 읽는 데 작용하면 글을 읽는 일이 하나의 물이 되고, 의지가 송사訟事를 듣는 데 작용하면 송사를 듣는 일이 하나의 물이 된다. 무릇 의지가 작용하는 곳에는 물이 없을 수 없다. 이 의지가 있으면 곧 이 물이 있고, 이 의지가 없으면 곧 이 물이 없으니, 물은 의지 작용이 아니겠는가?[130]

일단 '지知'는 객관적 대상 사물에 내재된 존재의 원리(理)를 인식하는 인식론적 차원의 앎을 의미하는 것이 아니라 마음의 영명한 자각성으로서의 '양지良知'를 의미한다. 그리고 '물物' 또한 어버이·책·백성·송사 등과 같은 외재적인 물리적 인식 대상을 의미하는 것이 아니라, '어버이 섬김', '백성을 다스림', '책을 읽음', '송사를 들음' 등과 같은 구체적인 실천 활동으로서의 '사事'를 의미한다.

양지는 천지만물의 생명 본질에 근원하는 인간 마음의 선천적인 본성(性), 즉 천지만물과의 유기적 관계성 속에서 자신이 직면한 사태에 대해 시비를 판단하고 실천 방향성을 제시할 수 있는 인간의 선천적인 자각력(良知)과 실천 행위를 주재하는 능동적 실천력(良能)을 통합한 마음의 유기적인 생명성으로서[131] 천지만물과의 감응 주체이다. 이러한 양지에 의해 마주한 대상 또는 상황에 대한 자각적인 시비 판단과 아울러 마음으로부터 실천 지향성으로서의 의지가 발동하게 되는 것이다. 이러한 지향성(의지)은 곧 양지의 자각적 판단이 실천으로 이행될 수 있는 계기가 되는 바,

---

130) 『傳習錄』(中), 「答顧東橋書」, 137조목, "心者身之主也, 而心之虛靈明覺, 卽所謂本然之良知也. 其虛靈明覺之良知應感而動者謂之意. 有知而後有意, 無知則無意矣. 知非意之體乎? 意之所用, 必有其物, 物卽事也. 如意用於事親, 卽事親爲一物, 意用於治民, 卽治民爲一物, 意用於讀書, 卽讀書爲一物, 意用於聽訟, 卽聽訟爲一物. 凡意之所用, 無有無物者, 有是意卽有是物, 無是意卽無是物矣. 物非意之用乎?"

131) 『全集』, 권26, 「大學問」, 971쪽, "良知者, 孟子所謂是非之心, 人皆有之者也. 是非之心, 不待慮而知, 不待學而能, 是故謂之良知. 是乃天命之性, 吾心之本體, 自然靈昭明覺者也."

지향성은 단지 의식 단계에 머무는 것이 아니라 반드시 상황에 따라 어버이 섬김과 같은 구체적인 실천 행위로 이행됨으로써 실현된다. 따라서 양지의 자각적 판단이 실천 지향성이 발동할 수 있는 계기가 된다면, 지향성에 의해 추동된 실천 행위는 양지의 자각적 판단을 실현하는 방안이 된다. 그러나 실천 지향성은 마음의 발현이고, 양지의 자각적 판단 또한 마음의 작용이며, 실천 행위 또한 몸을 통해 진행되는 마음의 한 과정이기 때문에, 이들은 모두가 마음으로부터 창출·전개되는 일련의 생명 전개 과정으로서 마음의 표현 또는 현상에 지나지 않는다.

여기서 '물物'은 보다 구체적으로 마음과 천지만물 사이에 이루어지는 감응 과정으로 정의되고 있다. 마음이 대상 사물 또는 사태와 관계맺는 과정에서 감응 주체인 양지가 시비를 판단하고 실천 지향성을 발동하면 그것이 바로 몸을 통해 천지만물에 대한 실천 행위로 이행된다. 따라서 물리적 실체로서의 '물物'이라고 하더라도 나와 무관하게 존재하거나 단지 인식 대상으로 존재하는 것이 아니라, 나의 마음에 의해 진행되는 감응의 장 안에 놓여있다. 이에 양명은 "그대가 다만 감응하는 기미에서 본다면, 어찌 새·짐승과 풀·나무뿐이겠는가? 비록 천지라고 하더라도 나와 동체同體이며, 귀신 또한 나와 동체이다"132)라고 말한다. 비록 현상적으로는 나와 천지만물이 주·객 또는 내·외로 분화되어 보일지라도, 모든 존재물들은 나와의 감응이라는 유기적인 관계의 장 안에 놓여 있다고 하는 측면에서 나와 천지만물은 동체, 즉 하나의 유기적인 생명체라고 말할 수 있는 것이다.

인간은 바로 이러한 하나의 유기적 생명체의 마음이며, 인간의 영명성은 바로 천지만물과의 감응 주체로서의 인간의 마음(良知)이다. 따라서 인

---

132) 『傳習錄』(下), 「黃以方錄」, 336조목, "你只在感應之幾上看, 豈但禽獸草木, 雖天地也與我同體的, 鬼神也與我同體的."

간이 비록 형체의 측면에서는 천지만물과 자타로 구분지어진다 하더라도 영명한 마음(양지)은 천지만물과 자타로 구분짓게 하는 육체적인 제약을 벗어나 천지만물과 감응하여 그들과 한 몸을 이루어나갈 수 있는 것이다. 그리고 천지만물은 바로 이러한 인간의 영명한 마음에 의해 존재의미를 부여받고 생명을 창생・양육해나갈 수 있는 것이다. 이러한 감응의 과정이 바로 존재의 연속성의 토대가 되는 '일기一氣의 유통'으로 정의되기도 한다.[133] 따라서 인간의 영명한 마음에 의해 추동되는 의지의 발동과 실천 행위는 단지 한 개체에 국한되는 일이 아니라 전체로서의 천지만물의 생명 창출・양육 과정으로 귀결된다. 이에 양명은 다음과 같이 말한다.

> 만상萬象이 없으면 천지天地가 없고, 나의 마음이 없으면 만상이 없다. 따라서 만상이라는 것은 나의 마음이 만드는 것이고, 천지라는 것은 만상이 만드는 것이다. 천지와 만상은 내 마음의 찌꺼기이다. 극치에 이르면 천지는 마음이 없으며 사람이 그 마음이 되는 것을 알 수 있다. 마음이 그 올바름을 잃어버린다면 나 또한 만상일 뿐이요, 그 마음이 올바름을 얻으면 사람이라고 말한다. 이와 같이 천지를 위하여 마음을 세우고, 살아 있는 백성들을 위하여 명命을 세우는 까닭이 오직 나의 마음에 있는 것이다. 여기서 마음 바깥에 리理가 없고 마음 바깥에 물物이 없음을 알 수 있다.[134]

---

133) 『傳習錄』(下), 「黃以方錄」, 336조목, "先生曰: 你看這箇天地中間, 甚麽是天地的心? 對曰: 嘗聞人是天地的心. 曰: 人又甚麽教做心? 對曰: 只是一箇靈明. (先生曰) 可知充天塞地中間, 只有這箇靈明, 人只爲形體自間隔了. 我的靈明, 便是天地鬼神的主宰. 天沒有我的靈明, 誰去仰他高? 地沒有我的靈明, 誰去俯他深? 鬼神沒有我的靈明, 誰去辯他吉凶災祥? 天地鬼神萬物離卻我的靈明, 便沒有天地鬼神萬物了. 我的靈明離卻了天地鬼神萬物, 亦沒有我的靈明. 如此, 便是一氣流通的, 如何與他間隔得!"

134) 『明儒學案』, 권25, 「南中王門學案一」, 〈語錄〉, "故無萬象則無天地, 故無吾心則無萬象矣, 故萬象者, 吾心之所爲也, 天地者, 萬象之所爲也, 天地萬象, 吾心之糟粕也, 要其極致, 乃見天地無心, 而人爲之心, 心失其正, 則吾亦萬象而已, 心得其正, 乃謂之人, 此所以爲天地立心, 爲生民立命, 惟在於吾心, 此可見心外無理, 心外無物."

양명이 주자학과 대립하면서까지 '심외무리心外無理'와 '심외무물心外無物'을 제창한 이유가 바로 여기에 있는 것이다. 그에게 있어서의 인간은 육체에 국한된 단지 한 개체로서의 인간이 아니다. 인간은 천지만물에게 존재의 의미를 부여하고 이들의 생명을 온전하게 창생・양육해 가는 주체적이고 역동적이며 창조적인 존재인 것이다.

지금까지 살펴본 바와 같이 '인간의 마음'은 창조적이며 역동적이고 주체적인 생명 주체이다. 양명은 객관적 사물 세계의 형이상학적 존재 원리이자 인간의 당위의 도덕적 규범으로 정의되던 주희의 천리天理를 인간 마음의 선험적인 '유기적 생명성'으로 전환시켰다. 이는 인간의 마음이 외재적・절대적 리에 대한 종속 또는 규제로부터 해방됨을 의미한다. 동시에 이는 마음이 실천 조리로서의 리를 창출할 수 있는 '창조성'과 실천 행위를 주재할 수 있는 '능동성'을 부여받은 주체적 존재가 됨을 의미한다. 이 마음이 바로 천지만물과 감응하면서 주체적으로 천지만물을 창생・양육해 가는 천지만물의 중추적 존재로서의 인간의 마음인 것이다. 따라서 양명학에서는 주자학에서와 같이 대상 사물에 나아가 리를 궁구하는 격물格物의 과정은 불필요하게 된다. 자기 내면으로 돌아가 천지만물과 나를 분리시키는 극단적 개체 욕망(사욕)을 제거하고 창조적이고 역동적인 생명 주체로서의 유기적 생명성(천리)을 보존하는 마음공부와 실천공부만이 요구된다.

제5장
인간 양지의 유기적 생명성

50세 때 치양지설致良知說을 제창한 양명은 "근래 치양지致良知 세 자야 말로 참으로 성인 문하의 바른 진리의 눈이 간직되어 있는 곳(正法眼藏)임을 믿게 되었다. 지난날에는 아직도 의문이 완전하게 없어지지 않았으니 여러 일을 경험한 지금에 이르러서는 이 양지만이 완전하여 부족함이 없음을 알게 되었다"[1]고 선언한다. '양지'는 바로 양명 철학의 핵심이자 진수이다. 4장에서 살펴본 마음의 창조적이고 역동적인 생명 원리는 치양지설 제창과 더불어 '양지' 하나로 귀결된다.

특히 양명은 "마음의 양지를 성聖이라 이르니, 성인의 학문은 오직 이 양지를 실현하는 것일 뿐이다. 자연스럽게 양지를 실현하는 자가 성인이다"[2]라고 주장한다. 그가 오랜 세월 동안 생사환난生死患難의 어떠한 신고辛苦의 역경도 마다하지 않으면서 갈망한 '성인聖人'은 다름 아닌 양지를 실현하는 사람이다. 이러한 성인이 될 수 있는 방안, 즉 양지 실현의 구

1) 『王陽明全集』(上海古籍出版社, 1992, 이하 『全集』이라 표기), 권34, 「年譜二」, 1278쪽, "十有六年辛巳, 先生五十歲, 在江西. 正月, 居南昌. 是年先生始揭致良知之教 … 近來信得致良知三字, 眞聖門正法眼藏. 往年尙疑未盡, 今自多事以來, 只此良知無不具足"

2) 『全集』, 권8, 「書魏師孟卷」, 280쪽, "心之良知是謂聖, 聖人之學惟是致此良知而已, 自然而致之者而聖人也."

체적 방안들을 강구하기 위해서는 먼저 '양지'의 의미와 특성을 정확하게 파악할 필요가 있다.

다만 문제가 되는 것은 "양지는 ~이다"라는 한마디 말로 양지를 정의하기가 어렵다는 데 있다. 송하경은 양명학술에서의 양지는 워낙 포괄적이고 혼일적인 것이어서 시간 · 장소 · 정황 · 대상 등에 따라 각기 다른 개념으로 표현되었다고 전제하면서, 양지를 특성에 따라 '존재의 리理' · '생성의 리' · '인식의 리' · '도덕의 리'로 각각 나누어 설명하고 있다.[3] 송재운 또한 『전습록』에 의거하여 양지의 특성을 '천리天理', '조화造化의 정령精靈' 등 27가지로 제시하면서, 양지는 인간의 단순한 지식이나 인식 능력만을 뜻하는 것이 아니라 존재 원리와 실천의 원리 전체를 함유하는 실로 폭넓은 개념이 아닐 수 없다고 주장한다.[4] 총 342개 조목으로 구성된 『전습록』 가운데 '양지'를 직접적으로 언급하고 있는 조목은 다음과 같이 대략 93개 조목에 해당한다.

- 『전습록』(상)에 2개 조목 - 「徐愛錄」 8조목 / 「薛侃錄」 107조목.
- 『전습록』(중)에 38개 조목 - 「答顧東橋書」 135, 136, 137, 138, 139, 140, 141, 143조목 / 「答周道通書」 146, 147조목 / 「答陸原靜書」 152, 154, 155, 157, 158, 159, 160, 162, 163, 164, 165, 167조목 / 「答歐陽崇一」 168, 169, 170, 171조목 / 「答聶文蔚」 179, 180, 181, 183, 185, 187, 188, 189, 190, 191, 193, 219조목.
- 『전습록』(하)에 53개 조목 - 「陳九川錄」 201, 206, 207, 208, 209, 216, 221조목 / 「黃直錄」 222, 225조목 / 「黃修易錄」 238, 239, 241, 242, 243, 244조목 / 「黃省曾錄」 248, 253, 260, 261, 262, 263, 265, 267, 268, 269,

---

3) 송하경, 「왕양명 良知說에 관한 研究」, 『儒教思想研究』 1집(유교학회, 1986), 220~244쪽 참조.

4) 송재운, 『陽明哲學의 研究』(思社研, 1991), 122쪽 참조.

274, 276, 280, 281, 282, 283, 284, 287, 288, 290, 291, 293, 295, 297, 304, 305, 306, 311, 312, 315조목 / 「黃以方錄」 317, 319, 320, 326, 329, 320, 330, 340조목.

이상 93개 조목의 내용들을 살펴보더라도 양지는 언급되는 상황에 따라 각기 다양한 의미와 내용으로 설명되고 있다. 따라서 "양지는 바로 ~이다"라는 한 마디 말로 정의하기가 쉽지 않다. 이 장에서는 먼저 '성인됨의 근거로서의 양지'를 고찰하고, 양지가 내재하고 있는 다양한 유기적 특성들을 생명의 문제와 관련하여 살펴볼 것이다. 그리고 다음 6장에서는 '양지의 체용體用 일원적 체계'와 '양지의 하나됨과 생명 창출' 과정에 대해 체계적으로 다루어 보고자 한다.

제1절 성인됨의 근거로서의 양지

앞 장에서 '천리天理'가 양지이고 '존천리存天理'가 '치양지致良知의 단아' 라는 사실을 살펴보았다. 따라서 양명의 '성인관'의 진수는 그의 '양지론'과 '치양지설'에서 보다 구체적으로 드러난다. 양명은 양지를 '성聖'이라 하고 양지를 회복하여 적극적으로 발휘하고 실현하는 사람이 '성인聖人'이라고 단언하면서, 성인이란 인류 최고의 모범이며 성인이 되는 '치양지학致良知學'은 최고의 학문이라고 주장한다.[5] 양지는 인간이면 누구나 성

5) 『全集』, 권8, 「書魏師孟卷」, 280쪽, "心之良知是謂聖, 聖人之學惟是致此良知而已, 自然而致之者而聖人也."

인이 될 수 있는 바탕이라면, 이러한 양지의 실현(致良知)은 곧 성인됨을 의미한다. 성인됨의 바탕이 되는 양지의 함의와 속성 문제를 살펴보기에 앞서, 양지는 인간 누구나 선천적으로 내재하고 있다는 '양지의 보편적 내재성'과 양지의 보편적 내재성에도 불구하고 '성인聖人', '범인凡人', '우인愚人'과 같이 현실적으로 나타나는 인간의 다양한 층차에 관련된 문제를 다루고자 한다.

1. 양지의 보편적 내재성

먼저 양명의 다음과 같은 다양한 주장 속에서 인간은 누구나 선천적으로 성인이 될 수 있는 바탕으로서의 양지를 내재하고 있다는 사실을 알 수 있다.

> 무릇 양지가 바로 도道이다. 양지가 사람의 마음에 있는 것은 비단 성인과 현인뿐만이 아니라 보통 사람일지라도 역시 마찬가지다.[6]

> 양지양능良知良能은 어리석은 지아비와 어리석은 지어미나 성인이 똑같다.[7]

> 본성이 선하지 않음이 없으므로 앎(良知)은 좋지 않음이 없다. 양지良知는 (정감이나 사려가) 아직 발현하지 않은 중中이고, 확 트여 크게 공정한 것이며, 고요하여 움직이지 않는 본체로서 사람마다 똑같이 갖추고 있는 것이다.[8]

성인만이 아니라 보통 사람들, 더욱이 어리석은 사람들조차도 태어나

---

6) 『傳習錄』(中), 「答陸原靜書」, 165조목, "夫良知卽是道. 良知之在人心, 不但聖賢, 雖常人亦無不如此."

7) 『傳習錄』(中), 「答顧東橋書」, 139조목, "良知良能, 愚夫愚婦與聖人同."

8) 『傳習錄』(中), 「答陸原靜書」, 155조목, "性無不善, 故知無不良, 良知卽是未發之中, 卽是廓然大公, 寂然不動之本體, 人人之所同具者也."

면서부터 양지를 선천적으로 내재하고 있다는 것이다. 양지는 특정한 신분 계층 또는 선천적으로 우수한 기질을 소유한 특수한 사람만이 지니는 것이 아니다. 양지는 모든 인간에 대해 선천적이고 보편적인 '내재성'을 지닌다. 따라서 양지는 인간이라면 누구나 신분적·계급적 위계질서와 선천적 기질상의 등급을 뛰어넘어 참된 인간상으로서의 성인이 될 수 있는 근거가 되는 것이다.

더욱이 양명은 "양지가 사람의 마음 가운데 있다는 것은 아주 오랜 시간과 전우주 공간을 통틀어 같지 않음이 없다"[9]고 말하고, "양지가 사람 마음에 있는 것은 성인과 어리석은 자의 구분이 없으며, 천하 고금이 다 동일하다"[10]고 말한다. 양지의 보편적인 선천적 내재성은 시간상으로 어느 한 시기에 국한되는 것이 아니라 인류가 탄생한 이래 지금까지 동일하게 지속되는 것으로서 역사적 '보편성'과 '영속성'을 지닌다. 우주 진화의 소산물로서의 인간은 의식과 지능을 지닌 최초의 존재로서, 자신의 영명성을 통해 천지만물의 생명의 전모를 자각적으로 파악하고 천지만물의 생명 본질에 근거하여 천지만물을 주체적·능동적으로 끊임없이 창출시켜나가는 존재이다. 이러한 인간 마음의 영명성이 바로 '양지'이다.[11] 따라서 양지는 인류가 탄생한 이래 인간의 개체성과 역사적 한계성을 초월하여 인간 누구나 내재하는 역사적 보편성을 지닌다고 볼 수 있다. 이에 양명은 양지란 비록 도적이라 할지라도 자신의 마음으로부터 인위적으로 제거할 수 없다고 전제하면서,[12] 천하天下의 대본大本으로서

---

9) 『傳習錄』(中), 「答歐陽崇一」, 171조목, "蓋良知之在人心, 亘萬古, 塞宇宙, 而無不同."

10) 『傳習錄』(中), 「答聶文蔚」, 179조목, "良知之在人心, 無間於聖愚, 天下古今之所同也."

11) 양지의 이러한 속성에 대해서는 다음 2절 '인간 양지와 생명 창출'에서 보다 구체적으로 다루고 있다.

12) 『傳習錄』(下), 「陳九川錄」, 207조목, "良知在人, 隨你如何不能泯滅, 雖盜賊亦自知不當爲盜, 喚他做賊, 他還忸怩."

의 양지는 성인으로부터 어리석은 사람에 이르기까지, 한 사람의 마음으로부터 사해四海의 먼 곳에 이르기까지, 천고千古 이전부터 만대萬代 이후에 이르기까지 동일하지 않음이 없다고 주장한다.[13] 양지는 시·공간적 제한을 넘어 인간 누구에게나 내재하는 '역사적 보편성'을 지니는 것으로 규정된다.

인간 마음에 대한 양지의 보편적이고 선천적인 내재성과 역사적 보편성은 바로 모든 인간이 성인이 될 수 있는 바탕이 된다. 다만 인간은 누구나 성인이 될 수 있는 양지를 선천적으로 내재하고 있다 하더라도 이는 현실에 있어 하나의 가능성일 뿐 양지의 내재성이 바로 '성인됨'을 의미하지는 않는다. 양지의 실현 여부에 따라 현실에 있어서는 성인, 현인, 보통 사람, 어리석은 사람과 같은 다양한 층차로 나타난다. 그렇다고 이러한 층차가 고정된 신분상의 차등이나 위계적 질서를 의미하지는 않는다. 또한 성인의 경지는 일반인이나 어리석은 사람이 도달할 수 없는 층차의 고원한 이상향도 아니다. 성인은 인간 누구나가 자신의 노력에 따라 도달할 수 있는 경계이다.[14] 이는 모든 인간이 선천적으로 양지를 내재하고 있다는 양지의 보편적 내재성에서 기인한다.

2. 다양한 인간 층차와 양지

그렇다면 모든 인간이 선천적으로 양지를 내재하고 있음에도 불구하고 어떠한 이유에서 현실 속에서는 성인·현인, 보통 사람, 어리석은 사람과 같은 다양한 층차로 나타나게 되는 것일까?

---

13) 『全集』, 권8, 「守朱守乾卷」, 279쪽, "自聖人以至於愚人, 自一人之心, 以達於四海之遠, 自千古之前以至於萬代之後, 無有不同, 是良知也者, 是所謂天下之大本也."
14) 『傳習錄』(中), 「答周道通書」, 146조목, "聖人氣象何由認得? 自己良知原與聖人一般, 若體認得自己良知明白, 卽聖人氣象不在聖人而在我矣."

양명은 “다만 성인은 그 양지를 실현할 수 있고, 어리석은 지아비와 어리석은 지어미는 실현할 수 없을 뿐이다. 이것이 성인과 어리석은 자가 나누어지는 원인이다”[15]고 말한다. 이러한 주장과 더불어 양명은 그 원인에 대해 다음과 같이 주장한다.

> “오직 천하의 지극한 성인이라야 총명聰明하고 예지睿知로울 수 있다”[16]는 말을 예전에는 매우 현묘하다고 생각하였으나, 지금 살펴보니 원래 사람마다 저절로 가지고 있는 것이다. 귀는 원래 밝게 듣고, 눈은 원래 밝게 보며, 마음의 사유 능력은 원래 예지롭다. 성인은 다만 한결같이 그것을 잘 해낼 뿐이니, 잘 해내는 것이 바로 양지이다. 일반인들이 잘 해내지 못하는 것은 다만 양지를 실현하지 못했기 때문이다.[17]

현실 속에서 인간이 성인, 보통 사람, 어리석은 사람과 같은 다양한 층차로 나타나는 근본적인 이유는 양지의 소유 여부에 있는 것이 아니라 ‘양지의 실현’ 여부에서 찾을 수 있다는 것이다. 성인이 직접적으로 양지를 실현하는 사람이라면, 보통 사람과 어리석은 사람은 선천적으로 양지를 내재하고 있음에도 불구하고 이를 실현하지 못하는 사람인 것이다. 그리고 “만약 물욕物欲에 이끌려 가려지지 않고 다만 양지의 발용 유행을 따라 나아가기만 한다면 바로 이 도道가 아님이 없을 것이다. 보통 사람들은 물욕에 이끌려 가려지는 것이 많기 때문에 양지를 따르지 못한다”[18]는 주장에서 알 수 있듯, 보통 사람들은 성인과 같이 양지를 선천적

---

15) 『傳習錄』(中), 「答顧東橋書」, 139조목, “但惟聖人能致其良知, 而愚夫愚婦不能致, 此聖愚之所由分也.”

16) 『中庸』, 31장, “唯天下至聖, 爲能聰明睿知足以有臨也, 寬裕溫柔足以有容也, 發强剛毅足以有執也, 齊莊中正足以有敬也, 文理密察足以有別也.”

17) 『傳習錄』(下), 「黃省曾錄」, 283조목, “惟天下至聖, 爲能聰明睿知. 舊看何等玄妙, 今看來原是人人自有的. 耳原是聰, 目原是明, 心思原是睿知, 聖人只是一能之爾. 能處正是良知, 衆人不能, 只是箇不致知.”

18) 『傳習錄』(中), 「答陸原靜書」, 165조목, “若無有物欲牽蔽, 但循著良知發用流行將

으로 내재하고 있음에도 불구하고 외재 사물에 대한 욕망(物欲)에 이끌리고 가리어 양지의 판단을 따라가지 못함과 아울러 실천으로 이행하지 못하기 때문에 양지를 실현하지 못함으로써 성인이 되지 못하는 것이다.

양명은 양지 실현 여부와 관련한 인간의 다양한 층차를 다음과 같이 보다 구체적으로 설명한다.

> 성인도 역시 배워서 알고(學知), 일반 사람들도 역시 태어나면서부터 안다(生知). … 이 양지는 사람마다 모두 가지고 있다. 성인은 다만 이 양지를 잘 보존하여 조금이라도 덮어 가려진 부분이 없을 뿐이다. 두려워하고 삼가며 부지런히 힘쓰고 공경하여 자연히 쉬지 않으니, 이것도 또한 배우는 일이다. 다만 선천적으로 타고난 요소가 많기 때문에 '태어나면서부터 알고 편안히 행한다'(生知安行)고 하는 것이다. 일반 사람들도 어린아이때부터 이 양지를 완전히 갖추지 않은 경우가 없으나, 덮여서 가려진 부분이 많을 뿐이다. 그러나 본체로서의 양지는 본래 없애기는 어렵다. 비록 묻고 배우고 극복하여 이기는 공부라고 하더라도 역시 양지에 의지할 뿐이다. 다만 후천적으로 배우는 요소가 많기 때문에 그를 '배워서 알고 이롭게 여겨서 행한다'(學知利行)고 하는 것이다.[19]

> 양지는 원래 순수하고 밝은 것이다. 예를 들어 어버이에게 효도할 경우에 태어나면서부터 알고 편안히 행하는 사람(生知安行者)은 이 양지에 의거하여 실제로 착실하게 효도를 다할 따름이다. 배워서 알고 이롭게 여겨서 행하는 사람(學知利行者)은 단지 때때로 반성하고 각성하여 이 양지에 의거하여 효도를 다하고자 힘쓸 따름이다. 애써서 알고 힘써서 행하는 사람(困知勉行者)은 가리고 막힌 것이 이미 깊어서 비록 이 양지에 의거하여 효도하고자 하더라도 다시 사욕에 막혀서 하지 못한다. 반드시 '다른 사람이 한 번 행할 때 자

去, 卽無不是道. 但在常人多爲物欲牽蔽, 不能循得良知."

19) 『傳習錄』(下), 「陳九川錄」, 221조목, "聖人亦是學知, 衆人亦是生知. … 這良知人人皆有, 聖人只是保全, 無些障蔽, 兢兢業業, 亹亹翼翼, 自然不息, 便也是學; 只是生的分數多, 所以謂之生知安行. 衆人自孩提之童, 莫不完具此知, 只是障蔽多, 然本體之知自難泯息, 雖問學克治也只憑他; 只是學的分數多, 所以謂之學知利行."

신은 백 번 행하고, 다른 사람이 열 번 행할 때 자기는 천 번 행하는 노력'을 해야만 비로소 이 양지에 의거하여 효도를 다할 수 있다.[20]

인간 모두가 선천적으로 양지를 지니고 있는 것은 명백한 사실이나, 후천적으로 극단적 개체 욕망(사욕)에 의한 양지의 차폐 정도에 따라 '태어나면서부터 알고 편안히 행하는 사람'(生知安行者)으로서의 '성인', '배워서 알고 이롭게 여겨서 행하는 사람'(學知利行者)으로서의 '보통 사람', 그리고 '애써서 알고 힘써서 행하는 사람'(困知勉行者)으로서의 '어리석은 사람'으로 나누어진다는 것이다. 성인은 선천적으로 개체 욕망에 의한 양지 차폐 정도가 미약하기 때문에 상대적으로 쉽게 양지를 실현할 수 있지만, 보통 사람은 개체 욕망에 의한 양지의 차폐 정도가 심하기 때문에 양지 실현을 위해서는 반성하고 각성하는 과정이 필요하다. 그리고 어리석은 사람은 선천적 양지에 의거하여 무엇인가를 실행하고자 하더라도 개체 욕망에 의해 차폐가 너무 심하기 때문에 반드시 다른 사람보다 수백 · 수천 배의 노력을 통해서만 양지를 실현할 수 있다. 현실 속에서는 양지의 소유 여부가 아니라 양지에 대한 '개체 욕망의 차폐' 정도에 따라 성인과 보통 사람 그리고 어리석은 사람이라는 다양한 층차로 나타나게 되는 것이다.

이러한 개체 욕망의 차폐 정도는 인간의 타고난 '기질氣質'의 차이에서 비롯된다. 양명은 이에 대해 다음과 같이 말한다.

성性은 하나일 따름이다. 인·의·예·지는 성性의 본성(性)이고, 총명聰明·예지叡智는 성의 자질(質)이며, 희·노·애·락은 성의 감정(情)이고, 사욕私欲과 객기客

20) 『傳習錄』(下), 「黃省曾錄」, 291조목, "良知原是精精明明的. 如欲孝親, 生知安行的, 只是依此良知, 實落盡孝而已; 學知利行者, 只是時時省覺, 務要依此良知盡孝而已; 至於困知勉行者, 蔽錮已深, 雖要依此良知去孝, 又爲私欲所阻, 是以不能, 必須加人一己百, 人十己千之功, 方能依此良知以盡其孝."

氣는 성이 가려진 것이다. 자질에 맑고 탁함이 있기 때문에 감정에 지나침과 모자람이 있으며, 가리워짐에 얕고 깊음이 있다. 사욕과 객기는 하나의 병이 두 곳에서 나타난 것이지, 두 가지 병이 아니다.[21]

인간의 생명 본질인 '유기적 생명성'(性)은 천부적인 자질에 바탕하여 감정으로 발현하는 일련의 유기적 상관성을 지니지만, '사욕'과 '객기'는 오히려 인간의 생명 본질을 차폐시킴으로써 유기적 생명성이 발현되지 못하도록 하는 부정적인 요소로 규정된다. 다만 자질 자체에 맑고 흐린 차이가 있기 때문에 감정의 발산에 있어서도 지나치거나 부족한 차이가 있고, 생명 본질에 대한 사욕과 객기의 차폐에 있어서도 깊고 낮은 차이가 발생하게 된다는 것이다. 자질로서의 총명함과 예지로움이 뛰어난 사람은 사욕과 객기의 차폐를 적게 받는 반면, 그렇지 못한 사람은 사욕과 객기의 차폐를 심하게 받는다고 말할 수 있다. 이로써 인간은 누구나 선천적으로 내재하고 있는 양지에 대한 차폐 정도 또한 선천적인 기질상의 차등으로 인해 달라진다. 타고난 기질이 좋은 사람은 사욕과 객기가 상대적으로 적기 때문에 양지의 차폐 정도가 미약한 반면, 상대적으로 기질이 좋지 않은 사람은 사욕과 객기가 심하기 때문에 양지의 차폐 정도도 심하다. 그러므로 전자가 조그마한 노력을 통해서도 쉽게 양지를 실현할 수 있다면, 후자는 상대적으로 많은 노력을 기울여야 양지를 실현할 수 있게 된다.[22]

양명은 성인의 마음과 양지를 '밝은 거울'(明鏡)에 비유하기를 좋아한다. 천지만물과의 감응 주체인 인간의 선천적 양지가 개체 욕망의 장애로 인

---

21) 『傳習錄』(中), 「答陸原靜書」, 165조목, "性一而已, 仁義禮智, 性之性也; 聰明睿知, 性之質也; 喜怒哀樂, 性之情也; 私欲客氣, 性之蔽也. 質有淸濁, 故情有過不及, 而蔽有淺深也. 私欲客氣, 一病兩痛, 非二物也."

22) 『傳習錄』(中), 「答陸原靜書」, 164조목, "良知本來自明. 氣質不美者, 查滓多, 障蔽厚, 不易開明. 質美者, 查滓原少, 無多障蔽, 略加致知之功, 此良知便自瑩徹."

해 제약받는 것은 마치 본래 사물을 있는 그대로 비추어주는 밝은 비춤의 기능을 지닌 밝은 거울에 먼지나 때가 묻으면 본래의 밝은 비춤의 기능에 제약을 받는 것과 같다. 또한 먼지나 때를 제거하면 밝은 거울이 본래의 밝은 비춤의 기능을 회복하여 사물을 있는 그대로 비추어주듯, 양지의 유행을 가로막는 개체 욕망을 제거하면 양지가 회복되어 자연스럽게 천지만물과 감응하게 된다. 다만 거울에 먼지나 때가 묻은 정도, 즉 많이 묻어있으면 많은 노력을 들여 닦아내야 거울의 본래 기능이 회복되고 적게 묻어 있으면 약간의 노력만 들이더라도 거울의 본래 기능이 회복되듯, 개체 욕망의 차폐 정도에 따라 개체 욕망을 제거하는 노력의 정도가 달라진다. 그렇다 하더라도 그 귀결처는 양지의 회복·실현으로 동일하다.[23]

비록 모든 인간이 선천적으로 양지를 내재하고 있다 하더라도 개체 욕망의 차폐 정도에 따라 성인, 보통 사람, 어리석은 사람과 같은 다양한 층차로 나누어지게 된다. 그러나 여기서 중요한 점은 현실적으로 나타나는 이러한 층차가 고정 불변한 신분상의 위계질서를 의미하는 것이 아니며, 또한 성인 이하의 사람들이 영원히 성인이 될 수 없음을 의미하는 것도 아니라는 것이다. 기질에 따른 개체 욕망에 의한 양지 차폐의 정도에 차이가 있다 하더라도 인간은 누구나 현실적인 삶의 장 한가운데서 개체 욕망을 제거하고 선천적 양지를 회복하여 양지의 판단에 따라 실천하는 끊임없는 노력을 통해 기질상의 차등을 극복하고 성인이 될 수 있는 것이다. 이에 양명은 인간 개개인의 양지는 본래 성인과 동일하기 때문에

23) 『傳習錄』(上), 「陸澄錄」, 21조목, "聖人之心如明鏡. 只是一箇明, 則隨感而應, 無物不照.", 76조목, "如明鏡然, 全體瑩徹, 略無纖塵染着. … 須是平日好色·好利·好名等項一應私心, 掃除蕩滌, 無復纖毫留滯, 而此心全體廓然, 純是天理.", 『傳習錄』(中), 「答陸原靜書」, 167조목, "其良知之體, 皦如明鏡, 略無纖翳. 妍媸之來, 隨物見形, 而明鏡曾無留染." 「答歐陽崇一」, 171조목, "明誠相生, 是故良知常覺常照. 常覺常照, 則如明鏡之懸, 而物之來者自不能遁其妍媸矣."

누구나 자기의 양지를 명백하게 체인體認한다면 성인의 기상氣象은 성인에게 있는 것이 아니라 각자에게 있는 것이라고 말한다.[24] 개체 욕망을 제거하고 양지를 실현하고자 하는 후천적인 노력에 있어 차이가 있을 뿐, 양지 실현의 귀결처는 보통 사람이나 어리석은 사람이라 하더라도 성인과 다름이 없게 된다. 그리고 이러한 귀결처의 바탕은 마음 밖에 있는 것이 아니라 바로 인간은 누구나 선천적으로 양지를 내재하고 있다는 사실에서 기인한다.

이러한 내용을 통해 양명이 인간을 다양한 층차로 구분하는 근거는 타고난 상・하 또는 존・비의 신분 등급에 있는 것이 아니라, 기질에 따른 개체 욕망의 강도의 차이로 인한 양지 차폐의 정도와 양지 실현을 위한 후천적인 노력 정도의 차이에 있음을 알 수 있다. 다만 여기서 중요한 사실은 이러한 층차가 영원히 극복할 수 없는 고정된 등급이 아니라, 양지를 차폐시키는 개체 욕망을 제거하고 양지를 실현시키고자 하는 후천적인 자발적 노력을 통해 누구나 성인이 될 수 있는 가변적인 층차라는 사실이다.

제2절 인간 양지와 생명 창출

인간은 비록 타고난 기질과 개체 욕망의 정도에 따라 성인과 보통 사람 그리고 어리석은 사람과 같은 다양한 층차를 지니지만, 누구나가 개

---

24) 『傳習錄』(中), 「答周道通書」, 146조목, "聖人氣象何由認得? 自己良知原與聖人一般, 若體認得自己良知明白, 卽聖人氣象不在聖人而在我矣."

체 욕망을 제거하고 선천적으로 내재하고 있는 양지를 실현함으로써 성인이 될 수 있다. 그렇다고 한다면 '양지'는 무엇을 의미하는가? 이 문제를 해결해야만이 우리는 '성인됨'에 한 발 더 다가갈 수 있다.

1. 감응 주체로서의 양지

인간이 천지만물의 마음(天地萬物之心)이 될 수 있는 토대, 그리고 천지만물과 감응할 수 있는 근거는 모두 '양지' 하나로 귀결된다. 양명철학은 '양지학'[25]이라고 규정될 만큼 양지는 양명학에 있어 핵심적 지위를 차지한다. 먼저 '천지만물의 생명 창출 과정'과 관련된 양지의 의미와 특성에 대해서 살펴보고자 한다.

양명은 "(『중용』에서) 하늘이 명령한 것을 본성이라 한다고 했으니, 천명이 바로 본성이다. 본성을 따르는 것을 도라 한다고 했으니, 본성이 바로 도이다. 도를 닦는 것을 가르침이라 한다고 했으니, 도가 바로 가르침이다"[26]고 한다. 천명天命이 본성이고, 본성이 곧 도道이며, 도가 교敎라는 것은, 곧 천명·본성·도·교가 하나라는 것을 의미한다. 인간의 생명 본질(性)이 전체생명으로서의 천지만물의 생명 본질에 근원하는 것(天命)이라면, 이러한 생명 본질을 발현·전개시켜나가는 것이 바로 '도'이다. 인간은 천지만물의 중추적 존재이기 때문에 인간의 생명 본질의 발현·전개는 사실상 전체로서의 천지만물의 전개 과정이다. 그리고 인간의 생명 본질은 인간의 마음이 선천적으로 내재하고 있는 본질적 속성이기 때문에 생명 본질의 발현·전개 과정은 마음의 전개 과정이기도 하다. 따라서 양명은 다음과 같이 주장한다.

---

25) 宋河璟, 「王陽明心學之硏究」(臺灣師範大博士學位論文, 民國 75), 256쪽 참조.

26) 『傳習錄』(下), 「黃省曾錄」, 265조목, "天命之謂性, 命卽是性. 率性之謂道, 性卽是道. 修道之謂敎, 道卽是敎."

> 오늘날 사람들이 단지 하늘(天)을 말하는데, 그들이 실제로 어찌 하늘을 이해한 적이 있었겠는가? 해와 달, 바람과 우레가 곧 하늘이라고 말한다면 옳지 않으며, 사람과 사물, 풀과 나무를 하늘이 아니라고 말해도 또한 옳지 않다. 도道가 바로 하늘이다. … 만약 안을 향해 탐구할 줄 알아서 자기 마음의 본체를 깨달을 수 있다면, 언제 어디선들 도道가 아닌 것이 없다. 예로부터 지금까지 끝도 없고 시작도 없는데, 다시 무슨 같고 다름이 있겠는가? 마음이 곧 도이고, 도가 곧 하늘이다. 마음을 알면 도를 알고 하늘을 알게 된다.[27)]

하늘(天)은 단지 물리적 땅에 대비되는 자연적 하늘만을 의미하지 않는다. 하늘은 생명의 근원으로서 천지만물, 즉 모든 존재물들을 포괄한다. 따라서 하늘은 만물을 끊임없이 창생·양육하는 생생불식生生不息의 자기－조직성을 내포한다. '도道'는 바로 이러한 하늘의 자기－조직성(道卽天)임과 동시에 천지만물의 중추로서의 인간의 마음이 내재하고 있는 생명의 본질적 속성(心卽道)이기도 하다. 결국 이러한 도를 매개로 하여 천지만물과 인간은 하나의 생명체로 만날 수 있는 계기를 마련한다.

이러한 일원적 체계를 바탕으로 양명은 "도道가 곧 양지"[28)]라 하여 도를 양지로 규정한다. 또한 "양지는 맹자의 이른바 시비지심是非之心은 사람마다 모두 지니고 있다는 것이다. … 이는 곧 하늘이 부여한 본성으로서 내 마음의 본체이니 자연히 영명하고 밝아서 환하게 깨닫는 것이다"[29)]고 말한다. 양지는 '하늘이 부여한 인간의 본성'으로 정의된다. 따라

---

27) 『傳習錄』(上), 「陸澄錄」, 66조목, "如今人只說天, 其實何嘗見天? 謂日月風雷卽天, 不可. 謂人物草木不是天, 亦不可. 道卽是天. … 若解向裏尋求, 見得自己心體, 卽無時無處不是此道. 亘古亘今, 無終無始, 更有甚同異? 心卽道, 道卽天. 知心則知道知天."

28) 『傳習錄』(上), 「陸澄錄」, 265조목, "道卽是良知."

29) 『全集』, 권26, 「大學問」, 971쪽, "良知者, 孟子所謂是非之心, 人皆有之者也. … 是乃天命之性, 吾心之本體, 自然靈昭明覺者也."

서 양지는 천지만물의 생명 본질에 근원하며, 하늘의 자기－조직성으로서의 도가 바로 인간 마음에 있어서의 양지이다. 양지는 생명의 본질적 속성을 함축함과 동시에 인간과 천지만물을 하나의 유기적인 생명체로 연결해주는 실제적인 생명력이기도 하다. 이에 양명은 "이것은 다만 양지에 대한 체인體認이 아직 참되지 못하여 여전히 안과 밖에 간격이 있기 때문이다. 나에게서의 공부는 사람들의 조급한 마음으로 서둔다고 되는 것이 아니다. 양지가 핵심임을 아는 것이 합당하고, 성실하게 공부하다 보면 자연히 투철해진다. 여기에 이르면 안과 밖을 모두 잊어버리는데, 또 어찌 마음과 일이 합일하지 않을 수 있겠는가?"[30]라고 말한다. 인간은 양지를 통해 비로소 자신을 둘러싼 천지만물과 한 몸이 될 수 있는 것이다. 따라서 양지는 인간 자신과 천지만물을 유기적으로 일체화시켜주는 '인간의 생명 중추'이며, 인간으로 하여금 천지만물과 하나된 삶을 살 수 있도록 하는 준거를 마련해준다고 말할 수 있다.

인간은 생명의 그물망 속에서 수많은 존재물들(萬物)과 유기적인 관계를 맺고 있다. 따라서 인간은 눈·귀·코·입과 같은 감각 기관을 통해 만물의 색·소리·냄새·맛 등을 감지하고, 인간의 마음 또한 이들과의 감응 작용을 지속해나간다.[31] 인간의 마음은 만물과 괴리·고립된 채 홀로 존재하거나 만물과 무관하게 주관적으로 작용하는 것이 아니라 반드시 천지만물과의 감응 과정을 통해 시비를 판단해나간다. 이러한 천지만물과의 유기적인 관계성 속에서 이루어지는 인간 마음의 감응 주체가 바로 '양지'이다.

---

30) 『傳習錄(下)』, 「黃省曾錄」, 263조목, "此只認良知未眞, 尙有內外之間. 我這裏功夫, 不由人急心認得. 良知頭腦, 是當去朴實用功, 自會透徹. 到此便是內外兩忘, 又何心事不合一?"

31) 『傳習錄(下)』, 「黃省曾錄」, 277조목, "目無體, 以萬物之色爲體; 耳無體, 以萬物之聲爲體; 鼻無體, 以萬物之臭爲體; 口無體, 以萬物之味爲體; 心無體, 以天地萬物感應之是非爲體."

양명은 다른 존재물들의 아픔과 고난을 자신의 아픔과 고난으로 느낄 수 있는 것은 인간이 '시비지심是非之心'을 지니기 때문이라고 하면서, 시비지심이란 '생각하지 않더라도 알고 배우지 않더라도 능한 것'으로서, 이러한 시비지심이 바로 '양지'라고 주장한다.[32] 따라서 양지는 천지만물과의 감응을 통해 그들의 생명의 온전성에 대한 시비, 즉 생명을 온전하게 유지하고 있을 때는 '옳게' 그리고 생명이 손상되었을 때는 '그르게' 판단하고 나아가 이들의 생명이 손상될 때 아픔을 느끼는 '통각의 주체'로서, 인간 마음의 선천적인 '자각적 판단력'이자 '유기적인 생명력'이라고 말할 수 있다.

이를 바탕으로 양명은 인간의 양지가 천지만물의 창출 근거가 될 수 있는 이유를 인간의 영명성과 관련하여 다음과 같이 밝히고 있다.

> 만상萬象이 없으면 천지가 없고, 나의 마음이 없으면 만상이 없다. 따라서 만상이라는 것은 나의 마음이 만드는 것이고, 천지라는 것은 만상이 만드는 것이다. 천지와 만상은 내 마음의 찌꺼기이다. 극치에 이르면 천지는 마음이 없으며 사람이 그 마음이 되는 것을 알 수 있다. 마음이 그 올바름을 잃어버린다면 나 또한 만상일 뿐이요, 그 마음이 올바름을 얻으면 사람이라고 말한다. 이와 같이 천지를 위하여 마음을 세우고, 살아 있는 백성들을 위하여 명命을 세우는 까닭이 오직 나의 마음에 있는 것이다. 여기서 마음 바깥에 리理가 없고 마음 바깥에 물物이 없음을 알 수 있다. 이른바 마음이라는 것은 곧 한 덩어리로 된 피와 살이 아니고 지극히 영묘하고 지극히 밝아서 능히 동작하고 아는 것을 가리키는 것이니, 이것이 이른바 양지이다. … 이는 대인大人의 학문이 천지만물과 더불어 한 몸이 되는 까닭이다.[33]

---

32) 『傳習錄(中)』, 「答聶文蔚」, 179조목, "生民之困苦荼毒, 孰非疾痛之切於吾身者乎? 不知吾身之疾痛, 無是非之心者也. 是非之心, 不慮而知, 不學而能, 所謂良知也."

33) 『明儒學案』, 권25, 「南中王門學案一」, 〈語錄〉, "故無萬象則無天地, 故無吾心則無萬象矣, 故萬象者, 吾心之所爲也, 天地者, 萬象之所爲也, 天地萬象, 吾心之糟粕也, 要其極致, 乃見天地無心, 而人爲之心, 心失其正, 則吾亦萬象而已, 心得其正, 乃謂之人, 此所以爲天地立心, 爲生民立命, 惟在於吾心, 此可見心外無理, 心外無物, 所

인간이 천지의 마음이기 때문에, 인간의 영명한 마음으로부터 모든 존재물(萬象)이 만들어지고, 이러한 모든 존재물들로 인해 천지가 존재하게 된다는 주장이다. 즉 '내 마음(吾心)→모든 존재물(萬象)→천지'의 구도이다. 물론 이 우주와 자연 존재물들은 이 지구상에 인간이 탄생하기 이전부터 존재하고 있었으며, 오히려 인간은 우주 진화의 소산물이다. 그렇다면 '인간의 마음이 모든 존재물들을 만들어내고 이로 인해 천지가 존재하게 되었다'고 하는 양명의 주장은 어떻게 받아들여야 하는 것일까? 장회익의 다음과 같은 주장에서 그 해석의 실마리를 찾을 수 있다.

> 인간은 온생명 내의 한 개체로서 단순히 온생명에 의존하여 그 생존이나 유지해 가는 존재가 아니다. 의식과 지능을 지닌 존재로서의 인간은 최초로 자기 자신에 대한 반성적 사고를 할 수 있을 뿐 아니라, 그가 지니게 된 집합적 지식을 활용하여 자신이 속한 생명의 전모, 즉 온생명을 파악해내는 존재가 된 것이다. 온생명의 입장에서 본다면 이것은 결코 예사로운 일이 아니다. 자신의 내부로부터 자신을 파악하는 존재가 생겨났다는 것은 곧 자기 스스로를 의식할 수 있는 단계에 도달했음을 의미하는 것이기 때문이다. 결국 온생명은 35억 년이란 성장 과정을 거쳐 비로소 스스로를 의식할 수 있는 존재가 되었으며 이것은 바로 온생명의 한 부분을 이루는 인간을 통해서 가능해진 것이다. 인간은 곧 온생명의 의식 주체로서 온생명 안에서 마치 신체 내에서 중추 신경계가 지니는 것과 같은 위상을 지니게 되었다.[34]

지구 나아가 우주는 인간이 탄생함으로써 비로소 자신의 생명 존재를 의식하고 이를 통해 비로소 하나의 생명체로 새롭게 탄생하게 되었다고 말할 수 있다. 이러한 입장에 근거하여 "인간이 만상을 만들고 이로 인해

謂心者, 非今一團血肉之具也, 乃指其至靈至明能作能知, 此所謂良知也. … 此大人之學所以與天地萬物一體也."

34) 장회익, 『삶과 온생명』(솔, 1998), 195쪽.

천지가 만들어졌다"는 양명의 말을 해석해 볼 때, 이는 인간이 직접적으로 천지만물을 창조했다는 의미가 아니라, 인간이야말로 천지만물의 주체적 자각처로서 우주의 생명 본질을 자각하고 이러한 자각을 토대로 천지만물을 새롭게 열어간다는 의미로 해석할 수 있다.

인간의 마음은 만상萬象의 길을 열어 가는 책임, 즉 세계 개방성과 세계 책임성을 지니고 있으며, 이에 천지를 위하여 마음을 세우고 살아있는 인간들을 위하여 사명감을 세우는 것이 바로 인간의 마음에 달려있기 때문에 인간의 만물에 대한 무한한 자각, 사명감, 성실성이 요구된다고 주장하는 학자도 있다.[35] 이렇듯 인간의 마음은 단지 천지만물의 생명의 전모를 자각적으로 파악하는 단계에 머무는 것이 아니라, 천지만물의 생명 본질에 대한 자각을 바탕으로 주체적·능동적으로 천지만물을 끊임없이 새롭게 창생·양육하는 단계로 나아간다. 따라서 "마음은 지극히 영묘하고 지극히 밝아서 능히 동작하고 아는 것"이라는 양명의 주장은, 인간의 마음이 영명성을 바탕으로 자각적으로 천지만물의 생명의 전모를 파악하고 이에 주체적·능동적으로 천지만물을 창생·양육해나가는 것을 의미한다고 말할 수 있다. 이러한 영명한 마음이 '양지'이며, 인간은 자신의 양지를 토대로 천지만물과 하나의 생명체를 이루어나가는 것이다.

이러한 맥락에서 양명은 인간이 마음의 '영명성', 즉 양지를 통해 천지만물과 하나의 생명체를 이룬다는 것을 다음과 같이 설명하고 있다.

> 사람의 양지는 곧 풀·나무와 기와·돌의 양지이다. 만일 풀·나무와 기와·돌은 사람의 양지가 없다면, 풀·나무와 기와·돌이 될 수 없다. 어찌 풀·나무와 기와·돌만이 그러하겠는가? 천지도 사람의 양지가 없다면, 또한 천지가 될 수 없다. 천지만물과 사람은 본래 한 몸이니, 그 발동하는 감각 기관 중에 제일 정묘한 곳은 바로 사람 마음의 한 점 영명함이다. 바람·비, 이슬·우레, 해·달,

---

35) 최재목, 「양명학과 환경윤리」(『동아시아 문화와 사상』 1호, 1998), 178쪽 참조.

별·성좌, 새·짐승, 풀·나무, 산·시내, 흙·돌은 모두 사람과 본래 한 몸일 뿐이다.[36)]

여기서 인간의 양지는 식물이나 무생물 같은 천지만물의 양지로 규정되고 있다. 물론 이러한 주장은 인간 이외의 존재물들도 양지를 내재하고 있는 것처럼 오인하게 할 수 있다. 그러나 앞에서 살펴본 바와 같이, 천지만물의 중추로서의 인간만이 천지만물의 생명의 전모를 자각할 수 있는 영명성, 즉 양지를 지니고 있다. 따라서 인간의 영명한 마음인 양지를 전제로 해서만 천지만물의 부분으로서의 동·식물 또는 무생물과 같은 여타 존재물들의 생명 존재와 의미가 자각될 수 있다. 자각되어지는 입장에서 바라보면, 이는 천지만물의 한 부분으로서의 자신의 생명 본질이 파악됨과 동시에 생명 가치가 부여되는 것이다. 그러므로 식물이나 무생물 나아가 우주는 인간의 양지가 없으면 생명의 전모가 자각적으로 파악될 수 없을 뿐만 아니라, 생명 가치 또한 부여받지 못한다.

결국 양지는 인간만이 지니는 것이며, 인간은 영명한 양지를 매개로 자신이 속한 천지만물의 생명의 본질을 자각함으로써, 천지만물의 존재물들에게 생명의 본질적 가치를 부여함과 동시에 이를 계기로 천지만물을 새롭게 창출·양육시켜나갈 수 있는 기반을 마련한다. 따라서 인간의 양지는 단지 선험적인 도덕지나 인식지의 범주에 한정되는 것이 아니라,[37)] 전우주적 차원의 '총체적인 우주정신' 또는 '총체적 우주생명력'으

---

36) 『傳習錄』(下), 「黃省曾錄」, 274조목, "人的良知, 就是草木瓦石的良知. 若草木瓦石無人的良知, 不可以爲草木瓦石矣. 豈惟草木瓦石爲然? 天地無人的良知, 亦不可爲天地矣. 蓋天地萬物與人原是一體, 其發竅之最精處, 是人心一點靈明. 風雨露雷日月星辰禽獸草木山川土石, 與人原只一體."

37) 기존의 양지에 대한 규정을 살펴보면, '양지'를 선험적인 도덕지 내지는 주관적 인식지로 국한시켜 보는 경향이 강하다. 물론 이러한 경향성은 양명의 말 안에서도 충분히 그 근거를 찾을 수 있으며, 또한 바라보는 입장에 따라 양지를 이와 같이 정의할 수도 있다. 그러나 양지에 대한 이러한 정의는 양명학 자체를 도덕적 형이상

로 확대할 수 있다.

2. 양지의 생명 창출성

천지만물의 생명 본질은 역동성과 항동성을 바탕으로 끊임없이 만물을 창생·양육하는 '자기-조직성'에 있기 때문에, 양명은 이러한 끊임없는 자기-조직화 과정에 있어 한 순간이라도 중단이 있다면 이는 곧 '죽음'을 의미한다고 단언한다.[38] 따라서 천지만물과의 감응 주체로서의 인간의 양지 또한 중단 없는 '역동성'을 토대로 천지만물의 변화를 감지하고 이에 대응할 수 있어야 한다. 이에 양명은 "천지 사이에 활발발活潑潑한 것은 이 리理 아닌 것이 없으니, 곧 나의 양지가 유행하여 쉬지 않는 것이다"[39]라고 하여, 인간의 양지에 끊임없는 '역동성'을 부여하고 있다.

다만 역동적 양지의 발용과 유행은 무작위적으로 이루어지는 것이 아니라 천지만물의 변화에 순응하면서 작용하는 것임을 양명은 다음과 같이 밝히고 있다.

> 양지는 원래 낮을 알고 밤을 아는 것이다. … 『주역』에서 '날이 저물면 들어가서 편히 쉰다'고 했는데, 이 역시 조화의 항상된 이치이다. 밤이 오면 천지가 어둑하여 형체와 색깔이 모두 없어지며, 사람도 보고 듣는 것이 없어서 여러 감각 기관이 모두 닫히게 된다. 이것이 곧 양지가 거두어들여져서 하나로 집중되는 때이다. 천지가 열리면 만물이 드러나고 사람도 보고 듣는

학 내지는 주관유심주의로 국한시켜 평가하도록 하는 문제점을 지닌다고 할 수 있다. 따라서 필자는 양명의 양지에 대한 언급들에 대한 분석을 바탕으로, 양지는 오히려 도덕지나 인식지의 층차를 포함하면서도 이를 넘어서는 '총체적인 우주정신' 또는 '총체적 우주생명력'이라고 규정하고자 한다.

38) 『傳習錄(下)』, 「陳九川錄」, 202조목, "此是天機不息處, 所謂維天之命, 於穆不已, 一息便是死."

39) 『傳習錄』(下), 「黃修易錄」, 330조목, "天地間活潑潑地無非此理, 便是吾良知的流行不息."

> 것이 있어서 여러 감각 기관이 모두 열리게 된다. 이것이 곧 양지의 오묘한 작용이 발생하는 때이다. 여기서 사람의 마음과 천지가 한 몸임을 알 수 있다. 그러므로 『맹자』는 '위아래가 천지와 더불어 함께 흐른다'고 하였다. … 낮을 아는 것이 곧 밤을 아는 것이다. 낮에는 양지가 순응하여 막히지 않으며, 밤에는 양지가 거두어들여져서 하나로 응취된다.[40]

낮과 밤에 관련하여 비유한다면, 낮에는 모든 존재물들이 발용・유행하는 것과 같이 양지 또한 모든 기관을 활용하여 발용・유행하고, 밤에는 모든 존재물이 적막 속에 들어가듯 양지 또한 발용・유행을 중단하고 거두어들여져서 하나로 집중된다. 따라서 양지는 무작위적으로 작용하는 것이 아니라 천지만물의 변화에 따라 작용함으로써 인간의 마음과 천지가 한 몸일 수 있도록 하는 역할을 담당한다는 것이다.

이러한 양지의 천지만물의 변화에 대한 '순응성'은 인위적인 고정된 틀에 종속되지 않는 인간의 '주체성'과 '창출성'의 토대가 된다. 이에 양명은 다음과 같이 말한다.

> 양지는 곧 역易이니, 그 도道 됨은 변화하고 움직여서 일정한 데 머물러 있지 않고, 천지사방을 두루 돌아다니어 위에 있는지 아래 있는지 일정하지 않으며, 강함과 부드러움이 서로 바뀌어 일정한 표준을 정할 수 없다. 오직 변화에 따라갈 뿐이다.[41]

> 성誠은 실재적인 리理이며, 다만 하나의 양지일 뿐이다. 실제적인 리의 영묘한 작용과 활동은 곧 신神이며, 그 싹이 움직이는 것이 곧 기幾이니, 성과

40) 『傳習錄』(下), 「黃省曾錄」, 267조목, "良知原是知晝知夜的. … 向晦宴息, 此亦造化常理. 夜來天地混沌, 形色俱泯, 人亦耳目無所睹聞, 衆竅俱翕, 此卽良知收斂凝一時, 天地旣開, 庶物露生, 人亦耳目有所睹聞, 衆竅俱闢, 此卽良知妙用發生時. 可見人心與天地一體, 故上下與天地同流. … 知晝卽知夜矣. 日間良知是順應無滯的, 夜間良知卽是收斂凝一的."

41) 『傳習錄(下)』, 「黃以方錄」, 340조목, "良知卽是易, 其爲道也屢遷, 變動不居, 周流六虛, 上下無常, 剛柔相易, 不可爲典要, 惟變所適."

신과 기를 성인이라고 한다. 성인은 미리 아는 것을 귀하게 여기지 않는다. 화와 복이 닥치는 것은 비록 성인이라도 면할 수 없다. 성인은 다만 그 기미를 알아서 변화를 당하더라도 소통할 수 있을 뿐이다. 양지는 과거나 미래가 없고 다만 현재의 기미만을 알아서 한 가지를 알면 백 가지를 알게 된다.[42)]

양지는 고정된 법칙이나 표준화된 격식에 얽매이지 않는 '역易', 즉 변화의 속성을 지닌다. 또한 양지는 이전의 지식과 판단에 얽매이는 것이 아니라 자신 앞에 전개되는 상황의 기미를 알아서 변화된 상황에 대처해 나간다고 말할 수 있다. 양지의 감응 대상인 천지만물 자체가 끊임없이 변화하기 때문에 감응 주체인 양지 또한 천지만물의 변화에 따라 끊임없이 변화하면서 생명의 온전성에 대한 시비의 준칙을 새롭게 설정함과 아울러 시비판단을 새롭게 할 수밖에 없는 것이다. 따라서 양지의 역동성은 곧 시비 준칙을 새롭게 창출하는 양지의 '창출성創出性'의 바탕이 된다.

시미즈 히로시에 의하면 생명 시스템의 본질 가운데 하나는 '자기언급적 창출성', 즉 생명의 본질이 정보를 만들어내는 데 있다고 한다. 생명 시스템은 시시각각으로 정보를 만들어내지 않으면 살아갈 수 없다. 시시각각의 창출(origination)이 생명의 존재 조건이다. 생명 시스템이 살아가기 위해서는 환경 속에서 처음으로 경험하는 미지의 변화에 적절히 대응해 갈 필요가 있다. 환경에 변화가 일어난 경우 그 대응이 적절하면 생명 시스템은 살아남을 수 있다. 환경은 시시각각으로 변화해 가기 때문에 미리 준비한 정보만으로 새로운 변화에 대응할 수는 없다. 그래서 창출성은 생명 시스템의 중요한 성질이라고 정의된다.[43)]

'양지' 또한 단순히 주어진 체계 속에서 수동적으로 이끌려 가거나 고

---

42) 『傳習錄(下)』, 「黃省曾錄」, 281조목, "誠是實理, 只是一箇良知. 實理之妙用流行就是神. 其萌動處就是幾, 誠神幾曰聖人. 聖人不貴前知. 禍福之來, 雖聖人有所不免. 聖人只是知幾, 遇變而通耳. 良知無前後. 只知得見在的幾, 便是一了百了."

43) 시미즈 히로시, 『생명과 장소』(임승원 역, 전파과학사, 1994), 27쪽 참조.

정된 격식과 원칙에 얽매여 있는 것이 아니라, 우주의 변화하는 생명 현상 아래 천지만물과의 감응을 통해 스스로 끊임없이 판단 준거를 새롭게 창출함은 물론, 이를 바탕으로 변화된 상황에 가장 타당한 판단을 내린다고 하는 측면에서 이를 양지의 '창출성'이라 이름할 수 있다.

양지가 창출성을 지녀야 하는 근본적인 이유는 또한 양명의 다음과 같은 비유 속에서 찾아볼 수 있다.

> 의義는 곧 양지니, 양지가 두뇌라는 것을 알면 바야흐로 집착이 없게 된다. 또한 예를 들어 사람이 보내준 선물을 받는 경우 또한 오늘은 마땅히 받아도 되나 다른 날에는 마땅히 받아서는 안 되는 경우가 있으며, 또한 오늘은 마땅히 받아서는 안 되나 다른 날에는 마땅히 받아도 되는 경우가 있다. 네가 만일 오늘 마땅히 받아도 되는 것에 집착하여 일체를 받으며 오늘 마땅히 받아서는 안 되는 것에 집착하여 일체를 받지 않는다면, 이는 곧 어느 한쪽에만 마음을 전적으로 기울이는 것으로 양지의 본체가 아니니, 어떻게 의義라고 부를 수 있겠는가?[44]

일반적으로 사람들은 고정된 격식과 표준화된 법칙의 틀 안에 갇혀 살아간다. 그래서 일정한 기준과 경험에 근거하여 이러이러한 상황에서는 선물을 꼭 받아야 한다고 하거나 또는 반대로 선물을 받아서는 안 된다고 단정하고 이에 준하는 행동만을 고집한다. 이는 다름 아닌 '집착'으로서 인간은 이러한 집착으로 인해 항상 새롭게 전개되는 상황을 있는 그대로 감지하지 못할 뿐만 아니라 새로운 상황에 부합되는 행동을 하지 못하게 되는 것이다. 이는 오히려 역동적인 양지의 창출성을 질곡시키는 결과를 초래하게 된다.

---

44) 『傳習錄(下)』, 「黃省曾錄」, 248조목, "義卽是良知, 曉得良知是個頭腦, 方無執着. 且如受人餽送, 也有今日當受的, 他日不當受的; 也有今日不當受的, 他日當受的. 你若執着了今日當受的, 便一切受去, 執着了今日不當受的, 便一切不受去, 便是適莫, 便不是良知的本體, 如何喚得做義?"

우주가 결정론적인 인과법칙에 따라 순환 반복하는 물리적 기계가 아니라 하나의 유기적인 생명체라고 할 때, 완전히 동일한 사건은 반복해서 발생하지 않는다. 모든 사건과 현상은 복합적인 전체성의 유기적 관계망 안에서 발생하고 또한 수많은 요소들이 끊임없이 개입되기 때문에 시간의 흐름 속에서 발생하는 사건들은 어느 것도 동일할 수 없는 것이다. 그럼에도 불구하고 인간은 그 사건과 현상 속에서 보여지는 보편적인 특성과 요소들을 가지고 이를 이론화하고 법칙화하여, 이후에 발생한 사건을 미리 설정된 보편적 법칙과 이론에 맞추어 재단함으로써 오히려 천지만물의 생명을 질곡시키는 폐단을 야기한다.

역동적 양지의 '창출성'은 인간 스스로 끊임없이 변화하는 천지만물과의 감응을 통해 새롭게 발생하는 상황에 부합되는 시비판단의 준거를 항상 새롭게 설정하고 이에 대응할 수 있게 해줌으로써 기존의 보편성이나 고정 관념의 질곡으로부터 인간을 해방시켜줌은 물론 천지만물의 창생·양육 과정에 주체적·긍정적으로 참여할 수 있는 계기를 마련한다.

양지의 창출성은 판단 준거를 새롭게 설정하는 단계에 머무는 것이 아니라 보다 적극적으로 생명을 새롭게 창출시켜나가는 것으로 정의된다. 양명은 먼저 "양지란 하늘이 심어준 영특한 뿌리로서 스스로 낳고 낳아 쉬지 않는다"[45]고 하여, 하늘을 양지의 근원처로 보면서 양지에 생명의 창생·양육의 창출성을 부여하고 있다. 이러한 양지의 생명 창출성은 양지를 '조화造化의 정령精靈'으로 규정하는 양명의 다음과 같은 주장에서 더욱 뚜렷하게 나타난다.

> 양지는 조화造化의 정령精靈(빼어나고 영묘한 우주의 魂)이다. 이 정령은 하늘을 낳고 땅을 낳으며, 귀신을 만들고 제帝를 만드니, 모든 것이 이로부터 나온다. 진실로 만물과 대립되지 않는다.[46]

---

45) 『傳習錄(下)』, 「黃修易錄」, 244조목, "良知卽是天植靈根, 自生生不息."

여기서 양지는 '조화', 즉 생명의 창생과 양육의 정령으로서 천지와 귀신을 생성한다고 말하는데, 이때 '천지를 생성한다'는 표현은 물론 창조주가 우주를 일순간 창조했다는 식의 창조론은 아니다. 이는 우주자연의 자기-조직화 과정에서 살펴보아야 한다. 우주의 생명 현상은 부단한 자기 전개를 통한 '되어감의 과정'이라 말할 수 있으며,[47] 인간의 양지는 이런 되어감의 과정 안에서 자신의 판단과 행동을 통해 천지만물의 끊임없는 창생·양육 과정에 주체적으로 참여해나가야 한다. 이는 양지의 독단적인 판단이나 행위를 통해 가능한 것이 아니라, 천지만물과의 끊임없는 감응을 통해 이루어진다. 즉 항상 새롭게 펼쳐지는 천지만물의 창생·양육 과정에 언제나 새롭게 감응하고 주체적으로 참여함으로써 천지만물이 건강하고 온전하게 창생·양육될 수 있도록 돕는 것이다. 그러나 인간은 천지만물과 주·객으로 이원화되어 있는 것이 아니라 총체적인 천지만물의 중추적 존재이기 때문에, 이러한 주체적 참여를 통해 전개되는 천지만물의 창생·양육 과정으로서의 자기-조직화 과정은 사실상 인간 자신의 생명의 창출·전개 과정이라고도 말할 수 있다.

이러한 바탕 위에 양명은 보다 적극적으로 "무릇 도道가 있는 선비만이 진실로 양지의 밝고 영명한 깨달음의 능력이 원만하여 막힘이 없고 환히 깨달아서 확연히 태허太虛와 더불어 동체同體임을 알 수 있다. 태허 가운데 무슨 물物이 있지 않겠는가? 일물一物이라도 태허의 장애가 될 수 없다"[48]고 하여, 인간의 양지를 천지만물을 생성하고 구성하는 시스템으로

---

46) 『傳習錄(下)』, 「黃省曾錄」, 261조목, "良知是造化的精靈. 這些精靈, 生天生地, 成鬼成帝, 皆從此出, 眞是與物無對."

47) 에리히 얀치는 『자기 조직하는 우주』(범양사, 1991)에서 현대 물리학과 생물학에 기반을 두고 우주를 스스로 자기 조직해 가는 과정, 즉 진화와 창조의 과정으로 상세히 설명해 가고 있다.

48) 『全集』, 권6, 「答南元善」, 211쪽, "夫惟有道之士, 眞有以見其良知之昭明靈覺, 圓融

서의 '태허'와 동일한 것이라 주장하면서, 양지의 천지만물 '창출성'을 다음과 같이 설명하고 있다.

> 양지의 허虛란 하늘의 태허太虛이고, 양지의 무無란 태허의 무형無形이다. 해·달·바람·우레·산·냇물·백성·만물 같은 모양과 형색을 지니고 있는 것들은 모두가 태허의 무형 속에서 발용하고 유행하지만 일찍이 하늘의 장애가 되지 않았다. 성인은 다만 그 양지의 발용을 따르므로 천지만물은 모두 내 양지의 발용과 유행하는 가운데 있는 것이니, 어찌 일찍이 또한 한 가지 물物이라도 양지 바깥에 초연히 있으면서 장애가 되는 일이 있겠는가?[49]

구체적으로 형상화되지 않은 공허한 태허로부터 모든 만물이 형상화되고 유행한다는 것은 우주 자체가 끊임없이 자기－창출의 과정을 거쳐 스스로 자기－조직하는 과정에 놓여 있음을 의미한다. 우주가 태허로부터 모든 만물을 창출하는 자기－조직화 과정에서 인간은 방관자가 아닌 주체적인 창출자이다. 즉 천지만물의 중추적 존재로서의 인간은 양지의 영명성을 바탕으로 천지만물의 생명의 전모를 자각적으로 판단하고 천지만물과의 유기적 그물망 안에서 자신의 역동성과 창출성을 통해 천지만물의 자기－조직화 과정을 주체적으로 이끌어갈 수 있는 것이다. 따라서 양명은 "양지의 발용에 순응하면 천지만물은 모두 나의 양지가 발용 · 유행하는 가운데 있게 되므로 어떠한 존재물도 양지로부터 벗어나지 않는다"고 결론을 맺고 있는 것이다.

비록 천지만물이 인간과 무관하게 스스로 생성되고 스스로 존재하는 것처럼 보일지라도, 천지만물 자체를 하나의 유기적인 생명체로 그리고

洞澈, 廓然與太虛而同體. 太虛之中, 何物不有? 而無一物能爲太虛之障礙."

49) 『傳習錄』(下), 「黃省曾錄」, 269조목, "良知之虛, 便是天之太虛; 良知之無, 便是太虛之無形. 日月風雷山川民物, 凡有貌象形色, 皆在太虛無形中發用流行, 未嘗作得天的障礙. 聖人只是順其良知之發用, 天地萬物, 俱在我良知的發用流行中, 何嘗又有一物超於良知之外, 能作得障礙?"

인간을 천지만물의 중추적 존재로 규정할 경우, 천지만물과 인간 사이에는 '유기적인 생명의 관계망'이 연결되어 있다고 볼 수 있다. 여기서 우주는 하나의 생명의 그물망이 되고, 만물은 그물망을 구성하는 하나하나의 그물코가 된다. 하나의 그물망 안에 있어서의 각각의 그물코의 진동은 강도의 차이가 있기는 하지만 다른 모든 그물코에 영향을 주어 진동하도록 한다. 그러므로 하나의 그물코로서의 인간의 행동 또한 우주라는 거대한 그물망 안에 존재하는 모든 존재물들에게 영향을 주게 된다. 이러한 영향은 우주의 존재물들에게 변화를 초래하고, 이러한 변화를 통해 우주는 때론 거대하게 때론 미세하게 새롭게 창출되어나간다. 더욱이 인간이 천지만물의 생명의 전모를 자각할 수 있는 천지만물의 중추적 위상을 지닌다고 할 때, 천지만물의 끊임없는 창출 과정에 있어 인간의 역할과 사명은 매우 중요하다고 말할 수 있다. 여기서 천지만물의 생명의 온전성을 자각하고 천지만물을 주체적으로 창출시켜나갈 수 있는 인간 양지의 중대한 의미와 역할을 발견할 수 있다.

제3절 양지의 유기적 생명성

양지는 천지만물의 생명 본질에 근거한 인간의 생명 본질로서, 천지만물과의 '감응력'과 생명의 '창출성'을 지닌 인간의 유기적인 생명성이자 생명력이다. 인간은 이러한 양지의 감응력과 창출성을 바탕으로 천지만물의 자기－조직화 과정 즉, 천지의 만물 창생·양육 과정을 주체적·능동적으로 이끌어가는 적극적인 역할을 담당할 수 있다. 본 절에서는 이러한 인간의 유기적 생명성으로서의 양지와 관련된 『전습록』의 내용을 중심으로 '시비준칙과 시비판단력', '영명한 자각성', '항동성', '수시변역성' 등 양지의 다양한 함의와 속성들에 대해 보다 체계적으로 살펴보고자 한다.

1. 생명의 온전성에 대한 시비준칙

먼저 '양지'는 '자가준칙自家準則', '시비지심是非之心', '커다란 표준'(大規矩), '규구規矩 · 척도尺度', '도道', '밝은 스승'(明師), '시금석試金石', '지남침指南針' 등으로 다양하게 정의된다. 이러한 용어들은 시비와 선악 및 진위의 '판단 준거' 및 방향을 지시하는 '지향성'의 의미를 내포한다. 따라서 양지는 먼저 '시비준칙' 및 '시비판단력'과 밀접한 관련성이 있다는 사실을 유추해 볼 수 있다.

양명은 양지가 시비와 진위의 판단과 관련이 있다고 다음과 같이 말한다.

> 그대가 갖고 있는 한 점의 양지는 그대 자신의 준칙이다. 그대의 의념이 붙어있는 곳에서 그것은 옳은 것을 옳은 것으로 알고 그른 것을 그른 것으로 아니, 다시 조금이라도 속일 수 없다.[50]

> 이 사소한 것(양지)을 투철하게 이해한다면 아무리 그가 천만 마디의 말을 하더라도 (그 말의) 옳고 그름(是非)과 진실하고 거짓됨(眞僞)은 그 앞에 이르기만 하면 곧 분명해진다. (양지에) 부합하는 것은 곧 옳은 것이고, 부합하지 않는 것은 곧 그른 것이다. 마치 불가에서 말하는 심인心印[51]과 비슷하

---

50) 『傳習錄』(下), 「陳九川錄」, 206조목, "爾那一點良知, 是爾自家底準則. 爾意念着處, 他是便知是, 非便知非, 更瞞他一些不得."

51) 『續藏經』, 권5, 66下, "達磨西來, 不立文字, 單傳心印."(달마대사가 서쪽에서 와서 문자를 세우지 않고 오직 마음으로 인증하는 것을 전한다.) '心'은 佛心이고, '印'은 인가 또는 인정의 뜻, 선종에서 문자나 언어에 따르지 않고 오직 마음으로 인증하

니, 참으로 하나의 시금석試金石(금의 품질을 시험하는 돌로서, 가치나 역량을 알아보는 기회나 사물을 의미)이자 지남침指南針이다.[52]

양지는 인간 자신의 내면으로부터 발동하는 의념과 타인의 언설에 대한 시비와 진위를 판단하는 '준칙'으로 정의된다. 양지는 일단 인간 마음에 내재화되어 있는 '시비판단의 준칙'이라고 말할 수 있다. 따라서 시비와 진위를 판단하는 준거는 마음 밖에 있지 않다고 말할 수 있다. 그러나 양지는 단지 시비를 판단하기 위한 준칙이라는 단계에 머물지 않는다. 양지는 인간 자신의 의념과 타자의 말에 대한 옳고 그름과 진실하고 거짓됨을 판단하는 '판단력'까지 포함한다. 따라서 양지는 '시비준칙'과 '시비판단력'이라는 두 측면을 하나로 통합한다.

시비준칙과 시비판단력이 양지 하나로 통합된다고 하는 것은 다음과 같은 두 가지 측면의 중요한 의미를 지닌다.

첫째, 시비준칙의 내재화로 인한 '주체성'과 '창출성'이다. 양지는 마음의 본체로 정의된다.[53] 따라서 양지가 시비준칙이라 함은 곧 시비판단의 준칙이 인간의 마음에 내재화되어 있다는 것을 의미한다. 이는 곧 인간의 주체성과 창출성의 계기가 된다. 시비준칙을 마음 밖에서 찾을 경우 인간은 주체성을 상실하고 외재적인 규범·준칙에 종속되어 이에 수동적·타율적으로 이끌려가게 된다. 그러나 시비준칙을 마음에 내재화시킴으로써 인간은 주체적·자율적·능동적으로 시비판단 작용을 진행할 수 있게 된다. 또한 시비준칙을 외재적인 일정한 격식에 따라 고정시켜 적용시키는 것이 아니라 상황에 따라 자신의 내면으로부터 새롭게 창출할 수 있다.[54]

고 마음을 준칙으로 삼기 때문에 이런 말이 나옴.

52) 『傳習錄』(下), 「陳九川錄」, 208조목, "這些子看得透徹, 隨他千言萬語, 是非誠僞, 到前便明. 合得的便是, 合不得的便非. 如佛家說心印相似, 眞是個試金石指南針."

53) 『傳習錄』(中), 「答陸原靜書」, 152조목, "良知者心之本體."

둘째, 시비준칙과 시비판단력이 양지 하나로 통합됨으로써 시비판단의 진행과정에 있어 판단준칙과 판단작용 사이에 발생할 수 있는 상호모순 또는 갈등의 요소가 사전에 제거된다. 또한 판단준칙이 판단작용으로 이행되지 못하고 단지 관념상의 준거로 끝나버릴 수 있는 계기가 차단된다.[55]

양지가 인간 마음에 내재화된 시비판단의 준칙이자 판단력의 통합체라 하여 천지만물과 무관한 주관적 속성을 지니는 것은 아니다. 양명은 황성증黃省曾과의 다음과 같은 문답에서 양지가 천지만물의 본질적 속성에 기인하는 것임을 밝히고 있다.

> 선생께서 말씀하셨다: (『중용』에서) '하늘이 명령한 것을 본성이라 한다'고 했으니, 천명이 바로 본성이다. '본성을 따르는 것을 도라고 한다'고 했으니, 본성이 바로 도이다. '도를 닦는 것을 가르침이라 한다'고 했으니, 도가 바로 가르침이다.
> (황성증이) 물었다: 어떻게 도가 곧 가르침입니까?
> 선생께서 말씀하셨다: 도道는 바로 양지이다. 양지는 원래 완전하여 옳은 것은 그것이 옳다고 하는 데 근거하고, 그른 것은 그것이 그르다고 하는 데 근거한다. 옳고 그름이 양지에 의거하기만 한다면 더 이상 옳지 않은 곳이 없을 것이다. 이 양지가 여전히 그대의 밝은 스승이다.[56]

인간의 생명 본질(性)은 천지만물의 생명 본질에 근원(天命)하고, 인간이 자신의 선천적인 생명 본질에 따라 살아가는 것이 바로 '도道'이다. 이러한 도가 바로 '양지'라는 것이다. 따라서 양지는 주관적으로 존재하는 것

54) 이에 대한 구체적 내용은 본서 5장 3절 4. '수시변역하는 양지'에서 다룬다.

55) 이에 대한 구체적 내용은 6장 「양지의 일원적 체계와 생명 창출」에서 다룬다.

56) 『傳習錄』(下), 「黃省曾錄」, 265조목, "先生曰: 天命之謂性, 命卽是性. 率性之謂道, 性卽是道. 修道之謂教, 道卽是教. 問: 如何道卽是教? 曰: 道卽是良知. 良知完完全全, 是的還他是, 非的還他非, 是非只依著他, 更無有不是處. 這良知還是你的明師."

이 아니라 천지만물의 생명 본질에 근원하여 시비를 판단하는 준칙으로 존재하며 시비를 판단하는 판단력으로 작용한다고 말할 수 있다.

본래 맹자는 "사람들이 배우지 않고도 능한 것은 양능良能이요, 생각하지 않고도 아는 것은 양지良知이다"고 하여, '양지'와 '양능'을 구분하여 말하였다. '양지'는 어린아이가 어버이를 사랑할 줄 알고 장성하여 어른을 공경할 줄 아는 '선험적인 도덕적 자각'을 의미한다면, '양능'은 어버이를 사랑하고 어른을 공경하는 '선험적인 도덕적 실천 능력'을 의미한다. 그리고 이러한 양지와 양능은 모든 사람이 선천적으로 내재하고 있다고 본다.[57]

양명은 이러한 맹자의 양지와 양능을 양지 하나로 통합하여 다음과 같이 말한다.

> 양지는 맹자의 이른바 "시비지심是非之心은 사람마다 모두 지니고 있다"[58]는 것이다. 시비지심은 생각하지 않고 알고 배우지 않더라도 능한 것이다. 이런 까닭에 양지라고 하는 것이다. 이는 곧 하늘이 부여한 본성으로서 내 마음의 본체이니 자연히 영명하고 밝고 어둡지 않은 것이다.[59]

양명은 맹자에게 있어 후천적인 이성적 사고 작용을 통하지 않고도 알 수 있는 선천적 자각 능력으로서의 '양지良知'와 후천적으로 학습하지 않고도 실천할 수 있는 선천적인 능동적 실천 능력으로서의 '양능良能'을 '양지' 하나로 통합한다. 양지는 시비선악을 판단할 수 있는 능력만이 아니

57) 『孟子』, 「盡心篇」(上), 15장, "人之所不學而能者, 其良能也, 所不慮而知者, 其良知也. 孩提之童, 無不知愛其親也. 及其長也, 無不知敬其兄也. 親親仁也. 敬長義也. 無他, 達之天下也."

58) 『孟子』, 「告子篇」(上), 6장, "是非之心, 人皆有之."

59) 『全集』, 권26, 「大學問」, 971쪽, "良知者, 孟子所謂是非之心, 人皆有之者也. 是非之心, 不待慮而知, 不待學而能, 是故謂之良知. 是乃天命之性, 吾心之本體, 自然靈昭明覺者也."

라 그 판단을 실천으로 이행할 수 있는 실천 능력까지 선천적으로 함께 구비하고 있다는 것이다. 따라서 양지는 단지 시비준칙 나아가 시비선악에 대한 판단 능력에만 국한되는 것이 아니라, 자신의 자각적 판단에 따라 실천으로 이행할 수 있는 '능동적 실천력'까지 통합하는 인간 마음의 선험적인 유기적 생명성이라고 말할 수 있다. 양명은 시비준칙과 시비선악에 대한 판단 능력 그리고 실천 능력을 양지 하나로 통합함으로써 '앎'과 '실천'이 단절될 수 있는 계기를 미리 차단하고, 앎과 실천이 합일될 수 있는 계기를 마음의 본질적 속성에 부여한다.

양지가 시비준칙과 시비판단 능력 그리고 실천력의 통합체라고 할 때, '시비是非'의 구체적 대상과 내용이 무엇인가를 밝히는 일은 양지의 본질을 밝히는 데 있어 중요한 관건이 된다. 먼저 양명의 다음과 같은 주장에서 시비의 의미를 유추해 볼 수 있다.

> 대저 사람은 천지의 마음이다. 천지만물은 본래 나와 한 몸이므로, 살아있는 존재물들(生民)의 고통은 무엇인들 내 몸에 절실한 아픔이 아니겠는가? 내 몸의 아픔을 알지 못하는 것은 시비지심是非之心이 없는 자이다. 시비지심은 생각하지 않더라도 알고 배우지 않더라도 능한 것이니, 이른바 양지이다.[60)]

'시비지심'은 모든 존재물들이 유기적·상보적 관계망으로 이루어진 총체적 유기체인 천지만물의 의식 중추인 인간의 마음이다. 이는 인간 자신을 천지만물과 하나의 유기적인 생명체로 연결시켜주는 본질적 마음이다. 인간은 이러한 시비지심을 통해 천지만물과 감응하면서 이들의 생명이 손상되는 상황에 직면하게 되었을 때 이를 자신의 고통과 아픔으

60) 『傳習錄』(中), 「答聶文蔚」, 179조목, "夫人者, 天地之心. 天地萬物, 本吾一體者也, 生民之困苦荼毒, 孰非疾痛之切於吾身者乎? 不知吾身之疾痛, 無是非之心者也. 是非之心, 不慮而知, 不學而能, 所謂良知也."

로 느끼게 된다. 이러한 시비지심을 양명은 양지로 규정하고 있는 것이다.[61] 따라서 '시비是非'는 총체적 천지만물의 부분들의 생명의 온전성에 대한 시비이며, 양지의 시비준칙과 시비판단 또한 이에 대한 시비준칙이자 시비판단이라 말할 수 있다. 천지만물의 생명이 온전하게 유지되는 상황과 이를 온전하게 유지시켜주는 인간의 의념 및 행위 모두는 '시是', '선善', '진眞'이 된다. 반면 이들의 생명이 파괴・상실되는 상황과 이들의 생명을 손상시키는 인간의 의념 및 행위는 '비非', '악惡', '위僞'로서, 인간의 마음은 이에 대해 아픔을 느끼는 통각 작용을 수반한다. 따라서 시비지심으로서의 양지는 천지만물의 생명의 온전성을 자각적으로 판단하고 이들의 생명 손상에 대해 아픔을 느끼는 인간 마음의 유기적 생명성인 것이다.

양명은 또한 양지의 '의지' 및 '실천 행위'와의 관련성을 다음과 같이 밝히고 있다.

> 마음은 몸의 주재이며, 마음의 허령명각虛靈明覺이 이른바 본연의 양지良知이다. 허령명각의 양지가 감응하여 움직이는 것을 의지(意)라고 한다. 양지(知)가 있은 뒤에 의지가 있고, 양지가 없으면 의지가 없느니, 양지는 의지의 본체가 아니겠는가? 의지가 작용하는 곳에는 반드시 그 물物이 있으니, 물이 곧 사事이다. 만일 의지가 어버이를 섬기는 데 작용하면 어버이 섬기는 것이 하나의 물이 된다. … 무릇 의지가 작용하는 곳에는 물이 없을 수 없다. 이 의지가 있으면 곧 이 물이 있고, 이 의지가 없으면 곧 이 물이 없으니, 물은 의지 작용이 아니겠는가?[62]

---

61) 『傳習錄』(下), 「黃省曾錄」, 288조목, "良知只是箇是非之心." 『全集』, 권26, 「大學問」, 968쪽, "良知者, 孟子所謂是非之心, 人皆有之者也." 『全集』, 권5, 「與陸原靜(二)」, 189쪽, "孟子云: 是非之心, 知也. 是非之心, 人皆有之, 卽所謂良知也." 『全集』, 권8, 「守朱守乾卷」, 279쪽, "夫良知者, 卽所謂是非之心, 人皆有之, 不待學而有, 不待慮而得者也."

62) 『傳習錄』(中), 「答顧東橋書」, 137조목, "心者身之主也, 而心之虛靈明覺, 卽所謂本然之良知也. 其虛靈明覺之良知應感而動者謂之意. 有知而後有意, 無知則無意矣.

선천적인 영명한 자각성과 실천 능력의 통합체로서의 양지는 천지만물과의 감응 과정에서 시비를 판단하고 '실천 방향성'을 제시하며 '실천 의지' 발현을 통해 '실천 행위'를 창출하는 일련의 과정으로 나타난다는 것이다. 인간은 선천적 자각성과 능동적 실천력의 통합체로서의 양지를 통해 천지만물과의 감응 과정에서 그들의 생명 파괴의 고통을 나 자신의 아픔으로 느낄 수 있고, 이 아픔을 계기로 자신의 실천 방향성을 설정함과 아울러 실제적 실천으로 이행함으로써 천지만물의 창생·양육 과정에 주체적·능동적으로 참여할 수 있는 계기를 마련한다.

"양지가 곧 시비지심"이라고 주장하는 양명은 시비是非를 호오好惡와 연계시켜 "옳고 그름을 분별하는 것은 옳음을 좋아하고 그름을 싫어하는 것이다. 단지 옳음을 좋아하고 그름을 싫어하기만 한다면 곧 옳고 그름의 분별을 다하게 된다. 단지 옳고 그름을 분별하기만 한다면 곧 온갖 일의 모든 변화를 다하게 된다"고 말하고, 또한 "시비是非 두 글자가 하나의 커다란 표준(大規矩)이다. 그것을 능숙하게 사용하는 것은 그 사람에게 달려있다"[63]고 한다. 여기에서 '시비=호오=대규구'라는 도식이 성립한다. 옳음을 좋아하고 그름을 싫어하는 정감은 옳고 그름을 분별하는 시비를 표현하는 방식이며, 옳고 그름을 분별하는 '시비'는 인간이 만사만물에 감응함에 있어 가장 중요한 척도가 된다는 것이다. 그렇다면 여기서 말하는 '호오'는 단지 본능적 단계의 좋아하고 싫어하는 감각 작용 또는 인간의 인위적인 필요 가치에 따라 좋아하고 싫어하는 의식 작용을 의미하는 것일까?

知非意之體乎? 意之所用, 必有其物, 物卽事也. 如意用於事親, 卽事親爲一物, … 凡意之所用, 無有無物者, 有是意卽有是物, 無是意卽無是物矣. 物非意之用乎?"

63) 『傳習錄』(下), 「黃省曾錄」, 288조목, "良知只是箇是非之心, 是非只是箇好惡. 只好惡就盡了是非. 只是非就盡了萬事萬變. 又曰: 是非兩字, 是箇大規矩, 巧處則存乎其人."

꽃밭의 풀을 뽑으면서 "세상에서 어찌하여 선善은 배양하기 어렵고, 악惡을 제거하기 어렵습니까?"라고 묻는 제자 설간薛侃에 대한 다음과 같은 양명의 답변에서 그 해답의 실마리를 찾을 수 있다.

> 천지의 생명 의지(生意)는 꽃이나 풀이나 한 가지이다. 어찌 선악의 구분이 있겠는가? 그대가 꽃을 감상하려고 하기 때문에 꽃을 좋은(善) 것으로 여기고 풀을 나쁜(惡) 것으로 여긴다. 만약 풀을 쓰려고 한다면 다시 풀을 좋은 것으로 여기게 된다. 그러한 선악은 모두 네 마음이 좋아하고 싫어하는 것에서 생겨난 것이다. 그러므로 잘못되었음을 알 수 있다.[64]

여기서 양명은 인간이 자신의 필요에 따라 자연 존재물들의 생명 의지를 무시하고 인위적으로 선하다 악하다라는 가치를 부여하면서 이들을 의식적으로 좋아하고 싫어하는 것을 문제삼고 있다. 물론 의식적으로 좋아하고 싫어하는 것 또한 마음의 작용이라고 할 수 있으나, 여기서의 마음은 인간의 순수한 본심을 의미하지 않는다. 양명학에 있어 순수한 본심은 이기적인 개체 욕망이 완전히 제거된 순수한 마음으로서 마음의 본질인 성性과 일체를 이루고 있기 때문에, 이때 마음과 모든 사물은 서로 대립하여 존재하지 않으므로 선악의 문제가 대두되지 않는다고 평가된다.[65] 지선至善을 마음의 본체로 규정하는 양명은 무선무악無善無惡, 즉 인간의 인위적인 가치 평가를 뛰어넘는 절대적 선의 경지를 지선으로 규정하고 있는 바,[66] 자신의 필요에 따라 인위적으로 자연 존재물에 선악의

---

64) 『傳習錄』(上), 「薛侃錄」, 101조목, "侃去花間草, 因曰: 天地間, 何善難培, 惡難去? … 曰: 天地生意, 花草一般. 何曾有善惡之分? 子欲觀花, 則以花爲善, 以草爲惡, 如欲用草時, 復以草爲善矣. 此等善惡, 皆由汝心好惡所生, 故知是錯."

65) 송하경, 「王陽明의 心卽理說 研究」(『儒教思想研究』 2집, 儒教學會, 1987), 129쪽 참조.

66) 『傳習錄』(中), 「黃直錄」, 228조목, "至善者, 心之本體." 『傳習錄』(上), 「薛侃錄」, 101조목, "無善無惡, 是謂至善."

가치를 부여하여 이를 좋아하거나 싫어하는 마음은 지선한 본심의 발현이 아니라고 말할 수 있다. 양명이 말하고자 하는 '호오好惡'의 본질은 다음과 같은 설간과의 계속된 문답에서 잘 드러난다.

> 설간이 물었다: "아름다운 여색을 좋아하듯이 하고, 악취를 싫어하듯이 한다"[67]는 것은 어떻게 하는 것입니까?
>
> 선생님께서 대답하셨다: 이것은 한결같이 리理를 따르는 것이다. 천리天理는 마땅히 그와 같으니, 본래 사사로운 뜻(私意)에 따라 일부러 좋아하거나 일부러 싫어하는 것이 아니다.
>
> 설간이 물었다: "아름다운 여색을 좋아하듯이 하고, 악취를 싫어하듯이 하는 것"이 어떻게 뜻(意)이 아닐 수 있습니까?"
>
> 선생님께서 대답하셨다: 이것은 성실한 뜻(誠意)이지 사사로운 뜻(私意)이 아니다. 성실한 뜻은 단지 천리에 따를 뿐이다. 비록 천리를 따른다고는 하지만, 역시 조그만 뜻도 덧붙여서는 안 된다. 그러므로 성내거나 좋아하고 즐거워하는 것이 있으면, 그 올바름을 얻지 못한다. 반드시 확 트여 크게 공정해야만(廓然大公) 비로소 마음의 본체이다.[68]

좋아하고 싫어하는 마음의 작용은 극단적 개체 욕망(私欲)의 표출로서의 사사로운 뜻(私意)이 개입된 '호오'와 천지만물의 생명 본질에 근원하는 인간 마음의 유기적 생명성인 천리天理의 발현으로서의 성실한 뜻(誠意)에 의한 '호오'로 구분된다. 양명이 말하고자 하는 본질적 호오는 후자를 가리킨다. 이는 본능적인 감각적 차원의 호오도 아니며 그렇다고 자신의 개체 욕망에 따른 필요 가치에 따라 의식적으로 발동시킨 호오도 아니다. 본질적 호오는 결국 인간의 본심이 내재하고 있는 유기적 생명성(天理)이 발현되는 방식으로서 천지만물의 생명을 온전히 유지시켜주는 옳음

67) 『大學』, 6장, "如好好色, 如惡惡臭."

68) 『傳習錄』(上), 「薛侃錄」, 101조목, "曰: 如好好色, 如惡惡臭, 則如何? 曰: 此正是一循於理, 是天理合如此, 本無私意作好作惡. 曰: 如好好色, 如惡惡臭, 安得非意? 曰: 卻是誠意, 不是私意. 誠意只是循天理. 雖是循天理, 亦着不得一分意."

(是)에 대해서는 좋아하는(好) 형태로 발현되고, 생명을 손상·파괴하는 그름(非)에 대해서는 싫어하는(惡) 형태로 발현되는 성의誠意인 것이다. 양지는 본래 일체의 선악과 시비를 판별하는 준칙임과 동시에 판별 능력이다. 따라서 송하경은 양지의 호오는 그 자체가 시비이며 양지의 호오는 개별적 상대적 호오가 아니라 모든 인간이 함께하는 공아公我로서의 진오眞吾의 보편적 호오라고 평가하고 있는 것이다.[69]

시비지심是非之心으로서의 양지는 또한 옳은 것에 대해 좋아하고 그른 것에 대해 싫어하는 호오의 정감뿐만 아니라 '진성측달眞誠惻怛'하는 통각의 주체로 정의된다.

> 생각건대 양지는 단지 천리의 저절로 그러한 밝은 깨달음(天理自然明覺)이 발현하는 곳이며, 단지 진실하게 다른 사람을 측은히 여겨 아파하는 마음(眞誠惻怛)이 바로 그 본체이다. 그러므로 이 양지의 진성측달을 극진히 하여 부모를 섬기는 것이 바로 효도이고, 이 양지의 진성측달을 극진히 하여 형을 따르는 것이 바로 우애이며, 이 양지의 진성측달을 극진히 하여 임금을 섬기는 것이 바로 충성이다. 단지 하나의 양지, 하나의 진성측달일 뿐이다.[70]

양지는 타존재물과의 감응 과정에서 단지 시비를 판단하는 선천적인 영명한 자각성(自然明覺)만이 아니라 이들을 진실하게 측은히 여겨 아파하는, 진성측달하는 통각의 주체라는 것이다. '진성眞誠'은 거짓됨이 없는 '진실무망眞實無妄'함을 가리키며, '측달惻怛'은 타인이나 타존재물의 아픔을 자신의 아픔으로 느끼고 그 아픔을 참지 못하여 드러나는 측은지심惻隱之心을 가리킨다. 따라서 진성측달은 거짓됨이 없이 정성스럽게 타인이

---

69) 송하경, 「王陽明의 良知說에 관한 硏究」, 73쪽 참조.

70) 『傳習錄』(中), 「答聶文蔚二」, 189조목, "蓋良知只是一箇天理自然明覺發見處, 只是一箇眞誠惻怛, 便是他本體. 故致此良知之眞誠惻怛以事親, 便是孝; 致此良知之眞誠惻怛以從兄, 便是弟; 致此良知之眞誠惻怛以事君, 便是忠: 只是一箇良知, 一箇眞誠惻怛."

나 타존재물의 아픔에 감통하여 그들의 아픔을 자신의 아픔으로 여기는 마음이다.[71] 이러한 측은지심惻隱之心으로서의 진성측달은 마주하는 대상에 따라 효孝·제悌·충忠과 같은 실천 행위를 수반한다.

본래 맹자는 "측은지심은 인仁의 단서요, 수오지심은 의義의 단서요, 사양지심은 예禮의 단서요, 시비지심은 지智의 단서이다"[72]고 말하고, 또한 "측은지심을 사람마다 다 가지고 있으며, 수오지심을 사람마다 다 가지고 있으며, 공경지심을 사람마다 다 가지고 있으며, 시비지심을 사람마다 다 가지고 있으니, 측은지심은 인이요, 수오지심은 의요, 공경지심은 예요, 시비지심은 지이다"[73]라고 하여, 마음을 4측면, 즉 사단四端으로 나누어 말하고 있다. 그러나 양명은 맹자의 사단을 양지 하나로 통합한다. 시비준칙이자 판단 주체로서의 양지는 옳은 것(是·善)을 좋아하고 그른 것(非·惡)을 싫어하는 호오의 주체이기 때문에, 시비지심과 수오지심은 양지로 일원화된다. 또한 시비지심으로서의 양지는 진성측달이라는 측은지심에 다름 아니기 때문에, 시비지심과 측은지심 또한 양지 하나로 통합된다. 그리고 양지의 본질적 속성인 진성측달은 효·제·충과 같은 공경지심으로 발현되기 때문에, 시비지심과 측은지심은 물론 공경지심 또한 양지로 통합된다고 말할 수 있다.

양지는 결국 맹자가 말하는 사단의 통합체이다. 따라서 인간은 양지를 통해 천지만물과의 감응 과정에서 타존재물의 생명의 온전성에 대한 시비를 자각적으로 판단하고(是非之心), 이들의 생명을 손상시키는 행위에 대

---

71) 한정길, 「王陽明의 마음의 철학에 관한 硏究」(연세대 박사학위 논문, 1999), 94~95쪽 참조.

72) 『孟子』, 「公孫丑」(上), 6장, "惻隱之心, 仁之端也, 羞惡之心, 義之端也, 辭讓之心, 禮之端也, 是非之心, 智之端也."

73) 『孟子』, 「告子」(上), 6장, "惻隱之心, 人皆有之, 羞惡之心, 人皆有之, 恭敬之心, 人皆有之, 是非之心, 人皆有之, 惻隱之心, 仁也, 羞惡之心, 義也, 恭敬之心, 禮也, 是非之心, 智也."

해 부끄러워하거나 미워함(羞惡之心)과 아울러 이들의 생명 손상을 자신의 아픔으로 느끼면서(惻隱之心) 이들의 생명 손상을 치유하고 보살피며 양육하는 실천 행위(恭敬之心)를 통해 천지만물의 생명 창출 · 양육 과정에 주체적 · 능동적으로 참여할 수 있는 발판을 마련하게 된다. 그러므로 양지는 인간이 천지만물과 한 몸을 이루어 가는 선천적인 유기적 생명성이자 생명력이라고 말할 수 있다.

2. 양지의 영명한 자각성

양지는 인간 마음의 유기적인 생명성이다. 즉 양지는 천지만물과의 감응 과정에서 이들의 생명의 온전성 여부를 판단하는 시비의 준칙이자 자각적 판단력의 통합체이다. 양지의 영명한 자각적 판단력은 '소명영각昭明靈覺',[74] '허령명각虛靈明覺',[75] '영소불매靈昭不昧',[76] '본래자명本來自明',[77] '자연명각自然明覺'[78] 등으로 표현된다. 여기서는 양지의 영명한 자각성의 의미와 특성에 대해 살펴보고자 한다.

양명은 먼저 양지의 영명한 자각성의 근거를 '천명天命'에서 찾는다.

> 천명지성天命之性은 순수한 지선至善이며, 그 영명하고 밝고 어둡지 않은(靈昭不昧) 것은 지선이 발현한 것이니, 이것이 곧 명덕明德의 본체이며, 곧 이른바 양지良知이다. 지선이 발현하여 옳은 것은 옳게 여기고, 그른 것은 그르게 여기며, 가볍고 무겁고 두텁고 엷음을 느낌에 따라 응하며, 변동하여 일정한 곳에 거처하지 아니하나, 또한 스스로 천연天然의 중中을 지니지 아니함이 없다.[79]

---

74) 『傳習錄』(中), 「答歐陽崇一」, 169조목, "良知是天理之昭明靈覺處."
75) 『傳習錄』(中), 「答顧東橋書」, 137조목, "心之虛靈明覺, 卽所謂本然之良知也."
76) 『全集』, 권26, 「大學問」, 969쪽.
77) 『傳習錄』(中), 「答陸原靜書」, 164조목, "良知本來自明."
78) 『傳習錄』(中), 「答聶文蔚二」, 189조목, "蓋良知只是一箇天理自然明覺發見處."

여기서 '지선至善'은 천명에 근원하며 영명하며 밝고 어둡지 아니한(靈昭不昧) 발현체로서 명덕明德의 본체로 규정된다. 본래 주희에 의하면 '명덕'은 "비어있으면서 영명하고 어둡지 않아서 중리衆理를 갖추고 있고 만사萬事에 응하는 것"으로 정의되며, '지선'은 "사리事理의 당연한 표준(極)"으로 정의된다. 지선은 먼저 자신의 내적 수양을 통해 명덕을 밝히고(明明德), 이를 확충하여 백성을 새롭게 교화시키는(新民) 일에 있어 따라야 할 표준이자 도달해야 하는 궁극적 경지(至於至善)인 것이다.[80] 주희에게 있어 명덕은 단지 인간이 따라야 할 선험적인 도덕적 당위의 규범으로서의 중리衆理를 내재하고 발현할 수 있을 뿐 이를 창출하지는 못한다. 그리고 지선은 인간의 마음이 준수해야 하는 궁극적 규범·원리로만 존재할 뿐 작용성을 지니지 않는다. 따라서 명덕과 지선은 주·객으로 이원화된다. 그런데 양명은 지선을 영명하며 밝고 어둡지 않은 발현 주체로 규정한다. 즉 지선은 마주한 상황과 대상에 따라 시비와 경중과 후박을 판단하고 실천하는 감응 주체라는 것이다. 이러한 지선을 명덕은 물론 양지로 일원화시키고 있다. 결국 양명의 지선(명덕의 본체)은 주자학에서와 같이 고정불변한 선험적 당위의 도덕적 규범·원리(定理)로 존재하는 것이 아니라, 그 자체가 천지만물과의 감응에 따라 항상 준칙을 새롭게 설정하고 판단하며 실천하는 영명한 자각성(창출성)과 수시변역성隨時變易性과 역동성을 지닌 마음의 본질적 속성(본체), 즉 양지 다름 아니다. 이러한 지

79) 『全集』, 권26, 「大學問」, 969쪽, "天命之性, 粹然至善, 其靈昭不昧者, 此其至善之發見, 是乃明德之本體, 而卽所謂良知也. 至善之發見, 是而是焉, 非而非焉, 輕重厚薄, 隨感隨應, 變動不居, 而亦莫不自有天然之中,"

80) 『大學章句』, 經1章, "明德者, 人之所得乎天而虛靈不昧, 以具衆理而應萬事者也. … 新者, 革其舊之謂也, 言旣自明其明德, 又當推以及人, 使之亦有以去其舊染之汚也. 止者, 必至於是而不遷之意, 至善, 則事理當然之極也. 言明明德新民, 皆當止於至善之地而不遷, 蓋必其有以盡夫天理之極 而無一毫人欲之私也."

선, 즉 양지의 영명성은 인간의 개체의식에서 비롯되는 것이 아니라 바로 천지만물의 생명 본질(天性)에 근원한다.

양명은 또한 양지의 영명한 자각성을 '천리天理'와 관련하여 다음과 같이 말한다.

> 양지는 천리가 환하고 밝아서 영명하게 깨닫는 곳이다. 그러므로 양지가 바로 천리이다. 생각(思)은 양지가 발하여 작용하는 것이다. 만일 양지가 발하여 작용하는 생각이라면, 생각하는 것이 천리가 아님이 없다. 양지가 발하여 작용하는 생각은 저절로 간단하고 쉬우며, 양지 역시 (그것이 양지가 발하여 작용된 생각임을) 저절로 알 수 있다. 만일 사사로운 뜻(私意)으로 안배된 생각이라면, 저절로 분주하고 수고롭고 어지러우며, 양지 역시 (그것이 사사로운 뜻으로 안배된 생각임을) 분별할 수 있다. 생각이 옳은지 그른지, 비뚤어졌는지 바른지를 양지는 스스로 알지 못하는 것이 없다.[81]

양지는 천리가 환하고 밝아서 영명하게 깨닫는 곳(昭明靈覺處)으로 정의된다. 4장에서 살펴본 바와 같이, 양명의 '천리'는 형이상학적 존재 법칙이나 원리 또는 선험적인 당위의 도덕규범을 의미하지 않는다. 천리는 만물의 끊임없는 창생·양육 과정에서 나타나고 구현되는 천지만물의 생명 본질(生意·天地之化育·生生不息)임과 동시에 천지만물의 중추인 인간의 생명 본질이다. 인간은 천리라는 유기적 생명성을 통해 천지만물과 감응하고 천지만물의 창생·양육 과정에 주체적으로 참여할 수 있는 계기를 마련한다. 양명학에서는 천지만물과 인간의 생명 본질이 이원화되지 않는 '내 마음이 곧 천리'라는 일원적 체계가 성립된다.[82] 이러한 마음의 유

---

81) 『傳習錄』(中), 「答歐陽崇一」, 169조목, "良知是天理之昭明靈覺處, 故良知卽是天理, 思是良知之發用. 若是良知發用之思, 則所思莫非天理矣. 良知發用之思, 自然明白簡易, 良知亦自能知得. 若是私意安排之思, 自是紛紜勞擾, 良知亦是會分別得. 蓋思之是非邪正, 良知無有不自知者."

82) 본서 4장 1절 2. '마음의 유기적 생명성' 참조.

기적 생명성으로서의 천리는 인간 마음의 영명한 자각성으로 드러나는 바, 영명한 자각의 주체가 바로 양지이다. 따라서 양지와 천리는 이질적 속성을 지닌 별개의 영역이 아니다. 마음의 본질적 속성의 측면에서 보았을 때 이를 '천리'라 하며, 마음의 작용 주체의 측면에서 보았을 때 '양지'라 이름하는 것일 뿐, '양지가 곧 천리'[83]이고, '천리가 곧 양지'[84]이다. 즉 양지와 천리는 마음 안에서 일원적 체계를 지닌다.

양명은 "이 마음이 사욕에 가려지지 않은 것이 바로 천리이다"[85]고 말하고, 또한 "천리를 체득하여 아는 것은 단지 자신의 마음속에서 사사로운 의념(私意)을 없애려는 것일 뿐이다"[86]라고 주장한다. 따라서 천리는 바로 사욕私欲·사의私意와 같은 사적 자아의식이 조금도 개입되지 않은 순수하고 지선한 마음의 본질적 상태를 의미한다고 말할 수 있다. 그는 또한 "선善한 생각이 보존되는 때가 바로 천리이다"[87]라고 주장함과 아울러 천리를 마음의 본체로 규정한다.[88] 지선至善 또한 마음의 본질적 속성, 즉 마음의 본체로 규정되기 때문에[89] '천리=지선'이라고 말할 수 있다. 양지와 천리 및 지선은 모두 마음의 본질적 속성이라는 하나의 것으로 통합된다.

그렇다면 '소명영각昭明靈覺'이란 구체적으로 무엇을 의미하는 것일까? 인간은 천지만물의 생명 본질에 근원하는 순수하고 지선한 천리·양지뿐만 아니라 자신의 개체 이익과 생존에만 집착케 함으로써 인간과 천지만물의 유기적 관계망을 단절토록 하는 '극단적 개체 욕망'(사욕)의 발동

---

83) 『傳習錄』(中), 「答歐陽崇一」, 169조목, "良知卽是天理."
84) 『傳習錄』(下), 「黃省曾錄」, 284조목, "天理卽是良知."
85) 『傳習錄』(上), 「徐愛錄」, 3조목, "此心無私欲之蔽, 卽是天理."
86) 『傳習錄』(上), 「薛侃錄」, 96조목, "體認天理之要自心地無私意."
87) 『傳習錄』(上), 「陸澄錄」, 53조목, "善念存時, 卽是天理."
88) 『傳習錄』(中), 「答歐陽崇一」, 169조목, "心之本體卽是天理."
89) 『傳習錄』(上), 「徐愛錄」, 2조목, "至善是心之本體."

가능성을 내재하고 있다.[90] 따라서 마음의 발현태인 의념(意)은 극단적 개체 욕망이 개입되지 않은 천리(양지)의 직접적 발현태인 '성의誠意'로 나타날 수도 있는 반면, 극단적 개체 욕망에 의한 '사의私意'로 나타날 수도 있다. 그리고 '생각'(思)[91]에 있어서도 천리(양지)의 직접적 발현태인 선한 생각(善念)·바른 생각(正思)과 사의에 의해 안배되거나 사색된 사특한 생각(自私·用智)이라도 두 가지 형태로 나타날 수 있다. 마음으로부터 발동한 의념·생각이 천리의 발현인지 아니면 극단적 개체 욕망에 의한 것인지는 자신만이 판단할 수 있다. 자신의 의념과 생각에 대한 시비·선악·정사正邪를 자각적으로 판단하는 주체가 바로 영명한 양지인 것이다. 따라서 "양지는 천리가 환하고 밝아서 영명하게 깨닫는 곳(昭明靈覺處)"이라는 말은, 양지가 인간 내면에서 발동하는 의념·생각이 순수하고 지선한 천리에 의한 것인지 아니면 극단적 개체 욕망에 의한 것인지를 자각적으로 판단하는 인간 마음의 '영명한 자각성'이라는 것을 의미한다.

그렇다고 마음의 영명한 자각성인 양지의 판단 대상이 천지만물과 무관하게 인간 내면의 의념과 생각에만 국한되는 것은 아니다. 의념과 생각 자체가 천지만물과의 관계성 속에서 발동하는 것이므로, 양지의 영명한 자각적 시비판단 또한 이들과의 관계성을 전제로 한다.

> 마음은 몸의 주재이며, 마음의 허령명각虛靈明覺이 이른바 본연의 양지良知이다. 허령명각의 양지가 감응하여 움직이는 것을 의지(意)라 한다. 양지(知)가 있은 뒤에 의지가 있고, 양지가 없으면 의지가 없느니, 양지는 의지의 본체가 아니겠는가? 의지가 작용하는 곳에는 반드시 그 물物이 있으니, 물이 곧 사事이다. 만일 의지가 어버이를 섬기는 데 작용하면 어버이 섬기는 것이

90) 본서 4장 1절 3. '극단적 개체 욕망' 참조.

91) 원문에서 양명은 '思'라는 말을 사용하고 있으나, 여기서 말하는 思는 단지 이성적 사고 활동만을 의미하는 것이 아니라 인간의 내면에서 일어나는 의지, 욕망, 사유, 감정 작용 등 마음의 모든 작용을 총칭한다.

하나의 물이 되고, 의지가 백성을 다스리는 데 작용하면 백성을 다스리는 것이 하나의 물이 되고, 의지가 글을 읽는 데 작용하면 글을 읽는 일이 하나의 물이 되고, 의지가 송사訟事를 듣는 데 작용하면 송사를 듣는 일이 하나의 물이 된다. 무릇 의지가 작용하는 곳에는 물이 없을 수 없다. 이 의지가 있으면 곧 이 물이 있고, 이 의지가 없으면 곧 이 물이 없으니, 물은 의지 작용이 아니겠는가?[92]

여기서 마음의 '허령명각한 작용'이 곧 양지로 정의된다. 영명한 자각성으로서의 양지는 마주한 상황 또는 대상과의 감응 과정을 통해 시비를 판단함과 아울러 실천 의지를 발동하고 실천 행위를 주재한다. 즉 양지는 개체 속에 고립되어 개체 내의 사려 작용에 대해서만 시비를 판단하는 것이 아니라 천지만물과의 감응이라는 관계성을 전제로 하여 작용하는 것이다. 여기서 '허령명각'이란 표현에 근거해 볼 때, 양지는 고정된 격식과 규범으로 존재하거나 이에 얽매여 있는 것이 아니라 인간 자신이 마주한 상황에 따라 가장 적의 타당한 상태로 시비준칙을 설정하고 시비를 판단함과 아울러 자신의 실천 방향성을 제시하는 마음의 영명한 자각성인 것이다. 그리고 양지는 실천 의지를 발동시켜 '어버이 섬김'(事親)·'백성을 다스림'(治民)·'송사를 처리함'(聽訟)과 같은 실천 행위를 창출함으로써 천지만물과의 유기적인 관계맺음을 지속해나간다. 따라서 양지의 영명한 자각성은 단지 시비판단 준칙의 창출이나 시비판단 작용에 그치는 것이 아니라 실천 의지의 발동 그리고 실천 행위를 주재하는 인간의 총체적인 유기적 생명활동으로 나타난다.

---

92) 『傳習錄』(中), 「答顧東橋書」, 137조목, "心者身之主也, 而心之虛靈明覺, 卽所謂本然之良知也. 其虛靈明覺之良知應感而動者謂之意. 有知而後有意, 無知則無意矣. 知非意之體乎? 意之所用, 必有其物, 物卽事也. 如意用於事親, 卽事親爲一物, 意用於治民, 卽治民爲一物, 意用於讀書, 卽讀書爲一物, 意用於聽訟, 卽聽訟爲一物. 凡意之所用, 無有無物者, 有是意卽有是物, 無是意卽無是物矣. 物非意之用乎?"

3. 양지의 항동성

마음의 영명한 자각성으로서의 양지는 또한 '항조자恒照者',[93] '상각상조常覺常照'[94] 등으로 정의된다. 이는 양지의 쉼 없는 '항동성恒動性'을 표현하는 말이다. 인간이 비록 영명한 자각성으로서의 양지를 내재하고 있다 하더라도 아무런 장애나 문제없이 천지만물의 생명 창출·양육 과정에 주체적·능동적으로 참여할 수 있는 것은 아니다. 이에 양명은 다음과 같이 말한다.

> 양지란 마음의 본체로서, 앞에서 말한 '항상 비추는 존재'(恒照者)이다. 마음의 본체는 일어남도 없고, 일어나지 않음도 없다. 비록 거짓된 생각(妄念)이 발생하더라도 양지는 있지 않은 적이 없다. 다만 사람들이 보존할 줄 모르기 때문에 간혹 마음을 놓아버리는 때가 있을 뿐이다. 비록 극도로 어둡게 막혔다고 하더라도 양지는 밝지 않은 적이 없다. 다만 사람이 살필 줄 모르기 때문에 간혹 가려지는 때가 있을 뿐이다. 간혹 놓아버리는 때가 있더라도 그 마음의 본체는 실제로 있지 않은 적이 없으므로 그것을 보존하기만 하면 된다. 간혹 가려지는 때가 있더라도 마음의 본체는 실제로 밝지 않은 적이 없으므로 그것을 살피기만 하면 된다.[95]

인간의 마음은 양지를 생명 본질로 하지만, 망령된 생각, 개체 욕망 또는 몽매함으로 인해 양지는 차폐될 수 있는 가능성을 안고 있다는 것이다. 비록 양지가 차폐된 상태라 하더라도 양지 자체가 상실되는 것은 아니다. 앞에서 살펴본 바와 같이 인간 내면에서 일어나는 의념과 생각에

---

93) 『傳習錄』(中), 「答陸原靜書」, 152조목, "良知者心之本體, 卽前所謂恒照者也."

94) 『傳習錄』(中), 「答歐陽崇一」, 171조목, "良知常覺常照."

95) 『傳習錄』(中), 「答陸原靜書」, 152조목, "良知者心之本體, 卽前所謂恒照者也. 心之本體無起無不起, 雖妄念之發, 而良知未嘗不在, 但人不知存, 則有時而或放耳; 雖昏塞之極, 而良知未嘗不明, 但人不知察, 則有時而或蔽耳, 雖有時而或放, 其體實未嘗不在也, 存之而已耳; 雖有時而或蔽, 其體實未嘗不明也, 察之而已耳."

대한 시비·선악의 판단은 인간 자신만이 할 수 있다. 그 시비판단의 주체가 바로 양지인 것이다. 이러한 시비판단의 주체인 양지가 상실될 경우, 인간은 올바른 판단을 할 수 없음은 물론 천지만물과 감응할 수 있는 계기를 상실하게 된다. 따라서 개체 욕망이나 망령된 생각이 발동한 상태에서도 양지는 인간 내면에 대해 끊임없이 시비와 선악을 판단하는 '항동성'을 지녀야만 한다. 이에 양명은 '양지는 항상 비추는 자'(恒照者)라 하여, 양지에 항동성을 부여하고 있는 것이다. 다만 양지가 항동성을 지닌다고 하여 모든 문제가 해결되는 것은 아니다. 반드시 양지의 판단 능력을 잘 보존하고 양지의 판단을 정확히 파악하려는 끊임없는 노력을 통해서만 비로소 양지를 실현할 수 있다.

양명은 또한 양지가 '상각상조常覺常照'하는 항동성을 지닌다고 다음과 같이 말한다.

> 속이지 않으면 양지에 거짓됨 없이 성실하게 되고, 성실하면 밝아지게 된다. 스스로를 믿으면 양지에 미혹된 것이 없어서 밝아지게 되고, 밝아지면 성실하게 된다. 밝음(明)과 성실(誠)은 서로를 낳으니, 이때문에 양지는 항상 깨닫고 항상 비춘다(常覺常照). 항상 깨닫고 항상 비추면 밝은 거울을 매단 것처럼 어떤 사물이 다가와도 저절로 그 아름다움과 추함을 감출 수 없다.[96]

여기서 성실(誠)은 생명 존재의 위선과 거짓이 없는 마음의 진실한 상태를 의미하며,[97] 밝음(明)은 자신의 의념 및 천지만물의 생명의 온전성에 대한 시비가 명확한 상태를 의미한다. 인간은 극단적 개체 욕망(사욕)이 언제든 발동할 수 있는 가능성을 안고 있다. 물론 극단적 개체 욕망이 발

---

96) 『傳習錄』(中), 「答歐陽崇一」, 171조목, "不欺則良知無所僞而誠, 誠則明矣; 自信則良知無所惑而明, 明則誠矣. 明誠相生, 是故良知常覺常照. 常覺常照, 則如明鏡之懸, 而物之來者自不能遁其姸媸矣."

97) 양명은 "誠是實理, 只是一箇良知"(『傳習錄』(下), 「黃省曾錄」, 281조목)라 하여 誠을 양지로 규정하기도 한다.

동하지 않았을 때의 마음은 항상 순수하고 지선한 본질적 상태(誠)를 유지함으로써 양지를 통해 마주한 사태에 대한 시비를 분명하게 판단(明)할 수 있다. 그러나 극단적 개체 욕망의 발동을 미리 차단하거나 이미 발동하였을 경우 이를 제거하기 위해서는 양지가 항상 깨어있는 상태에서 자신의 의념에 대한 시비를 명확하게 판단함(明)으로써 마음의 진실된 상태(誠)를 유지해야만 마주한 사태에 대한 시비를 명확하게 판단할 수 있다. 이러한 성실과 밝음은 서로를 전제로 한다. 인간은 성실한 상태에서만이 시비를 명확하게 자각·판단할 수 있는 한편, 시비를 명확하게 자각·판단함으로써 성실한 상태에 이를 수도 있다. 이러한 성실과 밝음의 상관성 속에서 양지는 '상각상조常覺常照', 즉 '항상 깨닫고 항상 비추는 것'으로 정의되는 것이다. 양지의 영명한 자각성은 자신의 의념과 천지만물의 생명의 온전성에 대한 시비판단을 끊임없이 진행시켜나간다고 말할 수 있는 바, 이러한 끊임없는 시비판단 작용이 양지의 항동성이다.

양명이 양지에 항동성을 부여한 근본적인 이유는 천지만물의 생명 본질과 밀접한 관련이 있다. 천지만물은 끊임없이 생명을 창생·양육하는 생생불식生生不息(자기－조직성)을 자신의 생명 본질로 한다. 따라서 천지만물의 중추적 존재인 인간 또한 생생불식의 항동성을 자신의 생명 본질로 해야만 한다. 만일 생명의 온전성에 대한 시비판단의 주체로서의 양지의 활동에 중단이 있게 된다면, 인간은 그 순간 자신의 의념은 물론 천지만물의 생명의 온전성에 대한 시비 여부를 자각적으로 판단할 수 없게 된다. 양지 활동의 중단은 천지만물과의 유기적 관계성의 단절은 물론 자칫 천지만물의 생명을 질곡시키는 결과를 초래할 수도 있다. 따라서 양지의 끊임없는 시비 판단 작용, 즉 항동성은 인간이 자신의 생명 본질인 천지만물의 창생·양육 과정에 주체적·능동적으로 참여하기 위해 반드시 필요한 속성인 것이다.

4. 수시변역하는 양지

생명의 온전성에 대한 시비준칙과 시비판단력의 통합체로서 영명한 자각성과 항동성을 지닌 양지는 또한 '태양의 빛'(日光),[98] '맑은 거울'(明鏡),[99] '역易'[100], '의義',[101] '규구規矩 · 척도尺度'[102] 등으로 비유된다. 이러한 다양한 비유들 속에서 보이는 공통된 특징은, 양지가 시비 · 선악을 판단함에 있어 어떠한 고정된 격식과 법칙을 미리 설정하거나 이에 얽매이는 것이 아니라 마주한 상황이나 대상에 따라 시비의 준칙을 새롭게 설정해 나간다는 '수시변역성隨時變易性'을 지닌다는 점이다.

먼저 양지를 태양에 비유하는 양명의 다음과 같은 주장 속에서 양지의 수시변역성의 가능성을 읽을 수 있다.

> 앎이 없으면서도 알지 못하는 것이 없는 것은 본체가 원래 그와 같은 것이다. 비유하면 태양이 일찍이 사물을 비추려는 마음을 지닌 적이 없으나 저절로 비추지 않는 사물이 없는 것과 같다. 비춤이 없으면서도 비추지 않는 것이 없는 것은 원래 태양의 본체이다. 양지는 본래 앎이 없는데도 이제 도리어 앎이 있기를 요구하고, 본래 알지 못하는 것이 없는데도 이제 도리어 알지 못하는 것이 있다고 의심하는 것은 단지 믿음이 부족하기 때문이다.[103]

양명은 양지를 태양에 비유하면서, "양지란 본래 앎이 없으면서(無知) 알지 못하는 것이 없다(無不知)"고 규정하고 있다. '앎이 없다'는 것은 양지

98) 『傳習錄』(下), 「黃省曾錄」, 282조목 및 290조목 등 참조.

99) 『傳習錄』(中), 「答陸原靜書 又」, 167조목 및 「答歐陽崇一」, 171조목 참조.

100) 『傳習錄(下)』, 「黃以方錄」, 340조목, "良知卽是易."

101) 『傳習錄』(下), 「黃省曾錄」, 248조목 참조.

102) 『傳習錄』(中), 「答顧東橋書」, 139조목, 141조목 및 『傳習錄』(下), 「黃省曾錄」, 288조목 참조.

103) 『傳習錄』(下), 「黃省曾錄」, 282조목, "無知無不知, 本體原是如此. 譬如日未嘗有心照物, 而自無物不照. 無照無不照, 原是日的本體. 良知本無知, 今卻要有知, 本無不知, 今卻疑有不知, 只是信不及耳."

의 본래적 속성(體)을 의미한다. 즉 양지는 어떠한 대상이나 상황에 직면하기 전에 미리 일정한 규범이나 격식에 의거하여 시비판단의 준칙을 고정된 틀(定理)로 설정하고 있지 않다는 것을 의미한다. 반면 '알지 못하는 것도 없다'는 것은 양지의 주체적이고 능동적인 작용(用)을 의미한다. 양지는 비록 고정된 틀을 미리 설정하고 있지 않음에도 불구하고 어떠한 대상이나 상황에 직면하게 되면 마치 태양이 사물을 있는 그대로 비추어 주듯 대상과 상황에 대한 시비와 선악을 온전하게 판단한다는 것을 의미한다.[104] 일단 양지는 시비판단의 준칙을 미리 고정된 틀로 설정하고 있지 않다는 점에서 양지의 '수시변역성'의 가능성을 엿볼 수 있다.

여기서 한 발 더 나아가 양명은 양지를 '맑은 거울'(明鏡)에 비유하면서 양지가 주어진 상황에 따라 변화하는 것(隨時變易)임을 다음과 같이 구체적으로 밝히고 있다.

> 그 양지의 본체는 맑은 거울처럼 밝아서 조그마한 그늘도 없다. 아름다운 것이나 추한 것이 다가오면 사물에 따라 형체를 드러내지만, 맑은 거울은 더럽혀진 적이 없다. 이것은 이른바 '감정은 온갖 일에 순응하되 감정이 없다'는 말이다. 불교에서 '머무는 데가 없되 그 마음을 낳는다'[105]는 말이 있는데, 이 말은 잘못된 것이 아니다. 맑은 거울이 사물에 응할 때 아름다운 것은 아름답게, 추한 것은 추하게 응하기 때문에 비추는 것마다 모두 참된 모습이다. 이것이 바로 '그 마음을 낳는다'는 것이다. 아름다운 것은 아름답게, 추한 것은 추하게 응하되 일단 지나가면 남겨 두지 않는다. 이것이 바로 '머무는 데가 없다'는 것이다.[106]

104) 송재운은 "주희의 定理論과는 달리 良知는 선험적인 정리를 갖지 않는다는 점에서 無善無惡이라고 할 수 있고 실천적 행위 면에서는 善惡是非 판단의 주체가 된다"(송재운, 『陽明哲學의 硏究』, 147쪽)고 밝히고 있는 바, 전자는 '無知'를 후자는 '無不知'를 의미한다고 볼 수 있다.

105) 『金剛經』, 第十品, "應無所住而生其心."

106) 『傳習錄』(中), 「答陸原靜書又」, 167조목, "其良知之體, 皦如明鏡, 略無纖翳. 姸媸之來, 隨物見形, 而明鏡曾無留染. 所謂情順萬事而無情也. 無所住而生其心, 佛氏曾

맑은 거울은 대상이 다가오면 있는 그대로 대상을 비추고, 대상이 떠나가면 그 영상을 남겨두지 않는다. 이러한 '맑은 거울'로 비유되는 양지는 다음과 같은 특성을 지닌다. 첫째, 맑은 거울이 미리 어떤 기준을 마련해 놓고 이로써 대상을 비추지 않는 것처럼, 양지는 어떠한 기준이나 격식을 미리 설정해 놓은 이후에 마주하는 대상이나 상황의 시비를 판단하지 않는다. 둘째, 맑은 거울이 자신에게 비추어지는 대상에 따라 대상의 아름다움과 추함을 있는 그대로 거짓 없이 비추어주듯, 양지는 자신이 직면한 대상과 상황의 옳고 그름을 있는 그대로 진실하게 판단한다. 셋째, 맑은 거울이 대상이 떠나가면 그 비춤의 흔적을 남겨 놓지 않듯, 양지 또한 일단 그 대상과 상황에 대한 판단이 종결되면 그것을 아직 발생하지도 않은 일을 판단하기 위한 고정된 준칙으로 설정하지 않는다. 즉 양지는 끊임없이 새롭게 직면하는 대상과 상황에 감응하고 시비판단을 내리는 데 있어 이전의 일에 얽매여서 이를 다시 하나의 틀로 만들어 새로운 대상과 상황을 재단하지 않는다고 말할 수 있다.

양명은 또한 "의義가 바로 양지"라고 전제하면서, 이 '의'조차도 고정된 준칙이나 규범이 아니라 주어진 상황에 따라 가장 적의・타당한 상태로 변화해야 한다고 주장한다. 예컨대 오늘은 선물을 받는 일이 옳았다 하더라도 다른 날에는 선물을 받는 일이 옳지 못할 수도 있고, 반대로 오늘은 선물을 받는 일이 옳지 않았다 하더라도 다른 날에는 옳을 수도 있다는 것이다. 그러므로 어느 한 시점의 경험을 토대로 일률적으로 언제나 '선물을 받아도 된다' 또는 '받아서는 안 된다'고 못 박는 것은 집착이지 양지의 본질적 속성, 즉 의義가 아니라는 것이다.[107] 양명은 주자학에서

有是言, 未爲非也. 明鏡之應物, 姸者姸, 媸者媸, 一照而皆眞, 卽是生其心處. 姸者姸, 媸者媸, 一過而不留, 卽是無所住處."

107) 『傳習錄(下)』, 「黃省曾錄」, 248조목, "義卽是良知, 曉得良知是個頭腦, 方無執着.

절대불변의 원칙으로 설정하고 있는 '의'조차도 주어진 상황에 따라 변화하는 것임을 역설하고 있는 것이다. 의로서의 양지는 고정된 원칙이나 틀로서 존재하는 것이 아니라 반드시 마주한 상황에 따라 가장 타당한 상태로 변화한다고 말할 수 있다.

이렇듯 양지가 수시변역성을 지녀야 하는 이유는 천지만물의 생명 본질에서 찾을 수 있다. 천지만물은 생생불식生生不息, 즉 끊임없이 만물을 창생・양육하는 '변역성變易性'과 '창출성創出性'을 자신의 생명 본질로 한다. 끊임없이 변화하는 천지만물은 동일한 사건을 기계적으로 반복하는 것이 아니라 끊임없이 항상 새로운 상황을 연출해간다. 그리고 천지만물의 중추적 존재로서의 인간은 끊임없는 변화 과정의 한복판에 놓여있게 된다. 따라서 인간은 고정된 격식과 준칙에 얽매이지 말고 변화하는 상황에 따라 끊임없이 새롭게 준칙을 창출함으로써만이 천지만물의 변화에 대응하면서 천지만물의 생명 창출・양육 과정을 온전하게 이끌어갈 수 있다.

양명은 '세부 항목'(節目)과 '때의 변화'(時變)에 대한 양지의 관계를 '사각형・원형'(方圓)과 '긴 것・짧은 것'(長短)에 대한 '그림쇠'(規矩)와 '척도尺度'의 관계로 다음과 같이 비유한다.

> 대저 세부 항목(節目)과 때의 변화(時變)에 대한 양지의 관계는 사각형과 원형(方圓), 긴 것과 짧은 것(長短)에 대한 그림쇠(規矩)와 척도의 관계와 같다. 세부 항목 및 때의 변화를 미리 정할 수 없는 것은 사각형과 원형·긴 것과 짧은 것을 이루 다 궁구할 수 없는 것과 같다. 그러므로 그림쇠가 완전히 세워지면 사각형과 원형을 속일 수가 없어서 세상의 사각형과 원형을 이루 다 사용할 수 없다. 척도가 완전히 베풀어지면 긴 것과 짧은 것으로 속일 수 없어

且如受人餽送, 也有今日當受的, 他日不當受的; 也有今日不當受的, 他日當受的. 你若執着了今日當受的, 便一切受去, 執着了今日不當受的, 便一切不受去, 便是適莫, 便不是良知的本體, 如何喚得做義?"

서 세상의 긴 것과 짧은 것을 이루 다 사용할 수 없다. 양지가 완전히 실현되면 세부 항목과 때의 변화로 속일 수 없어서 세상의 세부 항목과 때의 변화에 이루 다 응할 수 없다.[108)]

인간은 현상 사물들의 다양한 모양(方圓)과 길이(長短)에 대해 미리 측정 도구(規矩 · 尺度)를 만들어 놓음으로써 대상 사물의 모양이나 크기 등을 정확하게 측정할 수 있다. 그러나 현상 사물들의 모양과 크기는 무한히 다양하기 때문에 미리 만들어진 제한된 범위의 측정 도구만으로 이들을 모두 측정할 수가 없다. 그러므로 미리 만들어진 측정 도구에 얽매이지 말고 측정할 대상에 따라 측정 도구를 끊임없이 새롭게 제정해야 한다. 이와 마찬가지로 인간은 세부 절목[109)]들과 때의 변화에 대하여 이를 판단할 수 있는 시비판단 주체로서의 양지를 진실하게 설정함으로써 세부 절목들과 때의 변화에 대한 판단을 정확하게 할 수 있다. 그러나 인간이 마주하는 상황과 대상은 무한히 변화하기 때문에, 세부 절목과 때의 변화 또한 무한성을 지닌다. 따라서 일정한 시점에서 미리 설정된 시비준칙만으로는 모든 변화에 다 대응할 수가 없다. 반드시 끊임없이 변화하는 상황에 따라 시비준칙을 끊임없이 새롭게 설정해나가야 한다. 이에 양명은 "양지는 곧 역易이니, 그 도道됨은 변화하고 움직여서 일정한 데 머물러 있지 않고, 천지사방을 두루 돌아다니어 위에 있는지 아래 있는지 일정하지 않으며, 강함과 부드러움이 서로 바뀌어 일정한 표준을 정할 수 없다. 오직 변화에 따라갈 뿐이다"[110)]라고 하여, 천지만물과의 감응 주체이

---

108) 『傳習錄』(中), 「答顧東橋書」, 139조목, "夫良知之於節目時變, 猶規矩尺度之於方圓長短也. 節目時變之不可豫定, 猶方圓長短之不可勝窮也. 故規矩誠立, 則不可欺以方圓, 而天下之方圓不可勝用矣. 尺度誠陳, 則不可欺以長短, 而天下之長短不可勝用矣. 良知誠致, 則不可欺以節目時變, 而天下之節目時變不可勝應矣."

109) 세부 항목(節目)은 예컨대 어버이에게 겨울에는 따뜻하게 해드리고 여름에는 시원하게 해드리며 저녁에는 잠자리를 살피고 아침에는 문안 인사를 드리는 등과 같은 구체적 실천 덕목들을 말한다.

자 시비준칙으로서의 양지에 수시변역성을 부여한다. 따라서 '양지가 시비준칙'이라고 할 때, 이는 불변하는 고정된 규범이나 법칙을 의미하는 것이 아니라 주어진 상황에 따라 다양한 형태로 새롭게 창출되는 준칙을 의미한다.

이러한 양지의 수시변역성의 참뜻은 다음과 같은 양명의 주장 속에서 찾아볼 수 있다.

> 무릇 순舜임금이 부모에게 알리지도 않고 아내를 맞아들인 것이 어찌 순임금 이전에 어떤 사람이 (부모에게) 알리지도 않고 아내를 맞아들여서 하나의 준칙이 되었고, 그래서 순임금이 어떤 전적을 고찰하거나 어떤 사람에게 문의하여 그렇게 행한 것인가? 아니면 역시 그 마음 일념의 양지에서 구하여 경중의 마땅함을 헤아리고, 부득이하여 그렇게 행한 것인가? 무武왕이 문文왕을 장사지내지도 않고 군사를 일으킨 것이 어찌 무왕 이전에 어떤 사람이 장사지내지도 않고 군사를 일으켜서 하나의 준칙이 되었고, 그래서 무왕이 어떤 전적을 고찰하거나 어떤 사람에게 문의하여 그렇게 행한 것인가? 아니면 역시 그 마음 일념의 양지에서 구하여 경중의 마땅함을 헤아리고, 부득이하여 그렇게 행한 것인가? 만약 순임금의 마음이 후사가 끊기는 데 참되지 않았고, 무왕의 마음이 백성을 구제하는 데 참되지 않았다면, 부친에게 알리지도 않고 아내를 맞아들이고, 문왕을 장사지내지도 않고 군사를 일으킨 것은 곧 커다란 불효·불충일 것이다.[111]

순임금이나 무왕 모두 부득이한 상황에서 일반적인 예의 법도의 준칙

---

110) 『傳習錄(下)』, 「黃以方錄」, 340조목, "良知卽是易, 其爲道也屢遷, 變動不居, 周流六虛, 上下無常, 剛柔相易, 不可爲典要, 惟變所適."

111) 『傳習錄』(中), 「答顧東橋書」, 139조목, "夫舜之不告而娶, 豈舜之前已有不告而娶者爲之準則, 故舜得以考之何典, 問諸何人而爲此邪? 抑亦求諸其心一念之良知, 權輕重之宜, 不得已而爲此邪? 武之不葬而興師, 豈武之前已有不葬而興師者爲之準則, 故武得以考之何典, 問諸何人而爲此邪? 抑亦求諸其心一念之良知, 權輕重之宜, 不得已而爲此邪? 使舜之心而非誠於爲無後, 武之心而非誠於爲救民, 則其不告而娶與不葬而興師, 乃不孝不忠之大者."

을 위반하고 자신 양지의 판단에 따라 새로운 준칙을 설정하여 부모에게 알리지 않고 아내를 맞이하고 부친의 장례를 치르지 않은 상태에서 군대를 일으켰다는 것이다. 여기서 중요한 점은 당시의 일반적 법도를 거역하면서까지 새로운 준칙을 세우게 된 이유가 무엇이냐 하는 것이다. 단지 자신들의 욕망을 성취코자 한 것인가? 아니면 더 근원적인 이유가 있는가? 순은 부모에게 미리 알릴 경우 결혼을 허락받을 수 없는 상황에서 일반적 법도를 준수하기보다는 조상으로부터 자신으로 이어져 오는 생명을 자신의 자식을 통해 영속시키기 위해 부모에게 알리지 아니하고 결혼하는 길을 선택한 것이다. 그리고 무왕의 경우 또한 절대 위기의 상황에서 백성들을 위난으로부터 구원하기 위해 부모의 장례를 먼저 치르는 일반적 법도를 따르지 아니하고 군대를 일으켜 백성들을 구제하고자 하였던 것이다. 만일 이들이 일반적 법도에 따랐다면 순임금은 자손을 두지 못했을 것이며, 무왕은 백성들을 위난으로부터 구원하지 못했을 것이다. 여기서 우리는 양지의 수시변역성이 단지 자신의 개체 욕망을 성취하기 위한 임기응변이나 기회주의적인 취사선택이 아니라는 사실을 알 수 있다. 양지의 수시변역성은 생명을 질곡시킬 수 있는 고정된 규범과 격식으로부터 인간을 해방시켜주며, 나아가 인간이 천지만물의 생명을 질곡시키거나 손상시키지 않으면서 천지만물의 창생・양육의 변화 과정에 주체적・능동적으로 참여할 수 있는 길을 열어주고자 하는 데 그 참뜻이 있다고 말할 수 있다.

지금까지 양지의 다양한 함의와 특성에 대해 살펴보았다. 지금까지 살펴본 양지의 다양한 함의와 특성을 다음과 같이 정리할 수 있다.

첫째, '양지'는 인간 누구나 '성인'이 될 수 있는 본원적 바탕이다. 양지는 특정한 신분 계층 또는 선천적으로 우수한 기질을 소유한 특수한 사람만이 지니는 것이 아니다. 양지는 인간 누구나 성인이 될 수 있는 바탕으로서 모든 인간에 대한 선천적이고 보편적인 '내재성'과 역사적 '보편성'을 지닌다. 따라서 양지는 인간이라면 누구나 신분적·계급적 위계질서와 선천적 기질상의 등급을 뛰어넘어 참된 인간상으로서의 성인이 될 수 있는 근거가 된다. 그러나 모든 인간이 선천적으로 양지를 내재하고 있다 하더라도 양지에 대한 개체 욕망(사욕)의 차폐 정도에 따라 현실적으로는 다양한 층차로 나뉜다. 비록 기질에 따른 개체 욕망에 의한 양지 차폐의 정도에 차이가 있다 하더라도 인간은 누구나 현실적인 삶의 장 한 가운데서 개체 욕망을 제거하고 선천적 양지를 회복하여 양지의 판단에 따라 실천하는 끊임없는 노력을 통해 기질상의 차등을 극복하고 성인이 될 수 있다.

둘째, 양지는 천지만물과의 감응 주체이다. 양지는 인간 자신과 천지만물을 하나의 생명체로 연결해주는 '생명 중추'이자 '감응 주체'이다. 양지는 감응을 통해 천지만물의 생명의 온전성에 대한 시비를 판단하고 이들의 생명이 손상될 때 이를 자신의 아픔으로 느끼는 '통각의 주체'로서, 인간 마음의 선천적인 '자각적 판단력'이자 '유기적인 생명력'이다. 이러한 양지는 인간만이 지니는 것이며, 인간은 영명한 양지를 매개로 자신이 속한 천지만물의 생명의 본질을 자각함으로써, 천지만물의 존재물들에게 생명의 본질적 가치를 부여함과 동시에 이를 계기로 천지만물을 새롭게 창출·양육시켜나갈 수 있는 기반을 마련한다.

셋째, 양지는 생명 창출의 주체이다. 양지의 감응 대상인 천지만물 자체가 만물을 끊임없이 창생·양육하는 자기-조직성에 근거하여 끊임없이 변화하기 때문에 감응 주체인 양지 또한 천지만물의 변화에 따라 끊임없이 변화하면서 생명의 온전성에 대한 시비의 준칙을 새롭게 설정함과 아울러 시비판단을 새롭게 해야 하는 역동성을 지녀야 한다. 이러한 양지의 역동성은 곧 시비준칙을 새롭게 창출하는 양지의 '창출성創出性'의 바탕이 된다. 양지의 창출성은 판단 준거를 새롭게 설정하는 단계에 머무는 것이 아니라 보다 적극적으로 생명을 새롭게 창출시켜나가는 것으로 정의된다. 즉 항상 새롭게 펼쳐지는 천지만물의 창생·양육 과정에 양지는 언제나 새롭게 감응하고 주체적으로 참여함으로써 천지만물이 건강하고 온전하게 창생·양육될 수 있도록 돕는 것이다. 그러나 인간은 천지만물과 주·객으로 이원화되어 있는 것이 아니라 총체적인 천지만물의 중추적 존재이기 때문에, 이러한 주체적 참여를 통해 전개되는 천지만물의 창생·양육 과정으로서의 자기－조직화 과정은 사실상 인간 자신의 생명의 창출·전개 과정이라고도 할 수 있다.

넷째, 감응과 생명 창출의 주체인 양지는 시비준칙과 시비판단력의 통합체로서 인간의 선천적인 '유기적 생명성'이다. 양지는 천지만물의 생명의 온전성과 인간 자신의 의념에 대한 시비와 선악을 판단하는 시비판단의 준칙임과 동시에 그 자체가 시비판단 작용을 진행한다. 시비준칙은 외재적 당위의 도덕규범에 의존하거나 고정불변한 격식으로 존재하는 것이 아니라 마주한 대상 또는 주어진 상황에 따라 감응을 통해 끊임없이 양지로부터 새롭게 창출되는 '수시변역성'을 지닌다. 스스로 창출한 시비준칙에 의거하여 양지는 대상 생명의 온전성의 시비는 물론 인간 자신의 의념이 생명의 온전성에 부합되는지의 시비 여부를 자각적으로 판단하는 영명한 자각성이다. 아울러 천지만물이 끊임없는 변화를 생명 본질로 하기 때문에 천지만물과의 감응 주체로서의 양지는 끊임없이 시비준칙을 새롭게 창출하고 시비판단 작용을 진행하면서 자신의 실천 방향성을 새롭게 설정하는 '항동성'을 지닌다.

제6장
양지의 일원적 체계와 생명 창출

천지만물의 생명의 온전성과 인간 자신의 의념에 대한 시비와 선악과 진위의 판단준칙과 판단력의 통합체로서의 '양지'는 '영명한 자각성'과 '항동성' 그리고 '수시변역성'이라는 '유기적 속성'을 지닌다. 그러나 단지 이러한 양지의 속성만으로 천지만물과 인간의 생명을 온전하게 창생·양육해나갈 수 있는 것은 아니다. 천지만물과의 감응 과정에서 반드시 '실천 행위'가 수반되어야 한다. 양명은 양지의 '체용體用 일원적 체계'와 '몸, 기, 칠정, 견문의 경험 활동 등과의 하나됨'을 통해 이 문제를 해결한다.

제1절 양지의 체용이 하나의 근원

양명은 "체體와 용用은 일원一源이니, 이 체가 있으면 곧 용이 있다"[1]고 말하고, "체에 대해 말하면 용은 체에 있고, 용에 대해 말하면 체는 용에

1) 『傳習錄』(上), 「陸澄錄」, 45조목, "蓋體用一源, 有是體, 卽有是用."

있다. 이것을 체와 용이 일원(體用一源)이라고 말하는 것이다"[2]라고 하여, 체와 용이 근원을 같이한다고 말한다. 나아가 그는 "체는 양지의 체요, 용은 곧 양지의 용이다"[3]라고 주장한다. 여기서 체와 용은 '양지' 하나로 귀결된다는 사실을 알 수 있다. 그렇다면 '양지의 체'와 '양지의 용', 그리고 '체와 용이 하나의 근원'이란 무엇을 의미하는가를 구체적으로 살펴볼 필요가 있다.

인간 마음의 본질적 속성인 양지는 천지만물의 생명 본질에 근원하며 천지만물과 감응하는 생명 주체이다. '천지만물'은 기氣의 운행과 같은 중단 없는 생명 활동을 통해[4] 끊임없이 생명을 창생·양육해 가는[5] 자기－조직성을 지닌 하나의 유기적인 생명체이다. 따라서 '끊임없는 유행流行'(生生不息)은 천지만물의 생명 본질이며, 유행의 중단(息·亭)은 곧 죽음을 의미한다. 양명은 천지가 한 순간의 쉼이나 멈춤 없이 만물을 창생·양육하는 것처럼 인간의 마음 또한 끊임없이 유행(流行不息)한다고 주장한다.[6] 나아가 그는 "천도天道의 운행이 잠시 쉼이나 정지함이 없다. 내 마음의 양지의 운행 또한 잠시 쉼이나 정지함이 없다. 양지가 곧 천도이다"[7]고 말하고, 양지 또한 천지와 같이 끊임없이 유행한다고 주장한다.[8] 그리고 천지 유행의 중단이 곧 천지만물의 죽음을 의미하듯, 인간 마음

2) 『傳習錄』(上), 「薛侃錄」, 108조목, "卽體而言, 用在體. 卽用而言, 體在用, 是謂體用一源."

3) 『傳習錄』(中), 「答陸原靜書又」, 155조목, "體卽良知之體, 用卽良知之用."

4) 『傳習錄』(上), 「薛侃錄」, 104조목, "天地氣機, 元無一息之停." 『全集』, 권7, 「惜陰說」, 267쪽, "天道之運, 無一息之或停."

5) 『王陽明全集』(上海古籍出版社, 1992, 이하 『全集』이라 표기), 권6, 「答友人問」, 208쪽, "知天地之化育." 『全集』, 권7, 「自得齋說」, 265쪽, "天地以位, 萬物以育."

6) 『全集』, 권32, 「補錄」, 1173쪽, "人心自是不息. 雖在睡夢, 此心亦是流動. 如天地之化, 本無一息之亭."

7) 『全集』, 권6, 「惜陰說」, 267쪽, "天道之運, 無一息之或停, 吾心良知之運, 亦無一息之或停, 良知卽天道."

8) 『傳習錄』(下), 「黃修易錄」, 330조목, "天地間活潑潑地無非此理, 便是吾良知的流行不息."

의 유행의 중단 또한 죽음을 의미한다고 말한다.[9] 이러한 양지의 끊임없는 유행은 바로 "인仁이란 자연의 조화가 끊임없이 낳고 낳는 이치이다"[10]라고 밝히고 있듯, 생생불식生生不息하는 인심仁心, 즉 양지의 발용으로서 인간의 마음이 천지만물과의 끊임없는 감응 작용을 통해 천지만물의 창생·양육 과정에 주체적으로 참여하는 것을 의미한다.[11] 따라서 체용의 '용用'은 바로 이러한 양지의 끊임없는 감응 작용으로서의 '양지의 유행'을 의미한다고 말할 수 있다.

그렇다면 체용의 '체體'는 무엇을 의미하는 것일까? 인간의 생명 본질이 천지만물의 생명 본질에 근원하기 때문에, 체體의 의미 또한 천지만물의 생명 본질과의 관련성 속에서 찾을 수 있다. 양명은 먼저 "천지가 만물을 화생化生하여 그 마땅함을 얻게 하지만 스스로는 또 고요(靜)하다. 이 마음이 비록 유행하여 쉬지 않는다고 할지라도 그것이 한결같이 천리를 따르니 역시 스스로 고요하다"[12]고 하여, 천지와 마음의 끊임없는 현상적 유행에 대비되는 '고요함'(靜)을 상정한다. 그는 또한 천리가 마음의 본체라고 전제하면서 체용 관계를 다음과 같이 설명한다.

> 천리는 원래 고요하여 움직이지 않고(寂然不動), 원래 스스로 느껴서 마침내 통한다(感而遂通). 배우는 사람의 공부가 비록 천만 가지를 사려한다고 하더라도, 단지 그 본래의 체용을 회복하려는 것일 뿐이니, 사사로운 뜻으로 안배하고 사색하는 것이 아니다. 그래서 정명도程明道는 "군자의 학문은 확 트여서 크게 공정하여 사물이 다가오면 순순히 응하는 것 만한 것이 없다"고 하였다.[13]

---

9) 『傳習錄』(下), 「陳九川錄」, 202조목, "戒懼之念是活潑潑地. 此是天機不息處, 所謂維天之命, 於穆不已, 一息便是死."

10) 『傳習錄』(上), 「陸澄錄」, 93조목, "仁是造化生生不息之理."

11) 본서 3장 3절 '양명의 생생불식의 유기체적 우주관' 참조.

12) 『全集』, 권32, 「補錄」, 1173쪽, "然其化生萬物, 各得其所, 却亦自靜也. 此心雖是流行不息, 亦其一循天理, 却亦自靜也"

천리는 양지에 다름 아니다.[14] 여기서 천리는 '고요하여 움직이지 않는다(寂然不動)'는 정적인 측면과 '스스로 느껴서 마침내 통한다(感而遂通)'고 하는 동적인 측면 둘로 구분된다. 그리고 전자는 '확 트여서 크게 공정한'(廓然大公) 속성을 지니며, 후자는 '사물이 오면 순순히 응하는(物來順應)' 속성을 지닌다. '스스로 느껴서 마침내 통한다'는 것과 '사물이 오면 순순히 응한다'는 것은 바로 앞에서 살펴본 양지의 감응 작용 곧 양지의 끊임없는 유행으로서의 '용用'을 의미한다. 그렇다면 '고요하여 움직이지 않는다'는 것과 '확 트여서 크게 공정하다'는 것은 바로 양지의 '체體'를 의미한다고 가정해 볼 수 있다. '움직임'(動)에 대비되는 '적연부동寂然不動' 또는 '정靜'으로 정의되는 양지의 '체體'는 무엇을 의미하는 것일까?

'체'의 의미는 양명이 동·정의 문제를 태극太極과 관련하여 말하고 있는 다음과 같은 주장에서 찾아볼 수 있다.

> 태극의 낳고 낳는 리(生生之理)는 그 오묘한 작용이 쉬지 않으면서도(妙用無息) 그 항상된 본체는 바뀌지 않는다(常體不易). 태극이 낳고 낳는 것(生生)은 곧 음양陰陽의 낳고 낳는 것이다. 그 낳고 낳는 속에서 쉬지 않는 것을 가리켜서 움직임(動)이라고 하고 양陽을 낳는다고 말하는 것이지, 움직인 뒤에 양陽을 낳는다고 말하는 것은 아니다. 그 낳고 낳는 속에서 그 항상된 본체가 바뀌지 않는 것을 가리켜서 고요함(靜)이라고 하고 음陰을 낳는다고 하는 것이지, 고요한 뒤에 음陰을 낳는다고 말하는 것은 아니다. 만일 고요한 뒤에 음을 낳고 움직인 뒤에 양을 낳는다고 한다면, 음과 양, 움직임과 고요함이 자른 듯이 각자 하나의 사물이 되고 만다. 음양은 하나의 기氣이다. 하나의 기가 구부렸다 폈다 하여 음양이 된다. 움직임과 고요함은 하나의 리理이다.

---

13) 『傳習錄』(中), 「答周道通書」, 145조목, "心之本體卽是天理, … 天理原是寂然不動, 原自感而遂通, 學者用功雖千思萬慮, 只是要復他本來體用而已, 不是以私意去安排思索出來, 故明道云君子之學, 莫若廓然而大公, 物來而順應."

14) 『傳習錄』(下), 「黃省曾錄」, 284조목, "天理卽是良知."

하나의 리가 숨었다 드러났다 하여 움직임과 고요함이 된다.[15)]

'태극'은 현상계를 초월한 형이상자가 아닌 만물이 끊임없이 창생·양육되는 생생生生의 생명 창출 과정(妙用無息)에 있어서의 항동적 작용 주체이며, 이러한 작용 주체의 창출성은 절대로 바뀌지 않는(常體不易) 속성을 지닌다는 것이다. 태극의 리는 그 자체는 바뀌지 않는 천지만물의 자기-조직성의 원리(常體不易)이자 동시에 끊임없는 자기-조직화 과정(妙用無息)이라는 체용 일원一源의 체계를 지닌다. 태극과 음양 또한 각기 별개로 존재하는 것이 아니라 태극의 생명 창출 과정이 바로 음양의 생명 창출 과정이 되는 일원적 체계를 지닌다. 그리고 움직임·고요함과 '양을 낳음'·'음을 낳음' 또한 태극의 체용 일원의 관계를 표현하는 말에 불과하다. 태극의 끊임없는 만물의 창생·양육 과정에 있어, '움직임'과 '양을 낳음'이 단지 끊임없이 만물을 창생·양육하는 항동적 현상 작용(妙用無息)을 지칭하는 것이라면, '고요함'과 '음을 낳음'은 항동적 작용 주체의 생명 창출의 불역성(常體不易)을 지칭하는 말이다. 따라서 동정의 관계 및 음양의 관계는 시간적 선후 관계나 대비적 관계가 아닌 천지만물의 끊임없는 생명 창출 과정에 있어 현상 작용의 측면에서 보느냐 아니면 작용 주체의 측면에서 보느냐에 따른 표현상의 차이일 뿐, 이들은 결국 체용 일원이라는 하나의 과정으로 일원화된다.

양지는 천지만물의 생명 본질에 근원하기 때문에, 양지의 체體를 표현하는 '적연부동寂然不動' 또는 '정靜'이라는 말은 양지가 작용하지 않는다는 뜻이 아니라 양지의 본질적 속성은 바뀌지 않는다(常體不易)는 의미로 볼

15) 『傳習錄』(中), 「答陸原靜書」, 157조목, "太極生生之理, 妙用無息, 而常體不易. 太極之生生, 卽陰陽之生生. 就其生生之中, 指其妙用無息者, 而謂之動, 謂之陽之生, 非謂動而後生陽也. 就其生生之中, 指其常體不易者, 而謂之靜, 謂之陰之生, 非謂靜而後生陰也. 若果靜而後生陰, 動而後生陽, 則是陰陽動靜截然各自爲一物矣. 陰陽一氣也, 一氣屈伸而爲陰陽; 動靜一理也, 一理隱顯而爲動靜."

수 있다. 양지의 본질적 속성은 생명의 온전성과 자신의 의념에 대한 시비를 판단하는 '영명한 자각성'과 시비의 준칙을 마주한 사태와 대상에 따라 끊임없이 변화시키는 '수시변역성隨時變易性' 그리고 끊임없이 천지만물과 감응하는 생생불식生生不息 · 유행불식流行不息의 '항동성'을 의미한다. 이러한 양지의 본질적 속성이 바로 '양지의 체'이며, 이러한 속성은 결코 바뀌지 않는다. 바로 양지가 이러한 불변하는 본질적 속성(常體)을 지니고 있기 때문에 끊임없이 천지만물과 감응하는 유행불식의 현상 작용(妙用)이 있을 수 있는 것이다. 그리고 양지의 유행불식의 현상 작용은 바로 양지의 본질적 속성의 발용이며(用在體) 양지의 본질적 속성은 유행불식하는 현상 작용으로 드러나는 것(體在用)이기 때문에, 양지의 본질적 속성과 양지의 유행 불식은 근원을 같이한다(體用一源)고 말할 수 있는 것이다.

제2절 중화의 체용 일원적 체계

양명은 이러한 양지의 체용 일원적 체계를 바탕으로 『중용』 1장의 '미발지중未發之中'과 '이발지화已發之和'의 문제를 다루어나간다. 『중용』 1장 4절에는 다음과 같은 구절이 있다.

> 기쁨(喜)·성냄(怒)·슬픔(哀)·즐거움(樂)이 아직 발하지 않은 것을 중中이라 이르고, 발하여 모두 절도에 맞는 것을 화和라 이르니, 중이라는 것은 천하의 커다란 근본이요, 화라는 것은 천하의 보편적인 도이다.[16]

16) 『中庸』, 1장 4절, "喜怒哀樂之未發謂之中, 發而皆中節謂之和. 中也者, 天下之大本也, 和也者, 天下之達道也."

여기서 문제가 되는 것은 '미발의 중'과 '이발의 화'가 각기 무엇을 의미하며, '미발의 중'과 '이발의 화'가 어떠한 관계성을 지니고 있느냐 하는 점이다.

1. 중화와 양지

먼저 주희는 마음의 본성(性)과 감정(情)을 이원화한다. 기뻐하고 성내고 슬퍼하고 즐거워하는 것이 '감정'의 작용이라면, 이러한 감정이 아직 발동하지 않은 상태는 '본성'으로 정의된다. 그리고 '중中'이 감정이 발동하지 않은 상태에서의 마음의 본성이 치우침이 없는 상태를 말한다면, '화和'는 마음으로부터 감정이 발동한 상태에서 감정이 당위의 도덕적 규범으로서의 리理, 즉 마음에 내재된 본성에 부합되는 상태를 말한다. 그리고 '대본大本'은 하늘이 부여한 본성으로서 보편적 리의 근원처로서의 도체道體를 의미하고, '달용達用'은 본성에 순응하는 도용道用을 의미한다.[17] 따라서 마음은 발동 여부에 따라 본성과 감정으로 이원화된다.

발동하지 않은 본성과 관련된 '중中', '대본大本' 및 '도체道體'는 성즉리性卽理의 보편성을 말하는 '천명지위성天命之謂性'에 대한 설명이라면, 이미 발동한 감정과 관련된 '화和', '달도達道' 및 '도용道用'은 순리循理의 당위성을 말하는 '솔성지위도率性之謂道'에 대한 설명이라 말할 수 있다. 주희에게 있어 본성과 감정 그리고 중과 화는 마음의 발동 이전과 이후의 시간적 선후를 지닌 도체와 도용으로 이원화되며, 중화中和의 단계와 별도로 수도지위교修道之謂教, 즉 성인의 품절品節과 교화로서의 치중화致中和의 또 다른

17) 『中庸集註』, 1장 4절, "喜怒哀樂, 情也, 其未發則性也. 無所偏倚故謂之中, 發皆中節, 情之正也, 無所乖戾故謂之和. 大本者, 天命之性, 天下之理, 皆由此出, 道之體也. 達道者, 循性之謂, 天下古今之所共由, 道之用也. 此言性情之德, 以明道不可離之意."

단계가 요구된다.[18)]

이러한 주희의 입장과 달리 양명은 '중中'과 '화和'를 체용 일원적 입장에서 설명한다. 작용 주체(體)와 현상 작용(用)은 일원으로서 작용 주체가 있음으로써 현상 작용이 있다는 전제 아래, 양명은 작용 주체로서의 '미발지중未發之中'이 있음으로써 '발이중절지화發而中節之和'라는 현상 작용이 있게 된다고 본다.[19)] 또한 마음의 본체는 '적연하여 움직이지 않으며'(寂然不動), '발동하지 않은 중'(未發之中)이며, '확 트여 크게 공정한'(廓然大公) 것이기 때문에, 이것이 자연히 '느껴서 마침내 통하고'(感而遂通), 자연히 '발하여 절도에 맞으며'(發而中節), 자연히 '사물이 오면 순응하게'(物來順應)되는 현상 작용을 일으킨다고 주장한다.[20)]

여기서 중요한 점은 '미발지중未發之中'이 주희와 같이 기쁨·성냄·슬픔·즐거움과 같은 감정이 발동하기 이전의 마음 상태를 의미하는 것이 아니라 언제나 사물과의 감응 과정 중에 있는 마음의 본질적 속성을 지칭한다는 점이다. 양명은 "중中은 다만 천리이며, 다만 역易이다. 때에 따라 변역(隨時變易)하니 어떻게 잡을 수가 있겠는가? 반드시 때에 따라 마땅함을 정해야지, 미리 하나의 표준(規矩)을 설정하기가 어렵다"[21)]고 말한다. 즉 미발지중의 '중中'은 감응 주체로서의 마음의 '수시변역성'으로 정의된다. 그는 또한 '중화中和'는 모든 인간이 본래 내재하고 있는 것이라고 전제하면서 다음과 같이 말한다.

---

18) 김세정, 「왕양명의 생명 중심의 일원론적『中庸』해석」,『東西哲學硏究』22호(한국동서철학회, 2001), 206~229쪽 참조.

19) 『傳習錄』(上), 「陸澄錄」, 45조목, "蓋體用一源, 有是體, 卽有是用. 有未發之中, 卽有發而皆中節之和."

20) 『傳習錄』(上), 「陸澄錄」, 72조목, "只是心之本體, 看有甚閒思慮? 此便是寂然不動, 便是未發之中, 便是廓然大公. 自然感而遂通, 自然發而中節, 自然物來順應."

21) 『傳習錄』(上), 「陸澄錄」, 52조목, "中, 只是天理, 只是易. 隨時變易, 如何執得? 須是因時制宜, 難預先定一箇規矩在."

> 반드시 평소에 여색을 좋아하고 이익을 좋아하고 명예를 좋아하는 일체의 사사로운 마음(私心)을 말끔히 쓸어내고 씻어내어 터럭만큼이라도 남겨 두지 않아서 이 마음 전체가 확트여 순수한 천리가 되어야만 비로소 희노애락의 미발지중未發之中이라 말할 수 있고, 천하의 커다란 근본이라 말할 수 있다.[22]

마음으로부터 개체 욕망이 철저히 제거되고 마음의 유기적 생명성인 천리가 회복된 상태가 '중'이라는 것이다. 따라서 '미발지중'은 개체성을 초월한 전우주적 공평무사, 즉 확 트여 크게 공정한(廓然大公) 마음의 본질적 속성을 지칭하는 것이라면, '발이중절發而中節의 화和'는 이러한 작용 주체인 마음의 본질적 속성이 천지만물과 자연스럽게 감응(感而遂通・物來順應)함으로써 천지의 만물 창생・양육(化育)의 공능에 참여하는 현상 작용을 지칭하는 것이라고 말할 수 있다.

이에 양명은 "양지는 미발지중이고 확 트여 크게 공정한 것(廓然大公)이며 고요하여 움직이지 않는(寂然不動) 본체로서 사람들마다 똑같이 갖추고 있는 것이다. … 본체(體)는 양지의 본체요, 작용(用)은 양지의 작용인데, 어찌 다시 본체와 작용의 밖에서 벗어날 수 있겠는가?"[23]라고 말한다. '미발지중'은 결국 마음의 본질적인 유기적 속성으로서의 '양지'이며, 마음의 본체와 작용은 양지 하나로 귀결된다는 것이다.

2. 중화의 체용이 하나의 근원

양명은 본체와 작용의 일원적 입장에서 주희와 같이 '중中'과 '화和'를

---

22) 『傳習錄』(上), 「陸澄錄」, 76조목, "中和是人人原有的, … 須是平日好色好利好名等項一應私心, 掃除蕩滌, 無復纖毫留滯, 而此心全體廓然, 純是天理, 方可謂之喜怒哀樂未發之中, 方是天下之大本."

23) 『傳習錄』(中), 「答陸原靜書」, 155조목, "良知卽是未發之中, 卽是廓然大公, 寂然不動之本體, 人人之所同具者也. … 體卽良知之體, 用卽良知之用, 寧復有超然於體用之外者乎?"

마음이 발동하지 않은 단계의 본성(性)과 이미 발동한 단계의 감정(情)으로 이원화시키지 않을 뿐만 아니라, '미발未發'과 '이발已發'을 시간적 선후 관계로 파악하지 않는다.

> ① 미발지중未發之中은 곧 양지로서 앞과 뒤, 안과 밖이 없이 혼연히 한 몸을 이루고 있다. ② 일이 있음(有事)과 일이 없음(無事)으로써 움직임과 고요함을 말할 수 있으나, 양지는 일이 있음과 일이 없음의 구분이 없다. 적연(寂然不動)과 감통(感而遂通)으로써 움직임과 고요함을 말할 수 있으나, 양지는 적연과 감통의 구분이 없다. 움직임과 고요함은 마음이 만나는 바의 때이다. 마음의 본체는 본래 움직임과 고요함의 구분이 없다. ③ 리理는 움직임이 없는 것이다. 움직이면 곧 욕망(欲)이 된다. 리를 따르면 비록 수만 가지 변화에 응대하더라도 일찍이 움직인 적이 없으며, 욕망을 좇으면 비록 마음의 작용을 그치게 하고 생각을 전일하게 하더라도 일찍이 고요한 적이 없다. '움직임 가운데 고요함이 있고, 고요함 가운데 움직임이 있다'[24]는 것을 또 어찌 의심하겠는가? ④ 일이 있어서 감통하는 것은 참으로 움직임이라고 말할 수 있으나 적연한 것에 무엇을 보탠 적이 없으며, 일이 없어서 적연한 것은 참으로 고요함이라고 말할 수 있으나 감통하는 것에 무엇을 덜어낸 적이 없다. '움직이되 움직임이 없고, 고요하되 고요함이 없다'[25]는 것을 또 어찌 의심하겠는가? 앞과 뒤, 안과 밖이 혼연한 한 몸이라면, '지극한 성실함에 쉼이 있다'는 것을 해명할 필요가 없다. ⑤ 미발未發은 이발已發 가운데 있으나, 이발 가운데 미발이 따로 있지 않다. 이발은 미발 가운데 있으나, 미발 가운데 이발이 따로 있지 않다. 이것이 '움직임과 고요함이 없지는 않지만, 움직임과 고요함으로 나눌 수 없다'는 것이다.[26]

---

24) 『二程遺書』, 권8, "靜中便有動, 動中便有靜."

25) 『通書』, 16장, "動而無靜, 靜而無動, 物也. 動而無動, 靜而無靜, 神也. 動而無動, 靜而無靜, 非不動不靜也."

26) 『傳習錄』(中), 「答陸原靜書」, 157조목, "未發之中卽良知也, 無前後內外, 而渾然一體者也. 有事無事, 可以言動靜, 而良知無分於有事無事也. 寂然感通, 可以言動靜, 而良知無分於寂然感通也. 動靜者所遇之時, 心之本體固無分於動靜也. 理無動者也, 動卽爲欲. 循理則雖酬酢萬變, 而未嘗動也; 從欲則雖槁心一念, 而未嘗靜也. 動中有靜, 靜中有動, 又何疑乎? 有事而感通, 固可以言動, 然而寂然者未嘗有增也. 無事而

마음의 본체로서의 양지는 일이 있음(有事)과 일이 없음(無事), 적연寂然과 감통感通으로 나눌 수 없을 뿐만 아니라 움직임(動)과 고요함(靜)으로도 나뉘지 않는다는 것이다.(②의 내용) 이는 양지가 움직임과 고요함을 모두 함축한다는 것을 의미한다. 따라서 '미발지중未發之中이 양지'(①의 내용)라는 말은 양지가 단지 시간적 선후에 있어서의 아직 발동하지 않은 마음의 상태를 지칭하는 것이 아님을 알 수 있다.

양명은 '움직임'과 '고요함'을 두 차원으로 나누어 사용한다. 첫째, 마음이 작용하는 상태를 지칭하는 움직임과 마음이 작용하지 않는 상태를 지칭하는 고요함이다. 둘째, 리理는 움직임이 없으며(不動=靜) 움직이면 욕망이 된다. 여기서 말하는 리는 태극太極 생생生生의 리이다. 앞에서 살펴본 바와 같이, 태극 생생의 리는 만물을 끊임없이 창생・양육하는 생생生生의 생명 창출 과정(妙用無息)에 있어서의 항동적 작용 주체이며, 이러한 작용 주체의 창출성은 절대로 바뀌지 않는(常體不易) 속성을 지닌다. 태극의 리는 그 자체는 바뀌지 않는 천지만물의 자기－조직성의 원리(常體不易)이자 동시에 끊임없는 자기－조직화 과정(妙用不息)이라는 체용일원의 체계를 지닌다. 불역不易의 상체常體라는 의미에서 태극 생생의 리는 움직이지 않는 고요함(靜)으로 지칭된다. 이 리가 바로 인간에게 있어서는 마음의 본체로서의 천리天理이다. 따라서 인간의 모든 실천 행위(酬酌萬變=動)가 천리를 따라 이행될 경우에는 욕망은 작용하지 못한다(不動=靜). 따라서 양명은 '움직임(마음의 본체인 천리의 감응하는 현상 작용) 가운데 고요함(不易하는 천리)이 있다'(動中有靜)고 주장하는 것이다. 그러나 욕망의 발동은 마음의

寂然, 固可以言靜, 然而感通者未嘗有減也. 動而無動, 靜而無靜, 又何疑乎? 無前後內外而渾然一體, 則至誠有息之疑, 不待解矣. 未發在已發之中, 而已發之中未嘗別有未發者在; 已發在未發之中, 而未發之中未嘗別有已發者存; 是未嘗無動靜, 而不可以動靜分者也."

본체로서의 천리의 발현을 차폐시키기 때문에 천리의 고요함에 대응된다는 입장에서 움직임으로 규정된다. 따라서 욕망(動)을 따르게 되면 마음을 발동시키지 않는다(槁心一念=靜) 하더라도 천리는 이미 차폐되어 무정無靜(常體로서의 천리의 차폐)의 상태가 된다. 이에 양명은 '고요함(마음이 작용하지 않는 상태) 가운데 움직임(욕망의 발동)이 있다'(靜中有動)고 주장하는 것이다.(③의 내용)

양명은 또한 "움직이되 움직임이 없고, 고요하되 고요함이 없다"(動而無動, 靜而無靜)고 말한다. 마음이 현상적으로 작용하고 있는 상태에서 움직임과 고요함의 의미와 상호 관계를 규정한다. 마음의 현상 작용에 있어 일이 있음(有事)과 느껴서 통함(感通)은 마음의 현상 작용(用) 자체로서 움직임(動)으로 규정되고, 일이 없음(無事)과 적연寂然은 현상 작용 과정에 있어 불역不易하는 마음의 상체常體로서 고요함(靜)으로 규정된다. 따라서 일이 있음과 느껴서 통하는 현상 작용(動)에 있어서도 적연부동寂然不動한 상체常體는 불역不易하기 때문에 움직임은 곧 무동無動(靜)이라 할 수 있고, 적연부동한 상체는 비록 불역하지만(靜) 감이수통感而遂通하는 그 현상 작용 자체는 계속 진행되는 것이므로 고요함(靜)은 곧 무정無靜(動)이라 말할 수 있다. 여기서의 움직임과 고요함은 결국 시간적 선후라는 의미에서 대비되는 움직임과 고요함의 관계, 마음이 작용하는 상태로서의 움직임(動)과 마음이 작용하지 않는 상태로서의 고요함(靜)을 의미하지 않는다. 마음이 작용하고 있는 움직임(動)의 상태에서 보여지는 불역不易하는 본체(體)와 현상 작용(用)을 각기 지칭하는 말이다.(④의 내용) 여기서 움직임과 고요함의 일원적 체계와 본체와 작용의 일원적 체계가 성립될 수 있는 계기가 설정된다.

이러한 일원적 체계를 바탕으로 양명은 미발未發과 이발已發의 문제를 다루고 있다. '미발'은 고요함을 지칭하고 '이발'은 움직임을 지칭한다. 앞의 내용과 연결시켜 볼 때, 미발과 이발은 시간적 선후에 따르는 마음의 발동 이전과 이후를 각기 가리키는 것이 아니라, 마음이 작용하고 있는 움직임의 상태에서 작용 주체(體)와 현상 작용(用)을 각기 가리키는 것이라 볼 수 있다. 마음의 작용 과정에 있어서 적연부동한 마음의 불역하는 상체常體는 미발이 되고, 감이수통하는 마음의 현상 작용은 이발이 된다. 따라서 미발과 이발은 역동적인 마음의 감응 과정에 있어 그 본체와 현상을 각기 나누어 지칭하는 말에 불과할 뿐, "미발(常體)은 이발(妙用) 가운데 있으나, 이발 가운데 미발이 따로 있지 않다. 이발은 미발 가운데 있으나, 미발 가운데 이발이 따로 있지 않다"고 하는 일원적 체계가 성립된다.(⑤의 내용)

'대본大本'과 '달도達道' 또한 일원적 체계를 지닌다. 인간의 생명 본질이 비록 천지만물의 생명 본질과 일치한다 하더라도 인간은 천지만물과 달리 양지의 자연한 발현을 가로막는 개체성에 국한된 개체 욕망(사욕)의 발동 가능성을 내재하고 있다.[27] 개체 욕망이 발동될 경우 본성(양지) 자체는 상실되지 않는다 하더라도 개체 욕망에 의해 차폐됨으로써 자연스럽게 발현될 수 없다. 따라서 반드시 마음으로부터 개체 욕망을 완전히 제거하여 순수한 본성을 회복해야 한다. 이에 양명은 다음과 같이 말한다.

> 중中 아닌 것이 없어야만 그것을 대본大本이라 할 수 있고, 화和 아닌 것이 없어야만 그것을 달도達道라 할 수 있다. 오직 천하에 지성至誠을 지닌 사람만이 천하의 대본을 세울 수 있다.[28]

하나의 감응 과정 중에 개체 욕망의 개입이 차단된 마음의 본질적 상

27) 『傳習錄』(上), 「陸澄錄」, 58조목, "喜怒哀樂本體, 自是中和的. 纔自家着些意思, 便過不及, 便是私."

28) 『傳習錄』(上), 「陸澄錄」, 76조목, "但常人之心, 卽有所昏蔽, 則其本體雖亦時時發見, 終是暫明暫滅, 非其全體大用矣. 無所不中, 然後謂之大本, 無所不和, 然後謂之達道. 惟天下之至誠, 然後能立天下之大本."

태로서의 중中을 '대본'이라 한다면, 마음의 자연한 감응 현상 작용으로서의 화和를 '달도'라 칭하는 것이다. 따라서 보편적 리의 근원처로서 아직 발동하지 않은 마음의 '도체道體'를 대본으로 보고, 본성에 부합되는 이미 발동한 마음의 '도용道用'을 달도로 보아 대본과 달도 또한 단계적으로 이원화시키는 주희의 입장과 달리, 양명에 있어 대본과 달도는 체용 일원의 전체대용全體大用으로 일원화된다.

인간은 천지만물의 중추적 존재로서, 끊임없이 만물을 생성·양육하는 천지만물의 생명 본질을 자신의 생명 본질로 한다. 양명이 "양지란 하늘이 심어준 영특한 뿌리로서 스스로 낳고 낳아 쉬지 않는다"[29]고 밝히고 있듯, 천지의 생명 본질에 근원한 인간 마음의 본체인 양지는 한 순간의 멈춤도 없이 천지만물과 감응하는 과정을 통해 천지의 만물 창생·양육 과정에 주체적으로 참여함으로써 인간 자신과 천지만물의 생명 본질을 실현하게 된다. 다만 하나의 양지가 천지만물과 감응하는 과정에 있어, 양지의 불역하는 본질적 속성의 측면을 '미발지중未發之中', '적연부동寂然不動', '고요함'(靜)이라 칭하고, 양지의 끊임없는 현상 작용의 측면을 '발이중절지화發而中節之和', '감이수통感而遂通', '움직임'(動)이라 칭하는 것일 뿐이다. 양명은 이렇듯 '미발지중'과 '이발지화'를 양지의 체용 일원의 관계로 규정함으로써, 모든 인간이 천지의 만물 창생·양육 과정에 주체적, 능동적, 역동적으로 참여할 수 있는 계기를 마련해 주고 있다.

3. 중화의 실현과 천지의 화육

『중용』의 귀결처라 할 수 있는 1장 5절의 "치중화致中和하면, 천지가 제자리를 잡고, 만물이 생육될 것이다"[30]에 대한 해석에 있어서도 양명은

29) 『傳習錄(下)』, 「黃修易錄」, 244조목, "良知即是天植靈根, 自生生不息."

주희와 다른 입장을 취한다.

먼저 주희는 '치중화致中和'를 '계구戒懼를 통해 중中을 지극히 한다'는 '치중致中'과 '근독謹篤을 통해 화和를 지극히 한다'는 '치화致和'로 나눈다. '치중'은 하늘로부터 부여받은 미발未發의 본성이 당위의 도덕적 규범으로서의 천리에서 한 치도 어긋나지 않도록 하는 정적인 수양이라면, '치화'는 이발已發의 감정이 사물과의 감응 과정에서 미발의 본성, 즉 천리에 어긋나지 않도록 하는 동적인 수양으로 정의된다. 그리고 천지가 제자리를 잡는 '천지위天地位'는 중中을 지극히 한 결과라면, 만물이 잘 생육되는 '만물육萬物育'은 화和를 지극히 한 결과라 하여, 이 둘 또한 치중과 치화의 공효로 양분한다. 전자가 본체를 먼저 세우는 일이라면, 후자는 본체가 정립된 이후에 이루어지는 작용이라는 것이다.[31] 따라서 주희에게 있어 '계구'와 '근독'은 물론 '치중'과 '치화' 및 '천지위'와 '만물육' 모두 시간적 선후의 관계로 양분된다. 그리고 주희는 '중中을 지극히 함으로써 천지가 제자리를 편안히 하고 화和를 지극히 함으로써 만물이 잘 생육되는 공효'는 모든 인간이 아니라 오직 성인만이 능히 할 수 있는 '수도지교修道之教'라고 단언한다.[32]

반면 '계신공구戒愼恐懼'와 '신독愼獨'을 한 가지 일로 보고 '중화'를 체용일원론적 관점에서 해석하는 양명은 '치중화致中和'와 '근독謹篤'의 관계에 대해 다음과 같이 말한다.

> 사람의 감정과 일의 변화를 제외하고는 아무것도 없다. 기뻐하고 성내고

30) 『中庸』, 1장 5절, "致中和, 天地位焉, 萬物育焉."

31) 『中庸集註』, 1장 5절, "致, 推而極之也. 位者, 安其所也, 育者, 遂其生也. 自戒懼而約之, 以至於至靜之中無所偏倚而其守不失, 則極其中而天地位矣. 自謹獨而精之, 以至於應物之處無少差謬而無適不然, 則極其和而萬物育矣. … 是其一體一用, 雖有動靜之殊, 然必其體立而後用有以行."

32) 『中庸集註』, 1장 5절, "故其效驗至於如此, 此學問之極功, 聖人之能事, 初非有待於外, 而修道之教亦在其中矣."

슬퍼하고 즐거워하는 것이 사람의 감정이 아니겠는가? 보고 듣고 말하고 행동하는 것부터 부귀와 빈천, 환난과 생사에 이르기까지 모두 일의 변화이다. 일의 변화는 또한 오직 사람의 감정 속에 있다. 그 요점은 오직 중화를 실현하는(致中和) 데 있으며, 중화를 실현하는 것은 단지 홀로 있을 때 자신을 삼가는(謹篤) 데 있다.[33]

양명에게 있어 마음은 항상 역동적인 감응 과정 중에 있다. 따라서 인간의 모든 일상사 또한 동적인 인간의 감정에 의한 변화의 과정에 있게 된다. 이러한 세상의 모든 변화의 요체가 '중화를 실현'(致中和)하는 일이고, 중화를 실현하는 일은 일상사 속에서 자신을 삼가고 돈독히 하는 '근독謹篤'을 통해 이루어진다는 것이다. 따라서 '치중화致中和'는 주희와 같이 계구戒懼에 의한 치중致中과 근독謹篤에 의한 치화致和로 이원화되는 것이 아니라 '근독' 한 가지 일로 일원화된다.[34]

사실상 양명에게 있어 '중中'과 '화和'는 만물과의 감응 과정 중에 있는 하나의 마음을 본질적 속성의 측면과 현상 작용의 측면으로 각기 나누어 지칭하는 것일 뿐, 중과 화는 체용 일원의 관계를 지니기 때문에, '치중화' 또한 중을 먼저 지극히 하고 난 이후에 화를 지극히 한다고 하는 시간적 선후를 지닌 주희의 입장과는 다를 수밖에 없다. 마음의 감응 과정에서 개체 욕망의 개입을 차단하고 마음의 본질적 속성을 온전히 발현하여 천지의 만물 창생양육 과정에 참여하는 한 가지 일을 감응 주체의 측면에서 보았을 때 '중의 실현'이라 할 수 있고, 현상 작용의 측면에서 '화의 실현'이라고 말할 수 있을 뿐, 중의 실현과 화의 실현은 결국 한 가지

---

33) 『傳習錄』(上), 「陸澄錄」, 37조목 : 除了人情事變, 則無事矣. 喜怒哀樂, 非人情乎? 自視聽言動, 以至富貴貧賤患難死生, 皆事變也. 事變亦只在人情裏, 其要只在致中和, 致中和只在謹獨.

34) 양명에 있어 謹篤(愼獨)과 戒愼恐懼는 마음의 역동적 감응 과정에서 양지를 실현하는 한 가지 일이기 때문에, 근독과 다른 계신공구의 과정이 별도로 존재하는 것이 아니라, 근독이 계신공구를 의미한다고 말할 수 있다.

일이 된다.

'중화의 실현'은 결국 개체 욕망의 개입을 차단하고 천天의 본질적 속성에 일치하는 마음의 본질적 속성을 회복·발현시켜나가는 '수도지교修道之敎'와 한 가지 일이 된다. 그러므로 천지가 제자리를 잡는다는 '천지위天地位'와 만물이 잘 생육된다는 '만물육萬物育' 또한 주희와 같이 시간적 선후를 지닌 치중致中과 치화致和의 공효로 이원화되지 않는다. 이는 하나의 과정으로서의 중화 실현을 통해 도달하는 하나의 귀결처로 일원화된다. 인간이 중화 실현을 통해 이루어지는 천지의 끊임없는 만물 창생양육 과정에 있어, '천지위'는 단지 창생양육의 주체인 천지의 입장에서 말하는 것이고 '만물육'은 천지에 의해 창생양육되는 만물의 입장에서 말하는 것일 뿐, 천지위와 만물육 또한 한 가지 일이다. 결국 '중화의 실현'은 천지만물과의 일체화를 토대로 인간이 천지의 만물 창생양육 과정에 주체적으로 참여하는 일로써, 이는 곧 인간 자신의 본성을 실현하는 수도修道의 궁극적인 공효가 된다.[35)]

> 수도修道란 글자는 (『중용』 20장의) "도를 닦되 인仁으로써 한다"[36)]는 것과 같다. 사람이 도를 닦아 도에 어긋나지 않아서 그 성性의 본체를 회복할 수 있다면, 역시 성인의 솔성率性의 도道가 된다. 아래의 '경계하여 삼가며 두려워한다(戒愼恐懼)'는 것은 바로 도를 닦는 공부이고, 중화中和는 바로 그 성性의 본체를 회복하는 것이다. 『역易』에서 "이치를 다하고 본성을 완전히 실현하여 천명에 이른다"[37)]고 말한 것과 같다. (『중용』 1장의) 중화를 실현하여 천지가 제자리를 잡고 만물이 생육되는 것이 바로 본성을 다하여 천명에

35) 『全集』, 권7, 「修道說」, 265쪽, "致中和, 則大本立而達道行, 知天地之化育矣. 非至誠盡性, 其孰能與於此哉! 是修道之極功也." 여기서 '知天地之化育'은 단지 천지의 화육을 안다는 의미가 아니라 '知州'가 一州의 일을 자신의 일로 삼는다는 것을 의미하는 것과 같이 천지의 화육 과정에 실제적으로 참여한다는 것을 의미한다.(『傳習錄』(中), 「答顧東橋書」, 134조목 참조)

36) 『中庸』, 제20장, "修道以仁."

37) 『易經』, 「說卦傳」, 제1장, "窮理盡性, 以至於命."

이르는 것이다.[38)]

'수도修道'는 『중용』 20장의 "도를 닦되 인仁으로써 한다"는 말과 같은 의미를 지닌다고 말하고 있다. 양명에게 있어 '인仁'은 '만물일체의 인심仁心' 즉, 인간이 천지만물과 한 몸을 이루고 천지만물의 마음이 될 수 있는 토대로서,[39)] 인간의 인심仁心이 곧 천지의 마음(天地之心)을 의미한다. 따라서 개체의 이익과 안위에만 집착하는 개체 욕망을 극복제거하여 천지의 마음을 회복발현시켜나가는 것이 '수도'로서의 '중화 실현'이라면, 천지의 마음의 발현은 천지가 제자리를 잡고 만물이 생육되는 천지의 만물 창생·양육으로 귀결된다. 이는 결국 자신의 본성 구현을 통한 천명의 실현을 의미하는 바, 자신의 본성 실현과 천지만물의 온전한 창생양육은 '수도'라는 한 가지 일로 통합된다.

'수도修道'는 모든 인간의 자발적이고 주체적인 본성 실현 과정이다. 따라서 수도로서의 '중화 실현'(致中和) 또한 모든 인간의 자발적이고 주체적인 본성 실현 과정이라 말할 수 있다. 따라서 '치중화'를 성인만이 능히 할 수 있는 일로 보아 이를 성인의 '수도지교修道之教'로만 한정하는 주희의 입장과는 다르다. 양명은 인간 누구나 '수도', 즉 중화 실현을 통해 천지의 만물 창생양육 과정에 주체적으로 참여할 수 있다고 봄으로써 인간의 위계적 차별성을 타파하고 주체적이고 능동적이며 역동적인 인간상을 정립하였다. 또한 인간은 누구나 자발적 노력에 따라 중화를 실현함으로써 천지만물과 하나될 수 있는 계기를 마련해 주었다.

이상에서 살펴본 바와 같이, 양명은 주희와 달리 양지의 체용 일원적 체계를 바탕으로 '미발未發'과 '이발已發', '정靜'과 '동動', '적연부동寂然不動'과

---

38) 『傳習錄』(上), 「薛侃錄」, 127조목, "修道字與修道以仁同. 人能修道, 然後能不違於道, 以復其性之本體, 則亦是聖人率性之道矣. 下面戒愼恐懼便是修道的工夫. 中和便是復其性之本體. 如易所謂窮理盡性, 以至於命. 中和位育, 便是盡性至命."

39) 『全集』, 권26, 「大學問」 참조.

'감이수통感而遂通', 그리고 '중中'과 '화和'를 양지의 불변하는 본질적 속성(常體)과 양지의 끊임없는 감응 작용(妙用=流行)으로 일원화시킨다. 양명은 이를 통해 외재적인 리에 대한 마음의 종속은 물론 인간을 엄숙주의와 엄격주의로부터 해방하고, 인간의 마음에 주체성과 활발발한 역동성을 부여해준다. 이러한 인간 마음의 주체성과 역동성은 인간 누구나 중화中和 실현, 즉 양지 실현을 통해 천지만물의 마음이라는 인간의 중추적 위상을 실현하는 바탕이 된다.

제3절 양지의 하나됨과 생명 창출

인간이 천지의 만물 창생·양육 과정에 주체적으로 참여하기 위해서는 실제적인 '실천 행위'를 필요로 한다. 천지만물을 보살피고 양육하는 실천 행위는 체용 일원적 체계를 지닌 양지가 '몸', '기氣', '칠정七情', '견문見聞'의 경험 활동 등과의 하나됨을 통해 창출된다.

1. 실천 행위의 창출

4장에서 마음과 몸은 일원적 체계를 지닌다는 사실을 살펴본 바 있다. 몸과 마음은 서로 다른 두 개의 실체로 존재하거나 서로 다른 범주에 속하는 것이 아니라 동일한 현상의 다른 측면이다. 단지 하나의 생명 현상에 대해 형체적으로 드러나며 현상적으로 운용되는 측면에서 이를 '몸'이라 이름하고, 몸의 보고 듣고 말하고 움직이는 등의 현상 작용을 주재하는 영명성의 측면에서 이를 '마음'이라고 이름하는 것일 뿐이다. 따라서 주재성(마음)이 없는 몸은 살아있는 몸이 아니라 죽은 몸이며, 몸이 없는 마음이란 사실상 공허한 관념 속에서나 찾아볼 수 있는 개념에 불과하다.[40] 이러한 마음과 몸의 일원적 체계를 토대로 양명은 신체 기관과 양지의 유기적 상관성을 주장한다.

> "오직 천하의 지극한 성인이라야 총명하고 예지로울 수 있다"[41]는 것을 예전에는 매우 현묘하다고 생각했으나, 지금 살펴보니 원래 사람마다 저절로 가지고 있는 것이다. 귀는 원래 밝게 듣고, 눈은 원래 밝게 보며, 마음의 사유 능력은 원래 예지롭다. 성인은 다만 한결같이 그것을 잘 해낼 뿐이니, 잘 해내는 것이 바로 양지이다. 사람들이 잘 해내지 못하는 것은 다만 양지를 실현하지 못했기 때문이다.[42]

귀와 눈은 본래 총명하고 마음 또한 본래 예지로운 바, 이러한 신체 기관의 기능들이 올바르게 잘 작용할 수 있도록 하는 주체가 바로 양지라는 것이다. 따라서 양지가 아니면 귀는 총명해질 수 없고, 눈은 밝아질 수가 없으며, 마음 또한 양지가 아니면 예지로울 수 없다고 한다.[43] 인간의 신체 기관은 양지와의 유기적 상관성을 전제로 해서만 자신의 총명하고 예지로운 기능을 온전하게 발휘할 수 있다.

양명은 양지와 신체 기관의 유기적 상관성을 바탕으로 실천 행위의 창출 과정에 대해 다음과 같이 밝히고 있다.

---

40) 본서 4장 3절 2. '마음과 몸의 일원적 체계' 참조.

41) 『中庸』 31장, "惟天下至聖, 爲能聰明睿知."

42) 『傳習錄』(下), 「黃省曾錄」, 283조목, "惟天下至聖, 爲能聰明睿知, 舊看何等玄妙, 今看來原是人人自有的. 耳原是聰, 目原是明, 心思原是睿知, 聖人只是一能之爾. 能處正是良知, 衆人不能, 只是箇不致知."

43) 『全集』, 권6, 「答南元善」, 211쪽, "蓋吾之耳而非良知, 則不能以聽矣, 又何有於聰? 目而非良知, 則不能以視矣, 又何有於明? 心而非良知, 則不能以思與覺矣, 又何有於叡知?"

> 마음은 몸의 주재이며, 마음의 허령명각虛靈明覺이 이른바 본연의 양지이다. 허령명각의 양지가 감응하여 움직이는 것을 의지(意)라고 한다. 양지(知)가 있은 뒤에 의지가 있고, 양지가 없으면 의지가 없느니, 양지는 의지의 본체가 아니겠는가? 의지가 작용하는 곳에는 반드시 그 물物이 있으니, 물이 곧 사事이다. 만일 의지가 어버이를 섬기는 데 작용하면 어버이 섬기는 것이 하나의 물이 되고, 의지가 백성을 다스리는 데 작용하면 백성을 다스리는 것이 하나의 물이 되고, 의지가 글을 읽는 데 작용하면 글을 읽는 일이 하나의 물이 되고, 의지가 송사訟事를 듣는 데 작용하면 송사를 듣는 일이 하나의 물이 된다. 무릇 의지가 작용하는 곳에는 물이 없을 수 없다. 이 의지가 있으면 곧 이 물이 있고, 이 의지가 없으면 곧 이 물이 없으니, 물은 의지의 작용이 아니겠는가?[44]

먼저 신체 기관을 주재하는 인간의 마음이 어떠한 대상이나 사태와 마주하였을 때, 마음의 유기적 속성인 양지가 이들과의 감응을 통해 자각적으로 시비를 판단함과 동시에 실천 의지(意)를 발동한다. 양지는 바로 실천 의지의 주체(體)가 되고 실천 의지는 양지의 작용(用)으로서, 실천 의지는 실천 행위를 창출하는 계기를 마련한다. 그리고 양지로부터 발동된 실천 의지는 반드시 신체 기관의 작용을 통해서만 실제적인 실천 행위로 이행될 수 있다. 따라서 양명은 인간의 양지와 신체 기관은 서로의 존재를 전제로 해서만 올바로 작용할 수 있으며, 또한 이들의 상호 유기적인 상관성 아래에서만이 실제적인 실천 행위로 이행될 수 있다고 주장한다.[45] 양지는 단지 자각적 시비 판단 작용과 실천 의지를 발동하는 단계에 머무는 것이 아니라, 반드시 신체 기관을 통해 대상에 따라 어버이 섬

---

44) 『傳習錄』(中), 「答顧東橋書」, 137조목, "心者身之主也, 而心之虛靈明覺, 卽所謂本然之良知也. 其虛靈明覺之良知應感而動者謂之意. 有知而後有意, 無知則無意矣. 知非意之體乎? 意之所用, 必有其物, 物卽事也. 如意用於事親, 卽事親爲一物, 意用於治民, 卽治民爲一物, 意用於讀書, 卽讀書爲一物, 意用於聽訟, 卽聽訟爲一物. 凡意之所用, 無有無物者, 有是意卽有是物, 無是意卽無是物矣. 物非意之用乎?"

45) 『傳習錄』(下), 「陳九川錄」, 201조목 참조.

김, 백성을 다스림, 책을 읽음, 송사를 처리함 등과 같은 구체적인 실천 행위(物=事)를 창출함으로써 양지의 자각적 시비 판단이 실현된다고 말할 수 있다.

여기서 「마음이 대상 또는 사태와 마주함→신체 기관을 통한 대상·사태에 대한 정보 수용(感)→양지에 의한 시비 판단 작용→양지로부터 실천 의지의 발동→신체 기관을 통한 실제적 실천 행위 창출(應)」이라고 하는 일련의 과정이 도출된다. 양지는 이러한 과정을 통해 비로소 인간 마음의 생명 본질을 실현한다. 그러나 이러한 과정은 반드시 위와 같은 시간적 선후를 지니는 것만은 아니다. 실천 행위가 창출되는 과정에 있어서도 양지는 대상과 사태의 변화에 따라 끊임없이 시비를 새롭게 판단함과 아울러 시비판단에 따른 실천 의지를 새롭게 발동하고, 실천 의지가 올바르게 작용하는지를 판단해나간다. 따라서 양지의 시비 판단 작용과 실천 의지의 발동 그리고 실천 행위는 상호 연관성 속에서 동시적으로 진행된다고도 말할 수 있다. 다만 이러한 동시성 속에서 실천 의지를 중심으로 보았을 때, 양지는 실천 의지의 주체(體)가 되고 실천 행위는 실천 의지의 작용(用)이 된다. 그러므로 양지(體)의 자각적 시비판단은 실천 행위(用)를 통해 구현되고, 실천 행위(用)는 양지(體)의 자각적 판단에 의거한다. 신체 기관의 실천 행위의 창출은 양지의 자각적 시비판단과 주재 아래 이루어지는 것이므로, 실천 행위의 창출의 주체는 곧 양지라고 말할 수 있으며, 양지와 실천 행위 사이에도 체용 일원적 체계가 성립한다고 말할 수 있다.

2. 양지와 기氣의 하나됨

다음은 양지와 '기氣'의 하나됨을 통한 생명 창출의 문제이다. 양명은 선가仙家의 '원기元氣', '원신元神', '원정元精'에 대한 육징陸澄의 물음에 대해 "다만 한 가지이다. 유행하는 것은 기氣이고, 응취한 것은 정精이며, 오묘한 작용은 신神이다"라고 대답한다.[46] 그는 나아가 '신神', '기氣', '정精'과 양지의 관련성에 대해 다음과 같이 말한다.

> 무릇 양지는 하나이다. 그것의 오묘한 작용으로 말하면 신神이라 하고, 그것의 유행으로 말하면 기氣라고 하며, 그것의 응취로 말하면 정精이라 한다. 어찌 형상과 장소로써 구할 수 있겠는가?[47]

신神과 기氣와 정精은 각기 독립된 개별적인 현상이나 실체를 의미하는 것이 아니라, 단지 하나의 양지를 어느 측면에서 보느냐에 따라 달리 표현하는 말이라는 것이다. 본래 도가의 연단鍊丹 공부에서는 사람의 몸이 있기 이전에 먼저 삼원三元이 있었다고 본다. 일기一氣의 오묘한 작용이 원신元神이고, 일기의 유행이 원기元氣이며, 일기의 응취가 원정元精이다. 이른바 기氣는 호흡의 기가 아니고, 정精은 교감의 정이 아니며, 신神은 사려의 신이 아니다. 이는 모두 근원적인 요소라는 것이다.[48] 그러나 양명은 본래 도교에서 말한 자연의 '천지의 기'·'음양의 기', 즉 원신, 원기, 원정을 주체화하여 사람 마음의 양지의 표현으로 변화시키고 사람의 원신, 원기, 원정으로 만들었다. 양지는 사람의 마음속에 있는 양지이기 때문에 원신, 원기, 원정 또한 모두 사람의 마음속에 존재하게 되는 것이다. 하나의 양지를 영명한 주체적 지각 작용에서 보았을 때 이를 '원신元神' 또는 '신神'이라고 말하는 것이고, 신체 기관에 대한 주재를 통해 실천 활

---

46) 『傳習錄』(上), 「陸澄錄」, 57조목, "問仙家元氣元神元精. 先生曰: 只是一件. 流行爲氣, 凝聚爲精, 妙用爲神."

47) 『傳習錄』(中), 「答陸原靜書」, 154조목, "夫良知一也, 以其妙用而言謂之神, 以其流行而言謂之氣, 以其凝聚而言謂之精, 安可以形象方所求哉? 眞陰之精, 卽眞陽之氣之母; 眞陽之氣, 卽眞陰之精之父; 陰根陽, 陽根陰, 亦非有二也."

48) 陳榮捷, 『王陽明傳習錄詳註集評』(臺灣 學生書局, 民國 72), 92쪽 참조.

동을 창출해내는 생명 활동의 측면에서 보았을 때 '원기元氣' 또는 '기氣'라고 말하는 것이고, 영명한 주재성과 생명 에너지가 응취해 있는 몸의 측면에서 보았을 때 이를 '원정元精' 또는 '정精'이라고 말하는 것일 뿐, 이들은 모두 양지의 표현에 불과하다고 볼 수 있다.

3장에서 살펴본 바와 같이, 기氣는 자연만물과 인간의 보편적 존재 근거로서의 질료적 측면의 에너지이자 동시에 인간이 천지만물의 마음이 될 수 있는 영명성의 근거로서의 정신적 측면의 에너지이다. 이에 양명은 "천지에 가득 충만한 것은 모두 기氣이다. 기의 영명함은 모두 성性이다. 사람은 기를 얻어서 태어나는데 영명함 또한 뒤따른다"[49]고 말한다. 인간은 이러한 영명한 기, 즉 양지를 통해 비로소 천지만물과 감응함으로써 천지의 만물 창생·양육 과정에 주체적으로 참여할 수 있는 계기를 마련한다.[50]

비록 양명이 양지의 유행하는 측면을 '기'라고 하였다고 하지만, 모든 기의 작용을 양지의 유행으로 보지는 않는다. 양명은 제자 황수역黃修易과 다음과 같이 문답한다.

> (황수역이) 물었다: "타고난 것을 본성이라 합니다."(生之謂性)[51] 고자告子도 역시 이것을 말했는데, 맹자는 왜 그것을 비판했습니까?
>
> 선생님께서 말씀하셨다: 그것은 참으로 본성이다. 그러나 고자는 한쪽만을 알았을 뿐 핵심을 깨닫지는 못했다. 만약 핵심을 깨닫는다면 그와 같이 말해도 괜찮다. 맹자 역시 "형체와 안색은 천성이다"[52]라고 했는데, 이것도 기질을 가리켜서 말한 것이다.
>
> 또 말씀하셨다: 무릇 사람들은 함부로 말하고 멋대로 행하면서, 모두 이것

49) 『全集』, 권35, 「太傅王文恪公傳」, 946쪽, "夫天地間膈塞充滿, 皆氣也; 氣之靈, 皆性也. 人得氣以生而靈隨之."

50) 본서 4장 4절과 5절 참조.

51) 『孟子』, 「告子」(上), 3장, "生之謂性."

52) 『孟子』, 「盡心」(上), 38장, "形色, 天性也."

> 은 내 마음과 본성에 의거해서 나온 것이며, 이것이 이른바 "타고난 것을 본성이라 한다"는 것이라고 말한다. 그러나 여기에는 반드시 잘못이 있다. 만약 핵심을 깨달아 내 양지에 의거하여 말하고 행위한다면 저절로 알맞게 된다. 그러나 양지도 다만 입으로 말하고 이 몸으로 행하는 것이다. 어찌 기질을 배제하고 따로 행하고 말하는 것이 있을 수 있겠는가? 그러므로 '성性을 논하고 기氣를 논하지 않으면 완비되지 않고, 기를 논하고 성을 논하지 않으면 밝지 못하다'고 하였다. 기 또한 성이며, 성 또한 기이다. 그러나 반드시 핵심을 알아야만 합당하게 된다.[53]

양명은 인간의 신체적인 층차(形色)에서 이루어지는 언행과 같은 신체적 활동을 기氣에 의한 생명 활동으로 보면서, 신체의 생명 활동으로서의 '생生' 자체를 '성性'으로 보는 것에 대해서는 일단 동의한다. 다만 이 가운데 양지와 무관하게 이루어지는 임의적인 신체의 생명 활동은 인간의 생명 본질로서의 성性에서 제외시킨다. 반면 양지에 의거하여 이루어지는 신체의 생명 활동으로서의 생生만을 '생지위성生之謂性'이란 범주에 포함시킨다.

그 이유는 기氣의 본질적 속성에서 찾을 수 있다. 3장 3절에서 살펴본 바, 기는 천지만물의 동일한 질료적 토대임과 동시에 그 정밀함에 따라 '물리적 현상'→'생명 의지를 지닌 식물'→'지각을 지닌 동물'→'인간' 그리고 가장 정밀한 단계에 이르러서는 '인간 마음의 영명한 속성'(양지)으로 나타나는, 천지만물과 인간의 계층적 차별성의 근거가 된다. 따라서 인간의 기는 두 측면을 지닌다. 하나는 인간의 육체를 구성하는 질료적

53) 『傳習錄』(下), 「黃修易錄」, 242조목, "問: 生之謂性. 告子亦說得是, 孟子如何非之? 先生曰: 固是性, 但告子認得一邊去了, 不曉得頭腦. 若曉得頭腦, 如此說亦是. 孟子亦曰形色天性也, 這也是指氣說. 又曰: 凡人信口說, 任意行, 皆說此是依我心性出來, 此是所謂生之謂性. 然却要有過差. 若曉得頭腦, 依吾良知上說出來, 行將去, 便自是停當. 然良知亦只是這口說, 這身行, 豈能外得氣, 別有個去行去說? 故曰論性不論氣不備, 論氣不論性不明: 氣亦性也, 性亦氣也, 但須認得頭腦是當."

측면의 생명 에너지이고, 또 다른 하나는 양지를 구성하는 영명한 속성이다. 전자의 기는 인간의 모든 신체 행위의 원동력이며, 후자의 기, 즉 양지는 신체의 생명 활동과 행위를 주재하고 창출하는 주체이다.

영명한 양지를 통한 천지만물과의 감응이라는 측면에서 보았을 때, 인간은 천지만물과 하나의 유기적인 생명체를 이루고 있다. 그러나 질료적인 육체의 측면에서만 보았을 때, 인간은 하나의 개체생명체이다. 따라서 인간은 천지만물과 자신을 하나의 생명체로 연결해주는 유기적 생명성(性・天理)뿐만 아니라, 개체생명의 이익과 안위에만 집착하는 개체 욕망(私欲)의 발동 가능성도 안고 있다. 따라서 양명은 인간의 신체적 활동에 있어서도 개체 욕망에 의해 함부로 말하고 멋대로 행동하는 일이 있을 수 있음을 인정한다. 다만 이는 인간의 생명 본질(性, 天理)에 부합되는 것이 아니라 오히려 생명 본질을 왜곡하기 때문에 양지에 의한 주재가 요구되는 것이다. 그리고 인간의 생명 본질 또한 신체의 활동을 통해서만 표출될 수 있으므로, 생명 본질을 전개・구현시켜 가는 양지는 신체의 활동과 무관할 수 없다. 따라서 기를 배제한 또는 기와 분리된 양지는 하나의 관념적 허상이 되어버림으로써 생명 본질이 실제적으로 실현될 있는 계기를 상실하게 된다.

결국 양지는 지극히 영명한 상태의 기이기도 하지만 질료적 측면의 기로 구성된 몸과의 하나됨을 통해서만 천지만물과 감응함으로써 자신의 생명 본질을 실현할 수 있게 된다. 이러한 전제 위에서만 "성性이 곧 기氣요, 기가 곧 성"이라고 말할 수 있다. 이를 양지의 입장에서 보았을 때, '성'은 양지의 근원이자 양지가 실현해야 하는 생명 본질이며, '기'는 양지와의 하나됨을 통해 성을 실현할 수 있는 사실적 생명 현상이기 때문에, 성과 기는 양지에 의해 비로소 하나로 통합된다.

3. 양지와 칠정七情의 하나됨

다음은 양지와 '칠정七情', 즉 감정과의 하나됨에 관한 문제이다. 양명은 미발지중未發之中이 양지라고 전제하고, 하나의 양지가 천지만물과 감응하는 과정에 있어 양지의 불역不易하는 본질적 속성의 측면을 '미발지중', '적연부동', '고요함'(靜)이라 칭하고, 양지의 끊임없는 현상 작용의 측면을 '발이중절지화發而中節之和', '감이수통感而遂通', '움직임'(動)이라 칭하는 것일 뿐, '미발지중'과 '이발지화已發之和'는 양지의 체용 일원의 체계를 지닌다고 밝힌 바 있다.[54] 이러한 중화의 체용 일원적 체계를 바탕으로 양명은 다음과 같이 육원정의 물음을 문제삼으면서 감정과 양지의 하나됨의 가능성을 열어 놓고 있다.

> 보내온 편지에서 다음과 같이 말했다. "일찍이 마음에서 시험해 보니 기쁨과 성냄, 근심과 두려움이 느껴서 발현하는데, 비록 기질을 극도로 움직일지라도 내 마음의 양지가 일단 깨달으면 곧 다 풀려서 사라져 꺾입니다. 어떤 때는 처음에 막고, 어떤 때는 중간에 제어하며, 어떤 때는 뒤에 후회하기도 합니다. 그렇다면 양지는 늘 여유가 있어 한가하고 아무 일도 없는 곳에 머물면서 마음의 주재가 되고, 기쁨과 성냄, 근심과 두려움에는 관여하지 않는 듯한데, 무엇 때문입니까?"
>
> 이것을 안다면 미발未發의 중中과 적연하여 움직이지 않는(寂然不動) 본체(體)를 알게 되고, 발동하여 절도에 맞는(發而中節) 화和와 느껴서 마침내 통하는(感而遂通) 오묘한 작용(用)이 있게 된다. 그러나 "양지는 늘 여유가 있어 한가하고 아무 일도 없는 곳에 머무는 듯하다"는 말에는 오히려 병폐가 있다. 양지는 기쁨과 성냄, 근심과 두려움에 막히지는 않을지라도, 기쁨과 성냄, 근심과 두려움도 역시 양지를 벗어나지 않는다.[55]

---

54) 본서 6장 2절 '중화의 체용 일원적 체계' 참조.

55) 『傳習錄』(中), 「答陸原靜書」, 158조목, "來書云: 嘗試於心, 喜怒憂懼之感發也, 雖動氣之極, 而吾心良知一覺, 卽罔然消阻, 或遏於初, 或制於中, 或悔於後. 然則良知

먼저 육원정은 감정의 발현에 기질적인 욕망이 개입할 때, 그것을 자각하고 주재하는 양지의 기능은 인정한다. 그러나 그는 양지를 감정 발현의 주체로 보지 않을 뿐만 아니라, 양지와 감정이 서로 다른 근원과 작용 방식을 지닌다고 생각한다. 양명은 미발지중未發之中과 적연부동寂然不動을 양지의 '체體'로 보고, 이발지화已發之和와 감이수통感而遂通을 양지의 '용用'으로 본다. 그리고 체와 용은 일원적 체계를 지닌다. 체용 일원의 체계를 지닌 양지는 언제나 천지만물과의 감응 과정의 한가운데 놓여있다. 따라서 양명은 "양지는 늘 여유가 있어 한가하고 아무 일도 없는 곳에 머무는 듯하다"는 육원정에 말에 문제가 있음을 먼저 지적한다. 양지의 바뀌지 않는 본질적 속성(未發之中·不易常體)은 천지만물과 조화를 이루고(已發之和) 느껴서 마침내 통하는(感而遂通) 끊임없는 작용(妙用不息)으로 전개된다. 비록 이러한 양지의 본질적 속성은 기질의 영향을 받는 감정에 의해 변화되지는 않는다 하더라도, 양지의 묘용은 기뻐하고 성내며, 근심하고 두려워하는 감정의 작용과 같은 인간의 생명 활동을 통해 드러난다. 즉 양지는 몸의 생명 활동에 대한 주재를 통해 자신의 묘용을 전개하는 것이다. 따라서 양명은 "양지는 기쁨과 성냄, 근심과 두려움에 막히지는 않을지라도, 기쁨과 성냄, 근심과 두려움도 역시 양지를 벗어나지 않는다"고 주장함으로써, 양지의 체용 일원적 체계에 근거하여 양지와 감정이 하나로 통합될 수 있는 가능성을 열어 놓고 있다.

양명은 여기서 한 발 더 나아가 감정과 양지가 하나임을 다음과 같이 주장한다.

常若居優閒無事之地而爲之主, 於喜怒憂懼若不與焉者, 何歟? 知未發之中, 寂然不動之體, 而有發而中節之和, 感而遂通之妙矣. 然謂良知常若居於優閒無事之地, 語尙有病. 蓋良知雖不滯於喜怒憂懼, 而喜怒憂懼亦不外於良知也."

> 기쁨, 성냄, 슬픔, 두려움, 좋아함, 싫어함, 욕망을 칠정七情이라 한다. 이 일곱 가지는 모두 사람의 마음에 본래 있는 것이다. 그러나 양지를 분명하게 알아야만 한다. 양지는 비유하자면 햇빛과 같아서 그것이 있는 장소를 지적해낼 수 없다. 조그만 틈으로 빛이 스며들기만 해도 모두 햇빛이 있는 곳이다. 비록 구름과 안개가 사방에 가득 차 있을지라도 태허太虛 속에서 색깔과 형상을 구분할 수 있는데, 이 또한 햇빛이 소멸되지 않는다는 것을 보여준다. 구름이 해를 가릴 수 있다고 해서 하늘더러 구름을 만들지 말라고 할 수는 없다. 칠정이 그 자연스러운 유행에 따르는 것은 모두 양지의 작용이며, 선과 악으로 구별할 수는 없다. 그러나 집착하는 것이 있으면 안 된다. 칠정에 집착이 있으면 모두 욕망(欲)이라고 하며, 모두 양지를 가리게 된다. 그러나 집착하자마자 양지는 또한 저절로 깨달을 수 있다. 깨달으면 곧 가린 것이 제거되어 그 본체를 회복하게 된다.[56)]

언제나 빛을 발하는 고유한 속성을 지닌 해는 햇빛을 발하여 사물의 색깔과 형상을 있는 그대로 드러내줌으로써 사물들과 하나가 된다. 햇빛은 해로부터 발산되며 해와 사물을 하나로 연결해주는 매개체이다. 햇빛의 본체는 해가 되고 해의 작용이 햇빛이 되는 일원적 체계를 지닌다. 해가 언제나 빛을 발하는 고유한 속성을 지니고 있는 것처럼 감정(七情)은 인간 마음이 선천적으로 내재하고 있는 고유한 생명 현상으로 정의된다. 감정이 햇빛이라면, 양지는 빛을 발하는 해이다. 해가 햇빛을 발하여 사물을 있는 그대로 드러내 주듯, 양지는 자연스러운 감정의 유행을 통해 천지만물과 감응함으로써 천지만물과 하나가 된다. 따라서 양지는 감정의 본체이며, 감정은 양지의 작용으로서 일원적 체계를 지닌다.

그러나 구름이나 안개와 같은 장애물이 발생할 경우에 햇빛은 사물에

---

56) 『傳習錄』(下), 「黃省曾錄」, 290조목, "喜怒哀懼愛惡欲, 謂之七情. 七者俱是人心合有的, 但要認得良知明白. 比如日光, 亦不可指著方所; 一隙通明, 皆是日光所在, 雖雲霧四塞, 太虛中色象可辨, 亦是日光不滅處, 不可以雲能蔽日, 教天不要生雲. 七情順其自然之流行, 皆是良知之用, 不可分別善惡, 但不可有所著; 七情有著, 俱謂之欲, 俱爲良知之蔽; 然纔有著時, 良知亦自會覺, 覺卽蔽去, 復其體矣!"

도달할 수 있는 계기를 차단당함으로써 사물을 있는 그대로 드러내 주지 못한다. 그렇다고 해의 본래적 비춤이 상실되는 것은 아니다. 양지 또한 개체의 이익과 안위에만 집착하는 개체 욕망의 발동으로 천지만물과의 감응의 계기를 차단당할 수 있다. 양명은 기뻐함・성냄・슬퍼함・즐거워함, 즉 감정의 본체를 중화中和로 규정하는 반면, 사사로운 의사가 개입되어 감정이 지나치거나 부족한 상태에 빠진 것을 개체 욕망(私)으로 규정한다.[57] 즉, 감정은 양지의 발용으로서의 자연스럽게 유행하는 감정과 집착에 빠진 상태의 감정(개체 욕망)으로 구분된다. 전자와 달리 후자는 양지의 발용을 가로막고 인간 자신은 물론 천지만물의 생명을 질곡시킬 수 있는 문제점을 안고 있다. 그러나 개체 욕망의 발동으로 인해 양지가 차폐된다 하더라도 해가 구름에 의해 본래적 비춤의 능력을 상실하지 않듯 양지의 본래적 시비 판단 능력은 상실되지 않는다. 양지는 자신의 감정에 대한 시비와 선악을 판단하고 이를 통해 집착에 빠진 감정(개체 욕망)을 제거함으로써 그 본래적 작용성을 회복한다. 이에 양명은 마음으로부터 개체 욕망(人欲)을 제거하면 치우침 없는 중中의 상태인 천리天理가 된다고 주장하고 있는 것이다.[58]

감정의 측면에서 보았을 때, 개체 욕망의 제거는 감정이 집착에서 벗어나 본래적 기능, 즉 양지의 발용으로서의 '자연한 유행'으로 회복됨을 의미한다. 이렇듯 양지와 감정은 근원과 작용 방식을 달리하는 것이 아니라, '양지와 감정의 하나됨'을 통해 천지만물과 감응함으로써 인간 자신과 천지만물의 생명 본질을 구현할 수 있는 계기를 마련한다.

---

57) 『傳習錄』(上), 「陸澄錄」, 58조목, "喜怒哀樂本體, 自是中和的. 纔自家着些意思, 便過不及, 便是私."

58) 『傳習錄』(上), 「陸澄錄」, 76조목, "中只是天理. … 去得人欲, 便識天理. 曰: 天理何以謂之中? 曰: 無所偏倚."

4. 양지와 견문見聞의 하나됨

마지막으로 '견문見聞'의 경험 활동과 양지의 하나됨에 관한 문제이다. 양명은 지知를 '견문지見聞知'와 '덕성德性의 양지'로 구분하면서 다음과 같이 말한다.

> 공자께서는 일찍이 "알지 못하면서 함부로 행동하는 것이 있는가? 나에게는 그런 점이 없다"[59]고 말씀하셨다. 이것은 맹자의 "옳고 그름을 분별하는 마음을 사람들이 모두 지니고 있다"[60]는 뜻과 같다. 이 말은 바로 덕성德性의 양지는 견문에서 말미암지 않는다는 것을 밝힌 것일 따름이다. 만약 "많이 듣고서 그 좋은 것을 선택하여 따르며, 많이 보고서 기억해 둔다"고 말한다면, 이것은 오로지 견문의 말단에서 구하는 것으로 부차적인 뜻에 떨어진 것이다. 그러므로 "부차적인 앎이다"고 하였다. 대저 보고 들어서 아는 앎을 부차적인 것으로 여긴다면 이른바 최고의 앎이란 과연 무엇을 가리키는가? 여기서 성인 문하의 앎을 실현하는 공부의 자리를 엿볼 수 있다.[61]

'견문지見聞知'란 일반적으로 신체의 감각 기관을 통해 보고 듣는 등의 경험 활동을 통해 획득되는 후천적 지식을 의미한다. 반면 '덕성德性의 양지'는 맹자의 시비지심是非之心으로 정의된다. '시비지심'은 천지만물의 생명의 온전성과 인간 자신의 의념에 대한 시비를 판단할 수 있는 선천적인 영명한 자각성과 감응력으로서의 양지를 의미한다. 따라서 '덕성의 양

---

59) 『論語』, 「述而篇」, 27장, "蓋有不知而作之者, 我無是也. 多聞, 擇其善者而從之, 多見而識之, 知之次也."

60) 『孟子』, 「告子」(上), 6장, "是非之心, 人皆有之."

61) 『傳習錄』(中), 「答顧東橋書」, 140조목, "夫子嘗曰蓋有不知而作之者, 我無是也. 是猶孟子是非之心, 人皆有之之義也. 此言正所以明德性之良知非由於聞見耳. 若曰多聞擇其善者而從之, 多見而識之, 則是專求諸見聞之末, 而已落在第二義矣. 故曰知之次也. 夫以見聞之知爲次, 則所謂知之上者果安所指乎? 是可以窺聖門致知用力之地矣."

지'는 인간의 선천적인 영명한 자각성과 감응력을 의미한다고 말할 수 있다. 양명은 덕성의 양지는 보고 듣는 후천적인 경험 활동을 통해 형성되는 것이 아님을 명확히 하면서, 견문지보다는 덕성의 양지에 지知의 선차성을 부여하고 있는 것이다.

양명은 견문, 즉 보고 듣는 등의 인간의 경험 활동과 양지의 관계를 보다 자세하게 다음과 같이 말한다.

> 양지는 견문見聞으로 말미암아 있는 것은 아니지만, 견문은 양지의 작용이 아님이 없다. 그러므로 양지는 견문에 막히지 않지만, 또한 견문에서 떨어지지도 않는다. 공자는 "나에게 앎이 있는가? 나에게는 어떤 앎도 없다"[62]고 말씀하셨다. 양지 이외에 따로 앎이 없다. 그러므로 양지를 실현하는 것이 학문의 커다란 핵심이며, 성인이 사람들에게 가르쳐주신 가장 근본적인 뜻이다. 이제 오로지 견문의 말단에서 구한다고 말한다면, 이것은 핵심을 잃어버리고 이미 부차적인 뜻에 떨어진 것이다. … 생각건대 일상생활에서 보고 듣고 응대하는 것이 비록 수천 수만 가지 실마리라고 하더라도, 양지가 발용發用 유행하는 것이 아님이 없다. 보고 듣고 응대하는 것을 제외한다면 또한 실현할 수 있는 양지란 없다. 그러므로 (양지와 견문은) 다만 하나의 일이다. 만약 "그 양지를 실현하고 견문에서 구한다"고 말한다면 표현상에서 (양지와 견문이) 둘이 되는 것을 면하지 못한다. 이것은 비록 오로지 견문의 말단에서 구하는 것과는 조금 다를지라도, 순수하게 하고 한결같이 하는(精一) 취지를 아직 얻지 못했다는 점에서는 동일하다. "많이 듣고서 그 좋은 것을 선택하여 따르며, 많이 보고서 기억해 둔다"는 구절에서 이미 '선택한다'고 하고, 다시 '기억한다'고 했는데, 그 양지도 역시 견문 가운데 유행하지 않은 적이 없다. 다만 그 의도가 오로지 많이 듣고 많이 보는 데서 선택하고 기억하는 것이라면 이미 핵심을 잃어버린 것이다.[63]

---

62) 『論語』, 「子罕篇」, 7장, "子曰: 吾有知乎哉! 無知也. 有鄙夫問於我, 空空如也, 我叩其兩端而竭焉."

63) 『傳習錄』(中), 「答歐陽崇一」, 168조목, "良知不由見聞而有, 而見聞莫非良知之用, 故良知不滯於見聞, 而亦不離於見聞. 孔子云吾有知乎哉? 無知也. 良知之外, 別無知矣. 故致良知是學問大頭腦, 是聖人教人第一義. 今云專求之見聞之末, 則是失卻頭

양지와 견문의 관계는 크게 두 가지로 나누어진다. 첫째, 양지는 견문에서 말미암지 않는다는 것이다. 둘째, 견문은 양지의 작용이라는 것이다. 먼저 양지는 인간 누구나 선천적으로 내재하는 것이지만, 견문은 후천적인 경험 활동을 통해 습득하는 것이다. 양지는 일차적인 것이고, 견문은 이차적인 것이다. 이렇듯 양지는 천부적, 내재적, 선험적인 것으로 견문에 의존하는 것이 아니라 나면서부터 지니는 것이라는 의미에서[64] "양지는 견문으로 말미암아 있는 것이 아니다"라고 말할 수 있다.

비록 양지는 선천적이고 견문은 후천적인 차이가 있다고는 하나, 보고 듣고 응대(見聞酬酌)하는 등의 후천적인 일상의 경험 활동을 배제하고는 양지가 발현되고 실현될 수 있는 계기를 상실하게 된다. 양지는 반드시 후천적인 경험 활동을 통해서만 발현되고 실현될 수 있다는 의미에서 "견문은 양지의 작용이 아님이 없다"고 말할 수 있다. 즉 양지는 후천적인 경험 활동의 본체요 후천적 경험 활동은 양지의 작용이 되는 체용일원적 체계가 성립된다.

이러한 양지와 후천적 경험 활동의 하나됨의 근거는 양지의 특성에서 찾을 수 있다. 양지는 자각적 시비판단과 감응의 주체이다. 시비판단과 감응은 대상과의 관계성을 전제로 하여 진행된다. 신체의 감각 기관을 통해 대상에 대한 각종 정보를 수용하고, 양지는 이를 바탕으로 이들의 생명의 온전성에 대해 시비를 자각적으로 판단하고 실천 의지를 발동한다. 그리고 양지의 실천 의지는 신체의 활동을 통해서만 실천으로 이행

腦, 而已落在第二義矣. … 蓋日用之間, 見聞酬酢, 雖千頭萬緖, 莫非良知之發用流行, 除卻見聞酬酢, 亦無良知可致矣. 故只是一事. 若曰致其良知而求之見聞, 則語意之間未免爲二, 此與專求之見聞之末者, 雖稍不同, 其爲未得精一之旨, 則一而已. 多聞擇其善者而從之, 多見而識之, 旣云擇, 又云識, 其良知亦未嘗不行於其間; 但其用意乃專在多聞多見上去擇識, 則已失卻頭腦矣."

64) 陳來, 『有無之境』(中國 人民出版社, 1991), 184쪽 참조.

될 수 있다. 그러므로 만일 양지가 신체의 각종 경험 활동과 분리되어 있다면, 자각적 시비판단의 계기를 갖지 못할 뿐만 아니라, 자신의 판단을 실현할 수 있는 계기조차 상실하게 된다. 이에 양명은 "보고 듣고 응대하는 것을 제외하고는 양지를 실현할 수 없다"고 주장하고 있는 것이다. 사람의 보고 듣고 말하고 움직이는 각종 경험 활동은 양지의 필요조건으로서, 양지는 이러한 경험 활동을 통해서만 그 작용을 표현할 수 있다. 선천적 양지는 후천적 견문에서 비롯되는 것이 아니기 때문에 "견문에 막히지 않는다"고 말할 수 있는 반면, 견문은 양지의 작용 아닌 것이 없기 때문에 "양지는 견문에서 떨어지지 않는다"고 말할 수 있는 것이다.

이상에서 살펴본 바와 같이, 양지는 독자적으로 생명 본질을 실현하는 것이 아니라 체용 일원적 체계를 바탕으로 '기氣', '감정', '보고 듣고 응대하는 후천적인 경험 활동'과 같은 실제적인 신체의 생명 활동과 하나됨을 통해서만 자신의 생명 본질을 실현할 수 있는 계기를 마련한다. 역동적인 생명 현상이 배제된 인간은 사실상 생명이 없는 시체에 불과하듯, 역동적인 생명 현상을 배제한 또는 이와 괴리된 양지는 현실성 없는 추상적 관념 또는 생명력 없는 공허한 개념에 불과하다. 양지는 역동적인 몸의 생명 현상과 하나가 될 때, 비로소 유기적인 생명 본질을 실현할 수 있는 계기를 마련함으로써 천지만물의 창생·양육 과정에 주체적으로 참여하고 이끌어가는 천지만물의 중추적인 역할과 사명을 다할 수 있는 것이다.

지금까지 5장과 6장 2개장에 걸쳐 양지의 다양한 함의와 특성 그리고 양지의 전개 과정에 대해 살펴보았다. 이 과정에서 인간은 자연 위에 군림하면서 자연을 지배하고 착취하는 당위성과 권한을 부여받은 존재가 아니라 오히려 총체적인 생명의 그물망 안에서 자연 존재물들의 생명의 창생·양육 과정을 적극적으로 보살피고 도와야 하는 전우주적 사명을 부여받은 존재이며, 이러한 사명을 수행할 수 있는 주체적이고 능동적인 생명성과 생명력이 곧 '양지'라고 하는 사실을 발견할 수 있었다. 계속해서 다음 장에서 '양지 실현의 필요성'과 '양지 실현의 다양한 방안' 및 '양지 실현의 궁극적 경지'에 대해 살펴보기에 앞서 양지의 일원적 체계와 생명 창출의 문제를 간략하게 정리해 보고자 한다.

양지는 일원적 체계를 바탕으로 생명의 창출 과정을 전개한다. 천지는 끊임없이 만물을 창출 · 양육하는 역동적 변화의 과정으로서, 천지만물의 중추로서의 인간은 이러한 역동적 변화의 한 과정에 놓여있다. 따라서 인간의 마음은 항상 우주만물과 감응하는, 즉 언제나 발동 과정 또는 작용 과정 중에 있는 마음으로서, 부동의 마음 자체는 존재하지 않는다. 여기서 동動 · 정靜, 체體 · 용用, 미발지중未發之中 · 이발지화已發之和는 모두 일원적 체계를 지니게 된다. 즉 '정'과 '체'와 '미발지중'은 모두 감응 과정 중에 있는 마음의 불변하는 속성만을 지칭하는 것이라면 '동'과 '용'과 '이발지화'는 모두 감응 과정 중에 있는 마음의 현상 작용만을 지칭하는 것일 뿐, 시간적 선후를 지닌 이원적 과정이 아닌 하나의 일원적 과정이다. 불변하는 속성으로서의 '체體'는 곧 양지의 생명 창출성을 의미하고 현상 작용으로서의 '용用'은 곧 양지의 생명 창출 과정을 의미하는 것으로 양지는 체용 일원의 체계를 지닌다. 체용 일원의 체계를 지닌 양지는 마음과 몸의 일원적 체계를 바탕으로 생명의 창출 과정을 전개한다. 양지의 주재 아래 신체 기관을 통해 수용된 정보를 바탕으로 우주만물의 생명의 온전성에 대한 시비를 판단하고 실천 방향을 설정함과 아울러 실천 지향성을 발동하고 다시 신체 기관을 통해 실천 행위를 창출함으로써 실제적으로 천지만물의 생명을 온전하게 유지시켜나갈 수 있는 것이다. 이러한 일련의 과정이 바로 양지의 생명 창출 과정이다.

양지는 다양한 인간의 생명 현상과의 하나됨을 통해 생명 본질을 실현한다. 양지는 질료적 측면의 생명 에너지와 정신적 측면의 의식화된 에너지의 통합체로서의 기氣, 개체 욕망이 제거된 자연한 감정, 그리고 보고 듣고 응대하는 등의 후천적인 경험 활동 등과 같은 실제적인 생명 활동과의 하나됨을 통해서만 자신의 생명 본질을 전개 · 실현할 수 있다. 역동적인 생명 현상을 배제한 또는 이와 괴리된 양지는 현실성 없는 추상적 관념 또는 생명력 없는 공허한 개념으로 전락함으로써 인간의 유기적인 생명 본질을 실현할 수 있는 계기를 상실하고 천지만물의 중추적인 역할과 사명을 할 수 없게 된다.

다만 인간은 누구나 이러한 양지를 선천적으로 내재하고 있음에도 불구하고 사욕, 즉 총체적 전체생명체로서의 우주자연을 자신의 형체를 기준으로 주체와 객체, 자아와 타자, 그리고 안과 밖으로 분리시키고 인간 자신의 이익과 생존만을 위해 대립과 투쟁을 야기하는 극단적 개체 욕망으로 인해 오히려 인간 자신과 천지만물의 생명 본질을 질곡시킬 수 있는 문제점을 안고 있다. 이에 양명은 양지론에서 끝나지 아니하고 '치양지설致良知說', 즉 '양지 실현의 학설'을 제시하고 양지 실현을 위한 다양한 방안들을 제시하고 있는 것이다.

제7장
양지 실현과 지행합일

인간은 천지만물의 마음이다. 인간은 천지만물의 생명 창출·양육 과정에 능동적으로 참여하거나 주체적으로 이끌어가야 하는 책임과 사명을 부여받은 존재이다. 이는 인간 누구나 천지만물과의 감응과 통각 주체로서의 '양지良知'를 선천적으로 내재하고 있기 때문이다. 그러나 양지의 선천적 내재성만으로 인간의 전우주적 사명과 책임이 완수되지는 않는다. '치양지致良知', 즉 '양지 실현'이라는 후천적 과정이 수반될 때, 비로소 인간은 천지만물과 한 몸이 됨으로써 인간 자신과 천지만물의 생명 본질을 실현할 수 있게 된다.

양명은 "양지 밖에 다시 지知란 없으며, 치지致知 밖에 다시 학문이란 없다"[1)]고 말한다. '양지'는 선천적인 마음의 본체이며, '치양지'는 선천적 양지를 실현하는 후천적 실천 과정이다. 선천적 양지를 실현하는 데 있어 후천적 공부인 치양지가 요구되는 것이다. 본 장에서는 먼저 후천적인 양지 실현 공부가 요구되는 원인과 '치양지'의 의미에 대해 살펴볼 것

---

1) 『王陽明全集』(上海: 上海古籍出版社, 1992, 이하 『全集』이라 표기), 권6, 「與馬子莘」, 218쪽, "良知之外更無知, 致知之外更無學."

이다. 그리고 이를 토대로 양명의 삼대 학설 중 하나인 '지행합일설'이 '양지 실현'과 어떠한 관련이 있는지 고찰해 보고자 한다.

제1절 개체 욕망의 생명 질곡

1. 개체 욕망

인간은 누구나 성인聖人이 될 수 있는 바탕으로서의 마음의 본체인 영명한 양지를 선천적으로 내재하고 있다. 그럼에도 불구하고 현실적으로는 '태어나면서부터 알고 편안히 행하는 사람'(生知安行者=聖人), '배워서 알고 이롭게 행하는 사람'(學知利行者=凡人), 그리고 '애써서 알고 힘써서 행하는 사람'(困知勉行者=愚人)이라는 다양한 층차를 지닌다. 이러한 다양한 층차의 근본적인 원인은 양지의 소유 여부에 있는 것이 아니라, '양지의 실현' 여부에 있다. 성인은 순수純粹하고 지선至善하며 양지를 자연스럽게 실현하는 사람이라면, 성인 이하의 사람들은 양지를 선천적으로 소유하고 있음에도 불구하고 양지 발현을 가로막는 장애물로 인해 자연스럽게 양지를 실현하지 못한다는 것이다.[2] 그렇다면 여기서 문제가 되는 것은 양지의 자연한 발현을 가로막는 장애물이 무엇인가 하는 것이다.

양명은 먼저 마음의 본체인 양지가 인간의 '사욕私欲'에 의해 장애를 받을 경우 자연스럽게 발현될 수 없다고 본다.

---

2) 본서 5장 1절 2. '다양한 인간 층차와 양지' 참조.

사람의 마음은 하늘이며 연못이다. 마음의 본체는 포용하지 않는 것이 없으니, 원래 하나의 하늘이다. 다만 사욕에 가려져서 하늘의 본체를 잃어버렸을 뿐이다. 마음의 리理는 무궁무진하니, 원래 하나의 연못이다. 다만 사욕에 막혀서 연못의 본체를 잃어버렸을 뿐이다. 이제 생각마다 양지를 실현하여 이 가려지고 막힌 것을 전부 제거한다면 본체가 이미 회복된 것이니, 그것이 바로 하늘과 연못이다.[3]

인간은 천지만물의 마음이기 때문에, 인간 마음은 천지의 생생불식生生不息하는 생명 본질을 자신의 생명 본질로 한다. 천지만물과 같이 생생불식하는 무한한 생명성과 무한한 실천 조리의 창출성이 바로 인간 마음의 생명 본질인 '양지'이다. 그러나 양지는 인간의 또 다른 성향인 '사욕'에 의해 가려지거나 막히는 제약을 받음으로써 자연스럽게 유행할 수 없게 된다는 것이다. 양명은 또한 다음과 같이 말한다.

사람들 중에 누가 뿌리가 없겠는가? 양지가 바로 하늘이 심어준 영명한 뿌리이니 저절로 쉬지 않고 생성한다. 다만 사욕이 누가 되어 이 뿌리를 해치고 막아서 자랄 수 없을 뿐이다.[4]

천지의 생명 본질에 근원한 인간의 영명성靈明性으로서의 양지는 스스로 '생생불식'하는 무한한 생명력을 지니지만, 사욕의 장애로 인해 생장하지 못하게 된다는 것이다. 인간의 선천적인 양지는 후천적으로 사욕의 장애로 인해 제약받을 수 있다는 것이다. 이는 마치 본래 사물을 있는 그대로 비추어주는 밝은 비춤의 기능을 지닌 밝은 거울(明鏡)에 먼지나 때가 묻으면 본래의 밝은 비춤의 기능에 제약이 발생하는 것과 같다.[5]

---

3) 『傳習錄』(下), 「黃直錄」, 222조목, "人心是天淵. 心之本體無所不該, 原始一個天. 只爲私欲障礙, 則天之本體失了. 心之理無窮盡, 原是一個淵. 只爲私欲窒塞, 則淵之本體失了. 如今念念致良知, 將此障礙窒塞一齊去盡, 則本體已復, 便是天淵了."

4) 『傳習錄』(下), 「黃修易錄」, 244조목, "人孰無根? 良知卽是天植靈根, 自生生不息, 但著了私累, 把此根戕賊蔽塞, 不得發生耳."

그렇다면 선천적인 양지의 자연한 발현·발용을 가로막는 '사욕'이란 무엇인가? 양명은 비록 '천리天理', '성性', '지선至善', '양지良知', '성誠', '확연대공廓然大公' 등을 마음의 본체로 규정하고는 있지만,[6] '사욕私欲', '사심私心', '사의私意', '사지私智' 또한 인간의 마음과 무관한 것으로 보지는 않는다.[7] 양명은 '마음이 하나'(一心)라고 주장하면서 인욕人欲의 개입 여부에 따라 마음을 '도심道心'과 '인심人心'으로 구분한다.

> 마음은 하나이다. 인욕이 섞이지 않은 것을 도심道心이라 하고, 인위人僞가 섞인 것을 인심人心이라 칭할 뿐, 인심이 그 바름을 얻으면 곧 도심이고, 도심이 그 바름을 잃으면 곧 인심이니, 처음에 두 개의 마음이 있는 것이 아니다. 정자程子가 "인심은 곧 인욕이며, 도심은 곧 천리天理이다"[8]라고 말한 것은 인심과 도심을 둘로 나눈 듯하나, 그 뜻은 실질을 얻은 것이다. 이제 도심은 주인이 되고 인심은 (도심의) 명령을 듣는다고 말한다면, 이는 마음을 둘로 하는 것이다. 천리와 인욕은 병립하지 아니하니, 어찌 천리가 주인이 되고 인욕 또한 따라서 명령을 듣는 것이 있겠는가?[9]

---

5) 다만 먼지나 때를 제거하면 밝은 거울이 본래의 밝은 비춤의 기능을 회복하여 사물을 있는 그대로 비추어주듯, 양지의 유행을 가로막는 사욕을 제거하면 양지 본래의 유기적 생명성은 회복되어 자연스럽게 천지만물과 감응하게 된다고 말할 수 있다.

6) 『傳習錄』(上), 「陸澄錄」, 81조목, "心之本體, 卽是性." 「薛侃錄」, 96조목, "心之本體卽是天理." 101조목, "須是廓然大公, 方是心之本體." 121조목, " 誠是心之本體," 『傳習錄』(中), 「答陸原靜書」, 152조목, "良知者心之本體," 『傳習錄』(下), 「黃直錄」, 228조목, "至善者, 心之本體."

7) 『傳習錄』의 내용 가운데 '私欲'과 관련된 내용은 많으나, 양지와 대비하여 표현하고 있는 대표적인 조목은 다음과 같다. 『傳習錄』(下), 「黃省曾錄」, 281조목에서는 私心으로 말하고, 『傳習錄』(上), 「薛侃錄」, 101조목에서는 私意로 말하며, 『傳習錄』(下), 「黃省曾錄」, 290조목에서는 欲으로 말하고, 『傳習錄』(中), 「答聶文蔚」, 180조목에서는 私智, 自私·自利로 표현하고 있다.

8) 程子는 程頤를 지칭하는 바, 정이는 "人心, 私欲也. 道心, 正心也."(『二程全書』 「遺書」 第十九)라고 말하였으나, 양명은 여기서 '私欲'을 '人欲'으로 '正心'을 '天理'로 바꾸어 말하고 있다.

9) 『傳習錄』(上), 「徐愛錄」, 10조목, "心一也. 未雜於人謂之道心, 雜以人僞謂之人心, 人心之得其正者卽道心, 道心之失其正者卽人心, 初非有二心也. 程子謂人心卽人欲, 道心卽天理, 語若分析, 而意實得之. 今曰 道心爲主而人心聽命, 是二心也. 天理人

비록 마음을 인심과 도심이라고 둘로 칭하기는 하지만 인심과 도심이 동시적으로 공존·병립하는 것이 아니라, 하나의 마음을 단지 인위人僞(人欲)의 개입 여부에 따라 도심과 인심으로 달리 지칭한다는 것이다. 인위(인욕)가 개입된 인심의 상태에서도 올바름을 얻으면 도심이 되고, 인위(인욕)가 개입되지 않은 도심의 상태에서도 올바름을 상실하면 인심이 된다. 따라서 마음은 도심과 인심 가운데 한 가지 형태로만 존재하지 동시적으로 공존하는 것이 아니기 때문에, 도심과 인심의 동시 공존성을 전제로[10] 도심이 주재하고 인심이 도심의 명령을 따른다는[11] 주희의 주장은 마음을 둘로 나누는 문제를 야기한다고 비판하고 있는 것이다.

그렇다면 도심과 인심의 근원과 관계를 보다 구체적으로 살펴볼 필요가 있다. 양명은 "본성을 따르는 것을 도라고 한다(率性之謂道)는 것이 바로 도심이다. 그러나 약간의 인위적인 의사意思라도 더해지면 바로 인심이다"[12]고 한다. 마음의 본질적 속성, 즉 선천적 본성이 자연스럽게 발현되는 마음이 '도심'으로서, 도심은 양지를 의미한다.[13] 한 예로 우리는 어린 아이가 우물에 빠지려는 상황을 목격하였을 때 자신의 사적인 이해득실을 따지는 의도나 목적이 조금도 개입되지 않은 측은한 마음이 발동한다. 이러한 본성 발현의 주체가 바로 '도심', 즉 '양지'인 것이다.[14] 인간과 천지만물은 본원적으로 한 몸이며, 인간은 천지만물의 마음이다. 따라서

欲不並立, 安有天理爲主, 人欲又從而聽命者?"

10) 『中庸集註』, 「中庸章句序」, "心之虛靈知覺, 一而已矣, 而以爲有人心道心之異者, 則以其或生於形氣之私, 或原於性命之正, 而所以爲知覺者不同. … 然人莫不有是形, 故雖上智不能無人心, 亦莫不有是性, 故雖下愚不能無道心, 二者雜於方寸之間, …"

11) 『中庸集註』, 「中庸章句序」, "必使道心常爲一身之主, 而人心每聽命焉."

12) 『傳習錄』(下), 「黃省曾錄」, 250조목, "率性之謂道便是道心, 但着些人的意思在, 便是人心."

13) 『傳習錄』(中), 「答顧東橋書」, 140조목, "道心者, 良知之謂也."

14) 『全集』, 권7, 「重修山陰縣學記」, 256쪽, "見孺子之入井而惻隱, 率性之道也."

인간은 천지만물의 한 부분이라도 손상되는 상황에 마주하게 되면, 이를 자신의 아픔으로 느끼게 된다. 이러한 감응과 통각의 주체가 바로 양지로서의 '도심'인 것이다. 양지로서의 도심은 인간의 개체성을 초월하여 자신의 형체를 기준으로 물物·아我와 내內·외外를 나누지 않는 '천지의 마음' 즉, '만물일체의 인심仁心'(公心)으로서의 인간의 선천적이고 본질적인 마음이다.

이러한 선천적 마음(도심·양지)에 약간의 인위적인 의사가 더해지면 바로 '인심人心'이 된다는 것이다. 우리는 어린아이가 우물에 빠지려는 상황에 마주하게 되었을 때, 어린아이를 불쌍히 여기는 측은한 마음과 더불어 어린아이를 구하고자 하는 강한 의지가 발동하고, 신체에 대한 주재를 통해 어린아이를 구하는 실천 행위로 이행한다. 이러한 일련의 과정이 바로 어린아이와 나 사이에 이루어지는 양지의 감응 과정이자 양지 실현의 과정이다. 그러나 어린아이가 우물에 빠지려는 상황에 마주하여 양지의 감응에 의해 측은한 마음이 발동하는 경우라 하더라도, 곧바로 아이를 구하려다 혹 내가 다치지는 않을까? 사업상 중요한 약속 장소에 늦지는 않을까? 아이를 구하면 부모가 나에게 고마움의 사례를 하지는 않을까? 등등 수많은 생각들이 떠오르게 된다. 이러한 생각들은 측은한 마음을 차폐시키고 어린아이를 구하고자 하는 실천 의지의 발동은 물론 실천 행위로의 이행을 차단한다. 이처럼 자신의 이익과 안위에만 집착하는 인위적인 생각들은 양지의 자연한 감응 작용을 차폐시키는 결과를 야기하는 바, 이러한 상태의 마음이 바로 '인심人心'이라는 것이다.

인간은 본원적으로 천지만물과 한 몸인 동시에 현상적으로 천지만물과 자신을 구분해주는 자신만의 고유한 신체를 가진 하나의 개체생명체이다. 인간은 자신의 신체를 기준으로 내적 자아와 외적 대상 세계를 구분할 수 있다. 따라서 인간이 비록 천지만물과 자신을 하나의 생명체로 연결해주는 감응 주체로서의 양지를 선천적인 본질적 속성으로 한다 하더라도, 다른 한편 사적 개체의 이익과 안위에만 집착하는 인위적인 개체 욕망(사욕)의 발동 가능성 또한 안고 있다. 이러한 인위적인 개체 욕망의 발동은 선천적인 양지(도심)를 어둡게 차폐시킨다. 이러한 양지(도심)를 차폐시키는 인위적인 개체 욕망에 물든 마음이 바로 '인심'인 것이다. 따라서 개체 욕망에 물들지 않은 상태에서는 양지(도심)만이 온전하게 작용하지만, 개체 욕망이 발동한 상태에서는 양지(도심)가 차폐됨으로써 인심만이 작용할 수 있으므로, 양명에 있어 도심과 인심은 동시에 공존・병립할 수가 없다. 마치 사물을 있는 그대로 비추어주는 밝은 비춤의 본래적 속성을 지닌 밝은 거울(明鏡)에 때가 묻으면 사물을 있는 그대로 비추어주지 못하지만, 때를 제거하고 나면 밝은 비춤의 본래적 속성을 회복하여 사물을 있는 그대로 비추어주듯, 개체 욕망의 발동으로 인해 도심이 차폐되어 그 바름을 잃으면 인심이 되고, 개체 욕망을 제거하여 인심이 그 바름을 얻으면 도심이 되어 천지만물과 자연한 감응 작용을 진행하게 되는 것과 같다.

2. 개체 욕망과 기질의 관련성

양지의 천지만물과의 자연한 감응 작용은 인간을 구성하는 구체적인 형체인 몸을 떠나서는 진행될 수 없다. 마음은 형체를 지닌 몸을 통해 운용되며, 몸은 마음의 영명함 즉, 양지에 의해 주재된다.[15] 따라서 마음이 없는 몸도 존재하지 않지만, 몸이 없는 마음 또한 존재하지 않는다.[16] 이

15) 『全集』, 권26, 「大學問」, 971쪽, "何謂身? 心之形體運用之謂也. 何謂心? 身之靈明主宰之謂也."

16) 『傳習錄』(下), 「陳九川錄」, 201조목, "故無心則無身, 無身則無心. 但指其充塞處言之謂之身, 指其主宰處言之謂之心, 指心之發動處謂之意, 指意之靈明處謂之知, 指意之涉着處謂之物: 只是一件."

에 양명은 "양지도 다만 입으로 말하고 이 몸으로 행하는 것이다. 어찌 기질을 배제하고 따로 행하고 말하는 것이 있을 수 있겠는가?"[17]라고 말한다. 마음의 영명한 주재성인 양지는 결국 눈 · 귀 · 코 · 입 · 사지와 같은 몸을 통해 운용되기 때문에 형체의 형질적 조건의 제약을 받게 된다. 그런데 개개인의 신체의 형질적 조건, 예컨대 귀 밝음, 눈 밝음, 총명함, 예지로움에 있어서는 천부적인 차이가 있다. 이에 양명은 인간의 본성과 형체적 조건(氣質)과 사욕의 상호 관련성을 다음과 같이 말한다.

> 성性은 하나일 따름이다. 인·의·예·지는 성性의 성性이고, 총명예지聰明叡智는 성의 자질(質)이며, 희·노·애·락은 성의 감정(情)이고, 사욕私欲·객기客氣는 성이 가려진 것이다. 자질에 맑고 탁함이 있기 때문에 감정에 지나침과 모자람이 있으며, 가리워짐에 얕고 깊음이 있다. 사욕과 객기는 하나의 병이 두 곳에서 나타난 것이지, 두 가지 병이 아니다.[18]

여기서 양명은 인간의 성性은 하나라 하면서도, 이를 '성의 성性(德)', '성의 질質', '성의 정情', '성의 폐蔽'로 나누고 있다. 인 · 의 · 예 · 지는 본성의 덕성이기 때문에 '성의 성'이라 하는 것이며, 귀 밝음 · 눈 밝음 · 총명함 · 예지로움은 천부적인 재질이기에 '성의 질'이라 하고, 기쁨 · 성냄 · 슬픔 · 즐거움은 본성의 발현태인 감정이기에 '성의 정'이라 하며, 사욕과 객기는 본성의 발현을 가로막는 장애이기에 '성의 폐'라고 한다. 인간의 생명 본질인 본성은 천부적인 자질에 바탕하여 감정으로 발현되는 일련의 유기적 상관성을 지닌다. 예컨대 양명은 "성선性善의 단서는 반드시 기氣 위에서만 비로소 살필 수 있다. 만약 기가 없다면 (성) 역시 살필 수

---

17) 『傳習錄』(下), 「黃直錄」, 242조목, "良知亦只是這口說, 這身行, 豈能外得氣, 別有個去行去說?"

18) 『傳習錄』(中), 「答陸原靜書」, 165조목, "性一而已, 仁義禮智, 性之性也; 聰明睿知, 性之質也; 喜怒哀樂, 性之情也; 私欲客氣, 性之蔽也. 質有淸濁, 故情有過不及, 而蔽有淺深也. 私欲客氣, 一病兩痛, 非二物也."

없다. 측은惻隱・수오羞惡・사양辭讓・시비是非가 바로 기이다. … 만약 자기의 성을 명백하게 이해했을 때는 기가 바로 성이고, 성이 바로 기로서 원래 성과 기를 나눌 수는 없다"[19]고 한다. 그러나 사욕과 객기는 오히려 인간의 생명 본질을 차폐시킴으로써 본성이 자연스럽게 발현되지 못하도록 하는 부정적인 역할을 한다. 모든 인간의 천부적 자질이 동일한 것은 아니다. 인간의 천부적 자질(氣質) 자체에는 맑고 흐림의 차이가 있다. 이로 인해 감정 작용에 있어서도 지나치거나 부족한 차이가 있게 되고, 사욕과 객기의 본성 차폐에 있어서도 깊고 낮은 차이가 발생한다. 따라서 본성이 발현되는 과정에 있어 인간의 천부적인 기질에 영향을 받는다고 말할 수 있다.

이러한 기질상의 차이는 양지의 자연한 발용에 있어서도 그대로 영향을 미친다.

> 양지는 본래 저절로 밝다. 기질이 아름답지 못한 사람은 찌꺼기가 많고 가린 것도 두터워서 양지를 환하게 드러내기가 쉽지 않다. 기질이 아름다운 사람은 찌꺼기가 원래 적고 가린 것도 많지 않기 때문에 양지를 실현하는 공부를 조금만 한다면, 이 양지가 저절로 맑고 투명해진다.[20]

타고난 기질이 좋은 사람은 찌꺼기, 즉 사욕과 객기가 상대적으로 적기 때문에 양지의 차폐 정도가 미약한 반면, 상대적으로 기질이 좋지 않은 사람은 양지의 차폐 정도도 심하다. 그러므로 전자는 조그마한 노력을 통해서도 쉽게 양지를 실현할 수 있는 반면, 후자는 많은 노력을 경주하더라도 양지를 실현하기가 쉽지 않다. 이러한 천부적인 기질상의 차등

---

19) 『傳習錄』(中), 「答周道通書」, 150조목, "性善之端, 須在氣上始見得. 若無氣, 亦無可見矣. 惻隱羞惡辭讓是非卽是氣. … 氣卽是性, 性卽是氣, 原無性氣之可分也."

20) 『傳習錄』(中), 「答陸原靜書」, 164조목, "良知本來自明. 氣質不美者, 查滓多, 障蔽厚, 不易開明. 質美者, 查滓原少, 無多障蔽, 略加致知之功, 此良知便自瑩徹."

은 개체 욕망의 작용에 있어서도 강하고 약한 차이를 가져오게 되며, 타고난 기질의 강하고 부드러운 차이로 말미암아 선악을 행하는 데 있어서도 강하고 부드러운 차이를 가져오게 된다.[21] 아울러 이러한 기질상의 차등으로 인해 사람에 따라 양지에 대한 개체 욕망의 차폐 정도는 각기 다르기 때문에, 양명은 개체 욕망의 차폐 정도에 따라 인간의 층차를 개체 욕망의 가림이 전무한 '태어나면서부터 알고 편안히 행하는 사람'(生知安行者=聖人), 일정 정도의 개체 욕망에 의해 가려진 '배워서 알고 이롭게 행하는 사람'(學知利行者=凡人), 그리고 개체 욕망에 의한 양지의 차폐 정도가 매우 심한 '애써서 알고 힘써서 행하는 사람'(知勉行者=愚人)으로 나눌 수 있다고 보는 것이다.[22]

이상에서 살펴본 바와 같이 천부적인 기질의 차등은 후천적으로 양지에 대한 개체 욕망의 차폐에 있어서도 차등을 가져오게 된다. 그러나 이러한 기질상의 차등은 영원히 극복할 수 없는 고정된 것이 아니라, 양지를 차폐시키는 개체 욕망을 제거하고 양지를 실현시키고자 하는 후천적인 자발적 노력을 통해 누구나 극복할 수 있는 가변적인 층차이다. 개체 욕망의 제거는 곧 양지의 자연한 유행을 위한 선행 조건으로서, 양지 실현을 위한 개체 욕망의 제거라는 후천적 공부가 요구된다.

3. 개체 욕망의 폐단

자연한 감응 주체인 양지를 차폐시키는 개체 욕망은 구체적으로 어떠한 형태로 나타나는가? 직접 '사욕私欲'[23]과 '물욕物欲'[24]으로 언급되는 경

21) 『傳習錄』(下), 「黃以方錄」, 334조목, "夫子說性相近, 卽孟子說性善, 不可專在氣質上說. 若說氣質, 如剛與柔對, 如何近得? 惟性善則同耳. 人生初時, 善原是同的. 但剛的習於善則爲剛善, 習於惡則爲剛惡, 柔的習於善則爲柔善, 習於惡則爲柔惡, 便日相遠了."

22) 『傳習錄』(下), 「陳九川錄」, 221조목 및 「黃省曾錄」, 291조목 참조.

우도 있지만, 지선至善한 '본심本心'에 대비되는 '사심私心'[25], 천리天理의 발현인 '성의誠意'에 대비되는 '사의私意'[26]로 언급되기도 한다. 또한 양지의 발용으로서의 자연한 감정과 구분되는 '집착에 빠진 욕欲'[27]과 '사지私智', '자사自私', '자리自利'[28] 등으로 지칭되기도 한다. 이러한 표현들은 모두 인간의 개체 욕망과 밀접한 관련성을 지닌다.

먼저 양명은 '사심私心'을 '아름다운 색깔을 좋아하고 이익을 좋아하고 명예를 좋아하는 마음'으로 규정한다.[29] 아름다운 색깔, 아름다운 소리, 좋은 맛과 같은 감각적 대상뿐만 아니라 이익이나 명예와 같은 세속적 가치 또한 마음 밖에 존재한다.[30] 따라서 이러한 것들을 좋아하는 사심은 곧 인간의 본심이 아닌 후천적인 외부 사물에 대한 '물욕物欲'에 다름 아니다. 물욕은 인간의 귀・눈・입・코・사지와 같은 신체를 해칠 뿐만 아니라,[31] 인간의 선천적인 지선한 양지를 혼폐시키는[32] 문제점을 야기한다.

---

23) 『傳習錄』 가운데 私欲은 총 14개 조목(3, 5, 64, 65, 72, 84, 118, 163, 165, 222, 291, 317, 321, 324)에서 언급된다.

24) 『傳習錄』 가운데 物欲은 6개 조목(142, 155, 165, 201, 207, 268)에 나온다.

25) 『傳習錄』 가운데 私心은 4개 조목(76, 94, 28, 321)에서 언급된다.

26) 『傳習錄』에 私意는 총 10개 조목(5, 8, 11, 44, 96, 101, 145, 169, 324, 333)에서 언급된다.

27) 『傳習錄』(下), 「黃省曾錄」, 290조목, "七情順其自然之流行, 皆是良知之用, … 七情有著, 俱謂之欲, 俱爲良知之蔽."

28) 『傳習錄』(中), 「答聶文蔚」, 180조목, "後世良知之學不明, 天下之人用其私智以相比軋, 是以人各有心, … 外假仁義之名, 而內以行其自私自利之實."

29) 『傳習錄』(上), 「陸澄錄」, 76조목, "須是平日好色好利好名等項一應私心, 掃除蕩滌, 無復纖毫留滯, …"

30) 『傳習錄』(上), 「薛侃錄」, 122조목, "汝今終日向外馳求, 爲名爲利, 這都是爲着軀殼外面的物事."

31) 『傳習錄』(上), 「薛侃錄」, 122조목, "美色令人目盲, 美聲令人耳聾, 美味令人口爽, 馳騁田獵令人發狂, 這都是害汝耳目口鼻四肢的, 豈得是爲汝耳目口鼻四肢?"

32) 『傳習錄』(中), 「答陸原靜書又」, 155조목, "性無不善, 故知無不良, 良知卽是未發之中, 卽是廓然大公, 寂然不動之本體, 人人之所同具者也. 但不能不昏蔽於物欲, 故須學以去其昏蔽, 然於良知之本體, 初不能有加損於毫末也."

> 만약 물욕에 이끌려 가려지지 않고 다만 양지의 발용 유행을 따라 나아가기만 한다면 바로 이 도道가 아님이 없을 것이다. 보통 사람들은 물욕에 이끌려 가려지는 것이 많기 때문에 양지를 따르지 못한다.[33)]

일반인들은 성인과 같이 선천적으로 양지를 내재하고 있음에도 불구하고, 외재 사물에 대한 욕망, 즉 물욕에 이끌리고 가리어 양지의 판단을 따라가지 못함과 아울러 실천으로 이행하지 못하게 된다는 것이다. 이에 양명은 자아를 '참된 자아'(眞吾)와 '사적 자아'(私吾)로 구분한다.

> 대저 나의 이른바 참된 자아(眞吾)는 양지를 이르는 것이다. 부모가 자애롭고 자식이 효도하는 것은 내 양지가 좋아하는 바이나, 자애롭지 못하고 효도하지 못하는 것은 양지가 미워한다. 말함에 충실하고 미더우며 행동함에 독실하고 경건한 것은 내 양지가 좋아하는 바이나, 충실하고 미덥지 못하며 독실하고 경건하지 못하는 것은 양지가 미워한다. 그러므로 대저 명리名利와 물욕物欲의 좋아함은 사적 자아가 좋아하는 것으로 천하가 미워하지만, 양지가 좋아함은 참된 자아가 좋아하는 것으로 천하가 함께 좋아하는 것이다. 그러므로 사적 자아가 좋아하는 것을 따르면 천하의 사람들이 모두 이를 미워하여, 장차 마음의 수고로움이 날로 쓸모가 없고 종신토록 근심스럽고 고통스러울 것이니, 이를 사물에 부림을 받는 것이라 이른다. 참된 자아가 좋아하는 것을 따르면 천하의 사람들이 모두 이를 좋아할 것이니, 장차 가정과 국가와 천하가 처하는 곳마다 마땅하지 않음이 없을 것이요, 부귀와 빈천과 환난과 이적夷狄이 들어가는 곳마다 얻지 못함이 없을 것이다.[34)]

---

33) 『傳習錄』(中), 「答陸原靜書」, 165조목, "若無有物欲牽蔽, 但循著良知發用流行將去, 即無不是道. 但在常人多爲物欲牽蔽, 不能循得良知."

34) 『全集』, 권7, 「從吾道記」, 250쪽, "夫吾之所謂眞吾者, 良知之謂也. 父而慈焉, 子而孝焉, 吾良知所好也, 不慈不孝焉, 斯惡之矣. 言而忠信焉, 行而篤敬焉, 吾良知所好也; 不忠信焉, 不篤敬焉, 斯惡之矣. 故夫名利物欲之好, 私吾之好也, 天下之惡也; 良知之好, 眞吾之好也, 天下之所同好也. 是故從私吾之好, 則天下之人皆惡之矣, 將心勞日拙而憂苦終身, 是之謂物之役. 從眞吾之好, 則天下之人皆好之矣, 將家國天下,

양지만이 본래적 '참된 자아'로 정의되는 반면, 명예와 이익을 좋아하고 외재 사물을 좋아하는 명리와 물욕은 '사적 자아'로 규정된다. 따라서 인간이 좋아하고 싫어하는 마음의 작용에 있어서도 참된 자아인 양지에 의한 작용과 사적 자아에 의한 작용으로 구분된다. 전자는 부모의 자식에 대한 자애와 자식의 부모에 대한 효도와 같이 타자의 생명을 온전하게 하고자 하는 감응 작용으로 나타난다. 그러나 후자는 사적 개체로서의 자신의 이익과 안위에만 집착하여 타존재물과의 감응 작용을 단설시키는 폐단을 야기한다.

물욕에 기인한 사적 자아의 폐단은 단지 양지의 차폐에서 끝나지 않는다.

> 세상 사람의 마음은 처음에는 역시 성인과 다름이 없으나, 다만 나만 있다고 하는 사사로움에 이간離間되고, 물욕의 가려짐에 격단되어 큰 것이 그 때문에 작아지고 통하는 것이 그 때문에 막혀서 사람마다 제각기 사사로운 마음이 생겨났고, 심지어 자신의 부모와 자식, 형과 아우를 원수처럼 여기는 자가 생기게 되었다.[35]

> 욕망에 움직이고 사사로움에 가리는 데 이르러 이해로 서로 공격하고 분노로 서로 격돌하게 되면 사물을 해치고 동류를 무너뜨림에 못할 짓이 없게 되고, 심지어는 혈육까지도 서로 해치는 데 이르러서는 일체一體의 인仁이 없어질 것이다.[36]

물욕은 천지만물과 감응 주체인 '만물일체의 인심仁心' 즉, 양지를 상실

無所處而不當; 富貴貧賤患難夷狄, 無入而不自得."

35) 『傳習錄』(中), 「答顧東橋書」, 142조목, "天下之人心, 其始亦非有異於聖人也, 特其間於有我之私, 隔於物欲之蔽, 大者以小, 通者以塞, 人各有心, 至有視其父子兄弟如仇讐者."

36) 『全集』, 권26, 「大學問」, 968쪽, "及其動於欲, 蔽於私, 而利害相攻, 忿怒相激, 則將戕物圮類, 無所不爲, 其甚至有骨肉相殘者, 而一體之仁亡矣."

시키고, 자신이 보살피고 양육해야 하는 타존재물이나 타자는 물론 자신의 혈육과도 대립·갈등·투쟁을 야기한다. 결국 타존재물은 물론 동류인 인간조차 파멸에 이르게 된다는 것이다. 결국 인간의 개체 욕망의 한 형태인 물욕은 인간의 몸과 마음을 분열시키고 한 개인의 생명 본질을 질곡시키는 데서 끝나는 것이 아니라, 종국에는 인간 사회와 자연계를 포괄하는 전우주적 차원의 천지만물을 파멸시키는 상황을 초래하게 된다고 말할 수 있다.

다음은 '사의私意'와 개체 욕망의 관련성 문제이다. 양명은 지선至善은 마음의 본체로서 본체상에 조금이라도 온당함이 지나치게 되면 그것이 악이 된다고 보고 하나의 선이 있고 또 다시 하나의 악이 상대적으로 있는 것이 아니므로 선악은 다만 한 가지라고 주장한다.[37] '선악이 한 가지'라는 표현은 선악이 모두 마음의 작용으로 말미암는다는 것을 의미한다. 그러나 마음의 생명 본질은 천지만물의 자연한 생명 본질을 바탕으로 하기 때문에 이는 상대적인 인간의 인위적 가치 평가로 재단할 수 없는 '무선무악無善無惡'한 상태라고 말할 수 있다.[38] 그러나 어떠한 사물이나 상황에 직면하게 되면 마음으로부터 의념(意)이 발동하게 되는 바, 의념이 발동한 단계에서는 시비 또는 선악의 상대적 가치 평가가 가능해진다.[39] 본래 '의意'는 본심本心에서 발동하여 감응에 의거한 양지의 자각적 판단과 실천 방향성을 실제적인 실천으로 이행시켜주는 매개체, 즉 실천의 계기로 규정된다.[40] 이처럼 아무런 장애 없이 지선至善한 본심의 발동으

37) 『傳習錄』(下), 「黃直錄」, 228조목, "至善者, 心之本體. 本體上才過當些子, 便是惡了. 不是有一個善, 却又有一個惡來相對也. 故善惡只是一物."

38) 『傳習錄』(上), 「薛侃錄」, 101조목, "無善無惡, 是謂至善." 『傳習錄』(下), 「黃修易錄」, 315조목, "無善無惡是心之體."

39) 『全集』, 권6, 「答魏師說」, 217쪽, "凡應物起念處, 皆謂之意. 意則有是有非." 『傳習錄』(下), 「黃修易錄」, 315조목, "有善有惡是意之動."

40) 『傳習錄』(中), 「答顧東橋書」, 137조목, "其虛靈明覺之良知應感而動者謂之意. … 意之所用, 必有其物, 物卽事也." 『傳習錄』(下), 「陳九川錄」, 201조목, "指心之發動

로서의 의념이 인간의 생명 본질인 천리天理에 부합되는 옳고 선한 의념, 즉 성의誠意인 것이다.[41] 그러나 양명이 "아버지의 자식에 대한 사랑은 그 자체가 지극한 정情이다. 그러나 천리 또한 중화처中和處가 있으니, 지나친 즉 사의私意이다"[42]고 말하고 있듯, 의념은 성의만이 아니라 또한 사의의 형태로도 나타난다. 사의는 양지의 유기적 생명활동의 장애물로서 반드시 극복·제거해야 하는 대상으로 규정된다.[43] 사의는 일단 인간의 유기적 생명성으로서의 천리, 즉 양지의 자연한 유행을 방해하는 후천적인 의념이라고 말할 수 있다. 따라서 '선악이 모두 마음의 작용으로 말미암는다'는 말은 본질적·선천적 마음이 아니라 의념으로의 발현 단계의 마음에서 개체 욕망의 개입 여부에 따라 선악으로 구분되는 경험적·후천적 마음의 작용을 의미한다고 말할 수 있다. 이에 양명은 사의를 인간의 마음의 본체인 성誠(양지)과 구분한다.

> 성실함(誠)은 실리實理이며, 다만 하나의 양지일 뿐이다. 실리의 오묘한 작용이 유행하는 것이 바로 신神이며, 그 싹이 움직이는 곳이 바로 기미(幾)이다. 성실하고 신묘하며 기미를 아는 자를 성인聖人이라고 한다. 성인은 미리 아는 것(前知)을 귀하게 여기지 않는다. 화복禍福이 닥치는 것은 비록 성인이라도 면하지 못하는 경우가 있다. 성인은 단지 기미를 알아 변화를 만나면 통할 뿐이다. 양지는 과거도 없고 미래도 없다. 다만 현재의 기미를 알 뿐이니, 이 한 가지가 해결되면 백 가지 일이 해결된다. 만약 미리 알려는 마음이 있다면 그것은 바로 사사로운 마음(私心)이며, 이로움을 따르고 해로움을 피하려는 의도가 있는 것이다.[44]

處謂之意, 指意之靈明處謂之知, 指意之涉着處謂之物."

41) 『傳習錄』(上), 「薛侃錄」, 101조목, "卻是誠意, 不是私意. 誠意只是循天理."

42) 『傳習錄』(上), 「陸澄錄」, 44조목, "父之愛子, 自是至情. 然天理亦自有箇中和處, 過卽是私意."

43) 『傳習錄』(上), 「徐愛錄」, 8조목, "然在常人, 不能無私意障礙, 所以須用致知格物之功, 勝私復理, 卽心之良知更無障礙."

44) 『傳習錄』(下), 「黃省曾錄」, 281조목, "誠是實理, 只是一箇良知. 實理之妙用流行就

성誠은 마음의 본체인 양지이다. 인간은 후천적 인위가 개입되지 않은 상태(誠)에서 양지를 통해 천지만물과 감응함으로써 현재의 기미를 알아 시비를 판단하고 사태에 대처하는 현장성을 지닌다. 이때 발생하는 실천 의지가 바로 '성의誠意'이다. 다만 아직 전개되지도 않은 상황을 인위적으로 미리 알고자 하는 '사사로운 마음'(私心)을 지닐 수도 있다. 이러한 사사로운 마음은 천지만물과의 유기적・상보적 관계성을 단절하고 개체생명으로서의 인간 자신의 이익과 안위만을 취하고 손해를 피하고자 하는 사사로운 의념(私意)으로 드러난다.

사의는 곧 천지만물과 감응하는 자연한 인간의 생명 본질을 거역하는 개체생명에 대한 '집착'의 한 형태이다.

> 칠정七情이 그 자연스러운 유행에 따르는 것은 모두 양지의 작용이며, 선과 악으로 구별할 수는 없다. 그러나 집착하는 것이 있으면 안 된다. 칠정에 집착이 있으면 모두 욕망(欲)이라고 하며, 모두 양지를 가리게 된다.[45)]

본래 감정(七情)은 인간의 자연한 생명 현상 가운데 하나로서 인간의 양지는 감정과의 일체화를 통해 자신의 생명 본질을 구현할 수 있는 한 계기를 갖는다. 그러나 감정 작용에 집착이 있으면 이는 욕망(欲)으로서 오히려 양지를 가리게 된다. 결국 감정이라는 맥락에서는 동일하다 할지라도 감정의 상태에 따라 감정은 둘로 구분되는 바, 집착의 상태에 놓인 감정은 오히려 양지를 차폐시키는 역기능을 지닌다. 이러한 집착은 '억지로

是神. 其萌動處就是幾, 誠神幾曰聖人. 聖人不貴前知. 禍福之來, 雖聖人有所不免. 聖人只是知幾, 遇變而通耳. 良知無前後. 只知得見在的幾, 便是一了百了. 若有箇前知的心, 就是私心, 就有趨避利害的意."

45) 『傳習錄』(下), 「黃省曾錄」, 290조목, "七情順其自然之流行, 皆是良知之用, 不可分別善惡, 但不可有所著; 七情有著, 俱謂之欲, 俱爲良知之蔽."

기억하고자 하는 마음', '빨리 효과를 거두고자 하는 마음', '많이 아는 것을 자랑으로 여겨 겉만 다투고자 하는 마음' 등으로 표현되듯,[46] 인간이 무엇인가를 인위적 · 강제적으로 성취하고자 하는 형태로 표출된다. 이러한 인간 개체의 이해득실에만 집착하는 개체 욕망은 결국 양지를 차폐시킴으로써 인간의 천지만물과의 자연한 감응 작용을 방해하게 된다. 오히려 자연 존재물들의 생명 의지(生意)를 무시하고 자신의 인위적인 필요 가치에 따라 이들을 선악으로 재단함으로써 이들의 생명을 파괴하는 결과를 초래하게 된다.[47]

마지막으로 '용지用智' · '자사自私'에 관한 문제이다. 양명은 사의私意와 용지 · 자사의 관련성을 다음과 같이 말한다.

> 마음의 본체는 바로 천리天理이다. 천리는 다만 하나일 뿐인데, 다시 무엇을 생각하고 염려할 만한 것이 있겠는가? 천리는 원래 적연寂然하여 움직이지 않고, 원래 스스로 느껴서 마침내 통한다. 배우는 사람의 공부가 비록 천만 가지를 사려한다고 하더라도, 단지 그 본래의 체용體用을 회복하려는 것일 뿐이니, 사의私意로 안배하고 사색하는 것이 아니다. 그래서 정명도程明道는 "군자의 학문은 확 트여서 크게 공정하여 사물이 다가오면 순순히 응하는 것 만한 것이 없다"[48]고 한 것이다. 만일 사의로써 사색하고 안배한다면, 이는 곧 잔꾀를 부리고(用智) 스스로를 사사롭게(自私)하는 것이다.[49]

---

46) 『傳習錄』(下), 「黃修易錄」, 241조목, "且如讀書時, 良知知得强記之心不是, 卽克去之; 有欲速之心不是, 卽克去之; 有誇多鬪靡之心不是, 卽克去之. … 讀書作文安能累人? 人自累於得失耳."

47) 『傳習錄』(上), 「薛侃錄」, 101조목, "天地生意, 花草一般, 何曾有善惡之分? 子欲觀花, 則以花爲善, 以草爲惡, 如欲用草時, 復以草爲善矣. 此等善惡, 皆由汝心好惡所生, 故知是錯."

48) 『二程文集』, 권2, 「答橫渠先生定性書」, "故君子之學, 莫若廓然而大公, 物來而順應."

49) 『傳習錄』(中), 「答周道通書」, 145조목, "心之本體卽是天理, 天理只是一箇, 更有何可思慮得? 天理原是寂然不動, 原自感而遂通, 學者用功雖千思萬慮, 只是要復他本來體用而已, 不是以私意去安排思索出來, 故明道云君子之學, 莫若廓然而大公, 物來而順應. 若以私意去安排思索, 便是用智自私矣."

마음의 본체인 천리(양지)는 '적연부동寂然不動'하면서도 천지만물과 '감이수통感而遂通'하는 체용 일원의 체계를 지닌다. 그러나 개체의 안위와 이익에만 집착하는 사사로운 의념은 자신을 천지만물과 단절시켜 스스로를 사사롭게 하는 '자사自私'와 자신의 개체 이익을 성취하기 위해 잔꾀를 부리는 '용지用智'로 드러나게 된다. 잔꾀를 부리고 스스로를 사사롭게 하는 것은 곧 양지의 상실과 한 가지로 규정된다.[50] 따라서 사의는 적어도 인간 내면으로부터 발동되는 의념의 한 가지 형태로 볼 수 있지만, 인간의 생명 본질로서의 천리(양지)의 발현이 아니라 인간 자신을 천지만물과 분리시켜 개체화함으로써 극단적으로 자신의 개체 이익만을 충족시키고자 하는 개체 욕망의 한 형태라고 말할 수 있다.

이상에서 살펴본 '사욕私欲', '물욕物欲', '사심私心', '사의私意', '자사自私', '용지用智' 등은 인간의 자연한 욕구를 의미하는 것이 아니다. 이는 인간 자신의 개체생명의 이익과 안위에만 집착함으로써 천지만물과의 감응 주체인 양지를 차폐시키고,[51] 자신의 형체를 기준으로 천지만물과 자신을 내・외, 자・타, 물・아로 나누고,[52] 천지만물과 대립・갈등・투쟁을 야기하는 인간의 극단적인 개체 욕망을 의미한다. 극단적 개체 욕망의 양지 차폐는 양지가 자연스럽게 천지만물과 감응할 수 있는 계기를 상실시킨다. 이로 인해 인간은 천지만물의 생명 창생・양육 과정을 주체적・능동적으로 이끌어 가지 못할 뿐만 아니라, 오히려 인간 사회와 자연세계의 존재물들의 생명을 파괴시킴은 물론 결과적으로 자신의 생명

---

50) 『傳習錄』(中), 「答歐陽崇一」, 169조목, "沈空守寂, 與安排思索, 正是自私用智, 其爲喪失良知, 一也."

51) 『傳習錄』(下), 「黃修易錄」, 244조목, "良知卽是天植靈根, 自生生不息, 但著了私累, 把此根戕賊蔽塞, 不得發生耳." 『傳習錄』(下), 「黃省曾錄」, 290조목, "但不可有所著; 七情有著, 俱謂之欲, 俱爲良知之蔽."

52) 『傳習錄』(下), 「黃以方錄」, 336조목, "可知充天塞地中間, 只有這箇靈明, 人只爲形體自間隔了." 『全集』, 권26, 「大學問」, 968쪽, "若夫間形骸而分爾我者, 小人矣."

또한 상실시키는 결과를 초래하게 된다. 이에 양명은 자신의 생존 당시 개개인의 개체 욕망으로 인해 사회 구성원들의 생명이 파괴되는 현상을 다음과 같이 적나라하게 비판하고 있다.

> 후세에 양지학良知學이 밝혀지지 않아서 천하 사람들은 그 사사로운 꾀(私智)를 사용하여 서로 겨루고 배척하게 되었다. 그래서 사람마다 각각 제 마음을 갖게 되어 치우치고 사소하고 편벽되고 고루한 견해와 교활하고 음험한 술수가 이루 다 말할 수 없는 지경에 이르렀다. 겉으로는 인의仁義라는 이름을 빌리지만 속으로는 스스로를 사사롭게 하고 스스로를 이롭게 하는 실질을 추구하며, 궤변으로써 세속에 영합하고 행위를 꾸며서 명성을 구하고 있다. 다른 사람의 선행을 덮어서 가리고 그것을 답습하여 자기의 장점으로 삼으며, 다른 사람의 사사로움을 들추어 은근히 자기가 정직하다고 여기며, 분노 때문에 서로 이기려 하면서도 오히려 자신은 의로움(義)을 따른다고 말하고, 음험하여 서로 쓰러뜨리면서도 오히려 악을 미워한다고 말한다. 현명한 자를 질투하고 능력이 있는 자를 시기하면서도 오히려 자신은 시비에 공정하다고 여기며, 제 감정과 욕망대로 하면서도 오히려 자신은 백성들과 좋아하고 싫어함을 함께한다고 생각한다. 서로 능멸하고 서로 해쳐서 골육骨肉을 나눈 일가친척조차도 이미 너와 나 사이에 승부를 가르려는 생각과 피차에 울타리를 치는 모습이 없을 수 없는데, 하물며 광대한 천하의 수많은 백성과 사물에 대해 또한 어떻게 한 몸(一體)으로 여길 수 있겠는가? 그렇기 때문에 세상이 어지러워지고 재앙과 난리가 끊임없이 서로 이어지는 것도 이상할 것이 없다.[53]

인간은 하나의 개체생명으로서의 자신의 이익과 명예와 안위에 대한

---

53) 『傳習錄』(中), 「答聶文蔚」, 180조목, "後世良知之學不明, 天下之人用其私智以相比軋, 是以人各有心, 而偏瑣僻陋之見, 狡僞陰邪之術, 至於不可勝說; 外假仁義之名, 而內以行其自私自利之實, 詭辭以阿俗, 矯行以干譽, 揜人之善而襲以爲己長, 訐人之私而竊以爲己直, 忿以相勝而猶謂之徇義, 險以相傾而猶謂之疾惡, 妬賢忌能而猶自以爲公是非, 恣情縱欲而猶自以爲同好惡, 相陵相賊, 自其一家骨肉之親, 已不能無爾我勝負之意, 彼此藩籬之形, 而況於天下之大, 民物之衆, 又何能一體而視之? 則亦無怪於紛紛籍籍, 而禍亂相尋於無窮矣."

극단적 집착, 즉 자신의 이익만을 추구하는 극단적 개체 욕망으로 인해 인간 사회의 구성원은 물론 자연세계의 모든 존재물을 하나의 생명체로 여기는 본질적 마음을 상실함으로써 인간 상호간에는 거짓과 위선은 물론 경쟁과 투쟁을 일삼게 된다는 것이다. 이로써 가까이는 자신의 혈육과 유기적·상보적 관계에서 대립·투쟁의 관계로 전환할 뿐만 아니라, 인간 사회 구성원은 물론 자연세계의 모든 존재물들과 자신이 하나의 유기적인 생명의 관계망을 맺고 있다는 사실을 망각하고 천지만물을 계속적으로 파괴하는 현상으로 치닫게 된다는 것이다.

제2절 양지 실현의 필요성

인간은 누구나 성인이 될 수 있는 선천적 생명 본질, 즉 천지만물과의 감응 주체인 양지를 내재하고 있는 반면, 양지의 자연한 유행을 가로막는 개체 욕망의 발동 가능성을 안고 있다. 이로 인해 양명은 '양지론'에서 끝나지 아니하고 '치양지설致良知說'을 제시하였다고 할 수 있다. 양지 실현의 구체적 방안들을 살펴보기 전에 먼저 '치양지'의 구체적 의미와 양지 실현의 필요성에 대해 살펴보고자 한다.

1. 개체 욕망의 제거와 양지의 회복

『전습록』에 의거할 때 '치양지致良知'[54]는 "마음의 본체인 양지를 회복

54) 『傳習錄』 가운데 '致良知'에 관한 내용은 총 29개 조목이 있다. 『傳習錄』(中), 「答顧

한다"는 의미와 "마음의 본체인 양지를 확충한다"는 의미로 사용된다.

먼저 '치양지'가 '마음 본체의 회복'을 의미한다는 내용에 대해 살펴보면 다음과 같다.

> 사람의 마음은 하늘이며 연못이다. 마음의 본체는 갖추지 아니한 바가 없으니 본래 처음부터 하나의 하늘이다. 다만 사욕私欲에 장애가 되어 하늘의 본체를 잃게 된 것이다. 마음의 리理는 무궁무진하니 본래 하나의 연못이다. 다만 사욕에 막히어 연못의 본체를 잃게 된 것이다. 이제 치양지致良知만을 생각하고 생각하여, 이 장애와 막힘을 완전히 제거하면 본체가 회복될 것이니, 이것이 곧 하늘과 연못이다.[55]

천지의 생명 본질과 일치하며(天) 무한한 실천 조리의 창출성과 실천성을 지닌(淵) 마음의 본체는 개체 욕망에 의해 제약을 받을 경우 자연스럽게 유행할 수 없게 된다. 따라서 '치양지'를 통해 개체 욕망의 장애를 완전히 제거함으로써만이 그 마음의 본체가 회복될 수 있다고 주장하고 있다. 마음의 본체는 양지이고,[56] '치양지'의 '치致'는 '회복'을 의미하는 바, 치양지는 곧 '마음의 본체인 양지의 회복'을 의미한다고 말할 수 있다. 마음의 본체인 양지는 실체 개념이 아니라 인간 마음의 본질적 속성, 즉 마음의 유기적 생명성이다. 따라서 밝은 거울에 묻은 먼지와 때를 벗겨냄으로써 밝은 거울의 비춤의 본질적 속성을 회복시키듯, '치양지'는 양지의 발현・유행을 가로막는 개체 욕망을 제거함으로써 마음의 본질적 속

東橋書」 135조목(이하 '조목' 생략), 136, 137, 138, 140, 「答周道通書」 147, 「答歐陽崇一」 168, 170, 「答聶文蔚」 179, 187, 188, 189, 190, 『傳習錄』(下), 「黃直錄」 222, 225, 「黃修易錄」 238, 239, 243, 「黃省曾錄」 253, 262, 283, 284, 305, 「黃以方錄」 317, 319, 320, 326, 329, 330.

55) 『傳習錄』(下), 「黃直錄」, 222조목, "人心是天淵. 心之本體無所不該, 原是一個天. 只爲私欲障碍, 則天之本體失了. 心之理無窮盡, 原是一個淵. 只爲私欲窒塞, 則淵之本體失了. 如今念念致良知, 將此障礙窒塞一齊去盡, 則本體已復, 便是天淵了."

56) 『傳習錄』(中), 「答陸原靜書」, 152조목, "良知者心之本體."

성을 온전하게 회복시킨다는 의미로 볼 수 있다. 다만 양지는 그 자체가 시비 판단력을 포함한 실천 조리의 창출성과 몸에 대한 주재력과 실천력을 내재하고 있기 때문에,[57] '회복'이라는 의미는 사실상 실행의 의미가 배제된 일반적 의미의 회복의 단계만을 의미하지 않는다. 마치 때와 먼지가 제거되는 순간 밝은 거울이 마주한 사물의 아름다움과 추함을 있는 그대로 비추어주듯, '양지의 회복'은 천지만물과 감응하는 양지의 발현과 실천 행위의 창출이라는 일련의 생명 전개 과정까지 포함하게 된다.

그렇다면 보다 구체적으로 양지 실현을 위한 개체 욕망의 제거의 필요성에 대해 살펴보고자 한다. 양명은 만일 마음의 본체인 천리를 온전하게 체인體認한다면 마음에 사의私意가 존재할 곳이 없게 되며,[58] 체용體用이 일원화된 천리를 회복하여 사의로써 사색하지 않는다면 어떠한 대상이나 상황에 마주하더라도 만물일체의 공심公心으로써 순조롭게 대응할 수 있다고 주장한다.[59] 문제는 생각(思)이 발동하는 단계에 있어 '영명한 자각 주체인 양지에 의한 생각'과 '사의私意에 의한 생각'으로 나누어진다는 것이다.

> 양지는 천리가 환하고 밝아서 영명하게 깨닫는 곳이다. 그러므로 양지가 바로 천리이다. 생각(思)은 양지가 발하여 작용하는 것이다. 만일 양지가 발하여 작용하는 생각이라면, 생각하는 것이 천리가 아님이 없다. 양지가 발하여 작용하는 생각은 저절로 간단하고 쉬우며, 양지 역시 (그것이 양지가 발하여 작용된 생각임을) 저절로 알 수 있다. 만일 사사로운 뜻(私意)으로 안배된 생각이라면, 저절로 분주하고 수고롭고 어지러우며, 양지 역시 (그것이 사사로운 뜻으로 안배된 생각임을) 분별할 수 있다. 생각이 옳은지 그른

57) 본서 5장 「인간 양지의 유기적 생명성」 참조.

58) 『傳習錄』(上), 「薛侃錄」, 96조목, "心之本體卽是天理, 體認天理只要自心地無私意."

59) 『傳習錄』(中), 「答顧東橋書」, 145조목, "心之本體卽是天理, 天理只是一箇, 更有何可思慮得? 學者用功雖千思萬慮, 只是要復他本來體用而已, 不是以私意去安排思索出來, 故明道云君子之學, 莫若廓然而大公, 物來而順應."

지, 비뚤어졌는지 바른지를 양지는 스스로 알지 못하는 것이 없다.[60]

천리는 영명한 자각 주체인 양지를 통해 생각(思)으로 발현된다. 다만 생각에는 양지의 발용으로서의 생각뿐만 아니라 사의에 의해 이루어지는 생각도 있다. 따라서 먼저 양지를 통해 생각의 옳고 그름, 즉 양지의 발용으로서의 생각인지 아니면 사의에 의한 생각인지를 자각적으로 판단해야 한다는 것이다. 인간은 자신의 생명 본질을 온전히 구현하기 위해서는 먼저 생각이 전개되는 단계에서, 양지를 통해 생각이 자신의 생명 본질에 부합되는 것인지 아니면 개체 욕망에 기인한 것인지를 자각적으로 판단하고, 이에 의거하여 개체 욕망에 기인한 생각이 행위로 이행되기 전에 제거해야만 인간의 생명 본질이 구현될 수 있는 계기가 마련된다.

여기서 한 가지 중요한 사실을 발견할 수 있다. 양지를 차폐시키는 개체 욕망의 개입 여부를 알 수 있고 또한 개체 욕망을 제거하는 주체가 바로 양지 자신이라는 사실이다. 이는 양지의 항동성恒動性에 기인한다. 양명은 양지를 '항조자恒照者'로 규정하고 비록 망령된 생각(妄念)이 일어나더라도 양지는 일찍이 있지 않은 적이 없으며, 비록 개체 욕망이 양지를 어둡게 가릴지라도 양지는 일찍이 밝지 않은 적이 없다고 주장한다.[61] 따라서 의념이 발동하는 과정에 있어서도 양지는 의념의 선善・불선不善, 즉 생명 본질에 기인한 의념인지 아니면 개체 욕망에 의한 의념인지를

60) 『傳習錄』(中), 「答歐陽崇一」, 169조목, "良知是天理之昭明靈覺處, 故良知卽是天理. 思是良知之發用. 若是良知發用之思, 則所思莫非天理矣. 良知發用之思, 自然明白簡易, 良知亦自能知得. 若是私意安排之思, 自是紛紜勞擾, 良知亦是會分別得. 蓋思之是非邪正, 良知無有不自知者."

61) 『傳習錄』(中), 「答顧東橋書」, 152조목, "良知者心之本體, 卽前所謂恒照者也. 心之本體無起無不起, 雖妄念之發, 而良知未嘗不在, 但人不知存, 則有時而或放耳; 雖昏塞之極, 而良知未嘗不明, 但人不知察, 則有時而或蔽耳, 雖有時而或放, 其體實未嘗不在也."

스스로 알아낼 수 있다. 소인이라 하더라도 개체 욕망으로 말미암아 불선을 행하다가도 군자를 본 뒤에 불선을 가리고 선을 드러내게 된다는 것이다.[62] 구름이 태양을 가리더라도 태양은 자재자조自在自照하기 때문에 구름이 햇빛을 완전히 없앨 수 없는 것처럼, 개체 욕망이 양지를 가리더라도 양지 또한 자재자조하기 때문에 양지의 빛을 완전히 없앨 수는 없는 것이다.[63] 다만 구름의 두께에 따라 햇빛의 가림 정도가 달라지듯 개체 욕망의 정도에 따라 양지의 빛의 차폐 정도가 달라지며, 이로 인해 성인, 현인, 어리석은 사람으로 나뉘게 된다. 개체 욕망의 차폐 정도에 따라 양지의 빛의 밝고 흐름의 차이가 발생하지만, 인간은 누구나 양지의 빛에 의거하여 흑백, 즉 자신의 의념과 생각에 대한 시비와 선악을 자각적으로 판별할 수가 있는 것이다.[64] 따라서 후천적인 양지 실현은 사실상 선천적인 양지의 본래적 밝음, 즉 '영명성'과 '항동성'을 근거로 하여 시작된다고 말할 수 있다.

양지의 실현이 선천적인 양지의 영명성과 항동성에서 시작된다고 하더라도, 양지의 완전한 실현을 위해서는 사의私意와 같은 개체 욕망을 제거하는 후천적 노력의 과정이 필요하다. 이에 양명은 사의와 관련 양지 실현의 필요성을 다음과 같이 역설하고 있다.

> 만약 양지가 발현되어 더 이상 사의에 막히지 않는다면, 그것이 바로 (『맹자』의) 이른바 "측은해 하는 마음을 가득차게 한다면 인仁을 이루 다 쓸 수

62) 『全集』, 권26, 「大學問」, 971쪽, "凡意念之發, 吾心之良知無有不自知者. 其善歟, 惟吾心之良知自知之; 其不善歟, 亦惟吾心之良知自知之; 是皆無所與於他人者也. 故雖小人之爲不善, 旣已無所不至, 然其見君子, 則必厭然揜其不善, 而著其善者, 是亦可以見其良知之有不容於自昧者也."

63) 『傳習錄』(下), 「陳九川錄」, 207조목, "良知在人, 隨你如何不能泯滅, 雖盜賊亦自知不當爲盜, 喚他做賊, 他還忸怩."

64) 『傳習錄』(下), 「黃省曾錄」, 289조목, "聖人之知, 如靑天之日; 賢人如浮雲天日; 愚人如陰霾天日; 雖有昏明不同, 其能辨黑白則一."

> 없다"[65]는 것이다. 그러나 보통사람은 사의에 막히지 않을 수 없기 때문에 반드시 치지致知와 격물格物의 공부를 해서 사사로움을 이기고 천리天理를 회복해야 한다. 마음의 양지가 다시는 막히지 않고 가득차서 흐를 수 있다면, 그것이 바로 그 지知를 실현하는 것이다, 그 지知가 실현되면 의意가 성실해진다.[66]

양지는 타자와 타존재물들의 생명 손상에 대해 아픔을 느끼는 측은지심惻隱之心과 만물과 한 몸이 되는 인심仁心이다. 따라서 양지의 발용은 단지 생명의 온전성과 의념에 대한 자각적 시비판단의 단계에 머무는 것이 아니라 생명 본질을 구현하는 실제적 '실천 행위'의 단계를 함축한다. 그러나 양지가 실천 행위로 이행되는 과정에 있어서도 사의와 같은 개체 욕망의 장애를 받을 수 있다. 따라서 반드시 개체 욕망을 제거하고 양지를 끊임없이 회복하는 노력을 통해서만이 양지가 실천 행위와 하나가 됨으로써 양지가 실현될 수 있는 계기를 마련한다. 따라서 개체 욕망의 제거는 양지가 실천 행위로 이행되기 위한 전제 조건이라 할 수 있다.

양지 실현은 또한 실천적 결과와도 밀접한 관련성이 있음을 양명은 다음과 같이 밝히고 있다.

> (『맹자』의) "반드시 일삼음이 있되 잊지도 말고 조장하지도 말라"[67]는 것은 사물이 다가오면 다만 내 마음의 양지를 완전히 실현하여 그에 응한다는 말이며, 『중용』의 이른바 "충서忠恕의 도와 거리가 멀지 않다"는 의미이다. 무릇 일처리에 잘함과 잘못함의 구별이 있고, 매우 난처하여 순서를 잃어버리는 근심이 있는 것은 모두 비난과 칭찬, 얻음과 잃음에 이끌려서 그 양지

65) 『孟子』, 「盡心」(下), 31장, "人能充無欲害人之心, 而仁不可勝用也. 人能充無穿踰之心, 而義不可勝用也."

66) 『傳習錄』(上), 「徐愛錄」, 8조목, "若良知之發, 更無私意障礙, 卽所謂充其惻隱之心, 而仁不可勝用矣. 然在常人, 不能無私意障礙, 所以須用致知格物之功, 勝私復理, 卽心之良知更無障礙, 得以充塞流行, 便是致其知. 知致則意誠."

67) 『孟子』, 「公孫丑」(上), 2장, "必有事焉而勿正, 心勿忘, 勿助長也."

를 실제로 실현할 수 없기 때문이다. 만약 그 양지를 실제로 실현할 수 있다면 평소에 일처리를 잘했다고 불리던 것이 반드시 잘한 것은 아니며, 일처리를 잘못했다는 것이 실은 비난과 칭찬, 얻음과 잃음에 이끌려서 스스로 그 양지를 해쳤음을 깨닫게 될 것이다.[68]

인간은 선천적으로 양지를 내재하고 있음에도 불구하고, 자신에 대한 비방은 피하고 명예는 얻고자 하거나 이해득실을 따지는 개체 욕망으로 인하여 자신이 처한 일을 선하게 처리하지 못하거나 제대로 처리하지 못하는 경우도 발생하게 된다. 따라서 실제적으로 양지를 실현해 보아야만 비로소 평소에 선하다 또는 불선하다고 생각하거나 판단한 것이 사실상은 이해득실을 따지는 개체 욕망에 의한 것으로서, 이는 오히려 양지를 차폐시키는 결과를 초래하고 있었다는 것이 검증될 수 있다.

이러한 내용에 의거해 볼 때, 개체 욕망을 제거하는 일은 양지 실현을 위한 전제라 할 수 있다. 반면 양지의 입장에서 보았을 때, 개체 욕망의 제거는 양지의 자각적 판단에 따라 이루어지는 것이므로 이 또한 양지 실현의 한 과정이라고 말할 수 있다.

2. 실천 행위와 양지의 확충

다음으로 '치양지'가 "마음의 본체인 양지를 확충한다"는 의미에 대해 살펴보면 다음과 같다. 양명은 치지致知를 다음과 같이 정의한다.

치致란 '이른다'(至)의 뜻이다. 예컨대 '상례에 슬픔을 다한다'(喪致乎哀)고 할

68) 『傳習錄』(中), 「答周道通書」, 147조목, "必有事焉而勿忘勿助, 事物之來, 但盡吾心之良知以應之, 所謂忠恕違道不遠矣. 凡處得有善有未善, 及有困頓失次之患者, 皆是牽於毁譽得喪, 不能實致其良知耳. 若能實致其良知, 然後見得平日所謂善者未必是善, 所謂未善者卻恐正是牽於毁譽得喪, 自賊其良知者也."

때의 '치致'와 같다. 『역易』에 "나아갈 곳을 알아 그곳에 이른다"(知至至之)라고 말할 때, '지극함을 아는 것'(知至)은 지知이며, '그곳에 이른다'(至之)는 것은 치致이다. 치지致知라고 말하는 것은 후세 유학자들의 이른바 "자신의 지식을 확충한다"고 이르는 것과 같지 않다. 내 마음의 양지를 실현하는 것이다.[69]

'치致'는 슬픔을 다하고 그곳에 이르는 것과 같이 '실천 행위를 통해 극진히 무엇인가를 실현한다'는 것을 의미하며, 치致의 대상인 그 무엇은 바로 '양지'를 가리킨다는 것이다. 본래 주희가 말한 '치지致知'는 인식 주체가 물리物理를 연구하여 획득한 지식이 확충되어나간 결과를 가리키는 것으로 '치지'란 한마디로 '지식을 확충한다'는 것을 의미한다.[70] 그러나 양명이 말하는 치지는 주희가 말하는 '내 마음의 지식을 확충한다'는 의미가 아니라 '실천 행위를 통해 내 마음의 양지를 극진히 실현한다'는 것을 의미한다고 말할 수 있다.

이렇듯 '치지'를 '치양지'로 해석하는 양명은 나아가 다음과 같이 말한다.

우리가 양지를 실현하는 것은 다만 각자의 능력이 미치는 정도에 따를 뿐이다. 오늘 양지가 이만큼 나타나 있으면 다만 오늘 아는 것에 따라서 '확충하여 바닥에 이르도록'(擴充到底) 하고, 내일 또 양지가 깨달은 것이 있으면 내일 아는 것에 따라서 확충하여 바닥에 이르도록 하면 되는 것이다. 이와 같아야 비로소 마음을 순수하게 하고 한결같이 하는(精一) 공부이다. 다른 사람과 학문을 논할 때에는 반드시 다른 사람의 능력이 미치는 정도에 따라야 한다. 이것이 나무에 어린 싹이 조금 돋아나면 물을 조금만 주고, 싹이 다시 자라나면 물을 더 주는 것과 같다. 손으로 움켜잡을 만한 굵기의 나무로부터 한 아름 굵기의 나무에 이르기까지 물을 주는 일은 모두 그 나무의 능

69) 『全集』, 권26, 「大學問」, 971쪽, "致者, 至也, 如云喪致乎哀之致. 易言知至至之, 知至者, 知也; 至之者, 致也. 致知云者, 非若後儒所謂充廣其知識之謂也, 致吾心之良知焉耳."

70) 陳來 저, 이종란 외 옮김, 『주희의 철학』(예문서원, 2002), 321~331쪽 참조.

력이 미치는 정도(分限)에 따른다. 만약 조그마한 어린 싹에 한 통의 물이 있다고 해서 다 부어준다면 흠뻑 젖어들어 죽어버릴 것이다.[71]

여기서 치양지致良知의 '치致'는 '확충도저擴充到底'의 의미로 사용되고 있다. '확擴'은 전후좌우로 넓혀간다는 뜻이고, '충充'은 자기 소이所以의 몫, 즉 양지를 충족시킨다는 의미이며, '도저到底'는 만일 마음이 자루나 단지 같은 것이라면 그 바닥까지 채운다는 뜻으로 정의된다.[72] 따라서 '치양지'는 "양지를 확충하여 바닥에 이르도록 한다"는 의미로서, 이는 단지 양지의 자각적 판단 또는 실천 방향성 제시에 그치는 것이 아니라, 실제적인 실천 행위를 통해 양지에 의해 이루어진 판단과 방향성을 미진함 없이 실현한다는 의미로 볼 수 있다. 이에 양명은 "치지致知(致良知)는 반드시 실천(行)에 있으며, 실천하지 않는 것을 치지致知로 삼을 수는 없다"[73]고 말하고 있는 것이다. '양지를 확충한다'는 것은 바로 양지의 판단에 따른 실제적인 실천 행위를 포함한다는 것을 의미한다. 이러한 양지의 확충은 자기의 분수가 미치는 바에 따라야 하는 것으로 어린 싹에 물을 너무 많이 주면 오히려 싹이 죽게 된다는 양명의 비유에 대해 송재운은 양지의 확충은 돈오적頓悟的인 것이 아니라 점수적漸修的인 것이라고 평가한다.[74] 따라서 양지는 어느 일순간에 실현되고 끝나는 것이 아니라 하루하루의 일상적 생활 속에서 끊임없이 실현시켜나가는 점진성을 지닌다고 말할 수 있다.

---

71) 『傳習錄』(下), 「黃直錄」, 225조목, "我輩致知, 只是各隨分限所及. 今日良知見在如此, 只隨今日所知擴充到底, 明日良知又有開悟, 便從明日所知擴充到底. 如此方是精一功夫. 與人論學, 亦須隨人分限所及. 如樹有這些萌芽, 只把這些水去灌漑, 萌芽再長, 便又加水. 自拱把以至合抱, 灌漑之功皆是隨其分限所及. 若些小萌芽, 有一桶水在, 盡要傾上, 便浸壞他了."

72) 山田 準, 『陽明學講說』(東京二松學舍大學出版部, 昭和 55), 91쪽 참조.

73) 『傳習錄』(中), 「答顧東橋書」, 139조목, "致知之必在於行, 而不行之不可以爲致知也."

74) 송재운, 「王陽明 心學의 硏究」(동국대 박사학위 논문, 1985), 125~126쪽 참조.

양지 실현을 위해서는 실천 행위를 필요로 하는 바, 보다 구체적으로 양지 실현을 위한 실천 행위의 필요성에 관한 문제에 대해 살펴보고자 한다. 양지는 단지 자각적 시비판단 또는 의지의 발동 단계만이 아닌 신체에 대한 주재를 통해 실천 행위로 이행될 때 비로소 실현된다. 먼저 의념의 시비판단과 관련한 실천의 문제를 살펴보면 다음과 같다.

양명은 인간이 어떠한 대상 또는 상황에 직면하면 마음으로부터 의념이 발동하는 바, 이때 양지는 이 의념이 인간의 생명 본질로서의 천리에 부합되는 선한 의념(誠意)인지 아니면 개체 욕망에서 기인한 불선한 의념(私意)인지를 자각적으로 판단할 수 있다고 전제한다. 그러나 양지의 판단을 통해 의념의 선·불선 상태를 알았다 하더라도 양지의 판단에 의거하여 실제적인 실천, 즉 불선한 의념의 경우 이를 제거하고 선한 의념인 경우 이를 실천으로 이행하지 않는다면, 양지는 오히려 개체 욕망에 차폐되어 제 기능을 발휘하지 못하게 된다. 따라서 양지는 단지 관념에 머물러 있는 것이 아니라, 자신이 직면한 구체적이고 실제적인 상황 아래 반드시 선한 의념(誠意)은 착실하게 실천으로 이행하고 불선한 의념(私意)은 착실하게 제거함으로써만이 생명 본질을 구현하는 양지의 본래적 역할이 실현될 수 있다고 본다.75)

이렇듯 양지 실현은 결국 인간의 실제적인 실천 행위를 필수 조건으로 하는 바, 양명은 "양지는 본래 명백하여 착실하게 실행하면 곧 옳으니라. 기꺼이 실행하려 하지 아니하고 다만 언어 위에서만 말을 하면 말을 할수록 더욱 모호해진다"76)고 하여, 실제적인 실천 행위로 이행하지 아니

---

75) 『傳習錄』(下), 「黃以方錄」, 317조목, "所謂人雖不知, 而己所獨知者, 此正是吾心良知處. 然知得善, 卻不依這箇良知便做去, 知得不善, 卻不依這箇良知便不去做, 則這箇良知便遮蔽了, 是不能致知也. 吾心良知, 旣不能擴充到底, 則善雖知好, 不能著實好了; 惡雖知惡, 不能著實惡了, 如何得意誠? 故致知者, 意誠之本也. 然亦不是懸空的致知, 致知在實事上格. 如意在於爲善, 便就這件事上去爲; 意在於去惡, 便就這件事上去不爲."

하고 말로만 떠들어서는 양지를 결코 실현할 수 없다고 명확히 밝히고 있다.

아울러 양지에 자각적 판단에 의해 이루어진 실천 지향성 내지 실천 방향성 또한 반드시 실천 활동으로 이행되어야만 비로소 양지가 실현되었다고 말할 수 있다고 다음과 같이 밝히고 있다.

> 어떻게 하는 것이 (부모님을) 따뜻하고 시원하게 해드리는 절목節目이 되는지, 어떻게 하는 것이 봉양의 마땅함이 되는지를 아는 것이 이른바 지知이지만, 그것을 아직 치지致知라고 말할 수는 없다. 반드시 어떻게 하는 것이 따뜻하고 시원하게 해드리는 절목이 되는지를 아는 지知를 지극한 데까지 확충하여 실제로 그것으로써 봉양한 뒤에야 그것을 치지致知라고 말한다. 따뜻하고 시원하게 해드리는 일과 봉양하는 일이 이른바 물物이지만, 그것을 아직 격물格物이라고 말할 수는 없다. 반드시 따뜻하고 시원하게 해드리는 일에서는 어떻게 해야만 따뜻하고 시원하게 해드리는 절목이 되는지를 양지가 아는 바대로 한결같이 행하여 조금의 미진함이 없으며, 봉양하는 일에서는 어떻게 행하여 조금의 미진함도 없은 뒤에야 그것을 격물格物이라 말할 수 있다. 따뜻하고 시원하게 모시는 일이 바르게 된 뒤에야 따뜻하고 시원함을 아는 양지가 비로소 실현되며, 봉양하는 일이 바르게 된 뒤에야 봉양할 줄 아는 양지가 비로소 실현된다. 그러므로 "물物이 바르게 된 뒤에야 지知가 실현된다"고 하였다. 따뜻하고 시원하게 해드릴 줄 아는 양지를 실현한 뒤에야 따뜻하고 시원하게 해드리고자 하는 의意가 비로소 성실해지며, 봉양할 줄 아는 양지를 실현한 뒤에야 봉양하고자 하는 의意가 비로소 성실해진다. 그러므로 "지知가 실현된 뒤에 의意가 성실해진다"고 하였다. 나의 성의誠意·치지致知·격물格物의 학설은 대개 이와 같다.[77]

---

76) 『傳習錄』(下), 「黃省曾錄」, 280조목, "良知本是明白, 實落用功便是. 不肯用功, 只在語言上, 轉說轉糊塗."

77) 『傳習錄』(中), 「答顧東橋書」, 138조목, "知如何而爲溫凊之節, 知如何而爲奉養之宜者, 所謂知也, 而未可謂之致知. 必致其知如何爲溫凊之節者之知, 而實以之溫凊, 致其知如何爲奉養之宜者之知, 而實以之奉養, 然後謂之致知. 溫凊之事, 奉養之事, 所謂物也, 而未可謂之格物. 必其於溫凊之事也, 一如其良知之所知當如何爲溫凊之節者而爲之, 無一毫之不盡, 於奉養之事也, 一如其良知之所知當如何爲奉養之宜者而

여기서 양명은 먼저 인간 자신이 직면한 상황에 대한 양지의 자각적 판단과 실천 의지의 발동 단계와 실제적인 실천 행위를 통한 양지의 실현 단계를 구분하고 있다. 자식이 부모를 직면하게 되면 부모의 생명의 온전성에 대한 자각적 판단과 아울러 부모의 생명을 온전하게 유지시켜 주기 위한 구체적인 방안(節目)을 자각적으로 알게 되는 바, 이는 양지의 자각적 판단과 의지의 발동 단계일 뿐 양지 실현의 단계는 아니라는 것이다. 반드시 양지에 의해 내려진 자각적 판단과 의지에 따라 실제적인 실천 행위로 이행하여 부모의 생명을 온전하게 유지시켜 주어야만이 비로소 양지는 실현되었다고 말할 수 있는 것이다.

이러한 내용을 종합해 볼 때, 인간은 총체적 천지만물의 여타 부분들과의 유기적 관계성 속에서 양지를 통해 그들의 생명의 온전성에 대한 시비를 판단하고, 나아가 자신이 실천해야 할 실천 방안을 제시하며, 실제적인 실천 활동을 통해 그 방안을 실현하는 전 과정, 즉 양지 실현의 과정을 통해서만이 천지만물의 생명을 온전하게 유지시켜줄 수 있다. 따라서 양지 실현은 곧 천지만물로 하여금 온전한 생명성을 획득하게 해주는 일이 된다. 이에 송하경은 양명의 치양지설은 객관세계를 사유의 대상으로 삼아 지식을 정립해 가는 지식 활동이 아니라, 자아와 세계 창조의 주체이자 동원動源으로서의 양지, 즉 자기 사유와 법칙의 척도, 세계의 창조와 변화 등 일체를 선험적으로 정합整合하고 있는 양지를 자각하고 확신하며, 아울러 자각하고 확신하는 자기 양지에 의해 세계를 창조하고 서술하는 실천 활동이라고 전제하면서 다음과 같이 말한다.

爲之, 無一毫之不盡, 然後謂之格物. 溫凊之物格, 然後知溫凊之良知始致, 奉養之物格, 然後知奉養之良知始致. 故曰物格而後知至. 致其知溫凊之良知, 而後溫凊之意始誠, 致其知奉養之良知, 而後奉養之意始誠, 故曰知至而後意誠. 此區區誠意致知格物之說蓋如此."

> 양명학의 사유세계 속에서는 양지가 곧 현실이고 현실이 곧 양지이다. 또한 나라고 하는 개별적 주체적 존재는 필경 너라고 하는 전체적 객관적 존재를 포섭하고 그들과 하나가 되는 존재이다. 그러므로 양지를 발현하고 확충하는 주체적 자아는 단순한 개별적 사아私我가 아니라 만물과 일체화 된 공체公體이다. 공아公我의 경계는 곧 성인聖人·대인大人·인인仁人의 경계이며, 피아彼我·주객主客·심물心物 등의 이원적 대립이 해소되고 타파된 경계이다.[78]

양지 실현은 인간 자신의 생명을 총체적 천지만물과 일체화시키는 실제적인 인간의 유기적 생명 활동이라고 할 수 있다.

이상에서 '치양지'는 '마음의 본체인 양지의 회복'과 '양지의 확충'을 의미한다는 사실을 살펴보았다. 치양지는 외부사물에 대한 이치를 탐구하고 지식을 확충해나가는 향외적 · 주지주의적 공부가 아니다. 치양지는 마음의 본체인 양지를 차폐시키는 개체 욕망을 제거하여 양지의 자연한 영명성을 회복하고 양지의 판단을 실천 행위로 이행함으로써 양지를 실현하는 향내적이고 주체적이며 실천적인 공부인 것이다. 나아가 송하경은 '양지의 회복'은 나의 진면목을 회복하는 것으로서 개인의 자아 완성에 더 큰 의의가 있다면, '양지의 확충'은 나와 마주한 천지만물과의 감응을 통해 나의 진면목을 철저히 실현하는 타자 완성에 더 큰 의의가 있는 것으로 평가하기도 하거니와,[79] 양명 또한 다음과 같이 말한다.

> 내가 말하는 치지격물致知格物은 내 마음의 양지를 각각의 사물에 실현하는 것이다. 내 마음의 양지가 바로 이른바 천리天理이다. 내 마음 양지의 천리를 각각의 사물에 실현하면 각각의 사물이 모두 그 리理를 얻게 된다. 내 마음의 양지를 실현하는 것이 치지致知이고, 각각의 사물이 모두 그 리를 얻

78) 송하경, 「王陽明의 致良知의 境界」, 『儒學硏究』 3집(충남대 유학연구소, 1995), 3~4쪽.

79) 송하경, 「王陽明의 致良知의 境界」, 4쪽 참조.

는 것이 격물格物이다.[80]

양지 실현은 인간 자신의 입장에서 보았을 때, 인간 자신의 선천적인 자연한 생명 본질(天理)을 실현하는 일(成己)이다. 반면 천지만물의 입장에서 보았을 때, 이는 천지만물이 온전한 생명성을 획득하고 만물이 건강하게 창생・양육되는 일(成物)이다. 따라서 치양지, 즉 '양지 실현'이란 자・타, 주・객, 내・외로 분화시키는 인간의 극단적 개체 욕망을 제거하고 양지를 회복함으로써 양지를 통해 천지만물의 생명의 온전성 및 인간 자신의 의념에 대한 자각적 시비 판단과 실천 방향성의 제시는 물론, 실제적인 실천 행위로의 전개 과정 모두를 포함하는 것으로, 전체로서의 천지만물은 물론 천지만물의 중추적 존재로서의 인간 자신의 생명 본질을 구현하는 전 과정을 의미한다.

제3절 지행합일과 양지 실현

37세 때 '심즉리설心卽理說'을 제창한 양명은 38세에 '지행합일설'을 제창한다. 그리고 50세를 전후로 '치양지설'을 제창함으로써 비로소 자신의 원융회통한 독창적 철학사상을 완성짓게 된다. 심즉리설이 주희의 격물설格物說과 성즉리설性卽理說에 대한 반론이라면, 지행합일설은 주희의 '선지후행설先知後行說'에 대한 반론이다. 양명은 치양지설을 제창한 이후 지

80) 『傳習錄』(中), 「答顧東橋書」, 135조목, "若鄙人所謂致知格物者, 致吾心之良知於事事物物也. 吾心之良知, 卽所謂天理也. 致吾心之良知之天理於事事物物, 則事事物物皆得其理矣. 致吾心之良知者, 致知也. 事事物物皆得其理者, 格物也."

행합일을 양지 실현으로 귀일시킨다. 예컨대 어떤 사람이 지행이 합일하지 않는 것을 의심하여 『서경書經』의 "아는 것이 어려운 것이 아니라 행하는 것이 오직 어렵다"[81]는 두 구절로 물음을 제기하자 양명은 "양지는 저절로 알 수 있으니, 이것은 원래 쉬운 것이다. 다만 그 양지를 실현할 수 없을 뿐이니, 그것이 바로 '아는 것이 어려운 것이 아니라 행하는 것이 오직 어렵다'는 말의 의미이다"[82]고 하여, 지행知行의 '지知'가 양지임을 천명한다. 양명은 나아가 다음과 같이 주장한다.

> 군자의 학문이 어찌 행위(事爲)를 떠나고 논설論說을 폐한 적이 있겠는가? 다만 행위와 논설에 종사하는 것은 요컨대 모두 지행합일의 공부이며, 바로 본심의 양지를 실현하는 것이다. 이것은 세상에서 한갓 귀로 듣고 입으로 말하는 데 종사하는 것을 지知라 여기는 사람들이 지와 행을 두 가지 일로 나누고, 마침내 절차 항목과 선후를 말할 수 있다고 생각하는 것과는 같지 않다.[83]

지행을 합일하는 일이 바로 양지를 실현하는 일이라는 것이다. 따라서 지행합일설은 치양지설의 뿌리가 되며, '지행합일'은 곧 양지를 실현하는 방안이자 그 자체가 양지 실현을 의미한다고 말할 수 있다.

양지 실현과 관련한 지행합일설의 취지와 의미를 정확하게 파악하기 위해서는 심즉리설은 물론 치양지설과의 상호 연관성을 밝혀내야 한다. 이에 본 절에서는 지행합일의 본질을 정확하게 파악하기 위해 지행이 합일될 수 있는 근거로서의 '마음의 역동적 창출성'과 '양지와 지행합일의

81) 『書經』, 「說命中」, 13절, "非知之艱, 行之惟艱."

82) 『傳習錄』(下), 「黃以方錄」, 320조목, "或疑知行不合一, 以知之匪艱二句爲問. 先生曰: 良知自知, 原是容易的. 只是不能致那良知, 便是知之匪艱, 行之惟艱."

83) 『傳習錄』(中), 「答顧東橋書」, 140조목, "君子之學, 何嘗離去事爲而廢論說? 但其從事於事爲論說者, 要皆知行合一之功, 正所以致其本心之良知, 而非若世之徒事口耳談說以爲知者, 分知行爲兩事, 而果有節目先後之可言也."

상관성'에 대해 먼저 살펴보고, 이를 토대로 '지행의 합일 과정'과 '학행學行의 합일 과정'이 어떻게 양지 실현과 연관성을 지니는가를 구체적으로 밝혀 보고자 한다.

1. 마음의 역동적 지행 창출성

지행이 합일될 수 있는 근거는 인간 마음의 '역동적 창출성'과 '능동적 실천성'에서 찾을 수 있다. 양명학에 있어서 인간과 자연을 포괄하는 총체적 천지만물은 하나의 유기적인 생명체이다. 또한 천지만물은 생생불식生生不息하는 끊임없는 생명 창출 과정을 통해 모든 존재물들을 창생(化)·양육(育)하는 창출성(자기-조직성)을 자신의 생명 본질로 한다. 천지만물의 마음인 인간의 마음 역시 이러한 창출성(天理)을 자신의 생명 본질로 하여, 천지만물의 창생·양육 과정을 주체적·능동적으로 이끌어간다. 마음의 본질적인 유기적 생명성인 양지를 통해 인간은 자신과 한 몸을 이루고 있는 천지만물과 감응하는 과정에서 '실천 조리'(理)를 창출하며, 창출된 실천 조리는 '실천 의지'(意)를 통해 '실천 행위'(行)로 이행된다. 이러한 천지만물과의 감응 과정에서 이루어지는 실천 조리의 창출, 실천 의지의 발동, 실천 행위로의 이행은 모두가 마음의 주재 아래 진행되는 총체적인 하나의 생명활동이다. 이에 양명은 마음과 몸 그리고 실천 의지, 양지의 자각적 판단 및 실천 행위를 하나라 하여, 이들 모두를 마음에 의해 이루어지는 생명 창출 과정으로 보고 있다.[84)]

인간의 마음은 천지만물과 자신을 한 몸으로 연결시켜주는 '유기적 생명성(天理)'을 생명 본질로 하는 반면, 이를 차폐시키고 천지만물과 자신을 주·객, 내·외, 자·타로 분화시켜 자신의 이익과 안위에만 집착토록

---

84) 본서 4장 「마음의 창조적·역동적 생명 원리」 참조.

하는 '개체 욕망'(私欲)의 발동 가능성을 안고 있다. 따라서 마음으로부터 의념(意)이 발동하는 과정에서 천리에 부합되는 '성의誠意'뿐만 아니라 개체 욕망의 개입으로 인해 '사의私意'가 될 수 있는 가능성을 동시에 내포한다. 그러나 의념이 발동하는 과정에서 마음의 자각적 판단력으로 규정되는 '양지'는 의념의 시비와 선악 상태를 판단한다. 이에 성의는 실천으로 이행하고 사의는 의념의 단계에서 제거시킬 뿐만 아니라, 인간 자신의 실천 방향성을 자각적으로 설정할 수 있다. 이러한 일련의 과정 또한 결국 마음에 의한 유기적 생명 활동에 다름 아니다.[85]

양지의 자각적 시비 판단을 포함하는 일련의 생명 활동 과정은 모두 마음 자체가 지니는 성향이자 작용으로서 이들은 모두 마음에 의해 창출된다고 할 수 있다. 따라서 천지만물과의 감응 과정에서 이루어지는 '실천 조리의 창출'과 '의념에 대한 시비 판단' 및 '실천 의지의 발동'으로서의 '지知'와 실제적 실천 행위로서의 '행行'은 모두가 마음의 창출성에 기인하는 것으로서, 지와 행은 하나의 연속체로 파악될 수 있는 가능성을 지니게 된다. 양명의 다음과 같은 주장에서 지행의 합일이 '마음의 창출성'에 기인한다는 사실을 발견할 수 있다.

> 마음은 하나일 뿐이다. 그 전체의 측은히 여기는 것으로 말하면 인仁이라 하고, 그 마땅함을 얻은 것으로 말하면 의義라 하고, 그 조리로 말하면 리理라고 한다. 마음에서 벗어나 인을 구할 수 없고 마음을 벗어나 의를 구할 수 없는데, 유독 마음을 벗어나 리를 구할 수 있겠는가? 마음을 벗어나 리를 구하는 것, 이것이 지知와 행行이 둘이 되는 까닭이다. 내 마음에서 리를 구하는 것, 이것이 성인 문하의 지행합일의 가르침이다.[86]

---

85) 본서 5장 「인간 양지의 유기적 생명성」 참조.

86) 『傳習錄』(中), 「答顧東橋書」, 133조목, "心一而已, 以其全體惻怛而言謂之仁, 以其得宜而言謂之義, 以其條理而言謂之理. 不可外心以求仁, 不可外心以求義, 獨可外心以求理乎? 外心以求理, 此知行之所以二也. 求理於吾心, 此聖門知行合一之教."

천지만물의 한 부분이라도 생명이 손상될 때 이를 자신의 아픔으로 느끼는 '인仁'(萬物一體의 仁心)이나, 자신이 따라야 하는 실천 준거로서의 '의義', 그리고 상황에 부합되는 실천 조리로서의 '리理'는 모두가 외재적인 법칙이나 준거에 의존하는 것이 아니라 인간 내면, 즉 자신의 마음으로부터 창출된다는 것이다. 따라서 인을 구현하고 의를 실현하며 리를 실천으로 이행하는 모든 행위 또한 자신의 마음으로부터 말미암는다고 볼 수 있다. 여기서 마음으로부터의 인・의・리가 창출되는 것을 '지知'라고 한다면, 인을 구현하고 의를 실현하며 리를 실천으로 이행하는 것은 '행行'이라 말할 수 있다. 그러므로 마음의 입장에서 보았을 때, 지와 행은 상호 분리된 별개의 일이 아니라 모두 마음의 작용으로서 한 가지 일로 볼 수 있기 때문에 지와 행은 본질적으로 마음에서 합일의 계기를 갖게 된다.

2. 양지와 지행합일의 상관성

지행의 합일 근거는 또한 지행의 '지知'가 일반적인 존재의 법칙이나 당위의 규범에 대한 인식론적 차원의 앎이나 지식을 의미하는 것이 아니라 인간 마음의 '양지에 의한 자각적 판단'을 의미한다고 하는 데서 찾을 수 있다. 양명은 몸과 마음 그리고 의념(意), 판단 작용(知) 및 실천 행위(物)와 양지의 일원적 통합 과정을 면밀하게 제시하고 있다. 일원적 통합 과정은 다음과 같이 두 측면으로 나누어 살펴볼 수 있다.

첫째, 「의념의 발동→양지의 선악 판단→위선거악爲善去惡의 실천 행위」 과정이다. 양명은 선악이 없는 상태를 '마음의 본체'로, 선악이 있는 상태를 '의념의 발동'으로, 의념의 선악을 자각적으로 판단하는 주체를 '양지'로, 선한 의념은 실천하고 악한 의념은 제거하는 일을 '격물格物'로 규정한다.[87] 마음의 본질 자체는 상대적 가치인 선악으로 규정할 수 없는 무선무악無善無惡한 상태이지만, 마음으로부터 의념이 발동하는 단계에서 개체 욕망의 개입 여부에 따라 의념은 선한 성의誠意가 될 수도 있고 악한 사의私意가 될 수도 있는 두 가지 가능성을 지닌다. 의념이 발동하는 과정에서 의념의 시비와 선악에 대한 양지의 자각적 판단이 이루어진다. 이러한 양지의 판단에 의거하여 의념이 선한 상태, 즉 성의로 판단되면 이를 실제적인 실천으로 이행하고, 악한 상태, 즉 사의로 판단되면 이 단계에서 제거시켜버린다는 것이다. 이때 의념에 대한 시비와 선악 판단이 바로 '지知'가 되고, 선한 성의를 실천하고 악한 사의를 제거하는 것이 '행行'이 된다.

여기서 양명은 '위선거악爲善去惡', 즉 선한 성의를 실천하고 악한 사의를 제거하는 것 모두를 '행行'으로 보고 있다. 이는 일반적인 의미의 실천행위 개념에서 벗어난다. '위선爲善'은 실제적인 신체의 실천 활동을 수반하기 때문에 행이라 할 수 있지만, '거악去惡'은 의념의 단계에서 사의를 제거함으로써 오히려 신체의 실천 활동을 수반하지 않도록 하기 때문에 일반적 의미의 행이라 말할 수 없다. 따라서 양명이 말하는 '행'은 일반적 의미의 행의 범주를 넘어, 실제적인 신체의 실천 활동뿐만 아니라 마음으로부터 발동한 사의를 극복·제거하는 자각적 활동까지 포함한다. 이를 전제로 의념에 대한 양지의 자각적 시비 판단을 '지'로 보고 위선거악을 '행'으로 볼 때, 이들은 모두 하나의 마음에서 이루어지는 일련의 연속적 과정으로서 합일의 계기를 갖는다.

둘째, 「상황에 대한 양지의 시비 판단 및 실천 조리 창출→실천 의지의 발동→실천 행위로의 이행」 과정이다. 양명은 다음과 같이 말한다.

---

87) 『傳習錄』(下), 「黃省曾錄」, 315조목, "無善無惡是心之體, 有善有惡是意之動, 知善知惡是良知, 爲善去惡是格物."

마음은 몸의 주재이며, 마음의 허령명각虛靈明覺이 이른바 본연의 양지良知이다. 허령명각의 양지가 감응하여 움직이는 것을 의지(意)라고 한다. 양지(知)가 있은 뒤에 의지가 있고, 양지가 없으면 의지가 없느니, 양지는 의지의 본체가 아니겠는가? 의지가 작용하는 곳에는 반드시 그 물物이 있으니, 물이 곧 사事이다. 만일 의지가 어버이를 섬기는 데 작용하면 어버이 섬기는 것이 하나의 물이 되고, 의지가 백성을 다스리는 데 작용하면 백성을 다스리는 것이 하나의 물이 되고, 의지가 글을 읽는 데 작용하면 글을 읽는 일이 하나의 물이 되고, 의지가 송사訟事를 듣는 데 작용하면 송사를 듣는 일이 하나의 물이 된다. 무릇 의지가 작용하는 곳에는 물이 없을 수 없다. 이 의지가 있으면 곧 이 물이 있고, 이 의지가 없으면 곧 이 물이 없으니, 물은 의지 작용이 아니겠는가?[88]

마음의 영명한 자각성으로 규정되는 양지가 대상과의 감응을 통해 상황의 시비를 판단하고 이에 구체적 실천 조리를 창출하게 되면, 이는 실천 의지(意)로 발동되며, 실천 의지는 몸을 통해 구체적 실천 행위로 이행된다는 것이다. 예컨대 어버이와 마주한 상황에서 어떠한 개체 욕망의 개입도 없이 어버이와 감응을 통해 어버이가 추워할 때는 따뜻하게 해드리고 더워할 때는 시원하게 해드릴 것을 자각적으로 아는 것이 '지知'가 된다면, 이 지는 따뜻하거나 시원하게 해드리고자 하는 실천 의지로 표출되어 결국 실제로 따뜻하거나 시원하게 해드리는 실천 행위로서의 '행行'을 수반하게 되는 것이다. 이러한 자각적 앎과 실제적 실천 행위 사이에는 자각적 앎을 실천으로 이행하고자 하는 실천 의지가 매개된다는 사실을 알 수 있다. 따라서 실천 의지의 입장에서 보았을 때, 양지는 실천

88) 『傳習錄』(中), 「答顧東橋書」, 137조목, "心者身之主也, 而心之虛靈明覺, 卽所謂本然之良知也. 其虛靈明覺之良知應感而動者謂之意. 有知而後有意, 無知則無意矣. 知非意之體乎? 意之所用, 必有其物, 物卽事也. 如意用於事親, 卽事親爲一物, 意用於治民, 卽治民爲一物, 意用於讀書, 卽讀書爲一物, 意用於聽訟, 卽聽訟爲一物. 凡意之所用, 無有無物者, 有是意卽有是物, 無是意卽無是物矣. 物非意之用乎?"

의지의 주체가 되고 실천 행위는 실천 의지의 작용이 된다. 그러므로 자각적 판단, 실천 의지의 발동, 실제적 실천 행위는 모두 양지에 의해 전개되는 하나의 생명 과정으로 통합된다고 말할 수 있다.

이상의 내용에 의거해 볼 때, 양명이 말하고자 하는 '지知'는 단지 지식론상의 인식론적 · 이성적 · 외재적 지식 탐구에 의한 앎을 의미하는 것이 아니라 인간이 대상과 관계맺는 과정에서 진행되는 시비 · 선악에 대한 자각적 판단과 실천 의지의 발동을 의미한다. 그리고 '행行'은 이러한 자각적 판단에 따른 실천 의지에 의해 추동되는 실천 행위를 의미한다. 양지로부터 발동한 실천 의지는 곧 실천 행위를 이끌어내는 추동력이다. 그러므로 양지의 자각적 판단 작용(知)은 실천 의지를 매개로 한 실제적인 실천 행위(行)를 통해서만 완성될 수 있고, 실제적 실천 행위(行)는 양지의 자각적 판단 작용에 의한 실천 의지의 발동을 통해 이루어진다고 할 수 있다. 이에 양명은 "내가 일찍이 말한 지는 행의 주된 의지이며, 행은 지의 공부이다. 지는 행의 시작이며, 행은 지의 완성이다"[89]고 말하고, 또한 "지는 행의 시작이며 행은 지의 완성이니, 성학聖學은 다만 하나의 공부로서, 지와 행을 두 가지 일로 나눌 수 없다"[90]고 말한다. 지와 행을 하나의 과정으로 통합하고 있는 것이다. 더욱이 "지의 진실하고 절실하며 돈독하고 착실한 곳이 행이며, 행의 밝게 깨이고 정밀하게 살펴지는 곳이 지이다. 지와 행의 공부는 본래 분리해서는 안 된다"고 하고, "참된 지는 곧 실천하는 바가 있는 것이기 때문에 실천하지 않으면 족히 지라고 말할 수 없다"[91]고 하여, 지와 행은 실제적인 실천 활동 과정에서 비

---

89) 『傳習錄』(上), 「徐愛錄」, 5조목, "某嘗說知是行的主意, 行是知的功夫. 知是行之始, 行是知之成."

90) 『傳習錄』(上), 「陸澄錄」, 26조목, "知者行之始, 行者知之成. 聖學只一箇工夫, 知行不可分作兩事."

91) 『傳習錄』(中), 「答顧東橋書」, 133조목, "知之眞切篤實處卽是行, 行之明覺精察處卽是知. 知行工夫, 本不可離. 只爲後世學者, 分作兩截用功, 失卻知行本體, 故有合一

로소 합일의 의미를 지닌다고 밝히고 있다.

앞에서 살펴본 바와 같이 인간은 천지만물과 유기적·상보적 관계망을 형성하면서 총체적인 유기체를 이루고 있으며, 총체적 유기체로서의 천지만물은 생생불식生生不息, 즉 끊임없는 역동성과 창출성을 바탕으로 자기-조직해나간다. 천지만물의 의식 중추를 담당하는 인간 또한 이러한 역동성과 창출성을 자신의 생명 본질로 한다. 인간의 생명 본질은 만물과 감응하면서 생명의 온전성에 대해 시비와 선악을 자각적으로 판단하며 실천 의지를 발동하고 실제적인 실천 활동을 이끌어내는 생명 주체인 양지를 통해 실현된다. 따라서 만물의 생명의 온전성에 대한 자각적 판단으로서의 '지知'와 이들의 창생·양육 과정을 온전하게 이끌어 가는 실천 행위로서의 '행行'은 바로 양지에 의해 비로소 통합·합일의 계기를 마련하게 된다고 말할 수 있다.

3. 양지의 자각적 판단과 실천의 합일 과정

'마음의 역동적 지행 창출성'과 '양지와 지행합일의 상관성'을 바탕으로 지행합일의 구체적 방안과 지행합일을 통한 양지 실현에 대한 내용을 살펴보고자 한다. 지행합일은 '양지의 자각적 판단과 실천의 합일' 부분과 '배움과 실천의 합일'이라는 두 부분으로 나누어 살펴볼 수 있다.

1) 자각적 판단과 실천 합일의 필요성

양지의 자각적 판단력과 관련된 지행의 합일에 있어 지知와 행行은 다음과 같이 두 가지 측면으로 정의될 수 있다.

첫째, 관계맺는 대상 생명에 대한 양지의 자각적 판단과 관련된 지와

並進之說. 眞知卽所以爲行, 不行不足謂之知."

행이다. 양명은 다음과 같이 말한다.

> 그 응취凝聚의 주재主宰로서 말하면 마음이라 하고, 그 주재의 발동發動으로 말하면 의지(意)라 하고, 그 발동의 명각明覺으로 말하면 지知(양지)라 하고, 그 명각이 감응感應하는 것으로써 말하면 물物이라 한다.[92)]

> 다만 그 가득찬 곳을 가리켜 말한다면 몸이라 하고, 그 주재하는 곳을 가리켜 말한다면 마음이라 하며, 마음이 발하여 움직이는 곳을 가리켜 말한다면 의지(意)라 하고, 의지가 영명한 곳을 가리켜 말한다면 앎(知)이라 하며, 의지가 가서 닿아 있는 곳을 가리켜 말한다면 물物이라 하니, 다만 한 가지일 뿐이다.[93)]

여기서 '지知'는 "마음의 발동인 의지의 명각明覺" 또는 "의지가 영명靈明한 곳"으로 표현되는 '양지의 자각적 판단 작용'을 의미한다. 즉 '지知'는 천지만물과의 감응 과정에서 양지에 의해 이루어지는 대상 생명의 온전성에 대한 시비 판단과 이에 따른 실천 조리의 창출은 물론 실천 의지의 발동 모두를 포함한다. 그리고 '행行'은 "명각明覺의 감응感應"과 "의지가 가서 닿아 있는 곳"으로 표현되는 실천 행위 즉, 양지의 자각적 판단에 의해 발동된 의지가 대상과의 감응 과정에서 몸을 통해 실천 행위로 이행되는 것을 의미한다.

둘째, 인간 자신의 의념에 대한 양지의 자각적 판단과 관련된 지와 행이다. 양명은 다음과 같이 말한다.

> 요즘 사람들의 학문은 지와 행을 둘로 나누기 때문에 어떤 일념의 발동이

---

92) 『傳習錄』(中), 「答羅整菴少宰書」, 174조목, "以其凝聚之主宰而言則謂之心, 以其主宰之發動而言則謂之意, 以其發動之明覺而言則謂之知, 以其明覺之感應而言則謂之物."

93) 『傳習錄』(下), 「陳九川錄」, 201조목, "但指其充塞處言之謂之身, 指其主宰處言之謂之心, 指心之發動處謂之意, 指意之靈明處謂之知, 指意之涉着處謂之物: 只是一件."

> 비록 선하지 않을지라도 그것을 아직 행하지 않았다고 해서 금지하려고 하지 않는다. 내가 지금 지행합일을 말하는 것은 바로 일념이 발동한 곳이 곧 행위를 한 것임을 사람들에게 알리려는 것이다. 발동한 곳에 선하지 않은 것이 있으면 곧 그 선하지 않은 생각을 극복해야 한다. 반드시 그 뿌리까지 철저히 제거하여 일념의 불선도 가슴 속에 잠복하지 못하게 해야 한다.[94]

인간이 천지만물과 관계 맺는 과정에서 의념(생각)이 일어나고, 의념에 대한 양지의 자각적 판단이 이루어지며, 양지의 판단에 의거하여 선한 의념은 실천으로 이행하고 불선한 의념은 제거하는 일련의 과정이 이루어진다. 여기서 양명은 의념의 발동까지도 행行으로 규정한다. 그리고 의념에 대한 양지의 자각적 판단이 '지知'에 해당한다면, 선한 의념을 실천하고 불선한 의념을 제거하는 일 또한 '행行'으로 규정된다.

이 두 측면에 의거할 때, '지知'는 양지의 대상 생명에 대한 시비 판단 및 실천 조리의 창출과 아울러 자신의 의념에 대한 시비와 선악 판단을 의미하며, '행行'은 실천 의지의 발동과 성의誠意를 실천하고 개체 욕망이 개입된 불선한 사의私意를 제거하는 것을 의미한다. 이들은 모두가 양지에 의해 이루어지는 작용이자 양지 실현을 위한 일련의 과정이다.

인간은 총체적 유기체로서의 천지만물의 한 부분임과 동시에 그 자체가 또한 하나의 개체생명이다. 이로 인해 양지를 실현하는 데 있어 많은 장애가 뒤따르기 때문에 양지를 실현하기 위해서는 지행합일이 필요하다는 것이다.

첫째, 개체 욕망의 개입과 관련한 지행합일의 필요성이다.

> 지知는 마음의 본체이며, 마음은 자연히 알 수 있다. 어버이를 뵈면 자연히

94) 『傳習錄』(下), 「黃直錄」, 226조목, "今人學問, 只因知行分作兩件, 故有一念發動, 雖是不善, 然卻未曾行, 便不去禁止. 我今說個知行合一, 正要人曉得一念發動處, 便即是行了. 發動處有不善, 就將這不善的念克到了. 須要徹根徹底, 不使那一念不善潛伏在胸中."

> 효도할 줄 알고, 형을 뵈면 자연히 공경할 줄 알고, 어린아이가 우물에 빠지는 것을 보면 자연히 측은할 줄 안다. 이것이 바로 양지良知이니 밖에서 구할 필요가 없다. 만약 양지가 발현되어 더 이상 사사로운 뜻에 막히지 않는다면, 그것이 바로 (『맹자』의) 이른바 "측은해 하는 마음을 가득차게 한다면 인仁을 이루 다 쓸 수 없다"는 것이다.[95] 그러나 보통사람은 사사로운 뜻에 막히지 않을 수 없기 때문에 반드시 치지致知와 격물格物의 공부를 해서 사사로움을 이기고 천리天理를 회복해야 한다. 마음의 양지가 다시는 막히지 않고 가득 차서 흐를 수 있다면, 그것이 바로 그 지知를 실현하는 것이다.[96]

인간이 비록 양지를 통해 대상 생명을 온전히 하기 위해 자신이 어떻게 할 것인가를 알았다 하더라도, 오로지 자신의 개체생명의 이익만을 추구하는 개체 욕망에 의해 사의私意가 발동할 경우 양지의 자각적 판단은 실천으로 이행되지 못할 수도 있다는 것이다. 따라서 대상과의 관계성 위에서 발생하는 성의誠意를 실천으로 이행하고 사의를 제거하는 실질적인 실천 행위로서의 격물치지格物致知가 수반될 때, 양지의 자각적 판단은 실현될 수 있다는 것이다.[97] 여기서 인간은 자신의 생명 본질(天理)에 의거한 성의를 실천하고 개체 욕망에서 기인한 사의를 제거하는 실천 행위(行)를 전제로 해서만 양지의 자각적 판단(知)을 비로소 실현할 수 있기 때문에, 양지 실현을 위한 지행합일의 필요성이 요구된다.

둘째, 실천 행위 자체의 어려움으로 인한 지행합일의 필요성이다.

---

95) 『孟子』, 「盡心」(下), 31장, "人皆有所不忍, 達之於其所忍, 仁也. … 人能充無欲害人之心, 而不可勝用也."

96) 『傳習錄』(上), 「徐愛錄」, 8조목, "知是心之本體, 心自然會知. 見父自然知孝, 見兄自然知弟, 見孺子入井, 自然知惻隱. 此便是良知, 不假外求. 若良知之發, 更無私意障礙, 卽所謂充其惻隱之心, 而仁不可勝用矣. 然在常人, 不能無私意障礙, 所以須用致知格物之功, 勝私復理. 卽心之良知更無障礙, 得以充塞流行, 便是致其知."

97) 양명학에 있어 格物은 正心 또는 正事의 의미로서 事爲間에 마음으로부터 사욕을 제거하여 마음의 본질적 속성인 天理를 회복하는 것을 의미하며, 致知는 致良知 즉 양지의 실현을 의미한다.

> 만약 따뜻하게 해드리고 시원하게 해드리며, 잠자리를 살피고 일찍 문안을 드리는 의례의 세목을 대략 아는 것을 일컬어 마침내 그 지知를 실현할 수 있다고 생각한다면, 무릇 임금은 마땅히 어질어야 한다는 것을 아는 자는 모두 그 어짊의 지를 실현할 수 있다고 말할 수 있고, 신하는 마땅히 충성해야 한다는 것을 아는 자는 모두 그 충성의 지를 실현할 수 있다고 말할 수 있으니, 그렇다면 세상에 누군들 지를 다 실현한 자가 아니겠는가? 이것으로써 말하면, 지를 실현하는 것(致知)이 반드시 행行에 있다는 것을 알 수 있으며, 행하지 않는 것은 지를 실현하는 것으로 여길 수 없다는 것이 분명하다. 지행합일의 본체가 더욱 뚜렷하지 않은가?[98]

인간이 비록 타자와의 유기적 관계성 속에서 어떻게 할 것인가를 알았다 하더라도, 이것만으로는 양지의 실현이라 규정할 수 없다는 것이다. 양지를 통한 타자 또는 타존재물과의 감응의 궁극적 목적은 그들의 생명을 온전하게 보살피고 양육하는 데 있다. 따라서 단지 어떻게 하면 그들의 생명을 온전하게 보살피고 양육해줄 수 있는가를 아는 것만으로 양지의 실현이라고 한다면, 실제상에서 이들과의 관계성은 단지 관념의 단계에 머물러버림으로써 진정으로 자신과 관계맺고 있는 존재물들의 생명을 온전하게 유지시켜줄 수는 없게 된다. 따라서 반드시 실천 의지를 통해 자신이 아는 구체적 실천 방안을 실제적인 실천 행위로 이행함으로써 이들의 생명을 온전하게 유지시켜 주어야만 양지가 실현되었다고 할 수 있는 바, 실천 행위를 통한 지행의 합일은 양지 실현의 절대적인 필수 조건이다.

양지가 실현되지 못하는 것은 양지의 자각적 판단(知)에 문제가 있는 것이 아니라 실천 행위(行) 자체가 어렵기 때문이라고 한다.[99] 이러한 실

---

98) 『傳習錄』(中), 「答顧東橋書」, 139조목, "若謂粗知溫凊定省之儀節, 而遂謂之能致其知, 則凡知君之當仁者, 皆可謂之能致其仁之知, 知臣之當忠者, 皆可謂之能致其忠之知, 則天下孰非致知者邪? 以是而言可以知致知之必在於行, 而不行之不可以爲致知也, 明矣. 知行合一之體, 不益較然矣乎?"

천의 어려움은 또한 개체 욕망과도 밀접한 관련성을 지니고 있다. 예컨대 '애써서 알고 힘써서 행하는 사람'(困知勉行者)은 개체 욕망으로 인한 양지의 차폐가 매우 심하기 때문에 양지의 판단에 의거하여 효를 실천하고자 하더라도 쉽게 실천할 수 없다. 때문에 타인들보다 수많은 노력을 해야만 비로소 양지에 의거하여 효도를 다할 수 있다고 한다.[100] 이렇듯 개체 욕망의 차폐에 따른 실천 행위 자체의 어려움으로 인해 단지 양지의 자각적 판단 단계에서 끝나고 이를 실천으로 이행하지 않을 경우 지행은 합일될 수 있는 계기를 상실하고 양분됨으로써 지知는 단지 관념적 단계에 머물게 된다. 이는 곧 양지 실현의 계기 상실이라고도 말할 수 있다. 따라서 실제적인 인간사 속에서 양지의 자각적 판단을 실천화하려는 노력을 통해 지행을 합일시켜 내야 한다.[101]

2) 자각적 판단과 실천 합일을 통한 양지 실현

지행합일을 통한 양지 실현의 과정은 「정심正心 – 성의誠意 – 치지致知 – 격물格物」 과정으로 설명된다. 양명은 먼저 지선至善한 마음의 본체는 본래 불선不善이 없으나 마음이 발동한 의념의 단계에서는 불선이 없을 수 없으므로, 의념의 단계에서 비로소 '마음을 바르게 할 수 있다'(正心)고 하여, 일념一念이 발동하여 선善을 좋아하면 확실하게 선을 좋아하고 일념이 발동하여 악惡을 싫어하면 곧 확실하게 악을 싫어함으로써, 의념의 단계

---

99) 『傳習錄』(下), 「黃以方錄」, 320조목, "良知自知, 原是容易的. 只是不能致那良知, 便是知之匪艱, 行之惟艱."

100) 『傳習錄』(下), 「黃省曾錄」, 291조목, "知行二字卽是功夫, 但有淺深難易之殊耳. … 至於困知勉行者, 蔽錮已深, 雖要依此良知去孝, 又爲私欲所阻, 是以不能, 必須加人一己百, 人十己千之功, 方能依此良知以盡其孝."

101) 『傳習錄』(中), 「答顧東橋書」, 140조목, "道心者, 良知之謂也. 君子之學, 何嘗離去事爲而廢論說. 但其從事於事爲論說者, 要皆知行合一之功, 正所以致其本心之良知, 而非若世之徒事口耳談說以爲知者, 分知行爲兩事, 而果有節目先後之可言也."

에서 불성不誠이 없도록 해야 한다고 주장한다.102)

이러한 성의誠意는 바로 치지致知를 통해 이루어지는 것으로 규정된다. 양지는 의념이 선한지 불선한지를 자각적으로 알 수 있다. 양지의 자각에 따라 선으로 판단된 의념을 실천하고 불선으로 판단된 의념을 제거하는 구체적 실천 행위 또한 양지에 의거해서 시행해야만 한다는 것이다. 아울러 선을 좋아할 것을 알아서 선을 실천하고 악을 미워할 것을 알아서 악을 제거하는 경우에 있어, 이를 조그마한 미진함 없이 철저히 실행하여 양지의 판단이 실제적으로 극점에 이르도록 해야만 비로소 양지가 실현되었다고 할 수 있다는 것이다.103) 이는 바로 의념의 선·불선에 대한 양지의 자각적 판단으로서의 '지知'와 착실하게 선을 행하고 불선을 제거하는 '행行'이 합일되는 과정이며, 이 과정을 통해 성의의 실현은 물론 양지가 실제적으로 실현되는 것이라 할 수 있다.

아울러 양지 실현으로서의 치지致知는 격물格物의 과정, 즉 실제적인 일 위에서 구현된다고 본다. 이때 격물이란 어떤 상황 아래 발동되는 의념이 선을 행하고자 하면 이 상황에 나아가 실제적으로 선을 실천하고, 의념이 악을 제거하고자 하면 이 상황에 나아가 실제적으로 악을 제거함으로써, 바르지 못한 상태를 실제적인 실천 행위를 통해 올바르게 바로잡아야 한다는 것이다. 이러한 격물을 통해 마음에는 개체 욕망이 제거되

---

102) 『傳習錄』(下), 「黃以方錄」, 317조목, "然至善者, 心之本體也. 心之本體, 那有不善? 如今要正心, 本體上何處用得功? 必就心之發動處, 纔可著力也. 心之發動不能無不善, 故須就此處著力, 便是在誠意. 如一念發在好善上, 便實實落落去好善; 一念發在惡惡上, 便實實落落去惡惡. 意之所發, 旣無不誠, 則其本體如何有不正的? 故欲正其心在誠意. 功夫到誠意, 始有着落處. 然誠意之本, 又在於致知也."

103) 『傳習錄』(下), 「黃以方錄」, 317조목, "然誠意之本, 又在於致知也. 所謂人雖不知, 而己所獨知者, 此正是吾心良知處. 然知得善, 卻不依這箇良知便做去, 知得不善, 卻不依這箇良知便不去做, 則這箇良知便遮蔽了, 是不能致知也. 吾心良知, 旣不能擴充到底, 則善雖知好, 不能著實好了; 惡雖知惡, 不能著實惡了, 如何得意誠? 故致知者, 意誠之本也."

어 종국적으로 의념이 성실해진다는 것이다.[104] 결론적으로 성의·치지·격물은 각기 분리되어 있는 개별적 단계나 과정이 아니라, 실제적인 실천 행위를 통해 지행이 합일되는 과정에서 이루어지는 양지 실현의 통합된 하나의 과정이라 할 수 있다.

'호색好色을 좋아하듯이 하고 악취를 싫어하듯이 하라'는 것은 인간의 생명 본질인 천리天理의 발현으로서의 성의誠意를 실현하고 사의私意가 개입하지 못하도록 하는 것이라 전제하는[105] 양명은 호색을 좋아하듯이 하고 악취를 싫어하듯이 하는 성의가 바로 자겸自慊이며, 이것이 양지를 실현하는 일이라고 주장하고 있다.[106] 따라서 성의·치지·격물의 일원적 과정을 통한 지행합일의 궁극적 목적은 자신의 이익과 안위만을 보존하고자 하는 개체 욕망을 극복 제거하고 총체적 유기체로서의 천지만물 창생·양육 과정을 주체적·능동적으로 이끌어감으로써 인간의 생명 본질을 구현토록 하는 양지 실현에 있다. 다만 개체 욕망을 제거해야 한다는 주장은 마치 천지만물을 위해 인간 개체생명을 완전히 무시하는 것처럼 보이지만, 사실상 인간의 생명 본질에 근거한 성의·치지·격물은 개체생명에 대한 포기가 아니라 천지만물을 온전하게 존속시켜나가는 과정에서 인간 자신의 생명 본질을 구현시켜나가는 것이므로, 지행합일은 전체생명로서의 천지만물과 부분으로서의 인간 개체생명을 동시적으로 온

---

104) 『傳習錄』(下), 「黃以方錄」, 317조목, "然亦不是懸空的致知, 致知在實事上格. 如意在於爲善, 便就這件事上去爲; 意在於去惡, 便就這件事上去不爲. 去惡固是格不正以歸於正, 爲善則不善正了, 亦是格不正以歸於正也. 如此, 則吾心良知無私欲蔽了, 得以致其極, 而意之所發, 好善去惡, 無有不誠矣!"

105) 『傳習錄」』(上), 「薛侃錄」, 101조목, "曰: 如好好色, 如惡惡臭, 則如何? 曰: 此正是一循於理, 是天理合如此, 本無私意作好作惡. 曰: 如好好色, 如惡惡臭, 安得非意? 曰: 卻是誠意, 不是私意. 誠意只是循天理. 雖是循天理, 亦着不得一分意."

106) 『傳習錄』(中), 「答歐陽崇一」, 170조목, "凡學問之功, 一則誠, 二則僞, 凡此皆是致良知之意欠誠一眞切之故. 大學言誠其意者, 如惡惡臭, 如好好色, 此之謂自慊. 曾見有惡惡臭好好色, 而須鼓舞支持者乎?"

전하게 구현시키는 일이 된다.

4. 배움과 실천의 합일 과정

양명은 『중용』의 박학博學·심문審問·신사愼思·명변明辯·독행篤行,[107] 이 다섯 가지를 배움(學)의 과정이자 동시에 실천(行) 과정으로 보고 이에 배움과 실천의 합일, 즉 '학행합일學行合一'을 통한 양지 실현을 주장한다.

1) 실천 경험의 필요성

먼저 배움과 실천의 합일 근거는 실천 경험의 필요성에서 찾을 수 있다. 인간은 음식을 먹고자 하고 길을 가고자 하는 것과 같이 먼저 마음으로부터 무엇인가 하고자 하는 의지가 발동해야만 비로소 자신이 관계맺을 대상을 선택함과 아울러 이에 대해 알게 된다고 주장하는 양명은 '무엇인가 하고자 하는 마음의 의지'(意)를 '행行'의 시작으로 규정한다.[108] 즉 대상을 선택하여 아는 과정으로서의 '지知의 단계'와 대상과 관계맺은 구체적 실천 행위 과정으로서의 '행行의 단계'는 모두 마음으로부터 발동하는 의지를 전제로 해서 이루어진다. 따라서 「마음으로부터의 의지의 발동(意)→대상의 선택과 앎의 과정(知)→실천 행위를 통한 대상과의 관계맺음(行)」이라는 도식이 성립된다.

이러한 의지와 지행知行의 관련성을 전제로, 양명은 음식 맛이 좋고 나쁨은 반드시 입으로 먹어본 이후에 알 수 있으며, 갈라지는 길이 험한가 평탄한가는 반드시 몸으로 직접 다녀본 이후에 알 수 있다고 한다.[109] 이

107) 『中庸』, 20장, "博學之, 審問之, 愼思之, 明辨之, 篤行之."

108) 『傳習錄』(中), 「答顧東橋書」, 132조목, "夫人必有欲食之心, 然後知食, 欲食之心卽是意, 卽是行之始矣. … 必有欲行之心, 然後知路, 欲行之心卽是意, 卽是行之始矣."

109) 『傳習錄』(中), 「答顧東橋書」, 132조목, "食味之美惡, 必待入口而後知, 豈有不待入

는 대상 사물의 특성은 대상 사물과 관계맺은 직접적인 실천 행위, 즉 경험(行)을 통해서만 알 수 있다(知)는 것으로서, 바꾸어 말하면 경험 활동으로서의 행行을 통해서 비로소 대상 사물에 대한 앎의 과정으로서의 지知가 완성된다는 것을 의미한다. 여기서는 「실천 경험으로서의 행行→대상의 특성에 대한 앎의 과정으로서의 지知」라는 도식이 성립된다.

이 두 가지 입장을 종합해 보면, 무엇인가를 하고자 하는 의지가 먼저 선행되고, 이에 의지를 실현할 대상을 선택하는 앎이 이루어지고, 의지를 실현하는 실제적인 실천 활동이 이루어짐과 동시에 대상의 특성에 대한 앎이 시작되며, 실천 활동이 완성됨과 동시에 대상의 특성에 대한 앎이 완성된다. 따라서 대상의 특성을 파악하는 앎의 과정으로서의 지知와 대상과 관계를 맺는 실천 활동으로서의 행行은 동시적으로 진행되며 동시적으로 완성되는 합일적 계기를 갖는다고 볼 수 있다.

이러한 경험 활동을 통한 지행합일은 천지만물의 생명 본질과 직접적인 관련성이 있다. 인간은 대상 사물에 대한 직접적인 경험 활동을 수반하지 않고서도 단지 선행 지식만을 학습함으로써 대상 사물에 대한 특성을 파악할 수 있다. 그러나 양명학에 있어 천지만물의 제현상들은 고정·불변하거나 기계적으로 반복·순환하는 것이 아니라 '생생불식生生不息'하는 생명 본질에 근거하여 끊임없이 자기-조직화하는 변화 과정에 놓여 있다. 그러므로 어느 시점까지의 경험을 바탕으로 형성된, 즉 그 이후에 변화된 현상과 내용을 담고 있지 못한 선행 지식만으로는 그 대상의 특성을 완전하게 파악할 수 없다. 아울러 동일한 류의 대상물들이라 하더라도 보편성의 이면에는 각기 개별적인 특수성을 지니고 있다. 따라서 만일 선행된 일반적·보편적 지식에만 의존할 경우, 대상과 현상의

口而已先知食味之美惡者邪? … 路岐之險夷, 必待身親履歷而後知, 豈有不待身親履歷而已先知路岐之險夷者邪?"

특성을 완전하게 파악하지 못함은 물론 오히려 대상과 현상을 기존 지식의 틀 안에 가두어 이를 왜곡 또는 질곡시키는 결과를 초래할 수도 있다. 그러므로 인간은 비록 선행 지식을 통해 대상에 대한 특성을 어느 정도 파악하고 있다 하더라도, 반드시 대상과 관계맺은 실제적인 실천 경험을 통해 선행 지식에 담겨 있지 않은 새로운 특성을 파악함과 아울러 현 상황을 올바르게 판단함으로써 새로운 지식을 창출하고 이에 근거하여 대상과의 관계성을 완성시켜나갈 수 있다. 이는 곧 천지만물의 생명 본질을 올바르게 구현하는 전제가 되기도 한다.

2) 배움과 실천의 합일 과정

실천 활동을 중요시하는 양명은 배우고(學) 묻고(問) 생각하고(思) 분별하고(辨) 실천하는(行) 5가지 일에 대해 다음과 같이 말한다.

> 무릇 배우고 묻고 생각하고 변별하고 실천하는 것은 모두 학문을 하는 것이다. 배웠는데도 실천하지 않는 사람은 없다. 예를 들어 효도를 배웠다고 한다면 반드시 힘든 일을 대신하고 봉양하여 몸소 효도를 실천한 뒤에야 배웠다고 말한다. 어찌 한갓 공허하게 입과 귀로만 강론하여 말한다고 해서 곧 효도를 배웠다고 말할 수 있겠는가? 활쏘기를 배웠다면 반드시 활시위를 얹고 화살을 메어 팽팽히 당겨서 적중시켜야 한다. 글쓰기를 배웠다면 반드시 종이를 펴고 붓을 잡아 글을 짓고 먹을 묻혀 글씨를 써야 한다. 세상의 어떤 학문도 실천하지 않고서 배웠다고 말할 수 있는 것은 없으니, 배움의 시초는 확실히 행行에 있다.[110)]

효도나 활쏘기와 같이 몸소 효도를 실천해 보거나 활을 쏴본 이후에

---

110) 『傳習錄』(中), 「答顧東橋書」, 136조목, "夫學問思辨行, 皆所以爲學, 未有學而不行者也. 如言學孝, 則必服勞奉養, 躬行孝道, 然後謂之學, 豈徒懸空口耳講說, 而遂可以謂之學孝乎? 學射, 則必張弓挾矢, 引滿中的. 學書, 則必伸紙執筆, 操觚染翰. 盡天下之學, 無有不行而可以言學者, 則學之始固已卽是行矣."

배웠다고 말할 수 있는 것처럼, 반드시 실천해 본 이후에 배웠다고 말할 수 있는 것이지, 실천해 보지 않고서는 배웠다고 말할 수 없는 바, 실천 행위(行)가 바로 배움의 시작이 된다는 것이다. 양명이 말하는 '배움'(學)은 실천 행위와 무관한 배움이 아니라 현장에서의 직접적인 실천 경험 과정까지 내포하는 배움이다. 따라서 배움과 실천 경험은 시간적 선후를 지니는 것이 아니라 동시에 시작되고 동시에 진행되며 동시에 완성되는 합일적 과정이라 말할 수 있다. 이에 양명은 "독篤이란 돈실敦實과 독후篤厚의 뜻으로 이미 실천한 것이다. 그 실천을 돈독히 하여 그 노력을 멈추지 않는 것을 이르는 것일 뿐이다"[111]고 하여, 독행篤行 조차도 이론 학습을 통해 먼저 알고 난 이후에 이를 현장에서 독실하게 실천으로 이행하는 별도의 실천 과정으로 보지 아니하고, 동시적인 배움과 실천의 합일적 과정을 독실하게 이행하는 것으로 보고 있다. 따라서 배움과 실천의 합일은 배움과 실천이 동시에 시작·진행·완성되는 통합적 과정을 의미한다고 볼 수 있다.

학행합일學行合一의 바탕 위에 양명은 학행합일이 진행되는 구체적 과정으로서의 자세히 묻고(審問), 신중하게 생각하며(愼思), 명석하게 변별하는(明辯) 과정을 보다 체계적으로 다음과 같이 설명하고 있다.

> 생각건대 배우는 데는 의심이 없을 수 없기 때문에 물음(問)이 생기게 된다. 물음은 곧 배움(學)이자 실천(行)이다. 또 의심이 없을 수 없으므로 생각(思)하게 된다. 생각은 곧 배움이자 실천이다. 또 의심이 없을 수 없으므로 변별(辨)하게 된다. 변별은 곧 배움이자 실천이다. 변별이 이미 분명해지고, 생각이 이미 신중해지고, 물음이 이미 세밀해지고, 배움이 이미 능숙해지고, 또 그리하여 그 공부를 그치지 않는 것, 이것을 돈독히 실천하는 것(篤行)이라고 말한다. 배우고 묻고 생각하고 변별한 뒤에 비로소 그것을 실천(行)으

---

111) 『傳習錄』(中), 「答顧東橋書」, 136조목, "篤者敦實篤厚之意, 已行矣, 而敦篤其行, 不息其功之謂爾."

> 로 옮긴다는 말이 아니다. 그러므로 어떤 일에 능숙해지기를 구하는 것으로 말하면 배움(學)이라 하고, 의심이 해결되기를 구하는 것으로서 말하면 물음(問)이라 하고, 학설에 통하기를 구하는 것으로서 말하면 생각(思)이라 하고, 정밀하게 살피기를 구하는 것으로 말하면 변별(辨)이라 하며, 실제로 이행하기를 구하는 것으로 말하면 실천(行)이라고 한다. 생각건대 공부를 나누어 말하면 다섯 가지가 있지만, 그 일을 합해서 말하면 하나일 따름이다.[112]

양명은 배움의 과정에서 발생하는 의문에 대해 묻고, 생각하고, 분별하는 사고의 과정 자체를 '배움'은 물론 '실천'으로 규정하고 있다. 이는 앞에서 살펴본 바와 같이, 그가 말하는 배움이 순수한 이론 학습을 의미하는 것이 아니라 실제적인 실천을 포함하는 배움이라는 점에서 기인한다. 배움의 진행 과정에서 의문에 직면하게 되면 자세히 묻기도 하고 신중히 생각하기도 하고 명석하게 분별하기도 하는 사고 과정 또한 실천 과정 중에 진행되는 것이므로, 이 또한 실천의 한 측면으로 볼 수 있다. 따라서 실천 과정에서 진행되는 사고 과정은 실천이 진행되는 과정에서 나타나는 오류를 바로잡거나 실천의 방향성을 계속해서 제시해줌으로써 실천을 보다 명확하고 올바르게 성취토록 해준다. 이러한 측면에서 보았을 때, 배우고, 묻고, 생각하고, 변별하고, 실천하는 것은 서로 무관하게 시간적 선후를 지니면서 단계적으로 진행되는 다섯 가지 단계가 아니라 하나의 과정, 즉 실천하는 속에서 배우고, 묻고, 생각하고, 변별하는 동시적인 과정으로서, 동시에 시작되고 동시에 진행되며 동시에 완성되는 합일적 과정이라 말할 수 있다.

---

112) 『傳習錄』(中), 「答顧東橋書」, 136조목, "蓋學之不能以無疑, 則有問, 問卽學也, 卽行也. 又不能無疑, 則有思, 思卽學也, 卽行也. 又不能無疑, 則有辨, 辨卽學也, 卽行也. 辨旣明矣, 思旣愼矣, 問旣審矣, 學旣能矣, 又從而不息其功焉, 斯之謂篤行. 非謂學問思辨之後而始措之於行也. 是故以求能其事而言謂之學, 以求解其惑而言謂之問, 以求通其說而言謂之思, 以求精其察而言謂之辨, 以求履其實而言謂之行, 蓋析其功而言則有五, 合其事而言則一而已."

3) 배움과 실천 합일을 통한 양지 실현

이러한 배움과 실천의 합일의 궁극적 목적은 바로 '양지 실현'에 있다. 양명은 먼저 주희의 '선지후행설先知後行說'과 '궁리설窮理說'이 지知(學)와 행行을 둘로 갈라놓는 문제가 있다고 비판한다.

> 지금 그대가 단지 배우고 묻고 생각하고 분별하여 천하의 리理를 궁구하는 것만을 거론하면서 독실하게 실천하는(篤行) 것을 언급하지 않았는데, 이것은 배우고 묻고 생각하고 분별하는 것만을 지知로 여겨서 리를 궁구 할 때는 어떤 실천(行)도 없다고 말하는 것이다. 세상에 어찌 실천하지 않고도 배우는 것이 있겠는가? 어찌 실천하지 않고도 마침내 리를 궁구한다고 말할 수 있겠는가? 명도明道선생께서는 "단지 리를 궁구하기만 하면 곧 본성을 완전히 실현하고 천명에 이른다"[113]고 하였다. 그러므로 반드시 인仁을 실천하여 인의 궁극에까지 이른 뒤에야 인의 리를 궁구했다고 말할 수 있으며, 의義를 실천하여 의의 궁극에까지 이른 뒤에야 의의 리를 궁구했다고 말할 수 있다. 인을 실천하여 인의 궁극에까지 이르렀다면 인의 본성을 완전히 실현한 것이다. 의를 실천하여 의의 궁극에까지 이르렀다면 의의 본성을 완전히 실현한 것이다. 세상에 어찌 리를 궁구하는 데는 지극하지만 아직 실천으로 옮기지는 못했다는 그런 학문이 있을 수 있겠는가? 그런 까닭에 실천하지 않는 것은 학문이 아니라는 것을 안다면 실천하지 않는 것은 리를 궁구하는 것이 아니라는 것을 알게 된다. 실천하지 않는 것은 리를 궁구하는 것이 아니라는 것을 안다면 지와 행이 합일하고 함께 진행하여 두 가지 일로 나눌 수 없다는 것도 알게 된다. 무릇 온갖 사물의 리는 내 마음에서 벗어나지 않는다. 그런데도 천하의 리를 궁구한다고 기필코 주장한다면, 이것은 아마도 내 마음의 양지를 충분하지 못하다고 여겨서 밖으로 드넓은 천하에서 구하여 그것을 보충하고 더하려는 것이니, 여전히 마음과 리를 둘로 나누는 것이다.[114]

113) 『二程遺書』, 권2上, 2下.

114) 『傳習錄』(中), 「答顧東橋書」, 136조목, "今吾子特擧學問思辨以窮天下之理, 而不及

본래 주희는 『중용』의 '학學·문問·사思·변辨·행行' 가운데 학·문·사·변, 이 네 가지는 외재 사물에 내재된 리理(物理·事理)를 탐구하는 인식 과정(知)으로 보고, 독행篤行은 수신修身으로부터 처사접물處事接物에 이르는 실천 과정(行)으로 보아,[115] 지와 행을 선후의 관계로 나누어 본다. 이러한 주희의 주장에 대해 양명은 실천하지 않고 배울 수 있는 것은 없으며, 실천하지 않고 별도로 궁리窮理할 수 없다고 반론을 제기하고 있는 것이다. 궁리와 실천은 상호 선후의 차서를 지니거나 분리되어 있는 것이 아니라 궁리는 실천 과정에서 이루어진다. "인仁의 리理를 궁구한다" 또는 "의義의 리理를 궁구한다"는 것은 인과 의를 조금도 미진함 없이 극진히 실천하여 인과 의의 궁극적 경지에 도달함으로써 본성을 완전히 실현한 연후에 인 또는 의의 리를 궁구하였다고 말할 수 있는 것이다. 따라서 실천하지 않는 것을 배움이라 할 수 없으며, 실천하지 않는 것을 궁리라고 할 수 없다는 것이다. 궁리를 사물에 내재된 존재의 법칙(所以然之故)이나 당위의 도덕적 규범(所當然之則)을 인식하는 과정으로 국한시키고 있는 주희와 달리 양명은 궁리조차도 자신에게 내재된 본성을 실제적인 실천을 통해 구현하는 과정으로 보아 학행學行은 물론 궁리까지도 하나의 실천 과정으로 통합하고 있다.

궁리를 실천 과정으로 통합할 수 있는 근거는 바로 '심즉리心卽理', 즉

篤行, 是專以學問思辨爲知, 而謂窮理爲無行也已. 天下豈有不行而學者邪? 豈有不行而遂可謂之窮理者邪? 明道云只窮理, 便盡性至命. 故必仁極仁, 而後謂之能窮仁之理, 義極義, 而後謂之能窮義之理. 仁極仁, 則盡仁之性矣, 義極義, 則盡義之性矣. 學至於窮理至矣, 而尙未措之於行, 天下寧有是邪? 是故知不行之不可以爲學, 則知不行之不可以爲窮理矣. 知不行之不可以爲窮理, 則知知行之合一並進, 而不可以分爲兩節事矣. 夫萬事萬物之理不外於吾心, 而必曰窮天下之理, 是殆以吾心之良知爲未足, 而必外求於天下之廣, 以裨補增益之, 是猶析心與理而爲二也."

115) 『朱子文集』, 권74, 「白鹿洞書院」, "右爲學之序, 學問思辨四者, 所以窮理也. 若夫篤行之事, 則自修身, 以至于處事接物, 亦各有要."

마음의 실천 조리에 대한 무한한 창출성에 기인한다. 사실상 양명에 있어 '궁리窮理'의 '리理'는 객관 사물에 내재된 존재의 법칙이나 외재적인 당위의 규범을 의미하지 않는다. 리는 인간이 천지만물과 감응하는 과정에서 마음으로부터 창출되는 '실천 조리'를 의미한다.[116] 따라서 주희와 같이 마음 밖의 리를 따로 인식하는 궁리의 과정은 불필요하게 된다. 오히려 마음으로부터 창출된 실천 조리가 개체 욕망의 장애를 받지 않으면서 실제적인 실천 행위를 통해 완전히 실현되도록 하는 주체적이고 자발적인 노력을 필요로 한다. 따라서 궁리窮理의 '궁窮'은 외재적 리에 대한 인식 과정이 아니라 마음으로부터 창출된 실천 조리를 실현하는 실천 행위로 전환된다고 말할 수 있다. 이러한 마음의 감응력과 창출성 그리고 실천력의 주체가 바로 양지이기 때문에, 배우고 묻고 생각하고 변별하고 실천하는 것은 물론 궁리조차도 양지를 실현하는 구체적 실천 방안이 된다.[117]

이상의 내용에 의거해 볼 때, 배움과 실천, 즉 학행學行의 합일은 다음과 같은 의미를 지닌다. 첫째, 배움과 실천의 합일은 천지만물의 생명 본질인 변화와 다양성을 담아낸다. 순수 이론 학습을 통해 얻게 되는 지식은 보편성을 지향하는 관계로 천지만물의 생생불식生生不息하는 자기－조직화 과정에서 나타나는 다양성과 특수성이 배제된 경향이 있다. 또한 그 지식은 어느 일정한 시·공간을 전제로 하여 정립되었기 때문에, 그 지식이 정립된 이후의 시·공간의 변화 속에서 나타나는 새로운 양상을 담고 있지 못한 경우도 있다. 따라서 순수 이론 교육에만 의존할 경우 천지만물의 생명 본질을 왜곡·질곡시킬 수 있다. 반면 배움과 실천의 과

116) 본서 4장 「마음의 창조적·역동적 생명 원리」 참조.

117) 『傳習錄』(中), 「答顧東橋書」, 136조목, "夫學問思辨篤行之功, … 亦不過致吾心之良知而已. … 今必曰窮天下之理, 而不知反求諸其心, 則凡所謂善惡之機, 眞妄之辨者, 舍吾心之良知, 亦將何所致其體察乎?"

정을 하나로 통합하는 학행합일은 양지를 통한 실제적인 실천 과정 속에서 천지만물의 변화와 다양성에 근거하여 이전의 보편적 지식의 한계성과 문제점을 파악함과 아울러 천지만물의 변화에 부합되는 새로운 지식을 창출할 수 있다.

둘째, 배움과 실천의 합일은 반드시 실천과 결부됨으로써 천지만물과 인간의 생명 본질을 동시적으로 구현할 수 있다. 생명과 관련하여 우리가 지식을 습득하는 이유 가운데 하나는 천지만물과 인간 자신의 생명 본질을 정확히 알기 위함도 있지만, 자신과 천지만물을 가장 바람직하게 창생・양육하기 위함도 있다. 그러나 순수 이론 학습에만 의존할 경우, 학습을 통해 비록 천지만물과 인간 생명의 본질을 알았다 하더라도 단지 지식의 습득에만 그치고 이를 생명 본질에 부합되는 방향으로 실천화하지 않을 수도 있는 바, 이러한 경우 천지만물과 인간의 생명 본질은 구현되지 않는다. 반면 배움과 실천을 통합적으로 진행할 경우 이전에 학습을 통해 획득된 지식과 실천 과정에서 획득된 지식이 실천으로 이행되지 않을 가능성이 아예 차단되어버린다. 오히려 실천 과정에서 어떠한 한계 상황에 부닥치게 되었을 경우, 이를 해결하기 위해 더욱 적극적으로 새로운 지식을 추구하게 되거나 자신이 미리 획득하고 있는 지식을 활용하기 위해 더욱 노력하게 된다. 따라서 실천 과정에서 얻어진 지식은 단순한 관념상의 지식으로 끝나지 아니하고 실천을 통해 현실화됨으로써 천지만물과 인간의 생명 본질을 구현할 수 있는 계기를 마련한다.

지금까지 '개체 욕망의 생명 질곡'의 문제와 '양지 실현(致良知)의 필요성'에 대해 고찰함과 아울러 '지행합일'과 '양지 실현'의 상호 연관성에 대해 고찰해 보았다. 인간은 누구나 성인이 될 수 있는 양지, 즉 천지만물의 생명 본질에 근원한 유기적 생명성으로서의 양지를 선천적으로 내재하고 있다고 하더라도, 양지의 자연한 유행을 가로막는 개체 욕망(私欲)으로 인해 양지를 실현하기 위한 또 다른 실천 과정이 요구된다. 또한 양지는 단지 천지만물의 생명의 온전성과 인간 자신의 의념에 대한 자각적 시비판단 그리고 실천 방향성의 창출 단계에서 실현되는 것이 아니라, 반드시 천지만물을 보살피고 양육하는 실제적 실천 행위를 수반함으로써만 실현된다. 따라서 선천적 양지와 더불어 '양지 실현'(致良知)이라는 후천적 실천 공부를 필요로 한다.

양명의 3대 학설 가운데 하나인 '지행합일설'은 치양지설의 뿌리이다. 지행합일은 양지를 실현하는 하나의 방안이자 사실상 지행합일 그 자체가 양지 실현을 의미한다고 말할 수 있다. 지행이 합일될 수 있는 근거는 천지만물의 의식 중추로서의 인간 마음의 실천 조리의 창출성과 능동적 실천성에서 기인한다. 이는 보다 구체적으로 인간 마음의 유기적 생명성으로 정의되는 양지의 천지만물의 생명의 온전성과 자신의 의념의 시비・선악에 대한 자각적 판단력, 실천 의지와 위선거악爲善去惡하는 실천 행위의 창출성에서 기인한다. 그리고 이러한 심즉리설과 양지설을 토대로한 지행의 합일 과정, 즉 자각적 판단력과 실천의 합일, 그리고 배움과 실천의 합일이 곧 양지 실현을 의미한다고 하는 사실 또한 밝혀 보았다.

이러한 내용에 근거할 때, 양명의 지행합일설을 단지 도덕 실천의 문제로 국한시켜 보는 기존의 일반적 관점에는 문제가 있다. 예컨대 혹자는 "왕양명이 말하는 지는 일반적인 도덕의식을 포괄하고, 그가 이해한 행은 기본적으로 도덕실천이다. 그러므로 행으로부터 지를 이루는 과정은 동시에 도덕실천을 통하여 덕성을 배양하는 과정으로도 표현된다"[118] 고 하여, 양명의 지행의 문제를 도덕성의 문제로만 국한시켜 보는 편협성을 지니고 있다. 이러한 편협성은 양명학을 좀더 넓은 관점에서 조망하지 못한 결과라 보여진다. 필자가 보기에 양명학의 궁극적 목적은 인

118) 楊國榮, 『陽明學通論』(송하경 번역, 박영사, 1994), 115쪽.

간과 천지만물의 유기적 · 상보적 관계성을 토대로 이루어진 총체적 유기체 안에서 중추적 위상을 지닌 인간이 천지만물의 생명 본질을 거역하지 않으면서 천지만물의 역동적 생명의 창생 · 양육 과정을 주체적 · 능동적으로 이끌어갈 수 있도록 하는 데 있다. 따라서 지행합일의 문제도 단지 인간관계 속에서 보여지는 도덕적 차원이 아닌 '전우주적 생명의 차원'에서 바라봄으로써 그 본래적 의미가 정확하게 파악될 수 있다고 본다.

인간은 총체적 유기체인 천지만물의 의식 중추임과 동시에 또한 하나의 개체생명이다. 따라서 인간은 총체적 유기체의 다른 부분들과의 상보적 · 유기적 연관성을 바탕으로 이들과 감응하면서 전우주적 차원의 생명을 온전하게 창생 · 양육시켜나갈 수 있는 본질적 생명성뿐만 아니라 자신의 개체 욕망만을 성취코자 총체적 유기체로부터 자신을 분리시키고 모든 존재물들을 정복 · 파괴 · 지배하고자 하는 이기적 속성을 동시에 지니고 있다. 지행합일설은 바로 자신의 개체 이익과 생존에만 집착하는 개체 욕망을 제거하고 천지만물의 생명 본질에 근원한 인간의 본질적 속성(양지)을 회복하여 실제적 실천 행위(致良知)를 통해 천지만물을 온전하게 창생 · 양육해야 하는 인간의 본질적 사명을 실현하고자 하는 방안으로 제시된 것이다.

제8장
양지 실현과 참된 즐거움의 경계

앞장에서는 '개체 욕망의 생명 질곡'의 문제와 '양지 실현의 필요성'에 대해 고찰함과 아울러 '지행합일'과 '양지 실현'의 상호 연관성에 대해 살펴보았다. 심즉리설心卽理說을 토대로 성인이 되기 위한 방안으로 제시된 지행합일설은 치양지설致良知說의 뿌리가 됨과 아울러 치양지설이 제창됨으로써 '지행합일'은 양지를 실현하는 하나의 일로 통합된다. 양명은 나아가 54세 때 「대학문大學問」에서 『대학』의 삼강령(明明德 · 親民 · 止於至善)뿐만 아니라 팔조목(格物 · 致知 · 誠意 · 正心 · 修身 · 齊家 · 治國 · 平天下) 또한 인간의 생명 본질인 양지를 실현함으로써 천지만물과 한 몸이 되는 하나의 과정으로 일원화시키고 있다.[1] 양명은 또한 『맹자』의 '집의集義'와 '필유사언必有事焉' 등을 양지를 실현하는 실천 공부로 규정하고 있다.[2] 이렇듯 『대학』과 『맹자』 등 선진 유학에서 제시된 '명명덕', '친민', '지어지선', '격물', '치지', '성의', '정심', '수신', '제가', '치국', '평천하', '집의', '필유사언' 등은 양명에 의해 인간의 생명 본질인 양지를 실현하는 실천 방안으로 새롭게 정의된다. 본 장에서는 이처럼 다양한 양지 실현의 실천 공부

1) 『王陽明全集』(上海古籍出版社, 1992, 이하 『全集』이라 표기), 권26, 「大學問」, 967~972쪽.

2) 『傳習錄』(中), 「答聶文蔚」, 187조목, "夫必有事焉, 只是集義. 集義只是致良知."

방안의 의미와 상호 연관성에 대해 고찰하고 나아가 양지 실현의 궁극적 귀결처에 대해 탐구해 보고자 한다.

제1절 명명덕과 친민의 일원적 체계

양명이 제시하는 바람직한 인간 사회와 자연 세계는 '천지만물일체의 인仁'이 실현되는 유기체적 세계이다. 이를 실현하기 위한 방안으로 양명은 『대학』의 '삼강령'(明明德 · 親民 · 止於至善)을 일원적 체계로 재정립한다. 이에 양명학의 주요 명제인 '심즉리설'과 '지행합일설' 그리고 '치양지설'은 『대학』의 궁극 목적인 '명명덕明明德'과 '친민親民'을 구현하는 방법이므로, 양명학의 궁극 목적은 바로 '천하일가天下一家'의 이상을 실현하는 데 있다고 평가되기도 한다.[3] 인간의 마음은 주체성과 역동성 그리고 실천 조리의 창출성을 지닌 천지만물과의 감응 주체이다. 이러한 '심즉리'를 바탕으로 한 '양지 실현'의 궁극적 귀결처는 인간 자신의 선천적 본성 실현(明明德 · 成己 · 內聖)은 물론 동시에 '나와 천지만물이 진정으로 한 몸'이 되는(親民 · 成物 · 外王) 내외합일과 물아일체의 경지에 도달하는 데 있다. 양명은 『대학』의 '삼강령'을 일원적 체계로 재정립함으로써 인간 자신과 천지만물이 하나가 되는 '천지만물일체天地萬物一體'를 실현하는 방안으로 제시하고 있다.

---

3) 김길락, 「王陽明의 經世思想 硏究」(『儒學硏究』 2집, 충남대 유학연구소, 1994), 206쪽 참조.

1. 명덕과 양지

양명은 일찍이 "천리天理가 곧 명덕明德"[4]이라고 주장한 바 있다.[5] '천리'는 인간 마음의 생명 본질로서 천지만물과 감응할 수 있는 유기적 생명성인 '양지'를 의미한다.[6] 따라서 "명덕이 바로 양지"라고 말할 수도 있을 것이다. 우리는 다음과 같은 양명의 주장 속에서 '명덕이 곧 양지'라는 것을 확인해 볼 수 있다.

> 명덕明德이란 하늘이 부여한 본성으로 신령하고 밝으며 어둡지 아니하여 모든 이치가 그곳에서 나오는 것을 말한다. 사람이 아버지를 대하면 누구나 아버지에게 효도해야 한다는 것을 알지 못함이 없고, 형을 대하면 형에게 공손해야 한다는 것을 알지 못하는 사람이 없으며, 사물의 느낌에 대해서도 자연히 밝지 않음이 없다. 이처럼 사람 마음에 있는 신령하고 밝으며 어둡지 아니한 것은 옛날이나 지금이나 다를 바가 없다. 혹이라도 어두운 것이 없기 때문에 이것을 명덕이라 하는 것이다.[7]

여기서 '명덕'은 인간 마음의 '신령하고 밝으며 어둡지 않은'(靈昭不昧) 본질적 속성으로 정의된다. 이러한 속성으로 말미암아 부모를 마주하게 되면 효도할 것을 알고, 형을 마주하면 공경할 것을 알며, 만물을 마주해서

---

4) 『傳習錄』(上), 「徐愛錄」, 7조목, "天理卽是明德."

5) 참고로 '明明德'에 관해서는 『全集』, 권7, 「親民堂記」와 「古本大學序」 및 『全集』, 권26, 「大學問」을 비롯하여 『傳習錄』(上), 「徐愛錄」, 1조목, 2조목, 6조목, 7조목, 「陸澄錄」, 89조목, 90조목, 「薛侃錄」, 129조목, 『傳習錄』(下), 「陳九川錄」, 201조목 등 8개 조목에서 언급되고 있다. 이 가운데 1조목, 89조목, 90조목, 201조목에서는 '親民'과 함께 언급되고 있으며, 201조목에서 언급되는 진구천의 말이다.

6) 『傳習錄』(下), 「黃省曾錄」, 284조목, "天理卽是良知." 『傳習錄』(中), 「答顧東橋書」, 135조목, "吾心之良知, 卽所謂天理也."

7) 『全集』, 권7, 「親民堂記」, 250~251쪽, "明德者, 天命之性, 靈昭不昧, 而萬理之所從出也. 人之於其父也, 而莫不知孝焉; 於其兄也, 而莫不知弟焉; 於凡事物之感, 莫不有自然之明焉, 是其靈昭不昧之在人心, 亘萬古而無不同, 無或昧者也, 是故謂之明德."

는 감응을 통해 어떻게 할 것인가를 알 수 있다는 것이다. 마음이 고정된 외재적 당위의 도덕규범에 종속되지 아니하고 자신이 마주한 만물과의 감응을 통해 실천 조리를 창출할 수 있는, 즉 마음의 영명한 자각력이 바로 '명덕'이라는 것이다. 양지 또한 '소명영각昭明靈覺'[8] '허령명각虛靈明覺',[9] '자연명각自然明覺'[10] 등으로 정의되기도 하거니와,[11] '신령하고 밝으며 어둡지 않은 속성'(靈昭不昧)으로 정의되는 '명덕'은 바로 영명한 자각력과 실천 조리의 창출성을 지닌 천지만물과의 감응 주체인 양지를 의미한다고 말할 수 있다. 이에 양명은 "하늘이 부여한 본성으로 순수하고 지선하며 영명하고 밝아 어둡지 않은 것, 이것은 지선至善의 발현이니, 이는 곧 명덕의 본체로 이른바 양지이다"[12]라고 하여, 양지를 명덕의 본체로 규정하고 있다.

천지만물과의 감응 주체인 명덕은 인간 마음의 선천적 덕성인 '인仁'으로 정의된다.[13] 따라서 명덕은 '만물일체의 인심仁心'의 통각 작용으로 발현된다.

> 대인大人은 천지만물을 한 몸(一體)으로 여기는 사람인지라, 천하를 한 집안처럼 보고, 나라 전체를 한 사람처럼 본다. 저 형체를 사이에 두고 너와 나를 나누는 자는 소인이다. 대인이 천지만물을 한 몸으로 여길 수 있는 것은 그것을 의도해서가 아니라, 그 마음의 인仁이 본래 그와 같아서 천지만물과 더불어 하나가 되는 것이다. 어찌 오직 대인뿐이겠는가. 비록 소인의 마음이라고 하더라도 또한 그렇지 않음이 없지만, 자기 스스로 작게 만들었을 뿐이다. 그러한 까닭에 어린아이가 우물에 빠지려는 것을 보면 반드시 두려워하

---

8) 『傳習錄』(中), 「答歐陽崇一」, 169조목, "良知是天理之昭明靈覺處."
9) 『傳習錄』(中), 「答顧東橋書」, 137조목, "心之虛靈明覺, 卽所謂本然之良知也."
10) 『傳習錄』(中), 「答聶文蔚二」, 189조목, "蓋良知只是一箇天理自然明覺發見處."
11) 본서 5장 3절 2. '양지의 영명한 자각성' 참조.
12) 『全集』, 권26, 「大學問」, 969쪽, "天命之性, 粹然至善, 其靈昭不昧者, 此其至善之發見, 是乃明德之本體, 而卽所謂良知也."
13) 『傳習錄』(上), 「陸澄錄」, 89조목, "明德是此心之德, 卽是仁."

> 고 근심하며 측은해 하는 마음(怵惕惻隱之心)이 일어나는데, 이것은 그의 인仁이 어린아이와 더불어 한 몸이 된 것이다. 어린아이는 오히려 인간과 동류同類이다. 새가 슬피 울고 짐승이 사지에 끌려가면서 벌벌 떠는 것을 보면 반드시 참아내지 못하는 마음(不忍之心)이 일어나는데, 이것은 그의 인仁이 새나 짐승과 더불어 한 몸이 된 것이다. 새나 짐승은 오히려 지각知覺이 있는 것이다. 풀과 나무가 잘려나간 것을 보면 반드시 가여워서 구제하고 싶은 마음(憫恤之心)이 일어나는데, 이것은 그의 인仁이 풀·나무와 더불어 한 몸이 된 것이다. 풀과 나무는 오히려 살고자 하는 의지(生意)가 있는 것이다. 기와장이 무너지고 돌이 깨진 것을 보면 반드시 애석하게 여기는 마음(顧惜之心)이 일어나는 데, 이것은 그의 인仁이 기왓장·돌과 한 몸이 된 것이다. 이렇게 한 몸으로 여기는 인仁은 소인의 마음이라고 하더라도 또한 반드시 그것을 지니고 있다. 이것은 하늘이 부여한 본성에 뿌리를 두고 있으며, 자연히 영명하고 밝아서 어둡지 않은 것이다. 그런 까닭에 명덕이라고 부른다.[14]

인간은 누구나 선천적으로 천지만물과 하나의 생명체가 될 수 있는 근거로서의 '만물일체의 인심仁心'을 내재하고 있다. 인심은 형체에 국한된 한 개체의 마음이 아니라 개체의 국한성을 초월하여 천지만물과 인간을 하나의 생명체로 연결해주는 전우주적 차원의 마음이다. 따라서 인간은 인심의 감응을 통해 천지만물의 일부분이라도 생명이 손상되는 상황에 직면하게 되었을 때, 이를 인간 자신의 고통과 아픔으로 느끼는 통각 작용을 일으키게 된다. 이러한 통각의 주체, 즉 천지의 생명 본질에 근원하며 만물과 영명한 감응 작용을 일으킬 수 있는 인간의 생명 주체가 바로

---

14) 『全集』, 권26, 「大學問」, 968쪽, "大人者, 以天地萬物爲一體者也, 其視天下猶一家, 中國猶一人焉. 若夫間形骸而分爾我者, 小人矣. 大人之能以天地萬物一體也, 非意之也, 其心之仁本若是, 其與天地萬物而爲一也. 豈惟大人, 雖小人之心亦莫不然, 彼顧自小之耳. 是故見孺子之入井, 而必有怵惕惻隱之心焉, 是其仁之與孺子而爲一體也; 孺子猶同類者也, 見鳥獸之哀鳴觳觫, 而必有不忍之心焉, 是其仁之與鳥獸而爲一體也; 鳥獸猶有知覺者也, 見草木之摧折, 而必有憫恤之心焉, 是其仁之與草木而爲一體也. 草木猶生意者也, 見瓦石之毁壞, 而必有顧惜之心焉, 是其仁之與瓦石而爲一體也; 是其一體之仁也, 雖小人之心亦必有之. 是乃根於天命之性, 而自然靈昭不昧者也, 是故謂之明德."

'명덕'인 것이다.

양명은 "격물치지格物致知로부터 평천하平天下에 이르기까지 단지 하나의 명덕明德을 밝히는 것이다. 친민親民 역시 덕을 밝히는 일이다. 명덕이란 이 마음의 덕이며, 바로 인仁이다. 인자仁者는 천지만물을 한 몸으로 삼는다. 가령 하나의 사물이라도 마땅한 자리를 잃는다면, 나의 인仁에 아직 다하지 못한 부분이 있는 것이다"[15]라고 말한다. 명덕이 양지이기 때문에, 명덕을 밝히는 '명명덕明明德'의 귀결처는 바로 인간이 천지만물과의 하나됨을 통해 만물의 창생·양육 과정을 주체적·능동적으로 이끌어 가는 데 있는 것이다. 인간은 천지만물과의 하나됨의 과정을 통해서만 자신의 생명 본질인 명덕을 구현할 수 있는 바, '친민'은 물론 '격물'에서부터 '평천하'에 이르는 모든 인간사는 결국 인간의 명덕을 구현하는 일로 귀결된다.

인간이 비록 선천적으로 천지만물과 하나가 될 수 있는 명덕을 내재하고 있다고는 하지만, 이러한 명덕의 내재성이 곧 천지만물과 하나가 되는 '명덕을 밝힘'(明明德)을 의미하지는 않는다.

> 소인小人의 마음은 이미 나뉘고 좁아졌으되 그 일체一體의 인仁이 오히려 이와 같이 어둡지 아니한 것은 그것이 욕망(欲)에 움직이지 아니하고 사사로움(私)에 가리지 아니한 때인 것이다. 욕망에 움직이고 사사로움에 가리는 데 이르러 이해로 서로 공격하고 분노로 서로 격돌하게 되면 사물을 해치고 동류를 무너뜨림에 못할 짓이 없게 되고, 심지어는 혈육까지도 서로 해치는 데 이르러서는 일체一體의 인仁이 없어질 것이다. 이때문에 진실로 사욕私欲의 가림이 없다면 소인의 마음이라 하더라도 그 일체의 인仁은 대인大人과 같다. 한 가지라도 사욕의 가림이 있다면 대인의 마음이라 하더라도 그 나뉘고 좁음이 소인과 같을 것이다. 그러므로 대저 대인의 학을 하는 자는 또

---

15) 『傳習錄』(上), 「陸澄錄」, 89조목, "自格物致知至平天下, 只是一箇明明德. 雖親民, 亦明德事也. 明德是此心之德, 卽是仁. 仁者以天地萬物爲一體. 使有一物失所, 便是吾仁有未盡處."

> 한 오직 그 사욕의 가림을 제거하여 스스로 그 명덕明德을 밝히고 그 천지만물일체의 본연을 회복하면 될 뿐이지, 본체의 밖에서 증익하는 바가 있는 것이 아니다.16)

인간은 천지만물의 마음이라는 중추적 위상을 지님과 동시에 그 자체로서 천지만물과 자신을 구별할 수 있는 형체를 지닌 개체생명이다. 따라서 인간은 자신의 형체를 기준으로 안과 밖, 물物·아我와 주主·객客을 나누고 자신의 이익과 안위에만 집착하는 개체 욕망(私欲)의 발동 가능성을 안고 있다. 개체 욕망은 나와 마주한 모든 존재물들, 심지어는 자신의 혈육까지도 자신의 이익을 성취하기 위한 하나의 도구와 수단으로 전락시키고 이들과의 대립과 투쟁을 야기한다. 따라서 명덕의 발현을 가로막는 개체 욕망을 반드시 제거하고 명덕을 회복하는 과정을 통해서만 비로소 명덕이 온전하게 밝혀짐으로써 천지만물과 인간 자신이 하나가 될 수 있는 계기가 마련된다. 이에 양명은 "혹이라도 어두운 것이 없기 때문에 이것을 명덕이라 하는 것이다. 그러나 혹 가림이 있는 것은 사물에 대한 욕심(物欲)이 그러한 것이다. '밝힌다'(明)는 것은 그 물욕의 가림을 제거하여 그 본체의 밝음을 온전하게 하는 것일 뿐이니, 밖에서 보탤 수 있는 것이 아니다"17)라고 주장하고 있는 것이다.

'명명덕明明德'은 의념의 발동 단계에서 개체 욕망을 제거하고 인간의 생명 본질을 구현하는 '존천리存天理'·'궁리窮理'로 정의되며,18) 또한 사의

---

16) 『全集』, 권26, 「大學問」, 968쪽, "小人之心旣已分隔隘陋矣, 而其一體之仁猶能不昧若此者, 是其未動於欲, 而未蔽於私之時也. 及其動於欲, 蔽於私, 而利害相攻, 忿怒相激, 則將戕物圮類, 無所不爲, 其甚至有骨肉相殘者, 而一體之仁亡矣. 是故苟無私欲之蔽, 則雖小人之心, 而其一體之仁猶大人也; 一有私欲之蔽, 則雖大人之心, 而其分隔隘陋猶小人矣. 故夫爲大人之學者, 亦惟去其私欲之蔽, 以自明其明德, 復其天地萬物一體之本然而已耳; 非能於本體之外而有所增益之也."

17) 『全集』, 권7, 「親民堂記」, 251쪽, "無或昧者也, 是故謂之明德. 其或蔽焉, 物欲也. 明之者, 去其物欲之蔽, 以全其本體之明焉耳, 非能有以增益之也."

18) 『傳習錄』(上), 「徐愛錄」, 7조목, "但意念所在, 卽要去其不正以全其正, 卽無時無處

私意를 제거하고 성의誠意를 실현하는 즉, 선을 행하고 악을 제거하는 '격물格物'·'치지致知'·'성의誠意'로 정의되기도 한다.[19] 앞에서 살펴본 바, 개체 욕망을 제거하고 인간의 생명 본질을 회복하여 천지만물과 하나가 되는 존천리, 궁리, 격물, 치지, 성의 등은 모두 양지의 실현을 의미하므로, 결국 '명덕을 밝히는 일'(明明德)은 곧 '양지의 실현'(致良知)을 의미한다고 말할 수 있다.

2. 명명덕과 친민이 하나의 근원

'명덕'이 '양지'이고 '명명덕'이 '치양지'라면, 양지를 실현하는 '명명덕'은 '친민親民'과 어떠한 관계에 있는 것일까? 양명은 다음과 같이 '명명덕'과 '친민'을 체용體用의 관점에서 파악한다.

> 물었다: 그렇다면 (대인의 학문이) 어째서 친민親民하는 데 있습니까?
> 대답하셨다: 명덕을 밝히는 것은 천지만물일체의 본체를 세우는 것이며, 친민은 천지만물일체의 작용을 달성하는 것이다. 그러므로 명덕을 밝히는 것은 반드시 친민에 있으며, 친민은 곧 명덕을 밝히는 것이다.[20]

> 명덕과 친민은 하나이다. 옛 사람들이 그 민民을 친애하는 것으로써 명덕을 밝혔기 때문에, 친민이 곧 그 명덕을 밝히는 것이 된다. 그러므로 명명덕은 본체가 되고 친민은 작용이 된다.[21]

不是存天理, 卽是窮理. 天理卽是明德, 窮理卽是明明德."

19) 『傳習錄』(上), 「薛侃錄」, 129조목, "明明德只是箇誠意. 誠意的工夫只是格物致知. 若以誠意爲主, 去用格物致知的工夫, 卽工夫始有下落. 卽爲善去惡, 無非是誠意的事."

20) 『全集』, 권26, 「大學問」, 968쪽, "曰: 然則何以在親民乎? 曰: 明明德者, 立其天地萬物一體之體也. 親民者, 達其天地萬物一體之用也. 故明明德必在親民, 而親民乃所以明其明德也."

21) 『全集』, 권8, 「書朱子禮卷」, 281쪽, "明德親民, 一也. 古之人明明德以親其民, 親民

양명이 대답하였다: 정치는 친민에 있다.
남원선이 물었다: 친민은 어떻게 합니까?
양명이 대답하였다: 명명덕에 있다.
남원선이 물었다: 명명덕은 어떻게 합니까?
양명이 대답하였다: 친민에 있다.
남원선이 물었다: 명덕과 친민은 하나입니까?
양명이 대답하였다: 하나다.[22]

결국 '명명덕'은 천지만물일체를 실현하는 본체이며 '친민'은 천지만물일체를 실현하는 작용이나, 이는 명명덕과 친민이 별개의 두 차원이나 두 가지 일이라는 것을 의미하지 않는다. 자신의 명덕을 밝힌 후에 나아가 친민하는 것이 아니라 민民을 친애함으로써 명덕을 밝히는 것이기 때문에 '명명덕이 곧 친민'이 되고 '친민이 곧 명명덕'이 되는 일원적 체계를 지니게 되는 것이다.[23]

명명덕과 친민을 체용 일원적 관점에서 파악하는 양명은 주희의 '신민설新民說'에 반론을 제기한다. 주희는 본래 『대학집주大學集註』에서 삼강령 가운데 하나인 '친민親民'의 '친親'자를 '신新'자로 바꾸어야 한다고 주장한다.[24] '명명덕明明德'은 기품氣稟의 구애와 인욕人欲의 가림으로부터 자신의 명덕을 회복하는 개체의 수양 과정으로 정의된다. 그리고 '신민新民'의 '신

所以明其明德也. 是故明明德, 體; 親民, 用也."

22) 『全集』, 권7, 「親民堂記」, 250쪽, "南子元善之治越也, 過陽明子而問政焉. 陽明子曰: 政在親民. 曰: 親民何以乎? 曰: 在明明德. 曰: 明明德何以乎? 曰: 在親民. 曰: 明德親民, 一乎? 曰: 一也."

23) 三綱領에 관해서는 『全集』, 권7, 「親民堂記」와 『全集』, 권26, 「大學問」에서 상세히 논의되고 있다. 이들은 모두 양명 54세 때의 글로서, 「大學問」은 삼강령뿐만 아니라 八條目까지 상세히 논의하고 있는 반면, 「親民堂記」는 삼강령만 논의하고 있으며 그 내용은 「大學問」과 대동소이하다.

24) 『大學』, 經1章의 "大學之道, 在明明德, 在親民, 在止於至善."의 내용 가운데 '在親民'에 대해 주희는 주석에서 "程子曰, 親, 當作新."이라고 주장하고 있다.

新'자는 '옛 것을 고침'을 의미하는 바, 먼저 자신의 명덕을 밝힌 연후에 이를 타인에 미루어서 다른 사람(백성)들로 하여금 이전에 물든 오염을 제거토록 하는 것으로 정의된다.[25] 이러한 전제 위에 주희는 '명덕'을 본本으로 '신민'을 말末로 규정하고, 명덕과 신민은 두 가지 일로서 시간적 선후의 차서次序를 지니는 것이라 주장한다.[26] 따라서 주희에 있어 타자와의 관계성은 명명덕이 아닌 '신민'의 단계에 가서야 설정되며, 명명덕과 신민은 '선후본말'의 관계를 지닌다. 그리고 '신민'의 대상으로서의 '민民'은 백성으로만 국한되며, 신민의 대상인 백성은 신민의 주체에 대해 일방적이고 수직적인 '종속 관계'를 지닌다.

양명은 먼저 주희가 『대학』의 '친민'을 '신민'으로 바꾸어 사용하는 것을 문제삼고 '친민' 그대로 사용할 것을 주장하면서 친민과 신민의 차이점을 다음과 같이 밝히고 있다.

> 서애가 물었다: (『대학』의) '재친민在親民'에 대해 주자는 "마땅히 신민新民이 되어야 한다"고 말했는데, 이것은 뒷장의 "작신민作新民"[27]이라는 문구에 비추어 본다면 역시 근거가 있는 듯합니다. 그러나 선생님께서는 옛날 판본에 따라 '친민親民'이 되어야 한다고 보시는데, 역시 근거하는 것이 있습니까?
>
> 선생께서 대답하셨다: "작신민作新民"에서의 '신新'은 '스스로 새로워지는 백성'(自新之民)이라는 의미로 "백성을 새롭게 하는 데 있다"(在新民)에서의 '신新'과는 같지 않다. 이것이 어찌 충분히 근거가 되겠는가? '작作'자는 도리어 '친親'자와 서로 대응되지만, '친親'자의 뜻은 아니다. 아래의 '치국평천하治國平天下'를 설명하는 부분에는 모두 '신新'자에 대해 밝힌 것이 없다. 예컨대 (『

---

25) 『大學集註』, "明德者, 人之所得乎天而虛靈不昧, 以具衆理而應萬事者也. 但爲氣稟所拘, 人欲所蔽, 則有時而昏. 然其本體之明, 則有未嘗息者. 故學者當因其所發而遂明之, 以復其初也. 新者, 革其舊之謂也, 言旣自明其明德, 又當推以及人, 使之亦有以去其舊染之汚也."

26) 『大學集註』, "明德, 爲本, 新民, 爲末. … 本始, 所先, 末終, 所後."

27) 『大學章句』, 2장, "康誥曰: 作新民."

대학』, 3장의) "군자는 어진 사람을 어질게 대하고 친한 사람을 친하게 대하며, 소인은 즐거운 것을 즐거워하고 이로운 것을 이롭게 여긴다", (『대학』, 9장의) "어린아이를 보호하듯이 한다", (『대학』, 10장의) "백성이 좋아하는 것을 좋아하고, 백성이 싫어하는 것을 싫어한다. 이것을 백성의 부모라고 한다"와 같은 부류는 모두 '친親'자의 뜻이다. '친민親民'은 『맹자』에서 "친한 사람을 친하게 여기고 백성을 어질게 대한다"(『孟子』「盡心」(上), 45장)고 말한 것과 같다. 친하게 여긴다는 것은 곧 어질게 대한다는 뜻이다. 백성이 친하지 않으므로 순舜임금이 설을 사도로 삼아서 다섯 가지 가르침[28]을 베푼 것은 그들을 친하게 여겼기 때문이다. 「요전堯典」의 "능히 큰 덕을 밝힌다"(克明峻德)는 것은 곧 '밝은 덕을 밝힌다'(明明德)는 것이며, "구족을 친하게 여긴다"(以親九族)부터 "(백성을) 고루 밝히고, (제후의 나라들과) 마음을 화합한다."(平章協和. 『書經』, 「堯典」, 1절)까지는 곧 '백성을 친하게 여긴다'(親民)는 것이며, '천하에 밝은 덕을 밝힌다'는 것이다. 예컨대 공자가 "자기를 닦아서 백성을 편안하게 한다"(『論語』, 「憲問」, 45장)에서, '자기를 닦는다'는 것은 곧 '밝은 덕을 밝힌다'는 것이며, '백성을 편안하게 한다'는 것은 곧 '백성을 친하게 여긴다'는 뜻이다. '친민親民'이라고 말하면 '가르친다'(敎化)는 의미와 '양육한다'(養育)는 의미를 겸하게 되지만, '신민新民'이라 말하면 '가르친다'는 쪽에 치우친 감이 있다.[29]

주자학의 기본시각은 군신간의 상하관계를 기축으로 하여 일체의 사회적·인간적 관계를 상하 신분으로 확정하는 것이라고 평가된다.[30] 또한 주자학은 존비, 상하의 신분적 종속윤리에 기반을 두어 지난날 신분

---

28) 『書經』, 「堯典」, 제4절 및 『孟子』, 「滕文公」(上), 4장. 五教: 父子有親, 君臣有義, 夫婦有別, 長幼有序, 朋友有信.

29) 『傳習錄』(上), 「徐愛錄」, 1조목, "作新民之新, 是自新之民, 與在新民之新不同, 此豈足爲據? 作字卻與親字相對, 然非親字義. 下面治國平天下處, 皆於新字無發明, 如云君子賢其賢而親其親, 小人樂其樂而利其利, 如保赤子, 民之所好好之, 民之所惡惡之, 此之謂民之父母之類, 皆是親字意. 親民猶孟子親親仁民之謂, 親之卽仁之也. 百姓不親, 舜使契爲司徒, 敬敷五教, 所以親之也. 堯典克明峻德, 便是明明德. 以親九族至平章協和, 便是親民, 便是明明德於天下. 又如孔子言修己以安百姓, 修己便是明明德, 安百姓便是親民. 說親民便是兼教養意, 說新民便覺偏了."

30) 守本順一郎, 『東洋政治思想史硏究』(김수길 역, 동녘, 1985), 92쪽 참조.

적 봉건계급체제 옹호의 기틀을 마련해주는 데 이바지하였다고 평가되기도 한다.[31] 이러한 평가에 근거해 볼 때, 주희가 '친민親民'을 '신민新民'으로 바꾸어 사용한 것은 위정자를 상급자로 백성들을 하급자로 나누어 신민은 결국 '위정자가 백성들을 교화한다'고 하는 의미로서, 백성들을 단지 수동적인 통치 대상으로 파악하는 데서 비롯된 것이라 보여진다. 따라서 주희의 신민설에서는 인간 개개인은 주체성과 능동성을 상실하고 수동적이고 종속적인 교화의 대상으로 전락하게 된다.

반면 양명학은 인간을 속박하는 어떠한 관료적인 정치제도나 형식에 얽매인 예절이나 언동 등 교조주의적 사고를 일체 탈피하고 인간의 천부적 자유와 평등을 기본으로 하는 근대적 사유체계 수립에 역점을 두었다고 평가된다.[32] 또한 양명은 기능적 분업은 인정하면서도 인간의 근본적인 가치에 있어서 사민평등四民平等을 지향한다고 평가된다.[33] 이러한 평가와 아울러 양명의 '사민평등설'과 '만물일체설' 등을 통해 볼 때, 양명학에 있어 인간 상호간의 관계는 수직적 계급 관계로 파악되지 아니하고 '수평적인 대등한 관계'로 파악된다. 따라서 인간 개개인은 모두가 유기적인 사회의 동등한 구성원으로서 사민四民(士 · 農 · 工 · 商)은 물론 치자治者와 피치자被治者 또한 상하 신분 계급 관계가 아니라 단지 자신의 재능과 덕성에 따른 직분상의 차이로 간주된다.[34] 그러므로 양명학에서는 상하 계급 관계를 전제로 한 상급자(위정자)가 하급자(백성)를 교화시킨다는 의

---

31) 李福登, 『王陽明的政治思想』(臺灣 私立臺南家政專科學校, 民國 66年), 52~77쪽 참조.

32) 김길락, 「王陽明의 經世思想 硏究」, 214쪽 참조.

33) 김수중, 「陽明學의 '大同'社會意識에 관한 硏究」(서울대 박사학위논문, 1991), 88쪽 참조.

34) 『全集』, 권25, 「節庵方公墓表」, 941쪽, "陽明子曰: 古者四民異業而同道, 其盡心焉, 一也. 士以修治, 農以具養, 工以利器, 商以通貨, 各就其資之所近, 力之所及者而業焉, 以求盡其心. 其歸要在於有益於生人之道, 則一而已. 士農以其盡心於修治具養者, 而利器通貨, 猶其士與農也, 工商以其盡心於利器通貨者, 而修治具養, 猶其工與商也. 故曰: 四民異業而同道."

미의 신민은 부정될 수밖에 없다. 따라서 '친민親民'의 '친親'은 백성들을 새롭게 하는 '신新'을 의미하지 않는다. '친민'의 '친'은 "어진 사람을 어질게 대하고 친한 사람을 친하게 대한다", "어린아이를 보호하듯이 한다", "백성이 좋아하는 것을 좋아하고, 백성이 싫어하는 것을 싫어한다", "친한 사람을 친하게 여기고 백성을 어질게 대한다"와 같이, 서로를 친밀함과 어짊으로 대한다는 것을 의미한다. 사회 구성원 누구나 대등하고 유기적인 관계 속에서 친민의 주체가 될 수도 있고 친민의 대상이 될 수도 있다. 또한 '친민'은 일방적 '교화'의 의미만이 아니라 서로의 생명을 온전하게 길러준다는 상보적 '양육'의 의미를 함께 내포한다.

주희가 신민의 대상인 '민民'을 인간(백성)으로만 국한시키는 반면, 양명의 친민의 대상인 '민民'을 인간만이 아닌 자연 세계의 구성원으로까지 확대시킨다. 다음과 같은 「친민당기」와 「대학문」의 내용에서 그러한 내용을 읽을 수 있다.

> 사람은 천지의 마음이며, 민民이란 나에 대응하여 말하는 것이니, 민民이라 말하면 천天·지地·인人 삼재三才의 도道가 다 들어간다. 그러므로 내 아버지를 친애하는 것으로부터 남의 아버지도 친애하는 데까지 이르러 천하의 부자가 친애하지 않음이 없게 되어야 하고, 나의 형을 친애하는 것으로부터 남의 형도 친애하는 데까지 이르러 천하의 형제가 친애하지 않음이 없게 되어야 한다. 임금과 신하, 남편과 아내, 친구 사이뿐만 아니라, 짐승·새와 풀·나무에 미루어 이르기까지 모두 친애함이 있는 것은 내 마음을 다하여 스스로 그 명덕을 밝히는 일 아님이 없다. 이것이 천하에 명덕을 밝힌다고 말하는 것이요, 이것이 가정이 다스려지고 국가가 다스려지고 천하가 평화롭게 된다는 말하는 것이다.[35)]

35) 『全集』, 권7, 「親民堂記」, 251쪽, "人者, 天地之心也; 民者, 對己之稱也; 曰民焉, 則三才之道擧矣. 是故親吾之父以及人之父, 而天下之父子莫不親矣; 親吾之兄以及人之兄, 而天下之兄弟莫不親矣. 君臣也, 夫婦也, 朋友也, 推而至於鳥獸草木也, 而皆有以親之, 無非求盡吾心焉以自明其明德也. 是之謂明明德於天下, 是之謂家齊國治

> 나의 아버지를 친애함을 미루어 타인의 아버지에게 미치도록 하고 나아가 천하 사람들의 아버지에게 미치도록 한 이후에 나의 인仁이 나의 아버지, 타인의 아버지, 천하 사람들의 아버지와 더불어 실제로 한 몸이 되는 것이다. 실제로 그들과 더불어 일체가 된 이후에 효孝의 명덕明德이 비로소 밝아진다. … 임금과 신하, 남편과 아내, 친구 사이로부터 산·시내, 귀신, 새·짐승, 풀·나무에 이르기까지, 실제로 이들을 친애하여 나의 '일체一體의 인仁'이 도달하지 않음이 없는 연후에 나의 명덕이 비로소 밝아지지 않음이 없게 되어, 진실로 능히 천지만물로써 한 몸을 삼게 된다.[36)]

'신민'의 '민'이 인간으로만 국한된다면, 친민의 '민'은 친민의 주체인 나에 대한 대칭으로서 자신의 혈육과 타인은 물론 동 · 식물, 나아가 산 · 시내와 같은 무생명체를 포함하는 총체적인 자연 세계 전반을 포함한다. 한 인간은 가까이는 가정, 나아가 인간 사회라는 상위 유기체의 한 부분이자 동시에 자연계와 인간 사회가 유기적으로 결합된 천지만물이라는 총체적인 유기체의 한 부분이다. 이러한 다층적인 생명의 그물망 안에서 인간은 부자 · 형제 · 군신 · 부부 · 친구 등과 같은 다양한 인간관계는 물론, 자연세계의 구성원들과도 다양한 관계를 맺고 있다. 따라서 천지만물의 생명 중추로서의 인간에 의해 전개되는 친민의 대상 범주는 인간 사회의 구성원만이 아니라 생물 · 무생물을 포함하는 천지만물의 모든 부분으로 확대될 수밖에 없다. 그리고 친민의 대상이 천지만물로 확대됨으로써 친민의 귀결처는 단지 나의 명덕을 밝히는 개인 수양의 문제로 한정되는 것이 아니라 천지만물과 내가 한 몸이 되는 '천지만물일

而天下平."

36) 『全集』, 권26, 「大學問」, 968~969쪽, "是故親吾之父, 以及人之父, 以及天下人之父, 而後吾之仁實與吾之父, 人之父與天下人之父而爲一體矣; 實與之爲一體, 而後孝之明德始明矣. … 君臣也, 夫婦也, 朋友也, 以至於山川鬼神鳥獸草木也, 莫不實有以親之, 以達吾一體之仁, 然後吾之明德始無不明, 而眞能以天地萬物爲一體矣."

체'로 귀결된다고 말할 수 있다.

친민은 수동적이고 종속적 의미를 함축하고 있는 신민이 아닌 평등성과 상보적 양육의 의미를 함축하고 있는 '친민' 그대로 사용해야 하며 친민의 '민'은 인간만이 아닌 자연 세계의 모든 구성원으로 확대해야 한다고 주장하는 양명은 세 번째로 주희가 명명덕과 신민을 '선후본말 관계'의 두 가지 일로 보는 견해를 다음과 같이 비판한다.

> 만일 명덕을 밝히는 것(明明德)으로써 그 민을 친애(親民)하고 민을 친애하는 것으로써 그 명덕을 밝힌다는 것을 알면, 명덕과 친민을 어떻게 나누어 두 가지 일로 삼을 수 있겠는가? 선유先儒(주희를 말함)의 말은 대개 명덕과 친민이 본래 한 가지 일임을 알지 못하고 두 가지 일로 생각하였기 때문에, 비록 본말本末이 마땅히 한 가지 일임을 알았다 할지라도 두 가지 일로 나누지 않을 수 없었다.[37)]

명덕을 밝히는 일(明明德)의 궁극적 귀결처는 곧 천지만물을 친애하는 친민에 있고, 천지만물을 친애하는 일이 곧 명덕을 밝히는 일이 되기 때문에, 명명덕과 친민은 한 가지 일이 된다. 따라서 명덕을 밝히고 나서 백성을 새롭게 한다고 하는, 즉 명명덕과 신민을 선후본말의 관계로 파악하는 주희의 입장에는 문제가 있다는 것이다.

그렇다면 명명덕과 친민이 한 가지 일이 될 수 있는 근거는 무엇인가? 이는 바로 인간의 생명 본질(明德)과 천지만물과의 유기적 관계성 속에서 찾을 수 있다.

> 덕德이라는 것은 그 자체만으로 밝혀질 수가 없다. 사람이 그 효의 덕을 밝

---

37) 『全集』, 권26, 「大學問」, 970쪽, "若知明明德以親其民, 而親民以明其明德, 則明德親民焉可析而爲兩乎. 先儒之說, 是蓋不知明德親民之本爲一事, 而認以爲兩事, 是以雖知本末之當爲一物, 而亦不得不分爲兩物也."

> 히고자 하면, 반드시 그 아버지에게 친애親愛 한 후에 효의 덕이 밝아진다. 그 공손의 덕을 밝히고자 하면, 반드시 그 형에게 친애한 후에 공손의 덕이 밝아진다. 임금과 신하, 남편과 아내, 친구 사이가 모두 그러하다. 그러므로 명명덕은 반드시 친민에 있는 것이며, 친민은 곧 명명덕하는 방법이다. 그러므로 하나라고 하는 것이다.[38]

명덕은 인간이 천지만물이라는 전체생명 안에서 중추적인 역할을 담당하면서 천지만물의 창생·양육 과정을 주체적으로 이끌어 가도록 하는 실질적인 생명 본질이다. 따라서 명덕은 천지만물의 다른 부분들과 분리·고립된 상태에서는 아무런 의미를 지니지 못할 뿐만 아니라, 구현될 수 있는 계기 자체를 상실하게 된다. 명덕은 반드시 타존재물과의 다양한 관계성 속에서 그들에 대한 구체적인 친애의 실천 행위를 통해서만 구현될 수 있다. 이에 양명은 다음과 같이 말한다.

> 친민 역시 덕을 밝히는 일이다. 명덕이란 이 마음의 덕이며, 바로 인仁이다. 인자仁者는 천지만물을 한 몸으로 삼는다. 가령 하나의 사물이라도 마땅한 자리를 잃는다면 나의 어짊에 아직 다하지 못한 부분이 있는 것이다.[39]

인간은 천지만물과 한 몸을 이룸과 동시에 천지만물의 마음이라는 위상을 점하기 때문에, 인간의 생명 본질인 명덕(仁心)은 반드시 천지만물로 하여금 건강하게 양육될 수 있도록 하는 친민의 실천 활동을 통해서만이 구현되며, 친민은 곧 명덕의 발현 과정이다. 그러므로 천지만물의 생명을 건강하게 유지시켜 주고 양육해나가는 '성물成物'(親民)은 곧 자기의 생명

---

38) 『全集』, 권7, 「親民堂記」, 251쪽, "曰: 何以在親民乎? 曰: 德不可以徒明也. 人之欲明其孝之德也, 則必親於其父, 而後孝之德明矣; 欲明其弟之德也, 則必親於其兄, 而後弟之德明矣. 君臣也, 夫婦也, 朋友也, 皆然也. 故明明德必在於親民, 而親民乃所以明其明德也. 故曰一也."

39) 『傳習錄』(上), 「陸澄錄」, 89조목, "雖親民, 亦明德事也. 明德是此心之德, 卽是仁. 仁者以天地萬物爲一體. 使有一物失所, 便是吾仁有未盡處."

본질을 구현하는 진심盡心의 '성기成己'(明明德)와 하나가 되는 것이다.[40] 다만 표현상 명덕의 발현 주체에 중심을 놓고 말할 때 '명명덕'이라고 한다면 발현 대상에 놓고 말할 때 '친민'이라 칭하는 것일 뿐 명명덕과 친민은 한 가지 일이다. 그리고 이는 한 개체의 생명 본질 실현에 국한되는 것이 아니라 나와 모든 존재물들을 포함하는 전체로서의 총체적 천지만물의 온전한 전개를 의미한다.[41]

바로 이 때문에 '명명덕'은 천지만물일체의 본체를 세우는 일로 규정되고 '친민'은 천지만물일체의 작용을 달성하는 것으로 규정되는 바, 양명에 있어 친민과 시간적으로 분리·독립된 명명덕, 즉 순차적으로 진행되는 명명덕과 친민은 존재하지 않는다.[42] 다만 명명덕과 친민이 한 가지 일이기는 하나 친민을 배제한 명명덕은 진행될 수도 성취될 수도 없기 때문에 친민은 명덕을 구현하는 방안이라고 말할 수 있을 뿐이다.

3. 명덕·친민의 준칙인 지선至善

사실상 '명명덕'과 '친민'을 '하나'의 일로 보는 양명은 『대학』의 삼강령 가운데 하나인 '지지선止至善'을 명명덕과 친민의 요체(要)로 규정한다.[43] 그렇다면 '지선至善'은 무엇이며, '지선에 머무는 것'(止至善)이 명명덕과 친민의 요체가 될 수 있는 근거는 무엇인가?

---

40) 『全集』, 권7, 「重修山陰縣學記」, 257쪽, "聖人之求盡其心也, 以天地萬物爲一體也. … 凡以裁成輔相成己成物, 而求盡吾心焉耳. 心盡而家以齊, 國以治, 天下以平. 故聖人之學不出乎盡心. … 蓋聖人之學無人己, 無內外, 一天地萬物以爲心."

41) 『全集』, 권7, 「大學古本序」, 243쪽, "以言乎己, 謂之明德; 以言乎人, 謂之親民; 以言乎天地之間, 則備矣."

42) 『全集』, 권26, 「大學問」, 968쪽, "明明德者, 立其天地萬物一體之體也. 親民者, 達其天地萬物一體之用也. 故明明德必在親民, 而親民乃所以明其明德也."

43) 『全集』, 권8, 「書朱子禮卷」, 281쪽, "明德親民, 一也. 古之人明明德以親其民, 親民所以明其明德也. 是故明明德, 體; 親民, 用也. 而止至善, 其要矣."

양명은 "천지만물일체를 실현하는 대인大人의 학문이 어찌하여 또한 지지선止至善을 행하는 데 있느냐?"는 질문에 대해 이렇게 답변한다.

> 지선至善은 명덕과 친민의 최고 준칙이다. 하늘로부터 부여받은 본성은 순수한 지선이며, 그 영명하고 밝아서 어둡지 않은 것(靈昭不昧)은 지선이 발현한 것이다. 이것이 바로 명덕의 본체이고, 곧 이른바 양지이다. 지선이 발현하여 옳은 것은 옳다 하고 그른 것은 그르다 하며, 가볍고 무겁고 두텁고 엷음을 느낌에 따라 응하며, 변동하여 일정한 곳에 머물지 않지만, 또 저절로(自有) 천연天然의 중中을 지니지 않음이 없다. 이것이 곧 백성이 지닌 떳떳함(民彛)과 사물이 지닌 법칙(物則)의 지극함으로, 그 사이에 조금이라도 의논하고 헤아리거나 덜고 보태는 것을 용납하지 않는다. 그 사이에 조금이라도 의논하고 헤아리고 덜고 보태는 것을 용납한다면, 이것은 사사로운 뜻(私意)과 작은 꾀(私智)이지 지선을 일컫는 것이 아니다.[44]

지선은 명덕과 친민의 최고 준칙임과 동시에 영명성이 바로 지선의 발현으로서 명덕의 본체인 양지라는 것이다. 따라서 지선은 준칙의 단계에 머무는 것이 아니라 준칙임과 동시에 그 자체가 영명성으로 발현되는 체용 일원의 체계를 지닌다고 말할 수 있다. 양지 또한 그 자체가 시비의 판단 준칙과 영명한 자각적 시비판단력을 통합하는 체용 일원의 체계를 지닌다.[45] 나아가 양명은 지선을 마음의 본체로 규정하고,[46] 양지 또한 마음의 본체로 규정한다.[47] 따라서 '지선이 곧 양지'라고 말할 수 있다. '지선'은 주자학에서와 같이 마음 밖에 존재하는 선험적인 당위의 도덕규

---

44) 『全集』, 권26, 「大學問」, 969쪽, "曰: 然則又烏在其爲止至善乎? 曰: 至善者, 明德親民之極則也. 天命之性, 粹然至善, 其靈昭不昧者, 此其至善之發見, 是乃明德之本體, 而卽所謂良知也. 至善之發見, 是而是焉, 非而非焉, 輕重厚薄, 隨感隨應, 變動不居, 而亦莫不自有天然之中, 是乃民彝物則之極, 而不容少有議擬增損於其間也. 少有擬議增損於其間, 則是私意小智, 而非至善之謂矣."

45) 본서 5장 「인간 양지의 유기적 생명성」 참조.

46) 『傳習錄』(下), 「黃以方錄」, 317조목, "至善者, 心之本體."

47) 『傳習錄』(中), 「答陸原靜書」, 152조목, "良知者心之本體."

범이나 외재적인 준칙[48]을 의미하는 것이 아니라, '지선'이 바로 인간 마음의 본질적 속성, 즉 마음의 유기적 생명성인 '양지'인 것이다. 이에 양명은 마음 밖의 대상 사물에서 지선을 찾는 주희의 격물설은 마치 마음 밖에서 의義를 찾는 고자告子의 의외義外설과 다를 것이 없다고 비판하고 있는 것이다.[49] 지선이 곧 양지이기 때문에 지선은 단지 준칙의 단계에 머물러 있는 것이 아니라, 천지만물과의 감응 과정을 통해 시비를 판단하고 판단 작용에 따라 경중후박의 실천 행위를 주재하는 '작용성'으로 발현된다. 이러한 지선의 발현이 바로 명덕이다.

여기서 지선이 갖는 중요한 특징은 다음과 같이 세 가지로 요약해 볼 수 있다. 첫째, 인간의 시비 판단과 실천 행위의 궁극적 준칙이 마음 밖에 존재하는 것이 아니라, 선천적으로 인간 마음의 본질적 속성으로 내재하고 있다는 사실이다.[50] 둘째, 지선은 고정불변한 준칙(定理)으로 존재하는 것이 아니라 자신이 마주한 대상과 상황에 따라 감응을 통해 항상 새롭게 변화하는 '수시변역성隨時變易性'을 지닌다는 점이다. 셋째, 지선은 인간 마음에 선천적으로 완전하게 갖추어져 있으므로 주자학에서와 같이 마음 밖에서 준칙을 찾을 필요가 없게 된다. 이러한 명덕과 친민의 최고 준칙으로서의 지선을 바탕으로 인간은 누구나 외재적 법칙이나 규범에 의지하지 아니하고도 주체적 자각과 실천을 통해 천지만물의 자기-조직화 과정에 주체적으로 참여할 수 있는, 즉 천지만물과 하나가 될 수 있는 계기를 마련하게 된다.

---

48) 『大學集註』 1장, "至善, 則事理當然之極也."

49) 『傳習錄』(上), 「徐愛錄」, 3조목, "愛問: 知止而後有定, 朱子以爲事事物物皆有定理, 似與先生之說相戾. 先生曰: 於事事物物上求至善, 卻是義外也. 至善是心之本體. 只是明明德到至精至一處便是. 然亦未嘗離卻事物."

50) '自有天然'이 이를 의미한다. 『全集』, 권7, 「親民堂記」, 251쪽에서는 "至善之發見, 是而是焉, 非而非焉, 固吾心天然自有之則"이라 하여 至善을 '天然·自有한 則'으로 규정하고 있다.

그렇다면 '지지선止至善'의 의미는 무엇이며, 명명덕과 친민이 지선에 머물러야 하는 필요성은 어디에 있는 것일까? 양명은 이에 대해 계속해서 다음과 같이 말한다.

> 진실로 홀로를 삼가는 것(愼獨)이 지극하여 오직 순수하고 오직 한결같은 자가 아니라면, 그 누가 거기에 더불 수 있겠는가? 후인들은 오직 지선至善이 내 마음에 있음을 알지 못하고, 그 사사로운 꾀를 써서 밖에서 짐작하고 헤아려 사사물물에 각각 일정한 이치가 있다고 생각한다. 이 때문에 시비의 법칙에 어두워지고, 뿔뿔이 흩어지고 토막토막 나누어지며, 인욕人欲은 날뛰고 천리天理가 없어져서 명덕과 친민의 학문이 마침내 크게 어지러워졌다. 대개 옛날 사람 가운데 참으로 그 명덕을 밝히려는 자가 있었다. 그러나 지선에 머물 줄(止至善)을 알지 못하고 그 사사로운 마음을 지나치게 높은 데로 치달려서 허망虛妄·공적空寂에 빠지고 가정과 국가와 천하에 베푸는 것이 없게 되었으니, 노자와 불교의 유파가 그들이다. 참으로 그 백성을 친하고자 하였으나, 오직 지선에 머물 줄을 알지 못하고 그 사사로운 마음을 낮은 곳에 빠뜨려서 권모·술수로 흐르고 인애仁愛·측달惻怛의 성실함(誠)이 없게 되었으니, 공리功利를 추구하는 오패(五伯)의 무리가 그들이다. 이것은 모두 지선에 머물 줄을 알지 못한 허물이다. 그러므로 지선에 머무는 것이 명덕과 친민에 대한 관계는 컴퍼스나 자가 원이나 네모에, 척도가 장단에, 저울이 경중에 대한 관계와 같다. 그러므로 원과 네모가 컴퍼스나 자에 머물지 않으면 그 정확성이 어긋나게 되며, 경중이 권형에 머물지 않으면 그 기준을 잃게 된다. 명명덕과 친민이 지선에 머물지 않으면 그 근본을 잃어버리게 된다. 그러므로 지선에 머물러서 친민하고 명덕을 밝히는 것, 이것을 대인의 학문이라고 한다.51)

---

51) 『全集』, 권26, 「大學問」, 969~970쪽, "自非愼獨之至, 惟精惟一者, 其孰能與於此乎? 後之人惟其不知至善之在吾心, 而用其私智以揣摸測度於其外, 以爲事事物物各有定理也, 是以昧其是非之則, 支離決裂, 人欲肆而天理亡, 明德 · 親民之學遂大亂於天下. 蓋昔之人固有欲明其明德者矣, 然惟不知止於至善, 而鶩其私心於過高, 是以失之虛罔空寂, 而無有乎家國天下之施, 則二氏之流是矣. 固有欲親其民者矣, 然惟不知止於至善, 而溺其私心於卑瑣, 是以失之權謀智術, 而無有乎仁愛惻怛之誠, 則五伯功利之徒是矣. 是皆不知止於至善之過也. 故止至善之於明德 · 親民也, 猶之

양명은 지지선과 관련하여 '주자학'과 '도가와 불교', '공리파' 모두를 비판하고, 지지선의 필요성을 역설하고 있다. 먼저 당시 주자학자들은 모든 이치가 내 마음 밖의 대상 사물 세계에 고정되어 있다고 생각하기 때문에, 자신의 내면에 대한 반성과 자각보다는 대상 사물에서 이치를 찾으려는 노력을 경주하고 있다는 것이다. 리에 대한 외재적 탐구에 대한 집착, 즉 오로지 외재적 지식만을 추구하는 사사로운 마음은 오히려 인간의 선천적인 내재적 준칙인 지선을 상실시키는 결과를 초래한다. 지선의 상실은 결국 개체 욕망만이 자신의 내면을 지배하고 인간의 생명 본질인 천리天理를 상실하는 결과를 초래하며, 이로 인해 천지만물과 자신을 하나로 관계지어 주는 명명덕과 친민이 제대로 실현될 수 없게 된다는 것이다.

반면 도가와 불가는 비록 명덕을 구현하고자 하였으나 지선에 머물 것을 알지 못했기 때문에 명덕을 구현하는 과정에서 오히려 타자와의 관계망을 단절하고 사사로운 마음으로 지나치게 고원한 수련을 일삼음으로써 종국에는 천지만물을 온전하게 유지시켜주는 일과는 무관한 허망하고 공허한 데로 전락하게 되었다는 것이다. 지선은 천지만물과의 감응과정의 최고 준칙이며, 지선의 궁극적 목적은 인간이 천지만물과 하나됨에 있다. 따라서 진정한 명덕의 밝힘은 타존재물과의 감응을 통해 이들의 생명을 온전히 보살피고 양육하는 친민을 통해 실현된다. 그럼에도 불구하고 도가나 불가는 개인적 수양에만 치중하고 제가齊家·치국治國·평천하平天下하는 친민을 방기하는 결과를 야기한 것이다. 그 원인은 지선의 본질과 명명덕이 바로 지선의 발현이라는 사실을 제대로 자각하지 못

規矩之於方圓也, 尺度之於長短也, 權衡之於輕重也. 故方圓而不止於規矩, 爽其則矣; 長短而不止於尺度, 乖其劑矣; 輕重而不止於權衡, 失其准矣; 明明德親民而不止於至善, 亡其本矣. 故止於至善以親民, 而明其明德, 是之謂大人之學."

한 데 있다는 것이다.

마지막으로 공리파功利派의 친민에 대한 비판이다. 이들은 친민을 한다고 하면서 오히려 권모술수를 사용하여 자신의 개체 이익만을 채우려고 했을 뿐, 인애仁愛·측달惻怛의 성실함(誠)이 없었다는 것이다. 천지만물을 사랑하고 이들의 생명 손상을 아파하는 성誠은 바로 인간 마음의 본질이며[52] 양지이기[53] 때문에, 성은 곧 지선이라고 말할 수 있다. 친민은 바로 이러한 지선의 발현체인 명덕이 천지만물에게 투여되는 과정이다. 그러나 공리파의 경우는 친민을 하겠다고 하면서도 자신의 생명 본질인 지선을 망각함으로써 오히려 친민을 빙자하여 자신의 사리사욕을 채우는 결과를 야기하게 된 것이다.

우리는 이러한 양명의 비판 속에서 왜 지선이 명덕과 친민의 최고 준칙이며, "명명덕과 친민이 지선에 머물러(止至善)야 하는가?"에 대한 대답을 찾을 수 있다. 먼저 주자학에서와 같이 지선을 마음 밖의 고정불변한 준칙으로 설정할 경우, 인간은 외재적 준칙에 종속됨은 물론 끊임없이 시시각각 변화하는 천지만물에 역동적으로 대응할 수가 없게 된다. 이에 양명은 '지선'을 마음 밖이 아닌 인간 마음에 내재화시키고 있는 것이다. 지선은 사실상 천지만물과의 감응 과정에서 시비 준칙을 항상 새롭게 설정하고 이에 시비를 자각적으로 판단하고 판단에 따른 실천 행위를 주재하는 마음의 본질적 속성(양지)이다. 지선의 내재화는 외재적 정리定理에 대한 종속으로부터 인간을 해방시켜 주고 인간에게 천지만물과 감응할 수 있는 주체성과 역동성을 부여해준다고 하는 의의를 지닌다.

비록 지선이 명덕과 친민의 최고 준칙이라고 하지만, 사실상 양명에게 있어 지선의 발현 과정이 곧 천지만물과 감응하는 명명덕이며 동시에 친

52) 『傳習錄』(上), 「薛侃錄」, 121조목, "誠是心之本體."
53) 『傳習錄』(下), 「黃省曾錄」, 281조목, "誠是實理, 只是一箇良知."

민이기 때문에, 명명덕과 친민과 지지선이 각기 별개의 과정이나 영역으로 존재하는 것이 아닌 하나의 감응 과정이다. 다만 천지만물과의 하나의 감응 과정에 있어 마음의 본질적 속성과 발현 과정 그리고 발현 대상 가운데 어느 곳에 중점을 두고 말하느냐에 따라 각기 '지지선', '명명덕', '친민'이라고 달리 말할 수 있을 뿐이다. 그러나 도가·불교 그리고 공리파에 대한 비판에서 볼 수 있듯, 현실적으로는 친민과 무관하거나 친민을 배제한 명명덕, 그리고 명명덕과 무관하거나 명명덕을 배제한 친민이 있을 수 있다는 것이다. 명명덕과 친민 상호간의 단절은 모두가 인간 자신의 생명 본질에 대한 올바른 자각을 결여한 데서 발생한다. 인간의 생명 본질인 지선은 천지만물과의 감응 주체이며, 지선은 천지만물과의 감응 과정을 통해서만 실현될 수 있다. 이러한 천지만물과의 감응 과정, 즉 지선의 발현이 바로 명명덕이자 친민인 것이다. 이를 올바로 자각하지 못할 경우, 친민과 단절된 명명덕 또는 명명덕과 단절된 친민이 발생함으로써, 오히려 천지만물과의 감응 계기를 상실하거나 천지만물의 생명 본질을 질곡시키는 결과를 초래하게 된다. 이에 양명은 지선을 명덕과 친민의 최고 준칙이며, 명명덕과 친민은 지선에 머물러야 한다고 주장함으로써, 명명덕과 친민이 단절되거나 둘로 나뉘는 문제점을 해결하고자 한 것이다. 결국 명명덕과 친민은 '지지선'을 통해 서로 단절되지 않는 하나의 과정으로 통합됨으로써, 인간이 천지만물과 하나가 되고자 하는 궁극적인 목적을 실현할 수 있게 된다.

4. 친민을 통한 천지만물일체의 실현

명덕明德을 밝히는 '친민親民'은 친애의 대상에 따라 '친친親親'·'인민仁民'·'애물愛物'로 다양하게 표현된다. 예컨대 맹자는 "군자가 사물(物)에 대해서는 사랑(愛)하기만 하고 어질게 대하지 않으며, 사람(民)에 대해서는 어질게(仁) 대하기만 하고 친하게 대하지 않으니, 친척(親)을 친하게(親) 대하고서 사람을 어질게 대하며, 사람을 어질게 대하고서 사물을 사랑하는 것이다"[54]라고 말한다. '친친親親'은 바로 자기 자신의 혈육에 대한 친민이라면, '인민仁民'은 인간 사회의 구성원들에 대한 친민이며, '애물愛物'은 인간을 제외한 자연 세계의 구성원들에 대한 친민을 의미한다. 맹자는 분명 '자신의 친척'과 '인간'과 '자연물'에 대한 '차등애'를 주장하고 있는 것이다. 다만 "내 노인을 노인으로 섬겨서 남의 노인에게까지 미치며, 내 어린아이를 어린이로 사랑해서 남의 어린이에게까지 미친다면 천하를 손바닥에 놓고 움직일 수가 있다"[55]는 맹자의 주장에서 알 수 있듯, 차등애는 단지 자신의 혈육과 친척에 대한 사랑만을 주장하는 가족 이기주의를 의미하지는 않는다. 자신의 혈육과 친척에 대한 자연스러운 사랑의 정서를 타인과 자연물에게까지 확대시켜나가야 한다는 것을 의미한다고 말할 수 있다.

반면 묵자墨子는 유가가 부모와 형제를 중심으로 하는 가족적 혈연관계를 중시하기 때문에 인애仁愛를 행함에 있어서 친하고 소원한 사람, 가깝고 먼 사람을 따지지 않을 수 없다고 본다. 따라서 유가는 남의 아버지보다 자신의 아버지를 먼저 사랑하여야 하고, 남의 가족을 사랑하기에 앞서 자신의 가족부터 사랑하는 이른바 "인애仁愛는 차등이 있다"(愛有差等)고 주장한다.[56] 이에 묵자는 사랑을 베풂에 있어 경중후박輕重厚薄과 선후를 반대하고 사람들이 서로 똑같이 사랑하고 서로 이롭게 하자는 '겸애兼愛'를 주장한다.[57] 그러나 겸애의 궁극적 목적은 자기를 위하고 자기를 이

---

54) 『孟子』, 「盡心」(上), 45장, "君子之於物也, 愛之而不仁, 於民也, 仁之而不親, 親親而仁民, 仁民而愛物."

55) 『孟子』, 「梁惠王」(上), 7장, "老吾老以及人之老, 幼吾幼以及人之幼, 天下可運於掌.."

56) 墨翟, 『묵자』(박재병 옮김, 홍익출판사, 1999), 23쪽 참조.

롭게 하고자 하는 데 있다. 묵자는 "대저 다른 사람을 사랑하는 사람에 대해서는 다른 사람도 반드시 그에 따라 그를 사랑할 것이며, 다른 사람을 이롭게 하는 사람에 대해서는 다른 사람도 반드시 그에 따라 그를 이롭게 할 것이다"[58]라고 말한다. 묵자는 또한 "반드시 내가 먼저 남의 어버이를 사랑하고 이롭게 하는 데 종사한 뒤에, 남이 나의 어버이를 사랑하고 이롭게 하는 것으로써 갚을 것이다"[59]고 주장한다. 맹자는 이러한 묵자의 겸애는 아버지가 없는 것(無父)으로서 금수와 같다고 혹독한 비판을 가한다.[60]

그렇다면 양명은 맹자와 묵자의 입장 가운데 어느 점에 서 있는 것일까? 먼저 양명은 친친・인민・애물을 인간의 자연한 본성에 근거한 점진적인 확대의 과정으로 그려낸다.

> 육징이 물었다: 정명도는 "인자仁者는 천지만물을 한 몸으로 여긴다"고 했는데, 묵자의 겸애兼愛는 어째서 도리어 인仁이라고 말할 수 없습니까?
>
> 선생께서 말씀하셨다: 이것도 역시 말하기가 매우 어렵다. 반드시 그대가 몸소 체인해야 한다. 인仁은 자연의 조화가 끊임없이 낳고 낳는(生生不息) 이치이다. 비록 퍼져서 두루 편재하여 이것 아닌 것이 없다고 하더라도, 그 유행 발생은 다만 점진적일 뿐이다. 그래서 끊임없이 생생生生한다. 예를 들면 동지에 일양一陽이 생기는데, 반드시 일양이 생긴 뒤에야 점차적으로 육양六陽에 이른다. 만약 일양이 생기지 않는다면 어떻게 육양이 있겠는가? 음陰도 마찬가지이다. 오직 점진적이기 때문에 곧 하나의 발단처가 있게 되고, 하나의 발단처가 있기 때문에 생겨나며, 생겨나기 때문에 끊임이 없다. 나무에 비유하면, 처음에 싹이 돋는 것이 바로 나무의 생의生意가 발단하는 곳이다. 싹이 돋은 뒤에 줄기가 나오고, 줄기가 나온 뒤에 가지와 잎이 생기며,

---

57) 이강수, 『중국 고대철학의 이해』(지식산업사, 1999), 165쪽 참조.

58) 『墨子』, 「兼愛」(中), "夫愛人者人必從而愛之, 利人者人必從而利之."

59) 『墨子』, 「兼愛」(下), "卽必吾先從事乎愛利人之親, 然後人報我以愛利吾親也."

60) 『孟子』, 「滕文公」(下), 9장, "楊氏爲我, 是無君也. 墨氏兼愛, 是無父也. 無君無父, 是禽獸也."

> 그런 뒤에 끊임없이 낳고 낳는다. 만약 싹이 없다면 어떻게 줄기가 생기고 가지와 잎이 생기겠는가? 싹이 돋아날 수 있다면 반드시 아래에 뿌리가 있다. 뿌리가 있어야 비로소 살고, 뿌리가 없으면 곧 죽는다. 뿌리가 없다면 어디서 싹이 돋아나겠는가? 부자와 형제간의 사랑은 바로 사람 마음의 생의生意가 발단하는 곳으로 나무가 싹을 틔우는 것과 같다. 그래서 이로부터 백성을 어질게 대하고(仁民) 사물을 사랑하는 것(愛物)은 바로 줄기가 나오고 가지와 잎이 생기는 것이다. 묵자의 겸애는 차등이 없어서 자신의 부자 형제를 길거리의 사람과 똑같이 여기니, 그것은 곧 스스로 발단처를 없애버린 것이다. 싹이 트지 않으니 그것에 뿌리가 없음을 알 수 있다. 그것은 끊임없이 낳고 낳는 것이 아니다. 어떻게 그것을 인仁이라고 말할 수 있겠는가? 효제孝弟는 인仁을 행하는 근본이며, 인仁의 이치는 거기서부터 생겨 나온다.[61]

모든 생명 현상은 생명 의지(生意)가 드러나는 '발단처發端處'에서 시작된다. 예컨대 나무는 한 순간에 싹과 줄기와 가지와 잎을 모두 갖추는 것이 아니다. 나무는 뿌리로부터 싹이 나오고, 또한 그 싹으로부터 줄기가 나오며, 그 줄기로부터 가지와 잎이 점진적으로 생겨나게 되는 것이다. 만일 뿌리로부터 싹이 나오지 않는다면 줄기는 물론 가지와 잎이 생겨날 수 없는 것이다. 이러한 뿌리로부터 싹이 발아하는 발단처에서 시작되는 점진적인 자연한 생명 현상이 바로 '생생불식生生不息하는 인仁'의 전개이다.

생명 의지를 담고 있는 '인仁'은 자연 세계뿐만 아니라 천지만물의 한

---

61) 『傳習錄』(上), 「陸澄錄」, 93조목, "問: 程子云仁者以天地萬物爲一體, 何墨氏兼愛, 反不得謂之仁? 先生曰: 此亦甚難言. 須是諸君自體認出來始得. 仁是造化生生不息之理. 雖瀰漫周遍, 無處不是, 然其流行發生, 亦只有箇漸, 所以生生不息. 如冬至一陽生, 必自一陽生而後, 漸漸至於六陽, 若無一陽之生, 豈有六陽? 陰亦然, 惟其漸, 所以便有箇發端處. 惟其有箇發端處, 所以生. 惟其生, 所以不息. 譬之木, 其始抽芽, 便是木之生意發端處. 抽芽然後發幹. 發幹然後生枝生葉. 然後是生生不息. 若無芽, 何以有幹有枝葉? 能抽芽, 必是下面有箇根在. 有根, 方生. 無根, 便死. 無根何從抽芽? 父子兄弟之愛, 便是人心生意發端處, 如木之抽芽. 自此而仁民而愛物, 便是發幹生枝生葉. 墨氏兼愛無差等, 將自家父子兄弟, 與途人一般看, 便自沒了發端處. 不抽芽, 便知得他無根, 便不是生生不息, 安得謂之仁? 孝弟爲仁之本, 卻是仁理從裏面發生出來."

부분인 인간의 생명 본질이다. 뿌리로부터 싹이 발아하듯 인간 마음의 생명 본질(仁=生意)은 부모와 자식, 형과 아우, 즉 혈육간의 사랑으로 발아한다. 부모와 자식 사이의 사랑은 인간의 자연한 선천적인 생명 본질에 뿌리하는 것으로 정의되기도 한다.[62] 혈육간의 사랑은 마치 뿌리로부터 싹이 발아하듯 인간 마음으로부터 생명 의지가 발아하는 발단처인 것이다. 뿌리로부터 싹이 돋아나야만 비로소 그 싹으로부터 줄기가 나오고 그 줄기로부터 가지와 잎이 나오듯, 혈육간의 사랑이라는 싹이 돋아나야만 비로소 타인을 어질게 대하고(仁民) 나아가 자연 존재물을 사랑할(愛物) 수 있는 것이다. 즉 혈육간에 친애할 수 있는 사람만이 인간 사회의 구성원은 물론 자연세계 구성원에 대해서도 친애할 수 있다는 것이다.

이러한 입장에서 보았을 때, 인간의 자연한 본성에 근거하지 않는 묵자의 겸애는 처음부터 자신의 혈육과 타인들을 동일하게 취급함으로써 자연한 생명 본질과 생명 의지를 왜곡시키는 결과를 초래하게 된다는 것이다. 양명은 생생불식하는 자연한 생명 본질의 입장에서 묵자의 겸애설을 비판하고 친친 · 인민 · 애물을 친민의 자연한 점진적인 확대의 과정으로 보고 있는 것이다.

그렇다고 양명이 반드시 먼저 자신의 혈육에 대해 친애(親親)하고 난 이후에 인간 사회 구성원들을 어질게 대하고(仁民), 그 이후에 자연세계의 구성원들을 사랑해야 한다(愛物)는 즉, 시간적 선후와 친소親疎 · 원근遠近의 차별을 두는 것은 아니다.

> 몸을 주재하는 것이 바로 마음이고, 마음이 발한 것이 의념이며, 의념의 본체가 바로 지知이고, 의념이 있는 곳이 바로 물物이다. 만약 의념이 부모를 섬기는 데 있다면 부모를 섬기는 것이 바로 하나의 물이고, 의념이 임금을 섬기는 데 있다면 임금을 섬기는 것이 바로 하나의 물이며, 의념이 백성을

62) 『傳習錄』(上), 「陸澄錄」, 43조목, "父子之愛, 本於天性."

어질게 대하고 사물을 사랑하는 데 있다면 백성을 어질게 대하고 사물을 사랑하는 것이 바로 하나의 물이며, 의념이 보고 듣고 말하고 움직이는 데 있다면 보고 듣고 말하고 움직이는 것이 바로 하나의 물이다.[63]

어버이를 섬기는 친친이나 사람들을 어질게 대하는 인민은 물론 자연물을 사랑하는 애물은 모두가 마음으로부터 발동한 의념에 따른 실천 행위에 다름 아니다. 반드시 친친하고 나서 인민하고 인민한 다음에 애물하는 것이 아니라, 내 마음이 마주한 대상이 무엇이냐에 따라 친친할 수도 있고 인민할 수도 있으며 애물할 수도 있는 것이다. 이에 양명은 친친・인민・애물이 단계적으로 이루어지는 것이 아님을 다음과 같이 밝히고 있다.

맹자는 "요순의 도는 부모에게 효도하고 형을 공경하는 것일 뿐이다"[64]라고 하였다. 이것은 사람의 양지가 발현하여 가장 참되고 절실하며 돈독하고 두터움을 얻어서 어둡게 가려짐을 허용하지 않는 데 나아가 사람들을 일깨움으로써, 그들로 하여금 임금을 섬기고, 친구를 대하고, 백성을 어질게 대하고, 사물을 사랑하는 것과 무릇 움직이고 고요하며 말하고 침묵하는 사이에서 모두 다만 자신의 저 일념의 부모를 섬기고 형을 따르는 진성측달眞誠惻怛한 양지를 실현하게 만든 것으로서, 곧 자연히 이 도가 아님이 없다. 생각건대 천하의 일은 비록 변화가 매우 다양해서 궁구하여 캐물을 수 없는 데까지 이르더라도, 오직 이 부모를 섬기고 형을 따르는 일념의 진성측달한 양지를 다하여 그에 응하기만 한다면 더 이상 빠뜨리고 흘려보내는 것이 없을 것이니, 바로 거기에 다만 이 하나의 양지가 있기 때문이다. 부모를 섬기고 형을 따르는 일념의 양지 이외에 달리 실현할 수 있는 양지란 없다.[65]

---

63) 『傳習錄』(上), 「徐愛錄」, 6조목, "身之主宰便是心, 心之所發便是意, 意之本體便是知, 意之所在便是物. 如意在於事親, 卽事親便是一物. 意在於事君, 卽事君便是一物. 意在於仁民愛物, 卽仁民愛物便是一物. 意在於視聽言動, 卽視聽言動便是一物."

64) 『孟子』「告子」(下), 2장, "堯舜之道, 孝弟而已矣."

65) 『傳習錄』(中), 「答聶文蔚」, 190조목, "孟氏堯舜之道孝弟而已矣者, 是就人之良知發見得最眞切篤厚, 不容蔽昧處提省人, 使人於事君處友仁民愛物, 與凡動靜語默間,

부모에게 효도하고 형에게 공경하는 것은 바로 '진실하고 성실하며 아픔을 함께하는'(眞誠惻怛) 양지를 실현하는 일이다. 진실하고 성실하며 아픔을 함께하는 양지는 인간의 자연한 선천적 본성으로서, 혈육 관계에만 국한되는 것이 아니다. 인간 사회와 자연 세계에 있어서의 임금을 섬기고 벗을 대하며 백성을 어질게 대하고 사물을 사랑하는 것과 같은 모든 친민 또한 부모에게 효도하고 형에게 공경하는 양지를 실현하는 일에 불과하다. 따라서 친친하는 마음과 인민하는 마음 그리고 애물하는 마음이 별개의 영역 또는 경중후박과 차서를 지닌 단계로 존재하는 것이 아니라 동일한 하나의 인간 본성에서 말미암는 하나의 마음이다. 다만 지금 이 순간 인간 마음이 어떠한 대상과 관계를 맺느냐에 따라 인간 내면의 자연한 본성(양지)에 근거하여 친친할 수도 있고 인민할 수도 있으며 애물할 수도 있는 것이다. 그리고 친친이든 인민이든 애물이든 모두가 양지를 실현하는 하나의 일일 뿐이다.

이상의 내용에 의거해 볼 때, 인간은 자신의 생명 본질에 근거하여 자신이 관계맺은 대상에 따라 친친・인민・애물하는 구체적인 친민의 실천 행위를 수반함으로써 비로소 천지만물과 한 몸이 됨은 물론 인간의 생명 본질로서의 명덕을 밝힌다고 말할 수 있다. 그러므로 양명은 친민은 천하에 명덕을 실현하는 일임과 동시에 집안과 국가가 다스려지고 천하가 태평해지는 일로서, 인간 자신의 생명 본질을 구현하는 '진성盡性'이라고 결론 맺고 있다.[66] 이러한 모든 과정은 결국 인간의 생명 본질로서의 천지만물과의 감응 주체인 양지를 실현하는 일과 다름이 없다.

皆只是致他那一念事親從兄眞誠惻怛的良知, 卽自然無不是道. 蓋天下之事, 雖千變萬化, 至於不可窮詰, 而但惟致此事親從兄一念眞誠惻怛之良知以應之, 則更無有遺缺滲漏者, 正謂其只有此一箇良知故也."

66) 『全集』, 권26, 「大學問」, 969쪽, "夫是之謂明明德於天下, 是之謂家齊國治而天下平, 是之謂盡性."

제2절 격물·치지·성의·정심·수신의 일원적 체계

『대학』의 삼강령(明明德・親民・止至善)을 인간의 생명 본질인 양지를 실현하는 하나의 과정으로 보는 양명은 『대학』의 8조목(格物・致知・誠意・正心・修身・齊家・治國・平天下) 또한 명덕明德을 밝히는 한 가지 일로 규정하고 있다.[67] 따라서 『대학』의 3강령과 8조목은 모두 양명에 의해 양지를 실현하는 하나의 과정으로 통합된다고 말할 수 있다. 양명은 「황이방록黃以方錄」과 「대학문大學問」에서 '격물格物・치지致知・성의誠意・정심正心・수신修身'이 양지를 실현하는 한 가지 일임을 상세하게 밝히고 있다.[68] 이 가운데 「대학문」의 내용이 보다 상세하므로, 이곳에서는 「대학문」을 중심으로 이 문제를 살펴보고자 한다.

1. 심·신·의·지·물이 하나

양명은 「대학문」 전반부에서는 천지만물과 진정으로 하나가 되는 '친민'이 곧 인간의 생명 본질(明德=良知=萬物一體의 仁心)을 실현하는 '명명덕'으로서 '명명덕과 친민이 하나'라는 사실을 밝혀 주었다. 이어서 "'그 몸을 닦고자 한다'(欲修其身)는 데에서 '치지는 격물에 있다'(致知在格物)에 이르기까지 그 공부 순서는 또 어떻게 힘쓰는 것입니까?"라는 제자들의 질문에

67) 『傳習錄』(上), 「陸澄錄」, 89조목, "自格物致知至平天下, 只是一箇明明德. 雖親民, 亦明德事也."
68) 『傳習錄』(下), 「黃以方錄」, 317조목 및 『全集』, 권26, 「大學問」, 970~972쪽.

양명은 먼저 다음과 같이 답변한다.

> 이것은 바로 명덕明德·친민親民·지지선止至善의 공부를 상세히 말한 것이다. 대개 신身·심心·의意·지知·물物은 공부가 쓰이는 조리條理로서, 비록 각각 자기의 자리가 있지만 실제로는 단지 하나의 물物이다. 격格·치致·성誠·정正·수修는 그 조리가 쓰이는 공부로서, 비록 모두 그 이름이 있지만 실제로는 단지 한 가지 일이다.[69]

격물 · 치지 · 성의 · 정심 · 수신은 단지 삼강령을 실현하는 하나의 일(一事)이며, 이들이 하나가 될 수 있는 근거는 격물 · 치지 · 성의 · 정심 · 수신의 대상인 '심心' · '신身' · '의意' · '지知' · '물物'이 하나(一物)라는 사실에 있다. 먼저 양명학에 있어 마음과 몸은 각기 다른 두 개의 실체로 파악되지 않는다. 양명은 '몸'이란 마음의 형체 운용을 말하며 '마음'이란 몸의 영명한 주재를 말한다고 밝히고 있다.[70] 즉 동일한 하나의 생명 현상을 단지 생명의 지향성과 작용성이 드러나는 형체와 현상 작용의 측면에서 보았을 때 이를 '몸'(身)이라 이름하고, 형체의 작용을 통해 드러나는 지향성과 주재성의 측면에서 보았을 때 이를 '마음'(心)이라 이름하는 것일 뿐이다. 따라서 "마음이 없으면 몸이 없고, 몸이 없으면 마음이 없는",[71] 즉 마음을 별개로 하는 몸이나 몸을 별도로 하는 마음이 독자적으로 존재하거나 작용할 수 없는 심신心身 일원적 체계를 지닌다. 이러한 의미에서 몸과 마음은 한 가지로 취급된다.

---

69) 『全集』, 권26, 「大學問」, 971쪽, "敢問欲修其身, 以至於致知在格物, 其工夫次第又何如其用力歟? 曰: 此正詳言明德親民止至善之功也. 蓋身心意知物者, 是其工夫所用之條理, 雖亦各有其所, 而其實只是一物. 格致誠正修者, 是其條理所用之工夫, 雖亦皆有其名, 而其實只是一事."

70) 『全集』, 권26, 「大學問」, 971쪽, "何謂身? 心之形體運用之謂也. 何謂心? 身之靈明主宰之謂也."

71) 『傳習錄』(下), 「陳九川錄」, 201조목, "耳目口鼻四肢, 身也, 非心安能視聽言動? 心欲視聽言動, 無耳目口鼻四肢亦不能, 故無心則無身, 無身則無心."

아울러 마음과 몸의 일원적 체계 아래 진행되는 대상과의 감응 과정에서 마음으로부터 발동한 지향성의 측면을 '의意'라 하고, 마음의 유기적 생명성인 양지에 의한 대상 생명의 온전성과 자신의 의념에 대한 자각적 판단의 측면을 '지知'라 하며, 양지의 자각적 판단을 통해 창출된 실천 조리가 신체 기관을 통해 실제적으로 이행되는 실천 행위의 측면을 '물物'이라 지칭한다.72)

마음(心) · 몸(身) · 실천 의지(意) · 양지의 자각적 판단(知) · 실천 행위(物)는 각기 별개의 생명 실체나 개별적인 생명 현상을 의미하는 것이 아니라, 모두가 일원적 체계를 지닌 동일한 몸과 마음을 통해 전개되는 하나의 생명 현상이다. 따라서 양명학에 있어 마음, 몸, 실천 의지, 양지의 자각적 판단, 실천 행위는 한 가지로 규정된다.73) 이렇듯 격格 · 치致 · 성誠 · 정正 · 수修의 대상이 되는 마음 · 몸 · 실천 의지 · 양지의 자각적 판단 · 실천 행위 자체가 하나의 생명 현상으로 규정되기 때문에, 격물 · 치지 · 성의 · 정심 · 수신 또한 개별적 또는 순차적으로 진행되는 것이 아니라, 하나의 과정으로 일원화될 수 있는 근거가 마련된다.

2. 수신·정심·성의·치지·격물의 일원화

"격格 · 치致 · 성誠 · 정正 · 수修는 그 조리가 쓰이는 공부로서, 비록 모두 그 이름이 있지만 실제로는 단지 '한 가지 일'이다"라고 하여, 격물 · 치지 · 성의 · 정심 · 수신을 한 가지 일로 규정하는 양명은 '수신과 정심', '정심과 성의', '성의와 치지' 그리고 '치지와 격물'의 상호 관련성을

---

72) 『傳習錄』(下), 「陳九川錄」, 201조목, "只要知身心意知物是一件. … 但指其充塞處言之謂之身, 指其主宰處言之謂之心, 指心之發動處謂之意, 指意之靈明處謂之知, 指意之涉着處謂之物: 只是一件."

73) 심·신·의·지·물의 일원적 체계에 대한 구체적 내용은 본서 4장 3절 '마음의 역동적 실천 원리'에서 다루고 있으므로 참고 바람.

중심으로 이들이 왜 한 가지 일인가를 체계적으로 밝혀주고 있다.

1) 수신과 정심의 일원화

먼저 양명은 '수신修身'과 '정심正心'의 상호 관련성에 대해 다음과 같이 밝히고 있다.

> 무엇을 수신修身이라 하는가? 선을 행하고 악을 제거하는 것(爲善去惡)을 말한다. 내 몸이 스스로 선을 행하고 악을 제거할 수 있는가? 반드시 그 영명한 주재자가 선을 행하고 악을 제거하고자 한 뒤에야 그 형체를 운영하는 자가 비로소 선을 행하고 악을 제거할 수 있다. 그러므로 그 몸을 닦고자 하는(修身) 자는 반드시 먼저 그 마음을 바르게 하는(正心) 데 달려있다. 그런데 마음의 본체는 곧 본성(性)이다. 본성은 선하지 않음이 없으니, 마음의 본체는 본래 바르지 않음이 없다.[74]

'몸을 닦는다'는 '수신修身'은 대상들과 관계를 맺지 않고 진행하는 정좌靜坐 등과 같은 고원한 수양이 아니다. 수신은 대상과의 관계성 속에서 이루어지는 선을 실천하고 악을 제거하는 실제적인 실천 행위 과정에서 이루어진다. 그러나 몸의 독자적인 작용만 가지고는 이러한 실천이 이행되지 않는다. 마음과 몸의 일원적 체계 아래 영명한 주재성으로 표현되는 마음으로부터 '선을 행하고 악을 제거하고자 하는 실천 의지'가 발동되어야만 비로소 몸을 통해 실천 행위로 이행될 수 있는 계기가 마련된다. 다만 지선至善한 마음의 본질적 속성은 개체 욕망의 개입에 의해 장애를 받을 수 있다. 따라서 마음으로부터 개체 욕망의 개입을 차단하고 자신의 본질적 속성을 온전하게 유지시켜나갈 수 있어야 한다. 이 과정을 양명은

---

74) 『全集』, 권26, 「大學問」, 971쪽, "何謂修身? 爲善而去惡之謂也. 吾身自能爲善而去惡乎? 必其靈明主宰者欲爲善而去惡, 然後其形體運用者始能爲善而去惡也. 故欲修其身者, 必在於先正其心也. 然心之本體則性也. 性無不善, 則心之本體本無不正也."

'마음을 바르게 한다'는 '정심正心'으로 규정하고 있는 것이다.

'정심'을 통해 항상 마음으로부터 개체 욕망의 개입을 철저하게 차단함으로써 자신의 생명 본질에 근원한 선을 행하고 악을 제거하고자 하는 실천 의지가 즉발하도록 하고, 나아가 '수신', 즉 몸을 통해 선을 행하고 악을 제거하는 구체적인 실천 행위가 지속적으로 전개토록 하는 것이다. 그러나 '정심'은 대상과 관계맺지 않은 단계에서 실천 행위와 무관하게 미리 수양을 통해 마음을 바르게 하는 것이 아니라, '수신'의 실천 행위 과정에서 개체 욕망의 개입을 차단 또는 제거하는 일이기 때문에, '정심'과 '수신'은 모두 마음에 의해 진행되는 하나의 과정이라 말할 수 있다. 단지 하나의 과정을 마음의 주재에 의해 진행되는 신체적 실천 활동의 측면에서 '수신'이라 하고, 마음 그 자체의 측면에서 '정심'이라 말하는 것 뿐이다.

2) 정심과 성의의 일원화

수신과 일원적으로 통합된 '정심'은 또한 마음의 발동으로서의 의념의 단계로서의 '성의誠意'의 과정과 밀접한 관련성을 지니는 것으로 정의된다.

> 무엇을 좇아 마음을 바르게 하는 공부를 하는가? 대저 마음의 본체는 본래 바르지 않음이 없으나, 그 의념意念이 발동한 후에 바르지 않음이 있다. 그러므로 그 마음을 바르게 하고자 하는 자는 반드시 먼저 그 의념이 발한 바에 나아가 바로잡아야 한다. 무릇 일념이 발동하여 선하다면 그것을 좋아하기를 참으로 호색好色을 좋아하듯이 하고, 일념이 발동하여 악하다면 그것을 싫어하기를 참으로 악취를 싫어하듯이 하면, 의념이 성실하지 않음이 없어서 마음이 바르게 될 수 있다.[75]

---

75) 『全集』, 권26, 「大學問」, 971쪽, "何從而用其正之之功乎? 蓋心之本體本無不正, 自其意念發動, 而後有不正. 故欲正其心者, 必就其意念之所發而正之, 凡其發一念而善也, 好之眞如好好色; 發一念而惡也, 惡之眞如惡惡臭; 則意無不誠, 而心可正矣."

개체 욕망은 마음의 본질적 단계가 아닌 대상 또는 상황과의 실제적인 관계맺음의 과정, 즉 마음으로부터 의념이 발동하는 단계에서 개입된다. 따라서 '정심正心'은 의념이 발동하기 이전에 이루어지는 것이 아니라 의념이 발동하는 단계에서 이루어진다. 의념 자체가 마음의 본질에 부합될 때는 문제가 되지 않는다. 다만 개체 욕망의 개입으로 인해 마음의 본질이 차폐되고 이에 사의私意가 발동할 경우, 천지만물의 생명 파괴는 물론 자신의 생명 본질을 질곡시키는 결과를 초래할 수 있기 때문에 문제가 된다. 따라서 의념이 발동하는 단계에서 개체 욕망의 개입을 차단 또는 제거하여 의념이 생명 본질에 부합되도록 하는 '성의誠意'의 과정을 필요로 하는 것이다. 이를 통해 비로소 자신의 생명 본질을 구현할 수 있는 계기가 마련된다. 의념은 실제적인 실천을 이끌어내는 원동력이다. 이러한 의념을 생명 본질에 일치토록 하는 성의의 주체나 의념에 의한 실천 행위를 이끌어내는 주체가 모두 마음이기 때문에, '수신'과 '정심'뿐만 아니라 '성의' 또한 하나의 과정으로 통합된다.

3) 성의와 치지의 일원화

양명은 의념이 발동하는 단계에서 비로소 선한 경우와 악한 경우가 발생하게 되므로, 의념의 선악 상태를 분별하지 않게 되면 진실과 거짓이 뒤섞여서 비록 성실해지고자 하더라도 성실해질 수 없기 때문에 의념을 성실하게 하는 것은 반드시 '치지致知'에 달려있다고 주장한다.[76] 성의는 '치지'에 달려있다는 것이다. 물론 '치지致知'는 주자학에서와 같이 지식을 확충한다는 의미나 지식 확충의 과정을[77] 의미하지는 않는다. 양명은 '치

76) 『全集』, 권26, 「大學問」, 971쪽, "然意之所發, 有善有惡, 不有以明其善惡之分, 亦將眞妄錯雜, 雖欲誠之, 不可得而誠矣. 故欲誠其意者, 必在於致知焉."

77) 『大學集註』, "致, 推極也, 知, 猶識也, 推極吾之知識, 欲其所知無不盡也."

지'에 대해 다음과 같이 설명한다.

> 치致란 '이른다'(至)의 뜻이다. 예컨대 '상례에 슬픔을 다한다'(喪致乎哀)고 할 때의 '치致'와 같다. 『역易』에 "지극함을 알아 그곳에 이른다"(知至至之)라고 말할 때, '지극함을 아는 것'(知至)은 지知이며, '그곳에 이른다'(至之)는 치致이다. 치지致知라고 말하는 것은 후세 유학자들의 이른바 "자신의 지식을 확충한다"는 것과 같지 않다. 내 마음의 양지를 실현하는 것이다. 양지는 맹자의 이른바 "시비지심是非之心은 사람들이 모두 가지고 있다"는 것이다. 시비지심은 사려를 기다리지 않고도 알고 배우지 않고도 능한 것이니, 그런 까닭에 그것을 일컬어 양지라고 한다. 이것이 바로 하늘이 명령한 본성이고, 내 마음의 본체로서 자연히 영명하고 밝아서 환하게 깨닫는 것(自然靈昭不昧)이다. 무릇 의념의 발현은 내 마음의 양지가 스스로 알지 못하는 것이 없다. 그것이 선善이라도 오직 내 마음의 양지가 스스로 그것을 알며, 그것이 불선이라도 오직 내 마음의 양지가 스스로 그것을 알고 있으니, 이것은 모두 타인에게는 관여하는 것이 없다. 그러므로 비록 소인이 불선을 행함에 이미 이르지 않는 곳이 없을지라도 군자를 보면 반드시 부끄러워 불선을 감추고 선을 드러내는데, 여기에서 또 양지는 스스로 어두워지는 것을 용납하지 아니하는 것이 있다는 것을 알 수 있다.[78]

'치지致知'의 '지知'는 '양지'를 의미하며, '치지'는 곧 '치양지致良知'를 의미한다는 것이다. 성의의 문제에 국한해 볼 때, '치지'의 '지'는 자신의 의념의 상태가 생명 본질에서 말미암은 선한 '성의誠意'인지 아니면 개체 욕망에서 비롯된 불선한 '사의私意'인지를 자각적으로 판단하는 '양지의 자각적 판단작용'을 의미한다. 그리고 '치지'는 의념의 선·불선에 대한 양

78) 『全集』, 권26, 「大學問」, 971쪽, "致者, 至也, 如云喪致乎哀之致. 易言知至至之, 知至者, 知也; 至之者, 致也. 致知云者, 非若後儒所謂充廣其知識之謂也, 致吾心之良知焉耳. 良知者, 孟子所謂是非之心, 人皆有之者也. 是非之心, 不待慮而知, 不待學而能, 是故謂之良知. 是乃天命之性, 吾心之本體, 自然靈昭明覺者也. 凡意念之發, 吾心之良知無有不自知者. 其善歟, 惟吾心之良知自知之; 其不善歟, 亦惟吾心之良知自知之; 是皆無所與於他人者也."

지의 판단에 따라 조금도 미진함 없이 극진하게 이를 실천하여 양지를 실현한다는 것을 의미한다.

'치지'가 '치양지'를 의미한다고 할 때, '성의'는 '치지'에 달려있다는 것은 무엇을 의미하는 것일까? 이에 대해 양명은 다음과 같이 말한다.

> 이제 선악을 분별하여 그 의념을 성실하게 하고자 한다면 오직 그 양지가 아는 것을 실현하는 데 있다. 무엇 때문인가? 의념이 발할 때 내 마음의 양지가 그것이 선임을 이미 알았으나, 능히 정성껏 그것을 좋아하지 않고 다시 그것을 버리고 제거한다면, 이것은 선을 악으로 생각하여 스스로 그것이 선임을 아는 양지를 어둡게 하는 것이다. 의념이 발할 때 나의 양지가 그것이 불선임을 알았으나, 능히 정성껏 그것을 싫어하지 않고 다시 그것을 밟아 행한다면, 이것은 악을 선으로 생각하여 스스로 그것이 악임을 아는 양지를 어둡게 하는 것이다. 이와 같다면 비록 알았다고 말하더라도 알지 못한 것과 같으니, 의념이 성실해질 수 있겠는가? 이제 양지가 알고 있는 선악에 대해 이것을 정성껏 좋아하거나 정성껏 싫어하지 않음이 없다면, 그 양지를 스스로 속이지 않아서 의념이 성실해질 수 있다.[79]

양지의 자각적 판단을 통해 의념이 선한지 불선한지를 아는 것만으로는 "의념을 성실하게 했다"(誠意)고 하거나 "양지를 실현했다"(致知)고 말할 수 없다는 것이다. 양지에 의해 의념이 선하다고 판단되었다 하더라도 이를 정성껏 좋아하지 아니하고 오히려 이를 제거하며, 반대로 의념이 불선하다고 판단되었다 하더라도 이를 싫어하여 제거하려는 노력을 하지 아니하고 불선한 의념을 실행한다면, 이는 선악을 혼재시켜 오히려

---

79) 『全集』, 권26, 「大學問」, 972쪽, "今欲別善惡以誠其意, 惟在致其良知之所知焉爾. 何則? 意念之發, 吾心之良知旣知其爲善矣, 使其不能誠有以好之, 而復背而去之, 則是以善爲惡, 而自昧其知善之良知矣. 意念之發, 吾之良知旣知其爲不善矣, 使其不能誠有以惡之, 而復蹈而爲之, 則是以惡爲善, 而自昧其知惡之良知矣. 若是, 則雖曰知之, 猶不知也, 意其可得而誠乎? 今於良知之善惡者, 無不誠好而誠惡之, 則不自欺其良知而意可誠也已."

양지를 차폐시키는 결과를 초래하게 된다는 것이다. 양명은 "호색好色을 보는 것은 지知에 속하고, 호색을 좋아하는 것은 행行에 속한다"고 하고, 또한 "악취를 맡는 것은 지에 속하고 악취를 싫어하는 것은 행에 속한다"[80]고 하여, 호색을 좋아하고 악취를 싫어한다(如好好色, 如惡惡臭)고 하는 류의 '호오'(好惡)를 '행行'으로 규정한 바 있다. 따라서 '선한 의념을 정성껏 좋아한다'는 것은 선한 의념을 단지 좋아한다는 의미뿐만 아니라 이를 실천 행위로 이행한다는 것을 내포하며, '불선한 의념을 싫어한다'는 것 또한 불선한 의념을 제거하는 실천 행위를 내포한다고 말할 수 있다. 또한 앞에서 '치지'의 '치'는 '상례에 슬픔을 다한다'고 할 때의 '치'와 같고, 『역』에서 "지극함을 알아 그곳에 이른다"라고 말할 때 '지극함을 아는 것'은 지이며 '그곳에 이른다'는 것은 치를 의미한다고 말한 바와 같이, '치지'는 양지의 판단에 따라 슬퍼해야 할 때 슬픔을 다하고 지극한 곳을 알 때 그곳에 도달하는 적극적이고 주체적인 실천 행위를 내포한다. 양지의 자각적 판단에 따른 선한 의념을 정성껏 좋아하여 이를 실천 행위로 이행하고 불선한 의념은 정성껏 싫어하여 제거하는 실제적인 실천 행위의 과정이 바로 '치지'이며, 이러한 치지를 통해 비로소 의념이 성실하게 된다는 것이다. 결국 '치지'와 '성의' 또한 별개의 단계로 있는 것이 아니라 '치지'를 통해 '성의'가 성취되는 하나의 과정으로 통합된다.

4) 치지와 격물의 일원화

의념을 성실하게 하는 '치지'는 또한 '격물格物'에 있다고 양명은 다음과 같이 주장한다.

80) 『傳習錄』(上), 「徐愛錄」, 5조목, "見好色屬知, 好好色屬行. … 聞惡臭屬知, 惡惡臭屬行."

그런데 그 양지를 실현하고자 하는 것이 또 어찌 근거 없이 흐리멍덩하고 공상에 사로잡혀 실질이 없는 것이겠는가? 이것은 반드시 실제로 그 일이 있다. 그러므로 치지는 반드시 격물에 달려있다. 물物이란 일(事)이다. 무릇 의념이 발한 것에는 반드시 그 일이 있으니, 의념이 있는 곳의 일을 '물物'이라고 한다. '격格'이란 바로잡는다는 것이다. 그 부정한 것을 바로잡아 바른 것으로 돌이키는 것을 말한다. 그 부정한 것을 바로잡는다는 것은 악을 제거하는 것을 의미하며, 바른 것으로 돌이킨다는 것은 선을 행하는 것을 의미한다. 대저 이것을 격格이라고 한다. 『서경』에서는 "상하를 바로잡는다"(格於上下), "문조에 격한다"(格於文祖), "그 그릇된 마음을 바로잡는다"(格其非心)고 말하는데, 격물의 격은 실제로 그 뜻을 겸하고 있다.[81]

성의를 실현하는 '치지致知'는 대상과 아무런 관계도 맺지 않고 어떠한 상황도 연출되지 않는 무사無事의 상태에서 이루어지는 것이 아니다. 치지는 반드시 대상이나 상황과의 실제적인 관계성 속에서의 실천 행위를 통해 구현된다. 그렇기 때문에 치지가 '격물'에 있다고 양명은 주장한다. 주희는 '격물'을 "사물에 이른다" 또는 "사물의 이치를 궁구한다"고 해석하고 있으나,[82] 양명은 격물을 주희와 다르게 해석한다. '격물格物'의 '물物'은 '사事'를 의미하는 바, 대상과의 관계성 속에서 발동된 의지에 의해 이루어지는 구체적인 실천 행위를 의미한다. 그리고 '격格'은 '정正'을 의미한다. 격물은 실천상에 있어 "부정한 것을 제거하여 바른 데로 복귀시킨다"(正其不正以歸於正)는 의미이다. '부정한 것의 제거'는 '거악去惡'을 의미하고 '바른 데로의 복귀'는 '위선爲善'을 각기 의미한다. '위선거악爲善去惡' 하는 실천 행위가 바로 '격格'이 되는 것이다.

---

81) 『全集』, 권26, 「大學問」, 972쪽, "然欲致其良知, 亦豈影響恍惚而懸空無實之謂乎? 是必實有其事矣. 故致知必在於格物. 物者, 事也, 凡意之所發必有其事, 意所在之事謂之物. 格者, 正也, 正其不正以歸於正之謂也. 正其不正者, 去惡之謂也. 歸於正者, 爲善之謂也. 夫是之謂格. 書言格於上下, 格於文祖, 格其非心, 格物之格實兼其義也."

82) 『朱子語類』, 권15, "格物, 格猶至也." 같은 곳, "格物者, 格, 盡也. 須是窮盡事物之理." 『大學集註』, 經1章, "物, 猶事也. 窮至事物之理."

이러한 격물에 대한 새로운 정의를 바탕으로 양명은 '치지'와 '성의'에 대한 '격물'의 관계를 다음과 같이 정의하고 있다.

> 양지가 알고 있는 선을 비록 정성껏 좋아하고자 하더라도, 진실로 그 의념이 있는 곳의 물物(자신의 실천 행위로서의 事, 이하 物은 모두 事를 의미함)에 즉해서 실제로 그것을 행하지 않는다면, 이 물은 아직 바르지(格) 못한 것이 있고, 그것을 좋아하는 의념은 오히려 성실하지 못하게 된다. 양지가 알고 있는 악을 비록 정성껏 싫어하고자 하더라도, 진실로 그 의념이 있는 물에 즉해서 실제로 그것을 제거하지 않는다면, 이 물은 아직 바르지 못한 것이 있고, 그것을 싫어하는 의념은 아직 성실하지 못하게 된다. 이제 양지가 알고 있는 선을 그 의념이 있는 곳의 물에 즉해서 실제로 그것을 행한다면 다하지 않음이 없을 것이며, 양지가 알고 있는 악을 그 의념이 있는 곳의 물에 즉해서 실제로 그것을 제거한다면 다하지 않음이 없을 것이다. 그런 뒤라야 물은 바르게(格)되지 않음이 없으며, 나의 양지가 아는 것은 이지러지거나 모자라거나 막히거나 가리는 것이 없어서 그 지극함을 다할 수 있게 된다. 대저 그런 뒤라야 내 마음은 남은 유감이 없이 상쾌하여 스스로 만족할 것이며, 대저 그런 뒤라야 의념이 발한 것이 비로소 스스로 속임이 없어서 성실(誠)하다고 일컬을 수 있을 것이다.[83]

'위선거악'하는 '격물'의 대상인 선악의 기준은 자신이 관계맺은 천지만물의 생명의 온전성에 대한 시비是非로도 볼 수 있다. 천지만물의 생명을 온전하게 유지시켜 주고자 하는 의념에 따른 실천 행위는 '선'이 되며, 반대로 자신의 개체 이익과 안위에만 집착함으로써 천지만물의 생명을

---

83) 『全集』, 권26, 「大學問」, 972쪽, "良知所知之善, 雖誠欲好之矣, 苟不卽其意之所在之物而實有以爲之, 則是物有未格, 而好之之意猶爲未誠也. 良知所知之惡, 雖誠欲惡之矣, 苟不卽其意之所在之物而實有以去之, 則是物有未格, 而惡之之意猶爲未誠也. 今焉於其良知所知之善者, 卽其意之所在之物而實爲之, 無有乎不盡. 於其良知所知之惡者, 卽其意之所在之物而實去之, 無有乎不盡. 然後物無不格, 而吾良知之所知者無有虧缺障蔽, 而得以極其至矣. 夫然後吾心快然無復餘憾而自謙矣, 夫然後意之所發者, 始無自欺而可以謂之誠矣."

파괴시킬 수 있는 의념에 따른 실천 행위는 '악'이 된다. 이러한 전제 위에 양지의 자각적 판단을 통해 비록 무엇이 선이 되고 무엇이 악이 되는지를 알았다 하더라도 실제적인 실천 행위 과정에서 선한 행위를 철저히 이행하지 아니한다거나 반대로 악한 행위를 철저히 제거하여 선한 상태를 회복하지 않는다면 이는 양지의 실현이 될 수 없다는 것이다.

이러한 선을 철저히 이행하고 악을 철저히 제거하는 '격물'은 실천 행위의 원동력이 되는 의념의 입장에서 본다면, 생명 본질에 위배되는 악한 사의私意의 상태에서 생명 본질에 부합되는 선한 '성의誠意'의 상태로의 회복이 된다. 아울러 양지의 입장에서 본다면, 선악에 대한 양지의 자각적 판단이 실제적인 실천 행위를 통해 실현되는 것이므로, 실천 과정에서 이루어지는 '격물'은 그 자체가 또한 '성의'이자 '치지'로서 '양지 실현'을 의미한다고 말할 수 있다.

3. 격물·치지·성의·정심·수신과 양지 실현

이상에서와 같은 이유로 양명은 『대학』에서 "물이 격해진 뒤에 지가 이르고, 지가 이른 뒤에 의가 성실해지며, 의가 성실해진 뒤에 마음이 바르게 되고, 마음이 바르게 되고 나서 몸이 닦여진다"84)고 말하였다고 하면서도, 격물 · 치지 · 성의 · 정심 · 수신이 시간적 또는 단계적 선후를 지닌 일이 아님을 다음과 같이 밝히고 있다.

> 생각건대 그 공부의 조리가 비록 선후의 순서가 있다고 말할 수 있지만, 그 본체가 오직 하나임은 실제로 선후의 순서를 구분할 수 없으며, 그 조리의 공부가 비록 선후의 순서를 구분할 수 없다고 하더라도 그 작용의 오직 정밀함은 진실로 조금이라도 빠트릴 수 없다. 이 격格·치致·성誠·정正의 학설은 요

84) 『大學』, 經一章, "物格而後知至, 知至而後意誠, 意誠而後心正, 心正而後身修."

> 순의 바른 전수를 천명한 것이며, 공자가 마음으로 인증한 것이다.[85]

격물·치지·성의·정심·수신이 표현상 마치 시간적 선후를 지닌 단계적인 일로 보여질 수도 있다. 그러나 격물·치지·성의·정심·수신의 대상인 마음(心)·몸(身)·뜻(意)·양지의 자각적 판단(知)·실천 행위(物)가 각기 별개의 생명 실체나 개별적인 생명 현상을 의미하는 것이 아니라, 모두가 일원적 체계를 지닌 동일한 몸과 마음을 통해 전개되는 하나의 생명 현상을 의미하기 때문에, 이들은 시간적 선후를 구별할 수 없다. 인간이 대상 또는 상황과의 관계성 속에서 선을 행하고 악을 제거하는(爲善去惡) 실천 행위인 '격물'을 통해 비로소 양지를 실현(致知)할 수 있는 것이며, 양지 실현이 곧 뜻을 성실하게 하는 성의이며, 성의가 곧 마음을 바르게 하는 일이고, 마음을 바르게 하는 일이 곧 몸을 닦는 일이 된다. 격물·치지·성의·정심·수신은 모두 대상과의 관계성 속에서 인간의 생명 본질을 구현하는 한 가지 일로서, 단지 마음·몸·뜻·양지의 자각적 판단·실천 행위 가운데 어느 곳에 초점을 두고 말하느냐에 따른 표현상의 차이일 뿐이다.

더욱이 양명은 부모와의 관계성 속에서 이루어지는 온청溫凊·봉양奉養의 예를 통해 격물·치지·성의가 하나의 일임을 다음과 같이 밝히고 있다.

> 생각건대 내 견해는 (부모님을) 따뜻하고 시원하게 해드리고 봉양하고자 하는 것은 이른바 의意이지만, 그것을 아직 성의誠意라고 말할 수는 없다는 것이다. 반드시 따뜻하고 시원하게 해드리고 봉양하고자 하는 의意를 실제로 행하고, 자신에게 흡족하기를 힘써 구하여 스스로를 속이는 일이 없어야

---

85) 『全集』, 권26, 「大學問」, 972쪽, "故曰格物而後知至, 知至而後意誠, 意誠而後心正, 心正而後身修. 蓋其功夫條理雖有先後次序之可言, 而其體之惟一, 實無先後次序之可分. 其條理功夫雖無先後次序之可分, 而其用之惟精, 固有纖毫不可得而缺焉者. 此格致誠正之說, 所以闡堯舜之正傳而爲孔氏之心印也."

그것을 성의라고 말한다. 어떻게 하는 것이 (부모님을) 따뜻하고 시원하게 해드리는 절목節目이 되는지, 어떻게 하는 것이 봉양의 마땅함이 되는지를 아는 것이 이른바 지知이지만, 그것을 아직 치지致知라고 말할 수는 없다. 반드시 어떻게 하는 것이 따뜻하고 시원하게 해드리는 절목이 되는지를 아는 지知를 지극한 데까지 확충하여 실제로 그것으로써 봉양한 뒤에야 그것을 '치지致知'라고 말한다. 따뜻하고 시원하게 해드리는 일과 봉양하는 일이 이른바 물物이지만, 그것을 아직 격물格物이라고 말할 수는 없다. 반드시 따뜻하고 시원하게 해드리는 일에서는 어떻게 해야만 따뜻하고 시원하게 해드리는 절목이 되는지를 양지가 아는 바대로 한결같이 행하여 조금의 미진함이 없으며, 봉양하는 일에서는 어떻게 행하여 조금의 미진함도 없은 뒤에야 그것을 '격물格物'이라 말할 수 있다. 따뜻하고 시원하게 모시는 일이 바르게 된 뒤에야 따뜻하고 시원함을 아는 양지가 비로소 실현되며, 봉양하는 일이 바르게 된 뒤에야 봉양할 줄 아는 양지가 비로소 실현된다. 그러므로 "물物이 바르게 된 뒤에야 지知가 실현된다"(物格而後知至)고 하였다. 따뜻하고 시원하게 해드릴 줄 아는 양지를 실현한 뒤에야 따뜻하고 시원하게 해드리고자 하는 의意가 비로소 성실해지며, 봉양할 줄 아는 양지를 실현한 뒤에야 봉양하고자 하는 의意가 비로소 성실해진다. 그러므로 "지知가 실현된 뒤에 의意가 성실해진다"(知至而後意誠)고 하였다. 나의 성의·치지·격물의 학설은 대개 이와 같다.[86]

예컨대 부모님이 추위에 떨고 있을 때 따뜻하게 해드리고 더위에 땀 흘리고 있을 때 시원하게 해드리고자 하는 뜻(意)이 마음으로부터 발동하

86) 『傳習錄』(中), 「答顧東橋書」, 138조목, "蓋鄙人之見, 則謂意欲溫淸, 意欲奉養者, 所謂意也, 而未可謂之誠意. 必實行其溫淸奉養之意, 務求自慊而無自欺, 然後謂之誠意. 知如何而爲溫淸之節, 知如何而爲奉養之宜者, 所謂知也, 而未可謂之致知. 必致其知如何爲溫淸之節者之知, 而實以之溫淸, 致其知如何爲奉養之宜者之知, 而實以之奉養, 然後謂之致知. 溫淸之事, 奉養之事, 所謂物也, 而未可謂之格物. 必其於溫淸之事也, 一如其良知之所知當如何爲溫淸之節者而爲之, 無一毫之不盡, 於奉養之事也, 一如其良知之所知當如何爲奉養之宜者而爲之, 無一毫之不盡, 然後謂之格物. 溫淸之物格, 然後知溫淸之良知始致, 奉養之物格, 然後知奉養之良知始致. 故曰物格而後知至. 致其知溫淸之良知, 而後溫淸之意始誠, 致其知奉養之良知, 而後奉養之意始誠, 故曰知至而後意誠. 此區區誠意致知格物之說蓋如此."

였을 때, 이 뜻을 실제적인 실천 행위로 이행하여 조그마한 부끄러움이나 속임이 없는 상태가 되어야만 비로소 '성의'라 할 수 있다. 어떻게 따뜻하거나 시원하게 해드릴 것인가를 아는 앎을 지극히 확충하여 반드시 따뜻하고 시원하게 해드리는 실천 행위로 이행해야만 비로소 '치지'라고 할 수 있다. 나아가 양지의 자각에 따른 따뜻하거나 시원하게 해드리는 일(事=物)을 조그마한 미진함도 없이 실천 행위로 이행한 연후에 비로소 '격물'이 된다. 따라서 부모님께 시원하고 따뜻하게 해드리는 일을 올바르게 실천(格物)한 이후에 감응과 자각 주체인 양지가 실현되고(致知), 이 양지가 실현되어야 비로소 따뜻하고 시원하게 해드리고자 하는 뜻이 성실해진다(誠意)고 할 수 있다는 것이다. 결국 격물・치지・성의는 시간적 선후를 지닌 일이 아니라 모두가 부모님께 추울 때 따뜻하게 해드리고 더울 때 시원하게 해드리는 등의 실제적인 '실천 행위'를 통해서만 실현되는 하나의 일이라고 말할 수 있는 것이다.

아울러 양명은 보다 적극적으로 "나의 격물・치지・성의・정심에 관한 학설은 학자의 본심과 일상적인 작위(事爲) 사이에서 자세히 몸소 궁구하고 실천 이행하여 실제로 공부하는 것이다. 거기에는 다소의 순서가 있고 다소의 누적이 있어서 공허한 돈오頓悟의 설과는 완전히 반대된다"[87]고 주장한다. 격물・치지・성의・정심은 현실과 무관한 또는 현실을 외면한 정적靜的인 고원한 수행을 일삼거나 관념적 차원에서 공상을 펼쳐나가는 것이 아닌 천지만물과의 실제적인 유기적 관계망 안에서 실천 행위를 통해 감응과 자각 주체인 양지를 실현하는 일에 다름 아니라고 말할 수 있다.

인간의 생명 본질로서의 유기적 생명성인 양지는 총체적 생명체인 천

87) 『傳習錄』(中), 「答顧東橋書」, 131조목, "區區格致誠正之說, 是就學者本心日用事爲間, 體究踐履, 實地用功, 是多少次第, 多少積累在? 正與空虛頓悟之說相反."

지만물 안에서 존재물들과 상보적이고 유기적인 관계를 바탕으로 자신의 실천 활동을 통해 이들의 생명은 물론 자신의 생명을 온전하게 유지시켜나가도록 하는 데 목적을 두고 있다. 따라서 천지만물과의 유기적 관계성 속에서 이루어지는 격물 · 치지 · 성의 · 정심 · 수신은 다름 아닌 천지만물의 생명을 온전하게 유지시켜주는 일(親民 · 成物 · 治人外王)이자, 동시에 인간 자신의 생명 본질을 구현하는 일(明明德 · 成己 · 修己 · 內聖)이라고 말할 수 있다.

제3절 양지 실현의 실천 공부

격물 · 치지 · 성의 · 정심 · 수신뿐만 아니라 '사상마련事上磨鍊'을 비롯하여 『맹자』의 '집의集義'와 '필유사언必有事焉' 등이 모두 양지를 실현하는 실천 공부 방안으로 새롭게 제시되고 있다.

1. 사상마련과 양지 실현

격물 · 치지 · 성의 · 정심은 현실과 괴리된 채 이치를 탐구하고 지식을 넓히고 마음을 수양하며 깨달음을 추구하는 정적인 수행 과정이 아니다. 이는 유기적인 생명의 관계망 안에서 만물과 감응하면서 생명을 양육하는 적극적인 실천 행위를 통해 나 자신의 생명 본질을 구현해나가는 즉, 사상마련事上磨鍊의 동적인 실천 공부이다.[88] 2장 「역동적 생애와 주

88) 『傳習錄』(上), 「陸澄錄」, 23조목, "人須在事上磨." 44조목, "人正要在此等時磨鍊.",

체적 학문」에서 살펴본 바와 같이, 양명은 정덕正德 5년(1510, 양명이 39세)에 제자들에게 몸소 체험한 정좌靜坐를 가르치기 시작하여 3, 4년간 정적인 정좌 공부에 주력한 적이 있다. 그러나 43세 때 정좌 공부가 고요함(靜)만을 좋아하고 움직임(動)을 싫어하면서 오묘한 해석이나 깨달음에만 관심을 갖게 되는 폐단을 야기하게 되었다고 반성하고, 이후 천리를 보존하고 인욕을 제거하는 성찰省察 극치克治의 실제적인 공부를 주장한 바 있다.[89] 예컨대 "고요한 때는 생각이 그런대로 괜찮다고 느끼다가도 일을 만나자마자 같지 않은 것은 무엇 때문입니까?"라는 육징의 질문에 양명은 다음과 같이 답변한다.

> 그것은 한갓 고요한 가운데서 수양할 줄만 알고 극기克己 공부를 하지 않았기 때문이다. 그와 같다면 일에 부딪혔을 때 곧 무너지게 된다. 사람은 반드시 '일에서 연마해야'만 비로소 확고하게 일어설 수 있으며, 비로소 '고요해도 안정되고, 움직여도 안정될 수 있다.'[90]

정좌와 같은 정적인 공부는 사물과 관계맺지 않은 무사시無事時의 경우에는 마음의 안정을 유지할 수 있을지 모르나 구체적인 일에 접할 경우 개체 욕망이 발동할 수 있는 가능성을 배제할 수 없다. 따라서 실제적으로 사물과 관계를 맺는 '구체적인 일'에서 극기克己 즉, 자신의 개체 욕망을 제거하는(去人欲) 성찰省察·극치克治의 동적인 실천 공부를 통해서만이 동정動靜에 구애받지 않고 마음의 안정을 유지함으로써 자신의 생명 본질

『傳習錄』(中), 「答周道通書」, 147조목, "來書云: 事上磨煉." 『傳習錄』(下), 「陳九川錄」, 204조목, "人須在事上磨鍊做功夫." 「黃省曾錄」, 262조목, "隨你去事上磨鍊也好." 등에서 직접적으로 '事上磨鍊'이 언급되고 있다.

89) 본서 2장 4절 '정좌에서 치양지로' 참조.

90) 『傳習錄』(上), 「陸澄錄」, 23조목, "問: 靜時亦覺意思好, 才遇事變不同, 如何? 先生曰: 是徒知靜養, 而不用克己工夫也. 如此臨事, 便要傾倒. 人須在事上磨, 方立得住. 方能靜亦定, 動亦定."

을 실현 할(存天理=致良知) 수 있는 것이다. 이렇듯 양명은 현실과의 단절과 괴리를 야기하는 정좌와 같은 정적인 수행법으로부터 사상마련과 같은 '동적'인 실천 공부로 전환한 것이다.

이러한 동적인 실천 공부로서의 '사상마련'은 곧 '양지를 실현'하는 일이며, 양지의 실현은 곧 이러한 동적인 사상마련을 통해 이루어지는 것임을 양명은 다음과 같이 밝히고 있다.

> 무릇 배우고 묻는 공부는 다만 주된 뜻의 핵심이 마땅해야 한다. 만약 주된 뜻의 핵심이 오로지 양지의 실현을 (행해야 하는 일로) 간주한다면, 무릇 많이 듣고 보는 것이 치양지의 공부가 아님이 없을 것이다. 생각건대 일상생활에서 보고 듣고 응대하는 것이 비록 수천수만 가지 실마리라고 하더라도, 양지가 발용發用 유행하는 것이 아님이 없다. 보고 듣고 응대하는 것을 제외한다면 또한 실현할 수 있는 양지란 없다. 그러므로 (양지와 견문은) 다만 하나의 일이다.[91]

양지는 천지만물과의 감응 주체이다. 따라서 양지는 만물과 관계를 맺는 일상적인 삶의 한복판에서 보고 듣고 응대하는 등의 '구체적인 일'을 통해 발용 유행한다. 따라서 바로 이러한 보고 듣고 응대하는 등의 '구체적인 일'에서 개체 욕망을 제거하고 양지의 판단을 실천으로 이행하는 연마의 과정, 즉 사상마련을 통해 양지가 실현된다고 말할 수 있다. 결국 구체적인 일 위에서 연마하는 사상마련은 양지를 실현하는 실천 공부가 된다. 이에 송하경은 "양명의 사상마련은 양명이 저주滁州에서 시행한 바 있는 정좌법의 폐단을 발견한 이후 강구해낸 가장 실제적인 존천리存天理·거인욕去人欲의 공부이며, 자기양지自己良知에 대한 철저한 확신 위에

91) 『傳習錄』(中), 「答歐陽崇一」, 168조목, "大抵學問功夫, 只要主意頭腦是當, 若主意頭腦專以致良知爲事, 則凡多聞多見, 莫非致良知之功. 蓋日用之間, 見聞酬酢, 雖千頭萬緒, 莫非良知之發用流行, 除卻見聞酬酢, 亦無良知可致矣. 故只是一事."

서 가장 최후에 실시한 가장 적극적인 공부법이다. 양명의 치양지 공부는 동정動靜 양방면에서 설명할 수 있겠으나 사상마련이야말로 가장 대표적인 동적 공부이다"[92]라고 평가하고 있는 것이다.

'사상마련'은 실제적인 인간사에 나아가서 개체 욕망을 극복·제거하고 양지의 판단에 의거하여 자신에게 주어진 역할을 충실히 이행하는 것으로서, 양명은 사상마련을 '격물치지格物致知'이자 일종의 '실학實學'으로 규정하기도 한다. 예컨대 어떤 하급 관리가 오랫동안 선생의 학문을 청강하고 "이 학문은 매우 좋기는 하지만 공문서를 관리하고 소송을 관장하는 일이 번잡하여 학문을 할 수가 없습니다"라고 하자 양명은 다음과 같이 답변하였다.

> 내가 언제 그대에게 공문서를 관리하고 소송을 관장하는 일을 떠나 허공에 매달려 강학하라고 가르친 적이 있는가? 그대에게는 이미 소송을 판결하는 일이 주어져 있으니, 그 소송을 판결하는 일에서부터 학문을 해야만 비로소 진정한 격물格物이다. 예를 들어 하나의 소송을 심문할 경우에 상대방의 응답이 형편없다고 화를 내서는 안 되며, 그의 말이 매끄럽다고 기뻐해서도 안 된다. 윗사람에게 부탁한 것을 미워하여 자기 뜻을 보태서 그를 다스려서는 안 되며, 그의 간청으로 인해 자기 뜻을 굽혀서 그의 요구를 따라서도 안 된다. 자기 사무가 번잡하다고 멋대로 대충 판결해서도 안 되며, 주변 사람이 비방하고 모해한다고 그들의 의견에 따라 처리해서도 안 된다. 이 수많은 생각들은 모두 사사로운 것이며 단지 그대만이 스스로 알고 있으니, 반드시 세심하게 성찰하고 극복하여 오직 이 마음에 털끝만큼의 치우침과 기울어짐이라도 있어서 사람의 시비를 왜곡시킬까 두려워해야 한다. 이것이 바로 격물치지格物致知이다. 공문서를 관리하고 소송을 관장하는 일들은 실학實學이 아닌 것이 없다. 만약 사물을 떠나 학문을 한다면 도리어 공허한 데 집착하는 것이다.[93]

---

92) 宋河璟, 「王陽明心學之硏究」(臺灣師範大 博士學位論文, 民國 75年), 216쪽 참조.
93) 『傳習錄』(下), 「陳九川錄」, 218조목, "有一屬官, 因久聽講先生之學曰: 此學甚好,

송사를 담당한 관리는 송사와 관련된 구체적인 일에 나아가 일을 처리함에 있어, 진솔한 자세로 송사를 처리하는 것이 바로 '사상마련'이자 '격물치지'라는 것이다. 여기서 중요한 한 가지 사실은, 송사를 처리함에 있어 외적으로는 절대로 상대방 또는 주변 사람들의 말에 동요되거나 청탁에 영향을 받아서는 안 되며, 또한 내적으로 자신의 인위적인 감정에 치우쳐서도 안 된다는 것이다. 내부적·외부적으로 이러한 것에 이끌리는 것은 모두가 개체 욕망에서 기인하는 것이다. 만일 이로 인해 마음에 편벽됨이 발생하면 송사의 옳고 그름에 대해 양지의 영명한 판단을 저해하게 된다. 따라서 구체적인 일에서 내면의 개체 욕망을 제거하고 양지를 실현하는 사상마련의 실천 공부를 해야 한다. 이것이 바로 실학으로서 구체적인 일을 떠나 단지 지식만을 탐구하는 학문은 실학이 아니다.

이상에서 살펴본 바와 같이, '사상마련'은 만물과 이루어진 다양한 관계망 안에서 전개되는 구체적인 일에서 내면의 개체 욕망을 제거하고 양지의 판단에 따라 실천 행위로 이행함으로써 인간의 생명 본질인 양지를 실현하는 일에 다름 아니다. 이러한 내용에 근거하여 양명철학의 주요 내용은 실천에 있으며, 따라서 양명은 정좌靜坐, 독서讀書, 강습토론講習討論 등과 같은 공부보다는 격물, 성의, 사상마련 등과 같은 실천 공부를 더욱 중시하였다고 평가하는 학자도 있다.[94]

只是簿書訟獄繁雜, 不得爲學. 先生聞之曰: 我何嘗敎爾離了簿書訟獄, 懸空去講學? 爾旣有官司之事, 便從官司的事上爲學, 纔是眞格物. 如問一詞訟, 不可因其應對無狀, 起個怒心; 不可因他言語圓轉, 生個喜心; 不可惡其囑托, 加意治之; 不可因其請求, 屈意從之; 不可因自己事務煩冗, 隨意苟且斷之; 不可因旁人譖毁羅織, 隨人意思處之: 這許多意思皆私, 只爾自知, 須精細省察克治, 惟恐此心有一毫偏倚, 杜人是非, 這便是格物致知. 簿書訟獄之間, 無非實學; 若離了事物爲學, 却是著空."

94) 宋河璟, 「王陽明心學之硏究」, 220쪽 참조.

2. 집의集義와 양지 실현

양명은 또한 "대저 필유사언必有事焉은 다만 집의集義이니, 집의는 다만 치양지致良知이다"[95]라고 하여, 『맹자』의 '필유사언'과 '집의'를 양지를 실현하는 일로 규정하고 있다. 먼저 양지 실현의 한 방안으로서의 집의에 대해 살펴보면 다음과 같다.

맹자의 부동심不動心[96]이 고자告子의 부동심과 어떻게 다르냐는 제자 설간薛侃의 질문에 양명은 다음과 같이 답변하고 있다.

> 고자는 이 마음을 굳세게 움켜잡아 그것을 움직이지 않게 하려고 했으나, 맹자는 도리어 의義를 쌓아서(集義) 자연히 움직이지 않는 데 이르렀다.
>
> 또 말씀하셨다: 마음의 본체는 원래 움직이지 않는다. 마음의 본체는 곧 성性이며, 성은 곧 리理이다. 성은 본래 움직이지 않으며, 리도 본래 움직이지 않는다. 의를 쌓는 것은 그 마음의 본체를 회복하는 것이다.[97]

'의로움을 쌓는다'는 '집의集義'는 부동한 마음(不動心)의 본체를 회복하는 것으로 정의된다. 맹자의 '부동'은 인위적 · 강제적으로 마음의 작용을 중단시킴으로써 마음을 움직이지 않도록 하는 것이 아니다. 의로움을 쌓음으로써 마음의 본체는 자연스럽게 본래적 상태인 부동한 상태로 회복된다는 것이다. 그렇다면 마음이 움직이지 않는 '부동'한 상태란 무엇을 의미하는 것인가?

양명학에 있어 마음은 오히려 수작만변酬酌萬變, 즉 한 순간도 쉬지 않

---

95) 『傳習錄』(中), 「答聶文蔚」, 187조목, "夫必有事焉, 只是集義. 集義只是致良知."

96) 『孟子』, 「公孫丑」(上), 2장, "孟子曰: 否我四十不動心. … 其爲氣也, 配義與道, 無是, 餒也. 是集義所生者, 非義襲而取之也, 行有不慊於心, 則餒矣."

97) 『傳習錄』(上), 「陸澄錄」, 81조목, "告子是硬把捉着此心, 要他不動. 孟子卻是集義到自然不動. 又曰: 心之本體, 原自不動. 心之本體, 卽是性. 性卽是理. 性元不動, 理元不動. 集義是復其心之本體."

는 감응 과정에 놓여 있는 것으로 정의된다. 따라서 마음이 움직이지 않는다는 의미의 '부동'의 상태란 존재하지 않으며, 움직이지 않는 마음은 곧 죽음을 의미한다. 양명이 여기서 말하고자 하는 마음의 본질적 상태로서의 '부동'은 마음이 아무런 작용도 하지 않는다는 의미가 아니다. 마음이 개체 욕망에 이끌린다는 의미에서의 '동動'에 대응하는, 즉 마음이 개체 욕망에 이끌리지 않는다는 의미에서의 '부동'을 의미한다. 양명이 말하는 부동은 항동적 · 역동적 마음이 천지만물과의 감응 과정에 있어 개체 욕망에 이끌리지 아니하고 생명 본질인 천리天理에 부합된다는 의미의 부동이다.[98] 따라서 '부동심不動心'은 개체 욕망에 이끌리지 않는 인간의 생명 본질로서의 역동적이고 창조적인 마음을 의미하며, '집의集義'는 바로 이러한 부동심을 회복하는 과정이라 말할 수 있다.

집의가 마음의 본질적 상태, 즉 부동심을 회복하는 것이라 할 때, 집의의 대상인 '의義'의 의미와 속성을 정확하게 파악함으로써만이 집의가 양지를 실현하는 방안이 될 수 있는 근거를 정확하게 이해할 수 있다. 양명은 다음과 같이 말한다.

> 마음의 본체가 바로 성性이다. 성이 곧 리理이다. 인仁의 리를 궁구한다는 것은 참으로 인하고자 하여 인을 극진히 발휘하는 것이고, 의義의 리를 궁구한다는 것은 참으로 의롭고자 하여 의를 극진히 발휘하는 것이다. 인의仁義는 단지 나의 성일뿐이므로, 궁리窮理가 곧 본성을 극진히 하는 것(盡性)이다.[99]

'의義'는 마음의 본체인 '성性'으로 규정된다. 양명학에 있어 '성'은 인간 마음에 내재된 미발未發의 당위의 도덕규범을 의미하는 것이 아니라 그

98) 『傳習錄』(中), 「答陸原靜書」, 157조목, "動靜者所遇之時, 心之本體固無分於動靜也. 理無動者也, 動卽爲欲. 循理則雖酬酢萬變, 而未嘗動也; 從欲則雖槁心一念, 而未嘗靜也."

99) 『傳習錄』(上), 「薛侃錄」, 117조목, "心之體, 性也. 性卽理也. 窮仁之理, 直要仁極仁. 窮義之理, 直要義極義. 仁義只是吾性, 故窮理卽是盡性."

자체가 작용성을 지닌 인간 마음의 유기적 생명성을 뜻하며 '리理'는 유기적 생명성에 의해 창출된 실천 조리를 뜻한다.[100] 따라서 '의'는 외재적 당위의 규범이 아니라 인간 마음의 본질적 속성을 의미한다고 말할 수 있다. 이에 양명은 다음과 같이 '의'를 마음의 유기적 생명성으로서의 양지로 일원화시키고 있다.

> 의義는 곧 양지니, 양지가 두뇌라고 하는 것을 알면 바야흐로 집착이 없게 된다. 또한 예를 들어 사람이 보내준 선물을 받는 경우 또한 오늘은 마땅히 받아도 되나 다른 날에는 마땅히 받아서는 안 되는 경우가 있으며, 또한 오늘은 마땅히 받아서는 안 되나 다른 날에는 마땅히 받아도 되는 경우가 있다. 네가 만일 오늘 마땅히 받아도 되는 것에 집착하여 일체를 받으며 오늘 마땅히 받아서는 안 되는 것에 집착하여 일체를 받지 않는다면, 이는 곧 어느 한쪽에만 마음을 전적으로 기울이는 것으로 양지의 본체가 아니니, 어떻게 의義라고 부를 수 있겠는가?[101]

양지가 바로 마음의 본질적 속성(性=天理)이기 때문에,[102] 마음의 본질적 속성으로 정의되는 '의' 또한 양지와 일원화된다. 따라서 양지로서의 의는 고정된 외재적 준칙에 의거하는 것이 아니라 자체의 자각적 판단력을 통해 주어진 상황에 따라 시비의 준칙을 새롭게 설정해나가는 수시변역성隨時變易性을 지닌다고 말할 수 있다. 이에 양명은 『대학』의 후박厚薄,[103] 즉 후하게 대해야 할 상황에 처해서는 후하게 대하고 박하게 대해

---

100) 본서 4장 2절 '마음의 생명 창출 근거' 참조.

101) 『傳習錄(下)』, 「黃省曾錄」, 248조목, "義卽是良知, 曉得良知是個頭腦, 方無執着. 且如受人餽送, 也有今日當受的, 他日不當受的; 也有今日不當受的, 他日當受的. 你若執着了今日當受的, 便一切受去, 執着了今日不當受的, 便一切不受去, 便是適莫, 便不是良知的本體, 如何喚得做義?"

102) 『傳習錄』(中), 「答顧東橋書」, 135조목, "吾心之良知, 卽所謂天理也." 『傳習錄』(中), 「答歐陽崇一」, 169조목, "良知卽是天理."

103) 『大學』, 經文, "其所厚者薄, 而其所薄者厚, 未之有也."

야 할 상황에 처해서는 박하게 대하는 것은 양지에 의해 창출된 자연한 실천 조리條理라 하면서 이를 '의義'로 규정한다.[104] 이러한 내용에 근거할 때, 집의集義의 대상이 되는 '의'는 외재적인 당위의 도덕규범 또는 고정불변한 준거로서 마음 밖으로부터 인식되는 것이 아니라, 마음이 내재하고 있는 본질적인 생명성이라고 말할 수 있다.[105]

이에 양명은 만일 인간의 실천 행위가 생명 본질로서의 '의'에 부합되면 이는 곧 개체 욕망의 발동과 개입의 차단을 의미하기 때문에 맹자가 집의集義만을 논하고 동動·부동不動을 말하지 않은 것이라 본다. 반면 고자처럼 인위적으로 마음을 작용하지 못하게 하면 이는 오히려 생생불식生生不息한 마음의 본질을 질곡 시켜 발현되지 못하도록 하는 결과를 초래하게 된다고 비판한다. 따라서 '집의'는 마음을 인위적으로 작용하지 못하도록 제어하는 것이 아니라, 생명 본질이 활발하게 발현될 수 있도록 마음을 충만하게 양육해주는 것으로 정의된다.[106]

이러한 집의에 대한 정의를 바탕으로 양명은 '집의'가 다름 아닌 양지를 실현하는 일이라고 다음과 같이 주장한다.

> 의義란 마땅함(宜)이다. 마음이 그 마땅함을 얻는 것을 의라 한다. 양지를 실현할 수 있다면 마음은 그 마땅함을 얻게 된다. 그러므로 의를 쌓는 것(集義)도 다만 양지를 실현하는 것(致良知)일 뿐이다. 군자는 온갖 변화에 응수하는데, 마땅히 행해야 하면 행하고, 마땅히 그쳐야 하면 그치고, 마땅히 살아

---

104) 『傳習錄』(下), 「黃省曾錄」, 276조목, "大學所謂厚薄, 是良知上自然的條理, 不可踰越, 此便謂之義."

105) 『傳習錄』(中), 「答顧東橋書」, 133조목, "心之體, 性也, 性卽理也. … 心一而已, … 以其得宜而言謂之義, … 不可外心以求義."

106) 『傳習錄』(下), 「黃省曾錄」, 272조목, "心之本體原是不動的, 只爲所行有不合義, 便動了. 孟子不論心之動與不動, 只是集義, 所行無不是義, 此心自然無可動處. 若告子只要此心不動, 便是把捉此心, 將他生生不息之根反阻撓了. 此非徒無益, 而反害之. 孟子集義工夫, 自是養得充滿, 並無餒歉; 自是縱橫自在, 活潑潑地: 此便是浩然之氣."

야 하면 살고, 마땅히 죽어야 하면 죽는다. 헤아리고 조정하는 것이 자신의 양지를 실현하여 스스로 만족하기를 구하지 않음이 없다.[107)]

여기서 의義는 '마땅함'(宜)이라 전제되면서도, 또한 마음이 마땅함을 얻는 것이 '의'로 정의된다. 따라서 '의'는 단순히 마음이 스스로 설정한 당위의 시비준거를 아는 단계만을 지칭하는 것이 아니라, 그 마음이 실천 행위를 통해 그 당위의 시비준거를 실현하는 단계까지를 포함한다. 양명학에 있어 인간이 실천해야 하는 당위의 시비준거는 밖에서 주어지는 것이 아니라 바로 자신의 생명 본질에 근거하여 자신의 마음으로부터 창출된다. 그리고 마음으로부터 창출된 당위의 시비준거는 반드시 실천으로 이행됨으로써만 실현될 수 있다. 따라서 '집의集義'는 대상과의 끊임없는 관계성 속에서 이루어지는 사위事爲, 즉 실천 행위 과정에서 마음의 생명 본질로서의 양지를 실현시켜나가는 일이 된다.

인간은 천지만물의 여타 부분들과 관계를 맺는 과정에서 양지에 의거하여 이들의 생명의 온전성과 자신의 의념에 대한 시비·선악 판단은 물론 자신의 실천 방향성으로서의 실천 조리를 창출한다. 이것들은 인간이 유기적인 생명 활동을 통해 구현해야 하는 '마음의 마땅함', 즉 당위의 실천 준거라 할 수 있다. 그리고 집의는 실제적 실천 활동을 통해 마음의 마땅함을 실현하는 것이다. 마음의 마땅함의 실현은 곧 양지의 자각적 판단의 실현을 의미하므로, '집의'는 곧 실천 행위를 통한 양지의 실현을 의미하게 된다.

---

107) 『傳習錄』(中), 「答歐陽崇一」, 170조목, "義者宜也. 心得其宜之謂義. 能致良知, 則心得其宜矣, 故集義亦只是致良知. 君子之酬酢萬變, 當行則行, 當止則止, 當生則生, 當死則死, 斟酌調停, 無非是致其良知, 以求自慊而已."

3. 필유사언必有事焉과 양지 실현

마지막으로 『맹자』의 '필유사언必有事焉'과 '양지 실현'의 관련성 문제이다. 황이방이 양명에게 "선대의 유학자는 (『시경』의) '소리개가 날고 물고기가 뛰논다'[108]는 것과 (『맹자』)의 '반드시 일삼음이 있다'(必有事焉)[109]는 것은 똑같이 활발발한 것이라고 하였습니다"[110]라고 말하자, 양명은 다음과 같이 대답한다.

> 역시 옳다. 천지 사이에 활발발한 것은 이 이치 아닌 것이 없는데, 그것은 바로 나의 양지가 유행하여 쉬지 않는 것이다. 양지를 실현하는 것이 바로 '반드시 일삼음이 있는' 공부이다. 이 이치는 떠나서는 안 될 뿐만 아니라, 실제로 떠날 수도 없다. 어디를 가더라도 도道가 아닌 것이 없으며, 어디를 가더라도 공부 아닌 것이 없다.[111]

소리개가 날고 물고기가 뛰어오르는 것과 같은 자연의 요동치는 생명현상과 반드시 일삼음이 있는 '필유사언', 즉 실제 인간사에서 전개되는 인간의 역동적 생명 현상은 모두 총체적 천지만물의 생명 본질인 천리의 발현이다. 아울러 이러한 자연과 인간의 역동적 생명 현상은 바로 인간 양지의 생생불식한 생명의 창출 · 양육 과정을 의미한다. 따라서 '필유사언'이란 자연과 인간이 일체화된 속에서 전개되는 양지에 의한 생명의 창출 · 양육 과정을 실현시켜나가는 일이라 정의할 수 있다.

'필유사언'은 언제나 의를 모으는 '집의集義'라고 전제하는 양명은 만일

---

108) 『詩經』, 「大雅·旱麓」, "鳶飛戾天, 魚躍于淵."

109) 『孟子』, 「公孫丑」(上), 2장, "必有事焉而勿正, 心勿忘, 勿助長也."

110) 『二程遺書』, 권3, 1上.

111) 『傳習錄』(中), 「黃以方錄」, 330조목, "問: 先儒謂鳶飛魚躍與必有事焉, 同一活潑潑地. 先生曰: 亦是. 天地間活潑潑地無非此理, 便是吾良知的流行不息. 致良知便是必有事的功夫. 此理非惟不可離, 實亦不得而離也: 無往而非道, 無往而非功夫."

항상 필유사언을 함에 혹 끊어지는 때가 있다면 이는 곧 잊는 것이니 '물망勿忘', 즉 잊지 말아야 한다고 한다. 또한 항상 필유사언을 함에 혹 빨리 효과를 거두고자 하는 때가 있다면 이는 곧 조장하는 것이니 '물조勿助', 즉 조장하지 말아야 한다고 한다.[112]

잊지 말라는 '물망勿忘'은 끊임없이 변화하는 천지만물의 생명 본질에서 기인한다. 천지만물의 생명 중추로서의 인간이 천지만물의 끊임없는 변화에 감응하며 생명 창생 활동에 참여 또는 이를 주체적으로 이끌어 가기 위해서는 단 한순간도 천지만물과 단절이 있어서도 안 되며, 또한 마음의 감응에 따른 실천 활동에 중단이 있어서도 안 된다. 따라서 '잊지 말라'는 것은 바로 천지만물을 온전하게 창생・양육시켜나가는 양지의 감응과 실천 활동을 중단하지 말라는 뜻으로 이해될 수 있다.

아울러 조장하지 말라는 '물조勿助' 또한 천지만물의 생명 본질과 깊은 관련성이 있다. 맹자는 송나라 사람이 벼의 싹을 빨리 자라게 하기 위해 이를 억지로 뽑아 놓음으로써 오히려 벼의 싹이 모두 말라버렸다는 이야기를 통해 조장의 문제점을 지적하고 있다.[113] 인간의 욕심 때문에 천지만물의 생명 질서를 거역하고 인위적으로 조장을 하게 되면 오히려 생명을 손상시키는 결과를 초래하게 된다는 것이다. 천지만물과의 감응을 통한 인간의 실천 활동은 천지만물을 온전하게 창생・양육시켜나가는 데 그 목적이 있다. 따라서 강제적・인위적 행동이 아닌 천지만물의 자연한 질서를 바탕으로 이들과 끊임없이 감응하고 이에 따라 실천을 해야만 이

112) 『傳習錄』(中), 「答聶文蔚」, 186조목, "必有事焉者, 只是時時去集義. 若時時去用必有事的工夫, 而或有時間斷, 此便是忘了, 卽須勿忘. 時時去用必有事的工夫, 而或有時欲速求效, 此便是助了, 卽須勿助. 其工夫全在必有事焉上用, 勿忘勿助, 只就其間提撕警覺而已. 若是工夫原不間斷, 卽不須更說勿忘; 原不欲速求效, 卽不須更說勿助."

113) 『孟子』, 「公孫丑」(上), 2장, "宋人有閔其苗之不長而揠之者, 芒芒然歸, 謂其人曰, 今日病矣, 予助苗長矣. 其子趨而往視之, 苗則槁矣. 天下之不助苗長者寡矣, … 助之長者, 揠苗者也, 非徒無益, 而又害之."

들의 생명을 온전하게 유지시켜줄 수 있다. 그러나 빨리 효과를 거두고자 하는 것은 양지의 감응에 의한 것이 아니라 개체 욕망에서 기인하는 것으로, 이에 따른 인위적・강제적 실천 행위는 오히려 천지만물의 생명을 질곡 또는 손상시키는 결과를 초래하기 때문에 조장해서도 안 된다. 따라서 '조장하지 말라'는 것은 양지의 감응과 실천 작용을 방해하는 개체 욕망의 개입을 차단함으로써 천지만물의 생명 질서에 순응하여 양지를 온전하게 실현시켜나가도록 하라는 의미로 볼 수 있다.

이러한 잊지도 않고 조장하지도 않는 '필유사언'이 결국은 양지 실현으로 귀결되는 것임을 양명은 다음과 같이 밝히고 있다.

> '반드시 일삼음이 있되 잊지도 말고 조장하지도 말라'는 것은 사물이 다가오면 다만 내 마음의 양지를 다하여 그에 응한다는 말이며, 이른바 "충서忠恕는 도道와 거리가 멀지 않다"[114]는 의미이다. 어떤 일을 처리하는 경우에 잘함과 잘못함의 구별이 있고, 매우 난처하여 순서를 잃어버리는 근심이 있는 것은 모두 비난과 칭찬, 얻음과 잃음에 이끌려서 그 양지를 실제로 실현할 수 없기 때문이다. 만일 실제로 그 양지를 실현할 수 있다면, 평소에 일처리를 잘했다고 불리던 것이 반드시 잘한 것은 아니며, 일처리를 잘못했다는 것이 실은 비난과 칭찬, 얻음과 잃음에 이끌려서 스스로 그 양지를 해쳤음을 깨닫게 될 것이다.[115]

천지만물과 끊임없이 관계를 맺어나가는 '필유사언'의 과정은 곧 양지의 감응 과정이다. 다만 타인으로부터 비방을 듣거나 자신의 이익을 상실하는 것을 싫어하고 명성을 듣거나 이익을 획득하는 것을 좋아하는 등

---

114) 『中庸』, 13장, "忠恕違道不遠, 施諸己而不願, 亦勿施於人."

115) 『傳習錄』(中), 「答周道通書」, 147조목, "必有事焉而勿忘勿助, 事物之來, 但盡吾心之良知以應之, 所謂忠恕違道不遠矣. 凡處得有善有未善, 及有困頓失次之患者, 皆是牽於毁譽得喪, 不能實致其良知耳. 若能實致其良知, 然後見得平日所謂善者未必是善, 所謂未善者卻恐正是牽於毁譽得喪, 自賊其良知者也."

과 같은 개체 욕망에 얽매이지 않도록 함으로써 양지를 통해 천지만물의 생명의 온전성을 판단하고 나아가 실천 행위를 창출함으로써 천지만물의 생명을 온전하게 유지시켜줌은 물론 자신의 생명 본질을 구현할 수 있게 된다. 따라서 필유사언은 천지만물을 건강하게 창생・양육하는 인간의 유기적 생명성으로서의 양지를 실현하는 일이라고 말할 수 있다.

2절과 본 절에서 살펴본 '격물・치지・성의・정심・수신의 일원적 체계'와 '집의'와 '필유사언' 등은 개별적 또는 단계적으로 전개되는 양지 실현의 각기 다른 방안을 의미하는 것이 아니라, 모두 양지를 실현하는 한 가지 일로서 단지 어느 측면에 중점을 두느냐에 따른 표현상의 차이일 뿐이다. 이에 양명은 다음과 같이 말한다.

> '반드시 일삼음이 있어야 한다'(必有事焉)는 것은 단지 '의로움을 쌓는'(集義) 공부일 뿐이다. '의로움을 쌓는' 공부는 단지 '양지를 실현하는'(致良知) 공부일 뿐이다. '의로움을 쌓는다'고 말하면 핵심을 단번에 드러내지 못하지만, '양지를 실현한다'고 말하면 곧바로 공부할 수 있는 실제적인 토대가 된다. 그러므로 나는 오로지 치양지만을 말한다. 그때그때의 구체적인 일에서 그 양지를 실현하는 것이 바로 격물格物이다. 착실하게 그 양지를 실현하는 것이 바로 성의誠意이다. 착실하게 그 양지를 실현하되 사적인 의도(意), 기필(必), 고집(固), 자아(我)가 조금도 없는 것이 바로 정심正心이다. 착실하게 양지를 실현한다면 잊어버리는 병통이 저절로 없어지게 된다. 사적인 의도, 기필, 고집, 자아가 조금도 없다면 조장하는 병통이 저절로 없어지게 된다. 그러므로 격格·치致·성誠·정正을 말하면, 다시 '잊지도 말고 조장하지도 말라'는 것을 말할 필요가 없다.[116]

---

116) 『傳習錄』(中), 「答聶文蔚」, 187조목, "夫必有事焉, 只是集義. 集義只是致良知. 說集義則一時未見頭腦, 說致良知卽當下便有實地步可用工. 故區區專說致良知, 隨時就事上致其良知, 便是格物; 著實去致良知, 便是誠意; 著實致其良知, 而無一毫意必固我, 便是正心; 著實致良知, 則自無忘之病; 無一毫意必固我, 則自無助之病: 故說格致誠正, 則不必更說箇忘助."

'필유사언'과 '집의'는 물론 '격물'·'성의'·'정심' 모두 양지 실현이라는 동일한 한 가지 일이라는 것이다. 다만 실제적인 사위간事爲間에서 사태에 따라 양지를 실현하는 것을 '격물'이라고 한다면, 착실하게 양지를 실현하는 것을 '성의'라 하고, 양지 실현을 통해 사적인 의도, 기필, 고집, 자아가 전무한 상태에 이르는 것을 '정심'이라고 할 수 있지만,[117] 이들은 단지 어느 측면에 놓고 표현하느냐에 따른 차이일 뿐이다. 그리고 착실하게 양지를 실현하는 성의를 통해 잊어버리는 병통이 없어지고, 사적인 의도, 기필, 고집, 자아가 전무한 '정심'을 통해 조장하는 병통이 없어진다고 할 수 있는 바, 이는 곧 '격물'·'치지'·'성의'·'정심'과 '필유사언' 및 '집의'가 양지를 실현하는 한 가지 일임을 명시하는 것이라 말할 수 있다.

비록 인간이 천지만물의 생명 본질에 근원한 유기적 생명성으로서의 '양지'를 선천적으로 내재하고 있다고 하더라도, 양지를 차폐시키는 개체 욕망으로 인해 양지를 실현하기 위한 또 다른 실천 과정이 요구된다. 또한 양지는 단지 천지만물의 생명의 온전성과 인간 자신의 의념에 대한 자각적 시비판단 그리고 실천 방향성의 창출 단계에서 실현되는 것이 아니라, 반드시 천지만물을 보살피고 양육하는 실제적 실천 행위를 수반함으로써만 실현된다. 결국 인간이 천지만물과의 감응 과정에서 자신과 천지만물의 생명 본질을 질곡시키는 개체 욕망을 제거하고 천지만물의 생명 손상을 자신의 아픔으로 느끼면서 이들을 보살피고 양육하는 실천 행위를 통해 천지만물과 하나가 되는 과정이 바로 양지를 실현하는 과정인

117) 意·必·固·我는 본래『論語』,「子罕」4장, "子絶四, 毋意, 毋必, 毋固, 毋我"에서 보인다. 주자주에 의하면, "毋는 無를 意는 私意를 必은 期必을 固는 執滯를 我는 私己를 의미한다고 한다. 송재운은 意·必·固·我가 없는 正心의 상태는 곧 致良知의 최고 단계로서 我에 대한 집착을 벗어나는 경지를 말하는 것이라고 주장하고 있는 바(송재운,『陽明哲學의 硏究』, 사사연, 1991, 201쪽) 이는 개체 욕망이 완전히 극복·제거된 상태를 의미한다고 볼 수 있다.

것이다. 명명덕 · 친민 · 지지선의 삼강령은 물론 격물 · 치지 · 성의 · 정심 · 수신과 사상마련, 집의, 필유사언 등은 모두가 이러한 양지를 실현하는 하나의 과정이며, 이러한 양지 실현을 통해 천지만물과 내가 진정으로 하나(天地萬物一體)가 될 수 있는 것이다.

제4절 양지 실현의 최후 경계

인간과 천지만물은 본원적으로 하나의 생명체이며, 인간은 천지만물의 마음이다. 이에 인간은 누구나 선천적으로 천지만물의 생명 손상을 아파하고 이들의 상처를 치유하고 이들을 건강하게 양육하는, 즉 천지만물과의 감응 주체인 양지를 갖고 태어난다. 그러나 인간은 다른 한편 그 자체로서 하나의 개체생명이기에 자신의 이익과 안위에만 집착하는 개체 욕망을 갖고 있다. 개체 욕망은 천지만물과의 유기적 · 상보적 관계망을 단절시키고 갈등과 투쟁을 야기한다. 본원적으로 인간은 천지만물과 일체이나 현실적으로는 개체 욕망으로 인해 천지만물과 단절된 상태에 놓여 있게 되는 것이다. 그러나 그 단절은 영원히 극복될 수 없는 영원한 단절이 아니다. 우리는 삶의 장 한가운데서 양지 실현의 실천 공부를 통해 개체 욕망을 제거하고 영명한 감응 주체인 양지를 회복 · 실현함으로써 천지만물과 진정한 하나가 될 수 있다. 천지만물과 진정으로 하나가 되는 '천지만물일체=여물동체與物同體=물아일체物我一體'의 경지가 바로 양지 실현의 최후 경계이다. 지행합일과 『대학』의 삼강령 · 팔조목 그리고 『맹자』의 집의와 필유사언 등과 같은 양지 실현은 실천 공부는 바로 인간 자신의 선천적 본성을 실현하는 일(明明德 · 成己 · 內聖 · 修己)임과 동시에 인간 자신과 천지만물이 진정으로 하나가 되는 일(親民 · 成物 · 外王 · 治人)이다.

분명 양지 실현의 최후 경계는 '천지만물일체=여물동체=물아일체'의 세계이다. 다만 양지는 인간 자신의 선천적이고 주체적인 시비준칙이자 시비판단 주체이며 실천행위의 주체이기 때문에 양지 실현의 실제성 여부는 인간 마음 밖에서 찾을 수 있는 것이 아니라 인간 내면에서 찾아야 하는 문제이며, 양명 또한 양지 실현을 통해 도달하는 내면의 경지로서 '스스로 만족함(自慊)'과 '참된 즐거움(眞樂)'을 제시하고 있다. 이와 더불어 양지 실현의 최후 경계인 '천지만물과 인간이 한 몸인 세계'에 대해서는 이미 앞에서 충분히 살펴본 바 있다.[118] 따라서 이곳에서는 양지 실현을 통해 도달하는 인간 내면의 경계에 중점을 두고 양지 실현의 최후 경계 문제를 다루고자 한다.

1. 양지 실현과 스스로 만족함

양명은 인간 자신의 시비준칙이자 자각적 판단력으로서의 양지에 의거하여 착실하게 선을 행하고 악을 제거함(爲善去惡)으로써 '온당한 쾌락'에 이르게 된다고 주장한다.[119] 또한 "다만 이 자연히 아는 밝음이 곧 양지이다. 이 양지를 실현하여 '스스로 만족함'(自慊)을 구하는 것이 곧 치지致知이다"[120]라고 주장한다. 이렇듯 스스로 시비선악을 판단하는 영명한

118) 본서 3장 3절 '양명의 생생불식의 유기체적 우주관', 4절 '만물일체의 유기체적 대동사회관' 및 8장 1절 4. '친민을 통한 천지만물일체의 실현' 등 참조.

119) 『傳習錄』(下), 「陳九川錄」, 206조목, "爾那一點良知, 是爾自家底準則. 爾意念着處, 他是便知是, 非便知非, 更瞞他一些不得. 爾只不要欺他, 實實落落依着他做去, 善便存, 惡便去. 他這裏何等穩當快樂."

120) 『全集』, 권5, 「與王公弼」, 197~198쪽, "只此自知之明, 便是良知. 致此良知以求自

양지를 실현함으로써 우리는 내면적으로 '온당한 쾌락' 또는 '스스로 만족함'과 같은 '내적인 자겸自慊'[121]의 경지에 도달하게 된다.

반면 그렇지 못한 경우에는 불안감을 느끼게 된다고 양명은 다음과 같이 말한다.

> 부귀를 버려야 할 때 부귀를 버리는 것은 다만 양지를 실현하는 것이고, 어버이와 형의 명을 따라야 할 때 어버이와 형의 명을 따르는 것 또한 다만 양지를 실현하는 것이다. 그 사이에 경중을 헤아리느라 조금이라도 양지에 사의私意가 끼어들게 되면 스스로 편안하지 못하게 된다.[122]

개체 욕망이 개입되지 않은 상황에서는 양지의 영명한 자각적 시비판단에 따라 부귀를 버리거나 부형의 명을 따르는 등의 실천 행위가 자연스럽게 진행됨으로써 양지가 실현된다. 그러나 그 과정에서 개체 욕망으로 인해 이해득실을 따지는 사사로운 의념이 조금이라도 개입하게 되면, 내적으로 스스로의 만족이 아닌 스스로 편안하지 못한 '불안감'을 느끼게 된다는 것이다.

사실상 만물과의 감응 과정에서 전개되는 양지 실현의 전 과정, 즉 양지의 자각적 시비판단, 실천 조리의 창출, 실천 의지의 발동, 실천 행위로의 이행 과정뿐만 아니라 양지 실현을 가로막는 개체 욕망의 발동 모두 인간 내면에서 이루어지는 총체적인 생명 활동이다. 따라서 양지의 실현 여부를 판단할 수 있는 준거 또한 마음 바깥의 사물 세계에 있는 것이 아니라 바로 인간 자신의 내면, 즉 인간 자신의 마음에 달려있는 것이다.

慊, 便是致知矣."

121) '自慊'이란 말은 『大學』에 나온다. "所謂誠其意者, 毋自欺也. 如惡惡臭, 如好好色, 此之謂自慊, 故君子必愼獨也."

122) 『全集』, 권6, 「與王公弼」, 215쪽, "當棄富貴卽棄富貴, 只是致良知; 當從父兄之命卽從父兄之命, 亦只是致良知. 其間權量輕重, 稍有私意於良知, 便自不安."

이에 내적인 마음의 편안한 '만족감'과 편안하지 못한 '불안감'은 양지가 작용하는 표현 방식으로서, 마음의 편안함과 불안함은 양지를 검증하고 시비를 판단하는 하나의 방법이 될 수 있다고 평가되기도 한다.[123)]

양지의 실현 여부는 어떠한 외재적 준거가 아닌 인간 자신의 내면에서 스스로 만족감을 느끼는가 아니면 불안감을 느끼는가에 따라 판단될 수 있는 것이다. 나아가 양명은 "군자는 온갖 변화에 응수하는데, 마땅히 행해야 한다면 행하고, 마땅히 그쳐야 한다면 그치고, 마땅히 살아야 한다면 살고, 마땅히 죽어야 한다면 죽는다. 헤아리고 조정하는 것이 자신의 양지를 실현하여 스스로 만족함을 구하지 않음이 없다"[124)]고 한다. 인간에게 있어서의 양지 실현의 귀결처는 마음 밖에 존재하는 물질적인 부귀영화나 타인들로부터의 칭송과 명예를 얻는 데 있는 것이 아니라 인간 내면에서의 스스로 만족함을 구하는 데 있다는 것이다.

> 군자의 학學은 오직 그 마음을 구하는 것으로서 비록 천지를 세우고 만물을 양육하는 데 이르더라도 내 마음 밖으로 벗어나는 것이 없다. … 마음 바깥에 일이 없으며, 마음 바깥에 리理가 없다. 그러므로 마음 바깥에 학學이 없다. 이때문에 어버이에 대해서는 자식이 자신의 마음의 인仁을 다하고, 임금에 대해서는 신하가 자신의 마음의 의義를 다하는 것과, 자신의 마음의 충신忠信을 말하고, 자신의 마음의 독경篤敬을 행하는 것과, 마음의 분노를 징계하고, 마음의 욕망을 막고, 마음의 선함을 실천으로 옮기고 마음의 그릇됨을 고치는 등과 같은 사물을 처리하는 일은 가는 곳마다 내 마음을 다함으로써 스스로 만족함을 구하는 것 아닌 것이 없다.[125)]

---

123) 陳來, 『有無之境』(人民出版社, 1991), 177쪽 참조.

124) 『傳習錄』(中), 「答歐陽崇一」, 170조목, "君子之酬酢萬變, 當行則行, 當止則止, 當生則生, 當死則死, 斟酌調停, 無非是致其良知, 以求自慊而已."

125) 『全集』, 권7, 「紫陽書院集序」, 239쪽, "是故君子之學, 惟求得其心. 雖至於位天地, 育萬物, 未有出於吾心之外也. … 心外無事, 心外無理, 故心外無學. 是故於父, 子盡吾心之仁, 於君, 臣盡吾心之義; 言吾心之忠信, 行吾心之篤敬; 懲心忿, 窒心欲, 遷心善, 改心過; 處事接物, 無所往而非求盡吾心以自慊也."

만물의 창생·양육은 물론 인간관계 속에서의 인의仁義의 실천, 그리고 위선거악爲善去惡하는 모든 실천 행위 등은 모두가 내면적으로 스스로 만족함을 구하는 일로 귀결된다. 인간이 천지만물과의 유기적 관계망 안에서 양지를 실현하고자 함은 내적으로 진정한 만족함의 상태에 도달하고자 함이며, 또한 양지 실현은 내적으로 진정한 만족함의 상태에 도달하는 것으로 귀결된다. 따라서 양지가 온전하게 실현되었는가 하는 판단의 근거는 자신의 시비판단이나 실천 행위가 외재적인 규범이나 격식에 부합되는가에 달려있지 않다. 또한 타인이 인정하는가의 여부에도 달려있지 않다. 이는 자신이 내면적으로 진정한 만족을 느낄 수 있는가에 달려있다고 말할 수 있다. 그러므로 이러한 진정한 내적 만족은 인간이 자신의 생명 본질을 구현함으로써 스스로 도달할 수 있는 궁극적 경지이며, 또한 양지의 진정한 실현 여부를 내면적으로 판단할 수 있는 근거가 된다.

이에 양명은 이상적 인간상으로서의 성인聖人이 양지 실현을 통해 도달하는 궁극적 경지는 다름 아닌 내면적인 스스로의 만족함에 있음을 다음과 같이 명확히 밝히고 있다.

> 양지가 사람의 마음에 있는 것은 성인과 어리석은 사람의 구분이 없으며, 천하 고금이 다 같다. 세상의 군자가 오직 양지를 실현하는 데 힘쓰기만 한다면, 저절로 시비是非를 공유하고 호오好惡를 함께하며, 남을 자기와 같이 보고 나라를 한 집안처럼 보아서 천지만물을 한 몸으로 여길 수 있다. 그러면 천하가 다스려지지 않기를 구할지라도 얻을 수 없을 것이다. 옛 사람들이 타인의 선행을 보기를 마치 자기로부터 나온 듯이 여기며, 타인의 악행을 보기를 마치 자기가 악에 빠진 것처럼 여길 뿐만 아니라, 백성의 굶주림과 곤고함을 마치 자기의 굶주림과 곤고함처럼 보았으며, 한 사람이라도 자기 자리를 획득하지 못하면 마치 자신이 그를 도랑에 밀어넣은 것처럼 여겼던 까닭은 의도적으로 그렇게 행하여 천하 사람들이 자기를 믿어주기를 바랐

기 때문이 아니다. 자신의 양지를 실현하여 스스로 만족함을 구하는 데 힘썼을 따름이다.[126]

인간 누구나 선천적으로 내재하고 있는 양지를 실현함으로써 도달하는 인간의 궁극적 경지가 바로 '성인됨'이며, 성인은 천지만물과 자・타와 물・아의 구분을 두지 않고 천지만물의 생명 손상과 고통을 자신의 아픔으로 느끼고 이들을 안전하게 보살핌으로써 '천지만물과 하나됨'(天地萬物一體=與物同體)을 실현하는 참된 인간의 모습이다. 이렇듯 만물의 굶주림과 고난을 함께하고 생명 손상을 치유하고 양육하면서 천지만물과 하나가 되고자 하는 그리고 천지만물과 하나 되는 양지 실현의 궁극적 목적은 타인으로부터 명성을 얻는 데 있는 것이 아니라 바로 자신의 내면세계에서 '스스로 만족함'을 얻는 데 있음을 양명은 세상에 천명하고 있는 것이다.

2. 천지만물일체와 참된 즐거움

양지 실현의 궁극적 목적이 '스스로 만족함(自慊)'을 구하는 데 있고, 양지 실현을 통해 내적으로 '스스로 만족함(自慊)'에 이르게 된다고 주장하는 양명은 '즐거움'(樂)이야 말로 마음의 본체이며,[127] '양지'는 즐거움의 본체라고 규정하고 있다.[128] 이에 천라이(陳來)는 '즐거움'은 유가 사상 가운데 성현의 경지에 대한 중요한 규정 가운데 하나라고 전제하면서, '즐거움'

126) 『傳習錄』(中), 「答聶文蔚」, 179조목, "良知之在人心, 無間於聖愚, 天下古今之所同也. 世之君子, 惟務致其良知, 則自能公是非, 同好惡, 視人猶己, 視國猶家, 而以天地萬物爲一體, 求天下無治, 不可得矣. 古之人所以能見善不啻若己出, 見惡啻若己入, 視民之飢弱, 猶己之飢弱, 而一夫不獲, 若己推而納諸溝中者, 非故爲是, 而以蘄天下之信己也, 務致其良知求自慊而已矣."

127) 『傳習錄』(中), 「答陸原靜書」, 166조목, "樂是心之本體."

128) 『全集』, 권5, 「與黃勉之二」, 195쪽, "良知卽是樂之本體."

이 표시하는 인생의 최고 경계는 개체의 명리名利·부귀貧富·궁달窮達의 속박을 초월하여 심령心靈을 천지天地와 함께 유행하는 경지로 끌어올려 사람이 도道를 듣는 단계로부터 나아가 정신적으로 도와 합일되는 단계에 이르는 것이라고 정의한다. 이는 고급스러운 정신 경계의 즐거움으로서 사람들이 일상생활 속에서 경험하는 감성쾌락(생리적 쾌락과 심미적 기쁨)과는 완전히 다르며, 이러한 의미에서 즐거움은 정감情感의 범주가 아닌 '경계'의 범주로서 '심체心體'로 규정된다고 본다. 양명이 이러한 '참된 즐거움'(眞樂)을 실제적인 측면에 있어 인간 마음의 본연상태로 생각했다고 주장한다.[129)]

필자는 '즐거움'의 최고 경계는 개체의 명리와 부귀 등의 속박을 초월하여 심령으로 하여금 천지와 함께 유행하는 경지라는 천라이의 주장에는 동의한다. 그러나 이는 고급스러운 정신 경계의 즐거움으로서 사람들이 일상생활 속에서 경험하는 정감 범주의 감성쾌락과는 완전히 다르다고 하는 주장은 양명의 일원적 체계에 비추어 볼 때 다소 문제가 있다고 본다. 양명은 분명 마음의 본체로서의 '즐거움'은 인간의 총체적 감정을 의미하는 칠정七情 가운데 하나로서의 '즐거움'과는 같지 않지만 또한 칠정의 즐거움을 벗어나는 것이 아니라고 주장한다.[130)] 또한 칠정의 감정이란 인간의 고유한 생명 현상이기 때문에 감정의 자연한 유행은 곧 양지의 발용이 되는 반면, 감정이 집착에 빠진 상태는 욕망으로서 오히려 양지를 차폐시킨다고 주장한 바 있다.[131)]

---

129) 陳來, 『有無之境』, 78쪽 참조.

130) 『傳習錄』(中), 「答陸原靜書」, 166조목, "樂是心之本體, 雖不同於七情之樂, 而亦不外於七情之樂."

131) 『傳習錄』(下), 「黃省曾錄」, 290조목, "喜怒哀懼愛惡欲, 謂之七情. 七者俱是人心合有的, 但要認得良知明白. … 七情順其自然之流行, 皆是良知之用, 不可分別善惡, 但不可有所著; 七情有著, 俱謂之欲, 俱爲良知之蔽; 然纔有著時, 良知亦自會覺, 覺卽蔽去, 復其體矣!"

인간의 고유한 생명 현상으로서의 '감정'은 발용 상태에 따라 마음의 본질로서의 천리天理에 부합될 수도 있고, 개체 욕망의 발동과 차폐로 인해 이에 부합되지 않을 수도 있다. 따라서 칠정 가운데 하나인 즐거움 또한 발용 과정에서 개체 욕망의 개입 여부에 따라 천리에 부합될 수도 있고 그렇지 못할 수도 있다. 그러므로 마음의 본체로서의 '즐거움'은 칠정의 '즐거움'과는 동일하지 않다고 말할 수 있는 반면, 마음의 본체로서의 즐거움 또한 인간의 고유한 생명 현상으로서의 칠정 가운데 하나인 즐거움을 별개로 하여 다른 방식을 통해 발용된다고 말할 수는 없다. 이에 양명은 '양지를 즐거움의 본체'로 규정하기도 하거니와 마음의 본체로서의 즐거움이든 즐거움의 본체로서의 양지든 모두가 인간의 고유한 생명 현상 가운데 하나인 감정을 통해 발용되는 것이기 때문에 칠정의 즐거움을 벗어나는 것은 아니라고 말할 수 있다. 마음의 본질로서의 양지는 기氣, 칠정七情, 견문見聞 등과 같은 실제적인 생명 현상과의 하나됨을 통해 발현되는 것이기 때문에,[132] '참된 즐거움'(眞樂)은 사람들이 일상생활 속에서 경험하는 감성쾌락과는 완전히 다르다는 천라이의 주장은 인간의 생명 현상으로서의 감정과 마음의 본질(즐거움 · 양지)을 이원화시키는 문제를 야기하는 것으로 보인다.

양명은 마음의 본체로서의 즐거움이 비록 칠정 중의 즐거움과는 같지 않지만 또한 칠정의 즐거움을 벗어나지도 않는다고 전제하면서 다음과 같이 말한다.

> 비록 성현에게 따로 참된 즐거움(眞樂)이 있지만, 또한 보통 사람도 똑같이 지니고 있다. 다만 보통 사람들은 그것을 지니고 있으면서도 스스로 알지 못하고, 도리어 스스로 수많은 근심과 고뇌를 찾으며 미혹과 자아 방기를 덧보탠다. 비록 근심과 고뇌, 미혹과 자아 방기 가운데 있을지라도 그 즐거움

132) 본서 6장 3절 '양지의 하나됨과 생명 창출' 참조.

은 또한 있지 않은 적이 없다. 한 생각이 환하게 열리고 자기 몸에 돌이켜서 성실하면 (즐거움이) 거기에 있게 된다.[133]

성인이나 현자뿐만 아니라 일반인들 모두 '참된 즐거움'을 선천적으로 지니고 있지만, 일반인들은 내 마음에 참된 즐거움이 있음을 알지 못하고 마음 밖에서 이를 찾아 근심과 고통 속에서 헤매며 자아를 방기하게 된다는 것이다. "수많은 근심과 고뇌를 찾는다"는 것은 참된 즐거움이 부귀영화 또는 타인으로부터의 명예나 칭송 등과 같이 마음 밖의 세계에 있다고 생각하여 이를 얻기 위해 근심하며 얻지 못해 고뇌하는 것을 의미하며, "미혹과 자아 방기를 덧보탠다"는 것은 부귀영화나 명예 같은 외물外物에 유혹되어 이를 추구하다 내 마음 속의 참된 즐거움을 방기해버리는 것을 의미한다. 그러나 아무리 외물에 유혹되어 근심하고 고뇌하며 미혹되고 자아를 방기한다 하더라도 '참된 즐거움'은 내 마음의 본질적 속성(心之本體)이기에 상실되지 않는다. 다만 자신에게 돌이켜 성실하면(反身而誠) 그것이 곧 '참된 즐거움'의 경지라는 것이다. '반신이성反身而誠'은 본래 『맹자』에서 "만물이 모두 나에게 갖추어져 있으니, 몸에 돌이켜서 성실하면 즐거움이 이보다 큰 것은 없다"[134]고 한 말이다. '성誠'은 만물을 화육하는 하늘의 도(天道)이며, 양지는 즐거움의 본체이다. 따라서 양명의 입장에서 이를 해석하면 "천지만물과의 감응 주체인 양지가 내 마음에 갖추어져 있으니, 양지 실현을 통해 천지의 만물 화육을 도우면 내 마음은 참된 즐거움의 경지에 이르게 된다"고 말할 수 있다.

이렇듯 '참된 즐거움'은 천지만물과 하나가 되기 위한 마음의 본질적 속성이자 또한 천지만물과 하나됨(天地萬物一體=與物同體)을 통해 도달하는

133) 『傳習錄』(中), 「答陸原靜書」, 166조목, "雖則聖賢別有眞樂, 而亦常人之所同有. 但常人有之而不自知, 反自求許多憂苦, 自加迷棄. 雖在憂苦迷棄之中, 而此樂又未嘗不存. 但一念開明, 反身而誠, 則卽此而在矣."

134) 『孟子』, 「盡心」(上), 4장, "萬物皆備於我矣. 反身而誠, 樂莫大焉."

마음의 궁극적 경지라고 양명은 다음과 같이 밝히고 있다.

> 즐거움(樂)은 마음의 본체이다. 어진 사람(仁人)의 마음은 천지만물로써 한 몸을 삼아서 기쁘고 화창和暢하여 본래 간격이 없다. 보내온 편지에 "사람의 생리生理는 본래 스스로 화창하고 본래 즐겁지 아니함이 없다. 다만 객기客氣와 물욕物欲이 화창한 기氣를 어지럽혀 비로소 끊어져서 즐겁지 아니함이 있다"고 말한 것은 옳다. '때때로 익힌다'(時習)는 것은 이 마음의 본체를 회복하는 것이며, '기쁘다'는 것은 본체가 점차 회복되고 있다는 것이다. '벗이 찾아온다'(朋來)는 것은 본체의 기쁨과 화창함이 천지만물에 두루두루 충만하여 간격이 없다는 것이다. 본체의 기쁨과 화창함이 본래 이와 같아서 애초에 일찍이 보탤 것이 있지 않다. 가령 벗이 찾아오지 아니하고 천하가 나를 알아주지 않는다 하더라도 또한 일찍이 감소할 것이 있지 않다. 보내온 편지에 '끊어짐이 없다'(無間斷)고 말한 생각 또한 옳다. 성인 또한 다만 지성으로 쉼이 없을(至誠無息) 따름이니, 그 공부는 다만 때때로 익히는 것이다.[135]

'즐거움'은 개체 욕망이 개입되지 않은 순수한 마음의 본질적인 생명성에 다름 아니다. 어진 사람(仁人), 즉 성인聖人은 이를 통해 천지만물과 감응하는 과정에서 조화의 기운이 교감하고 기쁨과 화창한 생명력이 약동함으로써 천지만물과 간격 없이 하나의 생명의 관계망을 유지시켜나갈 수 있는 바, 이는 바로 진정한 의미의 '즐거움'의 실현이며, 이 과정에서 인간은 또한 진정한 즐거움의 경지에 도달하게 된다는 것이다. 양명은 여기서『논어』,「학이」, 1장의 "배우고 때때로 익히면 또한 즐겁지 아니한가? 벗이 있어 먼 곳으로부터 오면 또한 즐겁지 아니한가? 남들이 나를

---

135) 『全集』, 권5,「與黃勉之二」, 194~195쪽, "樂是心之本體. 仁人之心, 以天地萬物爲一體, 訢合和暢, 原無間隔. 來書謂人之生理, 本自和暢, 本無不樂, 但爲客氣物欲攪此和暢之氣, 始有間斷不樂是也. 時習者, 求復此心之本體也. 悅則本體漸復矣. 朋來則本體之訢合和暢, 充周無間. 本體之訢合和暢, 本來如是, 初未嘗有所增也. 就使無朋來而天下莫我知焉, 亦未嘗有所減也. 來書云無間斷意思亦是. 聖人亦只是至誠無息而已, 其工夫只是時習."

알아주지 않더라도 성내지 않으면 또한 군자가 아닌가?"136)라는 내용을 천지만물과 하나가 되는 즐거움의 경지로 설명하고 있다. 때때로 익힌다는 '시습時習'은 마음의 본체인 즐거움을 회복하는 실천 공부로서 "배우고 때때로 익히면 또한 즐겁지 아니한가?"라는 구절은 "마음의 본체인 즐거움을 회복하는 실천 공부를 끊임없이 하여 본체가 회복되면 마음이 즐겁지 않겠는가?"로 해석된다. 그리고 벗이 찾아온다는 '붕래朋來'는 즐거운 마음이 천지만물과 감응하여 천지만물과 하나가 되는 것으로서 "벗이 있어 먼 곳으로부터 오면 또한 즐겁지 아니한가?"라는 구절은 "즐겁고 화창한 생명력을 지닌 양지 본체가 천지만물과 감응하여 천지만물과 하나가 되면 또한 참된 즐거움의 경지에 도달하지 않겠는가?"로 해석된다. '즐거움'과 '화창함'은 인간 마음의 본질적 속성이기에 여기에 더할 것도 없으며, 비록 천하가 나를 알아주지 않는다 하더라도 본질적 속성에는 감소될 것이 없다. 단지 천지만물과 하나되는 지성무식至誠無息한 양지 실현을 통해 본질적 속성인 '참된 즐거움'을 맛보면 된다. 결국 '참된 즐거움'은 인간이 천지만물과 하나가 되기 위한 마음의 본질적 속성이자 또한 천지만물의 창생·양육 과정을 주체적·능동적으로 이끌어가야 하는 인간의 책임을 완수해나가는 과정, 즉 천지만물과 하나됨(天地萬物一體=與物同體=物我一體)의 과정에서 도달하는 '최후 경계'이자 '궁극적 경지'라고 말할 수 있다.

이상 7장 「양지 실현과 지행합일」과 8장 「양지 실현과 참된 즐거움의 경계」 2개 장에 걸쳐 '치양지설致良知說' 즉, 치양지의 함의와 양지 실현의 필요성, 지행합일설과 친민설 등 양지 실현의 다양한 실천 방안, 그리고 양지 실현의 최후 경계 등에 대해 살펴보았다. 3~7장에서 살펴본 바와

136) 『論語』, 「學而」, 1장, "子曰: 學而時習之, 不亦說乎. 有朋 自遠方來, 不亦樂乎. 不知而不慍, 不亦君子乎."

같이, 인간과 천지만물은 본원적으로 하나의 생명체이며 인간은 천지만물이라는 총체적 유기체의 마음이다. 인간이 천지만물의 중추적 존재가 될 수 있는 근거는 천지만물의 생명 손상을 아파하고 이를 치유하며 천지만물의 화육化育 과정에 주체적으로 참여할 수 있는 통각과 감응 주체인 '만물일체의 인심仁心' 즉, 양지良知를 선천적으로 내재하고 있기 때문이다. 그러나 인간은 그 자체로서 또한 하나의 생명체이기에 천지만물과의 유기적이고 상보적인 관계망을 단절하고 개체생명의 이익과 안위에만 집착하는 개체 욕망(사욕)의 발동 가능성을 내재하며, 개체 욕망의 발동은 마치 구름이 태양을 가리고 먼지가 거울을 가리듯 양지를 차폐시킴으로써 천지만물과의 감응 작용을 가로막는다. 따라서 인간의 선천적 생명 본질인 양지의 자연한 유행을 가로막는 개체 욕망을 제거해야만 진정으로 천지만물과 하나가 될 수 있다. 이렇듯 천지만물과의 역동적 감응 과정에서 양지에 의한 천지만물의 생명의 온전성 여부와 자신의 의념에 대한 자각적 시비 판단을 토대로 개체 욕망을 제거함은 물론 천지만물의 생명을 온전하게 유지시켜줄 수 있는 실천 조리를 창출하고 나아가 실천 의지를 통해 실제적 실천 행위를 이끌어냄으로써 총체적 천지만물의 생명 창생·양육 과정을 주체적·능동적으로 이끌어가야 하는 인간의 전우주적 책임과 사명을 구현해 가는 과정이 바로 '양지 실현'이다. 인간은 총체적 천지만물의 의식 중추를 담당하기 때문에, 양지 실현은 결국 총체적 천지만물의 끊임없는 자기－조직화 과정으로 귀결되며, 천지만물과 인간이 진정한 의미의 하나됨을 의미한다고 말할 수 있다.

'지행합일'과 『대학』의 '명명덕', '친민', '지지선', '격물', '치지', '성의', '정심', '수신', 그리고 '사상마련'과 『맹자』의 '필유사언'과 '집의' 등은 모두 이러한 양지를 실현하는 하나의 실천 공부일 뿐이다. 인간은 이러한 실천 공부를 통해 양지를 실현함으로써 천지만물과 진정으로 하나가 되는 '천지만물일체=여물동체與物同體=물아일체物我一體'의 최후 경계에 도달하게 된다. 다만 양지는 인간 자신의 선천적이고 주체적인 시비준칙이자 시비판단 주체이며 실천행위의 주체이며, 양지를 실현하는 일은 결국 자신의 선천적 생명 본질을 실현하는 일이므로, 양지 실현의 실제성 여부는 인간 마음 밖에서 찾을 수 있는 것이 아니라 인간 내면에서 찾아야 한다. 따라서 양지 실현의 귀결처는 마음 밖에 존재하는 물질적인 부귀영화나 타인들로부터의 칭송과 명예를 얻는 데 있는 것이 아니라 인간 내면에서의 '스스로 만족함'(自慊)을 구하는 데 있게 된다. 또한 '참된 즐거움'(眞樂)은 그 자체로서 천지만물과 하나가 되기 위한 인간 마음의 본질적 속성(心之本體)임과 동시에 천지만물과 감응하고 양육하는 양지 실현을 통해 진정으로 천지만물과 하나가 되는 천지만물일체=여물동체의 과정에서 도달하는 마음의 최후 경계이자 궁극적 경지이다.

제9장
생명철학과 참된 자아 실현의 교육론

‘천지만물’은 하나의 유기적인 생명체이며, ‘인간’은 천지만물의 마음이라는 중추적 존재로서 천지만물의 한 부분이다. 하나의 총체적 유기적 생명체인 천지만물은 ‘인간 개체’, ‘인간 사회’, ‘자연 생태계’라고 하는 중층적인 생명의 유기적 관계망으로 구성되어 있다. 인간 사회와 자연 생태계는 인간의 입장에서 보았을 때는 인간 상위의 ‘전체’이나, 천지만물의 입장에서 보았을 때는 천지만물의 하위의 ‘부분’인 것이다. 따라서 인간은 이러한 생명의 유기적인 중층적 관계망을 전제로 자신의 생명 본질을 구현시켜나간다. 즉 인간은 인간 사회 및 자연 생태계의 여타 부분들과의 단절 · 고립이 아닌 이들과의 유기적이고 상보적인 생명의 관계망 안에서 자신의 생명 본질을 발현 · 전개 · 구현시켜나갈 수 있는 것이다.

양명학에 있어 인간 자신의 생명 본질 구현과 인간 사회 및 자연 생태계의 생명 본질 구현은 순차적으로 이루어지는 일이나 또는 서로 다른 별개의 일이 아니다. 이는 유기적이고 상보적인 관계망 안에서 인간 자신으로부터 동시적으로 진행되고 동시적으로 구현되는 한 가지 일이다. 다만 어느 쪽에 초점을 두느냐에 따라 표현을 달리할 수 있다. 예컨대 ‘명명덕明明德’과 ‘친민親民’은 한 가지 일이지만,[1] 인간 자신에 초점을 두어 말하면 '명명덕'이라 하고 인간 사회와 자연 생태계의 여타 부분에 초점을 두어 말하면 '친민'이라 하는 것이다.[2] 또한 생명 본질 구현으로서의 양지 실현은 주체적 자아의 확립이라는 측면에서 '성기成己'라 할 수 있는 반면, 실천을 통해 천지만물의 여타 부분들로 하여금 진정으로 생명 본질을 구현토록 한다는 측면에서 '성물成物'이라 말할 수 있다.[3] 명명덕과 친민, 성기와 성물뿐만 아니라 '수기修己'와 '치인治人', '내성內聖'과 '외왕外王' 모두 인간 자신뿐만 아니라 천지만물의 생명 본질을 실현하는 한 가지 일인 것이다. 다만 논의의 초점에 따라, 즉 생명 본질을 실현하는 주체인 나로부터 말하면 명명덕, 성기, 수기, 내성이라 하는 것이요, 대상인 인간 사회와 자연 세계로부터 말하면 친민, 성물, 치인, 외왕이라 하는 것이다.

4장 「마음의 창조적 · 역동적 생명 원리」와 5장 「인간 양지의 유기적 생명성」, 6장 「양지의 일원적 체계와 생명 창출」, 7장 「양지 실현과 지행합일」 및 8장 「양지 실현과 참된 즐거움의 경계」에서는 주로 명명덕, 성기, 수기, 내성의 측면에 중점을 두고 인간과 천지만물의 생명 본질 실현 근거와 실현 과정을 그려보았다. 지금부터는 앞에서 논의한 내용을 바탕으로 '성기와 성물', '내성과 외왕', '수기와 치인', '명명덕과 친민'이 하나라는 전제 아래 다양한 현실 문제와 관련하여 주로 성물, 치인, 외왕, 친민의 측면에서 양명 생명철학의 특성과 의의를 고찰해나갈 것이다. 친민의 구체적 전개 과정을 참된 자아의 실현 문제로부터 인간 사회와 자연 생태계의 문제로 점차 확대해나갈 것이다. 먼저 9장에서는 양명의 생명

---

1) 『王陽明全集』(上海古籍出版社, 1992, 이하 『全集』이라 표기), 권8, 「書朱子禮卷」, 281쪽, "明德, 親民, 一也. 古之人明明德以親其民, 親民所以明其明德也."

2) 『全集』, 권7, 「大學古本序」, 243쪽, "以言乎己, 謂之明德; 以言乎人, 謂之親民."

3) 송재운 또한 양명학에 있어 成己와 成物은 二分되어 있는 것이 아니라 成己卽成物, 成物卽成己의 관계가 된다고 주장한다.(송재운, 『陽明哲學의 硏究』, 사사연, 1991, 224~227쪽 참조)

철학을 바탕으로 전개되는 '참된 자아 실현의 교육론'의 특성과 그 교육 방안을 고찰하고, 10장에서는 양명의 유기체적 대동사회관을 바탕으로 전개되는 '친민 정치론'의 특성들을 고찰할 것이다. 그리고 11장에서는 생명공학시대, 생의生意와 만물일체의 인심仁心과 친민親民을 핵심으로 하는 양명학의 생명윤리 정립 가능성을 모색하고, 12장에서는 생태계 위기와 관련 '인간과 자연의 하나됨'을 추구하는 양명 생명철학의 특성과 의의를 고찰할 것이다.

제1절 현대 교육의 위기와 양명학

1. 생명을 억압하는 교육

오늘날 한국 사회가 직면한 심각한 사회 문제 가운데 하나가 바로 교육의 총체적 위기이다. 지난 2004년 11월 5일 대학수학능력고사를 치르던 날 전북 남원의 한 여학생이 시험장 부근 아파트에서 뛰어내려 목숨을 끊은 사건이 일어났다. 수능을 마친 다음 날 서울에서도 한 여학생이 수능 성적이 낮게 나와 대학도 못 가게 생겼다며 아파트 25층에서 떨어져 숨졌다고 한다.[4] 연간 200여 명이 성적 때문에 자살하고, 학교 안팎에서는 폭력과 집단따돌림이 난무한다.[5] 생명의 존엄과 가치를 가르쳐야

4) 오마이 뉴스, 2003.11.10(월)

5) 우리나라 초·중·고등학생 4명 중 1명이 학교폭력이나 집단따돌림 경험이 있는 것으로 조사됐다.(한겨레, 2003.8.19(화))

할 학교는 오히려 친구가 경쟁의 대상이 되어야 하는 삭막한 곳이 된 지 오래다. 학생들은 오로지 일류대학에 진학하기 위해 이른 새벽부터 밤늦게까지 학교와 학원을 전전한다. 자율과 생명을 죽이고 타율과 죽음이 지배하는 출구 없는 '입시 지옥'에서 가쁜 숨을 몰아쉬는 젊은 생명의 모습은 처절하다. 학부모들 또한 자기 자식에게 더 나은 사교육을 시키기 위해 빚을 지더라도 집값 비싼 강남으로 이사하고, 자식의 사람됨이나 능력에 상관없이 일류대학에 보내기 위해 파출부며 기러기 아빠까지 마다 않는 것이 현실이다. 한 과목에 몇 백만 원하는 고액 과외, 내신 조작, 촌지 등 우리는 신문 지상에서 매일같이 교육과 관련된 서글픈 뉴스들을 접한다.

이러한 총체적 교육 위기의 이면에는 갈수록 치열해지는 학벌 위주 풍토와 그로 인한 살인적 입시경쟁이 자리잡고 있다. 명문대를 나와야만 행세하는 살벌한 학벌사회가 젊은 학생들을 타율과 죽음으로 몰아가고 있는 것이다. 아이들을 죽음으로 내모는 경쟁 위주의 교육 풍토에서는 바람직한 인간의 변화를 도모하는, 즉 지성의 연마, 기술의 습득, 도덕성의 제고, 감성의 발양, 체력의 증진 등을 유기적으로 고르게 증진시켜주는 전인 교육[6]은 설자리를 잃고, 대신 주지주의적이고 획일적이며 강압적인 교육 풍토만이 만연하고 있다. 이러한 교육 풍토가 학생들의 몸과 마음을 억압하고 이들의 주체성과 창의성 그리고 자율성을 말살함으로써 학생들을 죽음으로 몰아넣고 있는 것이다. 학교 교육의 위기는 단지 학교의 붕괴만으로 끝나지 않고, 장기적으로는 가정과 사회와 국가의 붕괴로 이어진다는 데 그 심각성이 있다. 이제 우리는 타율과 죽음이 지배하는 교육이 아닌 '자율'과 '생명'을 살리는 교육으로 전환해야 할 시점에 이르렀다.

---

6) 황의동, 『유교와 현대의 대화』(예문서원, 2002), 153쪽 참조.

이러한 전환점에서 양명이 12살 때 글방 선생님과 나눈 다음과 같은 문답은 우리에게 새로운 시사점을 던져준다.

> 어느 날 양명이 글방 선생님께 물었다. "무엇이 천하에서 가장 중요한 일입니까?" 선생이 대답하였다. "오직 독서하여 과거에 급제하는 일이다."
>
> 그러자 양명은 의심하면서 말했다. "과거에 급제하는 일이 천하에서 제일 중요한 일은 아닌 것 같습니다. 독서하여 성현聖賢이 되는 것을 배울 뿐입니다."[7]

양명은 학문의 목표 나아가 삶의 목표를 과거 급제를 통해 높은 벼슬을 얻는 입신양명의 출세가 아닌 '참된 자아'의 실현에 두고 있다. 이후 양명은 참된 자아(聖人) 실현의 꿈을 실현하기 위해 어떠한 생사환난의 고난도 마다하지 않는 주체적이고 역동적이며 창조적인 삶을 살면서 독창적인 철학사상을 수립함과 아울러 이를 바탕으로 '참된 자아 실현의 교육론'을 피력한다. 양명은 당시의 교조주의적이고 주지주의적인 학풍과 획일적이고 강제적인 주입식 교육을 비판하면서 재능과 덕성이 일치된 교육, 능동적 · 자율적 · 창의성 증진의 아동 교육, 배움과 실천의 합일 교육 등 유기체적 사회에 적합한 참된 자아 실현의 교육 방안들을 구체적으로 제시함은 물론 몸소 학교를 설립하고 강학 활동에도 진력하였다. 이에 양명은 단순한 이론가나 이상주의자가 아니라, 그 자신 몸소 실천을 통하여 그의 이상을 구현한 실천철학자라고 평가되기도 한다.[8]

먼저 양명 교육론의 근간이 되는 주체적 · 실천적 · 유기체적 인간관을 개괄적으로 고찰하고, 이를 바탕으로 참된 자아 실현의 교육론의 출발점

---

7) 『全集』, 권33, 「年譜一」, 1221쪽, "嘗問塾師曰: 何爲第一等事. 塾師曰: 惟讀書等第耳. 先生疑曰: 登第恐未爲第一等事, 或讀書學聖賢耳."

8) 김길락, 「王陽明의 經世思想 硏究」(『儒學硏究』 2집, 충남대 유학연구소, 1994), 227쪽 참조.

인 '입지立志'와 더불어 참된 자아 실현의 구체적 교육 방안들이 어떠한 내용과 의미를 담고 있는지 살펴볼 것이다. 그리고 마지막으로 오늘날 우리 사회가 안고 있는 총체적 교육 위기의 문제를 해결해나가는 데 있어서의 양명 교육론의 시사점을 모색해 볼 것이다.

2. 주체적·실천적·유기체적 인간관

어린 시절 '성인됨'에 뜻을 둔 양명은 20대와 30대 초반을 거치면서 '성인됨'의 뜻을 실현하고자 주희의 격물설格物說과 독서법을 실행하고 세속을 따라 사장학詞章學에 힘을 쏟고 도교의 도인술導引術을 연마하고 불학佛學을 공부하는 등 어떠한 당파나 교조주의적 틀에도 얽매이지 않으면서 유 · 불 · 도 세 학파를 두루 회통하는 주체적이고 역동적이며 창조적인 생명철학을 수립할 수 있는 기틀을 마련한다. 37세 때 귀양지 용장龍場에서 격물치지格物致知의 종지를 깨닫고 "비로소 성인의 도는 나의 본성으로 스스로 충족하니, 지난날 대상사물에서 이치를 구한 것은 잘못이었다는 것을 알았다"고 선언한다. 이 선언은 인간 누구나 성인이 될 수 있는 바탕은 마음 밖에 존재하는 것이 아니라 자신의 마음에 있다고 하는 '심즉리설心卽理說'에 대한 깨달음으로서 이는 주체적이고 능동적이며 실천적이고 창의적인 인간상의 토대가 된다.

'성즉리性卽理'를 주장하는 주희에게 있어 '리理'는 사물 세계의 객관적 존재의 법칙과 원리(所以然之故)인 동시에 인간이 실천해야 할 당위의 도덕규범(所當然之則)으로서 절대성과 선험성을 지닌다. 인간은 태어나면서 이 리를 품부받아 '성性'의 형태로 마음에 구비한다. 성만이 리이며, 마음은 단지 리를 지각하고 운용하는 기적氣的 존재에 불과하다. 마음은 리를 주재하지도 창조하지도 못한다. 마음은 오히려 주체적이지 못하고 리에 종속된다. 그러나 양명은 "마음이 곧 리"이며 "마음이 곧 성"이라 하여, 마음과 리와 성을 일원화시킨다. 양명은 "이 마음이 물物에 있으면 리가 된다. 예를 들면 이 마음이 어버이 섬기는 데 있으면 효가 된다"[9]라 하고, 또한 "리란 마음의 조리條理이다. 이 리가 부모에게 발휘되면 효가 된다"[10]고 주장한다. 양명에게 있어 '리'는 인간이 천지만물과 감응하는 과정에서 상황에 부합되도록 마음으로부터 항상 새롭게 창출되는 실천 조리를 의미한다. 따라서 '마음이 곧 리'가 되는 일원의 계기를 지닌다. 나아가 양명은 "마음의 본체는 성이며, 성은 곧 리이다. 그러므로 어버이에게 효도하는 마음이 있으면 곧 효도의 리가 있고, 어버이에게 효도하는 마음이 없으면 곧 효도의 리가 없다"[11]고 주장한다. 양명에게 있어 '성'은 마주한 대상과 상황에 따라 효도와 같은 구체적 실천 조리를 창출하는 마음의 본원적인 유기적 속성을 의미한다. 이렇듯 성은 실천 조리를 창출할 수 있는 마음의 유기적 속성(心卽性)이고 리는 마음의 유기적 속성인 성에 의해 창출되는 실천 조리(性卽理)이기 때문에 "리는 내 마음 바깥에 존재하지 않는"(心外無理) '심즉리'가 된다.

양명에 있어 '마음'은 천지만물과의 감응을 통해 만물의 생명 손상을 자신의 아픔으로 느끼며 이들을 보살피고 양육함으로써 천지만물의 생명 창생·양육 과정을 역동적·주체적·능동적으로 이끌어 가는 인간의 선험적인 생명 본질이다. 아울러 '마음'은 인간이 천지만물과 한 몸(一體)이게끔 해주는 천지만물과의 감응 주체로서 어떠한 대상이나 상황과 마주하였을 때 생명의 온전성에 대한 옳고 그름을 자각적으로 판단하고 실천 조리를 창출하며 실천 행위를 주재하는 주체적이고 능동적이며 창

9) 『傳習錄』(下), 「黃以方錄」, 321조목, "在物爲理, 在字上當添一心字, 此心在物則爲理. 如此心在事父則爲孝."

10) 『全集』, 권8, 「書諸陽書」, 277쪽, "理也者, 心之條理也, 是理也, 發之於親則爲孝."

11) 『傳習錄』(中), 「答顧東橋書」, 133조목, "心之體, 性也, 性卽理也. 故有孝親之心, 卽有孝之理; 無孝親之心, 卽無孝之理矣."

조적인 생명 주체인 것이다. 이러한 양명의 심즉리설은 외재적 규범에 대한 종속으로부터 인간을 해방시켜줄 뿐만 아니라 천지만물과의 감응 주체이자 핵심 중추로서 실천 조리를 창조하는 '주체적'이고 '역동적'이며 '창조적'인 인간상을 정립해 주고 있다.[12)]

양명은 38세 때 심즉리설에 근거하여 마음 밖에서 리를 구하는 주희의 격물설이 지와 행을 둘로 나누어 실천성을 약화시키는 문제를 야기한다고 비판하면서 '지행합일설'을 제창한다. 양명에 있어 '마음'은 실천 조리를 창출하는 '역동적 창출성'과 의념과 사태에 대한 시비를 판단하는 '자각적 판단력'뿐만 아니라 실천 행위를 이끌어내는 '실천 의지', 그리고 몸과의 일원적 체계를 바탕으로 실천 행위로 이행하는 '능동적 실천성'을 동시적으로 내재하고 있기 때문에 지와 행은 사실상 마음 안에서 이미 합일의 계기를 지니게 된다. '지'는 "의意 영명靈明한 것" 또는 "몸을 주재하는 마음이 발동한 의意의 명각明覺"으로 정의되고, '행'은 "의가 섭착涉着한 것" 또는 "명각의 감응"으로 정의된다.[13)] 예컨대 어린아이가 우물에 빠지려는 상황을 목격하게 되었을 때 깜짝 놀라 측은해하는 마음의 자각과 어린아이를 구하고자 하는 의지의 발동이 바로 선험적인 마음의 영명한 '지'를 의미한다면, 마음으로부터 발동한 의지가 몸을 통해 직접적으로 어린아이를 구하는 실천 행위를 이끌어내는 것이 바로 '행'을 의미한다. 불쌍히 여기는 마음의 자각과 어린아이를 구하고자 하는 의지의 발동 그리고 어린아이를 구하는 실천 행위는 인간의 마음과 천지만물 사이에 간격 없이 이루어지는 일련의 감응 과정이다.

양명은 "내가 일찍이 말한 지知는 행行의 주된 의지이며, 행은 지의 공부이다. 지는 행의 시작이며, 행은 지의 완성이다"[14)]라고 주장한다. 실천

---

12) '심즉리설'에 대한 구체적 내용은 4장 「마음의 창조적·역동적 생명 원리」를 참조.

13) 『傳習錄』(下), 「陳九川錄」, 201조목 및 『傳習錄』(中), 「答羅整菴少宰書」, 174조목 참조.

행위를 이끌어내는 실천 의지로서의 '지'가 직접적으로 실천 행위의 시작이라면 실제적인 실천 행위를 통해서만 마음의 자각과 의지의 발동으로서의 지가 비로소 성취되는 것이다. 아울러 "지知의 진실하고 절실하며 돈독하고 착실한 곳이 행行이며, 행의 밝게 깨이고 정밀하게 살펴지는 곳이 지이다. 지와 행의 공부는 본래 분리해서는 안 된다"고 전제하면서 "참된 지知는 곧 실천하는 바가 있는 것이기 때문에 실천하지 않으면 족히 지知라고 말할 수 없다"[15]고 하였다. 사사로운 개체 욕망을 제거하여 본심을 회복함으로써 마주한 사태의 시비를 자각적으로 판단하고 천지만물의 생명을 온전하게 유지시키기 위한 의지의 발동도 중요하지만, 지는 결국 실제적인 실천 행위를 통해서만 참된 지(眞知)로 완성될 수 있다고 봄으로써 강한 실천성을 바탕으로 한 '실천적 인간상'을 정립하고 있다.[16]

양명은 50세 때 "근래 치양지致良知 세 자야말로 참으로 성인 문하의 정법안장正法眼藏임을 믿게 되었다"고 선언하면서 치양지를 성인에 도달하는 실제적 방안으로 정립한다. '양지'는 맹자에게 있어서의 능동적 실천성으로서의 '양능良能'과 선천적 자각력으로서의 '양지良知'의 통합체로서, 인간이 '천지만물의 마음', 즉 핵심적인 중추적 존재가 될 수 있는 토대가 된다. 이러한 선천적 · 선험적 · 능동적인 양지는 시비지심是非之心, 즉 만물일체의 인심仁心(怵惕惻隱之心 · 不忍心 · 憫恤之心 · 顧惜之心)으로 발현되는 바, '옳고 그름'(是非)은 곧 천지만물의 생명의 온전성에 대한 옳고 그름이며, '시비지심'으로서의 양지는 천지만물의 생명의 온전성을 자각적으로 판단하고 생명 손상을 자신의 아픔으로 느끼는 선천적인 자각적 판단력으

---

14) 『傳習錄』(上), 「徐愛錄」, 5조목, "某嘗說知是行的主意, 行是知的功夫. 知是行之始, 行是知之成."

15) 『傳習錄』(中), 「答顧東橋書」, 133조목, "知之眞切篤實處卽是行, 行之明覺精察處卽是知. 知行工夫, 本不可離. 只爲後世學者, 分作兩截用功, 失卻知行本體, 故有合一並進之說. 眞知卽所以爲行, 不行不足謂之知."

16) '지행합일설'에 대한 구체적 내용은 7장 「양지 실현과 지행합일」 참조.

로서의 인간 마음의 유기적인 생명성·생명력이다. 이러한 양지는 주자학에서와 같이 보편적·외재적 규범과 격식에 의거하여 시비판단 준칙을 고정된 틀(定理)로 미리 설정하는 것이 아니라 마주한 대상·상황과의 감응을 통해 시비판단의 준칙을 항상 새롭게 창출하고 이에 시비판단 작용을 진행하는 '수시변역성隨時變易性'과 '항동성恒動性'을 지닌다. 인간 누구나 선천적으로 내재하고 있는 양지는 인간의 생명 본질로서 인간 누구나 '천지만물의 마음'으로서의 성인聖人이 될 수 있는 본원적인 바탕이 된다.[17)]

다만 양지의 내재성만으로 성인이 될 수는 없다. 인간은 자신의 이익과 안위에만 집착하여 인간 자신과 천지만물을 자·타, 주·객, 내·외로 분화시키고 나아가 자신의 이익을 위해 타인들과 투쟁하고 극단에 이르러서는 혈육 사이에도 싸움을 일삼음은 물론 종국에는 류類를 멸하게 하는 개체 욕망(사욕)의 발동 가능성을 내재하고 있다. 따라서 자발적으로 개체 욕망을 제거하고 양지를 회복하여 이를 실현해 가는 과정이 필요한 바, 이 과정이 바로 '치양지致良知'이다. 치양지는 '양지의 자각적 판단 또는 실천 조리의 창출과 실천 의지의 발동'이라는 단계에서 그치는 것이 아니라, '실제적인 실천 행위'를 통해 양지에 의해 이루어진 판단과 실천 의지를 미진함 없이 실현함으로써 '양지의 총체적인 유기적 생명성을 실현'한다는 의미로 볼 수 있다. 인간은 바로 이러한 양지 실현을 통해 참된 인간인 '성인聖人'에 도달하게 된다. '성인'은 자신의 사사로운 개체 욕망을 제거하고 선험적 양지에 의거하여 자신을 포함한 천지만물이 한 몸임을 자각함으로써 자·타와 물·아의 구별을 두지 않으며, 천지만물의 생명의 온전성에 대한 옳고 그름을 올바르게 자각적으로 판단하고, 이들의 고통이나 배고픔을 자신의 고통이나 배고픔으로 느끼는 등 만물의 생명

17) '양지설'에 대한 구체적 내용은 5장 「인간 양지의 유기적 생명성」과 6장 「양지의 일원적 체계와 생명 창출」을 참고 바람.

손상을 자신의 책임으로 자각하는 과정과 나아가 이들을 안전하게 보살피고 교양하는 등의 구체적·실제적 실천 과정을 통해 '천지만물이 한 몸이 되는 세계, 즉 만물을 온전하게 창생·양육하는 궁극적 경지에 도달'한 참된 인간이다.[18]

이상에서 살펴본 바와 같이 양명은 '심즉리설'을 통해 마음 밖의 외재적이고 권위적인 리에 대한 종속으로부터 인간을 해방하고 '주체적이고 창의적인 인간상'을 수립하였으며, '지행합일설'과 '치양지설'을 통해 교조주의적이고 사변적이며 주지주의적인 당시의 학풍의 폐단을 벗어나 '역동적이고 실천적이며 유기체적인 참된 인간상'을 정립하였다.

제2절 참된 자아 실현과 입지

이러한 주체적이고 창의적이며 실천적이고 유기체적인 참된 자아를 실현하는 것이 바로 양명 교육론의 궁극적 목적이다. 양명이 추구하는 학문과 교육의 궁극적 목적은 외재적 지식에 대한 탐구와 이를 통한 입신양명에 있는 것이 아니라 인간의 선천적인 생명 본질(양지)을 주체적으로 자각하고 실현하는 과정을 통해 '참된 자아'(眞我=大我=無我)에 도달하는 데 있다. 양명은 이러한 인간관을 바탕으로 참된 자아를 실현하기 위한 학문과 교육의 출발점으로서의 '입지立志'를 제시하고 있는 바, 참된 자아의 실현과 입지의 상관성에 대해 살펴보고자 한다.

---

18) '치양지설'에 대한 구체적 내용은 7장 「양지 실현과 지행합일」과 8장 「양지 실현과 참된 즐거움의 경계」을 참고 바람.

1. 교육의 목적과 입지

인간 사회를 포함한 천지만물이 하나의 생명체인 이상 인간 사회가 끊임없는 생명력을 유지해나가기 위해서는 사회구성원들의 끊임없는 창신創新이 필요하며, 이 과정에 있어 학문과 교육은 무엇보다도 중요시된다. 양명은 인간 누구나 선천적으로 내재하고 있는 생명 본질인 양지를 실현할 수 있는 계기와 환경을 조성해줌으로써 사회구성원들 스스로가 주체적이고 능동적인 학문 연마를 통해 참된 자아를 실현하도록 하는 데 교육의 목적을 두고 있다. 이러한 교육의 목적 아래 양명은 인간의 생명을 질곡시키는 획일적이고 교조주의적인 교육과 과거 준비만을 위한 교육 및 주입식 교육 등을 반대하고, 사회구성원들의 타고난 다양한 재능과 덕성을 신장시켜줌으로써 사회의 유기적인 구성원이 될 수 있도록 하기 위하여 구성원들의 창의성 · 능동성 · 자율성을 증진시켜주는 교육 방안을 제시하고 있다.

양명은 먼저 뜻을 세우는 '입지立志'를 학문과 교육의 선행 조건으로 규정하고, 모든 인간사를 성취하기 위해서는 먼저 뜻을 세워야 한다고 주장한다.[19] 따라서 학문과 교육에 있어 일차적인 선행 조건은 '입지'라 할 수 있는 바, 양명은 학문을 함에 있어 '입지'의 중요성을 다음과 같이 밝히고 있다.

> 대저 우리가 학문을 하는 데 가장 긴요한 핵심은 오직 뜻을 세우는 것(立志)이다. 이른바 (일을 만나서는) 곤고해지고 (세운 뜻을) 잊어버리는 병통도 다만 의지가 참되고 절실하지 못하기 때문이다. 지금 여색을 좋아하는 사람이 곤고해지거나 잊어버리는 병을 앓은 적이 없는 것은 다만 한결같이 참되

---

19) 『全集』, 권26, 「教條示龍場諸生」, 974쪽, "志不立, 天下無可成之事, 雖百工技藝, 未有不本於志者."

> 고 절실하기 때문이다. 자신의 아픔과 가려움은 자신이 알 수 있어야 하고, 자신이 (가려운 곳을) 긁거나 (아픈 곳을) 문지를 수 있어야 한다. 아픔과 가려움을 스스로 알았다면 자신이 반드시 긁거나 문지르지 않을 수 없다.[20]

학문의 선행조건으로서 입지의 상태에 따라 학문의 성패가 좌우된다는 것이다. 이러한 입지는 외부로부터의 강요나 외재적인 기준에 의해 이루어지는 것이 아니다. 오히려 피교육자 스스로가 주체적 자각과 판단에 따라 학문의 목적과 방향성을 설정하고, 스스로 설정한 입지에 따라 학문을 성취시켜나가는 것이다.

이러한 교육과 학문에서의 입지를 양명은 나무의 뿌리에 비유하고 있다. 인간이 나무의 생리를 잘 파악하여 조장하거나 무관심하지 않고 뿌리가 성장하기에 좋은 환경을 설정해주면, 나무는 스스로 생기가 왕성해짐으로써 가지와 잎들이 날로 무성해진다. 아울러 나무가 성장하는 과정에서 불필요한 무성한 가지들을 제거해줌으로써 뿌리와 줄기가 보다 건강하고 튼튼해질 수 있다. 이러한 나무의 뿌리는 바로 초학자의 입지로 비유된다.[21] 따라서 '입지'는 피교육자의 학문적 뿌리라 할 수 있으며, 피교육자의 학문적 과정은 입지를 키워서 성취시켜나가는 과정이다. 교육은 바로 나무가 건강하게 생장할 수 있도록 좋은 환경을 설정해주는 것과 같이, 피교육자로 하여금 자신이 주체적으로 설정한 입지를 스스로 성취시켜나갈 수 있도록 좋은 환경을 만들어주는 것이다. 다만 나무의 성장 그 자체는 나무 스스로에 의해 이루어지듯 입지의 설정과 입지를 성취시켜나가는 문제는 학문의 주체자에게 달려있다. 이에 양명은 나무

---

20) 『傳習錄』(中), 「答周道通書」, 144조목, "大抵吾人爲學緊要大頭腦, 只是立志. 所謂困忘之病, 亦只是志欠眞切. 今好色之人未嘗病於困忘, 只是一眞切耳. 自家痛痒, 自家須會知得, 自家須會搔摩得. 旣自知得痛痒, 自家須不能不搔摩得."

21) 『傳習錄』(上), 「薛侃錄」, 115조목, "諸公須要信得及, 只是立志. 學者一念爲善之志, 如樹之種, 但勿助勿忘, 只管培植將去, 自然日夜滋長, 生氣日完, 枝葉日茂. 樹初生時, 便抽繁枝, 亦須刊落, 然後根幹能大. 初學時亦然. 故立志貴專一."

에 뿌리가 없으면 아무리 좋은 환경을 설정해준다 하더라도 나무가 성장할 수 없는 것처럼, 인간에게 있어서도 스스로 입지를 설정하지 않는다면 뿌리가 없게 되어 종국적으로는 아무 것도 성취할 수 없게 된다고 한다. 아울러 자신의 주체적 자각과 판단에 따라 입지, 즉 삶의 방향성과 목적을 설정하지 않는다면, 이는 키 없는 배 또는 재갈 없는 말에 비유될 수 있는 바 뜻을 세우지 않은 사람들은 표류하고 분탕하며 날뛰고 나태해 짐으로써 종국에는 생명의 본질까지도 파괴하는 상황을 초래하게 된다고 한다.[22] 이러한 주장에 근거해 볼 때, 입지는 학문과 교육에 있어서 뿐만 아니라 삶 자체에 있어서의 근본적인 뿌리가 된다.

그렇다면 학문과 교육의 뿌리가 되는 '입지'는 무엇을 의미하는가? 다음과 같은 문답에서 '입지'의 본질이 무엇인지를 유추해 볼 수 있다.

> 당후가 물었다: 뜻을 세운다는 것은 하나의 선한 생각을 항상 보존하여 선을 행하고 악을 제거하려는 것이 아닙니까?
>
> 선생께서 대답하셨다: 선한 생각이 보존되는 때가 바로 천리天理이다. 이 생각(念)이 곧 선한데, 다시 무슨 선을 생각하겠는가? 이 생각이 악하지 않은데, 다시 무슨 악을 제거하겠는가? 이 생각은 마치 나무의 뿌리와 싹과 같다. 뜻을 세운다는 것은 이 선한 생각을 키우고 세우는 것일 뿐이다. (공자의) "마음이 하고자 하는 바를 따르더라도 법도를 어기지 않는다"는 말은 다만 뜻이 완숙한 경지에 도달한 것이다.[23]

선한 생각이 보존된 때가 바로 천리天理이며, 이러한 선한 생각을 키우

---

22) 『全集』, 권26, 「教條示龍場諸生」, 974쪽, "志不立, 天下無可成之事, 雖百工技藝, 未有不本於志者. 今學者曠廢隳惰, 玩歲愒時, 而百無所成, 皆由於志之未立耳. 故立志而聖, 則聖矣; 立志而賢, 則賢矣. 志不立, 如無舵之舟, 無銜之馬, 漂蕩奔逸, 終亦何所底乎? … 諸生念此, 亦可以知所立志矣."

23) 『傳習錄』(上), 「陸澄錄」, 53조목, "唐詡問: 立志, 是常存箇善念, 要爲善去惡否? 曰: 善念存時, 卽是天理. 此念卽善, 更思何善? 此念非惡, 更去何惡? 此念如樹之根芽. 立志者, 長立此善念而已. 從心所欲不踰矩, 只是志到熟處."

고 세우는 것이 입지라는 것이다. 양명은 또한 "다만 한 생각 한 생각마다 천리를 보존하고자 하는 것이 바로 뜻을 세우는(立志) 것이다"[24]라고 한다. 양명에게 있어 '천리'는 주자학에서와 같이 마음 밖에 존재하는 형이상학적 존재 원리나 당위의 도덕규범을 의미하지 않는다. 천리는 천지만물의 생명 본질에 근원한 인간의 생명 본질로서 천지만물과 감응하고 일체화할 수 있는 인간의 '유기적인 생명성'을 의미한다. 그리고 '존천리存天理' 또한 무위無爲, 무사無事, 정靜, 미발未發의 상태에서 마음으로 외재적인 존재의 원리와 당위의 규범을 인식한다거나 마음이 이에 부합되도록 존양存養하는 것이 아니라, 천지만물과의 실제적인 감응 과정에서 유기적 생명성으로서의 천리를 온전하게 발현・전개시켜나가는 전 과정을 의미한다.[25] 따라서 입지는 단지 학문과 교육의 출발점에서 끝나는 것이 아니다. 인간이 천지만물과의 끊임없는 감응 과정에서 이러한 마음의 본질적 속성인 천리를 중단 없이 잘 존양하고 확충해 가는 과정 또한 '입지'인 것이다.[26] '입지'는 바로 참된 자아인 성인이 되기 위한 출발점임과 동시에 그 실현 과정 모두를 함축한다. 교육은 바로 이러한 입지를 실현할 수 있는 환경을 설정해주고 끊임없이 참된 자아를 성취할 수 있도록 '교양教養'해주는 과정이다.

2. 입지와 양지 실현

천리天理는 곧 양지良知로서,[27] '존천리'는 곧 '치양지致良知'를 의미한다.

---

24) 『傳習錄』(上), 「陸澄錄」, 16조목, "只念念要存天理, 卽是立志."

25) 본서 4장 1절 '마음의 본체인 천리' 참조.

26) 『傳習錄』(上), 「陸澄錄」, 16조목, "只念念要存天理, 卽是立志. 能不忘乎此, 久則自然心中凝聚, 猶道家所謂結聖胎也. 此天理之念常存, 馴至於美大聖神, 亦只從此一念, 存養擴充去耳."

27) 『傳習錄』(下), 「黃省曾錄」, 284조목, "天理卽是良知."

따라서 입지를 근본으로 한 학문과 교육의 궁극적 목적은 바로 '양지 실현'에 있다고 말할 수 있다. 양명은 학문과 양지 실현의 관계성을 다음과 같이 밝히고 있다.

> 양지를 실현하는(致良知) 것이 학문의 커다란 핵심이며, 성인이 사람들에게 가르쳐주신 가장 근본적인 뜻이다. 이제 오로지 견문見聞의 말단에서 구한다고 말한다면, 이것은 핵심을 잃어버리고 이미 부차적인 뜻에 떨어진 것이다. … 무릇 배우고 묻는 공부는 다만 주된 뜻의 핵심이 오로지 양지의 실현을 행해야 하는 일로 간주한다면, 무릇 많이 듣고 보는 것이 양지를 실현하는 공부 아님이 없을 것이다. 생각건대 일상생활에서 보고 듣고 응대하는 것이 비록 수천수만 가지 실마리라고 하더라도, 양지가 작용을 발하여 유행하는 것이 아님이 없다. 보고 듣고 응대하는 것을 제외한다면 또한 실현할 수 있는 양지가 없다. 그러므로 양지와 견문은 다만 하나의 일이다.[28]

학문의 궁극적 목적은 외재적 지식을 추구하는 데 있는 것이 아니라 인간의 생명 본질인 양지를 실현하는 데 있다는 것이다. 그렇다고 학문 과정에 있어 지식 자체가 완전히 부정되는 것은 아니다. 다만 지식 추구는 양지 실현과 무관하게 진행되어서는 안 되며, 반드시 양지 실현이라는 학문의 궁극적 목적 안에서 진행되어야 한다. 또한 학문을 통해 획득된 지식은 양지 실현 과정을 통해 실제적인 실천으로 이행될 수 있어야 한다. 그리고 학문의 궁극적 목적으로서의 양지 실현은 일상생활과 괴리된 고원한 수양 또는 이론 학습을 통해서 성취되는 것이 아니라 일상적인 생활 가운데서 실제적인 실천을 통해 성취된다. 이는 양지 자체가 형

---

28) 『傳習錄』(中), 「答歐陽崇一」, 168조목, "致良知是學問大頭腦, 是聖人教人第一義. 今云專求之見聞之末, 則是失卻頭腦, 而已落在第二義矣. … 大抵學問功夫, 只要主意頭腦是當, 若主意頭腦專以致良知爲事, 則凡多聞多見, 莫非致良知之功. 蓋日用之間, 見聞酬酢, 雖千頭萬緒, 莫非良知之發用流行, 除卻見聞酬酢, 亦無良知可致矣. 故只是一事."

이상학적 존재 원리 또는 당위의 도덕규범이 아닌 인간의 생명 본질에 근원한 유기적 생명력이라는 사실에서 기인한다. 인간의 유기적 생명력은 일상적인 삶 속에서 주어지는 상황에 따라 매순간 발현된다. 따라서 유기적 생명력으로서의 양지는 일상적인 삶을 떠나서는 존재의 의미도 지니지 못할 뿐만 아니라 아무런 능력도 발휘할 수 없다.

이에 양명은 일상적인 생활 속에서 이루어지는 양지 실현과 관련한 교육의 필요성을 다음과 같이 피력하고 있다.

> 청소하고 응대하는 것이 바로 하나의 물物(실천 행위)이다. 어린아이의 양지가 단지 그 정도에 도달한 상태라면 청소하고 응대하는 것을 가르치는 것이 바로 그 한 점 양지를 실현하게 하는 것이다. 또 만약 어린아이가 선생과 어른을 경외할 줄 안다면, 이것도 역시 그의 양지이다. 그러므로 비록 놀고 있는 중이라도 선생과 어른을 보면 곧 읍揖하고 공경한다면 이것은 그가 격물格物할 수 있어서 선생과 어른을 공경하는 양지를 실현한 것이다. 어린아이에게는 본래 어린아이의 격물·치지가 있다.[29]

교육은 어린아이들로 하여금 청소하고 어른을 대하는 등과 같은 일상적인 생활 속에서 이들이 주체적으로 양지를 실현할 수 있도록 도와주는 것이다. 양지가 인간의 유기적인 생명력인 이상, 양지 실현을 위한 교육은 사실상 수동적이고 강제적인 학습을 통해 이루어질 수도 없으며, 또한 현실과 괴리된 고원한 수련이나 형이상학적 탐구를 통해 이루어질 수도 없다. 이는 피교육자 스스로가 일상적인 삶 속에서 자신이 직면하는 상황에 따라 자신의 양지에 의거하여 사태를 자각적으로 판단하고 실천 방향성을 설정하여 신체와의 유기적 일체화를 통해 이를 실제적인 실천

29) 『傳習錄』(下), 「黃以方錄」, 319조목, "灑掃應對就是一件物, 童子良知只到此, 便教去灑掃應對, 就是致他這一點良知了. 又如童子知畏先生長者, 此亦是他良知處. 故雖嬉戲中見了先生長者, 便去作揖恭敬, 是他能格物以致敬師長之良知了. 童子自有童子的格物致知."

으로 이행해나감으로써만 가능하다. 따라서 양지 실현의 교육은 피교육자 스스로 양지를 차폐시키는 사욕을 제거하고 양지에 의거하여 자신에게 항상 새롭게 전개되는 사태를 자각적으로 판단하고 자각적으로 실천방안을 강구하여 이를 실천할 수 있는 바탕을 길러주는 교육으로서, 강제적이고 수동적인 교육이 아니라 '자율적이고 능동적이며 창의적인 교육'이다.

이렇듯 일상적 삶 속에서 어린아이도 자신의 선천적 양지 실현을 통해 성인聖人이 될 수 있으며, 이는 어린아이에게 국한되는 것이 아니라 땔나무를 파는 사람, 공경대부, 천자에 이르기까지 모두가 동일하게 각기 자신이 직면한 상황을 자신의 양지에 의거하여 판단하고 실천함으로써 성인이 될 수 있다.[30] 양명이 추구하는 학문과 교육의 궁극적 목적은 바로 선천적 양지를 주체적·실천적으로 실현함으로써 인간 누구나 '참된 자아'인 '성인聖人'이 되는 데 있다.

제3절 참된 자아 실현의 교육 방안

학문과 교육의 선행 조건인 '입지立志'의 궁극적 목적이 인간 누구나 선천적으로 내재하고 있는 양지를 주체적·실천적으로 실현함으로써 '참된 자아'(聖人)를 실현하는 데 있다는 사실을 살펴보았다. 그렇다면 참된

30) 『傳習錄』(下), 「黃以方錄」, 319조목, "我這裏言格物, 自童子以至聖人, 皆是此等功夫. 但聖人格物, 便更熟得些子, 不消費力. 如此格物, 雖賣柴人, 亦是做得, 雖公卿大夫以至天子, 皆是如此做."

자아를 실현하기 위한 구체적 교육 방안에는 무엇이 있을까?

1. 재능과 덕성 일치의 교육

먼저 재능과 덕성을 일치시키는 '재덕일치才德一致'의 교육 방안을 찾아볼 수 있다. '만물일체의 유기체적 대동大同사회'[31]를 추구하는 양명은 「발본색원론拔本塞源論」에서 "무릇 성인의 마음은 천지만물을 한 몸으로 삼으니, 세상 사람을 보는 데 안과 밖, 멀고 가까움의 차별을 두지 않는다. 혈기血氣가 있는 것은 모두 그의 형제나 자식의 친속이기 때문에, 그들을 안전하게 가르치고 길러서 만물일체의 염원을 성취하고자 한다"[32]고 전제하면서, 유기체적 대동사회 구현을 위한 '재덕일치'의 교육 방안을 다음과 같이 제시한다.

> 학교에서는 오직 덕德을 성취하는 일에만 종사하였다. 그러나 재능이 달라서 어떤 자는 예악禮樂에 뛰어나고 어떤 자는 정치와 교육에 뛰어나고 어떤 자는 수리水理와 토지와 농사에 뛰어나기 때문에 그 덕을 성취하는데 따라서 학교에서 각자의 재능을 더욱 정련하도록 하였다. 덕이 있는 자를 천거하여 임용한 뒤에는 종신토록 그 직책에 머물러 다시 바꾸지 않게 하였다. 임용하는 자는 오직 한 마음 한 덕(同心一德)으로 세상의 백성들을 모두 편안하게 해주는 일만을 생각하였고, 재능이 그 직책에 부합하는지의 여부를 볼 뿐이요, 그 직책의 높고 낮음으로써 경중을 삼거나 수고로움과 편안함으로써 좋고 나쁨을 삼지 않았다. 임용된 자도 오직 한 마음 한 덕으로 세상의 백성들을 편안하게 해주는 일만을 생각하였으며, 만약 직분이 자기의 재능에 맞기만 하다면 종신토록 번잡한 데 처하더라도 수고롭게 여기지 않았고, 비천하

---

31) 본서 3장 4절 '만물일체의 유기체적 대동사회관' 참조.

32) 『傳習錄』(中), 「答顧東橋書」, 142조목, "夫聖人之心, 以天地萬物爲一體, 其視天下之人, 無外內遠近. 凡有血氣, 皆其昆弟赤子之親, 莫不欲安全而教養之, 以遂其萬物一體之念."

> 고 자질구레한 직분도 편안히 여기며 천하다고 여기지 않았다. 당시에는 세상 사람들이 화락하고 너그러워 모두 서로를 일가친척처럼 보았다. 재질이 낮은 자는 농農·공工·상商·고賈의 직분에 편안하고 각자 자신의 직업에 힘써서 서로 살리고 서로 길러줄 뿐이지, 높은 것을 바라거나 자기 분수 이외의 것을 넘보는 마음이 없었다. 재능이 남다른 고皐나 기夔, 직稷이나 설契 같은 사람들은 벼슬길에 나아가 각각 그 재능을 발휘하되 마치 한 집안의 임무처럼 하였으니, 어떤 자는 의식衣食을 경영하고, 어떤 자는 물자를 유통하고, 어떤 자는 기용器用을 갖추되, 지혜를 모으고 힘을 합하여 위로는 부모를 섬기고 아래로는 처자를 양육하는 소원을 이루고자 하였다. 그들은 오직 자기가 맡은 일에 혹 태만하지 않을까 두려워하여 자기의 직책을 중히 여겼다. 그러므로 직稷은 농사일을 부지런히 하되 자신이 교육에 대해 알지 못하는 것을 부끄럽게 여기지 않았으며, 설契이 교육을 잘하는 것을 곧 자기가 교육을 잘하는 것으로 여겼다. 기夔는 음악을 담당하되 자신이 예禮에 밝지 못한 것을 부끄럽게 여기지 않았으며, 이夷가 예에 통달한 것을 곧 자기가 예에 통달한 것으로 여겼다. 생각건대 그 심학心學이 순수하고 밝아서 만물일체의 인仁을 온전히 이룰 수 있었기 때문에 그 정신이 흘러 관통하고 지기志氣가 통달하여 자타自他의 구분이나 물아物我의 간격이 없었다.[33]

학교 교육에서 제일 중요한 점은 사회 구성원들의 서로 다른 재능을 신장시켜주되, 단지 지식과 기술만을 신장시켜주는 교육이 아니라 그들

---

33) 『傳習錄』(中), 「答顧東橋書」, 142조목, "學校之中, 惟以成德爲事. 而才能之異, 或有長於禮樂, 長於政教, 長於水土播植者, 則就其成德, 而因使益精其能於學校之中. 迨夫擧德而任, 則使之終身居其職而不易. 用之者惟知同心一德, 以共安天下之民, 視才之稱否, 而不以崇卑爲輕重, 勞逸爲美惡. 效用者亦惟知同心一德, 以共安天下之民, 苟當其能, 則終身處於煩劇而不以爲勞, 安於卑瑣而不以爲賤. 當是之時, 天下之人, 熙熙皥皥, 皆相視如一家之親. 其才質之下者, 則安其農工商賈之分, 各勤其業, 以相生相養, 而無有乎希高慕外之心. 其才能之異, 若皐夔稷契者, 則出而各效其能, 若一家之務, 或營其衣食, 或通其有無, 或備其器用, 集謀幷力, 以求遂其仰事俯育之願, 惟恐當其事者之或怠而重己之累也. 故稷勤其稼, 而不恥其不知教, 視契之善教, 卽己之善教也. 夔司其樂, 而不恥於不明禮, 視夷之通禮, 卽己之通禮也. 蓋其心學純明, 而有以全其萬物一體之仁, 故其精神流貫, 志氣通達, 而無有乎人己之分, 物我之間."

의 '재능과 덕성'이 상호 부합될 수 있도록 해야 한다는 사실이다. 그렇다면 재능과 덕성이 상호 일치되는 학교 교육이 필요한 이유는 무엇이며, 재능과 덕성이 일치된 교육의 궁극적 목적은 무엇인가?

먼저 사회 구성원 개개인의 각기 다른 타고난 재능을 신장시켜주는 교육은 만물일체의 유기체적 대동사회를 유지해나가기 위해 필요하다. 양명은 사람마다 예악・정치・교육・농업 등 각기 서로 다른 재능을 지니고 있으며, 타고난 서로 다른 재능에 따라 농업, 공업, 상업, 관리, 음식, 교육, 음악, 예절 등 서로 다른 다양한 직분을 담당하는 것이 바람직하다고 본다. 이는 사회 구성원간의 서로 다른 재능의 다양성을 긍정적으로 인정하는 바탕 위에 인간 사회는 서로 다른 재능을 지닌 다양한 구성원들로 구성되어 있다는 것을 의미한다. 만일 인간이라는 유기체가 동일한 기능과 역할을 담당하는 기관들로만 구성되어 있다고 한다면, 인간은 더 이상 생명을 지속시켜나갈 수 없다. 이와 마찬가지로 하나의 유기체로서의 인간 사회 또한 구성원 모두가 동일한 재능을 지니고 동일한 기능과 역할만을 담당한다면, 그 사회는 더 이상 존속할 수 없을 뿐만 아니라 구성원 모두가 파멸에 직면하게 된다. 따라서 이러한 인간 사회 구성원간의 재능의 다양성과 자신의 재능에 따른 기능과 역할의 다양성은 유기적인 인간 사회가 원활하게 유지되기 위한 필수 불가결한 조건이다. 이러한 만물일체의 유기체적 대동사회를 유지시켜나가기 위해서는 개개인의 개성을 무시하고 획일화된 기술과 지식만을 교육하는 것이 아니라 반드시 인간 개개인이 타고난 고유한 재능을 신장시켜줌으로써 다양성을 유지시켜나가는 교육이 필요한 것이다.

그러나 단지 재능만을 신장시키는 교육으로는 참된 자아의 실현은 물론 유기체적 대동사회가 온전하게 유지될 수 없다. 사회 구성원들의 온전성을 위해 재능과 덕성을 일치시키는 교육이 필요하다. 인간은 만물일체를 구현할 수 있는 지선한 생명 본질인 유기적 생명성(天理=良知=仁)뿐만 아니라 이를 차폐시키고 자신의 형체를 기준으로 내외를 구분하며 천지만물과의 유기적이고 상보적인 관계망을 단절·무시한 채 자신의 이익과 욕망에만 집착하는 개체 욕망(私欲=物欲)의 발동 가능성을 내재하고 있다. 따라서 교육을 통해 사회 구성원들의 재능만을 신장시켜주고 재능이 뛰어나다는 이유만으로 어떠한 직책을 맡기는 것만으로는 유기체적 대동사회를 온전하게 유지시켜나갈 수가 없다. 만일 사회 구성원의 재능이 교육을 통해 신장되고 직능에 부합되는 재능이 있는 사람이 등용되었다 하더라도, 그들이 자신의 재능을 생명 본질에 의거하여 유기체적 인간 사회를 온전히 존속시키는 데 활용하지 아니하고 자신들의 개체 욕망을 충족시키는 데 활용할 경우, 이들의 재능은 오히려 인간 사회 구성원들의 생명을 질곡시키고 나아가 인간 사회를 어지럽히는 결과를 초래하게 된다.[34] 따라서 양명은 학교 교육은 사회 구성원들의 덕성을 성취시켜주는 것을 목적으로 삼되 반드시 덕성에 부합되도록 재능을 신장시켜주어야 함은 물론 정치적으로 인재를 등용함에 있어서는 그의 덕성에 따르되 그의 재능이 그 직책에 합당한가를 평가해야 한다고 주장하고 있는 것이다.

'덕성'은 인간 상호간에 대립과 투쟁을 야기하는 개체 욕망과 대립되는 서로 살리고 서로 길러주는 '동심일덕同心一德', 즉 '만물일체의 인심仁心'이다. 유기체적 인간 사회에 있어서 구성원들의 재능을 신장시키는 교육은 반드시 이러한 덕성의 성취를 바탕으로 진행되어야 한다. 학교 교육은 재능과 덕성에 있어 어느 한 가지도 결하지 않는 '재덕일치才德一致'의 교육이 요구되는 바, 이를 필자는 사회 구성원의 '온전성'이라 표현하고자 한다. 이러한 온전성을 전제로 해서만이 재능에 따른 사회 구성원의 다

34) 『傳習錄』(中), 「答聶文蔚」, 180조목 참조.

양성이 의미를 지니며 또한 다양한 재능은 유기체적인 인간 사회의 온전한 전개를 위해 올바르게 발휘될 수 있다.

마지막으로 재능과 덕성을 일치시키는 교육은 사회 구성원에 대한 평등 의식이 전제된 것이다. 유기체적 대동사회에 있어서의 개개인의 직책은 해당자의 신분상의 상하, 존비, 귀천에 따른 것이 아니라 그들의 재능과 덕성의 층차에 따른 것이다. 따라서 유기체적 대동사회에서는 재능의 다양성과 온전성에 근거한 구성원 개개인의 평등성이 전제되는 바, 직책의 등급의 높고 낮음이 중요하다거나 직책의 등급에 따라 신분이 정해지는 것이 아니다. 이에 양명은 다음과 같은 '사민동도이업론四民同道異業論'을 제시하고 있다.

> 사민四民(士·農·工·商)이 업業은 달리해도 도道는 같이하였으니, 그 마음을 다하는 것은 한 가지였다. 선비는 정치를 연마하고 농부는 음식물을 기르며, 공인은 도구를 다듬고 상인은 재물을 유통시켰다. 각기 그 자질이 가깝고 능력이 미치는 바에 나아가 그것을 업業으로 하여 마음을 다하였으니, 그 귀결이 생인生人의 도道에 유익하게 하고자 함에 있었던 것은 한 가지였다.[35]

이러한 덕성의 평등에 기초하여 재능 · 개성의 발휘를 주장하는 것은 양명의 사상에서 '인간평등론'을 주장하는 주요 단서가 되는 것으로 평가되기도 한다.[36] 교육을 통해 저마다 타고난 개개인의 재능적 특수성과 인간의 보편적 고유성이 잘 배양되고, 자신에게 알맞은 직업을 갖고 긍지와 본분을 잃지 않으면서 그 직분에 일생토록 종사하면서, 오로지 자신의 직분에 성실할 뿐 타인과의 대립을 지양하여 화해和諧의 세계를 성

---

35) 『全集』, 권25, 「節庵方公墓表」, 941쪽, "古者四民異業而同道, 其盡心焉, 一也. 士以修治, 農以具養, 工以利器, 商以通貨, 各就其資之所近, 力之所及者而業焉, 以求盡其心. 其歸要在於有益於生人之道, 則一而已."

36) 최재목, 『양명학의 공생·동심·교육의 이념』(영남대 출판부, 1999), 142쪽 참조.

취코자 하는 것이다. 이로써 사회 구성원 모두가 개체 욕망을 제거하고 '만물일체의 인심仁心'을 성취함으로써 '천지만물일체=여물동체=물아일체'의 경지에 도달하게 된다.

2. 능동성·자율성·창의성 증진의 교육

양명은 참된 자아를 실현하는 교육론을 제시하는 단계에서 머물지 아니하고 스스로 학교를 설립하고 강학에 힘쓰는 등 교육 활동에 진력하였다. 예컨대 가정嘉靖 7년(양명 57세) 4월 양명은 사은四恩과 전주田州에 학교를 세우고, 6월에는 남령南寧에 학교를 세우고 아침저녁으로 각 학교의 교사와 학생들을 모아 놓고 강의를 하였다고 한다.[37] 특히 양명은 정덕正德 13년(1518, 양명 47세)에 남감南贛(江西)과 서로 연결되어 있는 사성四省의 변경의 난을 평정하고 돌아와, 남감에 소속된 각 현의 사람들로 하여금 학사學社를 세우도록 발흥시키고, 이에 사람들을 깨우쳐주기 위해 「훈몽대의시교독유백송등訓蒙大意示敎讀劉伯頌等」과 「교약敎約」을 반포하였다.[38]

이 글에서 양명은 먼저 당시 피교육자인 아동들의 생명 본질을 질곡시키는 획일적이고 강제적인 주입식 교육을 강력히 비판하면서, 이들이 자신의 생명 본질을 충분히 발휘할 수 있는 밑바탕이 되는 능동성과 자율성 및 창의성 등을 증진시켜주는 교육 방안을 제시하고 있다. 먼저 당시 교육의 폐단을 지적하고 있는 그의 말을 살펴보면 다음과 같다.

> 근세의 어린아이를 가르치는 자들은 날마다 구두법句讀法과 고시 형식의 문장을 짓도록 감독하고, 단속하기만을 요구하고 예禮로써 인도할 줄 모르며, 총명하기만을 요구하고 선善으로써 키울 줄 모르며, 채찍으로 때리고 잡

37) 최재목, 『내 마음이 등불이다』(이학사, 2003), 367~368쪽 참조.
38) 陳榮捷, 『王陽明傳習錄詳註集評』(臺灣 學生書局, 民國 72年), 277쪽 참조.

> 아 묶어서 마치 죄수를 대하듯이 한다. 어린아이들은 학교를 감옥처럼 여겨서 기꺼이 들어가려 하지 않고, 선생을 원수처럼 여겨서 보려고 하지 않는다. 엿보고 피하고 가리고 숨어서 놀고 싶은 욕구를 충족시키고, 거짓말하고 궤변을 꾸며서 그 우둔함과 비속함을 제멋대로 이룬다. 경박하고 용렬하여 날이 갈수록 하류로 떨어진다. 이것은 대개 악으로 몰아붙이면서 그들이 착하게 되기를 요구하는 것이니, 어떻게 가능하겠는가?[39]

여기서 양명은 형식적이고 획일적인 교육과 입시 위주의 교육, 그리고 강압적인 교육 방식 모두를 문제 삼으면서 비판하고 있다. 이러한 획일적·수동적·강압적 교육은 어린아이들의 정서를 억압함으로써 어린아이들로 하여금 교육받는 것을 꺼리게 한다. 또한 그들의 선한 본성을 질곡 시켜 거짓과 위선과 궤변을 일삼게 하고 종국에는 우둔하고 비속하고 용렬하게 만들어 자신들의 생명 본질을 구현할 수 있는 계기를 상실케 한다는 것이다.

그렇다면 양명이 제시하는 이상적인 아동 교육은 어떠한 것인가? 양명은 어린아이의 자연스런 정서에 부합되는 바람직한 교육 방향을 다음과 같이 제시하고 있다.

> 대체로 어린아이의 정서는 놀기를 좋아하고 구속받기를 꺼려한다. 이것은 마치 초목이 처음 싹을 틔울 때 그것을 펼쳐주면 가지가 사방으로 뻗어가지만, 꺾거나 휘어버리면 쇠하여 시들어버리는 것과 같다. 이제 어린아이를 가르칠 때는 반드시 그들의 취향을 고무시켜서 속마음이 즐겁도록 해주어야 한다. 그러면 스스로 그치지 않고 나아갈 것이다. 비유컨대 때맞춰 비가 내리고 봄바람이 불어 초목을 적시면 싹이 움터 자라지 않을 수 없어서 자연히 나날이 자라나고 다달이 변화될 것이지만, 만약 얼음이 얼고 서리가 내린

39) 『傳習錄』(中), 「訓蒙大意示教讀劉伯頌等」, 195조목, "若近世之訓蒙穉者, 日惟督以句讀課倣, 責其檢束, 而不知導之以禮; 求其聰明, 而不知養之以善; 鞭撻繩縛, 若待拘囚. 彼視學舍如囹獄而不肯入, 視師長如寇仇而不欲見, 窺避掩覆以遂其嬉遊, 設詐飾詭以肆其頑鄙, 偸薄庸劣, 日趨下流. 是蓋驅之於惡而求其爲善也, 何可得乎?"

> 다면 생의生意가 쇠잔해져서 날마다 말라가는 것과 같다.[40]

어린아이에 대한 교육은 외재적 기준에 맞춘 획일적·강압적 방법이 아닌 그들의 생기발랄한 정서에 따라 그들이 약동하는 '생명력'을 마음껏 펼칠 수 있는 환경을 조성해줌으로써 그들이 자발적이고 자율적으로 학습에 연마할 수 있는 계기를 설정해 주어야 한다는 것이다. 이에 양명은 성인의 학문은 이처럼 구속하고 속박하고 고통스럽게 하는 것이 아니며 도학道學의 모양처럼 꾸미는 것이 아니라고 전제하고, 성인이 사람을 가르침에 있어 그들을 속박하여 모두 한 가지 형태로 동일하게 만드는 것이 아니라, 그들의 서로 다른 재능과 기질에 따라 그에 부합되는 인간이 될 수 있도록 가르치는 것이라 주장한다.[41] 이러한 주장을 통해, 교육은 피교육자를 구속하고 속박함으로써 획일적인 인간을 만들어내는 교육이 되어서는 안 되며, 반드시 피교육자의 재능과 기질에 따라 그들의 '다양성'을 증진시켜주는 교육이 되어야 한다는 사실을 알 수 있다.

양명은 사회 구성원들의 '능동성'과 '자율성' 및 '창의성'을 증진시켜주는 자발적 교육관을 바탕으로 「훈몽대의시교독유백송등」에서 어린아이들의 본성과 재능을 발전시켜주는 능동적이고 자율적인 교육 방안을 구체적으로 제시하고 있다.

> 이제 아동 교육은 오직 효제충신孝悌忠信과 예의염치禮義廉恥를 가르치는데 오로지 힘써야 한다. 그들을 기르고 함양하는 방법은 시를 노래하도록 유인

---

40) 『傳習錄』(中), 「訓蒙大意示教讀劉伯頌等」, 195조목, "大抵童子之情, 樂嬉遊而憚拘檢, 如草木之始萌芽, 舒暢之則條達, 摧撓之則衰痿. 今教童子, 必使其趨向鼓舞, 中心喜悅, 則其進自不能已. 譬之時雨春風, 霑被卉木, 莫不萌動發越, 自然日長月化, 若冰霜剝落, 則生意蕭索, 日就枯槁矣."

41) 『傳習錄』(下), 「黃省曾錄」, 257조목, "聖人之學, 不是這等綑縛苦楚的, 不是妝做道學的模樣. … 聖人教人, 不是個束縛他通做一般: 只如狂者便從狂處成就他, 狷者便從狷處成就他. 人之才氣如何同得."

하고 그 뜻을 드러내게 하고, 예를 익히도록 인도하여 그 위의威儀를 엄숙하게 하며, 글을 읽도록 인도하여 그 지각을 개발해 주어야 한다. … 그러므로 시를 노래하도록 인도하는 것은 비단 그들의 뜻을 드러내게 만들 뿐만 아니라, 또한 그 뛰고 소리치고 휘파람부는 것을 노래를 통해 발산하고, 그 답답하게 억눌리고 막혀 있는 것을 음절을 통해 펼쳐내게 하는 것이다. 예를 익히도록 인도하는 것은 비단 그 위의를 엄숙하게 만들 뿐만 아니라, 또한 응대하고 읍양하여 그 혈맥을 움직이게 하고, 절했다 일어났다 굽혔다 폈다 하여 그 힘줄과 뼈를 튼튼하게 하는 것이다. 글을 읽도록 인도하는 것은 비단 그 지각을 개발시킬 뿐만 아니라, 또한 침잠하고 반복하여 그 마음을 보존하고, 올렸다 내렸다 하며 소리를 내어 글을 읽어서 그 뜻을 펴게 하는 것이다. 무릇 이것들은 모두 그 뜻을 순리대로 인도하고, 그 성정을 기들이고, 그 속되고 인색함을 가라 앉혀 없애고, 그 거칠고 완고함을 묵묵히 변화시키는 것이다. 그리하여 예의에 점차 나아가되 그 어려움을 고통스럽게 여기지 않게 하고, 중화中和에 들어갔으되 그 까닭을 알지 못하게 하는 것이다.[42]

어린아이의 교육은 덕성 계발에 바탕을 두고, 구체적으로는 시를 노래하고, 예를 익히고, 책을 읽는 방법을 통해 의지意志를 계발시키고 태도를 바로잡아주며, 지각을 계발시켜 주어야 한다는 것이다. 이는 본성에 바탕을 둔 '시가歌詩⟹의지意志', '습례習禮⟹위의威儀', '독서讀書⟹지각知覺'의 관계로서, 인간의 정감・태도・정신, 이 삼자 가운데 어느 한쪽에도 치우치지 아니하고 고루 계발시켜주는 유기적 인간 창출의 교육 방안이다. 예컨대 시가詩歌 교육을 통해 어린아이의 의지를 계발시켜 주고 정서를 함양할 수 있게 함으로써 어린아이들의 자율성을 증대시켜 주고, 습례習

---

42) 『傳習錄』(中), 「訓蒙大意示教讀劉伯頌等」, 195조목, "惟當以孝弟忠信禮義廉恥爲專務. 其栽培涵養之方, 則宜誘之歌詩以發其志意, 導之習禮以肅其威儀, 諷之讀書以開其知覺. … 故凡誘之歌詩者, 非但發其志意而已, 亦所以洩其跳號呼嘯於詠歌, 宣其幽抑結滯於音節也. 導之習禮者, 非但肅其威儀而已, 亦所以周旋揖讓而動蕩其血脈, 拜起屈伸而固束其筋骸也. 諷之讀書者, 非但開其知覺而已, 亦所以沈潛反覆而存其心, 抑揚諷誦以宣其志也. 凡此皆所以順導其志意, 調理其性情, 潛消其鄙吝, 黙化其麤頑, 日使之漸於禮義而不苦其難, 入於中和而不知其故."

禮의 교육을 통해 건강한 신체와 정신을 유지할 수 있도록 해주며, 독서 교육을 통해 어린아이들이 스스로 지각을 깨우치고 마음의 본질을 자각하고 자신의 정서에 바탕을 둔 뜻을 펼쳐나갈 수 있도록 함으로써 어린아이들의 주체성과 능동성을 증진시켜 주어야 한다는 것이다. 이러한 교육을 통해 의지意志를 순조롭게 이끌어 주고 성정性情을 조절해주며, 비루함과 인색함을 제거함은 물론 거칠고 우둔함을 교화시켜서, 스스로 양지를 실현해나가는 유기적인 사회 구성원을 창신 시켜나갈 수 있다는 것이다.

양명의 아동교육론의 주안점은 피교육자들의 정서에 부합되도록 교육을 실시하여 그들의 자연한 정서를 함양시키고 덕성을 증진시키며 지각을 계발시켜줌과 동시에 그들의 자발성 · 자율성 · 능동성 · 창의성을 최대한 발휘토록 하여 유기체적 인간 사회 구성원을 창출하는 데 있다고 할 수 있다. 양명은 이러한 아동들의 능동성과 자율성과 창의성을 증진시켜주는 교육 방안을 바탕으로 「교약教約」에서 ① 자발적 생활 교육, ② 정서함양을 위한 음악 교육, ③ 덕성함양을 위한 예절 교육, ④ 창의성 계발의 교육, ⑤ 자율적 교육 방안 등을 보다 구체적으로 제시하고 있다.[43] 양명의 이러한 교육사상은 친민親民에 이르는 구체적 실천방안의 하나로서, 양명의 경세사상은 양지良知의 구현에 이바지할 수 있는 인간 형성과 그러한 사회의 여건을 조성해나가는 데 중점을 두고 있다고 평가된다.[44]

3. 배움과 실천의 합일 교육

양명의 참된 자아 실현의 교육론에 있어 중요한 교육 방안 가운데 하

---

43) 『傳習錄』(中), 「教約」, 196조목~200조목 참조.
44) 김길락, 「王陽明의 經世思想 硏究」, 212쪽 참조.

나로 '배움과 실천의 합일(學行合一) 교육'을 들 수 있다. '배움과 실천의 합일'에 대해서는 이미 7장 3절 '지행합일과 양지 실현'에서 구체적으로 다룬 바 있다. 이곳에서는 참된 자아 실현의 교육론과 관련하여 그 요지만을 파악해 보고자 한다.[45)]

지행합일설을 주장함으로써 무엇보다 '실천 행위'를 중요시하는 양명은 『전습록』(中) 「답고동교서答顧東橋書」, 136조목에서 『중용』의 박학博學·심문審問·신사愼思·명변明辯·독행篤行, 이 다섯 가지를 '배움(學)의 과정'이자 '실천 행위(行)의 과정'으로 보고 이에 배움과 실천의 합일, 즉 '학행합일'을 통한 양지 실현을 주장한다.

먼저 배우고(學), 묻고(問), 생각하고(思), 분별하고(辨), 실천하는(行) 일은 모두 배우는 일로서 배우고서 실천하지 않는 자는 없으며, 효도나 활쏘기 등은 몸소 효도를 실천해 보거나 활을 쏴본 이후에 배웠다고 말할 수 있는 것으로서 세상의 모든 배움(學)이란 실천(行)해 보지 않고서는 배웠다고 말할 수 없는 것이므로, '배움의 시작이 곧 실천이 된다'고 한다. '배움'은 실천 경험과 무관한 배움이 아니라 현장에서의 직접적인 실천 경험 과정까지 포함하는 배움이다. 배움과 실천 경험은 시간적 선후를 지니는 것이 아니라 동시에 시작되고 동시에 진행되며 동시에 완성되는 합일적 과정이다. '독행篤行'조차도 이론 학습을 통해 먼저 알고 난 이후에 이를 현장에서 독실하게 실천으로 이행하는 별도의 실천 과정이 아니라, 동시적인 배움과 실천의 합일적 과정을 독실하게 이행하는 것을 의미한다.[46)] 따라서 '배움과 실천의 합일'은 배움과 실천이 동시에 시작·진행·완성되는 통합적 과정을 의미한다.

---

45) 인용문 각주를 포함한 보다 구체적인 자세한 내용은 본서 7장 3절 4. '배움과 실천의 합일 과정'을 참고 바람.

46) 『傳習錄』(中), 「答顧東橋書」, 136조목, "篤者敦實篤厚之意, 已行矣, 而敦篤其行, 不息其功之謂爾."

학행합일學行合一이라는 바탕 위에서는 배움의 과정에서 발생하는 의문에 대해 자세히 묻고(審問), 신중하게 생각하며(愼思), 명석하게 변별하는(明辯) 과정이 모두 '배움'일 뿐만 아니라 '실천'으로 규정된다. 이는 양명이 말하는 '배움'이 순수한 이론 학습을 의미하는 것이 아니라 실제적인 실천 행위를 포함하는 배움이라는 점에서 기인한다. 배움의 진행 과정에서 의문에 직면하게 되면 자세히 묻기도 하고 신중히 생각하기도 하고 명석하게 변별하기도 하는 사고 과정 또한 실천 과정 중에 진행되는 것이므로, 이 또한 실천의 한 측면으로 볼 수 있다. 따라서 실천 과정에서 진행되는 사고 과정은 실천이 진행되는 과정에서 나타나는 오류를 바로잡거나 실천의 방향성을 계속해서 제시해줌으로써 실천을 보다 명확하고 올바르게 성취토록 해준다. 이러한 측면에서 보았을 때, 배우고 묻고 생각하고 변별하고 실천하는 것은 서로 무관하게 시간적 선후를 지니면서 단계적으로 진행되는 다섯 가지 단계가 아니라 하나의 과정, 즉 실천하는 속에서 배우고, 묻고, 생각하고, 변별하는 동시적인 과정으로서, 동시에 시작되고 동시에 진행되며 동시에 완성되는 합일적 과정이라 말할 수 있다.

이러한 배움과 실천의 합일 교육의 궁극적 목적은 바로 양지를 실현하는 데 있다. 본래 주희는 『중용』의 '학學・문問・사思・변辨・행行' 가운데 학・문・사・변, 이 네 가지는 외재 사물에 내재된 리(物理・事理)를 탐구하는 인식 과정(知)으로 보고, 독행篤行은 수신修身으로부터 처사접물處事接物에 이르는 실천 과정(行)으로 보아, 지와 행을 선후의 관계로 나누어 본다. 이러한 주희의 주장에 대해 양명은 실천하지 않고 배울 수 있는 것은 없으며, 실천하지 않고 별도로 궁리窮理할 수 없다고 반론을 제기한다.

궁리와 실천은 상호 선후의 차서를 지니거나 분리되어 있는 것이 아니라 궁리는 실천 과정에서 이루어진다는 것이다. "인仁 또는 의義의 리理를 궁구한다"는 것은 인과 의를 조금도 미진함 없이 극진히 실천하여 인과

의의 궁극적 경지에 도달함으로써 본성을 완전히 실현한 연후에 인 또는 의의 리를 궁구하였다고 말할 수 있는 것이다. 따라서 실천하지 않는 것을 배움이라 할 수 없으며, 실천하지 않는 것을 궁리라고 할 수 없다는 것이다. 궁리를 사물에 내재된 존재의 법칙(所以然之故)이나 당위의 도덕규범(所當然之則)을 인식하는 과정으로 국한시키고 있는 주희와 달리 양명은 궁리조차도 자신에게 내재된 본성을 실제적인 실천을 통해 구현하는 과정으로 보아 학행學行은 물론 궁리까지도 하나의 실천 과정으로 통합하고 있다.

궁리를 실천 과정으로 통합할 수 있는 근거는 바로 마음의 실천 조리에 대한 무한한 창출성에 기인한다. 양명에 있어 '궁리窮理'의 '리理'는 객관 사물에 내재된 존재의 법칙이나 외재적인 당위의 도덕규범을 의미하지 않는다. 리는 인간이 천지만물과 감응하는 과정에서 마음으로부터 창출되는 실천 조리를 의미한다. 따라서 주희와 같이 마음 밖의 리를 따로 인식하는 궁리의 과정은 불필요하게 된다. 오히려 마음으로부터 창출된 실천 조리가 개체 욕망의 장애를 받지 않으면서 실제적인 실천 행위를 통해 완전히 실현되도록 하는 주체적이고 자발적인 노력을 필요로 한다. 따라서 궁리窮理의 '궁窮'은 외재적 리에 대한 인식 과정이 아니라 마음으로부터 창출된 실천 조리를 실현하는 실천 행위로 전환된다고 말할 수 있다. 이러한 마음의 감응력과 창출성 그리고 실천력의 주체가 바로 양지이기 때문에, 배우고 묻고 생각하고 변별하고 실천하는 것은 물론 궁리조차도 양지를 실현하는 구체적 실천 방안이 된다.[47] 따라서 배움은 물론 궁리조차도 실천과 합일을 추구하는 교육 방안의 궁극적 목적 또한 양지 실현을 통해 참된 자아를 실현하는 데 있다고 말할 수 있다.

---

47) 『傳習錄』(中), 「答顧東橋書」, 136조목, "夫學問思辨篤行之功, … 亦不過致吾心之良知而已. … 今必曰窮天下之理, 而不知反求諸其心, 則凡所謂善惡之機, 眞妄之辨者, 舍吾心之良知, 亦將何所致其體察乎?"

제4절 양명 교육론의 현대적 의의

앞에서 살펴본 바와 같이 우리 사회는 총체적 교육의 위기에 직면해 있다. 특히 학생들의 생명을 건강하게 양육하고 참된 인간으로 성장시켜 주어야 할 교육의 장이 자율과 생명을 죽이고 타율과 죽임이 지배하는 입시 지옥과 경쟁의 장으로 변질하였다. 이러한 생명을 죽이는 교육의 총체적 위기는 학벌 위주의 풍토와 살인적 입시경쟁에서 기인한다. 이는 생명을 살리는 전인교육을 포기하고 획일적이고 주지주의적이며 타율적이고 종속적인 교육으로 나아가도록 획책하고 있다. 교육의 붕괴는 단지 교육의 붕괴로 끝나는 것이 아니라 가정의 붕괴 더 나아가 사회와 국가의 붕괴로 이어진다는 데 그 심각성이 있다.

이 시점에서 우리는 공부를 하는 궁극적 목적이 입신양명의 출세가 아닌 '참된 자아'를 실현하는 데 있다는 양명의 말을 되새겨 볼 필요가 있다. 양명이 살았던 당시에도 학문과 교육은 과거에 합격하여 부귀영달을 누리고 가문을 빛내기 위한 수단에 지나지 않았으며, 교조주의적이며 주지주의적인 학문 풍토와 아동들의 생명을 질곡시키는 획일적이고 강제적인 주입식 교육 풍토가 지배적이었다. 이에 양명은 당시의 교조주의와 주지주의의 근간이 된 주자학에 대한 비판을 제기하면서 '심즉리설'을 통해 마음 밖의 외재적이고 권위적인 리에 대한 종속으로부터 인간을 해방하고 주체적이고 창의적인 인간상을 수립하였으며, '지행합일설'과 '치양지설'을 통해 사변적이고 주지주의적인 당시의 학풍의 폐단을 벗어나 역동적이고 실천적이며 유기체적인 참된 인간상을 정립하였다. 이러한 주체적이고 창의적이며 실천적이고 유기체적인 참된 자아(聖人)를 실현하는 것이 바로 양명 교육론의 궁극적 목적이다.

양명이 추구하는 학문과 교육의 궁극적 목적은 외재적 지식에 대한 탐구를 통한 입신양명에 있는 것이 아니라 인간의 선천적인 본심(양지)을 주체적으로 자각하고 실천하는 과정을 통해 '참된 자아'를 실현하는 데 있다. 교육이란 바로 학생들이 참된 자아를 실현하고자 하는 입지立志를 성취할 수 있는 환경을 조성해 주고 주체적 · 자율적 · 실천적으로 끊임없이 참된 자아를 성취할 수 있도록 교양敎養해주는 과정이다.

양명의 입지를 근간으로 한 '참된 자아 실현'의 구체적 교육 방안은 크게 다음과 같이 세 가지로 요약될 수 있다.

첫째, 재능과 덕성이 상호 부합될 수 있도록 하는 '재덕일치才德一致'의 교육이다. 인간 개개인은 유기체적 사회의 한 구성원이며, 유기체적 사회의 건강한 존속을 위해서는 구성원들의 획일화된 재능과 기술이 아닌 다양한 재능과 기술을 필요로 한다. 따라서 학교에서는 학생들에게 획일화된 재능과 기술 교육이 아닌 학생들의 서로 다른 타고난 재능과 기술을 신장시주는 교육을 해야 한다. 이러한 재능 신장의 교육은 반드시 학생들의 서로 살리고 서로 길러주는 덕성(良知=萬物一體의 仁心)의 성취를 바탕으로 진행되어야 한다. 재능과 덕성의 일치를 통해서만 학생들의 재능은 타인의 생명을 말살하는 것이 아니라 그들의 생명을 살리는 방향으로 사용될 수 있다.

둘째, 능동성 · 자율성 · 창의성 증진의 교육이다. 형식적이고 강압적이며 획일적인 주입식 교육은 아동들의 생명과 자율성을 말살한다. 반드시 아동들의 자연한 정서에 부합되도록 자율적 교육을 실시하여 그들의 자연한 정서를 함양시키고 덕성을 증진시키며 지각을 계발시켜줌과 동시에 그들의 자발성 · 자율성 · 능동성 · 창의성을 최대한 발휘토록 해야만 참된 자아의 실현은 물론 유기체적 인간 사회의 올바른 구성원으로 길러낼 수 있다.

셋째, 배움과 실천을 합일하는 '학행합일學行合一'의 교육이다. 인간은 몸과 마음의 합일체이다. 따라서 주지주의적인 순수 이론 학습만으로는 참된 자아를 실현할 수 없다. 배움은 머리만이 아니라 온몸으로 체득(體認)하는 것이어야 하며 그런 의미에서 이론 위주가 아니라 체험 중심의 교육, 체험하여 스스로에게 분명해지는(體驗明白) 교육이 취해져야 한다.[48] 인간은 또한 수많은 관계의 장 안에 놓여있으며, 예컨대 부모 자식의 관계는 자애와 효도라는 구체적 실천 행위를 통해서만 실현되는 것과 같이 관계의 장은 단지 배움을 통한 앎의 단계가 아닌 실천 행위를 통해 실현된다. 결국 유기체적 사회의 구성원으로서의 참된 자아는 단지 앎의 단계에서 성취되는 것이 아니라 양지의 자각에 근거한 실제적인 실천 행위를 통한 양지의 실현을 통해서만 구현될 수 있기 때문에 배움과 실천의 합일 교육이 필요하다.

양명의 교육론은 한마디로 인간의 '주체성'과 '창의성'과 '실천성', 즉 생명을 살리는 교육이다. 이제 우리는 자율과 생명을 말살하는 주입식 교육으로부터 벗어나 생명을 살리는 새로운 교육의 목표와 방안을 수립해야 한다. 물론 국력의 발전을 위한 실용 교육—예컨대 고도의 기술을 습득하고 창출하는 일, 세계화 시대에 걸맞은 외국어 교육과 학습, 과학기술 사대에 있어서의 정보 기술력의 제고 등[49]—을 외면할 수는 없다. 그러나 덕성의 성취가 뒷받침되지 않는 재능과 기술 위주의 실용 교육은 자칫 생명을 살리기보다는 생명을 말살하는 데 이용될 수 있다. 따라서 서로 살리고 서로 살려주는 '동심일덕同心一德의 덕성'(萬物一體의 仁心)을 바

48) 최재목, 『양명학과 공생·동심·교육의 이념』, 169쪽 참조.
49) 황의동, 『유교와 현대의 대화』, 171쪽 참조.

탕으로 재능을 신장시키는 교육이 되어야 한다. 그럴 때 그의 재능과 기술은 생명을 죽이는 재능이 아니라 생명을 살리는 제 기능을 온전히 수행할 수 있을 것이다.

자율과 생명을 말살하는 타율적 주입식 교육으로부터 생명과 자율을 살리는 교육으로 전환함에 있어 무엇보다 중요한 것은 피교육자 스스로 올바른 뜻을 세우도록 하는 일이다. 입지는 분명 배움과 교육의 뿌리이다. 뿌리 없는 나무가 제대로 자랄 수 없듯이, 스스로 뜻을 세우지 않은 피교육자는 주체적으로 참된 자아를 성취할 수 없다. 교육은 이제 학생들을 강압적으로 이끌고 가는 방식에서 탈피하여 학생 스스로 뜻을 세우고 자신의 덕성과 재능을 주체적, 자율적, 실천적으로 신장시켜 갈 수 있도록 환경을 조성하는 데 진력해야 한다.

오늘날 교육의 문제 가운데 하나는 실천력을 키우지 못한다는 점이다. 학적인 능력에서뿐만 아니라 도덕적인 능력에서도 스스로 창조하고 행동하는 사람들을 키워내지 못한다는 것이다. 그래서 주변에는 지식인이 많지만 실천하는 사람은 드물고, 아류는 많지만 독창적이고 주체적으로 살아가는 사람들이 드물다고 한다.[50] 따라서 이제 교육은 교실 안에서의 순수 이론 학습에만 머물지 말고 삶의 현장에서 스스로 느끼고 자신을 계발해나가는 실천 학습을 점차 확대해야 한다. 몸과 마음을 하나로 통일하는 배움과 실천의 주체적 합일 교육을 통해서만이 주체적이며 창조적인 참된 자아를 성취시켜나갈 수 있다.

---

50) 이은선, 『유교 기독교 그리고 페미니즘』(지식산업사, 2003), 341쪽 참조.

제10장
유기체적 대동사회 구현의 친민 정치론

앞 9장에서는 양명의 주체적 · 실천적 · 유기체적 인간관을 토대로 전개되는 '참된 자아 실현의 교육론'을 살펴보았다. 유기적인 중층적 관계망으로 이루어진 천지만물의 체계 안에서 다루어야 할 다음의 문제는 인간 상위의 유기체이자 총체적 생명체인 천지만물의 하위의 유기체인 인간 사회 구현의 문제이다. 본 장에서는 먼저 자유민주주의의 근간이 되는 '개인주의'의 문제점과 더불어 양명의 '만물일체의 유기체적 대동사회관'의 특징을 고찰하고, 이를 바탕으로 '친민 정치'를 통한 유기체적 대동사회 실현 방안과 양명 친민 정치의 현대적 의의에 대해 살펴보고자 한다.

제1절 만물일체의 유기체적 대동사회

오늘날 우리 사회에서는 근대화의 심화와 더불어 경쟁 논리가 전사회적으로 관철되면서 출현하게 된 '원자적 개인주의'와 '이기주의'와 같은 병리적 현상에 주목하면서 그에 대한 치료제로서 공동체 원리와 덕목을 강조하는 흐름[1]이 증폭되고 있다. 개인의 자유와 평등을 근간으로 하는 '자유민주주의'는 분명 오도된 권위적 지배의 혁파, 각종 차별과 억압으로부터의 해방, 국민적 권리의 신장 등 혁혁한 기여를 하였다. 그러나 오늘날 자유민주주의는 근원적인 한계와 오류를 지닌 것으로 평가된다. 예컨대 이상익은 "이기주의와 개인주의를 전제로 하는 '시장민주주의'에서 인간 소외, 인간의 사물화事物化, 계층간의 갈등, 권력의 타락, 자본의 독점 등의 현상이 일어나는 것은 필연적인 귀결이기 때문이다"[2]라고 비판한다. 김원식 또한 "개인을 중심으로 하는 자유와 평등의 원리는 그 내부에 자유경쟁의 원리를 함축하고 있기 때문에, 그것을 무제한 인정할 경우 필연적으로 경쟁을 통한 독점과 불평등이라는 결과를 낳게 된다"[3]고 한다. 자유민주주의의 긍정적 기여에도 불구하고 자유민주주의의 근간이 되는 개인주의와 경쟁의 원리로 인해 인간 소외, 사회적 갈등, 불평등과 같은 다양한 사회적 문제가 발생한다는 것이다.

'개인주의', 즉 '개인 중심적 관점'은 개인에게 궁극적인 실재성을 부여하며 사회는 개인들의 단순한 집합체일 뿐이다. 개인 중심적 관점에서는 모든 존재들이 근원적으로 서로 분리·독립되어 있다고 가정한다. 이런 관점에서 보면, 인간이란 고립된 개체로서 자신의 욕망을 추구하고 충족시키고자 하는 존재이다.[4] 이러한 인간관은 근대 특유의 정치사상을 낳는다. 인간의 모든 행위의 근본적인 동인은 생존욕, 소유욕, 성욕과 같은 욕구이며 이것을 극대화시키고자 하는 과정에서 생겨나는 마찰을 합리적으로 조절하고자 사회를 이루고 정부를 수립한다. 따라서 정치는 자신

1) 김수중 외, 『공동체란 무엇인가』(이학사, 2002), 5쪽 참조.
2) 이상익, 『儒家 社會哲學 硏究』(심산, 2001), 330쪽.
3) 김원식, 「동아시아의 가족주의 전통과 민주주의」, 『사회와 철학 5 동아시아 사상과 민주주의』(이학사, 2003.4), 135쪽.
4) 홍승표, 『깨달음의 사회학』(예문서원, 2002), 20쪽 참조.

이 원하는 것과 필요한 것, 자신에게 가장 좋은 것이 무엇인지 알 수 있는 유일한 존재인 개인의 동의가 그 바탕을 이룬다. 정치는 사회공동체나 정체政體가 추구하는 특정한 가치, 선, 이상향에 의거해서 이루어지는 것이 아니라 오로지 구성원 개개인이 동의해주는 원칙과 규칙에 따라 운영되어야 한다.[5] 이러한 개인주의를 근간으로 한 시장경제와 자유민주주의 체제 아래에서는 인간 소외, 인간의 사물화, 계층간의 갈등, 권력의 타락, 자본의 독점 등의 현상이 일어나는 것은 필연적인 귀결이다. 이러한 자유민주주의의 문제점을 보완하고자 하는 측면에서 공동체주의에 대한 관심이 고조되고 있는 것이다.

이 시점에서 양명의 '만물일체의 유기체적 대동사회관'과 이를 바탕으로 전개되는 '친민親民 정치론'에 대한 고찰을 통해 자유민주주의의 문제점을 보완해나가는 데 있어 양명학이 던져주는 시사점을 찾아보는 것은 의의가 있다고 보여진다. 양명은 '생생불식의 유기체적 우주관'과 '만물일체의 유기체적 사회관'을 바탕으로 교조주의와 권위주의에 얽매인 종속적 인간상으로부터 주체적이고 창조적이며 실천적인 인간상을 수립하였다. 또한 양명은 만물일체의 유기체적 인간 사회를 단지 이상향으로만 제시하는 단계에 머무르지 아니하고, 실질적으로 이를 실현할 수 있는 다양한 방안들을 모색·제시함은 물론, 자신의 생애 속에서 스스로 이를 실현하기 위해 분투하였다. 이 과정에서 양명이 특히 심혈을 기울인 부분은 '교육'과 '정치' 부분이다. 양명의 교육론에 대한 부분은 이미 앞 장에서 다루었는 바, 이곳에서는 양명의 유기체적 사회관을 바탕으로 전개되는 친민 정치론에 대해 탐구해 보고자 한다. 다만 양명의 '만물일체의 유기체적 대동사회관'에 대해서는 이미 3장 4절에서 구체적으로 고찰한 바 있다. 따라서 이곳에서는 유기체적 대동사회관의 특징만을 개괄적으

5) 함재봉, 『유교 자본주의 민주주의』(전통과 현대, 2000), 126쪽 참조.

로 다루고자 한다.

'일체화된 유기체적 대동사회'를 추구하는 양명은 「답고동교서答顧東橋書」의 '발본색원론拔本塞源論'[6]에서 인간 사회를 하나의 유기적인 생명체로 볼 수 있는 근거와 유기체적 대동사회의 다양한 특성들을 제시하고 있다. 천지만물이 하나의 유기적인 생명체이기 때문에 천지만물의 한 부분인 '인간 사회' 또한 구성원 상호간에 자신의 신체를 기준으로 인위적으로 서로를 분리할 수 없는 하나의 유기적인 생명의 관계망으로 이루어져 있다. 유기적인 생명의 관계망 안에서 사회 구성원들은 자신의 몸을 돌보듯 안전하게 보살피고 교양教養하는 과정, 즉 만물일체의 인심仁心의 발휘를 통해 상호간에 생명을 온전하게 양육시켜줌으로써 하나의 인간 사회를 온전하고 건강하게 유지시켜나간다. 인간은 사회 구성원 개개인을 하나의 생명 현상으로 연결시켜주는 교량이자 동시에 유기적인 생명체로서의 인간 사회를 온전하게 유지시켜나가는 생명력으로서의 '만물일체의 인심'을 자신의 생명 본질로 한다. 그러나 인간은 유기체적 사회의 한 부분임과 동시에 그 자체로서 하나의 개체생명이기에 자신의 이익과 안위에만 집착하는 개체 욕망의 발동 가능성을 내재하고 있는 바, 개체 욕망은 자신과 사회 구성원간의 유기적이고 상보적인 관계망을 단절하고 타구성원의 생명을 파괴할 뿐만 아니라 종국에는 자신의 생명조차 손상시키는 결과를 초래한다. 따라서 사회 구성원 개개인은 자신의 개체 욕망을 극복하고 '만물일체의 인심'을 회복・실현함으로써만 인간 사회는 온전하게 유지될 수 있다.

양명은 또한 인간 사회를 유기적인 인간 신체에 비유하기도 한다. 인간의 신체는 각종 다양한 기관과 조직으로 구성되어 있으며, 이러한 다양한 기관과 조직들은 각기 주어진 역할을 달리하면서 서로 다른 작용을

6) 『傳習錄』(中), 「答顧東橋書」, 142조목.

진행시켜나가지만 이들은 개별적으로 분리·독립해서 작용하는 것이 아니라 상호 유기적이고 상보적인 작용을 통해 인간이라고 하는 하나의 유기적 생명체를 운용한다. 따라서 인간의 각 기관과 조직들은 외형상으로는 각기 분리해 볼 수 있지만, 그 실제적인 작용에 있어서는 상호 분리되지 않는, 즉 '유기적인 관계망'을 구성하고 있다. 유기적인 인간의 신체와 같이 '만물일체의 인仁'이 실현되는 인간 사회 또한 "그 정신이 흘러 관통하고 지기志氣가 통하여 자타自他의 구분이나 물아物我의 간격이 없었다"고 표현되듯, 사회 구성원들이 각기 분리되어 상호 무관하게 개별적으로 생존해 가는 것이 아니다. 이들은 정신과 육체 두 측면에서 모두 상호간에 유통함으로써 개체간의 구분과 간격을 타파하여 유기적이고 상보적인 관계망을 형성하고 이에 인간 사회를 온전하게 존속시킨다. 따라서 인간 사회를 인간 상위의 하나의 유기적인 생명체라고 전제할 때, 인간 사회를 구성하는 인간 개개인은 신체에 있어서의 기관들로 비유될 수 있다.

'발본색원론'에서 그려지는 대동사회의 모습 속에서 사회 구성원의 '다양성', '온전성', '평등성'과 '사회 구성원간의 유기적 상보성'이라는 유기체적 대동사회의 유기적 특성들을 찾아낼 수 있다.

첫째, 사회 구성원의 '다양성'이라는 특성이다. 양명은 사회 구성원간의 서로 다른 재능의 다양성을 긍정적으로 인정하는 바탕 위에 대동사회는 서로 다른 재능을 지닌 다양한 구성원들로 구성되어 있다는 것을 밝히고 있다. 만일 하나의 유기체로서의 대동사회의 구성원 모두가 동일한 재능을 지니고 동일한 기능과 역할만을 담당한다면, 그 사회는 더 이상 존속할 수 없을 뿐만 아니라 구성원 모두가 파멸에 직면하게 된다. 따라서 이러한 대동사회 구성원간의 재능의 다양성과 재능에 따른 기능과 역할의 다양성은 유기적인 대동사회가 원활하게 유지되기 위한 필수불가결한 첫째 조건이다.

둘째, 사회 구성원들의 '온전성'이라는 특성이다. 인간은 유기적 생명성인 만물일체의 인심仁心뿐만 아니라, 개체 욕망의 발동 가능성을 내재하고 있다. 이로 인해 단지 재능 신장의 교육 또는 직능에 부합된 재능을 지닌 인재 등용이 이루어질 경우, 이는 자칫 개체 욕망만을 충족시키는 쪽으로 활용되어 인간 사회를 어지럽히는 결과를 초래할 수 있다. 그러므로 학교 교육은 피교육자의 덕성을 성취시켜주는 것을 목적으로 삼되 반드시 덕성에 부합되도록 재능을 신장시켜 주어야 하며, 정치적으로 인재를 등용함에 있어서는 그의 덕성에 따르되 그의 재능이 그 직책에 합당한가를 평가해야 한다는 것이다. 대동사회에 있어서 구성원들은 재능과 덕성에 있어 어느 한 가지도 결하지 않는 '재덕일치才德一致', 즉 사회 구성원들의 '온전성'이 요구된다.

셋째, 사회 구성원들의 '평등성'이라는 특성이다. 대동사회에 있어서의 개개인의 직책은 해당자의 신분상의 상하, 존비, 귀천에 따른 것이 아니라 그들의 재능과 덕성의 층차에 따른 것이다. 따라서 대동사회에서는 재능의 다양성과 온전성에 근거한 구성원 개개인의 평등성이 전제되는 바, 직책의 등급의 높고 낮음이 중요하다거나 직책의 등급에 따라 신분이 정해지는 것이 아니다. 저마다 타고난 개개인의 재능적 특수성과 인간의 보편적 고유성이 잘 배양되고, 자신에게 알맞은 직업을 갖고 긍지와 본분을 잃지 않으면서 그 직분에 일생토록 종사하면서, 오로지 자신의 직분에 성실할 뿐 타인과의 대립을 지양하여 화해和諧의 세계를 성취코자 한다.

넷째, 사회 구성원간의 '유기적 상보성'이라는 특성이다. 대동사회 구성원들은 각기 서로 다른 재능에 따라 서로 다른 직무를 담당하며, 한 개인이 다양한 재능을 지니는 것보다는 구성원들이 각기 자신의 타고난 재능과 덕성에 따른 직분에 충실할 것이 요구된다. 그러나 이러한 다양성은 사회 구성원 개개인이 단절·고립된 상태가 아닌 상호 유기적이고 상보적인 관계망을 전제로 하여 전개된다. 상보적 관계망의 연결 고리로서 '동심일덕同心一德'이 제시되고 있는 바, 이는 '만물일체의 인仁', 즉 인간 상호간을 유기적·상보적으로 연결시켜주는 인간의 생명본질이자 생명력이다. 이러한 '동심일덕'을 바탕으로 사회 구성원 모두가 자신의 재능에 따라 부여된 직무에 충실함으로써 대동사회 구성원 상호간에 생명을 온전하게 양육해줌으로써 결국 유기체적 대동사회를 온전하게 존속시켜나갈 수 있다.

제2절 공리功利 정치의 근원과 폐단

양명은 이러한 만물일체의 유기체적 대동사회관을 토대로 자신의 정치론을 피력하고 있다. 그는 먼저 정치의 형태를 위정자의 개체 욕망에서 기인하여 사회 구성원들의 생명을 질곡시키는 결과를 초래할 수 있는 정치와 인간 누구나 보편적으로 내재하고 있는 생명 본질에 근거하여 사회 구성원들의 생명을 중시하고 이들의 생명을 온전하게 양육시켜줄 수 있는 정치로 구분하고 있다. 전자를 '공리功利 정치'라고 한다면, 후자는 '친민親民 정치'라 이름할 수 있다. 양명은 공리 정치에 대해 비판적 입장을 취하면서, 친민 정치에 바탕을 둔 생명 중시의 정치론을 피력하고 있다.

유기체적 대동사회 구현을 위한 생명 중시의 친민 정치의 본질을 명확하게 이해하기 위해서는 먼저 양명이 비판하고 있는 공리 정치의 폐단과 근원을 면밀히 살펴볼 필요가 있다. 양명은 공리 정치에 대해 다음과 같이 말한다.

> 패도霸道의 무리들은 선왕先王의 가르침에 근사한 것을 몰래 취하여 밖으로는 그것을 따르는 것처럼 가장하고, 안으로는 자신의 사사로운 욕망을 달성했다. 세상 사람들이 바람에 쏠리듯 그것을 종지宗旨로 삼자, 성인의 도는 마침내 무성한 잡초에 막힌 것처럼 방해를 받게 되었다. 사람들은 서로 모방하고 서로 본받아 부국강병의 학설, 배척하고 속이는 모략, 공벌하는 잔꾀, 하늘을 속이고 사람을 함정에 빠뜨려서 한때의 이득을 탐하고 명성과 공리를 갈취하는 온갖 기술을 날마다 구하니, 관중管仲·상앙商鞅·소진蘇秦·장의張儀와 같은 사람들이 이루 헤아릴 수 없는 지경에 이르게 되었다. 그런 상태가 오래 지속되자 투쟁과 겁탈로 그 재앙을 견디지 못하여 사람들이 금수나 오랑캐와 같은 지경에 빠져들게 되었고, 패술霸術 조차도 행할 수 없는 지경에 이르게 되었다.[7]

여기서 양명은 '패자霸者' 또는 '패술霸術'로 지칭되는 공리 정치는 위정자들의 이기적 개체 욕망에서 비롯되는 것으로서 유기체적 인간 사회를 온전히 유지코자 하는 성인聖人의 가르침과는 대비되는 것으로 규정하고 있다. '공리 정치'는 대내적으로는 위정자들이 자신의 개체 욕망을 충족시키기 위해 사회의 유기적이고 상보적인 관계망을 파괴함으로써 사회 구성원들의 생명 질곡을 방관할 뿐만 아니라, 오히려 사회 구성원들을 자신의 욕망 충족을 위한 하나의 도구로 전락시키는 폐단을 초래한다. 그리고 대외적으로는 자국의 이익만을 위해 주변 국가들과의 동반자 관계와 우호적인 관계망을 단절하고 오히려 주변 국가들을 공벌・착취하는 폐단을 초래한다. 따라서 공리 정치는 정치를 통해 사회 구성원들 상

---

7) 『傳習錄』(中), 「答顧東橋書」, 143조목, "霸者之徒, 竊取先王之近似者, 假之於外, 以內濟其私己之欲, 天下靡然而宗之, 聖人之道遂以蕪塞, 相倣相效, 日求所以富强之說, 傾詐之謀, 攻伐之計, 一切欺天罔人, 苟一時之得, 以獵取聲利之術, 若管商蘇張之屬者, 至不可名數. 旣其久也, 鬪爭劫奪, 不勝其禍, 斯人淪於禽獸夷狄, 而霸術亦有所不能行矣."

호간 또는 국가 상호간의 유기적이고 상보적인 관계망을 온전히 유지시키면서 구성원들의 생명을 온전하게 양육시켜주는 것이 아니라, 오히려 이러한 관계망을 단절하고 사회 구성원들의 생명을 질곡시키고 파괴하는 결과를 초래하게 된다.[8)]

이러한 유기체적 대동사회에 역행하는 공리 정치의 원인을 양명은 인간의 생명 본질과 대비되는 '공리功利의 습성習性'에서 찾고 있다. 정치가들이 자신의 개체 욕망에서 비롯된 공리를 단절 · 극복하지 못하고 이를 습성화함으로써 서로 화합하여 올바른 정치 구현에 진력하기보다는 서로 경쟁하고 다투고 명성을 얻는 데만 몰두하는 등 수많은 폐단을 야기하게 된다는 것이다.[9)] 이로써 공리 정치는 사회구성원들의 생명을 온전히 양육시켜주는 정치 본래의 목적과 기능을 상실하고 정치가들의 무한한 개체 욕망을 충족시키기 위한 하나의 도구로 전락한다. 따라서 공리 정치는 유기체적 대동사회에 역행하는 것이라 할 수 있다.

양명은 또한 당시 공리의 폐습을 다음과 같이 묘사하고 있다.

> 세상에 나아가 관리가 되면 전곡錢穀을 다루는 자는 병력과 형벌까지 겸하고자 하고, 예악禮樂을 담당하는 자는 또 관리를 선발하는 요직에 참여하고자 한다. 군현郡縣에 처하면 포정사布政司나 안찰사按察使의 높은 관직을 사모하고, 대간臺諫의 자리에 있으면 재상의 요직을 바란다. 본래 그 일에 뛰어나지 않으면 그 관직을 겸할 수 없고, 그 학설에 능통하지 않으면 그 명예를 바랄 수 없다. … 명호名號를 참칭하는 것으로야 "나는 천하의 일을 함께 이루

8) 이상익 또한 공리주의의 폐단을 첫째, 가치관의 전도와 인간성의 상실, 둘째, 자원의 고갈과 환경오염, 셋째, 자신의 존립 근거로서의 인간의 이기심의 조장을 들면서, 공리주의는 이익의 다툼을 야기하며, 그러한 다툼은 국가를 위태롭게 할 뿐만 아니라, 특히 지배자들이 공리를 추구하면, 하층 계급에 대한 착취로 연결되는 것은 비일비재한 사례라고 주장한다.(이상익, 『儒家 社會哲學 硏究』, 466~468쪽 참조)

9) 『傳習錄』(中), 「答顧東橋書」, 143조목, "聖人之學日遠日晦, 而功利之習愈趨愈下. … 蓋至於今, 功利之毒淪浹於人之心髓, 而習以成性也, 幾千年矣. 相矜以智, 相軋以勢, 相爭以利, 相高以技能, 相取以聲譽."

고자 한다"고 말하지 않은 적이 없지만, 그 속마음과 실제 의도는 "이렇게 하지 않으면 자신의 사사로움을 이루어 그 욕망을 만족시킬 수 없다"고 여기는 데 있다.[10]

유기체적 대동사회에서는 사회 구성원들이 유기적이고 상보적인 관계망 속에서 각기 자신의 재능에 따라 주어진 역할에 충실함으로써 서로의 생명을 온전하게 양육시켜나갈 수 있다. 그러므로 관료들 또한 자신의 재능에 따라 주어진 직책에 충실해야 한다. 그러나 일정한 직책을 담당한 관료가 자신의 직무에 충실하지 않고 자신의 개체 욕망을 충족시키기 위해 다른 직책을 겸직하고자 할 경우, 다른 직책을 담당한 정치 구성원 상호간의 상보적이고 유기적인 관계망이 파괴되고 상호 투쟁과 대립의 관계로 변질됨은 물론, 자신의 재능에 부합되지 않는 직책을 겸직함으로써 직책 본래의 올바른 기능이 상실된다. 이로써 정치는 사회를 안정된 방향으로 이끌어주지 못하고 사회 구성원들의 생명을 온전하게 양육시켜주는 방향으로 나아가지 못하며, 오히려 사회 질서를 파괴하고 사회 구성원들의 생명을 질곡시키는 결과를 초래하게 된다. 따라서 정치가의 이기적 개체 욕망에서 말미암은 공리 정치의 시행은 유기체적 대동사회를 온전히 존속시켜나가는 데 역행한다고 볼 수 있다.

---

10) 『傳習錄』(中), 「答顧東橋書」, 143조목, "其出而仕也, 理錢穀者則欲兼夫兵刑, 典禮樂者又欲與於銓軸, 處郡縣則思藩臬之高, 居臺諫則望宰執之要. 故不能其事則不得以兼其官, 不通其說則不可以要其譽. … 其稱名僭號, 未嘗不曰吾欲以共成天下之務, 而其誠心實意之所在, 以爲不如是則無以濟其私而滿其欲也."

제3절 친민 정치의 생명철학적 근거와 특성

이와 같이 유기체적 대동사회에 역행하는 공리 정치의 폐단을 비판하는 양명은 유기체적 대동사회를 온전히 유지시켜나가기 위한 정치 방안으로서 '친민親民 정치'를 제시한다. 정치의 구현은 바로 '친민親民'에 있으며, 친민의 실현은 곧 인간의 생명 본질로서의 '명덕明德'을 밝히는데 있다. 그러므로 위정자에게 있어 친민을 구현하는 정치와 자신의 생명 본질을 실현하는 일(明明德)은 곧 한 가지 일이 된다.[11]

인간은 누구나 선천적으로 천지만물, 즉 타자 또는 다른 존재물과 하나가 될 수 있는 근거로서의 '만물일체의 인심仁心'을 내재하고 있다. 이는 개체의 국한성을 초월하는 전우주적 차원의 마음으로서 인간은 이러한 인심仁心의 감응을 통해 천지만물의 일부분이라도 생명이 손상되는 상황에 직면하게 되었을 때, 이를 인간 자신의 고통과 아픔으로 느끼는 통각 작용을 일으키게 된다. 이러한 통각의 주체, 즉 천지의 생명 본질에 근원하며 만물과 영명한 감응 작용을 일으킬 수 있는 인간의 생명 주체가 바로 '명덕明德'이다. 이는 공리 정치의 근간이 되는 개체 욕망과 대비된다.[12] 타자와의 관계성과 실천성이 배제된 명덕은 양명에게 있어 무의미하다. 명덕은 항상 부모에 대한 효도나 형에 대한 공경과 같은 타자와의 관계성과 실천성을 통해서만 발현될 수 있고 실현될 수 있다.[13] 따라

---

11) 『王陽明全集』(上海古籍出版社, 1992, 이하 『全集』이라 표기), 권7, 「親民堂記」, 250쪽, "南子元善之治越也, 過陽明子而問政焉. 陽明子曰: 政在親民. 曰: 親民何以乎? 曰: 在明明德. 曰: 明明德何以乎? 曰: 在親民. 曰: 明德親民, 一乎? 曰: 一也."

12) 『全集』, 권26, 「大學問」, 968쪽 참조.

서 명덕 속에 이미 '명덕의 구현'이 사회 구성원들의 생명을 온전하게 유지시켜주는 '친민의 구현'과 하나의 과정이 될 수 있는 계기를 함축하고 있다.[14)]

양명은 "격물치지로부터 평천하에 이르기까지 단지 하나의 명덕明德을 밝히는 것이다. 친민親民 역시 덕을 밝히는 일이다. 명덕이란 이 마음의 덕이며, 바로 인仁이다. 인자仁者는 천지만물을 한 몸으로 삼는다. 가령 하나의 사물이라도 마땅한 자리를 잃는다면, 나의 인仁에 아직 다하지 못한 부분이 있는 것이다"[15)]고 말한다. 명덕을 밝히는 명명덕明明德의 귀결처는 바로 인간이 천지만물과의 하나됨을 통해 만물의 창생·양육 과정을 주체적·능동적으로 이끌어 가는 데 있다. 인간은 천지만물과의 하나됨의 과정을 통해서만 자신의 생명 본질인 명덕을 구현할 수 있는 바, 친민은 물론 격물에서부터 평천하에 이르는 모든 인간사는 결국 인간의 명덕을 구현하는 일로 귀결된다. 따라서 명덕의 구현은 사회 구성원들의 생명을 온전하게 유지시켜주는 친민의 구현이라고 말할 수 있다. 그러므로 위정자의 생명 본질 실현으로서의 '성기成己'와 사회 구성원들의 유기적 생명 구현으로서의 '성물成物'은 친민 정치를 통해 동시적으로 성취되는 한 가지 일이 된다. 이에 양명은 일반 백성들과 함께하는 것을 '동덕同德'이라 하는 반면 일반 백성들과 다른 것을 '이단異端'이라 한다고 하여,[16)] 친민 정치는 곧 일반 백성들과의 생명 연대감 속에서 그들의 생명을 온전하게 양육시켜나가는 일로 규정하고 있다.

---

13) 『全集』, 권7, 「親民堂記」, 251쪽 참조.

14) 『全集』, 권7, 「大學古本序」, 243쪽 참조.

15) 『傳習錄』(上), 「陸澄錄」, 89조목, "自格物致知至平天下, 只是一箇明明德. 雖親民, 亦明德事也. 明德是此心之德, 卽是仁. 仁者以天地萬物爲一體. 使有一物失所, 便是吾仁有未盡處."

16) 『傳習錄』(下), 「黃省曾錄」, 271조목, "或問異端. 先生曰: 與愚夫愚婦同的, 是謂同德. 與愚夫愚婦異的, 是謂異端."

이러한 인간의 생명 본질에 근거하여 유기체적 대동사회를 구현하는 친민 정치는 다음과 같은 '친민론親民論'과 '사민동도이업론四民同道異業論' 및 정치인의 '재덕일치론才德一致論'으로 구체화된다.

첫째, '친민親民'에 대한 새로운 규정이다. 8장 1절 '명명덕과 친민의 일원적 체계'에서 살펴본 바와 같이 주희는 『대학』의 삼강령 가운데 하나인 '친민親民'의 '친親'자를 '신新'자로 바꾸어야 한다고 주장한다. '신新'자는 옛 것을 바꾸는 것을 의미하는 바, 스스로 명덕을 밝힌 후에 이를 타인에 미루어서 다른 사람들(백성)로 하여금 이전에 물든 오염을 제거토록 하는 것이라 정의된다.[17] '신민新民'이라고 하면, 이는 상급자인 위정자가 하급자인 백성들을 일방적으로 교화한다는 의미로서 자칫 위정자와 백성들의 관계가 신분적 상하 관계로 고착되어 백성들은 단지 수동적인 통치 대상으로 전락하게 된다. 이에 양명은 주희가 친민을 신민으로 바꾸어 사용하는 것을 문제삼고 '친민親民' 그대로 사용할 것을 주장한다. "어진 사람을 어질게 대하고 친한 사람을 친하게 대한다", "어린아이를 보호하듯이 한다", "백성이 좋아하는 것을 좋아하고, 백성이 싫어하는 것을 싫어한다", "친한 사람을 친하게 여기고 백성을 어질게 대한다"고 하는 즉, 서로를 친밀함과 어짊으로 대한다는 의미를 내포하는 '친민親民'을 그대로 사용해야만 비로소 위정자와 백성들의 관계가 상하 신분적 관계를 벗어나 유기적이고 상보적인 수평적 관계가 될 수 있으며, 이러한 관계성 속에서 위정자는 자신의 생명 본질에 근거하여 백성들이 주체적이고 인간적인 삶을 살 수 있는 환경을 조성해주는 친애親愛의 정치 주체가 될 수 있다는 것이다. 또한 친민은 일방적 '교화敎化'의 의미만이 아니라 서로의 생명을 온전하게 길러준다는 '양육養育'의 의미를 함께 포함한다.[18]

---

17) 『大學集註』, 經一章, "程子曰, 親, 當作新. … 新者, 革其舊之謂也, 言旣自明其明德, 又當推以及人, 使之亦有以去其舊染之汚也."

18) 『傳習錄』(上), 「徐愛錄」, 1조목 참조.

이러한 친민은 가까이는 자신의 일가친척을 친애하는 데서 비롯하여 백성들을 모두 안전하게 교양敎養하고 나아가 모든 국가가 태평성세에 이르도록 하는 단계에까지 도달하는 것으로서, 이는 위정자 자신의 입장에서 보면 '명명덕明明德'이 되고 백성의 입장에서 보면 '친민親民'이 된다.[19]

둘째, '사민동도이업론四民同道異業論'에 나타나는 유기체적 대동사회 구성원들의 위상과 역할이다.

> 옛날에는 사민四民(士·農·工·商)이 업業은 달리해도 도道는 같이하였으니, 그 마음을 다하는 것은 한 가지였다. 선비는 정치를 연마하고 농부는 음식물을 기르며, 공인은 도구를 다듬고 상인은 재물을 유통시켰다. 각기 그 자질이 가깝고 능력이 미치는 바에 나아가 그것을 업業으로 하여 마음을 다하였으니, 그 귀결이 생인生人의 도道에 유익하게 하고자 함에 있었던 것은 한 가지였다. 선비와 농부는 정치를 연마하고 음식물을 기르는데 마음을 다하는 자이니, 도구를 다듬고 재물을 유통시키는 것은 선비나 농부와 같다. 공인과 상인은 도구를 다듬고 재물을 유통시키는 데 마음을 다하는 자이니, 정치를 연마하고 음식물을 기르는 것은 공인이나 상인과 같다. 그러므로 사민四民은 업業을 달리해도 도道는 같이한다.[20]

주희의 분의식分意識에서 보면 사민四民은 상하 계급관계를 형성하지만,[21] 양명은 사민을 타고난 신분상의 등급질서가 아닌 단지 자신의 재능에 따른 직능상의 차이로 보고 있다. 그리고 자신의 재능에 따른 직능상의 차이를 지닌 사민은 모두가 '진심盡心'이라는 측면에서는 동일성을

---

19) '친민론'에 대한 보다 상세한 내용은 본서 8장 1절 '명명덕과 친민의 일원적 체계'를 참고 바람.

20) 『全集』, 권25, 「節庵方公墓表」, 941쪽, "陽明子曰: 古者四民異業而同道, 其盡心焉, 一也. 士以修治, 農以具養, 工以利器, 商以通貨, 各就其資之所近, 力之所及者而業焉, 以求盡其心. 其歸要在於有益於生人之道, 則一而已. 士農以其盡心於修治具養者, 而利器通貨, 猶其士與農也, 工商以其盡心於利器通貨者, 而修治具養, 猶其工與商也. 故曰: 四民異業而同道."

21) 김수중, 「陽明學의 '大同'社會 意識에 관한 研究」, 89쪽 참조.

지닌 것으로 평가된다. 여기서 '진심'은 '사람을 살리는 도(生人之道)'를 유익하게 하는 것으로 규정되고 있는 바, '진심'은 결국 한 개인의 도덕성의 구현하는 데 머무르는 것이 아니라 유기체적 대동사회의 모든 구성원들로 하여금 생명을 온전하게 유지토록 하는 '만물일체의 염원'을 실현하는 것이라 할 수 있다. 따라서 사회 구성원들은 각기 자신의 재능에 따른 서로 다른 직능을 수행한다고 하는 측면에 있어서는 다르지만, 모두가 서로 다른 자신의 직능에 충실함으로써 궁극적으로 유기체적 대동사회의 모든 구성원들을 온전하게 양육한다고 하는 측면에서는 동일하다. 따라서 정치를 담당하는 계층도 결국은 신분상 상급자로서 백성들을 지배하고 통치하는 특권층을 의미하는 것이 아니라, 농업・공업・상업을 담당한 백성들과 평등한 관계에서 단지 자신의 재능에 따라 정치를 담당하고 있는 것일 뿐이다. 그러므로 정치를 담당하는 계층도 백성들과 다름없이 자신에게 부여된 정치적 직책을 연마하는 데 최선을 다함으로써 '사람을 살리는 도'를 구현하는 데 이바지하게 된다.

셋째, '재덕일치론才德一致論'에 근거한 정치인의 재능과 덕성의 일치 문제이다. 양명은 「답고동교서答顧東橋書」의 '발본색원론拔本塞源論'에서 대동사회에 있어서의 '재덕일치'의 문제를 다루고 있는 바, 이 가운데 정치에 관련된 부분만을 발췌해 보면 다음과 같다.

> 덕이 있는 자를 천거하여 임용한 뒤에는 종신토록 그 직책에 머물러 다시 바꾸지 않게 하였다. 임용하는 자는 오직 한 마음 한 덕(同心一德)으로 세상의 백성들을 모두 편안하게 해주는 일만을 생각하였고, 재능이 그 직책에 부합하는지의 여부를 볼 뿐이요, 그 직책의 높고 낮음으로써 경중을 삼거나 수고로움과 편안함으로써 좋고 나쁨을 삼지 않았다. 임용된 자도 오직 한 마음 한 덕으로 세상의 백성들을 편안하게 해주는 일만을 생각하였으며, 만약 직분이 자기의 재능에 맞기만 하다면 종신토록 번잡한 데 처하더라도 수고롭게 여기지 않았고, 비천하고 자질구레한 직분도 편안히 여기며 천하다고 여

기지 않았다.[22)]

정치의 목적은 사회 구성원들의 생명을 온전하게 양육시킴으로써 유기체적 대동사회가 온전하게 존속될 수 있도록 하는 데 있다. 따라서 정치적 직책의 담당자는 두 가지 요건이 충족되어야 한다. 첫째는 자신의 직책을 통해 사회 구성원들의 삶을 윤택하게 해주고자 하는 덕성의 소유 문제이며, 둘째는 그 직책에 부합되고 그 직무를 완수할 수 있는 재능의 소유 문제이다. 이 두 가지 가운데 한 가지라도 결하고서는 정치적 직책을 담당할 수도 없으며, 정치적 직책을 원만하게 수행할 수도 없다. 만일 덕성은 갖추었으되 재능이 직책에 부합되지 않는다면, 그는 자신의 직무를 올바로 수행할 수 없다. 반면 재능은 직책에 부합되나 덕성을 갖추지 못하였을 경우에는, 오히려 자신의 정치적 직책을 개체 욕망을 충족시키는 데 활용함으로써 사회 구성원들의 생명을 질곡시키게 된다. 따라서 임용하는 자는 덕성과 재능이 그 직책에 일치되는 자를 선발하여 임용・감독하고, 임용된 자는 자신의 덕성과 재능이 그 정치적 직책에 일치될 수 있도록 노력해야만, 비로소 자신의 정치적 역할을 통해 유기체적 대동사회의 온전한 존속에 역행하지 아니하고 올바로 기여할 수 있다.

22) 『傳習錄』(中), 「答顧東橋書」, 142조목, "…迨夫擧德而任, 則使之終身居其職而不易. 用之者惟知同心一德, 以共安天下之民, 視才之稱否, 而不以崇卑爲輕重, 勞逸爲美惡. 效用者亦惟知同心一德, 以共安天下之民, 苟當其能, 則終身處於煩劇而不以爲勞, 安於卑瑣而不以爲賤. …"

제4절 대동사회 구현의 친민 정치

양명의 친민 정치는 궁극적으로 '만물일체의 인仁'을 바탕으로 자・타와 물・아가 둘로 나뉘거나 구분되지 않는 여물동체與物同體=물아일체物我一體의 유기체적 대동사회를 구현하는 데 목적이 있다. 이러한 정치 목적에 근거하여 양명은 다음과 같이 주장한다.

> 재물은 백성의 마음이므로, 재물이 흩어지면 백성들이 흩어진다. 백성은 나라의 근본이니, 근본이 견고하면 나라가 평안하다. … 임금과 백성이 한 몸이라는 것은 예나 지금이나 완전히 일치하는 것이다.[23)]

이에 대해 쥴리아 칭은 "통치자와 백성은 한 몸을 구성한다. 이러한 말은 통치자의 몸의 부분을 이루고 있는 백성들은 통치자로부터 분리되어 독립적으로 존재하지 않는다는 것을 나타내는 것이다. 이것은 머리가 인간의 온 몸을 위해 봉사해야 하는 것처럼, 지도자는 백성들에게 봉사할 필요가 있다는 것을 잘 나타내는 백성들과 통치자 사이의 유사한 통일을 표현하고 있다"[24)]고 평가하고 있는 바, 양명의 친민 정치는 바로 '군민일체君民一體'에서 비롯된다고 볼 수 있다. 따라서 대인大人・성인聖人・군자君子 등으로 표현되는 이상적인 위정자들은 사회 구성원들의 아픔을 자신

---

23) 『全集』, 권13, 「計處地方疏」, 429쪽, "財者民之心也; 財散則民散. 民者邦之本也; 本固則邦寧. … 君民一體, 古今同符."

24) Julia Ching, "Wang Yang-ming and Global Responsibility", *The Third Global Future Generations Kyoto Forum*(日本將來世代綜合研究所主催 國際學術會議 發表論文集, 1997), 6쪽.

의 고통으로 느낄 수 있는 '시비지심是非之心'에 바탕을 두고 정치를 수행한다. 그리고 이들에게 있어 '군민일체'와 '시비지심'에 바탕을 둔 유기체적 대동사회를 구현하는 친민 정치는 다름 아닌 자신에게 내재되어 있는 양지良知를 실현하는 일에 불과하다.

> 세상의 군자가 오직 양지를 실현하는 데 힘쓰기만 한다면 저절로 시비是非를 공유하고 호오好惡를 함께하며, 남을 자기와 같이 보고 나라를 한 집안처럼 보아서 천지만물을 한 몸으로 여길 수 있다. 그러면 천하가 다스려지지 않기를 구할지라도 얻을 수 없을 것이다. 옛 사람이 타인의 선행을 보기를 마치 자기로부터 나온 듯이 여기며, 타인의 악행을 보기를 마치 자기가 악에 빠진 것처럼 여길 뿐만 아니라, 백성의 굶주림과 곤고함을 마치 자기의 굶주림과 곤고함처럼 보았으며, 한 사람이라도 자기 자리를 얻지 못하면 마치 자신이 그를 도랑에 밀어 넣은 것처럼 여겼던 까닭은 의도적 그렇게 행하여 천하 사람들이 자기를 믿어 주기를 바랐기 때문이 아니다. 자신의 양지를 실현하여 스스로 만족하기를 구하는 데 힘썼을 따름이다.[25]

사회 구성원들의 생명의 온전성에 대해 시비를 판단하고, 그들의 생명 파괴 현상을 자신의 책임으로 느끼고, 그들의 생명을 온전하게 유지시켜 주고자 하는 등의 위정자의 정치 행위는 모두가 위정자 자신의 양지 실현 과정으로 귀결된다. 따라서 동일한 정치 행위가 위정자 자신에게 있어서는 자신의 생명 본질을 구현하는 '양지 실현'이라고 한다면, 사회 구성원들의 입장에서는 자신들의 생명의 온전한 양육이 된다. 따라서 위정

25) 『傳習錄』(中), 「答聶文蔚」, 179조목, "夫人者, 天地之心. 天地萬物, 本吾一體者也, 生民之困苦荼毒, 孰非疾痛之切於吾身者乎? 不知吾身之疾痛, 無是非之心者也. 是非之心, 不慮而知, 不學而能, 所謂良知也. 良知之在人心, 無間於聖愚, 天下古今之所同也. 世之君子惟務致其良知, 則自能公是非, 同好惡, 視人猶己, 視國猶家, 而以天地萬物爲一體, 求天下無治, 不可得矣. 古之人所以能見善不啻若己出, 見惡不啻若己入, 視民之飢溺猶己之飢溺, 而一夫不獲, 若己推而納諸溝中者, 非故爲是而以蘄天下之信己也, 務致其良知求自慊而已矣."

자 자신이 양지 실현에 최선을 다할 때, 사회 구성원들은 그의 말을 믿고 그의 행동을 기뻐할 수 있는 것이다. 사회 구성원들이 양지 실현에 힘쓰는 위정자 자신과 괴리되지 아니하고 화락한 마음으로 함께 동고동락할 수 있는 것은 그 양지가 인간 누구나 보편적으로 내재하고 있는 것으로서, 양지 실현을 통해 만물일체를 구현할 수 있기 때문이다.[26]

양명의 경세적 대성과는 결코 지모智謀나 술책에 의한 것이 아니라, 그 자신의 '진성측달眞誠惻怛'의 정情, 즉 천지만물일체를 구현하는 인仁의 정신에 입각한 것으로서, 당시에 백성이 도탄에 빠져 신음하는 광경을 차마 바라볼 수 없는 진성측달의 발로야말로 백성의 아픔을 나의 아픔으로 여기는 인仁의 정신에 입각한 것이라고 평가하는 학자도 있거니와,[27] 친민 정치는 또한 생명 의지와 생명 연대감인 '인仁'을 발현시켜나가는 과정이라 할 수도 있다.

> 성인이 그 마음을 다하기를 구하는 것은 천지만물로서 한 몸을 삼는 것이다. 나의 부모와 자식 간에 친애하지만 천하에 아직 친애하지 않은 자가 있다면, 나의 마음을 아직 다하지 않은 것이다. 나의 임금과 신하 사이에는 의義로써 대하지만 천하에 의로써 대하지 않는 자가 있다면, 나의 마음이 아직 다하지 않은 것이다. 나의 부부 사이에는 구별이 있고, 어른과 아이 사이에는 차례가 있고, 친구 사이에는 믿음이 있으나, 천하에 아직 구별과 차례와 믿음이 없는 자가 있다면, 나의 마음이 아직 다하지 않은 것이다. 나의 가족은 배부르고 따뜻하고 편안하고 즐겁지만, 천하에 아직 배부르지 못하고 따뜻하지 못하며 편안하지 못하고 즐겁지 아니한 자가 있다면, 능히 친애하고, 의롭고, 구별하고, 차례가 있고, 믿음이 있다고 할 수 있겠는가? 나의 마음이 아직 다하지 않은 것이다. 그러므로 이에 기강紀綱과 정사政事를 설치하고 예

26) 『傳習錄』(中), 「答聶文蔚」, 179조목, "堯舜三王之聖, 言而民莫不信者, 致其良知而言之也; 行而民莫不說者, 致其良知而行之也. 是以其民熙熙皡皡, 殺之不怨, 利之不庸, 施及蠻貊, 而凡有血氣者, 莫不尊親, 爲其良知之同也. 嗚呼! 聖人之治天下, 何其簡且易哉!"

27) 김길락, 『象山學과 陽明學』(예문서원, 1995), 301쪽 참조.

> 악과 교화를 베푸는 것이니, 이것으로써 천리天理에 따라서 천도天道를 이룩하고 도와서 자신을 완성(成己)시키고 타자를 완성(成物)시켜, 나의 마음을 다하기를 구할 뿐이다. 마음이 다하면 집안이 다스려지고, 국가가 다스려지며, 천하가 평화롭게 된다.[28)]

천지만물일체를 구현하는 생명 의지 또는 생명 연대감인 '인仁'은 발현 대상과 마주한 상황에 따라 친親, 의義, 별別, 서序, 신信의 형태로 발현된다. 이러한 다양한 인仁의 발현은 나와의 1차적 관계성에만 국한시키는 것이 아니라 사회의 모든 구성원에게까지 확대하여 발현시켜야 한다. 아울러 생명 의지가 사회의 모든 구성원에게까지 고루 미쳐 조그마한 미진함도 없을 때, 비로소 생명 의지의 발현 주체로서의 자신의 마음을 온전히 실현하였다(盡心)고 할 수 있다. 따라서 자신의 가족만이 온전한 생명을 유지시켜나가는 반면, 사회 구성원 모두가 이러한 상태에 도달해 있지 못하다면, 이는 결국 생명 의지의 실현, 즉 '진심盡心'이 되지 못한다. 그러므로 기강・정사・예악・교화와 같은 구체적 정치 실천은 다름 아닌 사회 구성원들의 생명을 온전히 유지시켜주는 '성물成物'인 반면, 위정자 자신의 입장에서 보았을 때는 자신의 생명 본질의 구현으로서의 '성기成己'에 불과한 것으로 '성물즉성기成物即成己'・'성기즉성물成己即成物'의 관계가 성립된다. 따라서 자신의 생명 본질을 실현하는 진심盡心, 즉 성기成己는 가정과 국가가 온전히 다스려지고 종국에는 모든 세상이 평화롭게 되는 유기체적 대동사회의 구현으로 귀결된다.

이러한 친민 정치론은 단지 이상론으로 끝나지 않는다. 양명은 친민

---

28) 『全集』, 권7, 「重修山陰縣學記」, 257쪽, "聖人之求盡其心也, 以天地萬物爲一體也. 吾之父子親矣, 而天下有未親者焉, 吾心未盡也. 吾之君臣義矣, 而天下有未義者焉, 吾心未盡也. 吾之夫婦別矣, 長幼序矣, 朋友信矣, 而天下有未別未序未信者焉, 吾心未盡也. 吾之一家飽暖逸樂矣, 而天下有未飽暖逸樂者焉, 其能以親乎, 義乎, 別序信乎? 吾心未盡也. 故於是有紀綱政事之設焉, 有禮樂敎化之施焉, 凡以裁成輔相, 成己成物, 而求盡吾心焉耳. 心盡而家以齊, 國以治, 天下以平."

정치론에 근거하여 당시의 시대적 상황에 맞추어 유기체적 대동사회를 구현하기 위한 나름대로의 정치 방안들을 제시하고 있다. 양명 당시는 정치적 혼란으로 변방에서 도적의 무리가 판을 치면서 양민을 약탈하고 괴롭히는가 하면, 이러한 혼란을 틈타 내적으로는 내란을 일으키는 등 사회의 혼란이 극에 달하여, 백성들의 생활이 어려운 상태였다. 이에 양명은 세금의 감면과 같은 방법을 통해 백성들의 생업을 안정시켜줄 수 있도록 해야 한다는 상소를 올리는 등 친민 정치의 구체적인 방법과 내용에 대해 언급한 바가 많다.[29] 그 가운데 '십가패법十家牌法',[30] '보갑보장제保甲保長制',[31] '향약에 의거한 자치제도',[32] '인재등용법'[33] 및 '교학敎學을 통한 풍속의 개혁'[34] 등이 그 대표적인 방안으로 평가된다.[35]

2장 「역동적 생애와 주체적 학문」에서도 부분적으로 살펴본 바 있거니와 이러한 방안들은 모두 생민生民의 고난과 고통을 자신의 아픔으로 느끼는 인仁에 근거한 '안민安民', '보민保民', '교민敎民', '양민養民'의 구체적 방안이다. 예컨대 '십가패법'과 '보갑보장제'는 당시 양민을 약탈하는 도적으로부터 백성들을 보호하기 위한 자위적 정치 방안이며, '자치제도'는 균형 있는 지방의 발전을 통해 국가 전반을 안정되게 발전시켜 주기 위한 방안이다. 아울러 '교학敎學을 통한 풍속의 개혁'은 백성들의 덕성을 계발함과 아울러 저마다 타고난 재능에 따른 기술교육을 실시하여 사회

---

29) 林振玉, 『王陽明論』(臺灣 復文書局, 民國 65年), 127~129쪽 참조.

30) 『全集』, 권16, 「十家牌法告諭各府父老子弟」, 528~531쪽, 권17, 「申諭十家牌法」, 608~609쪽, 「申諭十家牌法增立保長」, 610쪽 참조.

31) 『全集』, 권17, 「申諭十家牌法增立保長」, 610쪽 참조.

32) 『全集』, 권17, 「南贛鄕約」, 599~604쪽 참조.

33) 『全集』, 권15, 「邊方缺官薦才贊理疏」, 496~499쪽 참조.

34) 『全集』, 권17, 「興擧社學牌」, 604쪽 참조.

35) 이러한 방안들에 대한 구체적인 내용은 李福登 編著, 『王陽明的政治思想』(臺灣私立台南家政專科學校, 民國 66), 79~104쪽, 林振玉, 『王陽明論』, 107~135쪽 및 金吉洛, 「王陽明의 經世思想」(『儒學硏究』, 2집, 충남대유학연구소, 1994), 214~220쪽 등에서 상세하게 다루어지고 있다.

각 분야를 고르게 발전시켜 사회가 유기적으로 유지될 수 있도록 하는 방안이다.

제5절 친민정치론의 현대적 의의와 과제

양명학에 있어 인간 사회는 사회 구성원 상호간의 유기적이고 상보적인 관계망을 전제로 구성원 개개인의 다양성과 자율성에 기초하여 추동되는 유기적인 특성을 지닌 하나의 유기적인 생명체이다. 이러한 만물일체의 유기체적 대동사회는 사회 구성원의 '다양성'과 '온전성'과 '평등성'을 비롯 '사회 구성원간의 유기적 상보성'이라는 특성을 지닌다. 이러한 유기체적 대동사회는 사회를 단순히 원자화된 개체들의 물리적・산술적 집합체 나아가 타인을 기본적으로 나의 적으로 보는 생존경쟁의 장으로 규정함으로써 인간 소외, 인간의 사물화, 계층간의 갈등, 불평등 구조와 같은 원자론적 개인주의와 무한 경쟁 원리의 폐단을 지양하고 모든 인간이 유기적이고 상보적인 관계망 안에서 인간답게 살 수 있는 토대와 계기를 마련해준다.

다만 일반적으로 서양의 개인주의와 대비되어 이야기되는 아시아의 공동체주의는 온정주의적이고 가부장적인 의식으로 이해되고 있으며, 동양의 공동체 정신에는 혈연적 가족 관계가 그 밑바탕을 이루기 때문에 시민사회의 덕목인 개인의 자유 또는 개인의 합리성이 결여되어 있다고 평가된다.[36] 또한 동아시아의 경우 개인은 독립적이거나 자율적인 존재

36) 김수중, 『공동체란 무엇인가』, 8쪽 참조.

로서 간주되지 않으며, 개인은 언제나 관계 속에 존재하며 전통과 권위를 존중하고 집단을 중시한다고 평가된다.[37] 동아시아의 가족주의 또는 공동체주의는 수평적이고 민주적인 관계보다는 수직적이고 권위적인 관계를 정당화하는 측면이 강하며, 그에 따라 독립적이고 자율적인 개인의 권리를 침해하는 경향이 있다는 것이다.[38] 그러나 양명의 "심즉리설心卽理說과 치양지론致良知論은 외재적 규범이나 권위에 종속되지 않는 개인의 주체적 자율성을 강조하는 것이요, 이러한 맥락에서는 기존의 권위가 일체 용납될 여지가 없다"[39]고 평가되듯, 양명의 유기체적 대동사회는 오히려 수직적이고 권위적인 인간관계는 물론 형식주의와 규범주의가 타파된 주체적이고 자율적이며 창의적인 인간관을 전제한다. 비록 서구 근대의 독립적 존재이자 권리의 주체로서의 인간관과 다르지만, 유기체적 대동사회는 주체적이고 자율적이며 창의적인 인간관을 토대로 하는 바, 이는 원자론적 개인주의의 폐단을 지양하면서도 봉건적 전체주의의 폐단 또한 지양한다고 하는 측면에서 우리는 새로운 시사점을 찾을 수 있다.

유기체적 대동사회에 있어 인간 개개인의 이익과 안위에만 집착하는 개체 욕망은 인간의 유기적이고 상보적인 관계성을 파괴하는 비판적 요소로서 극복의 대상이 된다. 반면 개체간의 대립과 갈등을 지양하고 타인의 고통을 나의 아픔으로 느끼면서 서로를 살려주는 만물일체의 인심仁心(明德·良知)은 유기적인 관계성을 실현하는 긍정적 요소로서 확충의 대상이 된다. 따라서 양명학에 있어 위정자들의 이기적 개체 욕망에서 비롯되는 공리 정치는 비판된다. 공리 정치는 대내적으로는 위정자들이 자신의 개체욕망을 충족시키기 위해 사회의 유기적이고 상보적인 관계망을 파괴함으로써 사회 구성원들의 생명의 질곡을 방관할 뿐만 아니라,

---

37) 김원식, 「동아시아의 가족주의 전통과 민주주의」, 142쪽 참조.
38) 김원식, 「동아시아의 가족주의 전통과 민주주의」, 139쪽 참조.
39) 이상익, 『儒家 社會哲學 硏究』, 414쪽 참조.

오히려 이들을 자신의 욕망 충족을 위한 하나의 도구로 전락시키는 폐단을 초래하고, 대외적으로는 자국의 이익만을 위해 주변 국가들과의 동반자적이고 우호적인 관계망을 단절하고 오히려 주변 국가들을 공벌·착취하는 폐단을 초래한다. 이는 결국 인간 개체의 파멸은 물론 모든 인간이 함께 인간답게 살 수 있는 유기체적 대동사회의 파멸을 초래한다.

개인을 사회적 실체로 규정하고(원자론적 개인주의) 그 개인의 '욕망이라는 사실'에서 출발하는 자유민주주의의 일반적 전제는 "모든 인간은 자신의 이익을 극대화하고자 한다"는 것과 "모든 인간은 자신의 이익에 대한 최선의 판단자"라는 것이다. 이러한 전제에 입각하여 자유민주주의는, 정치의 목적은 '개인의 이익을 극대화하는 것'이며, 정치의 방법은 간섭을 배제하고 '개인의 자유로운 판단에 맡기는 것'이라고 보는 것이다.[40] 개인의 이익을 극대화하는 것을 목표로 하는 오늘날의 공리 정치는 사회구성원간의 무한 경쟁을 초래하여 계층 간의 대립과 갈등은 물론 자본의 독점과 불평등을 야기함으로써 사회적 통합을 파괴하는 결과를 낳을 수 있다.

인간은 그 자체로서 하나의 주체적이고 자율적인 존재임과 더불어 유기체적 사회의 한 부분이다. 따라서 진정한 의미의 주체적이고 자율적인 존재가 되기 위해서는 개인의 이기적 개체 욕망을 극복하고 타자의 고통을 자신의 아픔으로 자각함과 더불어 타자의 생명을 살리는 적극적 실천행위를 필요로 한다. 그 토대가 바로 인간의 생명 본질인 명덕明德(萬物一體의 仁心=良知)에 있으며, 정치란 바로 이러한 생명 본질을 실현해나가는 과정에 다름 아니다. 인간은 누구나 유기적이고 상보적인 수평적 관계 속에서 자신의 타고난 재능에 따라 사람을 살리는 도를 실현해 가는 주체적이고 자율적이며 실천적인 존재이며, 그 토대가 되는 명덕은 타자와의

---

40) 이상익, 『儒家 社會哲學 硏究』, 301쪽 참조.

유기적인 관계성과 실천성을 통해서만 실현되는 인간의 생명 본질로서, 이미 명덕 안에 인간 자신의 생명 본질을 실현하는 명명덕明明德과 사회 구성원의 생명을 온전하게 양육하는 친민이 하나의 과정으로 합일될 수 있는 계기를 함축하고 있다. 결국 친민 정치의 궁극적 목적은 위정자가 타고난 자신의 재능과 덕성에 따라 정치적 측면에서 사람을 살리는 도를 실현(成物)해나감으로써 종국에는 자신의 생명 본질을 구현(成己)하는 데 있다.

이러한 친민 정치는 다음과 같은 세 가지 구체적 실천 방안을 토대로 한다. 첫째, 친민설은 위정자와 백성들의 관계를 상하 신분적 관계로 보는 주자의 신민설新民說과 달리 위정자와 백성들의 관계를 유기적이고 상보적인 수평적 관계로 규정하며, 신민과 같이 일방적 '교화敎化'의 의미만이 아니라 서로의 생명을 온전하게 길러준다는 '양육養育'의 의미를 함께 포함한다. 둘째, 사민四民(士・農・工・商)을 타고난 신분상의 등급질서가 아닌 단지 자신의 재능에 따른 직능상의 차이로 보고, 사민은 모두가 '사람을 살리는 도'(生人之道)를 유익하게 한다는 측면에 있어 동일성을 지닌 것으로 규정된다. 정치를 담당하는 계층도 결국은 신분상 상급자로서 백성들을 지배하고 통치하는 특권층을 의미하는 것이 아니라, 농업・공업・상업을 담당한 백성들과 평등한 관계에서 단지 자신의 재능에 따라 정치를 담당하는 계층으로서 백성들과 다름없이 자신에게 부여된 정치적 직책을 연마하는 데 최선을 다함으로써 '사람을 살리는 도道'를 구현하는 데 이바지하게 된다. 셋째, 정치적 직책의 담당자는 자신의 직책을 통해 사회구성원들의 삶을 윤택하게 해주고자 하는 덕성과 그 직책에 부합되고 그 직무를 완수할 수 있는 재능을 동시에 소유해야 한다.(才德一致) 임용하는 자는 덕성과 재능이 그 직책에 일치되는 자를 선발하여 임용・감독하고, 임용된 자는 자신의 덕성과 재능이 그 정치적 직책에 일치될 수 있도록 노력해야만, 비로소 자신의 정치적 역할을 통해 유기체적 대동사회의 온전한 존속에 역행하지 아니하고 올바로 기여할 수 있다.

이러한 친민 정치는 봉건적 가부장적 사회의 수직적이고 위계적인 신분질서와 특권적 통치자의 권위주의, 전체를 위한 개체의 종속 등의 문제점을 혁파함은 물론 오늘날의 계층 간의 대립과 갈등 및 자본의 독점과 불평등을 야기함으로써 사회적 유대감과 통합을 파괴하는 공리주의 정치의 폐단을 극복해나감에 있어 우리에게 새로운 시사점을 안겨준다.

그렇다고 자유민주주의 자체를 완전히 부정하자거나 양명의 유기체적 대동사회관과 친민 정치론의 오늘날의 문제점을 모두 해결할 수 있다는 것은 아니다. "한편으로 우리는 우리의 삶에 내재하는 불합리한 집단주의와 연고주의를 극복해나가는 노력을 지속적으로 수행하고, 이를 통해 독립성과 자율성을 가진 근대적 주체의 상을 확립하기 위해 노력해야 한다. 이와 동시에 우리는 다른 한편으로 개인들 사이의 집단적인 연대성을 확보하고 그를 통해 공동체의 확고한 토대를 마련하려는 노력을 진행해야만 할 것이다"[41]라는 김원식의 주장처럼, 자유민주주의의 장점을 최대한 발전시켜나가면서 양명학에 대한 새로운 탐구를 통해 자유민주주의의 문제점을 보완할 수 있는 측면들을 지속적으로 찾아나가야 할 것이다.

41) 김원식, 「동아시아의 가족주의 전통과 민주주의」, 150~151쪽.

제 11 장
인심仁心과 만물일체의 생명윤리

1970년대 말부터 주목받기 시작한 생명공학은 오늘날 엄청난 발전을 거듭하면서, 생식 보조 기술을 비롯하여 장기이식, 태아 조직이식, 인공장기, 인간 배아연구, 인간 게놈프로젝트, 동물복제, 유전자 조작 식품, 산전 유전자 진단, 유전자 치료, 인간복제 등 지난 10여 년간 새로운 기술적 성과들을 쏟아내고 있다.[1] 이러한 생명공학의 발전은 생명의 신비를 밝혀주고 또한 자연적인 질병과 죽음으로부터 인간을 어느 정도 해방시켜주었다. 다른 한편 뇌사와 장기이식 그리고 인공수정과 인간복제 등은 인간의 자아정체성에 대한 혼란과 생명의 시작과 죽음의 경계에 대한 정의 문제에 있어 혼란을 야기하는 등, 단지 전통적인 윤리만으로 해결할 수 없는 새로운 생명에 관한 윤리적 문제들을 인류에게 던져주고 있다. 특히 인류역사상 첫 체세포 복제 동물인 '돌리'(Dolly)의 탄생(1997년 2월 24일)은 가까운 장래에 인간 또한 체세포 복제가 가능하다는 것을 시사하고 있다[2]는 점에서 윤리적인 문제를 야기하고 있다. 생명은 유성생식을 통해 자연스럽게 잉태된다고 하는 전통적인 생명의 출발점에 대한 이해를 뛰어넘어 복제는 인간이 생명을 인위적으로 조작・만들어낼 수 있는

---

1) 박은정, 『생명공학 시대의 법과 윤리』(이화여대출판부, 2001), 18~19쪽 참조.
2) 구인회, 『생명윤리의 철학』(철학과 현실사, 2002), 152쪽 참조.

가능성을 열어 놓은 것이다.[3] 이에 김상득은 "생명공학과 의학이 제기한 윤리적 물음들은 기존의 윤리설이 설명할 수 없기에, 이를 포섭할 수 있는 새로운 윤리설이 요청된다고 하겠다. 이는 윤리설에 있어서 패러다임의 전이이다"[4]라고 주장한다.

첨단 생명공학의 발전에 따른 사회적·윤리적 문제는 윤리학이나 생명과학, 종교계 또는 법학 분야 가운데 어느 단일 분야만으로 해결할 수 있는 문제가 아니다. 생명 과학자, 의학자, 윤리학자, 철학자 그리고 법학자들의 교류를 통한 학제적 연구, 즉 다양한 학제간의 만남과 공조를 통해서만 해결될 수 있는 특성을 지닌다. 그럼에도 불구하고 기독교, 가톨릭, 불교, 법학, 서양윤리학 등 여타 종교와 사상들이 생명윤리에 관한 많은 성과와 더불어 상호간의 연대를 모색해나가고 있는 반면, 유가철학 또는 유교 분야에서의 생명공학과 생명윤리에 관련한 논의는 단지 시론적인 수준의 몇 편의 발표문과 연구논문 내지는 생명윤리와 관련된 저서 안에서 약간의 언급이 있을 뿐이다. 학제적 연구의 필요성에도 불구하고 다른 분야에 비해 유교는 아직 초보적 단계에 있다.

새로운 생명윤리의 정립에 있어 다양한 학문 분야와 종교들의 다양성의 공존이 요구된다면, 유교 또한 생명윤리의 다양성의 한 부분으로 참여해야 하고 참여할 수 있다. 특히 한국인들은 오랜 세월 유교문화권에서 살아왔고 살아가고 있다. 따라서 서구에서 논의되고 있는 또는 서구의 생명윤리를 기반으로 전개되고 있는 생명윤리와 더불어 유교에 대한 올바른 이해를 바탕으로 유교의 문제점을 진단함과 아울러 새로운 유교 생명윤리를 정립해야만 한다. 유교는 분명 수천 년의 동아시아의 역사적 소용돌이 속에서 끊임없이 새롭게 제기되는 시대문제들을 담아내면서

---

3) 제임스 왓슨·스티븐 제이 굴드 외 지음, 그레고리 펜스 엮음, 류지환 외 옮김, 『인간 복제 무엇이 문제인가』(울력, 2002), 51~53쪽 참조.
4) 김상득, 『생명의료 윤리학』(철학과 현실사, 2001), 27쪽.

그 생명을 유지해왔다. 현대의 유교는 다시금 새로운 시대문제에 직면하여 새로운 생명력을 요구받고 있다. 그 시대문제 가운데 하나가 바로 생명공학의 발전에 따른 생명윤리의 문제이며, 유교는 분명 이 문제를 피해갈 수 없으며, 피해가서도 안 된다.

물론 이러한 작업은 짧은 시간 그리고 소수의 연구자들에 의해 손쉽게 이루어질 수 있는 작업은 아니다. 그러나 생명윤리의 문제는 현실과 무관한 미래에 펼쳐질 일이 아닌, 지금 우리 눈앞에 마주한 지금 이 순간에도 해결하고 넘어가야 할 현실적 문제이다. 이에 필자는 선행연구물들을 바탕으로 생명공학과 의료기술의 발전 및 생명윤리와 관련하여 유가철학 또는 유교에 대한 평가와 그 문제점들을 먼저 진단하고, 양명학의 뿌리가 되는 선진 유학과 양명학을 중심으로 '생의生意 존중의 생명관'을 고찰한 다음, 유교의 '인심仁心의 생명윤리'가 생명공학과 의료기술의 발전에 따른 사회적·윤리적 문제를 해결하는 데 있어 어떠한 역할을 할 수 있는지 그 가능성을 시론적으로 모색해 보고자 한다.

제1절 생명공학시대, 유교는 반생명적인가?

비록 우리가 전통철학을 탐구함에 있어서도 그것이 오늘날 현실의 문제와 연관되어 해석될 때 비로소 생명력을 갖는다[5]고 주장하는 학자도 있지만, 사실상 생명공학의 발전에 따른 오늘날의 생명윤리 문제와 관련

5) 최일범, 「생명공학시대에서 본 남명 사상」, 『생명공학시대의 철학적 성찰』(14회 한국철학자대회보, 2001), 85쪽.

된 유교 또는 유가철학 쪽의 논의는 그리 활발하지 않다. 생명윤리에 대한 논의의 대부분이 서양철학과 서양윤리학[6] 또는 서양종교(가톨릭과 기독교)[7]를 바탕으로 전개되고 있으며, 다만 동양철학 가운데 불교만이 비교적 생명윤리에 관한 논의에 일정 부분 참여하고 있다.[8] 필자가 조사한 바에 따르면, 유교 또는 유가철학과 관련하여 생명윤리의 문제를 논하고 있는 논문은 최재목의 「인간 복제에 대한 유교적 입장」(『과학 종교 윤리의 대화』, 궁리, 2001)을 비롯하여 수편에 불과하다.[9] 그 외에 박은정이 『생명공학 시대의 법과 윤리』에서 유교와 동양전통의학과 관련하여 간헐적으로 언급하고 있고,[10] 『과학사상』 22호(1997.8)의 「생명복제기술과 인류의 미래」에서 금장태가 '유가에서 본 인간복제' 문제를 간단하게 다루고 있을 뿐이다. 그리고 임종식은 『생명의 시작과 끝』 「공자의 인仁, 그 실천 방법」이라는 한 절에서 공자의 인仁을 생명의료윤리의 한 방안으로 모색하고 있다.[11]

---

6) 생명윤리에 대한 논의는 대부분 벤덤과 밀의 철학에 바탕을 둔 공리주의, 칸트의 철학에 바탕을 둔 의무론, 롤스의 정의론에 근거하여 전개되고 있다.(김상득, 『생명의료 윤리학』, 375~401쪽 등 참조)

7) 『성경적 관점에서 본 생명 의료 윤리』(한국누가회 문서출판부, 1997), 『생명복제에서 생명윤리로』(문시영, 대한기독교서회, 2002) 등 생명윤리에 관한 저서만도 여러 권에 이른다.

8) 예컨대 데미언 키온이 지은 *Buddhism & Bioethics*가 『불교와 생명윤리학』(허남결 옮김, 불교시대사, 2000.8)이란 제목으로 번역된 바 있으며, 조용길, 「불상생의 방생관—불교의 생명윤리」(『생명의 위기』, 푸른나무, 2001), 정승석, 「인간 복제와 윤회」(『과학 종교 윤리의 대화』 궁리, 2001), 오진탁, 「불교적 관점에서 본 낙태 문제」(『오늘의 동양사상』 9호, 예문동양사상연구원, 2003) 및 『불교평론』 2권 3호(불교시대사, 2000)에 이중표의 「불교적 입장에서 본 생명공학의 윤리 문제」, 윤호진의 「생명공학의 도전에 직면한 불교의 윤회설」 등 다수가 있다.

9) 김세인, 「의료 기술의 발달과 유학의 역할」(『儒學研究』 6집, 충남대유학연구소, 1998), 김병환, 「유가는 인간 복제에 반대하는가」(『오늘의 동양사상』 9호, 예문동양사상연구원, 2003), 김세정, 「생명과학기술 시대, 양명학과 생명윤리」(『인간연구』, 6호, 가톨릭대 인간학연구소, 2004), 전병술, 「유가의 생명사상과 생명윤리」(『陽明學』 12호, 한국양명학회, 2004) 등

10) 박은정, 『생명공학 시대의 법과 윤리』, 34, 89~90, 104~105, 107, 257, 297, 484쪽 등

비록 한정된 자료이기는 하지만 일단 이러한 자료들을 통해 의료기술과 생명공학의 발전에 따른 생명윤리의 문제와 관련된 유교에 대한 평가를 분석해 보고자 한다. 크게 임신중절, 장기이식, 인간복제 세 가지 문제로 나누어 살펴볼 수 있다.

1. 유교의 남아선호사상과 임신중절

출산 전 태아의 이상 유무를 확인하고 치료하여 건강한 아이를 출산하도록 하기 위해 산전진단 의술이 개발되었으며, 산전진단 의술로 인해 출산 전 태아의 성감별이 가능해졌다.[12] 산전진단의 본래적 목적은 태아가 가지고 이는 유전병 유무를 사전에 진단하고 적절한 대책을 세우기 위한 데 있다. 그러나 양수검사나 초음파검사와 같은 산전진단은 본래의 목적을 벗어나 태아의 성을 구별하는 데 사용되어 필요하지 않은 성을 가진 태아를 임신중절로 죽여버리는 나쁜 결과를 초래하는 경우도 있다.[13] 이에 김영진은 우리나라의 경우 유교의 잘못된 영향으로 산전진단을 통해 태아의 성이 여자인 경우 대부분 낙태시켜버리는 부도덕한 현상이 자행되고 있다고 비판한다.[14] 김상득 또한 우리나라에서는 성감별이 일상화되어 있으며, 나아가 국민들은 임신중절을 하나의 일상적인 관행

---

11) 임종식, 『생명의 시작과 끝』(로뎀나무, 1999), 89~103쪽.

12) 김상득, 『생명의료 윤리학』, 42~43쪽 참조.

13) 예컨대 오진탁은 "한국보건사회연구원이 기혼여성이 임신중절하는 이유를 조사한 결과, 아기를 원하지 않아서라는 경우가 54%에 달했다. 아기를 원하지 않아서라는 응답에는 태아가 딸이었다는 숨은 이유가 상당히 깔려있을 것이다. … 태아 성감별에 의한 낙태 행위로 인해 야기되는 현상이 바로 남자아이 초과현상이다"라고 주장한다.(오진탁, 「불교적 관점에서 본 낙태 문제」, 『오늘의 동양사상』 9호, 예문동양사상연구원, 2003, 302쪽)

14) 김영진, 「유전 공학과 도덕적 문제」, 『생명의료윤리』(구영모 엮음, 동녘, 1999), 166~167쪽 참조.

으로 생각하고 있다고 전제하면서 성감별이 임신중절로 이어지는 근본적인 이유를 남아선호사상과 남존여비의 관행에서 찾고 있다.[15] 오진탁 또한 "우리 사회에 뿌리 깊은 남아선호 의식은 낙태를 조장하고 남녀 성비율에 영향을 미치고 있다"[16]고 주장한다. 김영진이 양수 검사가 유교의 잘못된 영향 즉, 남아선호사상으로 인해 태아의 성별 검사 후 여아를 낙태시키는 부정적인 결과를 초래하게 되었다고 비판하고 있는 반면, 김상득과 오진탁은 직접적으로 유교를 언급하고 있지는 않으나 전통적인 남아선호사상과 남존여비 관행이 성감별을 통해 임신중절이라는 부정적 결과를 가져오고 있다고 비판하고 있는 것이다. 결국 유교의 남아선호사상과 태아의 성별을 식별할 수 있는 의료기술의 만남이 무고한 태아의 생명을 죽이는 임신중절을 야기하고 있다는 것이다.

물론 태아의 도덕적 지위에 따른 낙태의 도덕적 정당화 문제가 있기는 하다. 즉 태아가 우리와 동일한 인간이며 따라서 생명권을 지니고 있다면, 낙태는 무고한 인간을 대상으로 한 살인행위로 보아야 하나, 태아가 생명권을 지닌 인간이 아니라면 낙태 문제는 도덕적 쟁점이 되기 어렵다는 것이다.[17] 그러나 일반적 정서에 따라 태아를 우리와 동일한 인간이며 따라서 생명권을 지닌다고 전제할 경우, 여아의 임신중절을 조장하는 유교의 남아선호사상은 결국 반생명적이라고 말할 수 있다.

조선조 유교가 가부장적 종법사회라고 하는 시대적 배경 하에서 발전하였다는 점에 있어서 유교가 남아선호사상과 전혀 무관하다고는 말할 수 없다. 예컨대 조선시대에 있어서 여자의 칠거지악七去之惡 가운데 여자가 아들을 낳지 못하면 마땅히 버릴 수 있다는 내용이 들어 있다.[18] 또한

15) 김상득, 『생명의료 윤리학』, 41쪽 및 69쪽 참조.
16) 오진탁, 「불교적 관점에서 본 낙태 문제」, 302쪽.
17) 임종식, 『생명의 시작과 끝』, 182쪽 참조.
18) 『小學』, 권2, 「明倫」 第三, "婦有七去, 不順父母去, 無子去, ⋯."

조선시대 본처가 아이를 낳지 못할 때 양자를 들이거나 또는 '씨받이'를 통해서 혹은 첩(側室)을 통해서라도 대를 이을 아이를 낳고자 하였다.[19] 이러한 남아선호사상의 문제는 유교의 제일 원리 가운데 하나인 효孝와 무관하지 않다. 효는 부모를 존경하는 것(尊親), 부모를 욕되게 하지 않는 것(弗辱), 부모를 봉양하는 것(能養),[20] 즉, '부모에 대한 존경과 사랑'만이 아니라 '조상숭배'와 '자손을 낳는 일'[21] 등이 포함된다. 여기서 조상숭배와 자손을 낳는 일은 유교의 '영속적 생명관'과 관련이 있다. 『예기禮記』에서는 "몸은 부모의 유체遺體이다. 부모의 유체로 행동하니 감히 공경스럽게 다루지 않을 수 있겠는가?"[22]라고 한다. 곧 나의 몸은 부모의 몸을 물려받은 것이다. 이는 결국 나의 생명이란 아버지의 생명이고, 조부의 생명이며, 나아가서는 참으로 아득한 조상의 생명이 되는 것으로 가계를 계속 거슬러 올라가게 된다. 반면 자손과 일족이 이어지면 자신은 개체로서는 죽더라도, 육체가 죽은 뒤에도 자손의 생명과 이어짐으로써 계속 살아갈 수가 있는 것이다. 결국 효도를 다함으로써 나의 생명이 영원하다는 가능성과 만날 수 있게 되는 것이다.[23] 문제는 "남자는 씨요 여자는 밭이다"라는 발상이다. 즉 조상대대로 내려오는 일족의 유전정보는 남자 즉, 아들을 통해서만 계승된다고 하는 사고에서 기인한다. 따라서 가계의 보전 즉, 조상대대로 내려오는 생명의 영속성을 이어나가기 위해서는 아들이 필요하다는 남아선호사상이 지배하게 되었다고 말할 수 있다.

---

19) 최재목, 「인간 복제에 대한 유교적 입장」, 338쪽 참조.
20) 『禮記』, 「祭義篇」, "曾子曰, 孝有三, 大孝尊親, 其次弗辱, 其下能養."
21) 加地伸行 저, 김태준 역, 『유교란 무엇인가』(지영사, 1996), 31쪽 참조.
22) 『禮記』, 「祭義篇」, "曾子曰, 身也者, 父母之遺體, 行父母之遺體, 敢不敬乎."
23) 加地伸行, 『유교란 무엇인가』, 32쪽 참조.

2. 유교의 효와 장기이식

다음은 유교의 효와 가족윤리와 관련된 장기이식의 문제이다. 장기이식이란 일반적인 치료가 불가능한 말기 부전증 환자에게 타인의 장기를 이식함으로써 생명을 구하는 첨단 의학기술 가운데 하나이다.[24] 장기이식과 관련하여 뇌사 판정과 관련된 문제, 장기이식 방법과 관련된 윤리적 문제, 장기이식과 관련된 분배 정의의 문제[25] 등 많은 윤리적 문제들이 제기되고 있다. 다만 여기서는 장기이식과 관련한 유교에 대한 일반적 평가의 문제만을 다루고자 한다.

먼저 황경식은 유교에서도 대체로 장기이식에 대해 부정적인 입장을 표명하는 것으로 해석될 만한 구절들을 발견할 수 있다고 전제하면서, 특히 "신체와 머리털, 피부 등은 부모로부터 받은 것이므로 감히 상해하지 않음이 효도의 시작이다"(身體髮膚, 受之父母, 不敢毁傷, 孝之始也)라는 『효경孝經』의 글귀를 문제삼으면서, 유교에서는 부모로부터 받은 것은 털끝만큼도 다치지 않는 것이 효라고 규정함으로써 이 또한 장기이식을 근본적으로 배제하는 듯하다라고 평가한다.[26] 또한 1997년 뇌사 인정에 대한 입법과 관련하여 종교 및 법조계 일부에서는 뇌사 인정이 생명 존엄성 훼손이라는 반대 의견을 제출하는 가운데 그 하나로서 "신체와 머리털, 피부 등은 부모로부터 받은 것이므로 감히 상해하지 않음이 효도의 시작이다"라는 고대의 유학관념에서 장기적출이란 무조건 생명존엄성을 훼손한다는 강한 자아의식의 주장이 제기된 바 있다.[27] 이러한 주장들에 근거해 볼 때, 국내에서의 장기이식의 가장 큰 장애물로 신체의 일부분도 손상시키지

---

24) 김세인, 「의료 기술의 발달과 유학의 역할」, 168쪽 참조.

25) 김형철, 「뇌사와 장기 이식」, 『생명의료윤리』, 105~129쪽 참조.

26) 황경식, 「장기 이식의 윤리학적 기초」, 『생명의료윤리』, 134쪽 참조.

27) 김세인, 「의료 기술의 발달과 유학의 역할」, 168~169쪽 참조.

않는 것이 효라고 하는 유교적 전통이 지목되고 있음을 알 수 있다.

유교적 전통에 있어 '나의 몸은 곧 부모의 유체遺體'이다. 따라서 "하늘이 낳은 바와 땅이 기르는 바 사람보다 더 큰 것은 없다. 그러므로 부모가 온전히 낳아주신 몸을 자식은 언젠가 완전한 형상으로 땅에 되돌려줌으로써 효라고 할 수가 있다. 몸을 손상하는 일이 없고 몸을 더럽히는 일이 없는 것이 완전한 형상으로 되돌려준다고 말할 수 있는 것이다. 그러므로 군자는 반보를 걷는 데도 절대로 효를 잊지 않는 것이다"[28]라고 한다. 부모로부터 완전하게 물려받은 몸 즉, 부모의 유체를 죽을 때까지 어떠한 손상도 없이 잘 보존하는 것이 바로 효라는 것이다. 물론 이러한 맥락에서 『효경』의 "신체와 머리털, 피부 등은 부모로부터 받은 것이므로 감히 상해하지 않음이 효도의 시작이다"라는 말을 이해한다면, 유교의 입장은 조상으로부터 물려받은 신체의 일부인 장기를 타인에게 이식하는 것에 대해 부정적이라고 말할 수 있다.

장기이식과 관련된 또 다른 문제는 다음과 같다. 박은정은 비록 장기이식을 허용하더라도 유교적 전통 가족윤리 때문에 장기이식이 가족 간의 관계에만 국한되는 문제점을 안고 있다고 지적한다.[29] 유가에서는 부모와 형제를 중심으로 하는 가족적 혈연관계를 중시하기 때문에 인애仁愛를 행함에 있어서 이러한 혈연관계를 중심으로 친하고 소원한 사람, 가깝고 먼 사람을 따지지 않을 수 없다는 비판이나,[30] 공자의 인仁이 가까운 곳에서부터 먼 곳으로 나아가는, 즉 서열이 있는 차별애로서 무차별

28) 『禮記』, 第34, 「祭義篇」, "天之所生, 地之所養, 無人爲大. 父母全而生之, 子全而歸之, 可謂孝矣. 不虧其體, 不辱其身, 可謂全矣. 故君子頃步而不敢忘孝也."

29) 예컨대 박은정은 "기독교의 이 생명 나누기운동은 유교적 인습을 장애 요인으로 타파할 것을 요하면서도, 가족간의 생전 신장 기증에 강하게 의존함으로써 어느 면에서 유교적 전통 가족 윤리에 의존하고 있지 않나 생각되기도 한다"고 주장한다.(박은정, 『생명공학 시대의 법과 윤리』, 257쪽)

30) 墨翟 지음, 박재범 역, 『묵자』(홍익출판사, 1999), 23쪽 참조.

의 사랑은 아니다[31]라는 주장에 근거할 때, 유가는 보편적 인류애보다는 가족애에 치우쳐 있으며, 이러한 가족 중심의 전통 윤리는 곧 장기이식에 있어서도 가족 간에 의존 또는 한정하도록 하는 문제를 야기한다고 말할 수도 있을 것이다.

3. 인간복제와 유교

마지막으로 최근 가장 첨예한 문제를 야기하고 있는 인간복제에 대한 유교의 입장과 관련된 문제이다. 먼저 인간복제는 다음과 같은 윤리적 물음들을 야기하는 것으로 평가된다. 첫째, 복제인간은 비록 개체성을 지닌다 해도 자아정체성 위기에 직면하게 될 것이다. 둘째, 인간복제술은 인간의 생식을 '태어남'의 개념에서 '제조' 개념으로 바꾸어놓을 것이다. 셋째, 인간복제는 전통적인 의미의 가족관계에 상당한 변화를 가져올 것이다.[32]

유교와 관련한 입장에서도 인간복제에 대해 긍정과 부정이 공존한다. 먼저 금장태는 「생명복제기술과 인류의 미래」라는 좌담에서 가족적 질서를 가장 중시하는 유교의 입장에서는 인간복제가 전통적인 가족적 규범체계를 붕괴시킬 수 있다는 측면에서 인간복제를 반대할 것이라는 입장을 표명하고 있다.[33] 최재목 또한 「인간 복제에 대한 유교의 입장」에서 인간복제가 관혼상제와 같은 예식은 물론 촌수와 같은 가족 관계에 커다란 변화와 혼란을 가져올 수 있다는 이유에서 유교의 입장에서는 인간복제를 반대할 것이라고 주장한다.[34]

---

31) 강재언, 『선비의 나라 한국유학 2천년』(한길사, 2003), 42쪽 참조.
32) 김상득, 『생명의료 윤리학』, 113~115쪽 참조.
33) 『과학사상』 22호(범양사, 1997.8), 27~28쪽 참조.
34) 최재목, 「인간 복제에 대한 유교의 입장」, 333쪽 & 344쪽 참조.

다른 한편 인간복제에 대해 유교가 긍정적 입장을 취할 것이라는 주장도 제기되고 있다. 박은정은 비록 유교를 직접적으로 언급하고 있지는 않으나 전통적인 남아선호사상과 상승지향 욕구(立身揚名) 등과 같은 사회적 · 문화적 토양에 비추어 볼 때 향상된 제품을 만드는 생명 복제 기술은 의학적으로나 산업적으로 아주 다양하게 그리고 급속도로 적용될 것이라고 주장한다.[35)]

반면 최재목은 효, 즉 유교의 영속적 생명관이 부분적으로 인간복제를 찬성할 수 있는 근거로 작용한다고 주장한다. 그는 자손의 영속은 나의 유체=유자=유전자의 영속이 된다는 전제 하에, "만일 유체=유자=유전자의 영속의 장치라는 측면에서 인간 복제와 같이 자신의 생명을 영속시킬 수 있는 안전한 방법이 있다면, 유교 쪽에서도 그것을 적극적으로 채택하고자 할 것이 아닐까?"[36)] 반문하고, 나와 자손의 순수 혈통이 영속한다는 측면에서는 찬성할 것이라고 주장한다. 나는 나의 자손을 통해 조상대대로 내려오는 유체를 영속적으로 이어가지만, 내가 신체적 결함으로 인해 2세를 가질 수 없는 상황은 곧 생명의 영속의 단절, 즉 불효를 의미한다. 따라서 예컨대 불임이나 성적 · 신체적 결함으로 2세를 가질 수 없는 부부(동성애 부부 포함)가 복제 기술을 이용하여 2세를 갖고 싶을 경우, 혹은 정상적인 부부라도 우수한 유전자를 갖춘 2세를 '주문 생산'

---

35) 예컨대 박은정은 "우리 사회에서는 남아선호사상이 강하고 그래서 태아의 성감별에 집착하고, 체외 수정시 유전자 검사를 당연시하려 들고, 기형아에 대해서는 그 정도를 불문하고 인공유산시킨다. 자기의 아이를 갖고 싶다는 욕구가 강한 만큼, 생명 복제술을 불임 극복의 대안으로 인정해야 한다는 목소리도 점차 커질 수 있다. 상승 지향 욕구가 강하게 지배하고 있는 곳에서, … 어쩌면 우리 사회는 사회적·지적·육체적으로 '성능이 개선된' 상태, 다름 아닌 '맞춤 인간'을 받아들일 토양이 이미 마련되어 있다는 생각도 드는 것이다. 요컨대 생물학적으로나 유전적으로 향상된 제품이 사회적·문화적으로 수용될 수 있는 여건이 조성되어 가는 느낌이다"라고 주장한다.(박은정, 『생명공학 시대의 법과 윤리』, 297쪽)

36) 최재목, 「인간 복제에 대한 유교의 입장」, 339쪽.

할 경우에 한해 유교는 인간복제를 긍정할 것이라는 것이다.[37)]

김병환은 인간복제의 다양한 의혹들에 대해 비판하면서,[38)] 유가의 효의 관념, 생생불이生生不已의 관념 및 생기적 우주관에 근거하여 인간복제의 필요성과 정당성을 역설하고 있다. 유가에서는 내 생명의 재창출(生生)을 통해서 죽음을 극복하고자 하였기 때문에 나의 분신인 후손을 통해 내 생명의 지속을 추구하는 반면, 자식을 낳아 기르지 못하는 것(無後)을 최고의 불효로 삼았다는 것이다. 따라서 체세포 복제만이 유일한 길일 때, 예컨대 불임 부부의 경우 생생과 효의 원리에 의해서 유가는 한정된 조건하에서 인간복제를 허용할 것이라고 주장한다.[39)] 그는 나아가 유가의 성인聖人은 단순한 도덕적 인격에 머무는 것이 아니라 생생불식生生不息의 생명 창조 활동과 만물의 화육에 참여하는 존재라고 전제하면서, 복제에 의한 인간 생명 창출은 우주의 생명 창생 활동에 참여하는 것이고 자연의 생명 창생을 돕는 행위라고까지 주장한다.[40)]

이상의 논의를 통해 의료기술과 생명공학의 발전에 따른 생명윤리와 관련된 문제들, 예컨대 임신중절과 장기이식, 인간복제 모두 유교의 효孝와 관련된 가족중심의 윤리 규범과 밀접한 관련이 있다는 사실을 발견할 수 있다. 아들을 통해서만 대를 이을 수 있기 때문에 아들만을 선호하는 남아선호사상이 여아에 대한 임신중절을 조장하고, 신체를 훼손해서는

---

37) 최재목, 「인간 복제에 대한 유교의 입장」, 344쪽 참조.

38) 예컨대 김병환은 ① 체세포핵치환기술이 유산과 기형의 위험이 있는 아직 불완전한 기술이다. ② 인간복제는 생명의 자연성을 훼손하는 행위이다. ③ 인간복제에 의한 출산은 인격을 목적으로 대우하라는 윤리의 기본원칙에 위배된다. ④ 인간 유전자 풀의 다양성이 감소되기에 인간 복제를 금해야 한다. ⑤ 인간복제는 가족의 해체를 야기한다는 등의 주장들에 대해 일일이 반박하면서 인간복제에 대한 반대는 인간복제에 대한 그릇된 이해로 생긴 오해들이라고 비판하고 있다.(김병환, 「유가는 인간 복제를 반대하는가」, 283~290쪽 참조)

39) 김병환, 「유가는 인간 복제를 반대하는가」, 292~293쪽 참조.

40) 김병환, 「유가는 인간 복제를 반대하는가」, 294쪽 참조.

안 된다는 효의 규범이 장기이식의 장애 요인으로 작용하고, 가족 질서가 붕괴될 수 있기 때문에 인간복제를 반대하고, 역으로 자식을 통해 부모로부터 물려받은 생명을 영속시켜나가야 하며 우수한 후손을 통해 가문을 빛내야 한다는 가족주의가 인간복제를 찬성하는 근거가 될 수 있다는 것이다. 모두가 효와 관련된 가족이기주의에서 비롯되는 것으로 보여진다. 그렇다면 효라는 것이 자신의 가족만을 중시하는 가족 이기주의를 의미하며, 유교의 궁극적 목적이 단지 자신의 가족의 영속에 있는가? 만일 그렇다고 한다면 생명공학의 발전에 따른 생명윤리의 문제들이 첨예하게 제기되고 있는 현시점에서 유교는 반생명주의로 낙인찍힐 수밖에 없다. 그러나 만일 이러한 입장이 유교의 본질을 오히려 왜곡하는 것이라면 유교의 본질을 재천명하고 왜곡된 부분을 바로잡는 작업이 필요하다고 본다.

제2절 만물일체와 생의生意 존중의 생명관

임신중절의 주원인으로 지목되고 있는 '남아선호사상'이 유교의 본질이라 할 수 있는가? 『효경』의 "신체와 머리털, 피부 등은 부모로부터 받은 것이므로 감히 상해하지 않음이 효도의 시작이다"라는 구절과 유교적 전통 가족 윤리를 진정 장기이식에 대한 장애요인으로 볼 수 있는가? 그리고 유교의 본질에 근거할 때 인간복제는 일면 찬성되기도 하고 일면 부정되기도 할 수 있는가? 이러한 문제들을 해결하기 위해서는, 먼저 유교의 바탕이 되는 유가철학의 생명관을 올바르게 파악할 필요가 있다.

이에 양명학의 뿌리가 되는 『주역』과 『중용』의 생명 원리와 공자와 맹자의 인仁 사상을 살펴보고 나아가 양명의 만물일체사상을 중심으로 유가철학의 생명관을 살펴보고자 한다.

1. 『주역』과 『중용』의 생생불식의 생명 원리

『주역』과 『중용』은 천지만물이라는 존재 전체를 기계적 비생명체가 아닌 생명을 끊임없이 창생·양육해 가는 유기적 생명체와 같은 존재로 인식하고 있다.[41] 하늘과 땅은 만물을 생육함에 있어 개별적으로 작용하거나 대립적 관계에 놓여있는 것이 아니라, 상보적·상의적 감응 원리에 따라 끊임없이 만물을 창생·양육해 간다.[42] 세계의 구조를 이루는 구성요소는 음양陰陽이며 그 관계는 대대待對와 질운迭運이라는 대대성待對性이다. 음양은 상반되는 성질을 갖고 있는데 '상반相反'이라는 관계성 자체가 교감과 조화의 계기가 됨으로써 운행의 원동력이 마련되며,[43] 균형 있게 정립(待對)된 음양의 교감에 의해 만물이 화생化生한다.[44]

그렇다면 인간의 모습은 어떠한가? 『주역』에 있어 인간은 자연 위에 군림하는 것이 아니라 천지만물의 자연한 질서인 생생불식의 생명 원리(天地之大德曰生)에 부합되는 삶을 살아가는 존재인 것이다. 이에 『주역』에서는 "일음일양一陰一陽을 일러 도道라 한다. 이것(道)을 계승하는 것이 선善이며, 이것을 담고 있는 것이 성性이다"[45]라고 한다. 우주자연의 변화가 '생명을 낳고 기름'(生育)을 그 본질(道)로 한다면, 이러한 우주자연의 생명성

---

41) 『周易』, 「繫辭傳」(上), 1장, "天地之大德曰生." 5장, "生生之謂易." 및 『中庸』, 1장, "致中和, 天地位焉, 萬物育焉." 17장, "天之生物." 22장, "天地之化育." 등.

42) 『周易』, 「泰卦·象」, "天地交而萬物通也." 「咸卦·象」, "天地感而萬物化生."

43) 최영진, 『유교사상의 본질과 현재성』(유교문화연구소, 2002), 95~96쪽 참조.

44) 이상익, 『儒家 社會哲學 硏究』(심산, 2001), 50~51쪽 참조.

45) 『周易』 「繫辭傳」(上), 5장, "一陰一陽之謂道, 繼之者善也, 成之者性也."

을 계승하여 행위하는 것이 바로 선善이며, 우주자연의 존재원리이자 도덕법칙인 천도가 내재된 것이 바로 인간의 본성(性)이다.[46]

인간의 생명 본질을 천天에 두는[47] 『중용』 또한 자연의 생명 본질의 자기-조직성을 '성誠'으로 규정하고, 이러한 성誠을 실천으로 이행하는 것(誠之)을 인간의 생명 본질(人道)로 규정하고 있다.[48] '성지誠之'는 보다 구체적으로 '선善'을 택하여 이를 실현해나가는 인위적인 노력 과정'으로 정의된다.[49] 『주역』에 근거할 때, 선善은 자연의 생명성을 계승하여 행위하는 것을 의미한다. 따라서 택선이고집擇善而固執하는 성지誠之는 유기체적 세계가 생명을 부단히 생성하듯이 인간도 자신의 생명 본질의 발현을 통해 자신과 인간 사회 구성원은 물론 자연만물의 생명을 온전하게 창출·양육시켜나가는 것을 의미한다고 볼 수 있다. 따라서 인간이 자신의 본성(性)을 실현해나가는 과정(盡其性)으로서의 솔성率性의 도道는 자연만물의 생육으로 귀결되며, 또한 인간 개인의 본성의 실현은 타자의 본성 실현(盡人之性)은 물론 자연계의 여타 존재물의 본성 실현(盡物之性)으로 연결되며, 궁극적으로는 천지의 만물 창생·양육 과정에 참여하는 것으로 귀결된다.[50] 결국 인간의 생명 본질은 타자를 포함한 자연만물과의 유기적 관계성 속에서 그 근원을 찾을 수 있다. 그리고 인간이 자연만물과 일체화된 존재인 이상 인간의 생명 본질 실현 과정은 곧 자신의 전체로서의 유기체적 세계의 생명 전개 과정일 수밖에 없다.[51]

---

46) 최영진, 『유교사상의 본질과 현재성』, 117~135쪽 참조.

47) 『中庸』, 1장, "天命之謂性, 率性之謂道, 修道之謂教."

48) 『中庸』, 20장, "誠者, 天之道也, 誠之者, 人之道也."

49) 『中庸』, 20장, "誠之者, 擇善而固執之者也."

50) 『中庸』, 22장, "惟天下至誠, 爲能盡其性, 能盡其性, 則能盡人之性, 能盡人之性, 則能盡物之性, 能盡物之性, 則可以贊天地之化育, 可以贊天地之化育, 則可以與天地參矣."

51) 『주역』과 『중용』의 세계관에 대한 보다 구체적인 내용은 본서 3장 1절 '선진 유학의 유기체적 세계관'을 참고 바람.

2. 공자와 맹자의 인仁의 생명 원리

『주역』과 『중용』이 우주론적 차원에서 인간의 생명 원리를 전개한 것과 달리 공자와 맹자는 인간 심성론을 중심으로 인간의 생명 원리를 전개한다. 공자는 '천명天命'을 하나의 목적성과 인간의 도덕적 최고 원리로 받아들이고 있다. 공자는 자기의 생명 가운데 이러한 도덕적 초월성으로서의 천명을 인지하고[52] 천명과 자기의 성명性命이 하나로 일치한 것으로 생각하였다.[53] 이는 자기의 성性이나 심心 속에 타자와 동일성을 갖는 보편성을 자각한 것이라 할 수 있다.[54] 이러한 보편적 천명이 내재화된 인간의 본성이 바로 '인仁'이다.

인仁은 공자에 의해 '애인愛人',[55] '극기복례克己復禮',[56] '충서忠恕'[57] 등으로 표현된다. 극기복례는 사욕私欲을 이겨내고 천리天理의 절문節文인 예禮로 돌아가는 것, 즉 개체의 국한성을 초월하여 인간의 선천적인 온전한 보편적 도덕성을 회복하는 것을 의미한다.[58] '충忠'은 자신의 선천적인 도덕성을 온전히 다하는 것(盡己)이요, '서恕'는 자신의 선천적 도덕성을 타인에게 미루어 실천해 가는 것(推己及人)을 의미한다.[59] 충이 인을 실현하는 도덕 주체의 내적 표현이라면, 서는 타자와의 관계성 속에서 인이 밖으

---

52) 『論語』, 「爲政」, 4장, "五十而知天命."
53) 『論語』, 「述而」, 22장, "天生德於予."
54) 崔英贊, 「孔子思想에 있어서 人性論의 發端」, 『孔子思想과 現代(2)』(한국공자학회 엮음, 1990), 106~107쪽 참조.
55) 『論語』, 「顔淵」, 22장, "樊遲問仁, 子曰 愛人."
56) 『論語』, 「顔淵」, 1장, "顔淵問仁, 子曰 克己復禮爲仁, 一日克己復禮, 天下歸仁焉, 爲仁由己而由人乎哉."
57) 『論語』, 「里仁」, 15장, "曾子曰 夫子之道, 忠恕而已矣."
58) 『論語集註』, 「顔淵」, 1장, "仁者, 本心之全德, 克, 勝也, 己謂身之私欲也, 復反也. 禮者, 天理之節文也, 爲仁者, 所以全其心之德也. 蓋心之全德, 莫非天理, 而亦不能不壞於人欲, 故爲仁者必有以勝私欲而復於禮, 則事皆天理, 而本心之德, 復全於我矣. 歸猶與也."
59) 『論語集註』, 「里仁」, 15장, "盡己之謂忠, 推己之謂恕"

로 드러나는 도덕 주체의 작용을 의미한다.60) 결국 '인'이란 자신의 개체 욕망을 초극하여 타자와의 유기적인 관계성을 실현할 수 있는 인간의 선천적인 보편적 생명 원리이자 생명력이라고 말할 수 있다. 이에 공자는 "내가 서고자 하면 남도 세워주고, 내가 영달하고자 하면 남도 영달하게 하라"61)는 적극적 인仁의 실천 원리에서부터 "내가 원하지 않는 것을 남에게 시키지 말라"62)는 소극적 인의 실천 원리를 제시하고 있다. 이는 인간 모두에게 보편적으로 내재되어 있는 도덕성(仁)에 근거하여 나의 입장에서 판단하여 타인에게 미루어나가는 일로서, 공자에게 있어 인간의 도덕적 규범 원리는 마음 밖이 아닌 자신의 마음에 선천적으로 내재되어 있는 것이다. 공자는 또한 "지사志士와 인인仁人은 생生을 구하는 것으로서 인仁을 해치지 아니하며, 몸을 죽여서 인仁을 성취시킨다"63)고 밝히고 있다. 인仁은 단지 자신의 가족만을 사랑하는 데 궁극적 목적이 있는 것이 아니라, 자신의 생명을 희생해서라도 타자의 생명을 온전하게 살려나가는 전체 생명 지향성이다. 따라서 인仁은 결국 개체의 국한성을 초월하여 전체를 지향하는 생명 원리로서의 최고의 선 즉, 지선至善이라고 말할 수 있다.

맹자는 공자의 인仁 사상을 계승하면서 "인仁은 사람이다"64)라고 주장하는 한편, "인仁은 사람의 마음이다"65)라고 하여, 인이 인간의 본성이라는 입장에서 공자의 인 사상을 이론적으로 보다 체계화시켜 성선론을 정립시켰다. 맹자는 인간 누구나 차마 하지 못하는 사람의 마음 즉, '불인인

---

60) 『論語集註』, 「里仁」, 15장, "程子曰, … 忠者, 天道, 恕者, 人道, 忠者, 無妄, 恕者, 所以行乎忠也, 忠者體, 恕者用."

61) 『論語』, 「雍也」, 28장, "夫仁者, 己欲立而立人, 己欲達而達人."

62) 『論語』, 「顏淵」, 2장, "己所不欲, 勿施於人."

63) 『論語』, 「衛靈公」, 9장, "志士仁人, 無求生而害仁, 有殺身而成仁."

64) 『孟子』, 「盡心」(下), 16장, "孟子曰, 仁也者人也, 合而言之道也."

65) 『孟子』, 「告子」(上), 11장, "孟子曰, 仁人心也."

지심不忍人之心'을 지니고 있다고 전제하면서, 불인인지심은 어린아이가 우물에 빠지려는 상황을 목격하게 되었을 때 깜짝 놀라 불쌍히 여기는 마음인 '출척측은지심怵惕惻隱之心'을 비롯하여 '수오지심羞惡之心', '사양지심辭讓之心', '시비지심是非之心'과 같은 사단四端으로 드러나게 된다고 주장하고, 이러한 사단의 논증을 통해 인간은 누구나 인仁·의義·예禮·지智라는 사덕四德을 내재하고 있다고 보았다.[66] 인·의·예·지의 사덕은 후천적으로 외부에서 주어지는 것이 아니라 인간의 선천적인 본질적 도덕성이다.[67] 맹자는 이러한 성선설에 근거하여 어린아이가 어버이를 사랑할 줄 알고 장성하여 어른을 공경할 줄 아는 것과 같이 사람은 누구나 생각하지 않고도 아는 선험적인 도덕적 자각 능력으로서의 '양지良知'와 배우지 않고도 능한 선험적인 도덕적 실천 능력으로서의 '양능良能'을 선천적으로 내재하고 있다고 주장한다.[68]

이러한 인간의 선한 본성은 곧 '추기급인推己及人'과 '여민동락與民同樂'하는 근거가 된다. 예컨대 맹자는 "어진 사람(仁者)은 자기가 사랑하는 것을 그 사랑하지 않는 것에까지 미루어 간다"[69]고 전제하면서, "나의 집 어른을 공경하는 마음을 미루어 남의 어른을 공경하는 데까지 미쳐 가고, 나의 집 어린이를 보살피는 마음을 미루어 남의 어린이를 보살피는 데까지 미쳐 간다"[70]고 주장한다. 인간은 선한 본성을 지녔기에 추기급인할 수

---

66) 『孟子』, 「公孫丑」(上), 5장, "孟子曰: 人皆有不忍人之心. … 所以謂人皆有不忍人之心者, 今人乍見孺子將入於井, 皆有怵惕惻隱之心, …. 由是觀之, 無惻隱之心, 非人也, 無羞惡之心, 非人也, 無辭讓之心, 非人也, 無是非之心, 非仁也. 惻隱之心, 仁之端也, 羞惡之心, 義之端也, 辭讓之心, 禮之端也, 是非之心, 智之端也."

67) 『孟子』, 「告子」(上), 6장, "仁義禮智非由外鑠我也, 我固有之也."

68) 『孟子』, 「盡心」(上), 15장, "人之所不學而能者, 其良能也, 所不慮而知者, 其良知也. 孩提之童, 無不知愛其親也. 及其長也, 無不知敬其兄也. 親親仁也. 敬長義也. 無他, 達之天下也."

69) 『孟子』, 「盡心」(下), 1장, "仁者, 以其所愛, 及其所不愛."

70) 『孟子』, 「梁惠王」(上), 7장, "老吾老以及人之老, 幼吾幼以及人之幼, 天下可運於掌."

있는 반면, 추기급인을 통해 인간은 타자와의 유기적 관계성 속에서 자신의 선한 본성을 구현해나가는 것이다. 이러한 인간 개인의 본성 실현의 궁극적 목적은 '다른 사람과 더불어 선善을 이루'(與人爲善)[71]고 '타인과 더불어 즐거움을 함께하는 데'(與民同樂)[72] 있는 것이다.

3. 양명의 만물일체와 생의 존중의 생명관

양명은 『주역』과 『중용』의 유기체적 생명관과 더불어 공맹의 심성론을 종합적으로 계승・발전시켰다. 먼저 양명은 『주역』과 『중용』의 생명관을 계승하여 천지만물을 무생명체처럼 엄격한 기계적 물리법칙에 따라 순환적으로 작동하는 것이 아니라 끊임없는 역동성을 바탕으로 자신을 끊임없이 창생・양육해 가는 '자기-조직성'을 지닌 하나의 유기적인 생명체로 본다. 양명은 여기서 한 발 더 나아가 "인간은 천지만물과 본원적으로 한 몸(一體)을 이루고 있다"고 선언한다. 그렇다고 인간이 자연만물과 동일한 위상을 지니는 것은 아니다. 인간은 천지만물과 존재의 연속성의 질료적 토대인 일기一氣의 유통을 통해 한 몸을 이루는 한편, 가장 정미한 기氣로 구성된 '영명靈明한 마음'을 소유함으로써, '천지의 마음'(天地之心), 또는 '천지만물의 마음'(天地物之心)이라는 중추적 위상, 즉 천지만물의 주체적 존재가 된다.[73] 따라서 인간의 마음은 천지만물과 분리되어 독립적으로 작용하는 것이 아니라, 천지만물의 끊임없는 자기-조직성과 창출성을 자신의 생명 본질로 하고,[74] 천지만물과 유기적인 관계망 속에서 이들의 자연한 생명현상에 따라 작용한다.[75] 인간은 이러한 마음

71) 『孟子』, 「公孫丑」(上), 8장, "君子莫大乎與人爲善."

72) 『孟子』, 「梁惠王」(下), 1장, "與民同樂也."

73) 본서 3장 3절 '양명의 생생불식의 유기체적 우주관' 참조.

74) 『全集』, 권6, 「惜陰說」, 267쪽, "天道之運, 無一息之或停, 吾心良知之運, 亦無一息之或停, 良知卽天道."

을 통해 하늘과 하나가 됨과 동시에 천지만물과 감응하면서 이들의 창생·양육 과정에 주체적으로 참여할 수 있는 근거를 마련한다.

공자의 '인仁'과 맹자의 '성선性善'은 양명에 의해 천지만물의 중추적 존재인 인간의 본심本心으로 통합된다. 양명에게 있어 인간의 본질적 마음은 생명의 온전성에 대한 통각痛覺의 주체이자 천지만물과의 감응 주체로서의 마음, 즉 '양지良知'를 의미한다. 이에 양명은 "대저 사람은 천지의 마음이다. 천지만물은 본래 나와 한 몸이므로, 살아있는 존재물들(生民)의 고통은 무엇인들 내 몸에 절실한 아픔이 아니겠는가? 내 몸의 아픔을 알지 못하는 것은 시비지심是非之心이 없는 자이다. 시비지심은 생각하지 않더라도 알고 배우지 않더라도 능한 것이니, 이른바 양지이다"[76]라고 말한다. 인간의 마음은 천지만물과의 감응을 통해 그들의 생명 파괴나 손상을 자신의 아픔으로 느낌으로써 천지만물의 생명의 온전성을 자각적으로 판단할 수 있는 시비 판단의 마음이다. 이 마음이 바로 인간의 선천적인 천지만물의 생명의 온전성에 대한 자각적 판단력(良知)과 천지만물을 온전하게 창생·양육할 수 있는 능동적 실천력(良能)의 통합체로서의 '양지'인 것이다. 즉 맹자의 성선性善의 근거로서의 양지·양능이 양명에 의해 전우주적 차원의 감응 주체로서의 양지로 통합된다.

공자의 '인仁' 또한 '애인愛人'이라는 인간 사회의 상호 윤리적 차원에서 전우주적 차원의 생명윤리 차원으로 승격된다. 양명은 "대인大人이 천지만물을 한 몸으로 여길 수 있는 것은 그것을 의도해서가 아니라, 그 마음의 인仁이 본래 그와 같아서 천지만물과 더불어 하나가 되는 것이다"라고 전제하면서, '만물일체의 인심仁心'으로 인해 어린아이가 우물에 빠지려는 것을 보면 반드시 두려워하고 근심하며 측은해 하는 마음(怵惕惻隱之心)이

75) 『傳習錄』(下), 「黃省曾錄」, 270조목, "吾儒養心, 未嘗離却事物, 只順其天則自然, 就是功夫."
76) 『傳習錄』(中), 「答聶文蔚」, 179조목.

일어나고, 새가 슬피 울고 짐승이 사지에 끌려가면서 벌벌 떠는 것을 보면 반드시 참아내지 못하는 마음(不忍之心)이 일어나며, 풀과 나무가 잘려나간 것을 보면 반드시 가여워서 구제하고 싶은 마음(憫恤之心)이 일어나고, 기와장이 무너지고 돌이 깨진 것을 보면 반드시 애석하게 여기는 마음(顧惜之心)이 일어난다고 주장한다.[77] 인간은 천지만물 가운데 일부분이 손상되는 현상을 직면하게 되었을 때, 마치 자기 자신의 생명 일부가 손상될 때 느끼는 고통처럼 이를 자신의 고통으로 느끼는 통각痛覺의 주체로서의 '만물일체의 인심仁心'을 선천적으로 내재하고 있는 것이다. 인간은 누구나 이러한 만물일체의 인심으로서의 양지를 선천적으로 내재한다.[78]

양명은 이러한 인심仁心의 전개 과정을 「육징록陸澄錄」 93조목에서 '살고자 하는 의지'(生意)에 기초한 점진적 과정으로 그려낸다. '인仁'은 자연계의 점진적이고 연속적인 생명의 전개 과정에 내재된 생명 원리이자 생명력 그 자체이다. 점진적이고 연속적인 생명의 전개 과정은 살고자 하는 의지(生意)가 드러나는 '발단처發端處'에서 시작된다. 나무는 뿌리로부터 싹이 나오고, 또한 그 싹으로부터 줄기가 나오며, 그 줄기로부터 가지와 잎이 점진적으로 생겨나게 되는 것이다. 만일 뿌리로부터 싹이 나오지 않는다면 줄기는 물론 가지와 잎이 생겨날 수 없는 것이다. 이러한 뿌리로부터 싹이 발아하는, 발단처로부터 시작되는 점진적인 자연한 생명 현상이 바로 생생불식生生不息하는 인仁의 전개이다.[79]

인간의 생명 본질 또한 바로 이러한 인仁의 생명 원리와 일치한다. 뿌리로부터 싹이 발아하듯 인간의 인심仁心은 먼저 부모와 자식, 형과 아우,

---

77) 『全集』, 권26, 「大學問」, 968쪽 참조.

78) 『傳習錄』(中), 「答陸原靜書」, 165조목, "夫良知卽是道. 良知之在人心, 不但聖賢, 雖常人亦無不如此."

79) 『傳習錄』(上), 「陸澄錄」, 93조목, "仁是造化生生不息之理. 雖瀰漫周遍, 無處不是, 然其流行發生, 亦只有箇漸, 所以生生不息."

즉 혈육 간의 사랑으로 발아한다. 혈육 간의 사랑은 마치 뿌리로부터 싹이 발아하듯 인간 마음으로부터 생명 의지가 발아하는 발단처인 것이다. 뿌리로부터 싹이 돋아나야만 비로소 그 싹으로부터 줄기가 나오고 그 줄기로부터 가지와 잎이 나오듯, 혈육 간의 사랑이라는 싹이 돋아나야만 비로소 타인을 어질게 대하고(仁民) 나아가 자연존재물을 사랑할(愛物) 수 있는 것이다.[80] 즉 인심仁心의 궁극적 귀결처는 단지 혈육 간의 사랑(親親)에 있는 것이 아니라 인간 사회의 구성원들에 대한 사랑(仁民) 더 나아가 자연세계의 존재물들에 대한 사랑(愛物)에 있다. 다만 혈육 간의 사랑이라는 생명 의지가 발아할 수 있을 때 비로소 타인은 물론 자연물들을 사랑할 수 있다는 것이다. 이러한 의미에서 효제孝悌는 타자와 자연물에 대한 사랑이라는 궁극적 목적을 달성하기 위한 출발점이자 근원처[81]라고 말할 수 있는 것이다.

혈육 간의 사랑이라는 생명 의지의 발단처의 귀결처가 타자와 자연물에 대한 사랑에 있다고 할 때, 인심仁心은 단지 묵자의 비판처럼 가족애에 국한되는 것도 아니며, 그렇다고 공자의 단계에서처럼 보편적 인류애에 국한되는 것도 아닌 보편적 만물애로 확대된다. 이에 양명은 "나의 아버지를 친애함을 미루어 타인의 아버지에게 미치도록 하고 나아가 천하 사람들의 아버지에게 미치도록 한 이후에 나의 인仁이 나의 아버지, 타인의 아버지, 천하 사람들의 아버지와 더불어 실제로 한 몸이 되는 것이다. 실제로 그들과 더불어 일체가 된 이후에 효孝의 명덕明德이 비로소 밝아진다. … 임금과 신하, 남편과 아내, 친구 사이로부터 산·시내, 귀신, 새·짐승, 풀·나무에 이르기까지, 실제로 이들을 친애하여 나의 '일체一體의 인仁'이 도달하지 않음이 없은 연후에 나의 명덕이 비로소 밝아지지 않음

80) 『傳習錄』(上), 「陸澄錄」, 93조목, "父子兄弟之愛, 便是人心生意發端處, 如木之抽芽. 自此而仁民而愛物, 便是發幹生枝生葉."
81) 『傳習錄』(上), 「陸澄錄」, 93조목, "孝弟爲仁之本, 卻是仁理從裏面發生出來."

이 없게 되어, 진실로 능히 천지만물로서 한 몸을 삼게 된다"[82]고 하여, 인류애와 만물애의 발단처인 만물일체의 인심仁心은 단지 혈육에 대한 친애에서 끝나는 것이 아니라 모든 인간관계와 자연물과의 관계에서 발현됨으로써 비로소 실현될 수 있는 계기를 마련한다고 주장하고 있는 것이다.

'살고자 하는 의지'(生意)를 근거로 한 인심仁心의 인류애와 만물애는 예컨대 모든 생명체는 생명에의 의지 혹은 생명을 지속시키고자 하는 본능적 힘을 가진 존재이며, 그런 면에서 모든 생명체는 존중되어야만 한다는 '생명의 동등성 원칙'[83]에 해당한다고 말할 수 있다. 양명은 "천지의 살고자 하는 의지는 꽃과 풀이 동일하니, 어찌 일찍이 선악의 나눔이 있겠는가? 네가 꽃을 보고자 하기 때문에, 꽃을 선하다 하고 풀을 악하다고 하는 것이다. 만일 풀을 이용하고자 할 때라면, 다시 풀을 선하다고 할 것이다. 이러한 선악은 모두 너의 마음이 좋아하고 싫어하는 데서 말미암아 생기는 것이므로 잘못된 것임을 알 수 있다"[84]고 한다. 모든 생명체가 내재하고 있는 살고자 하는 의지는 바로 인간이 인위적으로 이들을 선악으로 재단할 수 없을 뿐만 아니라 이들의 생명을 존중하고 보살피고 사랑해야 하는 생명의 동등성 원칙의 토대가 되기도 한다.

인간은 천지만물의 마음이며, 그 근거는 인간이 만물일체의 인심을 선천적으로 내재하고 있다는 사실에 있다. 생명 의지의 발단처로서의 인심仁心은 타자・타 존재물에 대한 통각과 친애의 실천 주체이다. 따라서 인간의 생명 본질의 구현은 반드시 친친親親・인민仁民・애물愛物이라는 천지만물에 대한 친애의 실천 활동을 통해서만 구현될 수 있으며, 천지만

82) 『全集』, 권26, 「大學問」, 968~969쪽.

83) 변순용, 「쉬바이처의 생명윤리에 나타난 윤리적 원칙에 대한 연구」, 『ELSI연구』 1권 1호(KAIST Press, 2003.4), 52쪽.

84) 『傳習錄』(上), 「薛侃錄」, 101조목, "天地生意, 花草一般, 何曾有善惡之分? 子欲觀花, 則以花爲善, 以草爲惡, 如欲用草時, 復以草爲善矣. 此等善惡, 皆由汝心好惡所生, 故知是錯."

물에 대한 실천 활동은 곧 인간의 생명 본질인 인심仁心, 즉 밝은 덕성(明德)의 발현 과정이라고 말할 수 있다. 천지만물의 생명을 건강하게 유지시켜 주고 양육해나가는 '성물成物'(親民)은 곧 자기의 생명 본질을 구현하는 진심盡心의 '성기成己'(明明德)와 하나가 되는 것이다.

제3절 인심仁心과 만물일체의 생명윤리

앞에서 살펴본 선진 유학과 양명학의 생명관을 바탕으로 임심중절과 장기이식 및 인간복제에 관련한 '인심仁心의 생명윤리'의 정립 가능성을 모색해 보면 다음과 같다.

1. 임신중절에서 생의生意의 존중으로

임신중절 반대론자들은 태아가 인간생명이기 때문에 죽임을 당해서는 안 된다는 직관을 바탕으로 임신중절을 반대한다.[85] 이러한 주장에 근거할 때, 임신중절은 반생명적이며 임신중절을 야기하는 남아선호사상의 주된 뿌리로 지목되고 있는 유교 또한 반생명적·반윤리적이라고 말할 수 있다. 그러나 조상대대로 내려오는 생명을 아들을 통해서만 이어간다고 하는 유교의 효의 원리, 즉 생명의 영속관은 그릇된 과학적 사실에서 기인한다고 말할 수 있다. 전통적으로 '남자는 씨, 여자는 밭'이라는 의미에서 아버지와 어머니의 결합의 산물인 자식은 아버지의 유전정보만을

85) 구인회, 『생명윤리의 철학』, 82쪽 참조.

물려받는다는 것이 주된 믿음이었다. 따라서 아들을 통해서만이 조상대대로 물려받은 생명을 영속해나갈 수 있다는, 즉 아들만이 대를 이을 수 있다고 하는 그릇된 사고에서 남아선호사상이 발생했다고 말할 수 있다. 그러나 현대생명과학은 자식이 아버지와 어머니의 유전정보를 각각 50% 물려받는다는 사실을 밝혀주고 있다.[86] 그렇다고 한다면 비록 아들만이 대를 물려받을 수 있다는 주장이 비록 가부장적 사회와 같은 다양한 요인들이 함께 내재되어 있다 하더라도 가장 큰 전제는 남자만이 조상대대로 내려오는 유전정보를 물려줄 수 있다는 그릇된 믿음에 기반하고 있는 것이다.

오늘날의 과학적 사실에 근거할 때, 이제는 굳이 남아선호사상에 집착할 필요가 없다. 생명의 존엄성을 위배하면서까지 태아가 여아라는 이유만으로 태아를 죽인다든가 아니면 자연스런 부부간의 윤리를 위배하면서까지 딸만을 두었다는 이유로 가까운 부계로부터 양자를 들이거나 씨받이를 통해 아들을 두려고 애쓸 필요가 없는 것이다. 딸도 아버지의 유전정보를 50% 물려받았다고 한다면, 딸을 통해서 대를 이어갈 수 있는 것이다. 그럼에도 불구하고 가계를 아들만이 이어야 한다는 가부장적 사회의 그릇된 편견과 관습에서 벗어나지 못하고, 산전검사를 통해 여아로 밝혀질 경우 거리낌 없이 임신중절을 통해 태아를 살해하는 반생명적 행위들이 오늘날에도 여전히 자행되고 있다. 이제 우리는 이러한 그릇된 편견과 관습에서 벗어나 단지 유교의 남아선호사상에만 책임을 전가시키면서 아무런 죄책감 없이 여아의 생명을 살해하는 임신중절을 지속해서는 안 된다. 생명에 대한 존엄성과 생명과학의 사실들에 기반하여 남

86) 예컨대 정자와 난자의 핵 안에는 23개의 염색체가 들어 있으며, 수정 현상이 일어나면 정자의 염색체가 난자의 염색체와 결합함으로써 생물학적 부모와는 유전적으로 별개인 새로운 개체가 생겨난다.(임종식·구인회, 『삶과 죽음의 철학』, 아카넷, 2003, 96쪽 참조)

아선호사상을 뿌리 뽑으려는 노력을 지속해나가야 한다. 물론 유교 쪽의 역할도 무시할 수 없다. 유교가 그토록 인간 생명존엄성을 중시하는 사상이라고 한다면, 입으로만 인간생명존엄성을 외칠 것이 아니라 앞장서서 남아선호사상의 부당성을 지적하고 남아나 여아가 동등하게 존중받는 새로운 유교생명윤리를 정립하기 위해 노력해야 할 것이다.

우리는 한 예로 앞에서 살펴본 왕양명의 생명관에 근거하여 여아에 대한 임신중절의 부당성을 지적하고 새로운 유교생명윤리 정립의 가능성을 모색해 볼 수 있다. 양명에 의하면 인간은 끊임없이 만물을 창생·양육하는 천지의 생생불식生生不息의 생명 원리를 자신의 생명 본질로 하여 생생불식하는 생명의 그물망 안에서 만물의 생명을 보살피고 양육해야 하는 선천적인 사명을 부여받은 존재, 즉 '천지만물의 마음'이라는 중추적 존재이다. 따라서 인간은 동·식물은 물론 무생물의 손상에 대해서도 이를 자신의 아픔으로 느낄(痛覺) 뿐만 아니라 나아가 이들을 잘 보살피고 양육한다. 그런데 여아라는 이유만으로 태아를 함부로 살해하는 임신중절을 행한다는 것은 더욱이 천지만물의 중추적 존재인 인간의 생명 본질에 위배된다고 말할 수 있다. 태아는 단지 내 육신의 한 부분, 즉 나의 소유물이기 이전에 더 본질적으로 생생불식하는 천지만물의 한 부분이다. 따라서 여아라는 이유로 태아를 임신중절할 수 있는 권리는 부모뿐만 아니라 그 누구에게도 없을 뿐만 아니라, 태아가 남아이든 여아이든 상관없이 이들을 잘 보살피고 양육하여 건강하게 태어날 수 있도록 하는 것이 천지만물의 마음으로서의 인간의 천부적인 사명이라고 말할 수 있다.

그리고 모든 존재물들은 살고자 하는 의지, 즉 '생의生意'를 갖고 있으며, 이로부터 끊임없이 점진적으로 성장하고 변화한다. 이러한 생의가 단절되지 않도록 끊임없이 만물을 보살피고 양육하는 것이 인간의 생명 본질인 만물일체의 인심仁心을 실현하는 것이다. 생명 의지의 발단처인 뿌리가 있기 때문에, 뿌리로부터 싹이 나오고 싹으로부터 줄기가, 줄기로부터 가지와 잎이 생겨나듯, 정자와 난자의 결합체인 인간수정체는 바로 인간 생명 의지의 발단처로서 배아(embryo)와 태아(fetus)의 단계를[87] 거쳐 아기(baby)로 태어나 한 개체로 성장해 간다. 따라서 점진적이고 연속적인 생명의 한 과정에 놓여있는 태아를 여아라는 이유만으로 임신중절을 하는 것은 생명 의지를 제거하는 반생명적 살인 행위이다. 양명은 천지만물의 한 부분이라도 온전하지 못한 부분이 있다면 이는 나 자신의 만물일체의 인심이 미진하기 때문이라고까지 한다. 우리는 남아든 여아든 그들의 생명 의지가 온전하게 발휘되고 성장할 수 있도록 자신의 만물일체의 인심에 근거하여 이들을 잘 보살피고 양육해나가야 한다.

2. 인심仁心에 근거한 친민의 장기이식

장기이식에 대한 전통적 보수주의는 유교에서 내세우는 최고의 덕인 어짊(仁)을 한층 더 보편적인 가치로 해석할 경우 더 이상 견지되기 어려운 상황에 이르게 된다[88]는 주장이나, 유학의 본질은 바로 '애인愛人'과 '살신성인殺身成仁'에 있다고 볼 수 있으므로 오히려 자신의 장기를 타인에게 증여해서 타인의 생명을 온전하게 유지토록 해주는 것이 유학의 '인仁'을 몸으로써 실천하는 도리[89]라는 주장 등을 통해 보더라도 유교의 본질이 과연 장기이식에 부정적인가 하는 점과 장기이식을 가족간의 관계로 한정하는가하는 점은 재고의 여지가 있다.

공자는 '인仁'이란 '사람을 사랑하는 것'(愛人)이라 말하면서, "내가 서고

---

87) 수정 후 2주까지를 배아낭(blastocyst), 3주부터 8주까지를 배아(embryo), 뇌파가 감지되는 8주부터 태아(fetus)라 부른다.(임종식, 『생명의 시작과 끝』, 187쪽 참조)

88) 황경식, 「장기 이식의 윤리학적 기초」, 134쪽 참조.

89) 김세인, 「의료 기술의 발달과 유학의 역할」, 170쪽 참조.

자 하면 남도 세워주고, 내가 영달하고자 하면 남도 영달하게 하라"(「雍也」, 28)는 적극적 인仁의 실천 원리에서부터 "내가 원하지 않는 것을 남에게 시키지 말라"(「顔淵」, 2)는 소극적 인仁의 실천 원리를 제시하고 있다. 인仁은 단지 개인의 욕망을 성취하는 데 궁극적 목적이 있지 않을 뿐만 아니라 그렇다고 자신의 가족만을 사랑하는 데 궁극적 목적이 있는 것도 아니다. "지사志士와 인인仁人은 생生을 구하는 것으로서 인仁을 해치지 아니하며, 몸을 죽여서 인仁을 성취시킨다"[90]고 밝히고 있듯, 인은 자신의 생명을 희생해서라도 타자의 생명을 온전하게 살려나가는 전체 생명 지향성이다. 더욱이 양명은 앞에서 살펴본 바와 같이 공자의 인을 만물일체의 인심仁心으로까지 확대한다. 즉 인간은 죽음에 직면하여 새가 슬피 울고 짐승이 사지에 끌려가면서 벌벌 떠는 것을 보면 반드시 참아내지 못하는 마음(不忍之心) 그리고 풀과 나무가 잘려나간 것을 보면 반드시 가여워서 구제하고 싶은 마음(憫恤之心)으로서의 만물일체의 인심을 선천적으로 내재하고 있다.

이러한 공자의 인仁과 양명의 만물일체의 인심仁心에 근거할 때, "신체와 머리털, 피부 등은 부모로부터 받은 것이므로 감히 상해하지 않음이 효도의 시작이다"라는 말을 단지 자신의 장기를 기증함으로써 죽어가는 타인의 생명을 살릴 수 있음에도 불구하고 효를 위해 절대로 장기를 기증할 수 없다고만 단정을 지어 해석하는 것은 무리가 있다. 예컨대 자신 또는 자신의 가족이 장기가 없어 죽어갈 때 분명, 우리는 누군가로부터 장기 기증을 간절히 바랄 것이다. 이러한 마음을 미루어 타인이 장기가 없어 죽어갈 때 자신의 장기를 기증하는 것이 바로 추기급인推己及人(恕)하는 인仁의 구현이다. 또한 동식물의 생명 손상에 대해서도 이를 자신의 아픔으로 느끼고 그들을 보살피고 양육해야 한다는 것이 인심仁心의 본질

90) 『論語』, 「衛靈公」, 8장, "志士仁人, 無求生而害仁, 有殺身而成仁."

이라고 할 때, 하물며 장기가 없어 죽어 가는 인간에 대해서는 더 이상의 말이 필요가 없을 것이다. 결국 "신체와 머리털, 피부 등은 부모로부터 받은 것이므로 감히 상해하지 않음이 효도의 시작이다"라는 말은 부모님이 주신 신체를 작위적으로 함부로 손상시키거나 자해하거나 자살하지 말고 자신의 몸을 소중히 간직하라는 의미이지, 신장과 같은 두 개의 장기를 가지고 있으면서 죽어 가는 생명을 방관하라는 의미는 아니라고도 해석할 수 있다.[91]

다른 또 하나의 문제는 유교는 장기이식을 가족 간의 관계로만 한정하는가 하는 점이다. 분명 맹자는 "어진 사람(仁者)은 자기가 사랑하는 것을 그 사랑하지 않는 것에까지 미루어 간다"[92]고 전제하면서, "나의 집 어른을 공경하는 마음을 미루어 남의 어른을 공경하는 데까지 미쳐 가고, 나의 집 어린이를 보살피는 마음을 미루어 남의 어린이를 보살피는 데까지 미쳐 간다"[93]고 주장한다. 양명 또한 "나의 아버지를 친애함을 미루어 타인의 아버지에게 미치도록 하고 나아가 천하 사람들의 아버지에게 미치도록 한 이후에 나의 인仁이 나의 아버지, 타인의 아버지, 천하 사람들의 아버지와 더불어 실제로 한 몸이 되는 것이다"[94]라고 주장한다. 이렇듯 인심仁心의 발현, 즉 친민親民은 자신의 가족으로 국한되는 것이 아니다. 단지 인심은 인간의 자연한 정서인 가족으로부터 출발하여 전인류로 확대되어나간다고 말할 수 있다. 따라서 장기이식을 가족 간의 관계로만 한정하는 것은 유교의 본질이 아니라고 말할 수 있다.

다만 유가의 인애仁愛는 가족적 혈연관계를 중시한다는 묵자의 비판이나 맹자의 친친親親－인민仁民－애물愛物의 단계적 차별성이 유가는 보편

---

91) 김세인, 「의료 기술의 발달과 유학의 역할」, 170쪽 참조.
92) 『孟子』, 「盡心」(下), 1장, "仁者, 以其所愛, 及其所不愛."
93) 『孟子』, 「梁惠王」(上), 7장, "老吾老以及人之老 幼吾幼以及人之幼 天下可運於掌"
94) 『全集』, 권26, 「大學問」, 968쪽.

적 인류애보다는 가족애에 치우쳐 있는 것처럼 보일 수도 있다. 그러나 양명은 "대인大人은 사물과 하나의 몸인데, 어째서 『대학』에서는 후厚하고 박薄한 것을 말했습니까?"라는 질문에 대해 이렇게 답한다.

> 오직 도리에 저절로 후하고 박함이 있기 때문이다. 비유하면 몸은 일체이지만 손과 발로 머리와 눈을 막아서 지키는데, 이것이 어찌 일부러 손과 발을 박하게 대하려고 하는 것이겠는가? 그 도리가 본래 이와 같기 때문이다. 금수와 초목을 모두 사랑하지만 초목으로 금수를 기르는 것도 또 참을 수 있다. 사람과 금수를 모두 사랑하지만 금수를 잡아 부모를 봉양하고, 제사에 제물로 바치고, 손님을 대접하는 것은 마음이 또 참을 수 있다. 육친六親과 길 가는 사람을 모두 사랑하지만 한 그릇의 밥과 한 그릇의 죽을 먹으면 살고 먹지 못하면 죽는 상황에서 두 사람 모두 보전시킬 수 없을 경우는 차라리 육친을 구제하고 길 가는 사람을 구제하지 않는 것은 마음이 또 참을 수 있다. 이것은 도리어 본래 이와 같아야 하기 때문이다. 내 몸과 육친의 경우는 더 이상 피차의 후함과 박함을 분별할 수 없다. 생각건대 백성을 어질게 대하고 사물을 아끼는 것이 모두 여기서부터 나오기 때문이다.[95]

양명은 식물과 동물, 동물과 인간, 타자와 혈육에 대한 사랑에 있어서는 동등성의 원칙을 전제하면서도, 선택적 상황에서는 동물의 생명 유지를 위한 식물에 대한 차별성과 인간의 생명 유지를 위한 동물에 대한 차별성, 그리고 혈육의 생명 유지를 위한 타자에 대한 차별성을 인정한다. 중층의 유기적 관계망 안에서 살고 있는 인간은 구체적인 삶, 그리고 자연의 현실은 이런 동등성을 포기하게 만든다. 따라서 양명은 동등성의

---

95) 『傳習錄』(下), 「黃省曾錄」, 276조목, "問: 大人與物同體, 如何大學又說個厚薄? 先生曰: 惟是道理自有厚薄. 比如身是一體, 把手足捍頭目, 豈是偏要薄手足, 其道理合如此. 禽獸與草木同是愛的, 把草木去養禽獸, 又忍得. 人與禽獸同是愛的, 宰禽獸以養親, 與供祭祀, 燕賓客, 心又忍得. 至親與路人同是愛的, 如簞食豆羹, 得則生, 不得則死, 不能兩全, 寧救至親, 不救路人, 心又忍得. 這是道理合該如此. 及至吾身與至親, 更不得分別彼此厚薄. 蓋以仁民愛物, 皆從此出; 此處可忍, 更無所不忍矣."

대원칙 하에 생명들 간의 위계 문제를 해결할 수 있는 '생명의 차등성의 원칙'을 제시하고 있다. 이러한 차등성의 원칙은 동등성의 대원칙 하에 생명들 간의 위계 문제를 해결하는 데 기여한다.[96]

또한 인간의 자연한 정서는 분명 동·식물보다는 동류인 인간을, 타자보다는 혈육인 자신의 가족을 더 사랑한다. 그렇기 때문에 모든 존재물들이 만물일체의 인심仁心의 대상이 되지만 선택적 상황에서는 자연한 정서에 따라 식물보다는 동물을, 동물보다는 인간을, 타인보다는 자신의 가족을 더 사랑하게 되는 것이다. 다만 가족에 대한 자연한 사랑은 생명 의지의 발단처로서 가족 간의 사랑의 정서를 타자는 물론 자연계로까지 확대시켜 나아갈 때 비로소 인간의 생명 본질은 구현되기 때문에, 오히려 더 현실적 주장이라고 말할 수 있다. 예컨대 장기를 가족과 타인이 동시에 필요로 할 경우 자신의 가족과 타인을 동일하게 대우하라는 입장에 근거하는 것보다는 자연한 정서에 근거하여 타인보다는 자신의 가족에 우선권이 주어져야 한다. 다만 이러한 경우가 아닌 자신의 장기를 필요로 하는 타인만이 있을 경우 타인에게 장기를 기증하는 것이 양명이 말하고자 하는 유교의 생명본질이라고 말할 수 있을 것이다.

3. 인간복제에서 만물일체의 세계로

유교적 입장에서는 인간복제가 단지 관혼상제의 예식과 촌수와 같은 가족 관계에 혼란을 안겨줄 수 있다는 입장에서 반대할 것이라는 주장과 남아선호사상과 자신의 생명을 영속시키고자 하는 입장에서 인간복제를 찬성할 것이라는 두 입장이 공존한다는 점을 앞에서 살펴보았다.

먼저 단지 관혼상제의 예식과 촌수와 같은 가족 관계에 혼란을 안겨줄

96) 변순용, 「쉬바이처의 생명윤리에 나타난 윤리적 원칙에 대한 연구」, 44쪽 참조.

수 있다는 이유로 인간복제를 반대한다는 것은 충분한 근거가 되지 못한다. 관혼상제의 예식과 존수와 같은 가족 관계는 시대에 따라 끊임없이 변화해 왔으며, 이 순간에도 사회적 변화와 필요에 따라 변화하고 있기 때문이다. 유교적 입장에서 인간복제를 반대하기 위해서는 생명윤리 분야의 반대 논거에 대한 이해를 바탕으로 논의될 필요가 있다.

생명윤리 분야에서는 다음과 같은 문제들에 근거하여 인간복제를 반대한다. ① 인간을 복제하는 것은 비자연적이다. ② 유전적으로 유일하게 될 권리를 침해한다. ③ 개인의 특성을 상실하게 한다. ④ 프라이버시를 보호받을 권리를 침해한다. ⑤ 인류의 생존 가능성을 감소시킬 수 있다. ⑥ 복제인간은 환경에 적응하지 못할 수 있다. ⑦ 초기 단계에 있는 인간 생명의 소중함을 저버리는 행위이다.[97] 또한 아이를 생산하기 위한 체세포 핵이식과 관련하여 심각한 안전의 문제, 개성, 가족의 온전성, 아이들을 물건으로 다루는 것과 관계된 윤리적 문제들이 제기되고 있다.[98] 복제 양 돌리는 복제 기술을 277번 시도한 끝에 겨우 성공하여 생산된 것이다. 따라서 이 기술이 인간에게 시도된다면 태어나게 될 아이에게 심각한 발달 장애를 안겨줄 수 있다. 그리고 개성과 개인의 자율성의 의미가 축소되는 것과 같은 가능한 심리적 해악이다. 또한 부모가 자기 자녀의 성격 특성을 지나치게 통제하고자 하는 유혹에 빠지거나, 아이가 부모의 시시콜콜한 기대를 얼마나 잘 충족시키는가에 따라 아이의 가치를 평가하거나 또는 사랑하는 가족의 전형적인 특징인 수용성과 개방성을 훼손하고자 하는 유혹에 빠진다면, 양육과 가정생활의 질이 저하될 것이라고 우려하는 윤리적 관심이다.[99]

이러한 문제들과 관련해 보았을 때, 유교는 남아선호사상과 자신의 생

---

97) 임종식, 「인간 복제, 허용할 것인가」, 『생명의료윤리』, 176~181쪽 참조.
98) 그레고리 펜스 엮음, 『인간복제 무엇이 문제인가』, 91쪽 참조.
99) 그레고리 펜스 엮음, 『인간복제 무엇이 문제인가』, 88~112쪽 참조.

명을 영속시키고자 하는 입장에서 인간복제를 찬성할 것이라는 점이 문제가 된다. 만일 인간복제가 비자연적이고 비윤리적이라고 전제하고, 무정자증으로 인해 자식을 낳을 수 없어 자신의 자식을 통해 생명을 영속시켜나갈 수 없을 때, 유교적 선택은 어떠할 것인가? 유교에서 후손이 없는 것은 조상대대로 내려오는 생명의 단절이란 측면에서 가장 큰 불효로 정의된다. 따라서 친자만을 조상대대로 내려오는 생명의 영속성으로 인정할 경우, 무정자증인 독자獨子는 불효자가 된다. 그렇다면 자신의 체세포복제를 통해서라도 자식을 두어 조상 대대로 내려오는 생명의 연속성을 유지해나가야 하는 것인가? 이는 생명복제가 비자연적이고 비윤리적이라는 질책으로부터 벗어날 수 없다. 그렇다면 다른 대안은 없는가?

분명 양명은 인간과 천지만물이 하나의 생명체(天地萬物一體)임을 주장한다. 따라서 모든 인간은 나와 더불어 하나의 생명체라고 말할 수 있다. 60조개의 세포들의 유기적이고 상보적인 연결망을 통해 하나의 인간 생명체를 존속시켜나가듯, 수많은 인간은 서로간의 유기적이고 상보적인 연결망을 통해 인류라는 상위 생명체를 유지시켜나간다. 결국 60조개의 세포들이 각각 남이 아니듯, 각각의 인간들 또한 남이 아니다. 그리고 '인간유전자는 인류 공통유산'[100]이라는 주장이 제기되고 있듯, 생명의 영속성을 단지 혈연적인 한 가족에만 국한시킬 필요는 없다. 또한 진화의 메커니즘을 통해 보더라도 인류의 뿌리는 하나이다. 따라서 유전자에 있어 이질적 측면보다는 공통의 측면이 더 강하다고 할 수 있다. 그렇다고 한다면 생명의 연속성을 자신의 혈연적인 자식에만 국한시킬 필요는 없다. 이제는 좀 더 넓은 차원에서 바라볼 필요가 있다. 천지만물이 한 몸(一體·同體)이라고 한다면, 그리고 모든 인류의 뿌리가 동일하다고 한다면,

100) 한림대학교 인문학연구소, 『생명과학기술 및 생명윤리 연구의 현황과 한국의 대응방안 연구』, 1998, 12쪽 참조.

굳이 비자연적이고 비윤리적인 체세포복제에 집착하기보다는 입양의 방식을 통해 생명의 연속성을 존속시켜나갈 수 있다고 보여진다. 이것이 바로 양명의 천지만물일체설의 진정한 구현이 아닐까?

자식이라는 의미를 출생 과정에 있어서의 선천적인 유전적 동일성에서 찾을 수도 있지만, 또 하나 간과할 수 없는 사실은 후천적인 양육과 교육의 과정을 통해 부모로부터 삶의 양식과 가치관을 배우면서 부모와 자식 간에 공유할 수 있는 가족으로서의 정체성을 만들어 간다는 사실이다. 즉 전자는 생물학적 부모와 자식의 관계를 의미한다면, 후자는 정신적 부모와 자식의 관계를 의미한다고 말할 수 있다. 따라서 우리는 다음과 같이 세 가지 가능성을 생각해 볼 수 있다. 첫째, 생물학적 부모일 뿐만 아니라 양육과 교육을 통해 동일한 정체성을 지닌 정신적 부모의 경우이다. 둘째, 친부모이지만 자식의 양육을 포기하거나 또는 대리모의 경우와 같이 생물학적 부모에는 해당되나 정신적 부모에는 해당되지 않는 경우이다. 마지막으로 생물학적 부모는 아니지만 입양을 통해 몸소 입양한 자식을 양육함으로써 유사한 정체성을 지닌 정신적 부모에 해당되는 경우이다. 물론 첫 번째 경우를 가장 이상적이라고 말할 수 있다. 그러나 두 번째의 경우는 예를 들어 미혼모가 양육을 포기하고 아이를 버리거나 입양 기관에 맡기는 경우[101]를 생각해 볼 수 있다. 이런 경우 분명 그 아이는 생물학적 부모와 동일한 정체성을 가질 수 없다. 그러나 입양을 통해 아이를 양육하는 경우 비록 생물학적 부모가 아닐지라도 시간이 지나면서 가치관과 삶의 방식을 공유하면서 아이의 정신적 부모로 자리매김할 수 있다. 분명 두 번째 경우에 비해 세 번째 경우가 아이의 바람직한

---

101) 2002년 한 해 동안 우리나라에서 가정의 보살핌을 받지 못해 국가나 사회단체 등이 보호한 아이는 1만 57명에 달하며, 지난해 버려진 아이 중 미혼모가 양육을 포기한 아이는 전체의 43% 가량인 4천3백37명에 해당한다고 한다.(『중앙일보』, 2003.8.9, 41판 참조)

성장에 있어 더 좋은 결과를 야기한다고 말할 수 있다. 양명은 인간은 누구나 성인될 수 있는 자질(良知)을 갖고 태어나지만, 후천적인 노력을 통해 양지를 실현함으로써만이 성인聖人이 될 수 있다고 말한다. 결국 우리는 생물학적으로 자식을 태어나게 하는 것만이 중요한 것이 아니라, 후천적으로 참된 인간으로 양육해 가는 과정이 어쩌면 더 중요하다고 말할 수 있다.

제4절 생명공학시대, 인심의 생명윤리

지금까지 생명공학과 의료기술의 발전에 따른 생명윤리의 문제를 유교와 관련하여 그 문제점을 진단하고, 나아가 선진유학과 양명학을 중심으로 유교의 생명관을 고찰함과 아울러 새로운 '인심仁心의 생명윤리'의 정립 가능성을 시론적으로 모색해 보았다.

우리나라에서 산전검사를 통해 태아의 성별을 검사하여 여아로 식별될 경우 임신중절로 이어지는 그 이면에는 유교의 남아선호사상이 자리 잡고 있고, 유교의 "신체와 머리털, 피부 등은 부모로부터 받은 것이므로 감히 상해하지 않음이 효도의 시작이다"라는 효의 원리가 장기이식에 대한 거부감으로 되살아나고, 가족이기주의에 의해 설사 장기이식을 하더라도 자신의 가족에만 의존·한정하고, 자식을 통해 조상대대로 물려받은 생명을 영속시켜나가고 가문을 빛내고자 하는 유교의 가족이기주의가 인간복제를 찬성하는 아니 더 나아가 한국에서 인간복제가 활성화될 수 있는 토대로 작용한다는 것이다. 이대로만 본다면 유교는 반생명·반윤리적

인 가족이기주의의 사상이자 종교라고 말할 수 있을 것이다.

생명공학기술 및 생명윤리와 관련한 이러한 유교에 대한 평가는 역사적 근거가 전혀 없다고 말할 수는 없다. 그렇다하더라도 유교가 가족이기주의적인 측면으로만 존재해 온 것이 아니라, 인류애와 만물애를 주장하는 양명학과 같이 시대적 변화를 반영하면서 끊임없이 새로운 차원으로 변화·발전해 왔다. 또한 서양의 전통윤리학은 물론 서양의 전통종교 그리고 불교가 오늘날의 생명윤리 문제와 관련해서 새롭게 재해석되듯, 유교 또한 가족이기주의 차원이 아닌 생명윤리와 관련해서 전인류적·전 지구적 차원에서 재해석될 수 있으며, 이러한 재해석을 통해 새로운 생명력을 갖는다고 말할 수 있다.

앞에서 살펴본 바와 같이, 공자의 인仁은 가족이기주의가 아닌 보편적 인류애의 측면에서 재해석될 수 있으며, 양명의 천지만물일체설에서는 태아의 생명을 포함한 모든 인간생명의 존엄성뿐만 아니라 인간생명을 건강하게 보살피고 양육해야 하는 인간의 실존적·실천적 당위성의 근거를 찾아낼 수 있다. 양명의 만물일체의 생명관에 근거할 때, 비록 태아가 여아라 하더라도 내가 보살피고 양육해야 할 천지만물의 한 부분으로서 살고자 하는 의지(生意)를 내재하고 있기 때문에 태아를 살해하는 임신중절은 결코 허용되지 않는다. 그리고 타인과 나는 한 몸이기에 타자의 아픔은 곧 나의 아픔으로써, 장기이식을 필요로 하는 타자의 아픔을 외면할 수 없으며, 더욱이 인간의 생명 본질인 인심仁心은 가족의 울타리를 넘어 전인류 나아가 자연만물에게까지 확대되기 때문에 비록 선택적 상황에서 인간의 자연한 정서에 근거하여 자신의 가족이 우선시 될 수는 있다하더라도 근본적으로 타인에 대한 장기이식을 부정하고 가족에만 국한할 수는 없다. 마지막으로 인류가 하나의 상위 생명체이고 인간유전자는 인류 공통의 유산이라고 할 때, 자신의 생물학적 자식에만 너무 집착한 나머지 입양의 방법들을 외면하고 현재 직면하고 있는 생물학적 위험과 윤리적 문제들을 무릅쓰면서까지 인간복제에 의존하거나 집착해서는 안 된다.

물론 지금까지 고찰한 내용은 양명학을 통한 유교생명윤리 정립의 가능성을 모색하는 시론에 불과하다. 수천 년의 역사를 갖고 있는 유교는 다양한 학파와 이론들을 함축하고 있다. 따라서 좀 더 체계적이고 구체적인 유교생명윤리 정립을 위해서는 보다 폭넓은 유교에 대한 올바른 이해와 더불어 다양한 학파와 이론들 속에서 유교생명윤리 정립에 필요한 요소들을 발굴해낼 필요가 있다. 나아가 생명공학과 의료기술의 발전에 따른 윤리적·사회적 문제들을 해결하기 위해서는 유교 쪽에서도 침묵만 하고 있을 것이 아니라 보다 적극적으로 열린 사고로 학제적 연구에 참여해야 한다. 이를 위해서는 유교 쪽에서도 생명공학과 의료기술은 물론 기존의 생명윤리 분야에 대한 이해의 폭을 넓히기 위해 노력해야 할 것이다. 이는 앞으로 필자를 비롯한 유교 또는 유가철학 연구자들이 해결해야 할 과제라 생각한다.

제 12 장
인간과 자연, 그 하나 됨의 생명철학

이상 3개장을 통해 '성기成己와 성물成物', '내성內聖과 외왕外王', '수기修己와 치인治人', '명명덕明明德과 친민親民'이 하나라는 전제 아래 생명을 억압하는 현대교육의 문제, 원자적 개인주의를 바탕으로 전개되는 자유민주주의의 문제, 생명공학과 의료기술의 발전에 따라 발생하는 윤리적 문제들과 관련한 오늘날의 다양한 시대 문제와 관련지어 왕양명 생명철학을 새롭게 조명하면서 양명학의 현대적 역할 가능성을 모색해 보았다. 9장에서는 주체적·실천적·유기체적 인간관을 바탕으로 전개되는 '참된 자아 실현의 교육론'을 살펴보았으며, 10장에서는 유기체적 대동사회를 구현하기 위한 '친민 정치론'을 고찰해 보았다. 그리고 11장에서는 생명공학시대에 있어 윤리적 문제를 해결하기 위한 '인심仁心과 만물일체의 생명윤리' 정립 가능성에 대해 고찰하였다. 이제 마지막 남은 문제는 '인간과 자연의 관계'에 대한 문제이다.

이미 1장에서 밝힌 바와 같이 오늘날 인류는 지난 수세기 동안의 과학기술의 급속한 발전과 전 지구적 산업화의 과정에 힘입어 유사 이래 최대의 물질적 풍요로움을 만끽하는 반면, 자연세계에 대한 무자비한 착취와 파괴로 인한 생태계 위기라는 어두운 그림자가 숨겨져 있으며, 이러한 전 지구적 생태계의 위기는 인간의 생존마저 위협하고 있다. 이러한 전 지구적 생태계 위기의 이면에는 다양하고 복합적인 요인들이 실타래처럼 얽혀있으며, 생태계 위기는 인류로 하여금 새로운 패러다임을 모색하도록 하는 계기를 마련해 주었다. 이에 본 장에서는 21세기의 중요한 과제 가운데 하나가 바로 전 지구적 생태계 위기를 해결하는 일이라는 전제 아래, 생태계 위기의 원인과 이에 대한 서구 환경철학의 대응 방안과 그 문제점을 진단할 것이다. 그리고 서구 환경철학과의 비교를 통해 양명학을 '자연과 인간, 하나 됨의 생명철학'이라는 이름으로 재정립하면서 생태계 위기를 해결해나가는 데 있어 양명학의 역할 가능성을 모색할 것이다.

제1절 생태계 위기와 환경철학

생태계 위기의 원인에 대해서는 1장 1절 '현대 문명의 생명 위기와 대응'에서 이미 자세히 고찰한 바 있다. 이에 본 절에서는 그 개요만을 간략히 살펴보고자 한다. 먼저 데카르트의 이원론과 환원주의에 근거한 '기계론적 세계관'에서는 인간을 제외한 모든 존재로서의 자연을 사유하는 정신을 결缺한 물체의 연장으로 규정함으로써 기계론적 사고를 존재론적으로 정당화하고 생물을 자동기계로 파악한다. 이러한 세계관은 자연을 객체화하고 자연물에 어떠한 생명권도 인정하지 않음으로써 생명체의 기술적 조작을 정당화하는 기술지향적 태도와 자연의 파괴와 살생에 대해 어떠한 윤리적 의식도 갖지 않는 탈생명윤리적 태도의 근거를 제공한다.

아울러 서구의 유대－기독교 전통은 이성 · 영혼 · 덕을 지닌 인간만이 고유한 가치와 권리를 지니며 자연 존재물들은 단지 인간의 번영을 위한 '도구적 가치'만을 지닌다고 본다. 이러한 서구의 '인간중심주의'와 '도구적 자연관'은 인간의 자연 정복 · 지배의 합리적 정당성을 부여해 주고, 인간은 이러한 인간중심주의와 도구적 자연관에 근거하여 자신의 맹목적 욕망에 따라 과학 기술을 이용하여 자연을 무자비하게 약탈함으로써 오늘날의 환경오염과 생태계의 파괴는 물론 지구를 병들게 하고 급기야는 죽음으로 몰아가는 상황을 초래하게 되었다.

주지하듯이, 근대 이후의 서구의 기계론적 세계관의 출현은 '과학기술'을 비약적으로 발전시키면서 전 지구적으로 산업화 과정을 빠르게 확산시켰다. 비록 과학 자체는 중립적 가치를 지닌다고 하지만, 인간의 일차적 관심사가 욕구 충족에 있기 때문에 과학은 도구적 지성으로 전락하게 되고, 인간은 과학기술의 발전을 통해 자연생태계를 초토화시킬 수 있는 물리적 수단을 제공받게 된다. 지난 20세기에 진행된 '산업화 과정'은 지구 생태계의 총체적 파괴의 과정이며, 산업화 과정의 밑바탕에는 실재와 가치에 대한 '인간－중심적 규범', 즉 인간중심주의가 자리 잡고 있다.

이러한 '인간중심주의', '기계론적 세계관', '과학기술의 비약적 발전', '전 지구적 산업화 과정'은 상호 맞물림을 통해 자연을 인간의 욕망과 이익을 위한 하나의 도구로 전락시키고 이를 철저하게 정복 · 착취 · 파괴함으로써 생태계 위기를 초래하였다. 생태계의 위기는 결국 자연과 더불어 공생해야 하는 인간의 생존을 위협함으로써, 오늘날 인간은 물질적 풍요만이 아니라 생태적 재앙이라는 엄청난 대가를 지불하게 되었다.

1960년대와 1970년대 서구에서의 반전운동, 시민권리운동, 여성운동, 동물권리운동 및 환경운동을 포함한 반문화 혁명은 철학 분야에 환경철학을 정립하는 계기를 마련해준다. 환경철학 분야에서는 복합적 생태계 위기의 원인 가운데 '인간중심주의'를 주로 문제 삼으면서 "우주 안에서 인간만이 고유하게 가치 있는 존재인가?", "식물, 동물, 생명영역과 같은 자연 세계는 인간에 주어질 수 있는 사용 가치와는 독립된 그들 자신의 가치를 가지고 있는가?", "인간은 오직 다른 인간들에 대해서만 도덕적인 의무를 가지는가? 아니면 우리는 또한 동물들, 식물들 심지어는 생태계에 관해서도 도덕적인 의무를 지니고 있는가?" 등과 같은 다양한 물음들을 던진다. 환경철학자들은 이러한 물음을 바탕으로 '자연에 대한 인간의 관계'에 관한 근본적인 물음으로 되돌아가 환경철학을 정립하고자 한다.[1)]

제2절 서구 환경철학의 전개와 과제

서구의 환경철학은 세 가지 서로 다른 입장으로 정리할 수 있다. 첫째, 자연에 대한 우리의 도덕적인 권리와 의무는 전통적인 인간 중심적 윤리설(anthropocentrism)에 의해서도 만족스럽게 설명될 수 있다는 입장이다. 둘째, 생태학적인 방향의 정위와 그러한 인식을 통해 지금까지의 도덕 공동체의 범위를 보다 확대한 규범윤리, 예컨대 동물 중심적이거나 생명 중심적인 윤리(biocentrism)의 전개를 요구한다. 셋째, 생태학이나 유기적인 자연관은 근본적으로 새로운 윤리, 즉 인간중심적인 윤리가 아닌 생태 중심적인 윤리(ecocentrism)의 전개를 불가피하게 한다는 것이다.[2)]

---

1) Michael E. Zimmerman 2 eds., *Environmental Philosophy* (New Jersey: Prentice Hall, 1998), 1~6쪽 참조.(이하 *Environmental Philosophy*는 *EP*로 표기)

2) 황경식, 『개방사회의 사회윤리』(철학과 현실사, 1997), 378~379쪽 참조.

첫 번째 인간 중심적인 환경 윤리는, 자연 세계에 대한 인간의 도덕적인 의무가 인간 상호간에 지니고 있는 제반 의무에서 도출된다. 우리가 지구의 환경을 이야기하거나 그 속에 거주하는 인간 이외의 다른 존재들을 취급함에 있어서 어떤 제한이나 제약을 부과하는 까닭은 바로 우리가 인간의 권리를 존중해야 하기 때문이다. 또한 제3세계의 인간과 미래세대를 포함하는 인류의 복리를 보호하고 증진해야 하기 때문이다.[3] 이러한 인간을 모든 가치의 원천으로 삼고 인간 이외의 세계에는 도구적 가치만을 귀속시키며, 자연환경 그 자체를 위해 환경을 보존하는 것이 아니라 자연환경이 인간에게 가져다주는 유용한 가치 때문에 보존한다고 하는 주장은 인간중심주의의 한계를 벗어나지 못한다.[4] 아울러 인간 중심적 환경윤리에서 본래적 가치의 준거로 제시하는 합리성, 자연의 아름다움에 대한 식별 능력, 인간(미래 세대를 포함)의 이익관심은 인간 이외의 자연적 존재들이나 종, 생태계와 같은 전체로서의 자연을 전혀 고려하지 못한다는 약점을 가진 것으로 평가된다.[5]

1. 동물평등주의와 생명중심주의

두 번째 입장은 '동물평등주의'와 '생명중심주의' 같은 '개체 중심적 접근'을 들 수 있다.

1) 동물평등주의

동물해방윤리를 주장하는 피터 싱어(Peter Singer)는 인간들에 의해 실험

---

3) 황경식, 『개방사회의 사회윤리』, 380~381쪽 참조.
4) 한면희, 『환경윤리』(철학과 현실, 1995), 160쪽 참조.
5) 노희정, 「환경윤리학에서의 개체론과 총체론의 통합」(한국교원대 박사학위논문, 2002), 16~17쪽 참조.

실에서 행해지는 '동물 실험'과 동물의 육체를 먹는 '육식 행위'는 우리 사회의 '종차별(speciesism)'의 두 가지 주요한 형태라고 비판하고, 동물들에 대한 종차별의 주요한 원인으로 '인간중심주의'를 문제 삼는다. 동물들에 대한 이러한 종차별은 '인간 개체의 고유한 존엄', 즉 '모든 인간의 고유한 가치'와 같이 다른 존재들이 갖지 못한 어떠한 가치를 인간만이 가지고 있는 것처럼 말하거나, 또는 "인간이외의 다른 모든 것들은 오직 인간을 위한 가치만을 가질 수 있다"고 말하는, 즉 인간만이 '그 자체로서 목적'을 지닌다고 보는 인간중심주의에 근거한다. 이러한 인간의 존엄과 가치에 대한 관념은 르네상스 시대 휴머니스트들의 "인간은 물질의 가장 낮은 형태로부터 God 그 자체에 이르는 위대한 존재의 사슬에서 중심적인 선회축의 위치를 소유하고 있다"는 생각에 근거를 둔다. 이러한 우주관은 고전주의와 유대-기독교로 거슬러 올라간다. 이에 싱어는 "우리는 왜 어린 아이, 정신 장애자, 정신병자, 히틀러, 스탈린 등과 같은 인간들을 포함하는 모든 인간들이 코끼리, 돼지 또는 침팬지가 성취할 수 없는 어떤 종류의 권위와 가치를 지니고 있다고 해야만 하는가? 그리고 우리는 이러한 질문이 인간과 다른 동물들의 불평등을 정의하는 다소 상대적인 사실에 대한 본질적인 요청으로서 대답되는가?"라고 하는 문제를 제기한다.[6)]

싱어는 이러한 동물들에 대한 종차별을 해결하기 위해서는 인간 종의 모든 구성원에게까지 확대되어야 한다고 우리 대부분이 인정하고 있는 '평등'(equality)의 근본적인 원리를 다른 종들에게까지 확대해야 한다고 주장한다. 평등에 대한 주장은 지식, 도덕적 능력, 신체적 강도 등과 같은 사실적 재료에 의존하는 것은 아니다. 그러나 한 집단으로부터 다른 집단으로의 평등의 근본적인 원리의 확장이, 확장된 모든 집단에 대해 동

---

6) Peter Singer, "All Animals Are Equal", *EP*, 34~36쪽 참조.

일한 대우를 해야 한다는 것을 의미하지는 않는다. 평등의 근본적인 원리는 단지 '고려(consideration)의 평등'으로 제한된다. 다른 존재들에 대한 평등한 고려는 다른 취급과 권리를 이끌어낼 것이며, 평등은 단순한 사실의 주장이 아니라 '도덕적 이상'으로 정의된다는 것이다.[7)]

고려의 평등을 토대로 싱어는 "고통스러워하고(suffering) 즐길 수 있는(enjoying) 능력은 이익을 가질 수 있는 선행 조건이다. 이는 어떠한 의미 있는 방식에서 이익을 말할 수 있기 전에 만족되어야 하는 조건이다"[8)]라고 하여, 도덕적 평등의 고려의 대상은 가치나 권위의 소유 여부가 아닌 '즐거움과 고통을 경험할 수 있는 능력으로서의 감각'을 기준으로 설정해야 한다고 주장한다. 다른 동물들을 먹기 위해 기르고 죽이는 인간의 행위는 분명히 인간 자신의 사소한 이익을 만족시키기 위해 다른 존재들의 가장 중요한 이익을 희생시키는 분명한 실례로서 종차별을 피하기 위해 인간들은 이러한 행위를 중단해야만 하며, 인간 개개인은 이러한 행위를 지탱하는 것을 중단하는 도덕적 의무를 가져야만 한다고 결론 맺고 있다.[9)]

반면 톰 레간(Tom Regan)은 생명의 대상인 동물들은 그들 자신의 관점에서 더 좋은 것이 되던 더 나쁜 것이 되던 동물들은 '고유한 가치'를 지니고 있으며, 그러므로 자신의 행동이 영향을 미치는 모든 감각적인 창조물에게 평균적으로 고통보다 큰 즐거움의 균형을 산출하는 것은 무엇이든 하도록 우리에게 거칠게 지시하는 '유용(utility)의 원리'를 말할 권리를 가지고 있다고 하여 '동물의 권리'(Animal Rights)를 주장한다.[10)]

도덕적 고려의 대상을 "즐거움과 고통을 경험할 수 있는 능력으로서의 감각을 기준으로 설정해야 한다"고 하는 싱어의 동물해방윤리는 "즐거움

---

7) Peter Singer, "All Animals Are Equal", *EP*, 27~29쪽 참조.
8) Peter Singer, "All Animals Are Equal", *EP*, 31쪽.
9) Peter Singer, "All Animals Are Equal", *EP*, 32쪽 참조.
10) Tom Regan, "Animal Rights, Human Wrongs", *EP*, 41~54쪽 참조.

은 선이며 고통은 악이다"라는 고전적인 공리주의의 가치 이론의 지속적 전개이다. 다만 고전적인 공리주의에서는 고려의 대상을 인간만으로 한정하는 반면, 싱어는 동물(척추동물로만 한정됨)에게까지 확대했다고 하는 긍정적 평가를 받는다. 그러나 싱어의 동물해방윤리나 레간의 동물권리주의는 모두 토양, 해양, 그리고 대기와 같은 생태계의 무생명 부분들은 물론 연체동물, 곤충, 식물조차 분명하게 동물해방 또는 권리에 대한 고려에서 완전히 제외된다고 하는 한계점을 지닌 것으로 지적된다.[11]

2) 생명중심주의

반면 '생명중심주의'(biocentrism: life-centered ethical theory)는 동·식물과 같은 개체 생명체에 내재적 가치가 있음을 승인한다.[12] 케네스 굿패스터(Kenneth E. Goodpaster)는 생물학적 입장에서 볼 때 감각이란 생명을 유지함에 있어 수단이지 생명의 목적이 아니기 때문에 '살아 있음'(being alive)이란 조건을 도덕적 고려 가능성의 필요충분조건으로 삼아야 한다고 주장한다.[13] 폴 테일러(Paul W. Taylor) 또한 모든 생명체들은 '목적론적 생명 중심체들'(teleological centers of life)이며, 모든 유기체들은 평등한 내재적 가치를 갖기 때문에,[14] 지구의 야생 생명 공동체들(Earth's wild communities of life)과 관련된 인간의 도덕적 관계를 결정하는 것은 개체 유기체들의 이익(good, welfare)이라고 주장한다.[15] 굿패스터는 도덕적 고려의 대상을 척추동물로만 한정하는 싱어의 입장에서, 테일러는 고유한 가치를 동물로만 한정하는 레간의 입장에게 '생명중심주의'로 한 발씩 나아가고 있다.

---

11) J. Baird Callicott, "Introduction", *EP*, 10~12쪽 참조.
12) 한면희, 『환경윤리』, 123쪽 참조.
13) Kenneth E. Goodpaster, "On Being Morally Considerable", *EP*, 56~69쪽 참조.
14) J. Baird Callicott, "Introduction", *EP*, 11~12쪽 참조.
15) Paul W. Taylor, "The Ethics of Respect for Nature", *EP*, 71쪽 참조.

인간중심적 관점에 따르면, 자연 환경과 그곳의 비인간 거주자들은 단지 인간의 복지와 인간의 권리를 위한 도구적 수단에 지나지 않는다고 본다. 따라서 지구의 자연생태계와 생명공동체에 대한 인간의 책임은 단지 이들이 인간의 가치와 권리 실현을 촉진시킬 수 있다는 부수적인 사실에 기초한다. 그리고 이러한 부수적 사실을 별개로 하고서는 인간은 인간이 아닌 살아있는 것들의 이익을 촉진하거나 보호할 의무를 갖지 않는다고 평가하는 테일러는 이러한 인간중심주의와 대비되는 '생명중심주의'를 다음과 같이 피력하고 있다.

> 환경윤리학의 생명-중심 체계(life-centered system)는 이러한 점에서 정확하게 인간-중심적 체계와는 반대된다. 생명-중심 이론의 시각으로부터, 우리는 지구 생명공동체의 구성원으로의 야생 식물들과 동물들 그 자신들에게 부여되는 도덕적 의무를 일견한다. 우리는 도덕적으로 그들의 안전을 위해 그들의 이익을 보호하거나 촉진시켜 주어야만 한다. 자연생태계의 완전함을 존중하고 환경오염을 피하는 우리의 의무들은 야생종들이 자연 상태 안에서 건강한 존속을 성취하고 유지하는 것이 가능하도록 우리가 도울 수 있는 방법이 있다는 사실에서부터 나온다. … 인간의 복지는 물론 그들의 복지는 그 자체가 목적으로서 실현되어져야 하는 것이다.[16]

인간중심적 관점에 있어 자연은 단지 인간의 복지를 위한 도구적 수단에 지나지 않기 때문에 인간이 자연에 대한 어떠한 의무도 지니지 않는다. 반면 '생명중심적 관점'에서는 야생 동물식물들의 복지에 대한 인간의 의무가 부여된다는 것이다. 이러한 자연에 대한 생명중심적 관점은 다음과 같은 네 가지 구성 요소를 가진다.

첫째, 지구라는 생명 공동체의 구성원으로서의 인간(human as members of the earth's community of life): 인간은 모든 비인간 구성원들에게 적용되는 동

---

16) Paul W. Taylor, "The Ethics of Respect for Nature", *EP*, 71~72쪽 참조.

일한 용어에 근거한 회원의 지위를 가진 지구라는 생명 공동체의 구성원으로 생각된다. 둘째, 유기적 시스템으로서의 자연 세계(the natural world as an organic system): 전체로서의 지구의 자연생태계는 상호 연결된 요소들의 복잡한 그물로서 이해되며, 각각의 존재의 건전한 생물학적 기능은 다른 존재의 건전한 생물학적 기능에 의존한다. 셋째, 생명의 목적론적 중심으로서의 개체 유기체들(individual organisms as teleological center of life): 각각의 개체 유기체들은 그들 자신의 방식 안에서 그들 자신의 이익(good)을 추구하는 '생명의 목적론적 중심'으로 이해된다. 넷째, 인간 우월성에 대한 부정(the denial of human superiority): 우리가 장점의 표준들에 관심이 있건 고유한 가치의 개념에 관심이 있건 인간은 그들의 타고난 성격 때문에 다른 종들보다 우월하다는 주장은 근거 없는 주장이며, 위의 요소들에 비추어 볼 때 이는 인간 자신의 기호에 따른 비이성적인 편견으로 제거되어야만 한다.17)

유기체들은 그들 자신의 독특한 방식 안에서 그들 자신을 보존하고 그들 자신의 이익을 실현하기 위해 분투하는 '생명의 목적론적 중심'이며, 우리가 의식하든 의식하지 않든 각각의 유기체들은 그들의 보존과 복지로 향하는 목적－지어진 행동들의 통일된 체계라고 하는 의미에서 모든 것은 평등한 생명의 목적론적 중심들이라는 것이다. 반면 이성적 사고, 심미적 창조, 자율성, 자아－결정 그리고 도덕적 자유와 같은 인간만의 독특한 특성들이 다른 종들에서 발견되는 능력들보다 더욱 가치가 있다는 주장이나, 인간은 도덕적인 동인 예컨대 자유 의지, 책임, 숙고, 판단, 실천적 이성의 능력을 소유한 반면 다른 것들은 그것이 결핍되어 있기 때문에 인간은 도덕적으로 우수한 존재라는 주장, 또는 인간은 그들의 장점 때문이 아니라 그들의 고유한 가치 때문에 비인간들보다 우수하다

---

17) Paul W. Taylor, "The Ethics of Respect for Nature", *EP*, 74~75쪽 참조.

는 주장들은, 단지 인간에게 좋은 것을 판단의 기준으로 받아들여야 한다는 관점, 즉 인간중심적 관점으로부터 인간의 우수성을 주장하는 편견에서 비롯되었다는 것이다.[18]

이러한 인간의 자신의 기호에 따른 비이성적 편견은 다음과 같은 서구사회의 3가지 전통에서 기인한다.

첫째, 다른 종들을 넘어서는 인간의 고유한 우수성은 '인간은 이성적 동물'이라는 고전적인 그리스의 휴머니즘적 정의에 함축되어 있다. 인간의 동물적 본성은 이를 다스릴 이성의 질서와 제한을 필요로 하는 '야만적인' 욕망으로 정의되며 '합리성'(rationality)은 동물들에 대한 인간의 우수성의 열쇠가 되는 것으로 이해된다. 둘째, 우수성은 동물들은 영혼을 지니지 못한 반면 인간들은 '영혼'을 지니고 있다는 사실로부터 도출된다고 가정하는 데카르트의 영혼/육체 이원론(dualism)이다. 동물들은 단지 자동기계이며 인간을 정신적 존재로 만들어주는 신성한 요소들이 결핍되어 있다는 것이다. 셋째, 인간은 그들의 창조주가 그들에게 사슬 위의 높은 자리를 주었기 때문에 인간은 동물식물보다 우수하다고 보는 '존재의 위대한 사실'이라는 유대-기독교적 전통이다. 'God의 형상에 의해 만들어진' 인간은 그들 존재의 덕이 God에 보다 가깝기 때문에 본질적으로 동물과 식물보다 우수하다는 것이다.[19]

테일러는 동물들은 자신의 안전 즉 가장 잘 적응한 삶을 살기 위해 인간만이 지니고 있다고 하는 이성, 영혼, 덕 등을 필요로 하지 않기 때문에 이러한 것들은 동물들에 있어 가치를 지니지 않는다고 본다. 뿐만 아니라 인간이 이러한 요소들을 지니고 있기 때문에 인간이 동식물보다 우수하다는 주장은 인간중심적 편견이라고 비판한다. 이러한 인간중심적

---

18) Paul W. Taylor, "The Ethics of Respect for Nature", *EP*, 77~81쪽 참조.

19) Paul W. Taylor, "The Ethics of Respect for Nature", *EP*, 82~84쪽 참조.

편견으로부터 벗어나 비인간 동물식물들의 능력을 그들에게 이익이 되는 관점에서 바라볼 것을 주장한다.[20]

인간이 '생명중심적 관점'을 가질 때, 우리는 다른 살아있는 존재들이 지구의 생명공동체의 동료 구성원으로서의 우리와 친척관계(kinship)라고 하는 심층적인 의식을 우리에게 일깨워주는 방식 안에서 다른 살아있는 존재들, 그들의 환경 조건들 그리고 그들의 생태학적 관계에 대한 이해를 하게 되며, 인간들과 비인간 존재들은 똑같이 모든 살아있는 것들이 기능적으로 상호 관련되어 있는 하나의 통일된 전체의 통합된 부분으로 보일 것이라고 한다. 그리고 마지막으로 우리의 의식이 식물과 동물의 개체 생명들에게 초점을 모을 때, 각각은 그들 자신의 독특한 방식 안에서 그들 자신의 이익을 실현하려고 노력하는 생명의 목적론적 중심이라고 하는 존재의 특성을 우리와 함께 공유하게 될 것이라고 결론 맺고 있다.[21]

굿패스터는 도덕적 고려의 대상을 척추동물로만 한정하는 싱어의 입장에서, 그리고 테일러는 고유한 가치를 동물로만 한정하는 레간의 입장에서 '생명중심주의'로 한 발씩 나아감으로써, 동물평등주의에 비해 도덕적 고려의 자격을 동물에서 식물을 포함하는 살아있는 존재(유기체)들 전반으로 확대시켰다고 하는 긍정적 평가를 받을 수 있다. 그러나 생명중심주의는 유충, 곤충 그리고 관목들과 같은 개체생명체들에게 중심을 두는 반면 종들(species) 그리고 다른 '전일적인 실체들', 즉 생명공동체, 생태계, 야생 그리고 전체로서의 혹성 생명권에는 관심을 두지 않는 한계성을 지니고 있는 것으로 비판된다.[22]

---

20) Paul W. Taylor, "The Ethics of Respect for Nature", *EP*, 79~84쪽 참조.
21) Paul W. Taylor, "The Ethics of Respect for Nature", *EP*, 84쪽 참조.
22) J. Baird Callicott, "Introduction", *EP*, 12쪽 참조.

2. 아느 네스의 대자아-실현

이러한 개체중심적 접근과 달리 인간의 지배적인 역할과 충격을 포함하여 생태계 안에서의 상호 의존하는 관계들의 복잡한 그물망 안에서 자연생태계 위기 문제를 다루는, 즉 자연생태계를 포괄하는 총체적 지구의 차원에서 가치와 권리의 문제를 다루면서 새로운 인식의 전환과 확대를 주장하는 '생태중심주의'(ecocentrism)가 있다. 생태론적 의식은 레오폴드(Aldo Leopold)의 생태중심의 *Land Ethic*(1949)의 출판의 결과로서,[23] 그리고 철학적 · 사회적 · 정치적 운동과 생태중심적 환경주의는 카슨(Rachel Carson)의 *Silent Spring*(1962)의 출판에서 비롯되며,[24] 카슨의 총체적 세계관과 이론과 실천의 친밀한 혼합은 이른바 생태학 시대의 시작으로 지목된다. 이후 생태학 운동은 Greenpeace와 Earth First 등과 같은 환경 단체들에 의한 급진적인 환경 투쟁과 더불어 생태 위기 문제를 전일적 · 유기체적 지구 생태계 차원에서 철학적 · 윤리적으로 접근하는 생태철학으로 정립된다.

노르웨이 철학자 아느 네스(Arne Naess, 1912~2009)는 1973년 생태운동을 '표피생태운동'(shallow ecology movement)과 '심층생태운동'(deep ecology movement)으로 구분하는 데서 출발한다. 먼저 선진국 사람들의 건강과 풍요만을 주된 목적으로 오로지 오염과 자원 고갈에 맞서 싸우는 환경보호 운동을 표피생태운동이라 규정한다.[25] 표피생태운동은 인간을 환경과 분리해서 고찰하고 인간을 모든 가치의 원천으로 삼고 인간 이외의 세계에는 도구

---

23) *Land Ethic*은 국내에서 번역·출판된 『모래 군(郡)의 열두 달』(알도 레오폴드/송명규, 도서출판 따님, 2000) 3편에 수록되어 있다.

24) *Silent Spring*은 국내에서 『이제 봄의 소리를 들을 수 없다』(정대수 역, 넥서스, 1995)라는 제하로 번역·출판되었다.

25) Arne Naess, "The Shallow and Deep, Long-Range Ecology Movement: A Summury", *Inquiry* 16, 1973, 95쪽 참조.

적 가치만 귀속시키며, 그들은 자연환경 그 자체를 위해서 환경을 보존하는 것이 아니라 그것이 인간에게 가져다주는 유용한 가치 때문에 보존한다고 하는 측면에서 인간중심주의의 한계를 벗어나고 있지 못하다.[26] 반면 심층생태운동은 환경 안에 있는 인간(man-in-environmental)이란 관점은 거절하고 '관계적인 전체적 장場'(relational, total-field)이란 관점을 선호하며, "생태계에 존재하는 모든 것들은 자기를 실현할, 즉 생존하고, 번성하고, 자기 나름의 형태에 도달할 평등한 권리를 갖는다"는 '생명평등주의'(biospherical egalitarianism)를 취하며, '다양성'과 '공생'의 원리를 추구는 것으로 규정된다.[27] 인간중심주의적 환경 대신에 생태계 구성원들의 관계성과 생명의 평등 권리를 토대로한 다양성과 공생이 중시된다.

이후 네스는 1984년 세션즈(George Sessions)와 함께 심층생태론의 15년간의 다양한 흐름을 8개 항의 원리를 담은 강령으로 압축하여 발표하는 바, 그 내용은 다음과 같이 요약해 볼 수 있다. 지구상의 인간과 인간 이외의 생명의 복지와 번영은 인간의 유용성과 무관하게 그들 자체로서 가치를 갖으며, 생명 형태들의 풍부함과 다양성은 이러한 가치의 실현에 공헌하며 또한 그 자체로서 가치를 가진다. 따라서 인간은 자연계의 풍부함과 다양성을 감소시킬 권리가 없으며, 자연생태계의 생명의 다양성과 풍요로움을 위해 인구의 감소가 필요하며, 자연계에 대한 인간의 간섭을 감소시키고, 생존의 표준이 아닌 생명의 질에 대한 평가의 표준을 지지하는 쪽으로 정책이 변해야 한다는 것이다.[28]

이러한 심층생태론의 8가지 강령은 네스의 'Ecosophy T'로부터 도출된다. 네스는 '대자아-실현'(Self-realization)을 궁극적 규범으로 간주하고, 이

---

26) 한면희, 『환경윤리』(철학과 현실사, 1997), 160쪽 참조.

27) Arne Naess, "The Shallow and Deep, Long-Range Ecology Movement: A Summury", 95~96쪽 참조.

28) Arne Naess, "The Deep Ecological Movement: Some Philosophical Aspects", *EP*, 196~197쪽 참조.

로부터 다른 원리가 도출되는 생태철학의 한 입장으로 'Ecosophy T'를 제시한다.[29] 서구 산업화 국가들의 지배적인 개인주의적이며 공리주의적인 정치사상에서 자아실현은 "한 사람의 빵이 또 다른 사람의 죽음"을 의미하는 자아실현(ego-realization)이며, 이는 '소자아－실현'(self-realization)으로서 소자아－실현에 있어서는 서로 다른 개인들의 이익의 궁극적이고 광범위한 상반성이 강조된다.[30] 그러나 네스는 자아의 이기적 측면은 고정불변의 사실이 아니라 사회화와 인격의 성장을 통해 자아는 확대되어 가족과 친한 친구를 포함하게 되며, 사회의 성숙 정도, 개인 인격의 성숙 정도에 의존하는 자아의 확장은 동료 인간을 넘어서 동물, 더 나아가 자연 일반으로 진행될 수 있고, 그렇게 되어야 한다고 역설한다.[31] 이러한 개인과 공동체의 소자아－실현들을 포함하며 또한 총체로서의 실체를 함축하는 것이 곧 '대자아－실현'(Self-realization)으로 고려될 수 있고, 대자아－실현은 그 자체가 과정이며 궁극적인 목적이 된다.[32] 따라서 인간의 선천적 본질은 이기적 자아로서의 소자아라면 자연계로 확대된 '대자아'는 후천적 확장을 통한 결과물이다.

네스는 생태학적 그리고 심리학적인 연구가 우리의 전개되는 자아(self)가 측량할 수 없는 자연 현상의 다양성 및 풍부함과 연결된다는 저항할 수 없는 증거를 공급하고 또한 현대 생태학은 모든 것들에게 이로운 상호의존성, 즉 고도의 공생을 성숙된 생태계들에 있어 공통된 특징으로 강조한다고 하여[33] 생태과학 분야의 연구 성과를 수용하고 있다. 이러한 생태학의 연구 성과를 토대로 네스는 Ecosophy T의 유일한 궁극적인 규

29) Arne Naess, Translated by David Rothenberg, *Ecology, community and lifestyle* (Cambridge: Cambridge University Press, 1989) 36~37쪽 참조.

30) Arne Naess, *Ecology, community and lifestyle*, 84~85쪽 참조.

31) Arne Naess, *Ecology, community and lifestyle*, 172쪽 참조.

32) Arne Naess, *Ecology, community and lifestyle*, 84~85쪽 참조.

33) Arne Naess, *Ecology, community and lifestyle*, 164쪽 & 168쪽 참조.

범 '대자아-실현'을 다음과 같이 세 측면으로 보다 구체화시킨다.

첫째, "(원대한, 우주적인) 대자아-실현을 극대화하자!" 이 규범은 지구 위의 모든 생명 형태들 그리고 자연적 과정들과 관련하여 "살자 그리고 살게 하자!"라는 의미를 지닌다. 개체적이 아닌 시스템적으로 보았을 때, 최대한의 대자아-실현은 모든 생명의 전개를 최대화하는 것을 함축하며, 이는 곧 우주적 공생이라는 말로 대체할 수 있다. 둘째, "(원대한 우주적인) 다양성(diversity)을 극대화하자!" 누군가에 의해 획득된 대자아-실현의 수준들이 높아질수록 다른 것들의 대자아-실현에 대한 의존은 더욱 더 증가한다는 것은 필연적 결과이다. 자아-정체성(self-identity)의 증가는 다른 것들과의 동일함의 증가와 관련되어 있다. 애타주의는 이러한 동일화의 자연적 결과이다. 우리는 다른 존재들 안에서 점진적으로 우리 자신들을 보며 다른 것들은 우리 안에서 그들 자신을 본다. 이런 식으로 소자아는 다른 것들 안에서 자신의 잠재력들을 실현하는 자연적 과정으로 확대되고 심화된다. 셋째, "(원대한 우주적인) 공생(symbiosis)을 극대화하자!" 위의 내용들을 보편화함으로써 우리는 "모든 존재를 위한 대자아-실현!"이라는 규범을 이끌어낼 수 있다. "다양성을 최대화하자!"라는 규범과 "최대한의 다양성은 최대한의 공생을 함축한다"는 전제로부터 우리는 "공생을 최대화하자!"라는 규범을 이끌어낼 수 있으며, 이로써 8가지 심층생태학 강령을 공정하게 간단한 방법으로 이끌어낼 수 있다는 것이다.[34)]

'대자아-실현'은 한마디로 이기적 개체로서의 인간이 자연생태계의 생명 존재들과의 다양한 상호 의존적 동일화 과정을 통해 개체에 국한된 이기적 자아를 이들을 포괄하는 대자아로 확대해나가는 과정으로, 이 과

---

34) Arne Naess, "The Deep Ecological Movement", 208쪽 & *Ecology, community and lifestyle*, 196~210쪽 참조.

정 자체가 바로 자연생태계의 다양성은 물론 이들과의 공생을 극대화하는 과정이라 말할 수 있다. 다만 "소속감을 생태권에의 소속과 같은 더욱 확장된 인식으로의 개발은 궁극적으로 가능할 것이다"[35] 또는 "대자아-실현 공식화의 선택은 인간에게 있어서의 성숙이 의무적인 애타주의의 정도에 의해 측정된다기보다는 이기주의로부터 증가하는 대자아의 실현 즉 소자아를 넓히고 심화시키는 것의 규모에 의해서만 측정될 수 있다는 믿음에 의해 부분적으로 동기 부여된다"[36]는 네스의 주장에 근거할 때, 다양성과 공생의 극대화 과정으로서의 대자아-실현의 극대화 과정은 선천적 · 본래적 대자아에 대한 자각과 회복 과정이 아니라 본래적인 이기적 소자아를 후천적 인식의 확장과 전환을 통해 새로운 대자아로 확대 · 개발해나가는 과정이라 할 수 있다. 더욱이 "또한 우리는 대자아와 접촉하고 있는 소자아를 넓히고 심화시키기 위해 ego를 무시하거나 억압할 필요가 없다"[37]는 주장에서 알 수 있듯, 생태권을 포괄하는 대자아의 개발이 개체적 ego의 제거 또는 소멸을 의미하지는 않는다. 바로 이러한 두 가지 점이 왕양명의 생명철학과 서로 다른 차이점이라고 할 수 있다.

3. 토마스 베리의 생명공동체

반면 생물 지역주의의[38] 대표적인 인물인 토마스 베리(Thomas Berry)는 지난 20세기에 진행된 '산업화 과정'은 지구 생태계의 총체적 파괴의 과

---

35) Arne Naess, *Ecology, community and lifestyle*, 168쪽.

36) Arne Naess, "The Deep Ecological Movement", 209~210쪽.

37) Arne Naess, *Ecology, community and lifestyle*, 86쪽.

38) 생물 지역주의는 1970년대 생물 지역이란 개념과 더불어 서구 사회를 비판하면서 등장하였으며, 이 논의의 주창자들은, 생태론자들과 동일하게, 당시의 서구 사회가 자연 환경으로부터 점차 소외되어 가는 것을 지각한 사람들이었고, 이에 대해 무엇인가를 해보려고 시도한 사람들이다. 생물 지역주의에 대한 구체적 내용은 『생태학의 담론』(문순홍 편저, 솔, 1999) 312~321쪽 참조.

정이며, 이는 결과적으로 인간 자신의 생존을 위협하는 상황을 초래하였으며, 이러한 생존 불가능한 상황은 실재와 가치에 대한 '인간 중심적 규범'(human-centered norm)의 귀결이라고 진단한다.[39] 따라서 생태계 위기를 극복하기 위해서는 산업화 제도의 근간이 되는 '인간 중심적 규범'에서 '생명 중심적 규범'(biocentric norm)으로 전환해야 한다고 주장한다.

> 이러한 살아있는 실체로서의 지구에 대한 새로운 매력은 우리가 지구에 부과한 절박한 파괴로부터 지구를 구제하기 위한 조건이다. 이를 효과적으로 실행하기 위해서는 우리는 지금 인류를 생명 종들(life species)의 공동체(community) 안의 종(species)으로 재 창안해야만 한다. 실재와 가치에 대한 우리의 의식은 인간중심주의적 규범으로부터 생명 중심적(biocentric) 평가의 규범으로 의식적으로 이동해야만 한다.[40]

생명 중심적 규범으로의 전환은 '생명공동체' 즉, 모든 살아있는 종들(life species)의 공동체가 보다 큰 실재이며 보다 큰 가치라는 사실과 인간의 주요한 관심은 이러한 보다 큰 공동체의 보존과 강화여야 한다는 사실을 받아들이는 것을 의미한다. 인간은 자신의 특유한 실재와 자신의 특유한 가치를 지니고 있으나, 이러한 특유함은 보다 포괄적인 배경으로 연결되어야만 하며, 인간은 궁극적으로 이러한 공동체의 배경 안에서 자기 자신의 보다 큰 차원들을 발견해야만 한다는 것으로 이해된다.[41]

이러한 생명 중심적 규범으로의 전환에 있어 지구와 인간의 관계성은 실용적인 사용, 학문적 이해 또는 심미적 이해 그 이상의 지구와 총체적 자연 세계에 대한 진정한 인간의 '친밀성'(intimacy)이 필요하다고 한다.[42]

---

39) Thomas Berry, "The Viable Human", *EP*, 183~185쪽 참조.

40) Thomas Berry, *The DREAM of the EARTH* (San Francisco: Sierra Club Books, 1988) 21쪽 참조.

41) Thomas Berry, "The Viable Human", 184~185쪽 참조.

42) Thomas Berry, *The DREAM of the EARTH*, 13쪽 참조.

지구 역사의 시초에 보여주었던 인간과 자연의 친밀성은 산업사회의 착취로 인해 배신당하고 지배적인 경험을 남겨 주었으며, 자연과의 친밀성을 상실한 인간의 자폐성은 인간의 기계론과 정치적 민족주의, 그리고 경제적 산업주의로 인해 더욱 깊어져 가기 때문에, 지금 우리에게 필요한 것은 총체적 자연 세계에 대한 '친밀성'이라는 주장이다.[43]

베리는 친밀성의 근거를 다양한 고대의 전통사상과 현대과학에서 찾고 있다. 예컨대 인간은 모든 존재물들과 한 몸을 이룬다고 하는 중국적 인식은 우리의 소원해진 상황을 치유할 수 있다는 약속으로서 오늘날 우리를 매혹하기 시작한다고 평가하고, 또한 'love', 'benevolence' 또는 'affection' 등으로 번역되는 '인仁'은 감정적－도덕적인 용어일 뿐만 아니라 또한 우주적인 힘이라고 평가하면서, 이러한 사상 속에서 우리는 우주와 지구 그 자체의 구조 안에서 지배적인 친밀성과 동정의 특성을 발견할 수 있다고 한다.[44] 그러나 살아있는 유기체로서의 지구에 대한 우리의 발견은 고대의 자연과 지구의 기능에 대한 직관적인 통찰로서도 명백했지만, 신비한 용어들로 표현된 이러한 통찰은 과학적 탐구의 시대에는 더 이상 충분하지가 못하다고 비판한다.[45]

오히려 베리는 자연과학을 통해 인간은 물질의 가장 작은 조각으로부터 은하계의 거대한 공간에 이르기까지 새로운 명확성을 획득하였는 바, 우리는 우주의 모든 부분들 그리고 전체의 거대한 설계와 더욱 친밀하고 그것의 공간의 확장 안에서뿐만 아니라 그것의 출현하는 과정 안에서 우리는 우리 주변의 세계와 친밀하며, 우리는 우리 자신 존재 안에서 총체적인 우주 질서와 동일함을 경험하게 되었다고 한다. 이러한 전제를 바탕으로 인간 존재를 총체적인 우주 과정 속에서 파악하려는 자연과학적

43) Thomas Berry, *The DREAM of the EARTH*, 17쪽 참조.
44) Thomas Berry, *The DREAM of the EARTH*, 14~20쪽 참조.
45) Thomas Berry, *The DREAM of the EARTH*, 18쪽 참조.

노력은 우리에게 지구에 대한 새로운 친밀성을 가져다주었으며, 또한 지구에 대해 친밀하고 동정어린 인간의 존재를 현대 과학이 드러내고 있다고 주장한다.[46] 따라서 베리는 친밀성의 토대를 사실상 고대의 전통사상보다는 현대의 자연과학에 두고 있다고 말할 수 있다.

이러한 '인간 중심적 규범'으로부터 '생명 중심적 규범'으로의 전환에 있어 중요한 대안들을 베리는 법, 경제, 언어, 교육 등 다양한 방면에서 제시하고 있다. 이 가운데 교육적 측면을 주의 깊게 살펴볼 필요가 있다. 오늘날의 교육은 인간들을 산업 사회의 배경 안에서 생산적이도록 하는데 목적이 있다면, 완전한 지구 공동체는 우주의 배경 안에서 스스로 교육하는 공동체가 될 것이다. 인간 수준에 있어 교육은 우리 주변의 우주에 의해 만들어진 심오한 공동체들에 대한 인간의 의식적인 감각적 작용이 될 것이라고 주장한다. 또한 우리가 이용 가능한 유일한 효과적 프로그램은 생존 가능한 존재의 인간 양식으로 향하는 우리의 주요한 안내로서의 지구 그 자체에 의해 제공되는 프로그램이라고 한다.[47] 베리는 인간 중심적 규범에서 생명 중심적 규범으로의 전환을 위한 구체적 방안 정립의 토대는 인간이 아닌 자연으로 보고 있는 것이다.

이상에서 살펴본 베리의 생명공동체 이론은 산업화 과정 속에서 발생한 자연 생태계의 파괴와 인간 소외의 문제는 인간중심적 규범으로부터 생명 중심적 규범으로의 전환과 아울러 생명공동체 내의 다른 존재들에 대한 친밀성을 통해서만 해결될 수 있으며, 그 토대는 현대 자연과학의 성과물들과 자연 세계에서 찾을 수 있다는 것으로 요약할 수 있다.

네스와 베리를 필두로 하는 이러한 심층생태주의는 인간의 지배적인 역할과 충격을 포함하여 생태계 안에서의 상호 의존하는 관계들의 복잡

46) Thomas Berry, *The DREAM of the EARTH*, 16~20쪽 참조.
47) Thomas Berry, "The Viable Human", 187~192쪽 참조.

한 그물망 안에서 생태계 위기 문제를 다루고 생태계 위기를 해결하기 위한 대안을 모색함으로써 동물평등주의와 생명중심주의 같은 개체중심적 접근에서 한 발 더 나아갔다고 하는 긍정적 평가를 내릴 수 있다. 그러나 생태중심주의는 인간과 자연을 생명공동체의 평등한 구성원으로 규정하고 인간과 자연의 존재물들에게 동일한 가치를 부여한다. 그렇게 함으로써 심층생태주의는 자연계의 존재 가치를 위해 전 지구적 진화의 최고의 결실이라고 할 수 있는 인간의 존재 가치와 위상을 무너뜨릴 수 있으며, 인간을 단지 자연의 부속물로 전락시키는 오류를 범할 수 있다. 극단적인 경우에는 자연생태계의 본질적 가치를 실현하기 위해 인간을 희생시키는 생태 파시즘이라는 비판을 받을 수도 있다.[48]

제3절 인간과 자연, 그 하나 됨의 생명철학

3장 「천지만물과 인간이 한 몸인 세계」에서 고찰한 바와 같이, 양명학은 기계론적 세계관보다는 '유기체론적 세계관'에 보다 근접해 있다. 또한 양명학은 인간중심주의는 물론 서구의 환경철학에서 주장하는 동물평등주의나 생명중심주의보다는 '생태중심주의'에 보다 가깝다. 그러나 표면적인 유사성에도 불구하고 양명학은 '우주자연을 하나의 유기체로

---

48) 예컨대 Tom Regan은 "만일 우리가 탈인간중심주의의 총체론을 따를 때, 인간과 희귀한 야생화 중 어느 하나를 죽여야 하는 상황에 처한다면, 토지 공동체의 통합성·안정성·아름다움의 보전에 기여하는 희귀한 야생화를 살리고 인간을 죽인다고 해도 그것은 정당화된다"고 주장한다.(노희정, 「환경윤리학에서의 개체론과 총체론의 통합」, 114쪽 재인용)

보는 관점', '인간을 우주자연의 중추적 존재로 보는 관점', '우주자연과의 일체화를 위한 내면적 자각과 실천을 중시하는 관점' 등 실제적인 부분에 있어서는 많은 차이점을 보이고 있다. 본 절에서는 앞에서 논의한 이러한 내용들을 '인간과 자연, 그 하나 됨의 생명철학'이라는 이름으로 새롭게 체계화하고 현대의 생태계 위기 문제 해결에 있어 하나 됨의 생명철학의 역할 가능성을 모색해 보고자 한다.

1. 자연을 파괴할 수 없는 철학적 정당성

네스와 베리의 생태철학에서는 비록 개체단위가 아닌 지구의 총체적 생태계 차원에서 자연생태계를 포괄하는 '대자아-실현'과 '생명공동체'를 주장하고는 있지만, 이는 인간과 자연계가 하나의 생명체라는 의미보다는 인간 공동체의 확장, 즉 인간과 자연계의 구성원들이 하나의 공동체 안에서 동일한 가치와 권리를 지닌 평등한 구성원으로서 공존·공생한다는 의미가 강하게 함축되어 있다. 그러나 양명은 "천지만물과 인간은 본래 한 몸이니, 그 발동하는 기관 가운데 최고로 정령精靈한 곳은 인간 마음의 한 점 영명靈明이다. 바람·비, 번개·이슬, 태양·달, 별·성좌, 새·짐승, 풀·나무, 산·시내, 흙·돌은 인간과 더불어 본래 한 몸이다"[49]라고 하여, 동·식물은 말할 것도 없고 무생물을 포함하는 총체적 우주자연은 본원적으로 인간과 더불어 '한 몸'이라고 주장하고, 인간을 '천지만물의 마음'(人者, 天地萬物之心)으로 규정하는 데서 출발한다.[50] 따라서 양명학에 있어 인간과 자연계를 포괄하는 지구 더 나아가 총체적 우주는 단지 가치와 권리에 근거한 하나의 공동체가 아닌 그 자체가 하

49) 『傳習錄』(下), 「黃省曾錄」, 274조목.
50) 『王陽明全集』(上海古籍出版社, 1992, 이하 『全集』이라 표기), 권6, 「答李明德」, 214쪽 참조.

나의 생명체라 할 수 있으며, 인간은 단지 우주의 평등한 구성원이 아니라 총체적 우주자연의 핵심적 중추의 위상을 지닌다. 이러한 의미에서 필자는 양명학을 서구 환경철학과 구분 짓기 위해 '인간과 자연, 그 하나됨의 생명철학'이라 이름하고자 한다.

먼저 기계론적 세계관에 대비되는 양명학의 '우주자연을 하나의 유기체로 보는 관점'에 대해 논의해 보고자 한다. 양명학에 있어 천지만물로 표현되는 우주자연은 성장하고 변화하는 동적인 과정, 즉 하나의 연속체이며 그 구성요소들은 내적으로 연결되어 있다고 하는, 하나의 '유기적인 생명의 관계망'이다. 양명학 넓게는 유가철학의 유기체적 자연관은 '생생불식의 자기－조직성', '기氣에 의한 존재의 연속성', 그리고 '인간과 자연의 호혜성'이라는 특성을 지닌다.

첫째, 우주자연은 '생생불식生生不息의 자기－조직성'을 지닌다. 양명은 "천지가 만물을 화육한다"[51]고 말하고, 또한 "천지가 서고 만물이 양육된다"[52]고 주장한다. 여기서 '천지'는 만물을 창생・양육하는 원천으로서 모든 생명의 근원이다. 천天과 지地는 대립적 관계가 아닌 상보적・상의적 감응의 과정을 통해 만물은 창생・양육한다. 이에 양명은 이러한 천지의 감응 원리(天道・天理・天德)는 '불식不息', 즉 '활발발성活潑發性'을 생명 본질로 한다고 밝히고 있는 바, 천지의 만물 창생・양육의 자기－조직화 과정은 '생생불식'의 끊임없는 작용성을 지닌다. 따라서 천지만물로 표현되는 우주자연은 기계적 법칙에 따라 작동하는 무생명의 물리적 기계가 아닌 항구적인 변화 과정을 통해 스스로 생명을 창생・양육하는 '생생불식의 자기－조직성'을 지닌 유기체라고 말할 수 있다.

둘째, '기氣'에 의한 존재의 연속성이다. 양명학에 있어 기氣는 우주 안

51) 『全集』, 권6, 「答友人問」, 208쪽, "知天地之化育."
52) 『全集』, 권7, 「自得齋說」, 265쪽, "天地以位, 萬物以育."

에서 일어나는 지속적인 '변화와 변형의 과정'에 대한 기초가 되는 생명력(Vital force, Vital power)이다. 또한 기가 지극히 정미하면 사람이 되고 지극히 영묘하고 지극히 밝은 것은 마음이 되는 바,[53] 기는 질료적 측면만이 아닌 영명한 마음으로 표현되는 심리적 속성의 근거가 된다. 인간은 질료적 측면의 기를 매개로 신체적으로 천지만물과 존재의 연속성을 유지할 뿐만 아니라, 이러한 기의 영명한 속성을 소유함으로써 천지만물과 정신적으로 감응 작용을 진행한다. 따라서 기는 인간과 자연의 존재의 연속성의 근거가 된다.

셋째, 인간과 자연의 '호혜성互惠性'(reciprocity)이다. 존재의 연속성을 주장하는 양명의 '일기유통설一氣流通說'에 의하면, 무생물·식물·동물은 인간과 동일한 일기의 유통을 통해 인간의 병을 치료해 주고 인간의 생명을 건강하게 유지시켜준다.[54] 반면 인간은 천지만물과의 감응感應을 통해 타자와 동물·식물은 물론 무생물의 생명 파괴에 대해 이를 자신의 아픔으로 느끼는 통각痛覺(怵惕惻隱之心, 不忍之心, 憫恤之心, 顧惜之心) 작용을 일으킨다.[55] 천지만물에 대한 인간의 영명한 마음의 감응 과정 또한 일기一氣의 유통으로 정의된다.[56] 따라서 인간과 자연은 상호간에 호혜적 관계를 지닌다고 볼 수 있다. 인간과 자연 사이의 호혜성은 하나의 생명체가 건강한 생명을 유지해나가는 토대이며, 전체생명의 부분들이 건강하게 양육될 수 있는 근간이다. 그리고 총체적 우주자연의 생명 체계에서 보았을 때, 이러한 호혜성은 부분들간의 호혜적 관계로서 생명의 본질이자 자기-조직화의 과정이다.

서양 근대의 자연관이 자연에 대한 인간의 일방적인 제어와 힘의 지배

53) 『明儒學案』, 권25, 「南中王門學案一」, 〈語錄〉 참조.
54) 『傳習錄』(下), 「黃省曾錄」, 274조목 참조.
55) 『全集』, 권26, 「大學問」 참조.
56) 『傳習錄』(下), 「黃以方錄」, 336조목 참조.

라는 입장에 서있는 데 반해, 양명학에서는 인간과 자연을 유기적이고 공존적인 상보상성相補相成의 관계로 파악하고 있다는 점에서 서로 구별된다. 이러한 양명학에서 주장하는 '생생불식의 자기-조직성'과 '기에 의한 존재의 연속성' 그리고 '인간과 자연의 호혜성'은 우주자연을 하나의 유기체로 볼 수 있는 토대이자, 하나의 유기체인 우주자연의 한 부분인 인간이 자신과 한 몸을 이루고 있는 자연생태계를 함부로 파괴·착취할 수 없는 철학적 당위성을 제공해준다.

2. 자연을 보살피고 양육해야 하는 인간의 천부적 사명

앞에서 살펴본 바와 같이, 양명학에서는 우주자연을 공동체가 아닌 하나의 유기적인 생명체로 본다. 또한 양명학은 인간중심주의와 같이 인간과 자연의 관계를 지배자와 피지배자의 관계 또는 대립과 갈등의 관계로 파악하지 않는다. 그렇다고 심층생태주의에서와 같이 동일한 가치와 위상을 지닌 평등한 구성원의 관계로 보지도 않는다. 비록 인간과 자연계가 하나의 유기체 안에서 유기적이고 상보적인 관계를 지니고 있다고는 하지만, 양명학에 있어 인간은 '천지만물의의 마음', 즉 하나의 유기체로서의 우주자연의 '중추적 존재'로 평가된다.

인간이 '천지만물의 마음'이 될 수 있는 근거는 '기氣'의 계층적 차별성에서 찾을 수 있다. 존재의 연속성의 토대가 되는 기는 우주만물의 동일한 질료적 토대임과 동시에 그 정밀함에 따라 '물리적 현상'→'생명 의지를 지닌 식물'→'지각을 지닌 동물'→'인간' 그리고 최고로 정밀한 단계에 이르러서는 '인간 마음의 영명靈明한 속성'으로 나타나는 우주만물의 계층적 차별성의 근거가 된다.[57] 인간은 이러한 최고로 정밀한 기의 영명

57) 『明儒學案』, 권25, 「南中王門學案一」, 〈語錄〉 참조.

한 속성으로서의 마음을 소유함으로써 '천지만물의 마음'이라는 중추적 위치를 점하게 되는 것이다.

이러한 계층적 차별성은 인간에게 자연만물을 지배·착취할 수 있는 무소불위의 특권을 부여하지는 않는다. 양명은 "대저 사람은 천지의 마음이다. 천지만물은 본래 나와 한 몸이므로, 살아있는 존재물들(生民)의 고통은 무엇인들 내 몸에 절실한 아픔이 아니겠는가? 내 몸의 아픔을 알지 못하는 것은 시비지심是非之心이 없는 자이다. 시비지심은 생각하지 않더라도 알고 배우지 않더라도 능한 것이니, 이른바 양지良知이다"[58]라고 주장한다. 또한 인간의 만물일체의 인심仁心은 천지만물과의 감응을 통해 타자와 동·식물은 물론 무생물의 생명 파괴에 대해 이를 자신의 아픔으로 느끼는 '통각 작용'을 일으킨다고 하는 「대학문」의 내용에 근거하더라도 인간이 '천지만물의 마음'이라는 것은 바로 인간이 천지만물의 생명 손상을 자신의 아픔으로 느끼는 '통각의 주체', 즉 '생명의 중추적 존재'임을 의미한다고 말할 수 있다.

물론 양명 자신은 오늘날과 같은 생태계 위기의 시대에 살지 않았기 때문에 생태계 위기를 문제 삼고 있지는 않다. 다만 생태계 위기의 한 가운데 살고 있는 우리는 생태계 위기와 관련한 문제의식 속에서 양명학을 재구성해 볼 수 있다.

> 대인大人은 천지만물을 한 몸(一體)으로 여기는 사람인지라, 천하를 한 집안처럼 보고, 나라 전체를 한 사람처럼 본다. 저 형체를 사이에 두고 너와 나를 나누는 자는 소인小人이다. 대인이 천지만물을 한 몸으로 여길 수 있는 것은 그것을 의도해서가 아니라, 그 마음의 인仁이 본래 그와 같아서 천지만물과 더불어 하나가 되는 것이다. 어찌 오직 대인뿐이겠는가. 비록 소인의 마음이라고 하더라도 또한 그렇지 않음이 없지만, 자기 스스로 작게 만들었을 뿐

58) 『傳習錄』(中), 「答聶文蔚」, 179조목.

이다. 그러한 까닭에 어린아이가 우물에 빠지려는 것을 보면 반드시 두려워하고 근심하며 측은해 하는 마음(怵惕惻隱之心)이 일어나는데, 이것은 그의 인仁이 어린아이와 더불어 한 몸이 된 것이다. 어린아이는 오히려 인간과 동류同類이다. 새가 슬피 울고 짐승이 사지에 끌려가면서 벌벌 떠는 것을 보면 반드시 참아내지 못하는 마음(不忍之心)이 일어나는데, 이것은 그의 인仁이 새나 짐승과 더불어 한 몸이 된 것이다. 새나 짐승은 오히려 지각知覺이 있는 것이다. 풀과 나무가 잘려나간 것을 보면 반드시 가여워서 구제하고 싶은 마음(憫恤之心)이 일어나는데, 이것은 그의 인仁이 풀·나무와 더불어 한 몸이 된 것이다. 풀과 나무는 오히려 살고자 하는 의지(生意)가 있는 것이다. 기와장이 무너지고 돌이 깨진 것을 보면 반드시 애석하게 여기는 마음(顧惜之心)이 일어나는데, 이것은 그의 인仁이 기왓장·돌과 한 몸이 된 것이다. 이렇게 한 몸으로 여기는 인仁은 소인의 마음이라고 하더라도 또한 반드시 그것을 지니고 있다. 이것은 하늘이 부여한 본성에 뿌리를 두고 있으며, 자연히 영명하고 밝아서 어둡지 않은 것이다. 그런 까닭에 명덕明德이라고 부른다. 소인의 마음은 이미 나뉘어 막혀서 협소하고 좁으나, 그 한 몸으로 여기는 인이 오히려 그와 같이 어둡지 않을 수 있는 것은 그것이 아직 욕망에 움직이지 않고, 사사로움에 가리지 않았을 때이다. 그것이 욕망에 움직이고 사사로움에 가려서 이해로 서로 다투고 분노가 서로 격렬해지면, 장차 생물을 해치고 동류를 무너뜨리는 데 하지 않을 짓이 없으며, 심지어는 혈육까지도 서로 해치는 자들이 있으니, 한 몸으로 여기는 인이 아주 없어지고 만다. 때문에 진실로 사욕의 가림이 없다면 비록 소인의 마음이라고 할지라도 그 한 몸으로 여기는 인은 대인과 같으며, 한 번 사욕에 가림이 있으면 비록 대인의 마음이라고 할지라도 그 나뉘어 막히고 협소하고 좁은 것은 소인과 같다. 그러므로 대인의 학문을 하는 자는 오직 그 사욕의 가림을 제거하고 스스로 그 명덕을 밝혀서 천지만물이 한 몸(天地萬物一體)인 본연을 회복할 뿐이지, 본체 밖에서 보태고 더함이 있는 것은 아니다.[59)]

---

59) 『全集』, 권26, 「大學問」, 968쪽, “大人者, 以天地萬物爲一體者也, 其視天下猶一家, 中國猶一人焉. 若夫間形骸而分爾我者, 小人矣. 大人之能以天地萬物一體也, 非意之也, 其心之仁本若是, 其與天地萬物而爲一也. 豈惟大人, 雖小人之心亦莫不然, 彼顧自小之耳. 是故見孺子之入井, 而必有怵惕惻隱之心焉, 是其仁之與孺子而爲一體也; 孺子猶同類者也, 見鳥獸之哀鳴觳觫, 而必有不忍之心焉, 是其仁之與鳥獸而爲一體也; 鳥獸猶有知覺者也, 見草木之摧折, 而必有憫恤之心焉, 是其仁之與草木而

전 우주적 차원의 '천지만물'을 오늘날의 자연생태계로 국한시켜 볼 때, 위의 내용에서 보여지는 자연생태계와 관련한 인간의 문제는 다음과 같이 크게 네 가지로 나누어 분석·정리해 볼 수 있다.

첫째, "대인大人이 천지만물을 한 몸으로 여길 수 있는 것은 그것을 의도해서가 아니라, 그 마음의 인仁이 본래 그와 같아서 천지만물과 더불어 하나가 되는 것이다"는 주장과 "비록 소인小人의 마음이라고 할지라도 그 한 몸으로 여기는 인仁은 대인과 같다"는 주장에서 알 수 있듯, 자연생태계와 인간을 하나의 유기체로 연결해주는 핵심 중추는 '만물일체의 인심仁心'이며, 만물일체의 인심은 후천적으로 개발되거나 확장되는 마음이 아니라 인간의 '선천적이고 본질적인 마음'이다.

둘째, '만물일체의 인심'은 이성적 차원의 범주가 아닌 인간 자신과 하나의 유기체를 이루고 있는 자연생태계의 동물, 식물, 무생물의 생명 파괴에 대해 이를 애석하게 여기고 자신의 아픔으로 느끼는 '통각' 현상을 수반하는 사실적 마음이다. 인간은 자신과 한 몸을 이루고 있는 자연생태계의 마음의 위치를 점하고 있기 때문에 자연생태계의 여타 부분들의 파괴와 손상은 결국 자신의 전체로서의 한 몸의 손상을 의미하며, 따라서 이를 자신의 아픔으로 느끼게 된다.

셋째, 인간은 선천적 만물일체의 인심만이 아니라 자신의 개체 이익과 안위에만 집착하는 극단적 개체 욕망(私欲)의 발동 가능성을 내재하고 있

爲一體也. 草木猶生意者也, 見瓦石之毁壞, 而必有顧惜之心焉, 是其仁之與瓦石而爲一體也; 是其一體之仁也, 雖小人之心亦必有之. 是乃根於天命之性, 而自然靈昭不昧者也, 是故謂之'明德'. 小人之心旣已分隔隘陋矣, 而其一體之仁猶能不昧若此者, 是其未動於欲, 而未蔽於私之時也. 及其動於欲, 蔽於私, 而利害相攻, 忿怒相激, 則將戕物圮類, 無所不爲, 其甚至有骨肉相殘者, 而一體之仁亡矣. 是故苟無私欲之蔽, 則雖小人之心, 而其一體之仁猶大人也; 一有私欲之蔽, 則雖大人之心, 而其分隔隘陋猶小人矣. 故夫爲大人之學者, 亦惟去其私欲之蔽, 以自明其明德, 復其天地萬物一體之本然而已耳; 非能於本體之外而有所增益之也."

다. 극단적 개체 욕망이 발동할 경우 본원적 만물일체의 인심을 차폐시키고 형체를 기준으로 자신과 천지만물을 자・타와 내・외로 분리한다. 나아가 자신의 개체 이익과 안위를 위해 타인・타물과 대립・투쟁하며 종국에는 자연계의 종들과 인류를 상실시킴은 물론 자신의 혈육과도 투쟁을 일삼도록 한다. 따라서 극단적 개체 욕망을 극복・제거해야만 만물일체의 인심이 발현・실현될 수 있는 계기가 마련된다.

넷째, 인간은 만물일체의 인심과 통각 여부에 따라 크게 대인과 소인, 두 유형으로 나뉜다. 본원적 만물일체의 인심을 온전하게 보존하고 통각을 느끼는 인간은 '대인'이며, 극단적 개체 욕망의 지배를 받아 본원적 만물일체의 인심이 차폐되고 통각 기능이 작용하지 못하는 인간은 '소인'이다. 다만 소인이라 하더라도 선천적으로 만물일체의 인심을 내재하고 있으나 다만 극단적 개체 욕망의 발동으로 인해 차폐된 것으로서, 소인 또한 내면적 자각을 통해 극단적 개체 욕망을 제거하고 본래적 만물일체의 인심을 회복함으로써 대인이 될 수 있다.

이러한 양명의 인간 이해를 네스와 베리의 생태철학과 비교해 보았을 때, 극단적 개체 욕망으로서의 '사욕'은 인간 개체에 국한된 네스가 말하는 '이기적 소자아'와 유사하며 '만물일체의 인심'은 자연생태계로 확대된 '대자아'와 유사하다고 볼 수 있다. 그리고 '소인'은 베리가 말하는 '인간 중심적 규범'을 지닌 인간과 유사하고 '대인'은 '생명 중심적 규범'을 지닌 인간과 유사하다고 말할 수 있다. 그러나 이러한 표면적 유사성에도 불구하고 '만물일체의 인심'은 대자아와 같이 후천적으로 개발되는 것이 아니라 인간의 본원적이고 선천적인 마음이라는 점에서 다르다. 또한 소인으로부터 대인에 이르는 과정은 인간중심적 규범으로부터 후천적인 생명 중심적 규범으로의 인식 전환을 통해 이루어지는 것이 아닌 극단적 개체 욕망을 제거하고 본원적・선천적 만물일체의 인심과 통각을 회복함으로써 가능하다고 하는 차이점이 발견된다.

이러한 이해를 바탕으로 오늘날의 생태계 위기와 관련하여 양명학을 살펴볼 때, 오늘날의 생태계 위기의 원인은 자연생태계와 인간을 분화시키고 자연생태계를 인간 욕망 충족을 위해 파괴토록 하는 인간의 극단적 개체 욕망에서 찾을 수 있다. 그리고 이의 해결 방안 또한 생태철학에서와 같이 후천적 인식의 개발이나 확장 또는 자연생태계의 구성원들에 대해 인간과 평등한 내재적 가치나 권리를 부여하는 방법이 아닌, 인간 자신의 내면적 자각과 성찰을 통한 극단적 개체 욕망의 제거와 본래적 만물일체의 인심과 통각의 회복을 통해 가능하다고 말할 수 있다. 인간은 자연생태계를 자신의 욕망 충족을 위한 도구나 수단으로서가 아니라 자신의 전체생명으로서 자신이 보살피고 건강하게 살려나가야 하는 책임을 부여받은 존재라는 자각이 선행되어야 한다.

이렇듯 양명학에 있어 인간은 서구 인간중심주의의 주장처럼 자연 위에 군림하면서 자연을 정복·지배·착취할 수 있는 특권을 부여받은 존재가 아니다. 그렇다고 심층생태주의에서와 같이 자연물과 동일한 가치를 부여받은 자연생태계의 평등한 구성원도 아니다. 양명학에 있어 인간은 인간과 천지만물의 유기적인 관계망으로 이루어진 하나의 유기체 안에서 자연만물의 생명 손상을 자신의 아픔으로 느끼고 이들의 생명을 보살피고 양육해야 하는 전우주적 사명과 책임을 부여받은 '천지만물의 마음', 즉 우주자연의 중추적 존재인 것이다.

3. 생태학적 감수성과 친민을 통한 생명 본질 구현

생태계의 위기의 문제를 해결하기 위해서는 단지 자연에 대한 인간의 새로운 관계 정립만이 아니라 인간이 자연과 더불어 하나 된 삶을 살기 위한 강한 실천력이 요구된다. 양명학을 포함한 유가철학 전반을 놓고 볼 때, 유가철학에서의 생태계 위기를 해결하기 위한 실천적 근거는 인간의 욕구 충족 구조를 자연의 순환적 재생산 구조에 일치시키고자 하는 '소극적 측면'과 친애親愛의 실천 활동을 통해 자신과 자연만물의 생명 본질을 구현하고자 하는 '적극적 측면'으로 나누어 볼 수 있다.

오늘날의 생태계 위기는 근본적으로 근대사회의 축적체제 혹은 착취기제를 바탕으로 자연생태계의 자율적 조절역량을 벗어나는 인간의 과도한 자연착취와 오용에서 연유한다고 평가된다.60) 반면 유가철학은 삶의 지도 원리라는 차원에서 인간의 욕구 충족 구조와 자연의 순환적 재생산 구조를 일치시킬 것을 주장한다고 평가된다.61) 따라서 유가철학에서의 생태계 위기를 해결하기 위한 실천적 근거는 먼저 자연의 질서에 순응하면서 인간 욕구 충족과 생태계의 자율적 조절역량의 균형을 지속시켜나간다는 측면에서 찾아볼 수 있다.

『주역』은 인간의 인위적인 문화가 천天에 근거함을 역설하고 천지의 화육化育에 인간이 참여하면 인간과 우주를 위해 더욱 큰 이익을 가져온다고 믿었다. 인간이 자연에 순응하여 자신의 후생厚生을 도모하지만 대자연의 근원적인 생명력을 손상하지 않으려는 배려가 유가철학의 자연관 속에 무르녹아 있다.62) 우리는 또한 인간의 생존을 지속해나가면서도 자연생태계의 자정 능력을 지켜나가려는 것, 즉 생태적 평형을 유지하려는 유가의 노력을 곳곳에서 발견할 수 있다. 예컨대 "공자는 낚시는 하시되 그물질은 하지 않으시며, 주살질은 하시되 자는 새는 쏘아 잡지 않으셨다"63)고 한다. 맹자 또한 "빽빽한 그물을 웅덩이와 못에 넣지 않으면

60) 조명래, 『녹색사회의 탐색』(한울, 2001), 167쪽 참조.
61) 이상익, 『儒家 社會哲學 硏究』(심산, 2001), 32쪽 참조.
62) 허광·이동희 공저, 『인간과 자연·환경 그리고 생태』(동일출판사, 2000), 137쪽 참조.
63) 『論語』, 「述而」, 26장, "子釣而不綱, 弋不射宿."

물고기와 자라를 다 먹을 수 없을 것이며, 도끼를 제 때에 산림에 드리면 재목을 다 쓸 수 없을 것이다"[64]라고 주장하였다. 아울러 『예기禮記』 「월령月令」에는 다음과 같은 내용이 있다.

> 이 달에 제전祭典을 준비하여 산천山林 천택川澤에 제사지내게 하지만, 희생은 암컷을 쓰지 못하게 하고, 벌목을 금지하며, 새둥지를 뒤집어서 새를 잡지 못하게 하고, 애벌레 및 새끼 밴 새와 짐승을 잡지 못하게 하며, 갓 태어난 짐승과 날기 시작한 새를 죽이지 못하게 하고, 짐승의 새끼를 죽이지 못하게 하며, 알을 꺼내지 못하게 한다.[65]

유가철학에서는 인간이 생물학적 생존과 문화적 예禮를 지켜나가기 위해 동·식물을 잡고 나무를 베는 등 자연생태계를 이용하는 것 자체를 부정하지는 않는다. 그렇다고 생태계의 자율적 조절역량을 상실시킬 수 있는 무자비한 착취를 허용하지도 않는다.

유가철학에서는 인간 자신이 천지만물과 하나의 유기체(同體)를 이루고 있다는 생태학적 감수성을 바탕으로 자연의 순환 원리에 순응하면서 자연물의 희생을 최소화한다. 예컨대 『대학혹문大學或問』 「격물치지조格物致知條」에서는 다음과 같이 말한다.

> 눈 위의 사사물물事事物物은 모두 지극한 이치가 있으니, 한 포기의 풀이나 한 그루의 나무, 또는 한 마리의 새나 짐승 같은 것들도 모두 이치가 있는 것이다. 초목은 봄에 나서 가을에 죽는 까닭에, 삶을 좋아하고 죽음을 싫어한다. 한여름에는 양목陽木을 베고 한겨울에는 음목陰木을 베는 것이 모두 음양의 도리를 따르는 것이다. 스스로 만물이 같은 기氣를 나누어 가진 동체同體

64) 『孟子』, 「梁惠王」(上), 3장, "數罟不入洿池, 漁鼈不可勝食也. 斧斤以時入山林, 材木不可勝用也."

65) 『禮記』, 「月令」, "乃修祭典, 命祀山林川澤, 犧牲毋用牝, 禁止伐木, 毋覆巢, 毋殺孩蟲胎夭飛鳥, 毋麛, 毋卵."

> 라는 것을 알았다면, 그것들이 살아있던 모습을 보고는 차마 그 죽음을 보지 못하며, 그것들이 죽을 때의 슬픈 울음소리를 듣고서는 차마 그 고기를 먹지 못하는 것이다. 그 알맞은 때가 아니면 한 그루의 나무도 베지 않고, 한 마리의 짐승도 죽이지 않는다. 잉태한 짐승은 죽이지 않고, 새들의 보금자리를 뒤집지 않는다.[66]

아울러 맹자가 양혜왕에게 "군자는 금수에 대하여 그 살아있는 모습을 보고 그 죽는 것을 차마 보지 못하며, 죽을 때 슬피 우는 소리를 듣고 차마 그 고기를 먹지 못합니다. 그래서 군자는 푸줏간을 멀리합니다"[67]라고 말하고 있듯이, 생태학적 감수성은 생태계의 자율적 조절역량을 상실시킬 수 있는 무자비한 착취를 제어하는 심리적 기제로 작용한다. 이에 유가철학은 인간의 욕구 충족 구조를 자연의 순환적 재생산 구조에 일치시킴으로써, 생태학적으로 항구적인 패러다임을 모색할 수 있었다고 평가된다.[68]

이러한 자연생태계의 질서에 순응하면서 인간의 생존과 문화를 유지해나가는 것이 소극적 의미의 실천 방안이라면, 『중용』의 '진성盡性'과 이를 발전시킨 양명의 '친민親民'은 적극적 의미의 실천 방안이라고 말할 수 있다. 먼저 『중용』에서는 인간과 자연의 관계를 단지 '공생共生'의 관계로 보지 않는다. 『중용』에서는 '성誠'을 인간 자신의 생명 본질 구현(成己)은 물론 자연만물의 생명 본질을 구현(成物)시켜주는 인간의 생명 원리・생명력으로 규정하고 있다.[69] 따라서 인간의 지성至誠을 통한 본성 실현(盡

66) 『大學或問』, 「格物致知條」, "目前事事物物, 皆有至理, 如一木一草一禽一獸, 皆有理. 草木春生秋殺, 好生惡死. 仲夏斬陽木, 仲冬斬陰木, 皆是順陰陽道理. 自家知得萬物均氣同體, 見生不忍見死, 聞聲不忍食肉. 非其時, 不伐一木, 不殺一獸. 胎不妖, 不覆巢. 此便是合內外之道."(이상익, 『儒家 社會哲學 研究』, 33쪽에서 인용문과 번역문 재인용)

67) 『孟子』, 「梁惠王」(上), 7장, "君子之於禽獸也 見其生不忍見其死 聞其聲不忍食其肉 是以君子遠庖廚也."

68) 이상익, 『儒家 社會哲學 研究』, 34쪽 참조.

性)의 궁극적 귀결처는 한 개체의 완성(成己)으로 끝나는 것이 아니라, 타인은 물론 자연만물의 본성을 실현(成物)하는 실천 행위를 통해 우주자연의 생생불식의 자기－조직화 과정(天地之化育)에 주체적·능동적으로 참여하는 데 있다.[70] '성誠'은 성기成己·성물成物의 일원적 통합을 통해 인간이 자연생태계와 무대립無對立의 일체一體로 승화하는 생태학적 실천 원리이다.

『중용』의 '진성盡性'은 양명의 '친민설親民說'을 통해 보다 구체화된다. 앞에서 살펴본 바와 같이, 천지만물과의 감응과 통각 주체인 만물일체의 인심仁心을 선천적으로 내재하고 있는 인간은 자연생태계를 자신의 욕망 충족을 위한 도구나 수단으로서가 아니라 자신의 전체생명으로서 자신이 보살피고 건강하게 살려나가야 하는 책임을 부여받은 '자연생태계의 중추적 존재'라는 자각과 성찰이 선행되어야 한다. 이에 양명은 천지만물의 한 부분이라도 온전하지 못한 부분이 있다면 이는 나 자신의 내면적 덕성, 즉 '인仁'이 미진하기 때문이라고 하여,[71] 자연생태계의 온전성 여부의 문제를 인간 자신과 무관한 대상물의 문제가 아닌 자연생태계를 포괄하는 총체적 유기체의 의식 중추로서의 인간 자신의 자각과 실천 여부, 즉 인간의 책임으로 돌리고 있다.

내면적 자각과 성찰을 통한 만물일체의 인심의 회복은 곧 천지만물에 대한 적극적이고 주체적인 '친애親愛'의 실천 활동으로 귀결된다. 양명에게 있어 인간은 천지만물과 한 몸이며 천지만물의 마음이기 때문에 인간의 선천적 생명 본질인 '명덕明德', 즉 '인심仁心'은 다른 존재물들과 단절·고립된 상태에서는 발현·실현될 수 없다.[72] 명덕(仁心)은 반드시 타자는

---

69) 『中庸』, 25장, "誠者, 非自成己而已也, 所以成物也. 成己, 仁也, 成物, 知也, 性之德也. 合內外之道也."

70) 『中庸』과 관련 이에 대한 보다 구체적인 내용은 본서 3장 1절 '선진 유학의 유기체적 세계관'을 참고 바람.

71) 『傳習錄』(上), 「陸澄錄」, 89조목, "仁者以天地萬物爲一體. 使有一物失所, 便是吾仁有未盡處."

물론 동식물과 무생물을 포함하는 자연생태계의 다른 존재물들에 대한 실제적 친애의 실천 활동을 통해서만 구현될 수 있다. 이에 양명은 「대학문大學問」에서 다음과 같이 주장한다.

> 나의 아버지를 친애함을 미루어 타인의 아버지에게 미치도록 하고 나아가 천하 사람들의 아버지에게 미치도록 한 이후에 나의 인仁이 나의 아버지, 타인의 아버지, 천하 사람들의 아버지와 더불어 실제로 한 몸이 되는 것이다. 실제로 그들과 더불어 일체가 된 이후에 효孝의 명덕明德이 비로소 밝아진다. … 임금과 신하, 남편과 아내, 친구 사이로부터 산·시내, 귀신, 새·짐승, 풀·나무에 이르기까지, 실제로 이들을 친애하여 나의 '일체一體의 인仁'이 도달하지 않음이 없는 연후에 나의 명덕이 비로소 밝아지지 않음이 없게 되어, 진실로 능히 천지만물로써 한 몸을 삼게 된다.[73]

인간의 명덕은 자신의 가족과 여타 인간들은 물론 동 · 식물과 무생물을 포함하는 자연생태계의 여타 부분들에 대한 실제적 친애의 실천 활동을 통해서만 구현될 수 있으며, 이는 곧 인간 자신이 자연생태계와 한 몸이 되는 것을 의미한다. 천지만물을 보살피고 양육하는 친애의 실천 활동은 곧 나의 본원적인 명덕(仁心)의 발현이자 실현 과정이기 때문에, '친애의 실천 활동'(親民)과 '명덕의 발현'(明明德)은 별개의 이중적 과정이 아닌 총체적 유기체를 건강하게 유지시켜나가는 하나의 과정으로 통합된다.[74]

양명은 인간에 대한 친애(仁民)와 자연물들에 대한 친애(愛物)의 실천 활

---

72) 『全集』, 권7, 「親民堂記」, 251쪽, "德不可以徒明也. 人之欲明其孝之德也, 則必親於其父, 而後孝之德明矣."

73) 『全集』, 권26, 「大學問」, 968~969쪽, "是故親吾之父, 以及人之父, 以及天下人之父, 而後吾之仁實與吾之父, 人之父與天下人之父而爲一體矣; 實與之爲一體, 而後孝之明德始明矣. … 君臣也, 夫婦也, 朋友也, 以至於山川鬼神鳥獸草木也, 莫不實有以親之, 以達吾一體之仁, 然後吾之明德始無不明, 而眞能以天地萬物爲一體矣."

74) 『全集』, 권7, 「大學古本序」, 243쪽, "以言乎己, 謂之明德; 以言乎人, 謂之親民; 以言乎天地之間, 則備矣."

동은 인간 마음의 자연한 생명 의지의 발단처인 가족 간의 사랑으로부터 자연스럽게 성장・발현되어 가는 것이라고 한다.[75] 또한 양명은 다음과 같이 말한다.

> 그들로 하여금 임금을 섬기고, 친구를 대하고, 백성을 어질게 대하고, 사물을 사랑하는 것과 무릇 움직이고 고요하며 말하고 침묵하는 사이에서 모두 다만 자신의 저 일념의 부모를 섬기고 형을 따르는 진성측달眞誠惻怛한 양지를 실현하게 만든 것으로서, 곧 자연히 이 도가 아님이 없다. 생각건대 천하의 일은 비록 변화가 매우 다양해서 궁구하여 캐물을 수 없는 데까지 이르더라도, 오직 이 부모를 섬기고 형을 따르는 일념의 진성측달眞誠惻怛한 양지를 다하여 그에 응하기만 한다면 더 이상 빠뜨리고 흘려보내는 것이 없을 것이니, 바로 거기에 다만 이 하나의 양지가 있기 때문이다. 부모를 섬기고 형을 따르는 일념의 양지 이외에 달리 실현할 수 있는 양지란 없다.[76]

인간과 자연물들에 대한 친애는 가족간의 진실하고 성실하게 아픔을 함께하는 양지(眞誠惻怛의 良知=仁)[77]를 미루어 감응하는 일에 불과하다는 것이다. 따라서 실천적 '친민'의 토대는 서구의 환경철학에서와 같이 자연 존재물들의 고유한 가치나 권리에 있는 것이 아니라, 인간의 본원적이고 선천적인 마음에 있다. 그리고 친민은 자신의 마음에 대한 내면적 자각과 실천 과정으로 귀결된다. 이에 양명은 친민의 실천적 인간상, 즉 '성인聖人'을 다음과 같이 묘사하고 있다.

> 성인이 그 마음을 다하기를 구하는 것은 천지만물로써 한 몸을 삼는 것이

---

75) 『傳習錄』(上), 「陸澄錄」, 93조목, "父子兄弟之愛, 便是人心生意發端處, 如木之抽芽. 自此而仁民而愛物, 便是發幹生枝生葉."

76) 『傳習錄』(中), 「答聶文蔚」, 190조목, "使人於事君處友仁民愛物, 與凡動靜語默間, 皆只是致他那一念事親從兄眞誠惻怛的良知, 卽自然無不是道. 蓋天下之事, 雖千變萬化, 至於不可窮詰, 而但惟致此事親從兄一念眞誠惻怛之良知以應之."

77) 『全集』, 권26, 「寄正憲男手墨二卷」, 990쪽, "仁, 人心也, 良知之誠愛惻怛處, 便是仁."

다. … 무릇 일을 알맞게 처리하고 도와서 자신을 완성(成己)하고 존재물을 완성(成物)하는 것으로 나의 마음을 다하기를 구하는 것일 뿐이다. 마음이 다해지면 가정이 다스려지고 국가가 다스려지며 천하가 평화롭게 될 것이다. 그러므로 성인의 학문은 마음을 다하는 데서 벗어나지 않는다. … 대저 성인의 학문은 나와 다른 사람을 똑같이 생각하고 우리 집이나 남의 집을 똑같이 생각하며 천지만물을 하나로 생각하는 것으로써 마음을 삼는다.[78)]

결국 인간과 자연계의 존재물들에 대한 친민의 실천 활동은 이들과 하나의 유기체가 된 상태에서의 인간 마음의 내면적 자각과 실천 과정으로서, 인간 마음의 자각과 실천은 한 개체의 완성만이 아니라 자연생태계를 포괄하는 총체적 유기체의 완성으로 귀결된다.

유가철학의 실천적 근거는 천지만물과 인간 자신을 하나의 생명체로 연결해주는 인간의 선천적이고 본원적인 마음(생태적 감수성=性=誠= 萬物一體의 仁心=明德)에서 찾을 수 있다. 또한 양명학의 실천 방안은 자연생태계의 구성원들에게 인간과 평등한 본질적 가치나 권리를 부여하거나 원초적으로 분화된 인간과 자연세계를 하나의 공동체로 통합해 가는 것이 아니라, 인간 자신의 내면적 자각과 성찰을 통해 사욕을 제거하고 본원적・선천적 '만물일체의 인심仁心'을 회복함으로써 천지만물을 자신의 전체생명으로 보살피고 양육하는 진성盡性과 친민親民을 주체적・능동적으로 전개하는 것이라고 말할 수 있다.

---

78) 『全集』, 권7, 「重修山陰縣學記」, 256쪽, "聖人之求盡其心也, 以天地萬物爲一體也. … 凡以裁成輔相成己成物, 而求盡吾心焉耳. 心盡而家以齊, 國以治, 天下以平. 故聖人之學不出乎盡心. … 蓋聖人之學無人己, 無內外, 一天地萬物以爲心."

제4절 서구 환경철학과 양명 생명철학의 공조

이상에서 살펴본 바와 같이, '인간과 자연, 그 하나 됨의 생명철학'은 네스의 'Ecosophy T' 그리고 베리의 '생명공동체론'과 표면적으로 상당히 유사해 보이지만, 구체적 내용을 탐구해 보면 상호간에 상당한 차이점을 내재하고 있다.

먼저 네스의 'Ecosophy T'와 양명의 생명철학의 경우 다음과 같은 몇 가지 중요한 차이점을 지니고 있다. 첫째, 네스는 자연계 구성원들의 생명 자체에 대한 가치 부여 및 생명의 다양성과 풍요로움에 대한 가치 부여를 토대로 생명의 다양성과 공생을 실현하기 위해 개체론적·이기적 소자아로부터 개인과 공동체 전반을 포괄하는 '대자아'를 새롭게 개발해야 한다는 '이성적 인식'의 측면에서 출발하고 있다. 반면 양명의 생명철학은 인간과 천지만물이 본래 '하나의 생명체'라는 '직관적 자각'을 토대로 인간을 천지만물로부터 분리시키는 극단적 개체 욕망을 제거하고 자연생태계와 인간을 하나의 생명체가 되게 해주는 인간의 선천적이고 본질적인 '만물일체의 인심仁心'을 회복하고 천지만물에 대한 친민을 실천하자는 '내면적 자각과 실천'의 문제에서 출발한다. 둘째, 네스는 생태권을 포괄하는 대자아 안에서도 인간의 개체적 ego는 동시적으로 존재한다고 보고, 인간과 자연생태계의 관계를 하나의 유기체가 아닌 '공생'하는 관계로 본다. 반면 양명의 생명철학의 경우에는 만물일체의 인심을 회복한 상태에서는 극단적 개체 욕망은 존재하지 않으며, 이 상태에서 인간은 자연생태계와 공생 관계가 아닌 하나의 생명체, 즉 '한 몸'의 관계를 이루고 또한 인간은 통각을 느끼는 한 몸의 중추적인 '마음'의 위치를 회복하게 된다. 셋째, 후천적인 대자아의 개발, 즉 자아의 확대 과정은 인간과 자연의 상호의존성(공생)에 대한 보다 확고한 이해를 전제로 하기 때문에 자연세계에 대한 이성적·외재적 탐구의 과정을 필요로 한다. 반면 양명의 생명철학에 있어 극단적 개체 욕망을 제거하고 만물일체의 인심과 통각을 회복하는 과정은 외재적 탐구보다는 자연생태계와 인간의 본원적 일체성에 대한 내면적 자각과 반성은 물론 이로부터 추동되는 실제적인 실천을 중시하게 된다.

베리의 '생명공동체'와 양명의 생명철학 또한 다음과 같은 중요한 차이점을 안고 있다. 첫째, 베리는 실재와 가치에 대한 규범의 전환, 즉 인간중심적 규범으로부터 생명 중심적 규범으로의 '이성적 전환'을 주장하는 데서 출발한다. 반면 양명의 생명철학은 인간과 우주자연의 본원적 일체성에 대한 '자각'에서 출발한다. 둘째, 베리의 생명공동체에는 살아있는 종들만이 포함되며 인간은 생명공동체의 한 구성원인 반면, 생명철학의 한 몸에는 살아있는 종들만이 아닌 무생물까지 모두 포함하며 인간은 공동체의 구성원이 아닌 하나의 생명체인 한 몸의 '마음'이라는 위치를 점하고 있다. 셋째, 베리가 주장하는 총체적 지구와 자연세계에 대한 인간의 '친밀성'은 사실상 인간 공동체 안에서 구성원 사이에 느낄 수 있는 친밀감을 의식의 전환을 통해 자연세계로 이성적으로 확대해나가는 과정이다. 반면 양명의 생명철학에 있어 자연세계에 대한 인간 마음의 '통각'은 본원적인 것으로 내면적 자각을 통해 발현된다. 넷째, 베리는 친밀성의 근거를 인간 내면이 아닌 자연과학의 성과물에 의존하여 찾고 있으며, 생명공동체 실현을 위한 구체적 방안들을 정립함에 있어 그 토대를 인간 내면이 아닌 자연세계에 두고 있다. 그러나 양명의 생명철학에서는 '자연과 인간이 하나 되는' 구체적 실현 방안을 자연세계에 대한 외재적 탐구가 아닌 극단적 개체 욕망의 제거, 만물일체의 인심과 통각의 회복 및 친민의 실천 활동과 같은 내면적 반성·자각과 실천에서 찾고 있다.

이러한 상호간의 차이점이 서구의 생태철학과 양명의 생명철학이 서로 대립·갈등하는 관계에 놓여있다거나 또는 대립·갈등해야 한다고 하는 것을 의미하지 않는다. 오히려 이러한 차이점이 있기 때문에 상호 공조 관계를 통해 서로의 문제점을 보완하고 한계점을 극복함으로써 오늘날의 생태계 위기 문제를 해결해나가는 데 있어 보다 발전적인 기여를 할 수 있다고 보여진다. 이에 서구의 생태철학과 양명의 생명철학이 각기 일방통행으로 치달을 경우 보여질 수 있는 문제점과 관련하여 상호간의 공조의 필요성을 여러 측면으로 나누어 모색해 보고자 한다.

첫째, 생태계 위기를 극복하기 위한 현실적이고 실제적이며 구체적인 대안 마련과 관련된 문제이다. 오늘날의 생태계 위기가 궁극적으로는 자연세계를 인간의 무한한 욕망 충족과 복지를 위한 하나의 도구로 보는 인간중심주의와 도구적 자연관을 토대로 한 전 지구적 산업화 과정에서 비롯되었다고 전제할 때, 인간과 자연을 분화시키는 인간의 극단적 개체 욕망을 문제 삼으면서 인간과 자연계의 본원적 일체성一體性의 회복을 주장하는 양명의 생명철학은 오늘날의 생태계 위기 극복과 관련하여 그 자체로서 일정정도 의미를 지닌다고 말할 수 있다. 그러나 오늘날 생태계 위기는 단지 국지적이고 단편적인 문제가 아닌 다원화되고 복잡한 정치, 경제, 사회, 문화, 국제적 배경들과 밀접한 연관성을 지니고 발생하였으며 또한 지속되고 있다. 그러므로 이러한 다양한 배경에 대한 정확한 이해를 전제로 해서만이 양명의 생명철학은 단지 의미의 수준 나아가 가능성의 수준이 아닌 생태 위기를 해결할 수 있는 현실적이고 실제적인 대안으로 자리매김할 수 있다. 이러한 측면에서 보았을 때, 양명의 생명철학은 생태계 위기 문제를 다양한 현실적 배경과 관련하여 진단하고 또한 자연과학의 성과를 최대한 수용하여 구체적이고 현실적인 대안들을 제시해나가고 있는 생태철학과 공조할 필요가 있다.

둘째, 자연생태계와 인간의 위상과 관련한 문제이다. 양명의 생명철학에서는 인간과 천지만물은 본원적으로 하나의 생명체라는 전제 위에 인간에게 우주자연의 마음이라는 중추적 위상을 부여하고 있다. 반면 베리는 인간과 자연을 생명공동체의 평등한 구성원으로 보면서 인간과 자연의 관계 또한 공생의 관계로 보고 있다. 따라서 전자의 경우 인간은 자연생태계의 온전성을 감지하고 이를 건강하게 양육해나가야 하는 총체적 책임이 부여받는 반면, 후자의 경우 인간은 단지 공동체 구성원으로서의 책임과 역할만이 주어질 뿐 이러한 총체적 책임감은 부여되지 않는다. 이는 자연생태계 파괴가 인간중심주의에서 비롯되었다고 보는 생태철학에서 인간을 자연의 지배자 또는 정복자로서의 위상으로부터 자연생태계의 동등한 구성원으로 격하시킴으로써만이 인간중심주의를 극복하고 생태 위기 문제를 해결할 수 있다고 보는 데서 비롯된다. 자연의 가치를 상승시키고 인간의 가치를 하락시키는 이러한 사고는 자연계의 존재 가치를 위해 전 지구적 진화의 최고의 결실이라고 할 수 있는 인간의 존재 가치를 무너뜨리고 인간을 단지 자연의 부속물로 전락시키는 또 다른 오류를 범할 수 있다. 따라서 생태철학은 자연의 지배자 또는 정복자로서의 인간을 자연과 동일할 수평적 관계로 끌어내릴 것이 아니라 인간에게 자연생태계의 마음, 즉 중추적 위상을 부여함으로써 자연생태계의 건강성 여부를 인간 자신의 책임으로 느끼도록 해야 할 것이다. 이는 곧 자연생태계의 건강성은 물론 인간의 존재 가치 양자 모두가 훼손되지 않고 온전하게 살아남는 길을 의미한다.

셋째, 내면적 자각과 인식 전환의 공조 문제이다. 양명의 생명철학은 인간과 자연계의 본원적 일체성一體性을 토대로한 인간의 내면적 자각과 성찰을 중시한다. 반면 생태철학은 자연생태계에 대한 외재적 탐구를 토대로한 자연계로의 자아의 확장과 인식의 전환을 중시한다. 즉 전자는 자각 주체로서의 '영명성'의 문제라면, 후자는 인식 주체로서의 '이성'의 문제이다. 따라서 전자에서는 본원적 일체성에 근거하여 내면적 자각을 통해 만물일체의 인심으로서의 영명성을 회복할 경우 자연생태계 일부분의 생명 파괴에 대한 통각 현상을 수반한다. 하지만 후자의 경우 인식의 전환만으로는 이러한 통각 현상을 수반하지는 않는다. 인간에게 통각 현상이 일어나지 않으면 자신의 신체 한 부위가 손상되었을 때 아픔을 느끼지 않아 이를 치료하려 하지 않을 뿐만 아니라 신체가 손상될 위험에 처하여도 이에 대처하려는 노력을 하지 않는다. 통각은 상처를 치유하고 신체를 손상으로부터 지속적으로 보호하려는 노력을 수반하는 사실적 생명 현상이다. 따라서 자연생태계와의 본원적 일체성에 대한 내면적 자각을 통해 수반되는 통각은 자연생태계가 손상되었을 때 이를 인간 자신의 아픔으로 느끼게 하여 인간으로 하여금 자연생태계의 손상된 부위를 치유하고 더 나아가 자연생태계를 손상으로부터 보호하도록 하는 출발점이다. 그리고 내면적 자각을 통해 개체의 국한성을 뛰어넘어 자연생태계와의 일체성을 회복하여 이러한 통각을 느끼는 인간은 외재적 사실이나 이해관계에 이끌리거나 흔들리지 않는다. 따라서 생태철학은 이성적 인식의 전환만을 주장하고 자연과학의 성과물에만 의존할 것이 아니라 인간의 자연생태계와의 본원적 일체성과 이에 대한 인간의 내면적 자각을 동시에 수용해야 한다. 또한 인간과 자연의 관계를 단지 공생 또는 공동체의 구성원 관계로만 볼 것이 아니라, 한 발 더 나아가 인간을 살아있는 생명체 내의 통각의 주체로 파악해야만 생태계 위기 극복을 위한 굳건한 토대를 마련할 수 있을 것이다. 그러나 양명학의 내재적 자각과 영명성 및 통각 등의 문제는 개인적 문제로 국한되거나 또 다른 서구

이성주의에 의해 신비주의로 매도될 수 있는 여지가 있다. 따라서 자연세계에 대한 객관적 탐구와 이성적이고 논리적인 사변을 토대로 하고 있는 생태철학과의 공조를 통해 양명의 생명철학은 보편적 체계성을 새롭게 마련함으로써 개인적 국한성을 벗어남은 물론 신비주의라는 허울을 벗어야만 한다.

제5절 양명 생명철학의 현대적 의의

21세기는 '생명의 시대'라고 한다. 이 말은 현재 인류를 포함한 전지구가 절박한 생명의 위기에 놓여있다는 것을 반증하는 것이기도 하다. 중세의 자연의 공포와 지배로부터 벗어나려고 한 근대의 수많은 노력들은 오히려 자연생태계 위기와 더불어 인간 자신의 생명 위기를 초래하고 말았다. 토마스 베리는 "지난 천년 동안 직접적으로 스스로를 지배해 온 지구는 지금 자신의 미래를 인간의 결정을 통해 결정하고 있다"고 주장한다. 이제 인간 자신의 생사존망뿐만 아니라 지구의 생사존망 또한 인간 자신의 역할에 달려있는 것이다.

이러한 생태계 위기와 생명 위기는 우리로 하여금 인간 자신은 물론 인간과 자연의 관계에 대한 성찰의 계기를 마련해 주었다. 그리고 앞에서 살펴본 바와 같이, 인간과 자연계를 포괄하는 대자아–실현과 생명공동체를 주장하는 생태철학을 잉태시킴은 물론 전우주적 생명을 중시하는 동양의 전통 사상에 대한 관심을 증대시켜 주었다. 전 지구적 생태계 위기를 해결하는 데 있어 전통과 현대의 공조, 그리고 동양과 서양의 공조는 그 어느 때보다 절실히 요구된다. 이에 필자는 지금까지 서구와 현대를 대표하여 생태철학을 그리고 동양과 전통을 대표하여 양명의 생명철학을 체계적으로 고찰함과 아울러 상호 공조의 필요성을 모색해 보았다.

오늘날 생태계 위기의 이면에는 인간중심주의, 기계론적 세계관, 전지구적 산업화 과정, 과학기술의 비약적 발달 등 다양한 요인들이 복합적으로 얽혀 있기 때문에, 획일적이고 단선적인 진단과 대응 방안만으로는 생태계 위기의 문제를 해결해나갈 수 없다. 그렇기 때문에 서구의 환경철학에서도 생태계 위기의 문제를 해결하기 위한 대안을 마련해 가는 과정에서 인간 중심적 환경윤리, 동물평등주의, 생명중심주의, 생태중심주의 등과 같은 다양한 주장을 개진하면서 상호 비판과 공조를 모색해나가고 있다. 그러나 인간 중심적 환경윤리는 생태계 위기를 야기한 인간중심주의의 한계를 벗어나지 못한다. 그리고 동물평등주의와 생명중심주의 또한 종이나 생명 공동체 또는 생태계와 같은 전일적인 실체들에는 관심을 두지 않는다. 따라서 개체 중심적 접근은 동·식물과 같은 개체 생명체뿐만 아니라 생태계를 구성하는 그 밖의 모든 존재물들까지를 도덕적으로 고려해야만 풀 수 있는 오늘날의 생태계 위기를 해결하는 데는 부적합하다. 반면 생태중심주의는 인간중심주의와 개체 중심적 접근이 갖는 문제점을 해결할 수는 있지만, 인간의 존재 가치와 위상을 무너뜨리고 자연생태계의 본질적 가치를 실현하기 위해 인간을 희생시키는 생태파시즘으로 경도될 수 있는 또 다른 문제점을 안고 있다.

이러한 시점에서 양명의 생명철학에 대한 고찰은 생태계 위기의 문제해결을 위한 논의를 다양화하고 서구의 환경철학이 안고 있는 문제점들을 해결할 수 있는 또 다른 가능성을 제시해준다는 의미를 지닌다. 생태계 위기와 관련하여 '인간과 자연, 그 하나 됨의 생명철학'은 다음과 같은 의의를 지닌다.

첫째, 양명학의 '생생불식의 유기체적 자연관'은 '생생불식의 자기-조직성', '기氣에 의한 존재의 연속성', '인간과 자연의 호혜성'이라는 특성을 지닌다. 이는 서구에서 자연을 단지 생명이 없는 단절된 부속품들의 물리적 결합체인 자동 기계로 보는 기계론적 세계관을 극복할 수 있는 계기를 마련해준다. 양명학은 우주자연을 끊임없이 만물을 생성·양육하고 인간과 유기적·상보적 관계를 맺고 있는 총체적 유기체로 규정함으로써 총체적 유기체의 한 부분으로서의 인간이 자연생태계를 함부로 파괴·착취할 수 없는 철학적·윤리적 당위성을 제공한다.

둘째, '천지만물의 중추적 인간관'에서 보여주듯이, 양명학에 있어 인간은 총체적 유기체로서의 '천지만물의 마음'이라는 중추적 위상을 지닌다. 인간은 인간중심주의에서와 같이 자연 위에 군림하면서 자연을 정복·지배·착취할 수 있는 특권을 부여받은 존재가 아니며, 그렇다고 심층생태주의에서와 같이 자연물과 동일한 가치를 부여받은 자연생태계의 평등한 구성원도 아니다. 양명학에 있어 인간은 자연만물의 생명 손상을 자신의 아픔으로 느끼고 이들을 보살피고 양육해야 하는 전우주적 사명과 책임을 부여받은 우주자연의 중추적 존재이다. 이러한 인간관은 인간중심주의의 문제점뿐만 아니라 인간의 가치를 자연계의 가치 수준으로 끌어내림으로써 생태 파시즘으로 경도될 수 있는 생태중심주의의 문제점을 해결할 수 있는 길을 제시해준다.

셋째, 유가철학에서는 인간의 선천적인 생태론적 감수성에 근거하여 인간 욕구 충족과 생태계의 자율적 조절역량의 균형을 지속시켜나갈 것을 주장한다. 보다 적극적으로 인간이 자신의 본성(性·仁心) 발현을 통해 우주자연의 자기-조직화 과정에 주체적·능동적으로 참여함으로써 자신과 자연만물의 생명 본질을 동시적으로 구현하는 실천적 '진성盡性'과 '친민親民'을 강조한다. 이러한 친민의 실천관은 양명학이 이론적 담론에만 머물지 않고 실천 지향적 생명철학으로 자리매김할 수 있는 가능성을 열어준다.

생태계 위기의 문제는 철학적 · 이론적 담론만으로 해결되지는 않는다. 인간과 자연의 관계에 대한 새로운 패러다임을 바탕으로 생태계 위기의 문제를 해결할 수 있는 구체적이고 현실적인 제도와 방안을 마련하고 나아가 이를 실천으로 이행해나갈 때, 생태계 위기의 문제는 궁극적으로 해결될 수 있다. 따라서 양명학이 우주자연과 인간의 본래적 일체성에 대한 내면적 자각과 이를 바탕으로 한 인간 개개인의 주체적이고 자발적인 실천 행위를 중시함으로써 생태계 위기를 해결해나감에 있어 인간 개개인의 주체적 · 자발적 · 능동적 참여의 토대를 마련해준다고 하는 의의를 지닌다 하더라도, 양명학만으로 전 지구적 생태계 위기의 문제를 모두 해결할 수 있는 것은 아니다. 양명학이 법적 · 제도적 장치와 같은 현실적 · 구체적 · 실제적 해결 방안까지 마련하고 있는 것은 아니다. 따라서 양명학은 한편으로는 자신의 특성과 의의를 지속적으로 발전시켜나가면서, 다른 한편으로는 현실적이고 구체적인 법적 · 제도적 장치를 마련해나가고 있는 서구 환경철학을 비롯한 제반 현대 학문들과의 만남과 공조를 지속함으로써만이 전 지구적 생태계 위기의 문제를 해결할 수 있는 현실적 대안으로 자리매김할 수 있다.

제 13 장
맺는 말

현대문명이 야기한 그리고 현대문명이 해결해야 할 가장 중대한 시대적 과제는 전 지구적 산업화 과정에서 자행된 자연생태계의 파괴와 이로 인한 인간 생존 위협이라는 전 지구적 생명 위기를 해결하는 일이라는 전제 아래, 지금까지 왕양명의 역동적이고 주체적이며 실천적인 철학사상을 '생명철학'으로 새롭게 재조명하고, 이를 토대로 오늘날의 생명 위기와 관련 왕양명 생명철학의 역할 가능성과 의의도 함께 모색해 보았다. 지금까지의 논의를 간추려보면서 현대 인류가 직면한 생명 위기를 해결해나가는 데 있어 왕양명의 생명철학이 지니는 의의와 앞으로의 과제를 살펴보는 것으로 이 대장정을 마무리하고자 한다.

지난 수세기 동안 진행된 과학문명과 산업문명의 발달이 인간에게 물질적 풍요로움을 가져다준 것은 사실이다. 그러나 물질적 풍요로움은 자연생태계의 파괴와 이로 인한 인간 생존의 위협이라는 대가를 우리에게 요구하고 있다. 21세기 인류가 직면한 전 지구적 생명 위기의 이면에는 근대 서구의 '기계론적 세계관'과 인간중심주의의 '도구적 자연관'이 자리 잡고 있다. 따라서 생명 위기라는 시대적 과제를 해결하기 위해서는 '유기체적 세계관', '생태론적 세계관', '온생명론' 등과 같은 새로운 패러다임으로 전환해야 한다는 요청이 강력하게 제기되고 있으며, 그 과정에서 유기체론적 · 생태론적 요소를 풍부하게 함유하고 있는 동양의 전통 사상에 대한 관심 또한 증폭되고 있다. 이러한 시대적 요청과 학문적 흐름 속에서 '전 지구적 생명 위기 대응 마련'이라는 시대적 과제와 관련 양명학을 새롭게 재조명하고 양명학의 역할 가능성을 모색하는 작업은 양명학에 새로운 생명을 불어 넣어주는 작업이다.

왕양명의 세계관은 한마디로 '인간을 중추로 한 유기체적 세계관'이라고 말할 수 있다. '천지만물'은 인간을 포함한 수많은 존재물들의 유기적이고 상보적인 관계망으로 이루어진 그리고 '역동적 자기－조직성'을 지닌 하나의 총체적 생명체이다. 이 세상의 모든 존재물들은 이러한 총체적 생명체의 그물망 안에서 끊임없이 창생 · 양육된다. 인간은 이러한 총체적 생명체인 천지만물의 '마음', 즉 중추적 위상을 지닌 존재로서 천지만물과의 감응을 통해 이들의 생명의 온전성에 대한 시비를 판단하고 이들의 생명 손상을 자신의 아픔으로 느끼면서 천지만물의 창생 · 양육 과정에 있어 중추적 역할을 담당한다. 세상의 모든 존재물들과 인간은 '일기一氣의 유통'을 통해 서로의 생명을 온전하게 양육시켜주는 '호혜성'을 내재하고 있는 바, 이는 결국 총체적 유기체의 자기－조직화 과정으로 귀결된다.

이렇듯 총체적 생명체인 천지만물의 마음인 인간의 생명 본질은 만물을 끊임없이 창생 · 양육하는 총체적 생명체의 생명 본질과 일치한다. 인간은 총체적 생명체의 한 부분으로서 유기적인 중층적 관계망으로 이루어진 '인간 사회'와 '자연생태계' 안에서 다른 존재물들과 단절 · 고립이 아닌 이들과의 유기적이고 상보적인 관계맺음을 통해서만 자신의 생명 본질을 발현 · 전개하고 실현할 수 있다. 인간은 총체적 생명체의 마음, 즉 만물과의 감응 주체, 만물의 생명 손상에 대한 통각의 주체, 그리고 만물을 사랑으로 보살피고 양육하는 실천 주체이기에 인간 자신의 생명 본질 실현은 곧 총체적 생명체의 생명 본질을 실현하는 일이 된다. 예컨대 자신의 생명 본질을 실현하는 '명명덕明明德'이 곧 여타 존재물들을 사랑으로 보살피고 양육하는 '친민親民'으로서 『대학』의 '명명덕'과 '친민'은 하나가 된다. 『중용』의 '성기成己'와 '성물成物' 또한 인간의 생명 본질인 양지를 실현하는 한 가지 일이나, 하나의 양지 실현이 주체적 자아를 실현한다는 측면에서 '성기'라 이름하고 천지만물의 여타 부분들로 하여금 진정으로 생명 본질을 구현토록 한다는 측면에서 '성물成物'이라 이름하는 것일 뿐이다. 『논어』의 '수기修己'와 '치인治人', 『맹자』의 '내성內聖'과 '외왕外王'은 모두 인간 자신의 생명 본질과 천지만물의 생명 본질을 실현하는 한 가지 일이다. 다만 하나의 총체적 생명체 안에서 친애의 실천 활동을 통해 생명 본질을 실현하는 실천 주체인 나로부터 말하면 '명명덕', '성기', '수기', '내성'이라 말하는 것이고, 친애의 실천 활동을 생명이 건강하게 양육되는 대상세계로부터 말하면 '친민', '성물', '치인', '외왕'이라 말하는 것일 뿐이다.

이러한 양명철학의 일체론적·일원적 특성을 고려하여 본서의 내용을 크게 둘로 나누어 구성하였다. 먼저 4장 「마음의 창조적·역동적 생명원리」에서부터 8장 「양지 실현과 참된 즐거움의 경계」에서는 주로 '명명덕', '성기', '수기', '내성'의 측면에 중점을 두면서 인간의 생명 본질과 그 특성, 그리고 인간의 생명 본질을 실현하는 과정 등에 대해 그려보았다. 여기서는 '심즉리설', '지행합일설', '치양지설', '친민설', '격물설' 등 왕양명의 주요한 철학사상을 중심으로 양명철학을 생명철학으로 재정립하였다. 다음으로 9장 「생명철학과 참된 자아 실현의 교육론」에서부터 12장 「인간과 자연, 그 하나 됨의 생명철학」에서는 '친민', '성물', '치인', '외왕'의 측면에 중점을 두고 오늘날의 교육, 정치, 생명윤리, 환경 파괴 등 다양한 시대문제들과 관련 인간의 자아실현 문제로부터 인간 사회와 자연

생태계의 문제로 점차 확대해나가면서 양명 생명철학의 역할 가능성과 의의에 대해서도 함께 모색해 보았다.

이제 서두에서 던진 우리 시대의 '생명'이라는 화두와 관련 왕양명의 생명철학이 지니는 현대적 의의와 앞으로의 과제 몇 가지를 제시하는 것으로서 이 대장정을 마치고자 한다. 크게 세계관, 자연관, 사회관 그리고 인간관과 관련하여 언급해 보기로 한다.

첫째, 세계를 어떻게 바라볼 것인가 하는 총체적 세계관과 관련된 문제이다. 1장에서 살펴본 바와 같이, 데카르트의 이원론 등에 근거한 '기계론적 세계관'에서는 인간을 제외한 모든 존재, 즉 자연을 정신을 결한, 수학의 수단으로 완벽히 해명될 수 있는 연장으로 규정함으로써 기계론적 사고를 존재론적으로 정당화하고 생물을 자동기계에 불과한 존재로 파악한다. 기계론적 세계관은 자연을 객체화하고 자연물에 어떠한 생명권도 인정하지 않음으로써 생명체의 기술적 조작을 정당화하는 기술지향적 태도와 자연의 파괴와 살생에 대해 어떠한 윤리적 의식도 갖지 않게 하는 기술지향적 · 탈생명윤리적 태도의 근거를 제공하였다. 또한 기계론적 세계관은 모든 존재가 궁극적으로는 계량적으로 환원될 수 있다고 보고, 인간의 정신과 육체 또한 완전히 구분되는 것으로 보면서 인간을 물질로 환원하여 인간의 삶을 기계적 작동으로 봄으로써 인간으로부터 주체성, 자율성, 욕망, 목적, 가치를 박탈하였다. 이렇듯 기계론적 세계관은 자연과 인간 모두를 물질적 차원의 기계로 바라보도록 함으로써 지구상에서 생명과 가치를 말살해 가고 있다.

양명의 '만물일체의 세계관' 즉, '생생불식의 유기체적 우주관'에서는 천지만물이라는 존재 전체가 생명이 없는 자동기계가 아닌 역동성과 자기-조직성을 바탕으로 끊임없이 생명을 창생 · 양육해나가는 하나의 생명체로 규정된다. 그리고 천지만물의 부분으로서의 인간과 자연 모두 생명 의지를 지닌 생명체들로서 생명 가치를 부여받을 뿐만 아니라, 인간과 자연은 상호 유기적이고 상보적인 생명의 관계망 안에서 일기一氣 유통과 같은 호혜적 활동을 통해 서로의 생명을 치유하고 양육해줌으로써 전체생명을 건강하게 유지시켜나간다. 이러한 '생생불식의 유기체적 우주관'은 세계와 지구를 생명의 차원, 즉 하나의 유기적이고 상보적인 생명의 관계망으로 이루어진 생명체로 바라보게 함으로써 기계론적 세계관이 야기한 기술지향적 · 탈생명윤리적 태도를 극복할 수 있는 단서를 제공해준다.

둘째, 자연 세계를 어떻게 바라보고 어떻게 대할 것인가 하는 자연관의 문제이다. 서양의 '인간중심주의'에 있어 직접적으로 도덕적 존중을 받을 만한 도덕적 권리나 내재적 가치는 자연에 거주하는 인간만이 지니며, 인간 이외의 자연적 존재와 과정은 권리를 갖지 못한 채 도구적 가치만을 지닌다. 이러한 인간중심주의에 바탕을 둔 '도구적 자연관'은 인간에 의한 자연의 무제한 개발과 도구화와 같은 자연의 정복에 대한 철학적 정당성을 부여해 주고, 인간은 이에 근거하여 자신의 맹목적 욕망에 따라 과학 기술을 운용하여 자연을 무자비하게 약탈함으로써 오늘날의 환경오염과 생태계의 파괴는 물론 지구의 병과 죽음의 상황을 초래하게 되었다.

양명학에 있어 자연 존재물들은 하나의 유기적 관계망으로 이루어진 지구의 한 부분으로서 이들은 그 자체로서 생명 의지와 생명 가치를 부여받는다. 인간과 자연은 유기적이고 호혜적인 관계를 바탕으로 공존 · 공생하는 바, 인간은 자신의 무한한 이기적 욕망을 충족하기 위해 자연 존재물을 도구화하고 이들의 생명을 질곡 · 파괴시킬 수 없다. 아니 인간은 자연 존재물들의 손상을 자신의 아픔으로 느끼고 나아가 이들의 생명을 창생 · 양육해야 하는 전우주적 사명과 책임을 부여받은 존재, 즉 천지만물의 마음이다. 따라서 소극적으로 자연을 착취하고 파괴하지 않는 단계에 머무는 것이 아니라 보다 적극적으로 자연 존재물들의 상처를 치유하고 보살피며 이들을 양육하는 친애의 실천 활동을 해야 한다. 이를 통해서만이 인간 자신의 전체로서의 천지만물이 건강하게 됨으로써 천지만물의 마음인 인간의 생명 본질이 실현된다고 말할 수 있다. 이러한 양명의 천지만물일체설은 인간과 자연의 관계를 인간을 중추로 한 유기적이고 상보적인 관계로 새롭게 정립해줌으로써 오늘날 인간중심주의의 도구적 자연관에서 기인한 자연생태계 파괴의 문제를 극복해나가는 데 필요한 밑거름으로 작용할 수 있다.

셋째, 인간들로 구성된 인간 사회를 어떻게 바라보느냐 하는 사회관의 문제이다. 개인을 사회적 실체로 규정하는 원자론적 개인주의에서는 사회를 단순히 원자화된 개체들의 물리적 · 산술적 집합체로 보고 사회를 인간 자신의 이익을 극대화하기 위한 생존경쟁의 장으로 규정한다. 이러한 원자론적 개인주의에 바탕을 둔 오늘날의 자본주의 경제 구조 아래에서는 인간 욕망과 이익 추구를 위해 경제 성장과 기술 개발에 끊임없이 주력하는 과정에서 지구사회가 분열되고 인간의 생명 가치가 상실되고 있다. 아울러 기계론적 세계관이 팽배해짐에 따라 양적陽的 요소의 번성으로 인해 그를 보완해줄 음적陰的 요소에 해당하는 가치나 감수성이 소외됨으로써 세상을 옴살스럽게(holistic) 보는 대신 모든 걸 쪼개어 보고, 인간 상호간의 관계가 협동 · 조화보다는 경쟁 · 대립 · 투쟁의 관계로서 현재 소유한 것으로는 만족하지 못하여 서로 착취하고 정복함으로써[1] 인간소외, 인간의 사물화, 계층 간의 갈등, 불평등 구조가 발생하게 되었다.

양명의 유기체적 대동사회관에 의하면, 인간 사회는 단순히 개별적인

1) 김재희 엮음의 『신과학 산책』(감영사, 1995)에 수록된 프라쵸프 카프라의 「지구를 살리는 새로운 선택」, 25~28쪽 참조.

인간들의 집합체가 아닌 사회 구성원 상호간의 유기적이고 상보적인 관계망으로 형성된 하나의 유기적인 생명체로 간주된다. 따라서 유기체적 대동사회는 하나의 생명체와 같이 사회 구성원들의 재능의 다양성, 재능과 덕성이 일치되는 온전성, 개개인의 평등성 및 구성원 사이의 유기적 상보성을 바탕으로 유지된다. 이러한 유기체적 속성을 바탕으로 구성원들은 자식의 직무와 역할에 충실함으로써 사회 구성원 상호간에 서로 살리고 서로 길러주는 덕성인 만물일체의 인심仁心을 실현시켜나간다. 이러한 유기체적 대동사회관은 인간의 생명 가치를 상실시키고 인간 상호간의 경쟁・대립・투쟁을 야기하는 현대 사회의 문제를 해결함에 있어 시사점을 준다.

넷째, 인간을 바라보는 방식, 즉 인간관의 문제이다. 데카르트의 환원주의식 발상은 인간의 신체도 기계와 같이 각 부분을 따로따로 떼어 내서 다룰 수 있다는 '생 — 의학적 모델'(bio-medical model)을 발생시킴으로써 인간으로부터 생명성을 박탈하였다. 또한 인간의 정신과 육체를 분리시키는 데카르트의 이원론에 뿌리를 둔 구조주의(structuralism) 학파에서는 인간이 스스로 내적인 성찰을 통해 자기 자신을 관찰함으로써 자기의 마음을 구성 요소별로 쪼개어낼 수 있다고 생각하였으며, 행동주의(behaviorism) 학파에서는 그와 대조적으로 오로지 겉으로 드러나는 행동양식만을 연구의 대상으로 삼아 마음의 존재 자체를 완전히 부인하고 무시해버렸다.[2] 그리고 기계론적 우주관에서는 인간을 물질로 환원하고 인간의 삶을 기계적 작동으로 보아 인간으로부터 주체성, 자율성, 욕망, 목적, 가치를 박탈하여 인간의 삶을 무의미하게 만드는 기계론적 인간관을 산출시켰다.[3]

---

2) 프리쵸프 카프라, 「지구를 살리는 새로운 선택」, 22~25쪽 참조.
3) 박이문, 『문명의 미래와 생태학적 세계관』(당대, 1997), 56~59쪽 참조.

양명의 생명철학에 있어 인간은 천지만물과 하나의 생명체를 이룸과 동시에 총체적 생명체인 천지만물의 마음이라는 중추적 위상을 지닌다. 따라서 인간은 천지만물의 생명 본질에 근거한 자신의 영명성을 바탕으로 천지만물의 생명의 전모를 자각하고 모든 존재물들에게 생명 의지와 생명 가치를 부여함과 동시에 주체적·능동적 실천을 통해 모든 존재물들을 온전하게 창생·양육시켜줌으로써 천지만물의 생명 본질 구현과 동시에 자신의 생명 본질을 구현하게 된다. 여기서 인간은 영명성, 주체성, 자각성, 창의성, 자율성, 실천성, 능동성을 지닌 존재로서, 하나의 개체생명의 단계를 벗어나 전우주적 차원의 천지만물의 생명 중추(마음)로 승화된다. 이러한 양명의 인간관은 인간을 하나의 물질 또는 기계로 취급함으로써 인간으로부터 생명 가치를 박탈하고 삶을 무의미하게 만드는 기계론적 인간관의 폐해에 대한 각성의 계기를 마련해준다.

지금까지 양명철학을 생명철학으로 재정립하고 생명 위기라는 오늘날 시대 문제와 관련 왕양명 생명철학의 역할 가능성과 의의에 대해 고찰해 보았다. 물론 이러한 작업이 양명학에 대한 연구의 종결이나 시대 문제의 완전한 해결을 의미하지는 않는다. 하나의 생명체가 탄생하기 위해 수많은 존재물들의 무한한 유기적이고 상보적인 관계맺음을 필요로 하며, 그 생명체는 자신의 존속을 위해서도 다른 존재물들과의 끊임없는 유기적이고 상보적인 관계맺음을 필요로 한다. 생명의 창생과 양육 과정 그리고 공생하고 공존하는 생명의 그물망 안에서 모든 생명체들은 한 순간의 멈춤도 없이 끊임없이 변화한다. 주어진 법칙에 따라 끊임없이 순환 반복하는 기계와 달리 생명은 중층적 관계망 안에서 끊임없이 새롭게 변화하기 때문에 생명에 관한 문제에는 시대를 초월한 고정불변한 답안이 있을 수 없다. 생명의 문제를 다루기 위해서는 어떠한 고정관념에 사로잡히지도 말고 교조주의에 얽매여서도 안 된다. 우리는 열린 마음으로 끊임없이 우리 앞에 새롭게 펼쳐지는 변화하는 생명의 세계와 감응하면서 생명을 파괴하고 질곡시키는 문제들을 해결해 가야 하는 것이다. 그러하기에 종결이나 완전한 해결은 존재하지 않는다. 생명에 관한 과제는 필자가 앞으로도 아니 영원히 풀어가야 할 과제인 것이다.

이 문제와 관련 필자가 앞으로 풀어가야 할 과제가 하나 더 있다. 조선조에 양명학을 이단·사문난적이라 하여 양명학에 대한 혹독한 비판과 탄압이 가해지는 속에서도 시대정신과 자신의 양심에 근거하여 양명학을 수용·전개·발전시킨 한국양명학자들의 사상을 생명철학의 입장에서 재조명하고 재정립하는 작업이다. '저자의 말'에서 밝힌 바와 같이, 조선조 양명학 속에는 양명학의 본래 정신이 살아 숨쉬고 있다. 그들이 마음으로 품어내고 몸으로 실천한 양명학의 본래 정신은 바로 '인간의 주체성', '평등 의식', '역동적 시대정신' 그리고 '생명 존중의 정신'이다. 조선의 양명학자들은 단지 단순한 관념론자나 교조주의자들이 아니다. 최명길, 정제두, 강화학파, 정인보, 박은식 등에서 보여지는 바와 같이, 조선조 양명학자들은 어떠한 권위나 명분에도 얽매이지 않고 어떠한 권력이나 탄압에도 굴하지 않으면서 그들 자신이 당면한 시대 문제를 해결하고자 양명학을 수용하여 이를 당시의 시대 문제를 해결할 수 있는 새로운 방안으로, 즉 한국적 양명학으로 발전시켰다. 뿐만 아니라 이들은 외세의 침략으로 인한 존폐의 위기로부터 나라를 구하고 탄압과 억압으로 인한 고난으로부터 백성들을 해방시켜주기 위한 실천 활동을 몸소 전개하였다. 필자는 앞으로 주체성과 창조정신, 생명 존중의 정신 및 수시변역의 시대정신과 역동적 실천정신 등을 풍부하게 함유하고 있는 조선조 양명학자들의 사상을 현대적 관점에서 생명철학으로 재조명하고 재정립함으로써 오늘날 우리가 안고 있는 시대문제를 해결해 나가는 데 일조할 수 있는 길을 모색해보고자 한다.

부록 1

제4차 산업혁명시대, 돌봄과 공생의 양명학

제1절 들어가는 말

몇 년 전만 하더라도 낯설던 '제4차 산업혁명'(The Fourth Industrial Revolution)이란 말은 이제 우리가 일상 속에서 자주 보고 듣는 익숙한 말이 되었다. 2016년 스위스의 스키 리조트인 다보스(Davos)에서 개최된 <세계경제포럼>에서 클라우스 슈밥(Klaus Schwab) 교수가 '제4차 산업혁명'이란 화두를 던졌다.[1] 제4차 산업혁명은 제3차 산업혁명, 즉 '디지털혁명'을 기반으로 하여 21세기의 시작과 함께 출현하였으며, 유비쿼터스 모바일 인터넷, 더 저렴하면서도 작고 강력해진 센서, 인공지능과 기계학습을 특징으로 한다. 다양한 분야에서 동시다발적으로 일어나는 거대한 약진, 예컨대 유전자 염기서열분석에서 나노기술, 재생가능에너지에서 퀀텀 컴퓨팅까지, 이러한 모든 기술이 융합하여 물리학, 디지털, 생물학 분야가 상호교류하는 제4차 산업혁명은 이전의 어떠한 혁명과도 궤를 달리하는 것으로 정

1) 클라우스 슈밥 지음, 『클라우스 슈밥의 제4차 산업혁명』(송경진 옮김, 새로운 현재, 2016), 7~8쪽 참조.

의된다.[2)]

2017년 5월 24일 대전시장과 충남대 총장, 카이스트 총장 등 20여 명의 관계자들이 카이스트 본관 제1회의실에서 '제4차 산업혁명과 대전시의 대응전략'이란 주제로 제4차 협치시정회의를 개최했다고 한다. 이날 대전시에서는 대전시를 '4차 산업혁명 특별시'로 육성하기 위한 전략으로 '스마트 융복합 산업 집중 육성', '지원 인프라 구축', '실증화 단지 조성'의 3대 전략을 선정했다. 3대 전략을 구체화하기 위한 방안으로는 '융복합 R&D기반 구축', '유전자의약산업 허브 구축', '특수영상산업 생태계 조성', '국방ICT 첨단산업 육성', '전문서비스 로봇산업 기반 육성', 'IoT기반 첨단센서산업 육성', '대덕특구 융합공동연구센터 조성', '연구소기업 종합지원센터', '스마트제조혁신센터 건립', 'Big-Data 서비스 지원센터 건립', '스마트 월드 조성', 'Test-bed 구축' 총 12개의 세부 과제를 설정, 이를 추진해 나갈 것을 밝혔다.[3)] 그리고 지난 2017년 9월 충남대는 4차 산업혁명에 대비해 신기술 분야 고급 융합인력 양성을 위한 '4차 산업혁명 선도인력 양성사업' 훈련기관에 선정되었다. 이번에 선정된 19개의 훈련과정은 핀테크, 바이오, 스마트제조, 사물인터넷(IoT), 빅데이터, 정보보안, 실감형 콘텐츠 등 7개 분야로 충남대를 포함, 12개 훈련기관이 선정됐다. 충남대는 이번에 선정된 5개 대학 중 유일하게 바이오, 핀테크 분야 2개 분야를 책임지게 됐다.[4)] 그리고 대전시와 충남대, 조승래 국회의원, KAIST, 대전창조경제혁신센터는 2018년 3월 12일, 충남대 인재개발원 네트워킹 공간에서 '대전 스타트업 타운 조성 기획 발표 및 토론회'를 개최하였다. 충남대 창업지원단 김영국 단장은 '4차 산업혁명 특별시와 스타트업 타운 추진 배경' 주제 발제를 통해 인재개발원과 창업지원단을

---

2) 클라우스 슈밥, 『클라우스 슈밥의 제4차 산업혁명』, 25~26쪽 참조.

3) News TNT, http://www.newstnt.com/news/articleView.html?idxno=2847

4) news 1 뉴스, http://news1.kr/articles/?3102544

기반으로 지역사회 발전에 기여할 수 있도록 특단의 대책으로 '대학가 스타트업 타운조성'을 기획하고 대전시와 적극 협력해 나가고 있음을 설명하였다.[5)]

이상의 몇 개 기사에서도 볼 수 있듯이, 국가적 차원은 물론 지자체와 대학 차원에서도 제4차 산업혁명을 대비하고 선도하려는 움직임이 활발하게 진행되고 있다. 그러나 그 주된 내용은 모두가 기술개발을 위한 기술전문가 양성과 연구시설 확충, 그리고 이러한 기술을 현실화하고 실용화하기 위한 산업화와 상업화 방안들이다. 지역의 시민들의 삶을 책임지는 지자체와 지역사회의 교육을 담당하는 대학이 함께 제4차 산업혁명시대를 맞이하고 대비하는 내용에는 과학적・기술적・산업적・상업적・경제적 내용은 있지만, 인문학적 내용은 잘 보이지 않는다. '혁명'이란 엄청난 변화를 수반한다. 아니 이전에 경험해보지 못한 엄청난 변화를 수반하기 때문에 우리는 혁명이라고 부르는 것이다. 혁명과 같은 거대한 변화는 인간들에게 큰 기대감을 불어 넣어주기도 하지만, 다른 한편 불안감을 안겨주기도 한다. 기존의 시스템에서 해결할 수 없었던 불합리함이나 불편함을 해결해주기도 하고 이전보다 더 나은 물질적 풍요로움이나 생활상의 편리함 등을 가져다준다는 점에서 제4차 산업혁명은 분명 우리에게 많은 기대감을 가져다준다. 다만 이러한 기대는 또 다른 우려를 낳는다. 즉 모든 인류에게 이러한 혜택이 돌아가는 것이 아니라, 제4차 산업혁명에 따른 새로운 권력을 장악한 소수만이 이러한 혜택을 누리는 반면, 다수는 기계와 로봇에게 생계를 위한 일자리마저 빼앗기고 생존을 위한 최소한의 환경조차 보장받지 못하거나 또는 소수 권력자들의 노예, 현대판 노예로 전락할 수 있다는 불안감과 우려가 함께 존재한다.[6)]

---

5) 충청일보, http://www.ccdailynews.com/news/articleView.html?idxno=957706

6) 많은 학자들이 제4차 산업혁명이 가져올 이러한 유형들의 문제점들 대해 우려를 하고 있다. 보다 구체적인 내용들은 클라우스 슈밥의 『클라우스 슈밥의 제4차 산

이러한 우려는 인류가 제4차 산업혁명이 신자유주의에서와 같이 인간의 무한한 욕망 충족과 이익 창출만을 위해 무한 경쟁으로 달려갈 경우 발생할 수 있는 일들이다.

혁명과 같은 변화는 우리에게 물음을 동반한다. '인간이란 무엇인가?', '어떻게 사는 것이 인간다운 또는 바람직한 삶인가?' 등. 그 동안 인간은 '신의 창조물', '도덕적 존재', '사회적 존재', '이성적 존재' 등 다양하게 정의되어 왔다. 그리고 '신의 섭리대로 사는 것', '도덕적으로 사는 것', '타인과 관계를 잘 유지하는 것', '이성적 · 합리적으로 사는 것' 등이 인간다운 삶 또는 바람직한 삶이라고 여겨왔다. 여기서 인간다운 삶이나 바람직한 삶은 다른 존재와의 관계 속에서 진행된다. 기존의 다른 존재란 곧 나 아닌 다른 인간을 의미했다. 물론 환경철학이 대두되면서 다른 존재의 범주를 동물, 식물, 나아가 살아있는 존재물 전반으로 확대하고, 윤리적 대상을 자연물 일반, 즉 자연생태계로까지 확대해 나갔다.[7] 여기에는 알파고와 같은 인공지능, 자율주행차, 사물인터넷, 로봇 등과 같은 인공물은 포함되지 않는다.

'인공지능 로봇'은 인간의 역할을 대신하고 인간과 동등한 지적 능력을 소유할 수 있을 것이라는 우려가 있다. 따라서 인간들이 할 수 있는 지적 능력인 두뇌 활동을 인공지능 로봇이 대신하면서 인간들의 일자리는 상당한 위협을 받을 것이라고 한다.[8] 여기서 두 가지 물음이 발생한다. 첫째, 인간과 동등한 지적 능력을 소유하고 있고, 더욱이 인공지능 로봇이 계속 진화해 나가면서 인간을 더더욱 닮아가서 인간과의 일치 율이 점점 더 높아져간다고 할 때, 인공지능 로봇을 지금처럼 생명이 없는 단순한

업혁명』 32~33쪽 및 백종현의 「제4차 산업혁명과 사회 윤리적 과제」(『제4차 산업혁명과 새로운 사회 윤리』, 아카넷, 2017) 35~36쪽을 참조 바람.

7) 김세정, 『돌봄과 공생의 유가생태철학』(소나무, 2017), 33~77쪽 참조.

8) 양선진, 「양명학을 통해 본 인공지능(AI) 시대의 과학기술윤리」, 『양명학』, 45호(한국양명학회, 2016), 479~507쪽 참조.

기계, 인간의 행복과 편안함만을 위한 도구와 수단으로만 간주할 것인가 하는 문제다. 둘째, 인공지능 로봇 등이 인간의 일자리를 빼앗음(?)으로 인한 문제이다. 앞에서 이야기했듯 인공지능 로봇 등을 장악하고 활용하는 소수만이 혜택을 받고 다수는 생존조차 어려워질 수 있다는 문제이다.

제4차 산업혁명시대를 맞이하여 발생하는 이러한 변화와 이로 인해 파생되는 다양한 문제들에 직면한 우리들에게 양명학은 과연 어떠한 의미가 있을까? 그리고 양명학은 이러한 문제들을 해결해 나가는데 있어 어떠한 해법을 제시해 줄 수 있을까? 필자는 이러한 문제를 해결하고자 하는 취지에서 이 글을 전개해 나가고자 한다.

제2절 생명을 살리는 살림의 창의성

대체로 사람들은 '변화'를 두려워한다. 왜 그럴까? 지금까지 경험하지 못했던 새로운 미지의 세계를 살아가야 하기 때문이다. 변화 없는 삶이 편하게 느껴지는 가장 큰 이유는 일정하게 반복되는 고정된 삶의 패턴과 생활 방식과 규범과 법칙 등이 있고, 우리는 단지 그러한 것들을 알아서 거기에 맞추어 살기만 하면 되기 때문이다. 그런데 변화가, 그것도 기존의 패턴과는 너무 달라서 기존의 방식과 규범과 법칙으로는 대처할 수 없을 정도로 새로운 변화가 일어난다면, 우리는 혼란에 빠지거나 두려움에 직면하게 된다. 이러한 경우 우리는 기존처럼 성인聖人이나 위인들이 나타나서 변화에 부합되는 새로운 삶의 방식과 규범과 법칙을 만들어 줄 때까지 기다리고 있어야만 하는 것일까? 그러기에는 오늘날 진행되고 있는 제4차 산업혁명이라는 변화는, 그 변화의 속도가 너무 빠르고 변화의 규모가 너무 크고 변화의 내용이 너무 다양하고 변화의 범위가 너무 넓다. 그래서 제4차 산업혁명시대에 인류가 갖추어야 핵심역량 중에 하나로 비판적 사고, 문제해결능력, 메타인지능력 등을 포함하고 있는 '창의성'과 '혁신'이 제시되고 있다.[9] 창의성은 기존의 삶의 방식이나 관습에 얽매이지 않으면서 변화하는 시대에 적합한 새로운 삶을 살아가기 위해 필요한 요소이기도 하다. 창의성은 제4차 산업혁명으로 인한 불안을 해소해 줄 뿐만 아니라, 나아가 제4차 산업혁명시대에 소수 권력자의 노예로 전락하지 않을 뿐만 아니라 인공지능과 같은 기계와 넘쳐나는 지식에 종속되지 않고 오히려 이를 활용하여 인간이 자신의 삶을 주체적으로 이끌어갈 수 있도록 하는 원동력이기도 하다.

왕양명은 인간의 본질을 '양지良知'로 규정한다. 양지가 지닌 다양한 함의와 속성 가운데 하나가 '수시변역성隨時變易性'이다. 양명은 대상 사물에 나아가 사물의 이치를 구한다고 하는 주희의 격물설格物說에[10] 대해 비판적 입장을 취한다. 비판의 가장 주된 이유는 바로 주희의 '정리定理'에 있다. 주자학에서는 인간이 마땅히 지키고 따라야 하는 삶의 방식과 준칙과 규범으로서의 소당연지측所當然之則의 리理는 사물과 현상에 앞서 존재하는 선험적인 것으로서 불변한다.[11] 양명은 이러한 주희의 리는 정리定理, 즉 불변하는 고정된 리이기 때문에 주희가 말하는 격물설은 리와 마음을 둘로 나누는 문제를 야기한다고 비판하고 있다.[12] 이에 인간 마음

9) 패트릭 그리핀, 「제4차 산업혁명과 미래교육」, 『교육개발』 제44호(한국교육개발원, 2017), 6~8쪽 참조.

10) 『大學章句』, 「格物致知補亡章」, "所謂致知在格物者, 言欲致吾之知, 在卽物而窮其理也." 및 『朱子語類』, 권15, "格物者, 窮事事物物之理." 등

11) 본서 4장 2절 2. '주희의 마음과 리의 이원화' 참조.

12) 『傳習錄』(中), 「答顧東橋書」, 135조목, "朱子所謂格物云者, 在卽物而窮其理也. 卽物窮理, 是就事事物物上求其所謂定理者也, 是以吾心而求理於事事物物之中, 析心與理而爲二矣. … 以是例之, 萬事萬物之理, 莫不皆然. 是可以知析心與理爲二之非矣."

의 본체를 리가 아닌 양지로 규정하는 양명은 '의義'가 바로 양지라고 전제하면서, '의'를 주자학에서 말하는 불변하는 고정된 준칙이나 규범이 아니라 주어진 상황에 따라 가장 적의·타당한 상태로 변화하는 것이라고 주장한다. 예를 들어 오늘은 선물을 받는 일이 옳았다 하더라도 다른 날에는 선물을 받는 일이 옳지 못할 수도 있고, 반대로 오늘은 선물을 받는 일이 옳지 않았다 하더라도 다른 날에는 옳을 수도 있다는 것이다. 그러므로 어느 한 시점의 경험을 토대로 일률적으로 '언제나 선물을 받아도 된다'고 못 박거나 반대로 '언제나 선물을 받아서는 안 된다'고 못 박는 것은 집착이지 양지의 본질, 즉 참다운 의義가 아니라는 것이다.[13] 양명은 주자학에서 절대불변의 원칙으로 설정하고 있는 '의'조차도 주어진 상황에 따라 변화하는 것임을 역설하고 있다. 양지는 고정된 원칙이나 틀에 얽매이는 것이 아니라 역동적으로 변화하는 상황을 수용하면서 그 변화에 맞게 주체적으로 판단하고 능동적으로 대처한다고 할 수 있다. 또한 천리天理인 양지는[14] 주어진 상황에 따라 지나치거나 부족함이 없는 '중中', 즉 시중時中과 상황에 따라 끊임없이 변화하는 '역易'으로 규정된다.[15] 천리, 즉 양지는 단일한 규구나 일정한 격식과 같이 변화하는 상황과 무관하게 불변하는 고정된 법칙이나 규범에 얽매이는 것이 아니라 주어진 상황에 따라 항상 준칙을 새롭게 설정하는 마음의 '수시변역성'이다. 이러한 양지에 의거해서 수시변역하지 않고 불변하는 정리에 얽매이면 오히려 삶을 질곡 시키게 된다.

---

13) 『傳習錄(下)』, 「黃省曾錄」, 248조목, "義卽是良知, 曉得良知是個頭腦, 方無執着. 且如受人餽送, 也有今日當受的, 他日不當受的; 也有今日不當受的, 他日當受的. 你若執着了今日當受的, 便一切受去, 執着了今日不當受的, 便一切不受去, 便是適莫, 便不是良知的本體, 如何喚得做義?"

14) 『傳習錄』(下), 「黃省曾錄」, 284조목, "天理卽是良知."

15) 『傳習錄』(上), 「陸澄錄」, 52조목, "中, 只是天理, 只是易. 隨時變易, 如何執得? 須是因時制宜, 難預先定一箇規矩在. 如後世儒者, 要將道理一一說得無罅漏, 立定箇格式. 此正是執一."

이러한 양지의 수시변역성의 참뜻은 다음과 같은 양명의 주장 속에서 찾아볼 수 있다. 양명은 순舜임금이나 무왕武王 모두 부득이한 상황에서 일반적인 예의 법도의 준칙을 위반하고 자신 양지의 판단에 따라 새로운 준칙을 순은 설정하여 부모에게 알리지 않고 아내를 맞이하고 무왕은 부친의 장례를 치르지 않은 상태에서 군대를 일으켰다는 것이다. 여기서 중요한 점은 당시의 일반적 법도를 거역하면서까지 새로운 준칙을 세우게 된 이유가 무엇이냐 하는 것이다. 단지 자신들의 욕망을 성취코자 한 것인가? 아니면 더 근원적인 이유가 있는가? 순은 부모에게 미리 알릴 경우 결혼을 허락받을 수 없는 상황에서 일반적 법도를 준수하기보다는 조상으로부터 자신으로 이어져 오는 생명을 자식을 통해 영속시키기 위해 부모에게 알리지 아니하고 결혼하는 길을 선택했다는 것이다. 그리고 무왕의 경우 또한 절대 위기의 상황에서 백성들을 위난으로부터 구원하기 위해 부모의 장례를 먼저 치르는 일반적 법도를 따르지 아니하고 군대를 일으켜 백성들을 구제하고자 하였다는 것이다. 만일 이들이 일반적 법도에 따랐다면 순임금은 자손을 두지 못했을 것이며, 무왕은 백성들을 위난으로부터 구원하지 못했을 것이라고 한다.[16] 여기서 양지의 수시변역성이 단지 자신의 이기적 개체 욕망을 성취하기 위한 임기응변이나 기회주의적인 취사선택이 아니라는 사실을 알 수 있다. 양지의 수시변역성은 생명을 질곡 시킬 수 있는 고정된 규범과 격식으로부터 인간을 해방시켜 주며, 나아가 인간이 다른 존재물들의 생명을 질곡 시키거나 손상시키지 않으면서 우주자연의 창생·양육의 변화 과정에 주체적·능동적으로 참

16) 『傳習錄』(中), 「答顧東橋書」, 139조목, "夫舜之不告而娶, 豈舜之前已有不告而娶者爲之準則, 故舜得以考之何典, 問諸何人而爲此邪? 抑亦求諸其心一念之良知, 權輕重之宜, 不得已而爲此邪? 武之不葬而興師, 豈武之前已有不葬而興師者爲之準則, 故武得以考之何典, 問諸何人而爲此邪? 抑亦求諸其心一念之良知, 權輕重之宜, 不得已而爲此邪? 使舜之心而非誠於爲無後, 武之心而非誠於爲救民, 則其不告而娶與不葬而興師, 乃不孝不忠之大者."

여할 수 있는 길을 열어주고자 하는 데 그 참뜻이 있다고 말할 수 있다.[17)]

양지의 수시변역성의 참된 의미는 인조반정(1623)과 병자호란(1636) 등 극심한 혼란과 위기의 시대를 산 최명길崔鳴吉(1586~1647, 호는 지천遲川)의 삶과 시대정신에서도 찾을 수 있다. 그는 '권도權道'와 '변통變通'을 중시하면서 자신이 직면한 시대적 과제를 해결하기 위해 노력하였다. 그 밑바탕에는 외적인 명분名分과 권위權威보다는 '실질實質'과 '주체적인 태도'를 중시하는 그의 삶의 태도가 자리 잡고 있다. 최명길은 당시 현실의 위기 상황과 백성들의 고통을 외면하고 명분과 의리에만 집착하며 껍데기만을 숭상하는 신료들에 대해 신랄한 비판을 하였다. '명名'은 실實의 그림자임에도 불구하고 실질을 외면한 채 명분名分에만 집착하게 되면 변화를 감지하지 못할 뿐만 아니라 사태를 정확하게 판단하지 못하는 우를 범하게 된다. 그리고 변화와 사태를 판단하고 대처할 수 있는 주체인 마음(心)이 아닌 마음의 자취(迹)만을 고집하게 되면 주체를 상실하게 되어 올바른 판단도 올바른 대처도 할 수 없게 된다. 그러나 당시 관인 유학자들은 실질과 마음이 아닌 명분만을 숭상하고 자취만을 논함으로써 진실된 의견이 결핍되고 충실忠實한 실질이 부족하게 되었다는 것이다. 이에 최명길 자신은 '실질'에 힘쓰고 '마음'을 믿는다고 주장한다.[18)] 나아가 최명길은 "군자가 믿는 바는 마음이니 마음에 돌이켜 생각할 때 부끄러움이 없으면 비방이나 칭찬은 다만 외물外物일 뿐이다."[19)]라고 하여, 자신의 마음에 대한 강한 믿음을 표현하고 있다. 마음은 옳고 그름에 대한 판단은 물

17) 보다 구체적인 내용은 본서 5장 3절 4. '수시변역하는 양지' 참조.

18) 『遲川集』(한국문집총간 89), 권8, 「疎箚 · 論典禮箚」, 390~392쪽, "夫名者, 實之影也, 而循名以責其實, 則失之者, 多矣. 迹者, 心之著也, 而執迹以求其心, 則失之者, 亦多.……嗚呼, 今世之所尙者, 名也, 而臣之所務者, 實也. 世之所論者, 迹也, 而臣之所信者, 心也.……我國之人, 心性偏隘, 動多拘忌, 有同婦人小兒. 惑於近似而乏眞實之見, 過於謹嚴而少忠厚之實."

19) 『遲川集』, 권11, 「丙子封事」, 454쪽, "君子之所信者, 心也, 求諸心而無愧, 則毁譽之來, 特其外物耳."

론 참된 행위의 실질적 주체이다. 명분이나 이해득실에 사로잡히지 않는 참된 마음으로서의 '실심實心'이 곧 인간의 본질이다.

이 '실심'은 '수시변역隨時變易'하는 '시중지도時中之道'와 '권도權道'의 주체가 된다. 최명길은 "대개 알 수 없는 것이 세상의 변화이고, 한없는 것은 의리입니다. 천하가 무사할 때에는 삼가 정상적인 법만을 지켜 가니 현명한 이와 못난 사람이 동등한 길로 귀일할 수 있사오나, 난리로 역경을 당하여 어찌할 수 없을 지경에는 변통성이 있어서 도와 함께 행하여야 바야흐로 성인의 큰 권도라 할 수 있습니다"[20]라고 하였다. 세상은 한 순간도 쉼 없이 새롭게 변화한다. 따라서 의리義理 또한 고정시킬 수 없다. 특히 병자호란과 같은 큰 위난은 국가적 차원에서 큰 혼란과 어려움을 야기한다. 병자호란은 단순한 침략전쟁이 아니다. 이는 동아시아의 질서가 새롭게 재편되는 과정에서 일어난 전쟁이다. 따라서 변화 이전의 고정된 의리로만 사태를 판단하고 대처할 경우 현실과 괴리될 수밖에 없다. 새로운 변화에 부합되는 새로운 의리를 제정하고, 새로운 의미를 바탕으로 마주한 사태에 대처해 나가야 한다. 그것이 바로 '변통變通'이다. 그리고 변통할 수 있는 것이 바로 '권도'이다. 이러한 변통과 권도의 주체가 바로 '실심'이다. 최명길은 병자호란이라는 풍전등화의 국난을 당하여 급박한 사태를 실심에 근거하여 판단하고 대처하였다. 최명길은 자신의 이익을 위해 청나라와의 화친和親을 주장한 것이 아니라 나라를 멸망으로부터 구하고 백성들을 죽음으로부터 구하고자 하는 목적에서 화친을 주장한 것이다. 그 국가적 위난을 해결하기 위해 마주한 정세를 충분히 고려하여 의리에 견주어 보고 선유들의 정론에 맞추어 고증해 보고 유사한 역사적 사건들을 참고해 보았다. 최명길은 이러한 과정을 모든 거친 후

---

20) 『遲川集』, 권12, 「丁丑封書」 제2, 464쪽, "蓋難測者世變, 無窮者義理. 天下無事, 謹守經常, 賢與不肖, 同歸一塗, 及至遭罹逆境, 身處無可奈何之域, 而能變而通之, 與道偕行, 然後方可謂之聖人之大權也."

에 화친이 꼭 옳다고 하는 확고한 '믿음'이 있었기에 화친을 주장하였다고 한다.[21] 그 믿음의 주체가 바로 '실심'이다. 화친은 당시의 주도적인 흐름으로서의 대의명분이나 이해득실에 얽매이지 않은 실심의 주체적인 판단에 의한 것이다. 최명길은 자신이 화친을 주장(主和)하는 것이 실심에 따른 것으로 후대의 어떠한 비난도 감수할 수 있을 만큼 확고한 신념에 근거한 것이라고 밝히고 있다.[22] 그리고 그가 어떠한 비난과 불명예를 감수하면서까지 화친을 주장한 밑바탕에는 백성들을 도탄에서 구하고자 하는 백성들에 대한 사랑이 있었다고 한다.[23] 최명길은 외재적인 명분이나 이해득실에 얽매이지 않는 내재적인 실심의 주체적 판단에 근거하였다. 그리고 그 밑바탕에는 강한 애민愛民의식과 백성들을 살리고자 하는 강한 의지가 깔려있었기 때문에 외적인 고난과 비난을 무릅쓰고 끝까지 화친을 주장하고 이를 행동으로 옮길 수 있었던 것이다.[24]

매순간 변화하는 현실 속에서 무엇이 옳고 무엇이 그른지를 판단하고 마주한 상황에 어떻게 대처하고 어떻게 처리할 것인가를 결정하는 주체는 남이 아닌 바로 자신이어야 한다. 양명학에서 그 주체는 바로 나 자신의 본심인 '양지(실심)'이다. 양지는 어떠한 기성의 권위나 관습에도 얽매이지 않으며 또한 어떠한 이해득실에도 얽매이지 않는다. 단지 마주한 상황에 따라 거짓됨 없는 진실한 상태에서 상황을 있는 그대로 판단한

---

21) 『遲川集』, 권11, 「丙子封書」 제3, 453쪽, "臣之爲此羈縻之言者, 非敢不顧是非, 徒爲利害之說, 以誤君父也. 酌之以時勢, 裁之以義理, 證之以先儒之定論, 參之以祖宗之往迹, 如是則國必危, 如是則民可保, 如是則害於道理, 如是則合於事宜, 靡不爛熟思量, 有以信其必然."

22) 『遲川集』, 권11, 「丙子封書」 제3, 450쪽, "此見主和二字, 爲臣一生身累. 然於臣心, 尙未覺今日和事之爲非."

23) 『遲川集』, 권11, 「丙子封書」 제3, 453쪽, "夫不自量力, 輕爲大言, 橫挑犬羊之怒, 終至於生靈塗炭, 宗社不血食, 則其爲過也孰大於是."

24) 김세정, 「지천 최명길의 주체성과 창조정신」, 『儒學硏究』 28집(충남대 유학연구소, 2013.6), 63~85쪽 참조.

다. 이것이 바로 양지의 수시변역성으로서 인간의 주체성과 능동성이며 오늘날 요구되는 창의성이다. 다만 오늘날의 창의성이 자칫 지식의 측면만을 강조하고 이익 추구의 측면으로 기우는 경향이 있다면, 양명학에서 말하는 양지의 창의성은 지식과 이익의 차원을 넘어 우주적 차원과 생명의 차원에서의 창의성이라고 말할 수 있다. 이에 양명학의 창의성을 생명을 살리는 '살림의 창의성'이라고 이름 하고자 한다.

제3절 양지의 통각과 감통에 근거한 돌봄과 배려와 치유

급속한 과학기술의 발달과 제4차 산업혁명에 따른 인공지능, 자율주행차, 사물인터넷, 로봇 등은 어떻게 활용하느냐에 따라 인간의 삶을 편리하게 해줄 수 있는 반면, 인간의 일자리를 빼앗아 생존을 위태롭게 하거나 소수에게만 가치와 권력과 부가 집중되는 불평등의 문제를 야기할 수도 있다.[25] 우리는 지금 무한 경쟁이라는 신자유주의 시대를 살고 있다. 인간마저 무한한 이익 창출을 위한 도구로 취급되기도 하고, 인간 개개인은 자신의 무한한 욕망을 충족시키고 자신만의 경제적 부를 증진시키기 위해 다른 사람을 삶의 동반자가 아니라 싸워서 이겨야할 아니 밟고 올라서야할 경쟁의 대상으로 본다. 그 과정에서 우리는 소수에 의한 권력과 부의 독점과 다수의 생존 기반 상실이라는 모순과 부조리를 경험하

25) 클라우스 슈밥, 『클라우스 슈밥의 제4차 산업혁명』, 32~33쪽 및 백종현, 「제4차 산업혁명과 사회 윤리적 과제」, 『제4차 산업혁명과 새로운 사회 윤리』(아카넷, 2017), 35~36쪽 참조.

고 있다. 제4차 산업혁명과 그 결실 또한 인간이 잘못 활용하고 운용하면 지금의 경제적 불평등과 경쟁과 갈등을 더 부추기고 강화할 수 있다는 것이다.

여기서 우리는 다시금 인간 존재의 본질과 본성에 대한 물음을 던져볼 필요가 있다. 무엇이 인간의 본질이자 본성인가? 욕망? 감정? 이성? 도덕성? 이기심? 이타심? 분명 인간은 욕망과 이기심도 소유하고 있는 반면, 측은지심惻隱之心·사양지심辭讓之心과 같은 도덕성과 이타심도 소유하고 있다. 자본주의와 신자유주의는 인간의 욕망과 이기심을 긍정한다. 그 결과 표면적으로는 경제적 성장과 부의 증대를 가져왔지만, 그 이면에는 빈부격차와 같은 경제적 불평등과 환경 파괴와 같은 많은 문제들이 잠재해 있다. 인간은 홀로 독립된 존재도 아니고 혼자 살아갈 수 있는 존재도 아니다. 인간은 수많은 관계 속에 놓여 있고 그 관계망 속에서 살아간다. 인간의 본질과 본성 또한 이러한 관계와 관계망 속에서 찾아야 한다. 관계의 완성이 곧 나의 완성이며, 나와 관계 맺은 존재들의 건강과 행복이 곧 나의 건강과 행복이다. 이제 자신의 이익만을 위한 경쟁과 갈등에서 서로를 배려하고 돌보고 보살피고 치유하는 '배려'와 '돌봄'과 '치유'의 세계로 나아가야 한다. 제4차 산업혁명에 따른 인공지능, 자율주행차, 사물인터넷, 로봇 등은 개개인의 이익과 부의 증진만을 위한 경쟁의 도구가 아니라 우리의 손길을 필요로 하는 사람들을 위해, 즉 배려와 돌봄과 치유를 위해 활용되어야 한다.

양명학에서는 돌봄과 배려와 치유의 근거를 '양지'에서 찾을 수 있다. 양지는 바로 '통각痛覺'과 '감통感通'의 주체이다. '통각'은 다른 존재물이 고난에 처해있거나 생명이 손상되었을 때 이를 자기 자신의 아픔으로 느끼는 것이며, '감통'은 다른 존재와의 감응 과정에서 자신의 마음이 아프기 때문에 다른 존재물을 배려하고 돌보고 치유하는 것이다. 양지의 통각과 감통은 '천지만물일체설天地萬物一體說'에 근거한다. 양명은 다음과 같이 말한다.

> 대저 사람은 천지의 마음이다. 천지만물은 본래 나와 한 몸이므로, 살아있는 존재물들의 고통은 무엇인들 내 몸에 절실한 아픔이 아니겠는가? 내 몸의 아픔을 알지 못하는 것은 시비지심是非之心이 없는 자이다. 시비지심은 생각하지 않더라도 알고 배우지 않더라도 능한 것이니, 이른바 양지이다.[26]

양명은 인간을 독립된 실체로 보지 않는다. 인간은 천지만물로 지칭되는 모든 존재물과 하나의 생명체를 이루고 있다. 그리고 하나의 생명체 안에서 다른 존재물들과 유기적인 관계를 맺고, 인간은 그 생명체의 마음이라는 위상을 갖는다. 모든 존재물들과 한 몸을 이루고 있는 나는 이들의 마음이기 때문에 이들의 생명 손상은 곧 나의 생명 손상이다. 그리고 이들의 생명 손상으로 인한 고통과 아픔은 단지 그들만의 고통과 아픔이 아니라 곧 나의 절실한 고통과 아픔으로 느껴지게 되는 것이다. 인간의 선천적 시비지심是非之心은 바로 이러한 생명의 온전성에 대한 시비지심으로서, 인간은 통각의 주체인 시비지심을 지니고 있기 때문에 천지만물의 마음이라는 위상을 갖게 되며, 그 시비지심이 다름 아닌 '양지'인 것이다.

이러한 통각의 주체인 양지는 배려와 돌봄을 위한 실천 행위를 수반한다.

> 생각건대 양지는 단지 천리의 저절로 그러한 밝은 깨달음(天理自然明覺)이 발현하는 곳이며, 단지 진실하게 다른 사람을 측은히 여겨 아파하는 마음(眞誠惻怛)이 바로 그 본체이다. 그러므로 이 양지의 진성측달을 극진히 하여 부모를 섬기는 것이 바로 효도이고, 이 양지의 진성측달을 극진히 하여 형을 따

26) 『傳習錄』(中), 「答聶文蔚」, 179조목, "夫人者, 天地之心. 天地萬物, 本吾一體者也, 生民之困苦荼毒, 孰非疾痛之切於吾身者乎? 不知吾身之疾痛, 無是非之心者也. 是非之心, 不慮而知, 不學而能, 所謂良知也."

르는 것이 바로 우애이며, 이 양지의 진성측달을 극진히 하여 임금을 섬기는 것이 바로 충성이다. 단지 하나의 양지, 하나의 진성측달일 뿐이다.[27]

양지는 다른 존재물과의 감응 과정에서 생명의 온전성에 대한 시비를 판단하는 선천적인 영명한 자각성(自然明覺)만이 아니라 진성측달眞誠惻怛하는, 즉 거짓됨 없이 진실무망眞實無妄하게 다른 존재물의 아픔을 자신의 아픔으로 느끼고 그 아픔을 참지 못하여 드러나는 측은지심惻隱之心을 가리킨다. 이러한 측은지심으로서의 진성측달은 부모님에 대해서는 효도로 형에 대해서는 공경이라는 실천 행위로 드러나게 된다. 진성측달하는 양지는 자신의 혈육 관계에만 국한되는 것이 아니라 인간 사회는 물론 자연 세계에 있어서의 임금을 섬기고 벗을 대하며 백성을 사랑하고 사물을 아끼는 것과 같은 모든 배려와 돌봄과 치유의 실천 또한 부모님께 효도하는 진성측달한 양지를 실현하는 일에 불과하다.[28]

이러한 배려와 돌봄과 치유의 주체인 양지의 통각과 감통을 그 시대에 맞게 가장 잘 드러낸 인물이 바로 정인보鄭寅普(1893~1950, 호는 위당爲堂)이다. 정인보는 19세기 말 서세동점西勢東漸의 한말전환기에 『양명학연론陽明學演論』을 저술하면서 시대 문제를 해결하기 위해 천지만물일체설을 바탕으로 '양지良知의 감통感通'을 주장하였다. 정인보는 다음과 같이 말했다.

천지만물을 한 몸(一體)이라고 하는 것은 억측하여 만들어 내거나 사실이 아닌 일을 사실로 꾸며낸 말이 아니다. 본심本心과 느껴서 서로 통하는(感通)

27) 『傳習錄』(中), 「答聶文蔚二」, 189조목, "蓋良知只是一箇天理自然明覺發見處, 只是一箇眞誠惻怛, 便是他本體. 故致此良知之眞誠惻怛以事親, 便是孝; 致此良知之眞誠惻怛以從兄, 便是弟; 致此良知之眞誠惻怛以事君, 便是忠: 只是一箇良知, 一箇眞誠惻怛."

28) 『傳習錄』(中), 「答聶文蔚二」, 190조목, "孟氏堯舜之道孝弟而已矣者, 是就人之良知發見得最眞切篤厚, 不容蔽昧處提省人, 使人於事君處友仁民愛物, 與凡動靜語默間, 皆只是致他那一念事親從兄眞誠惻怛的良知, 卽自然無不是道."

> 그 한 곳을 좇아 본심에는 이것과 저것의 간격이 없음을 실제로 비추어 보고 하는 말이다. 하물며 인류로부터 겨레붙이에 한 걸음 더 자기와 가까운 사람이야. 그러므로 백성들의 병으로 인한 아픔이 곧 나의 병으로 인한 아픔으로, 백성들의 어렵고 고생스러움이 곧 나의 어렵고 고생스러움으로 느껴서 서로 통함에 이것과 저것의 간격이 없는 것이 이 곧 본심의 본체이니, … 민물民物과 나와의 감통感通이 간격이 없어야 비로소 양지良知의 진체眞體가 밝은 것이다.[29]

천지만물과 내가 한 몸이라는 주장은 근거 없는 소리나 지적 유희의 공허한 말장난이 아니라 양명이나 정인보 자신이 실제로 사람들과 본심을 통해 감통感通하는 과정에서 너와 나 사이에 간격이 없는 일체감一體感을 경험한 데서 나온 말이라는 것이다. 나는 모든 존재물과 한 몸이기에 감통의 주체인 나의 본심 차원에서는 너와 나 사이에 간격이 존재하지 않는 것이다. 너와 나 사이에 간격이 없는 본심의 본체가 바로 '양지'이다. 감통의 주체인 양지는 나와 너 사이에 간격이 없기 때문에 열악한 환경에 내몰린 백성들의 어려움과 고통은 나 자신과 무관한 그들만의 어려움이나 고통이 아니라 감통의 주체인 나 자신의 고통과 아픔으로 느끼지게 되는 것이다. 만일 나와 백성들 사이에 조금의 간격이라도 존재하게 된다면 나는 백성들에 대해서 어떠한 감통도 진행할 수 없게 된다. 이것이 바로 당시 위정자들과 기득권자들의 모습이었을 것이다. 당시 위정자들이나 기득권 세력들은 자신의 욕망과 이익에만 사로잡혀 열악한 환경에서 고통 받는 백성들의 어려움이나 아픔은 외면하고 오히려 백성들을

---

29) 鄭寅普, 『陽明學演論(外)』, 三星文化財團, 1975, 99~100쪽, "天地萬物을 一體라 함이 臆造 虛構한 말이 아니니다. 本心과의 感通되는 그 한 곳으로 좇아 本心에는 彼此의 간격이 없음을 實照하고 하는 말이다. 하물며 人類로부터 族類에 한 걸음 더욱 切己함이랴. 그러므로 生民의 疾痛이 곧 내 疾痛으로 生民의 困苦― 곧 내 困苦로 그 感通됨에 있어 彼此에 間隔이 없는 것이 이 곧 本心의 體이니, … 民物과 나와의 感通됨이 間隔이 없어야 비로소 良知의 眞體가 밝은 것이다."

자신의 이익을 위해 사지로 몰아넣었다. 이러한 현실 앞에서 정인보는 자신이 직면한 현실의 문제를 해결하기 위한 방안으로 나와 너 사이의 간격을 없애고 백성들의 아픔과 고통을 나의 아픔과 고통으로 느낄 수 있는 감통의 주체로서의 양지를 회복할 것을 주장하였던 것이다.

양지의 가장 중요한 기능인 '감통'은 바로 '생명 살림'을 의미한다. 이에 정인보는 다음과 같이 말한다.

> 본심이란 감통感通에서 살고 간격間隔서 죽는다. 만일 백성들의 병으로 인한 아픔이 곧 나의 병으로 인한 아픔으로, 백성들의 어렵고 고생스러움이 곧 나의 어렵고 고생스러움으로 느껴서 서로 통함이 내 몸에 있을 것 같으면 스스로 빠르게 뛰어다니며 돕고 구제함을 그만두지 못할 것이니, 그 몸이 거꾸러졌을지라도 본심은 살았다. 이는 항상 한 두 사람만이 특수하게 하늘로부터 부여받은 것이 아니요 사람이면 다 같이 감통되는 것이로되, 악착齷齪같이 자기 한 개인의 사사로운 꾀로 뒤얽힌 제석망帝釋網 같이 골고루 돌아 얽히어 이 감통 그만 중단된 것이다. 이 감통의 중단은 곧 양지를 덮어 가린 것이요, 양지를 덮고 가린 것은 곧 생명이 죽어 끊어진 것이니, 어느 때든지 한 점 양지 잠깐 반짝하는 곳에는 의연히 민물民物과 한 몸 됨(一體)의 감통이 있는 것이다.[30]

본심양지에 의한 나와 너(백성) 사이의 간격이 없는 감통은 '생명 살림'을 의미한다면, 나와 너 사이의 간격은 곧 '생명 죽음'을 의미한다. 양지는 바로 감통의 주체이기 때문에 나와 너 사이의 감통의 중단은 곧 양지

30) 鄭寅普, 『陽明學演論(外)』, 100~101쪽, "本心이란 感通에서 살고 間隔에서 죽는다. 만일 生民의 疾痛이 곧 내 疾痛으로, 生民의 困苦가 곧 내 困苦로 그 感通됨이 내 몸에 있음 같을진대 스스로 奔走 扶濟함을 마지못할 것이니, 그 몸이 거꿀어졌을지라도 본심은 살았다. 이 항상 一二人의 特殊한 天賦가 아니오 사람이면 다 같이 感通되는 것이로되 齷齪한 一己의 私計 帝釋網 같이 골고루 돌아얽히어 이 感通 그이만 中斷된 것이다. 이 感通의 中斷은 곧 良知의 蔽塞이요, 良知의 蔽塞은 곧 生命의 殞絶이니 어느 때든지 一點 良知 잠깐 반짝하는 곳에는 依然히 民物 一體의 感通이 있는 것이다."

가 가리고 막혔음을 의미하고, 양지가 가리고 막혔다는 것은 곧 생명의 단절을 의미한다. 따라서 한 순간도 양지의 가림이나 막힘이 있어서는 안 된다. 양지의 감통을 통해 백성들의 고난과 고통이 나의 고통과 아픔으로 느껴지고, 내 마음이 고통스럽고 아프기 때문에 백성들을 고난과 고통으로부터 구제하고 돕기 위한 노력을 아끼지 않게 되는 것이다. 양지의 감통은 바로 간격이 없는 너와 나, 즉 우리가 함께 사는 길이다. 이러한 양지는 누구나 천부적으로 지니고 있다. 그럼에도 현실 속에서 나와 너 사이에 간격이 존재하고 감통이 되지 않는 이유는 무엇 때문일까? 바로 자기 자신의 이익만을 생각하는 이기적 개체 욕망(사욕)이 양지를 가리고 가로막기 때문이다. 생명을 죽음의 길로 몰아가는 이기적 개체 욕망을 제거함으로써 양지가 자연스럽게 감통할 수 있도록 해야 비로소 우리 모두는 하나가 되고 생명 살림의 길로 나아갈 수 있다.

양명과 정인보는 통각과 감통의 주체인 양지를 바탕으로 당시 열악한 환경 속에서 고통 받던 백성들의 어려움과 고통을 자기 자신의 고통과 아픔으로 느끼면서 백성들의 고난과 고통을 치유하기 위해 한 평생을 살다간 지행합일知行合一·치양지致良知의 산 증인이다. 제4차 산업혁명시대에도 우리는 우리의 손길을 필요로 하는 사람들을 위해 양지를 바탕으로 이들을 보살피고 돌보면서 이들의 아픔과 상처를 치유하고 함께 더불어 살아가야 할 것이다. 이것이야말로 우리가 기계와 지식의 노예가 되지 않는 진정한 사람다운 삶이라고 할 수 있을 것이다.

제4절 존재의 하나 됨을 위한 상생과 공생의 길

양명학에서 양지는 '수시변역성'이자 '통각'과 '감통'의 주체라고 하였다. 그리고 이러한 양지는 제4차 산업혁명시대에 요청되는 '창의성'의 근간이 됨과 동시에 '배려'와 '돌봄'과 '치유'의 원동력이라는 사실도 함께 살펴봤다. 그렇다면 양지를 토대로 한 창의성은 물론 돌봄과 배려와 치유를 통해 도달하고자 하는 세계는 어떠한 세계인가? 그 세계는 다름아닌 천지만물일체의 세계, 즉 상생과 공생의 세계라 할 수 있을 것이다.

우리는 그 동안 원자론적 사고에 바탕을 둔 기계론적 세계관과 개인주의가 지배하는 세계에서 살아왔고 살고 있다. 인간과 자연을 분리할 뿐만 아니라 인간과 인간을 분리하고, 자연에 대해서는 생명권조차도 박탈하고 인간 욕망을 위한 하나의 도구와 수단으로만 취급함으로써 자연환경을 심각하게 파괴하고 훼손하여 생태계 위기를 야기하였다. 나아가 인간조차도 부의 증진을 위한 하나의 도구로 간주함으로써 인간 생명과 생존을 위협하는 생명 위기를 야기하였다.[31]

제4차 산업혁명시대는 '초연결 사회(hyper-connected Society)'라고 한다. 초연결 사회는 "디지털 기술을 통해 사람과 사람, 사람과 사물, 사물과 사물, 온라인과 오프라인이 일대일 또는 일대 다수, 다수 대 다수로 긴밀하게 연결되는 사회를 말한다."[32] 초연결 사회란 "사람, 사물, 공간 등 모든 것들(Things)이 인터넷(Internet)으로 서로 연결되어, 모든 것에 대한 정보가

---

31) 김세정, 『돌봄과 공생의 유가생태철학』, 26~33쪽 참조.

32) http://100.daum.net/encyclopedia/view/54XX34200151

생성·수집되고 공유·활용되는 사회”를 뜻한다.[33] “모든 사물과 공간에 새로운 생명이 부여되고 이들의 소통으로 새로운 사회가 열리는 것이다. 즉, 초연결 사회에서는 인간 대 인간은 물론, 기기와 사물 같은 무생물 객체끼리도 네트워크를 바탕으로 상호 유기적인 소통이 가능해진다.”[34] 초연결 사회는 사람과 사람, 사람과 자연이 분리된 원자론적 세계가 아니다. 공간적 제약을 뛰어넘어 ‘사람과 사람’만이 아니라 ‘사람과 자연’ 나아가 ‘사람과 사물’까지도 하나로 연결된 사회이다. 초연결 사회가 나아가야 할 바람직한 방향은 구성원 간에 상생과 공생의 관계망으로 이루어진 유기체적 · 생태론적 사회일 것이다. 인간과 자연물뿐만 아니라 인공적인 사물 또한 유기체적 · 생태론적 사회의 한 부분이자 구성원이다.

여기서 양명이 말하는 ‘천지만물일체天地萬物一體’의 세계를 다시 생각해 볼 수 있다. 양명은 인간과 천지만물 사이의 ‘일기一氣 유통流通’을 근거로 하여 인간과 천지만물이 한 몸(一體)임을 주장한다. 인간 마음의 ‘영명靈明’함이 천지만물의 정수로 규정되고, 천지만물과 인간을 하나의 유기적인 정합체로 연결시키려는 입장에서 인간과 천지만물 사이의 일기의 유통이 제시되고 있다. 예컨대 오곡五穀이나 새와 짐승의 부류가 모두 사람을 양육할 수 있고 약이나 돌침과 같은 부류가 모두 사람의 병을 치료할 수 있는 것처럼, 무생물 · 식물 · 동물은 인간과 동일한 하나의 기의 유통을 통해 인간의 병을 치료해주고 인간의 생명을 건강하게 유지시켜준다는 것이다.[35]

양명학에 있어 일기一氣는 단지 생명에너지로서의 질료적 측면만이 아

---

33) 삼정KPMG 경제연구원, 「4차 산업혁명과 초연결 사회: 변화할 미래 산업」, 『이슈 모니터(Issue Monitor)』 68호(삼정KPMG, 2017), 5쪽.

34) http://hyunjung1234.tistory.com/431

35) 『傳習錄』(下), 「黃省曾錄」, 274조목, “蓋天地萬物與人原是一體, 其發竅之最精處, 是人心一點靈明. 風雨露雷日月星辰禽獸草木山川土石, 與人原只一體. 故五穀禽獸之類, 皆可以養人; 藥石之類, 皆可以療疾: 只爲同此一氣, 故能相通耳.”

니라 '영명성靈明性'으로 표현되는 '정신적 측면' 모두를 함축한다. 이에 양명은 황이방과의 문답에서 인간 마음의 영명성과 관련하여 일기의 유통을 다음과 같이 설명하고 있다.

> (황이방이) 물었다. "사람의 마음은 만물과 한 몸(同體)이라고 하셨는데, 내 몸이라면 원래 혈기가 흘러 통하는 것이기 때문에 한 몸이라고 말할 수 있습니다. 그러나 다른 사람과는 몸을 달리합니다. 또한 새와 짐승 그리고 풀과 나무와는 더욱 멀어지는데, 어떻게 한 몸이라고 말할 수 있습니까?"
>
> 선생께서 말씀하셨다. "그대가 다만 감응感應하는 기미에서 본다면, 어찌 새·짐승과 풀·나무뿐이겠는가? 비록 천지라고 하더라도 나와 한 몸이며, 귀신 또한 나와 한 몸이다."
>
> 가르침을 청하였다.
>
> 선생께서 말씀하셨다. "그대는 이 천지 가운데서 무엇이 천지의 마음(天地之心)이라고 생각하는가?"
>
> 대답하였다. "일찍이 사람이 천지의 마음이라고 들었습니다."
>
> 선생께서 말씀하셨다. "사람은 또 무엇으로 마음을 삼는가?"
>
> 대답하였다. "단지 하나의 영묘하고 밝은 것(靈明)을 마음으로 삼습니다."
>
> (선생님께서 말씀하셨다.) "천지 사이에 가득 찬 것은 단지 이 하나의 영명靈明이라는 것을 알 수 있다. 사람은 다만 형체 때문에 스스로 격리되어 있는 것이다. 나의 영명이 곧 천지와 귀신의 주재자이다. 나의 영명이 없다면 누가 하늘의 높음을 우러러보겠는가? 나의 영명함이 없다면 누가 땅의 깊음을 굽어보겠는가? 나의 영명이 없다면 누가 귀신의 길흉吉凶과 화복禍福을 분별할 수 있겠는가? 천지와 귀신과 만물이 나의 영명을 떠난다면, 천지와 귀신과 만물은 존재하지 않을 것이다. 나의 영명이 천지와 귀신과 만물을 떠난다면, 또한 나의 영명도 존재하지 않을 것이다. 이와 같다면 곧 일기一氣가 유통하는 것이니, 어떻게 그것들과 격리될 수 있겠는가?"[36]

---

36) 『傳習錄』(下), 「黃以方錄」, 336조목, "問: 人心與物同體, 如吾身原是血氣流通的, 所以謂之同體. 若於人便異體了. 禽獸草木益遠矣, 而何謂之同體? 先生曰: 你只在感應之幾上看, 豈但禽獸草木, 雖天地也與我同體的, 鬼神也與我同體的. 請問. 先生曰: 你看這箇天地中間, 甚麽是天地的心? 對曰: 嘗聞人是天地的心. 曰: 人又甚麽教

인간이 동물·식물·천지·귀신과 같은 우주의 모든 존재물들과 감응한다고 하는 사실적 측면에서 본다면, 결국 인간은 모든 존재물과 동체同體, 즉 한 몸을 이루고 있다고 할 수밖에 없다는 것이다. 감응은 천지의 마음이라는 위상을 지닌 인간이 영묘하고 밝은 마음을 지니고 있기 때문에 가능하다. 인간은 자신의 영명靈明한 마음을 통해 천지와 귀신을 주재하는 감응 작용을 진행할 수 있는 데, 이를 통해 인간과 천지만물 사이에는 일기一氣가 유통한다는 사실과 천지만물과 인간이 한 몸을 이루고 있다는 사실을 알 수 있다는 것이다. 물론 외형상으로 인간의 신체는 인간 자신이 천지만물과 분리되어 존재하는 하나의 독립된 개체처럼 보이게 만든다. 그러나 이러한 경계는 생명 시스템의 유한성을 표시하는 특정한 부위 또는 특정한 규정성을 가리키는 것으로서,[37] 이 경계에 국한되는 영역만으로는 생명을 존속시켜나갈 수가 없다. 마치 인간 유기체의 각 기관들이 상호 분리·독립된 상태에서는 온전히 제 기능을 수행할 수 없을 뿐만 아니라, 자신의 전체인 인간 유기체의 생명 또한 온전하게 유지시켜나갈 수 없는 것과 같다. 반드시 각각의 기관들이 상호간에 유기적인 조화와 협력을 유지해야만 인간 유기체가 건강한 생명을 지속해나갈 수 있는 것처럼, 인간은 하나의 총체적 생명체 안에서 천지만물과 상호 유기적이고 상보적인 조화와 협력을 유지해나가야 한다. 인간은 자신의 영명성을 통해 천지만물과 감응함으로써 천지만물과 자신이 하나의 생명체임을 자각할 수 있음은 물론, 하나의 생명체로서의 천지만물이 존

做心? 對曰: 只是一箇靈明. 可知充天塞地中間, 只有這箇靈明, 人只爲形體自間隔了. 我的靈明, 便是天地鬼神的主宰. 天沒有我的靈明, 誰去仰他高? 地沒有我的靈明, 誰去俯他深? 鬼神沒有我的靈明, 誰去辯他吉凶災祥? 天地鬼神萬物離卻我的靈明, 便沒有天地鬼神萬物了. 我的靈明離卻了天地鬼神萬物, 亦沒有我的靈明. 如此, 便是一氣流通的, 如何與他間隔得!"

37) 박창근, 『시스템학』(범양사, 1997), 82쪽 참조.

재하기 때문에 인간의 영명성 또한 존재의 필요성과 의미를 지닌다. 이러한 바탕 위에 양명은 결론적으로 인간은 자신의 영명성을 통해 천지만물과 감응(일기의 유통)을 하기 때문에 이들과 격리될 수 없다고 주장하고 있다. 인간은 자신의 영명성을 통해 천지만물과 감응할 수 있으며, 이를 통해 이들과 유기적인 생명의 관계망을 유지하고 이들의 생명을 온전하게 존속시켜나갈 수 있는 것이다.[38]

앞에서 제4차 산업혁명시대의 '초연결 사회'는 '사람과 사람'만이 아니라 '사람과 자연' 나아가 '사람과 사물'까지도 하나로 연결된 사회라고 하였다. 양명이 말하는 인간과 천지만물이 한 몸인 세계는 사람과 사람 그리고 사람과 자연뿐만 아니라 사람과 사물까지 하나로 연결된 세계라는 점에서 유사성을 지닌다. 그러나 양명이 말하는 천지만물일체의 세계는 단순한 기계적 연결이 아니라 '하나의 생명체로서의 연결'이라는 점과 인간이 기계에 의존하는 형태가 아니라 인간이 타고난 본성에 근거한 통각과 감통의 주체라는 점에서 제4차 산업혁명시대에서 말하는 초연결 사회와는 다른 측면이 있다. 그리고 이 점이 제4차 산업혁명시대에 있어 양명학이 지니는 의미 있는 부분이라고 할 수 있다.

양명은 천지만물일체설을 근거로 하여 인간이 다른 사람은 물론 동물·식물, 나아가 무생물의 파괴와 손상에 대해 이를 자신의 아픔으로 느끼는 통각痛覺 작용을 일으킨다고 다음과 같이 구체적으로 밝히고 있다.

> 대인大人은 천지만물을 한 몸(一體)으로 여기는 사람인지라, 천하를 한 집안처럼 보고, 나라 전체를 한 사람처럼 본다. 저 형체를 사이에 두고 너와 나를 나누는 자는 소인小人이다. 대인이 천지만물을 한 몸으로 여길 수 있는 것은 그것을 의도해서가 아니라, 그 마음의 인仁이 본래 그와 같아서 천지만물과 더불어 하나가 되는 것이다. 어찌 오직 대인뿐이겠는가. 비록 소인의 마음

---

38) 더 자세한 내용은 본서 3장 3절 3. '천지만물과 인간의 호혜성'을 참고 바람.

이라고 하더라도 또한 그렇지 않음이 없지만, 자기 스스로 작게 만들었을 뿐이다. 그러한 까닭에 어린아이가 우물에 빠지려는 것을 보면 반드시 두려워하고 근심하며 측은해 하는 마음(怵惕惻隱之心)이 일어나는데, 이것은 그의 인仁이 어린아이와 더불어 한 몸이 된 것이다. 어린아이는 오히려 인간과 동류同類이다. 새가 슬피 울고 짐승이 사지에 끌려가면서 벌벌 떠는 것을 보면 반드시 참아내지 못하는 마음(不忍之心)이 일어나는데, 이것은 그의 인仁이 새나 짐승과 더불어 한 몸이 된 것이다. 새나 짐승은 오히려 지각知覺이 있는 것이다. 풀과 나무가 잘려나간 것을 보면 반드시 가여워서 구제하고 싶은 마음(憫恤之心)이 일어나는데, 이것은 그의 인仁이 풀·나무와 더불어 한 몸이 된 것이다. 풀과 나무는 오히려 살고자 하는 의지(生意)가 있는 것이다. 기와장이 무너지고 돌이 깨진 것을 보면 반드시 애석하게 여기는 마음(顧惜之心)이 일어나는데, 이것은 그의 인仁이 기왓장·돌과 한 몸이 된 것이다. 이렇게 한 몸으로 여기는 인仁은 소인의 마음이라고 하더라도 또한 반드시 그것을 지니고 있다. 이것은 하늘이 부여한 본성에 뿌리를 두고 있으며, 자연히 영명하고 밝아서 어둡지 않은 것이다. 그런 까닭에 명덕明德이라고 부른다.[39]

인간과 천지만물은 본래 한 몸이다. 인간이 자신의 형체를 기준으로 자신과 천지만물을 주 · 객 또는 내 · 외로 구분하여 이원화시키지 아니하고 하나의 유기적인 생명체(一體)로 삼을 수 있는 토대는 후천적인 인위적 노력이 아니라 선천적인 '만물일체萬物一體의 인심仁心'에 있다. 사람으로 하여금 천지만물과 한 몸이도록 하는 인심仁心은 하나의 독립된 개체로서의 한 사람의 마음으로 국한되는 것이 아니다. 인심은 사람을 우주

---

39) 『王陽明全集』, 권26, 「大學問」, 968쪽, "大人者, 以天地萬物爲一體者也, 其視天下猶一家, 中國猶一人焉. 若夫間形骸而分爾我者, 小人矣. 大人之能以天地萬物一體也, 非意之也, 其心之仁本若是, 其與天地萬物而爲一也. 豈惟大人, 雖小人之心亦莫不然, 彼顧自小之耳. 是故見孺子之入井, 而必有怵惕惻隱之心焉, 是其仁之與孺子而爲一體也; 孺子猶同類者也, 見鳥獸之哀鳴觳觫, 而必有不忍之心焉, 是其仁之與鳥獸而爲一體也; 鳥獸猶有知覺者也, 見草木之摧折, 而必有憫恤之心焉, 是其仁之與草木而爲一體也. 草木猶生意者也, 見瓦石之毁壞, 而必有顧惜之心焉, 是其仁之與瓦石而爲一體也; 是其一體之仁也, 雖小人之心亦必有之. 是乃根於天命之性, 而自然靈昭不昧者也, 是故謂之明德."

자연의 모든 존재물과 하나의 생명체로 연결시켜주는 선천적이며 본원적인 전우주적 차원의 마음이다. 무엇보다 중요한 것은 인간과 천지만물이 함께 한 몸으로 이루어진 세계는 단순히 관념의 세계나 공상의 세계가 아니라 인심을 통해 실제적으로 감응할 수 있는 사실적 세계이다. 인간 누구나 지니고 있는 '만물일체의 인심'은 인간이 우주자연의 모든 존재물들이 손상되고 파괴될 때 이를 자신의 아픔으로 느끼는 '통각痛覺의 주체이다.

만물일체의 인심仁心에 의한 천지만물과의 사실적인 감응과 통각의 과정은 인간계뿐만 아니라 동물계와 식물계를 넘어 무생물계까지 포함한다. 인간은 다른 사람의 생명이 위험에 처한 상황에 마주하게 되면 두려워하고 측은해 하는 마음인 출척측은지심怵惕惻隱之心이 발동한다. 이 마음이 바로 인심仁心이며, 인간은 다른 사람과 자신을 하나의 생명체로 연결해주는 인심을 통해 타인의 생명 손상을 자신의 아픔으로 느끼는 생명 공조 현상, 즉 통각 작용을 일으키게 된다. 이러한 타인과 생명 공조를 일으키는 인심의 감응 근거는 모든 인간이 동일한 종種이라는 '동류성同類性'에 있다. 인심의 통각과 감응 작용은 동류인 인간에서 머물지 않는다. 동물이 죽음에 직면하면 본능적으로 죽음을 두려워하는 소리를 내거나 벌벌 떠는 모습을 보이는 데, 인간은 이러한 상황을 마주하면 이를 참아내지 못하는 마음인 불인지심不忍之心이 발동하게 된다. 이 또한 인간 자신과 동물을 하나의 생명체로 연결해주는 인심에 의한 생명 공조 현상이다. 인간과 동물계와의 생명 공조성의 근거는 인간과 동물이 공통적으로 내재하고 있는 '지각知覺'에 있다. 또한 식물이 손상되는 상황을 목격하게 되었을 때, 인간은 이를 가엽게 여겨 구제하고 싶은 마음인 민휼지심憫恤之心이 발동한다. 이 또한 인간에게는 자신과 식물을 하나의 생명체로 연결지어주는 인심이 있기 때문이다. 인간과 식물계의 생명 공조성의 근거는 생명체가 내재하고 있는 살고자 하는 의지, 즉 '생명 의지'(生意)에 있다. 이러한 통각과 감응 작용은 살아있는 생명체인 동물과 식물의 단계에서 끝나지 않는다. 기와나 돌과 같은 무생물이 파괴·손상된 모습을 마주하게 되면 인간은 이에 대해서도 애석하게 여기는 마음인 고석지심顧惜之心이 발동한다. 이 또한 인간 자신과 무생물계를 하나의 생명체로 연결시켜주는 인심이 있기 때문에 가능하다. 인간 자신을 포함한 모든 존재물들을 하나의 생명체로 보는 관점에서는 무생물 또한 이 생명체의 일부가 된다. 따라서 그 생명체의 마음, 즉 통각과 감통의 주체인 인간은 무생물에 대해서도 통각 작용, 즉 무생물의 파괴와 손상에 대해 이를 자신의 아픔으로 느끼는 마음이 발동하게 된다.[40] 이러한 만물일체의 인심의 통각 작용으로 인해 앞에서도 말한 바와 같이, 내가 마주한 존재물과 상황에 따라 이들을 돌보고 보살피며 상처를 치유하는 실천 행위를 수반하게 되는 것이다.

이렇듯 양명은 모든 존재물들을 유기적 관계망으로 이루어진 하나의 생명체로 보면서 인간과 자연만물의 관계를 상생과 공생의 관계로 보고 있다. 물론 인간은 단순히 병렬적 차원에서의 생명의 한 부분이 아니다. 인간은 우주자연의 마음, 우주자연의 생명 손상에 대해 이를 자신의 아픔으로 느끼는 통각의 주체이자, 아프기 때문에 이들을 보살피고 돌보고 치유하는 감통의 주체이다.

제4차 산업혁명의 시대, 초연결 사회에서도 인간은 다른 존재물과의 단순한 연결 고리나 연결체가 아니라 모든 존재물에 대한 통각과 감통의 주체가 되어야 한다. 물론 다른 인간에 대해, 그리고 동식물과 같은 자연물에 대해 우리는 그들의 생명 손상을 아파하고 치유할 수 있어야 한다. 그러나 여기서 멈추지 말고 인공지능, 자율주행차, 사물인터넷, 로봇 등

40) 보다 자세한 내용은 본서 3장 3절 2. '천지만물의 중추적 인간'을 참고 바람.

과 같은 인공사물에 대해서도 이들을 단순히 인간의 욕망 실현과 편리함만을 위한 도구와 수단으로만 취급하는 태도에서 벗어나야 한다. 마음껏 사용하다 아무런 미안함도 없이 폐기시켜 버려야 할 대상이 아니다. 분명 이러한 것들은 사람과 사람, 사람과 자연, 사람과 사물을 연결시켜 주는 매개체이다. 천지만물일체설의 관점에서 봤을 때, 이들 또한 전체생명의 한 부분이다. 그렇다고 한다면 이들 또한 소중하게 대함은 물론 통각과 감통의 대상으로 삼고 이들과 함께 상생하고 공생할 수 있는 길을 열어가야 할 것이다.

제5절 나오는 말

우리가 마주한 제4차 산업혁명시대에 있어 양명학은 우리에게 어떠한 의미가 있는 것일까? 이에 대한 답변은 위에서 이야기한 세 가지 측면에서 정리해 볼 수 있다.

첫째, 생명을 살리는 '살림의 창의성'이다. 제4차 산업혁명시대에 요구되는 인간의 중요한 역량 가운데 하나가 '창의성'이다. 양명학에서 창의성의 원동력은 인간 양지良知의 '수시변역성隨時變易性'에서 찾을 수 있다. 양지는 생명을 질곡 시킬 수 있는 고정된 규범과 격식으로부터 인간을 해방시켜준다. 양지는 어떠한 기성의 권위나 이해득실에 얽매이지 않는다. 단지 마주한 상황에 따라 거짓됨 없는 진실한 상태에서 있는 그대로 시비와 진위를 판단한다. 이것이 바로 인간의 주체성에 근거한 양지의 수시변역성으로서 오늘날 요구되는 창의성이라고 할 수 있다. 양명학에서 말하는 양지의 창의성은 지식과 이익의 차원을 넘어 우주적 차원과 생명의 차원에서의 창의성이라고 할 수 있다. 즉 생명을 살리는 '살림의 창의성'이라고 이름할 수 있다.

둘째, 양자의 통각痛覺과 감통感通에 근거한 '돌봄과 배려와 치유'이다. 자본주의와 신자유주의는 무한 경쟁으로 인해 치유하기 힘든 갈등과 상처를 안겨주었다. 이제 자신의 이익만을 위한 경쟁과 갈등에서 서로를 보살피는 '돌봄'과 '배려'와 '차유'의 세계로 나아가야 한다. 양명학에서는 돌봄과 배려와 치유의 근거를 '양지'에서 찾을 수 있다. 양지는 바로 '통각'과 '감통'의 주체이다. 통각이란 다른 존재물이 손상되었을 때 그것을 나의 아픔으로 느끼는 것이며, 감통은 내 마음이 아프기 때문에 다른 존재물을 배려하고 돌보고 치유하는 것이다. 제4차 산업혁명시대에도 우리는 우리의 손길을 필요로 하는 사람들을 위해 양지를 바탕으로 이들을 보살피고 돌보면서 이들의 아픔과 상처를 치유하고 함께 더불어 살아가야 할 것이다. 이것이야말로 우리가 기계와 지식의 노예가 되지 않는 진정한 사람다운 삶이라고 할 수 있을 것이다.

셋째, 존재의 하나 됨을 위한 '상생과 공생의 길'이다. 제4차 산업혁명시대는 '초연결 사회(hyper-connected Society)'라고 한다. 초연결 사회는 공간적 제약을 뛰어넘어 '사람과 사람'만이 아니라 '사람과 자연' 나아가 '사람과 사물'까지도 하나로 연결된 사회이다. 양명학에서는 모든 존재물들을 유기적 관계망으로 이루어진 하나의 생명체로 보면서 구성원들을 상생과 공생의 관계로 본다. 인간은 우주자연의 마음, 즉 우주자연의 생명 손상에 대해 이를 자신의 아픔으로 느끼는 통각의 주체이자 아프기 때문에 이들의 손상과 상처를 치유해주는 감통의 주체이다. 초연결 사회에서도 인간은 모든 존재물에 대한 통각과 감통의 주체가 되어야 한다. 물론 다른 인간에 대해, 그리고 동식물과 같은 자연물에 대해 우리는 그들의 생명 손상을 아파하고 치유할 수 있어야 한다. 그리고 인공지능, 자율주행차, 사물인터넷, 로봇 등과 같은 인공사물 또한 천지만물일체설의 관점에서 봤을 때 전체생명의 한 부분이다. 따라서 이들 또한 소중하게 대함은 물론 통각과 감통의 대상으로 삼고, 이들과 함께 상생하고 공생할 수 있는 길을 열어가야 할 것이다.

부록 2

국내 왕양명 연구 문헌 목록

본 목록에는 1960년대부터 2019년 8월 30일까지 한국에서 간행된 저서, 번역서, 학위논문 및 각종 논문집과 학술잡지에 게재된 왕양명의 생애와 사상 전반과 관련된 연구 성과 자료를 수록하였다.

1. 저서 (24권)

정인보, 『陽明學演論(外)』, 삼성문화재단, 1972.7.

이민수, 『양명학이란 무엇인가』, 서문당, 1976.

송재운, 『陽明哲學의 硏究』, 사사연(사사연총서9), 1991.2.

김길락, 『象山學과 陽明學』, 예문서원, 1995.3

최재목, 『동아시아의 양명학』, 예문서원, 1996.10

김순임, 『陽明思想과 圓佛敎』, 원광대출판부, 1996.

장성모, 『주자와 왕양명의 교육이론』, 교육과학사, 1998.8

정동국・정덕희, 『공자와 양명학』, 태학사, 1999.1

최재목, 『양명학과 공생・동심・교육의 이념』, 영남대출판부, 1999.5

박연수, 『陽明學의 理解－陽明學과 韓國陽明學』, 集文堂, 1999.9

김길락 외, 『王陽明 철학연구』, 청계, 2001.3

김세정, 『양명학 인간과 자연의 한몸 짜기』, 문경출판사, 2001.12

유명종, 『왕양명과 양명학』, 청계, 2002.11

최재목, 『왕양명의 삶과 사상 내 마음이 등불이다』, 이학사, 2003.5
김세정, 『왕양명의 생명철학』, 청계, 2006.3
이종란 저, 『왕수인이 들려주는 양지 이야기』, 자음과모음, 2006.2
박정련, 『왕양명의 마음의 예술, 음악 그리고 음악교육론』, 민속원, 2007.11
박연수, 『양명학이란 무엇인가?』, 한국학술정보(주), 2010.3
문성환, 『전습록, 앎은 삶이다』, 북드라망, 2012
정인재, 『양명학의 정신』, 세창출판사, 2014.3
김세정, 『왕양명의 『전습록』 읽기』, 세창미디어, 2014.8
전병술, 『심학과 심리학』, 모시는사람들, 2017.3
최재목, 『양명학의 새로운 지평 - 숨은 얼굴 드러난 얼굴』, 지식과교양, 2017.12
황갑연, 『왕양명 읽기』, 세창미디어, 2018

2. 원전 번역서 (14권)

김학주 역, 『朱子 · 王陽明 (中國思想大系 8)』, 大洋書籍, 1972.7
송하경 역, 『王陽明 傳習錄』(世界의 大思想 30), 微文出版社, 1974.12
안길환 역, 『新譯 傳習錄』, 明文堂, 1998.11
김흥호 역, 『양명학 공부【1】『전습록』 풀이』, 솔, 1999.5
김흥호 역, 『양명학 공부【2】『전습록』 풀이』, 솔, 1999.5
김흥호 역, 『양명학 공부【3】詩 · 文 · 論 · 習』, 솔, 2000.9
정차근 역, 『전습록』, 평민사, 2000.7
정인재 · 한정길 역, 『傳習錄 실천적 삶을 위한 지침 1』, 청계, 2001.8
정인재 · 한정길 역, 『傳習錄 실천적 삶을 위한 지침 2』, 청계, 2001.8
김학주 역, 『傳習錄』, 명문당, 2005.2
정지욱 역, 『양명선생유언록 陽明先生遺言錄』, 소나무, 2009.10
김동휘 역, 『전습록』, 신원문화사, 2010.12
왕양명 저, 문성환 역자, 『낭송 전습록』, 북드라망, 2014
왕양명 지음, 김용재 풀어씀, 『전습록: 실천하는 지식인, 개혁을 외치다』, 풀빛, 2019.4

3. 외국문헌 번역서 (16권)

시마다 겐지 저, 김석근 · 이근우 옮김, 『주자학과 양명학』, 까치사, 1986.3

▶ (島田虔次, 『朱子學と陽明學』, 日本 岩派新書, 1967)

아라키 겐고 지음, 김석근 옮김, 『불교와 양명학』, 서광사, 1993.7

▶ (荒木見悟, 『佛敎と陽明學』, 日本 第三文明社, 1979)

아라키 겐고 지음, 배영동 옮김, 『불교와 양명학』, 혜안, 1996.6

▶ (荒木見悟, 『佛敎と陽明學』, 日本 第三文明社, 1979)

楊國榮 저, 송하경 역, 『陽明學通論』, 박영사, 1994.3

▶ (楊國榮, 『王學通論』, 中國 上海三聯書店, 1988)

楊國榮 저, 김형찬 외 역, 『양명학 : 왕양명에서 웅십력까지』, 예문서원, 1994

▶ (楊國榮, 『王學通論』, 中國 上海三聯書店, 1988)

Tu Wei-Ming 저, 권미숙 옮김, 『한 젊은 유학자의 초상, 青年 王陽明 (1472-1509)』, 통나무, 1994.7

▶ (Tu Wei-Ming, Neo-Confucian Thought in Action, Wang Yang-ming's Youth (1472-1509), University of California Press. 1976)

蔡仁厚 저, 황갑연 옮김, 『왕양명 철학』, 서광사, 1996.9

▶ (蔡仁厚, 『王陽明哲學』, 臺灣 三民書局, 民國 63年)

박연수 편역, 『양명학이란 무엇인가』, 경희종합출판사, 1997.7

쥴리아 칭 지음, 이은선 역, 『왕양명의 길 : 지혜를 찾아서』, 분도출판사, 1998

▶ (Julia Ching, TO ACQUIRE WISDOM: The Way of Wang Yang-ming, Columbia University Press, 1976)

陳來 저, 전병욱 옮김, 『양명철학』, 예문서원, 2003.5

▶ (陳來, 『有無之境』, 中國 人民出版社, 1991)

고지마 쓰요시 지음, 신현승 옮김, 『사대부의 시대 : 주자학과 양명학 새롭게 읽기』, 동아시아, 2004.11

▶ (小島毅, 『朱子學と陽明學』, 日本 日本放送出版協會, 2004.3)

마노 센류 저, 이석주 역, 『주자와 왕양명 : 신유학과 『대학』의 이념』, 학고방, 2010.1

▶ (間野潛龍, 『朱子と王陽明 : 新儒学と大学の理念』, 日本 青水書院, 1974)

야스다 지로 지음, 이원석 옮김, 『주자와 양명의 철학 : 연속관과 습관론으로 본 주자학과 양명학』 논형, 2012.10

▶ (安田二郎, 『中國近世思想研究』, 日本 筑摩書房, 1997)

토머스 메츠거 저, 나성 역, 『곤경의 탈피 : 주희 · 왕양명부터 탕쥔이 · 펑유란까지 신유학과 중국의 정치 문화』, 2014, 민음사

▶ (Thomas A. Metzger, Escape From Predicament: Neo-Confucianism and China's Evolving Political Culture)

최재목 지음, 이우진 옮김, 『동아시아 양명학의 전개』, 정병규에디션, 2016.3

▶ 崔在穆, 「東アジア陽明學の展開」, 日本 ぺりりかん社, 2006.12

▶ 崔在穆 著, 錢明 譯, 『東亞陽明學的展開』, 國立臺灣大學出版中心, 2011.12

동핑 저, 이준석 역, 『칼과 책 : 전쟁의 신 왕양명의 기이한 생애』, 글항아리, 2019.5

▶ (董平, 『传奇王阳明』, 中國, 2010)

4. 박사학위논문[1] (49편)

崔完植, 「王陽明詩研究」, 國立臺灣師範大學, 1984

송재운, 「王陽明 心學의 研究 : 心卽理의 淵源과 致良知를 中心으로」, 동국대학교, 1985.7

박성기, 「王陽明의 致良知에 관한 研究」, 동아대학교, 1985

宋河璟, 「王陽明心學之研究」, 國立臺灣師範大學, 1986.7

鄭勝元, 「陽明哲學之研究」, 臺灣文化大學, 1987.1

李明漢, 「陽明'良知' : 概念之形成及其意義之義探討」, 臺灣文化大學, 1988

이은선, "Zwei Denker des brennenden Herzen : Die Religioese Grundlage der Menschenbildung bei H. Pestalozzi und Wang Yang-Ming," Universitaet Basel, Swiss, 1988

1) 외국에서 받은 한국학자의 박사학위논문도 포함하였다.

鄭德熙, 「明嘉靖年間朱子學派批判王學思想硏究」, 臺灣文化大學, 1990
崔在穆, 「東アジアにおける陽明學の展開」, 日本 筑波大學校, 1991.3
양태호, 「王陽明의 心學體系에 관한 硏究」, 충남대학교, 1991.5
김수중, 「陽明學의 大同社會意識에 관한 硏究 : 王守仁 · 王艮 · 何心隱을 중심으로」, 서울대학교, 1991.8
김흡영, "Lantification and Lelificultioation: A Study of Karl Barth and Neo-Confuciation(Wang Yang Ming)," Berkely Univ., 1992
이준자, 「王陽明의 哲學思想에 關한 硏究 : 良知論을 中心으로」, 전북대학교, 1992.2
양재열, 「儒家에 있어서의 人間主體에 關한 硏究 : 程朱學과 陸王學을 中心으로」, 성균관대학교, 1992.10.
장성모, 「敎育理論으로서의 朱子學과 陽明學」, 서울대학교, 1993.2
오홍민, 「陽明哲學에 있어서의 人間主體性에 관한 연구」, 충남대학교, 1993.8
李相勳, 「王陽明工夫論之硏究」, 臺灣 東海大學, 1994.6
田炳述, 「從理學到心學之發展看王陽明哲學的特色」, 臺灣文化大學, 1995.12
黃甲淵, 「心學的道德形上學硏究 : 從心性論開展到形上學之探」, 臺灣 東海大學, 1996
김재구, 「王陽明의 良知哲學 硏究」, 동아대학교, 1996.8
권오륜, 「陽明學의 身體思想에 관한 硏究」, 부산대학교, 1997.2
김세정, 「王陽明의 生命哲學에 관한 硏究」, 성균관대학교, 1998.12
한정길, 「王陽明의 마음의 철학에 관한 硏究」, 연세대학교, 1999.8
김 훈, 「양명학에 있어서 심체의 무제약적 창조성에 관한 연구」, 충남대학교, 2000.8
황미영, 「王陽明의 『朱子晩年定論』에 관한 硏究」, 영남대학교, 2000
林洪兌, 「王陽明 四句教 硏究」, 中國 人民大學, 2001.6
정갑인, 「王陽明의 萬物一體論」, 한국정신문화연구원, 2002
金演宰, 「宋明理學和心學派的易學與道德形上學」, 中國 北京大學, 2002
박정련, 「王陽明의 心學的 樂論」, 영남대학교, 2003.6
Oh, Kyoung-soo, A Comparative Study on the Idea of Salvation: Wang Yang-Ming and John Wesley, Theology, Flinders University: Australia, 2004
천용준, 「王陽明의 修養論에 관한 硏究」, 대구한의대학교, 2005

현재우, 「왕양명과 이나시오의 종교적 경험 연구: 윌리엄 제임스의 시각을 중심으로」, 서강대학교, 2007
이옥순, 「王陽明 心學의 倫理 思想 研究」, 충북대학교, 2007
한동균, 「王陽明 心學 研究 : 心의 意味 變遷과 體得을 中心으로」, 영남대학교, 2008
석재홍, 「王陽明 良知論의 道德教育的 意義」, 경북대학교, 2009
김시연, 「王陽明의 修養論을 통해서 본 武道의 도덕공동체 구상」, 영남대학교, 2010
김영건, 「왕양명의 심학의 종교적 성격 연구 : 내재적 초월을 중심으로」, 성균관대학교, 2012
염호택, 「王陽明의 聖學과 藝術의 相關性에 관한 研究」, 한남대학교, 2012
박길수, 「本體與境界之間: 王陽明心性說的本質與特征」, 北京大學, 2012.12
이우진, 「王陽明 工夫論의 教育學的 解釋」, 한국학중앙연구원, 2012
이천일, 「王陽明 兒童教育論 研究」, 연세대학교, 2013
이지현, 「왕양명(王陽明)에서 '치양지(致良知)'의 역동적 실천성 연구」, 이화여자대학교, 2014
양선진, 「왕양명과 베르그손의 생명론과 철학상담 적용에 관한 연구」, 충남대학교, 2015
이승철, 「왕수인의 내적 자각에 관한 교육적 이해」, 성균관대학교 2016
박평선, 「王陽明의 大同思想에 관한 研究」, 성균관대학교, 2016
조지선, 「陽明哲學에 있어 人性教育의 含意 研究」, 충남대학교, 2017.8
권영화, 「주자와 양명의 심론 연구 : 심의 현상학적 지향성을 중심으로」, 전북대학교, 2018.2
박현정, 「陽明學的體用與情」, 北京大學, 2018.5
문종하, 「新儒學의 生命哲學에 관한 연구 : 氣學·理學·心學의 공통점과 차이점 분석을 중심으로」, 충남대학교, 2019.2

5. 석사학위논문 (85편)

김순임, 「陽明哲學 研究 : 致良知論을 中心으로」, 성균관대학교, 1971
송하경, 「陽明心學三綱領之研究」, 臺灣國立大學校, 1971.6

구춘수, 「陽明哲學에 있어서의 人間價値 實現에 관한 硏究」, 서울대학교, 1980
박연수, 「陽明의 知行合一思想」, 서울대학교, 1981.2
안종수, 「王陽明 哲學의 硏究」, 연세대학교, 1982
양용환, 「王陽明 思想에 관한 硏究」, 영남대학교, 1982
이정인, 「王陽明思想과 圓佛敎 修行論 比較硏究」, 원광대학교, 1983
김일환, 「宋明哲學에 있어서의 理에 關한 硏究 : 朱子와 王陽明의 思想을 中心으로」, 성균관대학교, 1983.12
신규탁, 「실천인식능력의 기초 및 그 정당성에 관한 논고 : 중국이학과 심학의 도덕율을 중심으로」, 연세대학교, 1984
여병상, 「王陽明 心學的 工夫方法」, 경북대학교, 1985
이준자, 「王陽明의 心論」, 전북대학교, 1985
김성태, 「王陽明 致良知의 構造」, 서울대학교, 1987
이운기, 「王陽明의 心學에 관한 硏究」, 건국대학교, 1987
복영숙, 「王陽明의 中和思想 硏究」, 공주사범대, 교육대학원, 1989
곽영상, 「프리드리히 슐라이에르마허와 왕양명사상 비교 연구 : 직관을 통한 지행합일의 기독교적 조명」, 감리교신학대학, 1989
서경숙, 「王陽明의 致良知에 關한 硏究」, 성균관대학교 유학대학원, 1990
박상리, 「朱晦庵과 王陽明의 格物致知 比較硏究」, 성균관대학교, 1992
김건숙, 「明中期 王陽明의 鄕約保甲制에 관한 연구」, 전북대학교 교육대학원, 1992
이 찬, 「王守仁의 良知論 硏究」, 고려대학교, 1993.8
조원식, 「주희와 왕수인의 "대학" 이해의 변별성 : 격물치지의 해석을 중심으로」, 한국정신문화연구원, 1993
권상우, 「王陽明의 萬物一體에 關한 硏究」, 계명대학교, 1995
김세정, 「王陽明의 格物致知說에 관한 硏究」, 성균관대학교, 1995.6
송재호, 「양명의 인간이해와 신학적 모색 : 전습록을 중심으로 하여」, 감리교신학대학, 1995
백은석, 「陽明學의 工夫論」, 서강대학교, 1996
김종회, 「王陽明의 知行合一論에 관한 硏究」, 성균관대학교 유학대학원, 1996
박현주, 「王陽明의 知行合一說 硏究」, 한국정신문화연구원, 1996

정갑임, 「王陽明의 工夫論」, 한국정신문화연구원, 1996
김경모, 「王陽明 哲學의 天人觀에 대한 硏究」, 성균관대학교 유학대학원, 1997
장용훈, 「陽明 致良知說의 正當化 根據에 관한 연구」, 서강대학교, 1997.2
박상준, 「『孟子』 性善論의 哲學的 辨明 : 朱子・陽明・茶山을 中心으로」, 한국정신문화연구원, 1998.2
김춘자, 「王陽明의 致良知說에 관한 硏究」, 성균관대학교 유학대학원, 1998.5
이 지, 「王陽明의 聖人觀 : 良知 개념을 중심으로」, 이화여자대학교, 1998.8
최은석, 「王陽明의 心學에 대한 神學的 理解」, 감리교신학대학, 1999
박은주, 「敎育理論으로서의 朱熹와 王陽明의 格物致知論」, 서울대학교, 1999
정재권, 「Tillich 성령론과 양명의 지행합일의 비교 : 성령론에서 본 동양신학의 한 가능성」, 감리교신학대, 1999.2
박평선, 「王陽明의 大同思想에 關한 硏究」, 성균관대 유학대학원, 1999.2
정기철, 「왕양명의 지행합일론에 관한 연구」, 서울대학교, 1999.8
오경수, 「王陽明의 心物合一思想 硏究」, 성균관대학교, 2000.12
이고경, 「王陽明의 心學의 本體・功夫論에 관한 硏究」, 동국대학교, 2001
남종기, 「莊子와 王陽明의 理想的 人間像 比較 硏究」, 광주가톨릭대, 2001
김범진, 「『朱子晩年定論』 연구」, 서강대학교, 2002
이용석, 「예수의 데레사의 合一思想과 王陽明의 致良知에 나타난 내적 역동성에 관한 고찰」, 가톨릭대학교, 2001
이호군, 「양명의 양지개념에서 본 Wesley의 성화론 이해 : 양지의 개념을 통한 동양신학의 가능성」, 협성대 신학대학원, 2001.2
이윤자, 「知와 禮의 觀點에서 본 朱子學과 陽明學의 再檢討」, 동국대학교 교육대학원, 2002
김정곤, 「王陽明의 修養論에 관한 硏究」, 영남대학교, 2002
강정희, 「王陽明의 生命 思想에 기초한 倫理 敎育 方法 硏究」, 성균관대학교 교육대학원, 2002
김인성, 「웨슬리와 왕양명과의 대화 : 하나님의 형상과 양지를 중심으로」, 감리교신학대, 2002
임정자, 「陽明學의 人性敎育的 含意」, 경주대 교육대학원, 2002.8

정궁유, 「陸·王學의 禪學的 思惟에 關한 硏究」, 성균관대학교, 2003.2
손상모, 「王陽明의 心學思想에 관한 硏究」, 대구가톨릭대, 2003
안혜경, 「王陽明의 知行合一說에 관한 考察」, 서강대학교 신학대학원, 2003.2
한동균, 「왕양명의 「格物致知論」에서 '物' 해석의 의의」, 영남대학교, 2004.2
홍수정, 「陽明學의 倫理的 當爲와 實踐에 관한 硏究」, 군산대학교 교육대학원, 2004.8
배혜림, 「王陽明의 '良知'와 그 미적 함의에 관한 연구」, 서울대학교, 2004.08
박길수, 「知覺論의 관점에서 본 王守仁의 良知本體論 : 朱熹 心性論의 비판적 수용 및 극복」, 고려대학교, 2004.8
우인정, 「왕양명의 아동교육론의 의미와 해석」, 영남대 교육대학원, 2005
임현아, 「王陽明의 知行合一論에 나타난 敎育思想」, 상명대 교육대학원, 2005
박정환, 「왕양명의 立志에 대한 연구 : 示弟立志說과 傳習錄을 중심으로-」, 서강대 신학대학원, 2005
이지영, 「王陽明의 兒童敎育論 硏究」, 울산대 교육대학원, 2005
이광찬, 「왕양명의 지행합일 사상 연구 : 실천론을 중심으로-」, 청주대학교, 2006
김상호, 「孟子心學의 陽明學的 受容과 發展」, 충남대학교, 2007
최완근, 「王陽明의 道德敎育論 硏究 : 四句敎를 中心으로」, 서울교육대학교, 2007
이광연, 「왕양명의 양지론의 현대적 의의」, 한국교원대학교, 2008
양윤석, 「王陽明의 知와 行의 問題」, 숭실대학교, 2008
기 택, 「陽明心學의 美學的 要素와 明代小說에 미친 影響」, 충남대학교, 2009
楊衛磊, 「陽明의 知行合一說 硏究」, 성균관대학교 유학대학원, 2009
서연심, 「왕양명의 인간교육론에 관한 연구 : 학교교육에서 적용방안」, 공주대학교, 2010
진 리, 「심학을 통해 본 왕수인의 아동교육론연구」, 부산대학교, 2011
이상용, 「陽明學의 社會性에 관한 硏究」, 대진대학교, 2011
최인자, 「論語 解釋에 나타난 朱子와 陽明의 經學觀 比較硏究」, 공주대학교, 2011
조지선, 「양명학의 도덕교육적 함의 : 良知論과 知行合一說을 중심으로」, 충남대학교 교육대학원, 2011
전수연, 「王陽明 致良知說 形成에 關한 一考察」, 강원대학교, 2011

최다영, 「왕양명의 격물치지론 교육인식론적 해석」, 서울교육대학교, 교육대학원, 2012
안태모, 「王守仁의 成德論에 관한 연구」, 동국대학교 2014
박정은, 「『大學』의 수양론 연구 : 주희 · 양명 · 선산의 풀이를 중심으로」, 한국교원대학교, 2014
이지영, 「感應과 公共 : 王陽明에서 良知와 公共」, 이화여자대학교, 2014
김준승, 「陽明學 良知의 靈的 특성에 대한 考察」, 성균관대학교, 2015
정민령, 「王陽明 良知論의 교육적 함의」, 경상대학교 교육대학원, 2015
박순웅, 「왕양명 도덕론 연구 : 치양지를 중심으로」, 전북대학교, 2015
박실현, 「왕양명의 아동교육론」, 대구교육대학교 교육대학원, 2015
정연복, 「치양지(致良知)의 관점으로 본 디자인철학의 개념과 역할에 관한 연구」, 한양사이버대학교 디자인대학원, 2015
고지윤, 「明 中期 社會와 王守仁(1472~1528)의 教育活動 : 知行合一을 중심으로」, 강원대학교, 2016
박태환, 「왕양명 사상의 의료윤리적 적용에 관한 연구 : 연명의료를 중심으로」, 충남대학교, 2017
박병진, 「王陽明의 生命觀 研究」, 서울대학교(윤리교육과), 2017
모영진, 「양명심학의 미학적 특질에 관한 고찰」, 충남대학교, 2019

6. 연구논문 (489편)

1) 1960년대 (4편)

양대연, 1965.6, 「朱 · 王의 格致觀과 그 學風」, 『中國學報』 3집, 한국중국학회
이돈령, 1966.2, 「王陽明哲學의 特性 : 心卽理致良知知行合一을 中心으로」, 『문리대학보』 20권 2호, 서울대
최승호, 1968.12, 「陽明의 心學」, 『哲學研究』 7집, 대한철학회
조영록, 1968, 「陽明思想에 있어서 「分」의 問題」, 『東洋史學研究』 6집, 동양사학회

2) 1970년대 (7편)

송하경, 1972,「陽明의 心卽理說과 性說에 관한 考察」,『儒學硏究』5집, 성균관대 유학과

송하경, 1972.12,「王陽明 道德哲學中 致良知工夫論」,『中國學報』13집, 한국중국학회

김용섭, 1975,「陽明의 心卽理와 그의 主意的 自然主義 敎育思想」,『春川敎大論文集』 15, 춘천교육대

송하경, 1975.4,「王陽明의 知行合一論 考察」,『大溪 崔逸雲박사회갑기념논문집』

정대현, 1978,「知行合一이란 무엇인가」,『철학』12, 한국철학회

김길락, 1979.12,「陽明哲學과 禪學의 關係」,『철학연구』28집, 한국철학연구회논문집

송하경, 1979,「陸王의 太極論」,『인문논집』7권, 전북대 인문과학연구소

3) 1980년대 (37편)

曾昭旭, 1980,「朱子陽明과 船山의 格物義」,『퇴계학보』26집, 퇴계학연구원

김길락, 1980,「陽明哲學과 朱子學의 關係」,『인문과학논문집』VIII권 1호, 충남대 인문과학연구소

송하경, 1980.2,「王陽明先生及其學與校之歷程」,『인문논집』제8권, 전북대 인문과학연구소

김길락, 1981.3,「陽明哲學과 象山學의 關係」,『玄潭柳正東박사회갑기념논총』

이규성, 1981.7,「王陽明의 세 가지 사상적 基礎와 이에 대한 批判」,『철학논구』 9집, 서울대 철학과

박연수, 1981.7,「王陽明에 있어서 學의 意味」,『철학논구』9집, 서울대철학과

송하경, 1982.6,「萬物一體觀으로부터 본 王陽明의 拔本塞源論과 大學問」,『전북대논문집』24집, 전북대

송재운, 1982,「性卽理와 心卽理의 比較攷」,『동서철학의 만남』(정종박사정년기념논문집), 형설출판사

김길락, 1982,「陽明哲學의 心卽理說에 관한 硏究」,『인문과학논문집』제IX, 2호, 충남대 인문과학연구소

구춘수, 1982,「王陽明의 認識論硏究」,『공사논문집』15, 공군사관학교

서영현, 1982.12, 「知行一致에 관하여」, 『논문집-인문사회과학』 24, 충북대
최완식, 1983, 「王守仁詩特性考」, 『中國文學』 8집, 한국중국어문학회
송재운, 1983.6, 「六祖禪과 王陽明의 致良知」, 『철학사상』 5집, 동국대
김정수, 1983, 「양명학소고」, 『상서』 5, 한국장서가회
배영동, 1984, 「陽明學의 歷史的 性格」, 『韓.中政治의 傳統과 展開:心村 秋憲樹교수회갑기념논문집』, 대왕사
송하경, 1984.6, 「王陽明의 儒・佛・道 思想背景에 關한 硏究」, 『東西哲學硏究』 창간호, 한국동서철학연구회
정인재, 1984.11, 「陽明學이란 무엇인가」, 『西江』 14, 서강대학교
송재운, 1984.12, 「陽明心學에 미친 禪學의 影響에 관한 考察−王陽明의 心卽理를 中心으로」, 『인천대논문집 인문사회과학』 7, 인천대학교
羅　光, 1984, 「王陽明의 心論」, 『동양철학의 본체론과 인성론』, 연대출판부
김길락, 1985.8, 「陽明哲學의 知行合一思想에 關한 硏究」, 『인문과학논문집』 XII권 1호, 충남대 인문과학연구소
정인재, 1986, 「王陽明의 心學」, 『現代와 宗敎』 9집, 현대종교문화연구소
최완식, 1986, 「王陽明의 文遊詩 硏究」, 『中國文學』 10집, 한국중국어문학회
정인재, 1986, 「中共學界의 陽明學 解釋」, 『東亞硏究』 7, 서강대 동아연구소
송하경, 1986.2, 「王陽明의 良知說에 관한 硏究」, 『儒敎思想硏究』 1집, 유교학회
김길락, 1986.6, 「陽明哲學의 致良知說에 관한 硏究」, 『東西哲學硏究』 3호, 한국동서철학연구회
송하경, 1987, 「王陽明의 心卽理說 硏究」, 『儒敎思想硏究』 2집, 유교학회
송재운, 1987, 「陽明學과 佛敎」, 『佛敎와 諸科學』, 동국대출판부
김길락, 1987.4, 「王陽明의 親民思想에 관한 연구」, 『觀水 閔東根박사회갑기념논총』, 형설출판사
김홍호, 1987, 「현존재와 치량지-하이데거와 왕양명의 인간이해-」, 『신학과 세계』 15, 감리교신학대학교
오홍민, 1988.6, 「陽明學에 있어서의 良知說의 體系 −인식과 실천의 문제를 중심으로」, 『東西哲學硏究』 5호, 한국동서철학연구회
김재구, 1988.6, 「王陽明의 致良知說에 있어서 "致"의 問題」, 『철학논총』 4집, 영남

철학회
이동희, 1988,「왕양명과 이퇴계」,『東洋哲學硏究』9, 동양철학연구회
조영록, 1989,「陽明學의 成立과 展開」,『강좌 중국사』IV, 서울대동양사연구실 편, 지식산업사
이은선, 1989,「왕양명과 페스탈로치의 인간 교육에 있어서의 종교적・철학적 근거」,『교육철학연구』7호, 한국 교육철학회
오홍민, 1989.6,「王陽明의 '格物致知'論에 관한 고찰」,『汎韓哲學』4집, 범한철학회
김재구, 1989.12,「朱子와 王陽明의 大學說 比較 －認識問題를 中心으로」,『石堂論叢』17집, 동아대 석당전통문화연구원
정덕희, 1989.12,「明 嘉靖年間 王陽明「禪心學」禁革論」,『대구사학』38, 대구사학회

4) 1990년대 (111편)

이은선, 1990,「페스탈로찌와 왕양명의 인간교육에 있어서의 종교적, 철학적 근거 : 그들의 인간론과 교육론을 바탕으로한 윤리학의 기초설정을 위한 시도」,『교육철학』8, 교육철학회
장성모, 1990.6,「教育理論으로서의 朱子學과 陽明學－豫備的 考察」,『논문집』30집, 춘천교대
양방주, 1990, 9,「明代의 心學思想」,『대학원논문집』15집, 동아대
이준자, 1990.11,「陽明心學의 特質」,『東西哲學硏究』7호, 한국동서철학연구회
원정식, 1990.12,「江西에서의 王陽明의 民兵 組織과 運用」,『동양사학과논집』14, 서울대
김수중, 1991,「양명학에서 본 주체성의 문제」,『哲學硏究』29輯, 철학연구회
오홍민, 1991.6,「陽明學에 있어서 '心外無物'의 意義」,『汎韓哲學』6집, 범한철학회
이준자, 1991.6,「王陽明의 良知論」,『汎韓哲學』6집, 범한철학회
양태호, 1991.11,「王陽明의 '致良知說'에 관한 硏究」,『東西哲學硏究』8호, 한국동서철학연구회
원종례, 1991.12,「朱子學과 陽明學의 明代 詩論에 대한 影響」,『중국어문학』19, 영남중국어문학회
백윤수, 1991.12,「양명학과 개성주의 예술」,『美學』16집, 한국미학회

이명한, 1992, 「王陽明의 致良知 學說 硏究」, 『中國學報』 32집, 한국중국학회
정인재, 1992.1, 「왕양명의 사구교의 의미」, 『현대 철학과 사회』, 서광사
정덕희, 1992.2, 「王陽明의 官學比較思想 析論」, 『중국문화연구』 1, 대구대
이선호, 1992.2, 「知行合一의 生活實踐論－王陽明 思想을 中心으로」, 『논문집-인문사회과학』 20, 관동대학교
양재열, 1992.8, 「王陽明의 理氣 心性論에 관한 一考察」, 『東方哲學思想硏究』(道原유승국박사古稀기념논문집)
최재목, 1992.10, 「自然과 人間의 생명적 연대는 어떻게 가능한가? －王守仁의 萬物一體論的 관점을 중심으로」, 『철학논총』 8집, 영남철학회
김순임, 1992.12, 「三同倫理의 哲學的 照明－王陽明의 親民說과 比較하여」, 『원불교사상』 15, 원광대학교
이명한, 1993, 「王陽明의 萬物一體說 硏究」, 『哲學探究』 10집, 중앙대철학과
나성, 1993, 「朱晦菴과 王陽明 학문방법 -格至說 知行說 중심으로 하여-」, 『철학연구』 33, 대한철학회
양태호, 1993.2, 「陽明思想에 있어서의 心卽理說에 관한 硏究」, 『易과 哲學』(觀中柳南相선생정년퇴임기념논문집)
장성모, 1993, 「신유학의 도덕교육 이론 - 도덕교육 이론으로서의 주희의 선지후행설과 왕양명의 지행합일설의 관계-」, 『도덕교육연구』 5, 한국도덕교육학회
김승현, 1993.6, 「朱王의 正義觀－天理와 人欲의 문제를 중심으로」, 『정신문화연구』 제16권 제2호(통권51호), 한국정신문화연구원
조영록, 1993.7, 「陽明學과 明末의 佛敎－三敎合一說을 중심으로」, 『동양사학연구』 44집, 동양사학회
송하경, 1993.11, 「朱晦菴과 王陽明의 學問方法－格致說과 知行說을 중심으로하여」, 『철학연구』 33집, 철학연구회
이은선, 1993, 「유교와 기독교－그 만남의 필요성과 의미」, 『신학사상』 1993 가을, 한국신학연구소
송재운, 1993.12, 「王陽明哲學의 앎과 실천의 문제」, 『東方學志』 82집, 연세대국학연구소

이명한, 1994, 「王陽明의 形而上學研究」, 『月峰劉基上教授華甲紀念論文集』
김덕균, 1994, 「陽明學의 近代志向性」, 『哲學研究』 35집, 철학연구회
김성태, 1994, 「양지 지식 도덕주체」, 『哲學研究』 34집, 대한철학회
최재목, 1994.1, 「王守仁의 經書觀」, 『철학회지』 19집, 영남대철학과연구실
윤천근, 1994.2. 「'대학'해석을 둘러싼 주자학과 양명학의 갈등」, 『논쟁으로 보는 중국철학』, 중국철학연구회 지음-예문서원
정인재, 1994.5, 「유학(儒學)의 실재관(實在觀)-왕양명(王陽明)의 '심외무물(心外無物) 심외무리(心外無理)'에 관한 해석을 중심으로」, 『동서양의 실재관』, 정신문화연구원 연구총서 94-11
李明輝, 1994, 「從康德的實踐哲學 :論王陽明的「知行合一」說」, 『中國學報』, 34, 한국중국학회
박연수, 1994.10, 「왕양명의 철학사상」, 『인간과 자연의 조화』(임병수교수정년기념논문집), 일신사
김흡영, 1994.11, 「良知와 그리스도의 인성 I -왕양명과 칼 바르트의 만남」, 『기독교사상』 431, 대한기독교협회
이상훈, 1994.11, 「陽明工夫論的 基礎-良知」, 『漢文學論集』 12집, 단국한문학회
김길락, 1994.12, 「王陽明의 經世思想 研究」, 『儒學研究』 2집, 유교학회
김흡영, 1994.12, 「良知와 그리스도의 인성 II -왕양명과 칼 바르트의 만남」, 『기독교사상』 432, 대한기독교협회
김덕균, 1994.12, 「陽明學의 理欲觀」, 『東洋哲學研究』 14집, 동양철학연구회
정인재, 1994.12, 「陽明學 어떻게 가르칠 것인가」, 『東洋哲學』 5집, 한국동양철학회
송정수, 1994.12, 「正德朝의 鄕村社會와 王陽明의 鄕約保甲制」, 『청대사림』 6, 청주대학사학회
권오륜 · 황철문, 1995, 「陽明學의 體育哲學的 研究」, 『체육과학연구소논문집』 11, 부산대 체육과학연구소
이명한, 1995.11, 「王陽明哲學의 '良知'概念 分析」, 『退溪學研究』 9집, 단국대 퇴계학연구소
김순임, 1995.11, 「王陽明의 良知說에 관한 研究-良知說의 形成過程과 그 概念을 中心으로」, 『논문집-인문사회』 30.1, 원광대

송하경, 1995.12, 「王陽明의 致良知의 境界」, 『儒學硏究』 3집, 충남대 유학연구소
이상훈, 1995.12, 「王陽明의 '良知' 涵義에 대한 考察」, 『儒學硏究』 3집, 충남대 유학연구소
오홍민, 1995.12, 「陽明學에 있어서 心에 관련된 몇 가지 문제들」, 『儒學硏究』 3집, 충남대 유학연구소
이준자, 1995.12, 「王陽明의 心卽理說에 관하여」, 『儒學硏究』 3집, 충남대 유학연구소
김세정, 1995.12, 「王陽明 格物致知說의 變遷 過程」, 『儒學硏究』 3집, 충남대 유학연구소
김재구, 1995.12, 「王陽明의 良知論 硏究」, 『韓中哲學』 창간호, 한중철학회
김순임, 1995.12, 「圓佛教 無時禪의 事上禪的 성격 Ⅱ－王陽明의 事上磨錬說과 비교하여」, 『원불교사상』 19, 원광대
한예원, 1996.1, 「왕양명의 생애와 사상」, 『리브로』 27, 한길사
한정길, 1996.3, 「王陽明 心學의 學文 方法論」, 『東洋哲學硏究』 15집, 동양철학연구회
최재목, 1996.3, 「王陽明의 '心' 해석에 대한 하나의 반성」, 『中國語文學譯叢』 4집, 영남대 중국문학연구실
송하경, 1996.3, 「王陽明의 知行說에 관한 연구」, 『東洋哲學硏究』 15집, 동양철학연구회
이상훈, 1996.7, 「王陽明의 致良知說」, 『漢文學論集』 12집, 단국한문학회
최재목, 1996.9, 「陽明心學에서 '與'와 '卽'의 문제」, 『中國語文學譯叢』 5집, 영남대 중국문학연구실
송재운, 1996.11, 「明代 心學의 完成－王陽明의 心學」, 『孔子學』 2호, 한국공자학회
황갑연, 1996.12, 「心具理 관념으로써 본 朱王의 心論」, 『東西哲學硏究』 13호, 한국동서철학연구회
홍원식, 1996.12, 「양명학의 지행합일설과 행선지후설－朱子學의 知行說에 대한 비판을 중심으로」, 『儒教思想硏究』 8집, 한국유교학회
송석준, 1996.12, 「王陽明의 世界觀과 實踐精神」, 『大東文化硏究』 31집, 성대 대동문화연구원
김재구, 1996.12, 「王陽明의 '良知'槪念 分析」, 『韓中哲學』 2집, 한중철학회

이경규, 1996, 「학회참관기 : 중국 귀주 왕양명 국제학술토론회 참관기」, 『중국사연구』 1, 중국사학회
목영해, 1996, 「급진적 구성주의와 양명학적 구성주의 관점의 비교와 구성주의적 도덕교육론」, 『교육철학연구』 14(2), 교육철학회
전병술, 1996, 「道德主體性 건립의 관점에서 본 陸王心學의 특색」, 『東洋哲學』 7집, 한국동양철학회
권오륜, 1997, 「陽明學의 身體思想에 관한 硏究」, 韓國體育學會誌, 36권 2호, 한국체육학회
전병술, 1997, 「王陽明의 四句教」, 『東洋哲學』 8집, 한국동양철학회
최재목, 1997.3, 「王陽明의 良知, 致良知論 1」, 『中國語文學譯叢』 6집, 영남대 중국문학연구실
오금성, 1997.4, 「明 中期의 江西社會의 陽明」, 『明清史硏究』 6집, 명청사학회
岡田武彦, 1997.6, 「陽明學의 특색」, 『退溪學論叢』 3집, 퇴계학부산연구원
권오륜, 1997.9, 「陽明學과 現象學의 身體觀 比較硏究」, 韓國體育學會誌, 36권 3호, 한국체육학회
최재목, 1997.9, 「王陽明의 良知, 致良知論 2－共同存在의 근거인 良知」, 『中國語文學譯叢』 7집, 영남대 중국문학연구실
김세정, 1997.9, 「왕양명 양지론(良知論)의 형성 과정에 대한 고찰」, 『哲學硏究』 62집, 대한철학회
김세서리아, 1997.11, 「陽明의 萬物一體觀을 통해 본 인간과 자연 이해」, 『陽明學』 창간호, 한국양명학회
김길락, 1997.11, 「陽明學과 道家思想」, 『陽明學』 창간호, 한국양명학회
김재구, 1997.11, 「王陽明의 心卽理論 硏究」, 『陽明學』 창간호, 한국양명학회
황갑연, 1997.11, 「心學 체계에서 본 心生物의 의미」, 『陽明學』 창간호, 한국양명학회
권오륜, 1997.11, 「陽明學의 體育哲學的 接近 －존재론과 가치론적 측면을 중심으로－」, 『陽明學』 창간호, 한국양명학회
박연수 · 조은영, 1997.11, 「王陽明의 軍事思想」, 『陽明學』 창간호, 한국양명학회
이상훈, 1997.11, 「王陽明의 '知行合一'說에 대한 考察」, 『退溪學硏究』 11, 단국대학

교 퇴계학연구소
김성찬, 1997.12, 「江西지방 통치체제의 이완과 王陽明의 대응-특히 行鹽地 개혁과 分縣문제와 관련하여」, 『인문사회과학논총』, 4.1, 인제대 인문사회과학논총
김세정, 1997.12, 「왕양명의 良知를 근간으로 한 온인간관」, 『東洋哲學研究』 17집, 동양철학연구회
한예원, 1998, 「만물일체에서 본 왕양명의 '생명윤리'」, 『儒教思想研究』 10집, 한국유교학회
박철홍, 1998, 「왕양명의 '심체'설에 나타난 도가적 본체론 사유와 그 의미」, 『국민윤리연구』 39, 한국국민윤리학회
최재목, 1998.3, 「<王陽明의 良知, 致良知論 3>: 共生의 圖式-사랑의 그물짜기(萬物一體의 仁)」, 『中國語文學譯叢』 제8집, 영남대 중국문학연구실
김세정, 1998.6, 「왕양명의 生命中心의 有機體的 宇宙觀」, 『東洋哲學研究』 18집, 동양철학연구회
杜家驥, 1998.6, 「王陽明政治實踐活動試析」, 『東洋學研究』 4집, 동양학연구학회
최재목, 1998.6, 「共生의 원리로서의 心: 陽明 心學에 대한 한 접근」, 『철학논총』 14집, 새한철학회
최재목, 1998.9, 「양명학과 환경윤리」, 『동아시아 문화와 사상』 1호, 동아시아문화 포럼
최재목, 1998.10, 「양명학의 현대적 흐름: 『國際陽明學京都會議』를 중심으로」, 『現代와 宗教』 21집, 현대종교문화연구소
이상훈, 1998.10, 「王陽明 成聖論-成聖을 위한 道德實踐 根據 및 方法」, 『인문학연구』 3, 한국외국어대학교 인문학연구소
김세서리아, 1998.11, 「자연과 인간의 새로운 대화 가능성-王守仁의 致良知를 중심으로」 『東洋哲學의 자연과 인간』(尙虛安炳周教授停年紀念論文集Ⅱ), 아세아문화사
김세정, 1998.11, 「인간 良知의 有機的 생명성」, 『儒教思想研究』 10집, 한국유교학회
최재목, 1998.12, 「王陽明 心學에서 兒童教育論의 특질」, 『철학논총』 15집, 새한철학회

정덕희, 1998.12, 「16세기 明의 陽明學批判書籍 評釋」, 『陽明學』 2호, 한국양명학회
박연수, 1998.12, 「王陽明의 心哲學」, 『陽明學』 2호, 한국양명학회
김세정, 1998.12, 「王陽明의 心理一元論的 體系와 生命의 創出展開」, 『陽明學』 2호, 한국양명학회
정인재, 1999, 「'아시아적 가치' 논의에 대한 양명학적 접근」, 『철학연구』 44집, 철학연구회
윤천근, 1999.2, 「왕수인의 심학이 갖는 역사적 의미」, 『中國哲學』, 6, 중국철학회
김재구, 1999.2, 「王陽明哲學의 修養論 研究」, 『철학논총』 16집, 새한철학회
김세정, 1999.6, 「王陽明 親民說에 대한 생태론적 접근」, 『東洋哲學』 11집, 한국동양철학회
김세정, 1999.6, 「王陽明의 中庸觀」, 『儒敎思想硏究』 11집, 한국유교학회
정동국, 1999.12, 「王陽明의 '朱子晩年定論'에 대한 一考」, 『중국어문학』 34, 영남중국어문학회
이성구, 1999.12, 「王陽明과 江西社會－良知親民論의 展開를 중심으로」, 『인문논총』 17, 울산대학교
김 훈, 1999.12, 「창조적 생명력과 비판정신- 사구교와 도, 불에 대한 비판과 수용을 중심으로 -」, 『陽明學』 3호, 한국양명학회
김길락, 1999.12, 「21세기의 지구와 인류에 공헌하는 陽明學」, 『陽明學』 3호, 한국양명학회
최재목, 1999.12, 「『傳習錄』에 대하여」, 『陽明學』 3호, 한국양명학회
김수중, 1999.12, 「양명학의 입장에서 본 원불교 정신」, 『원불교학』 4, 한국원불교학회
권오륜, 1999.12, 「왕양명과 메를로뽕띠의 신체관 비교 연구」, 『움직임의 철학: 한국체육철학회지』 7권 1호, 한국체육철학회
최재목, 1999, 「체인지학의 현대적 가능성 : 양명학 다시 읽기 - '온몸으로 하는 철학' 시론」, 『中國學報』 39, 한국중국학회

5) 2000년대 (160편)

황갑연, 2000.2, 「21세기 유가철학의 발전 방향 -환경윤리를 중심으로-」, 『東洋哲

學』 12집, 한국동양철학회
김세정, 2000.5, 「왕양명의 심리일원론적 체계와 생명의 창출전개」, 『동아시아문화와 사상』 4호, 동아시아문화포럼
권오륜, 2000.6, 「陽明思想의 스포츠 미학적 탐구 -良知개념을 중심으로-」, 『움직임의 철학: 한국체육철학회지』 8권 1호, 한국체육철학회
안영석, 2000.7, 「朱子 · 陽明 · 象山의 格物致知說」, 『철학논총』 21집, 새한철학회
김세정, 2000.8, 「서구의 환경철학과 왕양명의 한몸철학」, 『陽明學』 4호, 한국양명학회
한정길, 2000.8, 「王陽明의 心本體論」, 『陽明學』 4호, 한국양명학회
박연수, 2000.8, 「21세기와 王陽明의 인간관」, 『陽明學』 4호, 한국양명학회
최재목, 2000.8, 「자연과 양명학」, 『陽明學』 4호, 한국양명학회
김세정, 2000.8, 「왕양명의 만물일체론적 생명관」, 『儒學硏究』 8집, 한국유교학회
최재목, 2000.8, 「왕양명의 삶과 사상(Ⅰ)」, 『儒學硏究』 8집, 한국유교학회
양태호 · 김태훈, 2000.8, 「王陽明의 知行合一說에 관한 硏究」, 『公州教大論叢』 37-1, 공주교대
蔡仁厚, 2000.8, 「王陽明良知學中的工夫指點」, 『陽明學』 4호, 한국양명학회
김교빈, 2000.9, 「양명학과 생명사상」, 『東洋哲學』 13집, 한국동양철학회
이은선, 2000.12, 「유교적 몸의 修行과 페미니즘」, 『儒教思想硏究』 14집, 한국유교학회
한정길, 2001.2, 「양명학에서 윤리 주체의 건립과 그 실현의 문제」, 『陽明學』 5호, 한국양명학회
송하경, 2001.2, 「陽明學이 佛學이라는 批判에 대한 陽明學的 解明」, 『陽明學』 5호, 한국양명학회
김재구, 2001.2, 「王陽明의 程朱理學 비판」, 『陽明學』 5호, 한국양명학회
김세정, 2001.2, 「온생명과 왕양명의 한몸철학」, 『哲學硏究』 77집, 대한철학회
이은선, 2001.3, 「우리 시대와 양명 공부법의 교육철학적 의의」, 『東洋哲學硏究』 24집, 동양철학연구회
김동혁, 2001.3, 「陽明學의 哲學的 特性과 그 分派的 展開-心卽理說과 工夫方法을 中心으로-」, 『혜전대학논문』 19, 혜전대학

민황기, 2001.3, 「王陽明의 中사상에 관한 哲學的 探究」, 『大同哲學』 12집, 대동철학회

김세정, 2001.5, 「생태철학과 한몸철학의 공조」, 『생명윤리』 2권 1호, 한국생명윤리학회

김세정, 2001.6, 「王陽明의 知行合一說 연구」, 『東西哲學研究』 21호, 한국동서철학회

임병덕, 2001.7, 「키에르케고르와 王陽明: 教育原理로서의 主觀性」, 『道德教育研究』 13권 1호, 한국도덕교육학회

한예원, 2001.8, 「양명학의 萬物一體관에서 본 '생명윤리'」, 『陽明學』 6호, 한국양명학회

김기현, 2001.9, 「『大學』의 주석 및 이해와 송명 신유학의 가치 설정간의 관계에 관한 해석학적 연구: 주자학과 양명학을 중심으로」, 『東洋哲學研究』 26집, 동양철학연구회

이상훈, 2001.11, 「왕양명 致良知이후 공부전개와 귀결: 心意知物과 그 실천공부 및 四句教를 중심으로-」, 『漢文學論集』 19, 근역한문학회

윤재근, 2001.11, 「심학(心學)적 인간 심성과 무자기(無自欺)의 인간이해」, 『大巡思想論叢』 13집, 대진대 부설 대순사상학술원

천용준, 2001.12, 「王陽明의 工夫論」, 『國學論叢』 6집, 경산대 국학연구원

정갑인, 2001.12, 「왕양명의 狂者觀」, 『淸溪論叢』 3집, 한국정신문화연구원

김세정, 2001.12, 「왕양명의 생명 중심의 일원론적 『中庸』 해석」, 『東西哲學研究』 22호, 한국동서철학회

전병술, 2002, 「양명학에 있어서 인간의 이해 - 지식인의 모습을 중심으로-」, 『철학연구』 57, 대한철학회

전병술, 2002, 「명대 양명학에 있어서의 이성과 욕망」, 『中國學報』 45, 한국중국학회

정덕희, 2002, 「왕양명이 본 관학의 이단성」, 『대구사학』 68, 대구사학회

김행주, 2002, 「왕양명의 수양론과 통일가의 종교교육: 교육적 의미를 중심으로」, 『선문대학교 신학대학논문집』, 선문대학교 신학대학

박연수, 2002.2, 「王陽明의 倫理思想」, 『陽明學』 7호, 한국양명학회

김정곤, 2002.2, 「王陽明의 修養論에 관한 연구」, 『陽明學』 7호, 한국양명학회

정인재, 2002,「양지(良知)의 입장에서 본 현대 한국철학의 과제와 방향」,『인문연구논집』 31집, 서강대 인문과학연구소

정태섭, 2002.3,「佛教의 知와 陽明學의 知」,『東國史學』 37집, 동국사학회

권오륜, 2002.6,「양명학의 체육철학적 접근: 신체운동을 중심으로」,『움직임의 철학: 한국체육철학회지』 10권1호, 한국체육철학회

이덕진, 2002.8,「王陽明의 心卽理와 普照知訥의 卽心卽佛에 대한 一考察」,『보조사상』 18집, 보조사상연구원

송재운, 2002,「王陽明의 良知와 불교 般若智 비교연구」,『東洋哲學』 17집, 한국동양철학회

김세정, 2002.8,「王陽明의 人間觀, 그 聖人됨의 길」,『陽明學』 8호, 한국양명학회

선병삼, 2002.8,「陽明學, 聖人됨의 학문 - 儒家의 自己超越論-」,『陽明學』 8호, 한국양명학회

김세정, 2002.9,「왕양명의 사상」,『동양사상의 이해』, 경인문화사

이상익, 2002.12,「王陽明의 <朱子晩年定論>에 대한 새로운 비판」『韓國思想과文化』 18집, 한국사상문화학회

박철홍, 2003,「王陽明의 "良知" 論과 道家·道教的 思惟」,『국민윤리연구』 52, 한국국민윤리학회

김용재, 2003,「陽明學의 형성과정에 관한 역사·철학적 고찰」,『한국철학논집』 12집, 한국철학사연구회

이상훈, 2003,「王陽明의 四句教 涵義와 그 傳衍」,『中國學報』 48, 한국중국학회

박철홍, 2003,「王陽明의 "立志"說과 그 道教內丹學的 理解」,『中國學報』 48, 한국중국학회

김영민, 2003,「"지행합일"의 철학적 기초」,『철학연구』 63집, 철학연구회

김세정, 2003.1,「全球性生命危機與陽明學的作用」,『철학논총』 31집, 새한철학회

홍우흠, 2003.2,「王陽明의 謫居詩에 나타난 龍場生活의 實狀」,『陽明學』 9호, 한국양명학회

박정련, 2003.2,「王陽明의 心學에서 音樂思想의 意義와 特質」,『陽明學』 9호, 한국양명학회

권오륜, 2003.2,「陽明學과 21세기 體育學」,『陽明學』 9호, 한국양명학회

김철운, 2003.2, 「王守仁 『大學』觀의 비판적 검토」, 『陽明學』 9호, 한국양명학회
박연수, 2003.2, 「문무를 겸한 실천적 군사지휘자로서의 왕양명」, 『陽明學』 9호, 한국양명학회
김세정, 2003.2, 「생태계 위기와 儒家生態哲學의 발전 방향」, 『哲學研究』 85집, 대한철학회
김용재, 2003.6, 「왕양명의 經學觀」, 『東洋哲學研究』 33집, 동양철학연구회
황갑연, 2003.7, 「자연생태계의 조화와 인간 책임론」, 『철학논총』 33집, 새한철학회
김세서리아, 2003.8, 「양명학에서의 몸 담론과 그것의 현대적 의미」, 『陽明學』 10호, 한국양명학회
정갑임, 2003.8, 「王陽明의 知의 성격」, 『陽明學』 10호, 한국양명학회
한예원, 2003.8, 「『전습록』에 보이는 '功夫'와 '工夫'에 관한 一考」, 『陽明學』 10호, 한국양명학회
임홍태, 2003.9, 「王陽明의 本體工夫論－四句敎 分析」, 『한국철학논집』 13집, 한국철학사상연구회
정재윤, 2003.10, 「陽明學」, 『淡水』 32집, 담수회
김세정, 2003.12, 「생명공학 시대의 유교와 생명윤리」, 『동서철학연구』 30호, 한국동서철학회
서인범, 2003.12, 「王陽明의 지방 鎭撫와 民兵」, 『慶州史學』 22집, 경주사학회
정갑임, 2003, 「왕양명(王陽明)의 인간본성에 근거한 윤리관」, 『東洋哲學』 19집, 한국동양철학회
김만희 · 김범기, 2003, 「과학지식의 객관성에 관한 고찰: 마이클 폴라니의 인식론을 중심으로」, 『한국과학교육학회지』 23권 1호, 한국과학기술정보연구원
오금성, 2004, 「陽明學과 明末 江西 吉安府의 紳士」, 『명청사연구』 21집, 명청사학회
김세정, 2004.1, 「생명과학기술 시대, 양명학과 생명윤리」, 『인간연구』 6호, 가톨릭대학 인간학연구소
김세정, 2004.2, 「생명 위기와 양명학」, 『아시아지역연구』 6호, 충남대 아시아지역연구소

김세정, 2004.2, 「왕양명의 생명철학과 참 자아 실현의 교육론」, 『陽明學』 11호, 한국양명학회

박정련, 2004.2, 「왕양명의 예술론에 대한 一試論」, 『陽明學』 11호, 한국양명학회

황갑연, 2004.3, 「儒家의 生命觀과 인간 責任論」, 『동서철학연구』 31호, 한국동서철학회

김형효, 2004.4, 「만유실재론적 일즉다一卽多와 에카르트와 왕양명의 본성론」, 『철학적 사유와 진리에 대하여』, 청계

정인재, 2004.5, 「현상학적 윤리학 정립을 위한 양명 철학적 시론: 의(意)와 지향성의 비교를 통하여」, 『철학과 현상학 연구』 22집, 한국현상학회

조현규, 2004.8, 「王陽明의 생명사상과 그 윤리교육적 의미」, 『교육철학』 25집, 한국교육철학회

임홍태, 2004.8, 「朱子・象山・陽明・蕺山의 공부론 비교」, 『儒教思想研究』 21집, 한국유교학회

조현규, 2004.12, 「왕양명 생명사상의 생명윤리교육에의 적용」, 『教育哲學』 26집, 한국교육철학회

김세정, 2004.12, 「왕양명의 유기체적 大同社會와 親民정치론」, 『東西哲學研究』 34호, 한국동서철학회

김우형, 2004.12, 「주희와 왕양명에서 주체와 자아 인식」, 『東洋哲學』 22집, 한국동양철학회

김연재, 2004.12, 「왕양명 도덕철학의 역리(易理)적 토대 - '수시치양지'(隨時致良知)와 내심수양의 본체론적 원리」, 『東洋哲學』 22집, 한국동양철학회

차미란, 2004, 「도덕교육의 목적으로서의 知行合一」, 『道德教育研究』 15권 2호, 한국도덕교육학회

김미영, 2004, 「'人心道心說'을 둘러싼 주자학과 양명학의 공공성 확보논쟁 -보편이념의 구현방식을 중심으로-」, 『철학』 79, 한국철학회

여종현, 2005, 「후설 현상학에서 본 주자학과 양명학(Ⅰ): 心과 理의 관계에 대한 지향적 해석을 중심으로」, 『철학연구』 69집, 철학연구회

김세정, 2005.2, 「한국에서의 양명학 연구에 대한 연구 현황과 그 과제」, 『哲學研究』 93집, 대한철학회

김세정, 2005.2, 「양명 심학과 퇴계 심학 비교의 새로운 지평」, 『陽明學』 13호, 한국양명학회

선병삼, 2005.2, 「王陽明 致良知說의 二重構造: 本體工夫論과 工夫本體論」, 『유교문화연구』 9집, 성균관대학교 동아시아학술원 유교문화연구소

김세정, 2005.3, 「왕양명: 인간과 자연, 그 하나 됨의 생명철학」, 『선비문화』 5호, 남명학연구원

최재목, 2005.6, 「王陽明의 思想에서 보이는 '古'의 이념」, 『民族文化論叢』 31집, 嶺南大 民族文化研究所

곽준식 · 정화영, 2005, 「王陽明의 教育思想」, 『農業技術研究所報』 18집, 晋州産業大學校農業技術研究所

김태오 · 김병희, 2005.8, 「왕양명의 아동교육관」, 『教育哲學』 27집, 한국교육철학회

김세정, 2005.8, 「양명학에 대한 연구 현황과 과제」, 『儒學研究』 12집, 충남대 유학연구소

김세정, 2005.8, 「왕양명의 역동적 · 주체적 생명철학」, 『儒學研究』 12집, 충남대 유학연구소

정덕희, 2005.10, 「왕양명의 심학적(心學的) 강령과 그 교육적 의미」, 『한국교육사학』 27권 2호, 韓國教育史學會

정지욱, 2005.11, 「聖人觀을 통해본 주자학과 양명학」, 『東洋哲學研究』 44집, 東洋哲學研究會

한정길, 2005.12, 「王陽明의 『中庸』 首章 이해」, 『陽明學』 15호, 한국양명학회

박정련, 2005.12, 「왕양명의 음악교육사상으로 본 현대음악교육」, 『陽明學』 15호, 한국양명학회

김세서리아, 2005.12, 「양명학의 도덕 주체를 통한 여성 주체 형성의 모색」, 『陽明學』 15호, 한국양명학회

이호영, 2005.12, 「청대 고증학자 戴震의 陸王비판과 양명학적 반론」, 『陽明學』 15호, 한국양명학회

이길용, 2005, 「"치량지(致良知)"와 "수심정기(守心正氣)"에 대한 종교학적 이해」, 『동학학보』 9, 동학학회

김제란, 2005, 「명대 유학에 미친 불교의 영향(2) -양명학과 양명 후학을 중심으로-」, 『한국불교학』 41, 한국불교학회
박혜순, 2005, 「생태적 감응력 회복을 위한 공부론: 치양지(致良知)」, 『陽明學』 14호, 한국양명학회
김진성, 2006.4, 「『大學』의 經典 解釋學的 硏究」, 『儒敎思想硏究』 25집, 한국유교학회
박철홍, 2006, 「양명심설의 내재구조와 선학적 사유」, 『禪과 文化』 3호, 한국선문화학회
목영해, 2006, 「왕양명의 『대학』 이해와 그 교육적 함의」, 『교육사상연구』 18호, 한국교육사상연구회
박연수, 2006.12, 「사회적 분열과 갈등의 양명학적 해소」, 『陽明學』 17호, 한국양명학회
김영건, 2006.12, 「心外無物, 心外無理, 心外無事 연구」, 『陽明學』 17호, 한국양명학회
전병술, 2006.7, 「유교의 종교성 연구: 양명학의 신비적 체험을 중심으로」, 『陽明學』 16호, 한국양명학회
이종훈, 2006, 「왕양명 생명관의 생태 윤리적 고찰 - 생태가치의 공감적 인식과 실천을 중심으로」, 『哲學硏究』 98집, 대한철학회
최일범, 2006, 「왕양명의 교육사상에 관한 연구 -인간주의 교육과 연관하여」, 『종교교육학연구』 23호, 한국종교교육학회
김세정, 2006, 「국내 왕양명 관련 연구 목록」, 『儒學硏究』 13집, 충남대 유학연구소
임홍태, 2006 「윤리와 도덕; 왕양명의 교육론」, 『한국철학논집』 19호, 한국철학사연구회
정덕희, 2006, 「왕양명의 사구교와 그 전연(傳衍)에 대한 교육적 이해」, 『한국교육사학』 28호, 한국교육사학회
이옥순, 2006, 「왕양명 '양지(良知)'의 도덕교육적 함의」, 『도덕윤리과교육연구』 22호, 한국도덕윤리과교육학회
이상익, 2006, 「王陽明 心學의 二重性과 退溪 心學」, 『退溪學報』 120호, 퇴계학연구원
김세정, 2007.3, 「양명 심학과 퇴계 심학의 비교 연구」, 『東西哲學硏究』 43호, 한국동서철학회
이은선, 2007.7, 「한나 아렌트의 '탄생성'의 교육학과 양명의 '치양지'」, 『陽明學』

18호, 한국양명학회
한정길, 2007.7, 「王守仁의 中和說」,『陽明學』 18호, 한국양명학회
선병삼, 2007, 「王陽明 致良知說의 二重構造 : 本體工夫論과 工夫本體論」, 『유교문화연구』 9호, 성균관대 유교문화연구소
정갑임, 2007, 「행위론에 입각한 앎의 성격에 관한 연구: 왕양명과 비트겐슈타인의 앎에 대한 연구를 중심으로」, 『범한철학」 46호. 범한철학회
김세정, 2007, 「한국에서의 상산학과 양명학 관련 연구 목록」, 『儒學硏究』 15집, 충남대학교 유학연구소
진영석, 2007, 「도덕교육에서의 知와 行의 관계: 주희와 왕양명의 관점」, 『도덕교육연구」 18호, 한국교육학회 도덕교육연구회
김용재, 2007.12, 「陸 · 王 心學의 體系 比較: '心卽理'와 '格物致知'를 중심으로」, 『陽明學』 19호, 한국양명학회
전병술, 2007, 「유학과 의의치료학 -왕양명과 프랑클의 비교를 중심으로-」. 『東洋哲學硏究』, 51집, 동양철학연구회
목영해, 2007, 「허스트의 후기 교육론과 왕양명 교육설의 맥락적 관계연구」, 『교육철학』 39, 한국교육철학회
김미영, 2007, 「양지(良知)와 지각(知覺) -도덕성의 신체적 근거에 관한 심학적 정초-」, 『철학』 91, 한국철학회
김연재, 2008, 「공부론에서 본 주자학과 양명학 고찰」, 『공자학』 15호, 한국공자학회
최일범, 2008.2, 「양명학의 환경윤리적 해석」, 『東洋哲學硏究』 53집, 동양철학연구회
황갑연, 2008, 「주자와 양명 공부론의 종합 가능성에 관한 연구 - 格物致知와 致良知를 중심으로」, 『철학연구」 106호, 대한철학회
소병선, 2008, 「둔스 스코투스와 왕양명의 철학적 비교 : 실재론적 주의주의의 관점에서」, 『존재론 연구』 18호, 한국하이데거학회
정지욱, 2008.7 「양명학에서의 '意': 양지와의 관계를 중심으로」, 『陽明學』 20호, 한국양명학회
현재우, 2008.12, 「왕양명의 종교적 경험 연구: 윌리엄 제임스의 시각을 중심으

로」, 『陽明學』 21호, 한국양명학회
최재목, 2008, 「日帝强占期 雜誌를 통해서 본 陽明學 硏究의 動向」, 『東洋哲學硏究』 55호, 동양철학연구회
방호범, 2008, 「중국에서의 陽明學 연구현황과 발전과정」, 『儒學硏究』 18집, 충남대학교 유학연구소
박철홍, 2008, 「陽明 心學과 禪學的 思惟」, 『普照思想』 29집, 보조사상연구원
이상호, 2008, 「상산심학과 양명심학의 차별성 연구 - '송학'과 '명학'의 차별적 관점에서」, 『哲學硏究』 105집, 대한철학회
한동균, 2009.6, 「陽明心學에 있어서 心卽理期의 '心' 이해」, 『남북문화예술연구』 4, 남북문화예술학회
김흡영, 2009.4, 「陽明學을 통해 본 神學 : 왕양명과 칼 바르트의 유교-그리스도교 대화」, 『陽明學』 22호, 한국양명학회
김방룡, 2009.8, 「양명학과 선학의 현대적 만남에 대한 일고찰」, 『儒學硏究』 19집, 충남대학교 유학연구소
최재목, 2009.8, 「왕양명과 道敎의 회통문제」, 『儒學硏究』 19집, 충남대학교 유학연구소
최재목, 2009, 「『傳習錄』과 『退溪先生言行錄』의 言行比較로 본 陽明과 退溪의 思想的同異點」, 『退溪學論集』 5권, 영남퇴계학연구원
전병술, 2009.8, 「양명학과 심리학의 만남과 소통」, 『儒學硏究』 19집, 충남대학교 유학연구소
정갑임, 2009.8, 「왕양명과 비트겐슈타인의 현재관 비교연구」, 『儒學硏究』 19집, 충남대학교 유학연구소
한동균, 2009.8, 「王陽明의 知行合一에서의 '心' 의미 고찰」, 『儒學硏究』 19집, 충남대학교 유학연구소
정갑임, 2009, 「왕양명의 "용장오도(龍場悟道)"에 대한 치유철학적 해석」, 『범한철학』 53호, 범한철학회
정인재, 2009, 「송명유학 수양론에서 "미발"(未發) 설의 형성과 전개 ; 왕양명의 양지체용에 의한 미발론」, 『철학연구』 38호, 고려대학교 철학연구소
이상화, 2009, 「1923년 中國의 "科學과 形而上學 論爭"에서 나타난 儒敎的 思惟方式

研究 -陽明學과 朱子學의 差異를 中心으로-」, 『儒教思想研究』 35, 한국유교학회

한동균, 2009.8, 「王陽明 心學에서 '心' 意味 研究 : 心卽理說期에 보이는 '心'의 意味를 中心으로」, 『陽明學』 23호, 한국양명학회

한정길, 2009.8, 「王陽明의 '未發'觀과 良知體用論－王陽明之'未發'觀與良知體用論」, 『陽明學』 23호, 한국양명학회

김부찬, 2009, 「양명학의 신체관과 체육적 가치」, 『한국체육학회지』 48호, 한국체육학회

김시연 · 김동규, 2009, 「체육철학: 王陽明의 "知行合一"사상에 비춰진 무도의 도덕성 탐색」, 『움직임의 철학: 한국체육철학회지』 17호, 한국체육철학회

홍성민, 2009.11, 「良知에 의한 욕망의 검열과 극복 -주자 욕망론에 대한 왕양명의 실천철학적 변용」, 『東洋哲學研究』 60호, 동양철학연구회

이상훈, 2009.12, 「王陽明과 李退溪의 境界論 比較 研究」, 『儒教思想文化研究』 38, 한국유교학회

이호영, 2009.12, 「양명 심학의 인지과학적 이해 : 김영건의 心外無物, 心外無理, 心外無事에 대한 인지과학적 반론 모색」, 『陽明學』 24호, 한국양명학회

김세정, 2009.12, 「양명학철학에 있어서의 四句教의 함의」, 『陽明學』 24호, 한국양명학회

김윤경, 2009.12, 「王守仁의 '動靜' 해석에 관한 연구」, 『陽明學』, 24호, 한국양명학회

김용재, 2009.12, 「王陽明的教育思想和教育方法」, 『儒學研究』 20집, 충남대 유학연구소

박정련, 2009.12, 「'친민'(親民)의 관점에서 본 왕양명의 음악관과 음악교육」, 『한국음악연구』 46, 한국국악학회

6) 2010년대 (168편)

권오륜, 2010.8, 「양명학과 체육학의 만남과 소통」, 『儒學研究』, 22집, 충남대 유학연구소

김세서리아, 2010.8, 「양명학의 '한 몸'이미지에 대한 여성주의 이해」, 『儒學研究』,

22집, 충남대 유학연구소
方浩范, 2010.8,「陽明學 및 東亞 공동체－東亞 공동체의 陽明사상의 지탱 및 구축－」,『儒學硏究』, 22집, 충남대 유학연구소
염호택, 2010.8,「王陽明의 知行合一에 관한 硏究」,『陽明學』26호, 한국양명학회
정갑임, 2010.8,「경계(boundary)와 정체성－왕양명과 비트겐슈타인의 철학을 중심으로」,『陽明學』26호, 한국양명학회
김혜수, 2010,「양명의 동물생명에 대한 배려」,『생명연구』18호, 서강대학교 생명문화연구원
金慧洙, 2010,「論陽明對於動物生命的關懷」,『생명연구』18호, 서강대학교 생명문화연구원
강봉수, 2010,「왕양명의 "양지학(良知學)"과 도덕직관 함양론」,『윤리연구』76, 한국윤리학회
이범학, 2010,「元代 吳澄의 心學과 王陽明의「朱子晩年定論」」,『한국학논총』33집, 국민대 한국학연구소
이동희, 2010,「과정철학에서 본 주자학과 양명학」,『東洋哲學硏究』64집, 동양철학연구회
이천일, 2010,「교육,문화 : 입지(立志)의 의미와 교육적 해석」,『동방학』18호, 한수대학교 동양고전 연구소
김시연・김동규, 2010,「王陽明의 실천론과 萬物一體 사상을 기반으로 한 武道의 道德性 탐색」,『움직임의 철학: 한국체육철학학회지』18호, 한국체육철학회
한정길, 2010,「儒學에서의 正統과 異端 -朱子學的 道統論에 대한 陽明學의 대응을 중심으로」,『율곡사상연구』21호, 율곡학회
이종우, 2010.12,「왕수인의 心과 帝의 주재」,『陽明學』27호, 한국양명학회
염호택, 2010.12,「王陽明의 聖學에 관한 硏究」,『陽明學』, 27호, 한국양명학회
송봉구, 2010.12,「양명의 致良知와 수운의 侍天主 비교 연구」,『儒學硏究』23집, 충남대 유학연구소
전병술, 2010.12,「『전습록』의 심리학적 독법－켄 웰버의 '의식의 스펙트럼'에서의 자리매김을 중심으로」,『儒學硏究』23집, 충남대 유학연구소

이은선, 2010, 「어떻게 '행위'할 수 있고, '희락'할 수 있는 인간을 기를 수 있을 것인가? 퇴계 '敬의 心學'과 양명 '致良知'의 현대 교육철학적 비교연구」, 『退溪學論集』 6권, 영남퇴계학연구원

김영건, 2011.5, 「왕양명의 心에 보이는 神性과 聖性에 대한 이해」, 『東洋哲學硏究』 66호, 동양철학연구회

정갑임, 2011, 「철학과 상담이 만날 때 : 왕양명의 良知와 철학상담」, 『철학논집』 26호, 서강대학교 철학연구소

오경수, 2011, 「구원론에 관한 왕양명과 존 웨슬리의 대화」, 『한국문화신학회 논문집』 8호, 한국문화신학회

천병돈, 2011.4, 「왕양명의 『주역』 이해」, 『陽明學』 28호, 한국양명학회

최재목 · 손지혜, 2011.4, 「元曉와 王陽明의 障碍論에 관한 비교」, 『陽明學』 28호, 한국양명학회

이명수, 2011.4, 「전지구화, 대상과 지역 간 공생 사유의 양명학적 접근」, 『陽明學』 28호, 한국양명학회

宣炳三, 2011.4, 「關于四句教的史料問題之硏究以文獻對比爲主」, 『陽明學』 28호, 한국양명학회

염호택, 2011, 「王陽明의 藝術世界에 대한 硏究」, 『동서철학연구』 59호, 한국동서철학회

이종흔, 2011.7, 「제4장 왕양명의 良知와 致良知에 의한 도덕과 통일교육 방안」, 『통일전략』 11호, 한국통일전략학회

정갑임, 2011.8, 「왕양명 철학과 철학상담」, 『철학실천과 상담』 2호, 한국철학상담 치료학회

정갑임, 2011, 「왕양명의 良知와 철학상담」, 『철학논집』 26호, 서강대 철학연구소

최재목, 2011.8, 「동아시아 陽明學者들에게 있어 꿈[夢]과 철학적 깨달음[覺悟]의 문제, 『陽明學』 29호, 한국양명학회

김세서리아, 2011.8, 「여성주의 철학 상담을 위한 양명학적 사유의 전망」, 『陽明學』 29호, 한국양명학회

안영석, 2011.10, 「육상산과 왕양명 심학의 비교 연구: 공부론을 중심으로」, 『철학논총』 66호, 새한철학회

이우진, 2011.12,「왕양명의 격물공부론」,『教育史學研究』21집-2호, 교육사학회
이우진, 2011.12,「王陽明 書院講學의 理念과 實際」,『韓國書院學報』1호, 한국서원학회
최재목, 2011,「王守仁의 心學에서 植物과 鑛物 비유의 의의」,『환경철학』11호, 한국환경철학회
이동희, 2011.12,「켄 윌버의 시각에서 본 양명학과 주자학」,『陽明學』30호, 한국양명학회
이우진, 2011.12,「왕양명의 친서민성과 민중교육」,『陽明學』30호, 한국양명학회
전병욱, 2011.12,「양명철학에서 도덕의 보편성 문제」,『陽明學』30호, 한국양명학회
錢明, 2011,「중국양명학의 엘리트 단계에서 민간화 단계로의 전화」,『退溪學論叢』18권, 퇴계학부산연구원
홍성민, 2011,「朱子 哲學에서 灑落의 의미」,『東洋哲學』36집, 한국동양철학회
錢明, 2012,「李退溪와 王陽明의 聖賢像 및 成聖觀의 比較 韓國의 儒學名著『聖學十圖』를 中心으로」,『퇴계학논집』10권, 영남퇴계학연구원
선병삼, 2012.2,「올바른 양명학 이해를 위한 3가지 문제」,『東洋哲學研究』69호, 동양철학연구회
이우진, 2012.4,「'성인됨'의 왕양명 입지공부론」,『人格教育』6호, 한국인격교육학회
최재목, 2012.4,「王陽明 良知論에서 '靈明'의 意味」,『陽明學』31호, 한국양명학회
이종흔, 2012,「왕양명 良知와 致良知의 도덕교육적 함의」,『윤리교육연구』27호, 한국윤리교육학회
박종덕, 2012.4,「자연과 자득 : 지행합일론에 주는 시사」,『도덕교육연구』24호, 한국도덕교육학회
김진무, 2012.4,「'知行論'을 통해 본 禪, 陽明學, 四象醫學의 人間論」,『선학』31, 한국선학회
선병삼, 2012,「주자와 왕양명의 체용론 비교 연구」,『동양철학』37호, 한국동양철학회
최재목, 2012.4,「「心学」の東アジア的展開=「심학」의 동아시아적 전개」,『일본

문화연구』 42, 동아시아일본학회

이주강, 2012.6, 「소크라테스와 왕양명의 지행합일설에 관한 연구」, 『원불교사상과 종교문화』 52호, 원광대학교 원불교사상연구원

김영건, 2012.8, 「공감적 영성의 발견과 인간 및 자연과의 관계 회복 : 왕양명의 심학을 중심으로」, 『陽明學』 32호, 한국양명학회

이천일, 2012.8, 「양명학에서의 兒童觀 고찰」, 『陽明學』 32호, 한국양명학회

윤용남, 2012.8, 「陽明 哲學의 意義와 그 批判」, 『陽明學』 32호, 한국양명학회

최재목, 2012.8, 「咸錫憲과 陽明學 : 「한 사람」: 王陽明, 大學問」을 중심으로」, 『陽明學』 32호, 한국양명학회

김우형, 2012, 「양지(良知)와 지성적인 덕: 모종삼(牟宗三) 철학의 덕 인식론적 전망」, 『中國學報』 66, 한국중국학회

이우진, 2012, 「지행합일, 자연성과 도덕성의 융합」, 『儒學研究』, 27집, 충남대 유학연구소

선병삼, 2012, 「왕양명 정신의 양면적 특성 이해; 양명은 道德君子인가? 狂者인가?」, 『儒學研究』, 27집, 충남대 유학연구소

임홍태, 2012, 「왕양명의 주륙관 연구」, 『동방학』, 23, 한서대학교 동양고전연구소

조남호, 2012, 「모종삼의 양명학 연구에 관한 비판적 검토」, 『철학논집』, 29호, 서강대 철학연구소

최재목, 2012.12, 「양명학을 통해서 읽는 세상과의 '어울림' : 天地萬物一體無間, 여성성, 섬세의 정신의 재음미」, 『陽明學』 33호, 한국양명학회

선병삼, 2012.12, 「주자와 왕양명의 동정론」, 『陽明學』 33호, 한국양명학회

이난수, 2012.12, 「K-Pop의 '感興'과 양명 심학, 그 마음의 역동성」, 『陽明學』 33호, 한국양명학회

장성모, 2013.4, 「지행합일과 도덕교육」, 『도덕교육연구』 25(1), 한국도덕교육학회

정갑임, 2013.4, 「왕양명의 '良知'와 게슈탈트 치료의 '알아차림(awareness)' 비교연구」, 『陽明學』 34, 한국양명학회

김영건, 2013, 「양지의 자가 치유 메커니즘」, 『東洋哲學研究』, 73집, 동양철학연구회

이우진, 2013, 「"치유학"으로서의 양명학」, 『東洋哲學研究』, 75집, 동양철학연구회

이천일, 2013, 「치양지 관점에서 본 왕양명 아동교육론 고찰」, 『한국교육사학』, 35(4), 한국교육사학회
김기현, 2013, 「주자학의 즉물궁리(卽物窮理) 관점에서 본 양명학의 사상마련(事上磨鍊)」, 『孔子學』 24호, 한국공자학회
선병삼, 2013.8, 「陽明學 이해를 위한 토대적 연구 : 『王陽明全集』의 편찬 과정 및 비평적 문헌 이해」, 『간재학논총』 16집, 간재학회
이은선, 2013.8, 「왕양명의 '良知'와 함석헌의 '씨올', 생물권정치학 시대를 위한 존재사건」, 『陽明學』 35호, 한국양명학회
정갑임, 2013.8, 「자기 치유를 위한 정체성 : 브라이언 베이컨의 <자기관리 리더십>과 왕양명의 『大學』에 대한 해석 비교연구」, 『陽明學』 35호, 한국양명학회
박종덕, 2013.8, 「지행의 괴리와 지행의 합일 : 도덕교육의 근본문제」, 『도덕교육연구』 25(2), 한국도덕교육학회
김연재, 2013.12, 「經權說에서 본 왕양명의 리더십과 經世觀 : 明德과 親民의 통일성을 중심으로」, 『陽明學』 36호, 한국양명학회
김방룡, 2014, 「보조지눌(普照知訥)의 공적영지(空寂靈知)와 왕양명(王陽明)의 양지(良知)의 비교연구」, 『동서철학연구』 71집, 한국동서철학회
박종식, 2014, 「칸트의 관점에서 본 왕양명과 불교의 인간관」, 『哲學硏究』 131집, 대한철학회
박종식・정해왕, 2014.4, 「王陽明과 Kant의 도덕철학 비교 연구」, 『철학논총』 76, 새한철학회
정은해, 2014.4, 「양명의 수양론의 명상론적 의미」, 『陽明學』 37호, 한국양명학회
서강휘, 2014.4, 「朱熹와 王陽明의 本領工夫論」, 『陽明學』 37호, 한국양명학회
박길수, 2014.8, 「왕양명 철학에서 도덕 감정과 즐거움의 문제 : 왕양명 심체(心體) 사상에 대한 도덕 심리학적 고찰」, 『陽明學』 38호, 한국양명학회
정갑임, 2014.8, 「왕양명의 '만물일체'의 관점에서 '가족' 돌아보기」, 『陽明學』 38호, 한국양명학회
이은선, 2014, 「21세기 포스트모던 영성과 큰 배움(大學), 큰 공동체(大同社會)」, 『신학과철학』 24호, 서강대 신학연구소

장윤수, 2014, 「氣學과 心學의 횡단적 소통구조에 관한 연구」, 『哲學硏究』 130집, 대한철학회

김세서리아, 2014, 「왕양명 철학에서의 감정 이해와 그 윤리적 함의」, 『儒學硏究』 30집, 충남대 유학연구소

선병삼, 2014, 「사구교(四句敎), 왕수인 최후의 공안(公案) 연구를 위한 기본 이해 3가지」, 『孔子學』 26

임홍태, 2014, 「만물일체설을 통해 본 왕양명의 원융무애 정신」, 『동양문화연구』 18, 영산대학교 동양문화연구원

홍성민, 2014.3, 「朱子正心論의 繼承과 變容 — 朱子·王陽明·王船山의 正心論에 대한 비교를 중심으로」, 『대동철학』 66집, 대동철학회

김준승, 2015, 「왕양명 사상에 나타난 인간의 잠재력」, 『東洋哲學硏究』, 82집, 동양철학연구회

최재목, 2015, 「元曉와 王陽明의 사상적 문제의식과 그 유사성」, 『한국불교사연구』, 6, 한국불교사상연구소

박춘수, 2015, 「宋明理學者의 敬畏와 灑落에 대한 이해」, 『동양예술』 29호, 한국동양예술학회

정갑임, 2015.4, 「생명, 아이의 마음[童心], 그리고 놀이 : 왕양명의 치유철학과 게슈탈트 치료의 만남」, 『陽明學』 40호, 한국양명학회

권오향, 2015.7, 「양명철학에서 良知의 體用觀 : 주자의 理와 비교하여」, 『철학논총』 81, 새한철학회

이우진, 2015.8, 「신유학의 아동교육(1) : 주자와 왕양명을 중심으로」, 『陽明學』 41호, 한국양명학회

김혜수, 2015.8, 「왕양명 양지설의 장횡거 기론적 해석 : 장횡거 기론의 양명학적 전개와 변용」, 『陽明學』 41호, 한국양명학회

황갑연, 2015.12, 「양명의 주자철학 비판의 適否에 관한 고찰 : 『전습록』을 근거로」, 『범한철학』 79, 범한철학회

양선진, 2015.12, 「육체와 정신의 동서 철학적 관점의 비교 : 왕양명과 베르그손을 중심으로」, 『陽明學』 43호, 한국양명학회

김준승, 2015.12, 「왕양명 아동교육관의 지행합일 : 루돌프 슈타이너의 발도르프

교육과 비교해서」, 『陽明學』 43호, 한국양명학회
정갑임, 2015, 「자연(自然)과 치유 -왕양명의 철학과 프릿츠 펄스의 게슈탈트 치료 비교연구-」, 『한국게슈탈트상담연구』 5권 1호, 한국게슈탈트상담심리학회
김우성 · 김영희, 2015.12, 「왕양명의 '지행합일(知行合一)' 論이 교정상담에 갖는 함의」, 『교정담론』 9권 3호, 아시아교정포럼
김세서리아, 2015, 「王陽明哲學的身體隱喩與溝通的象徵性」, 『儒教文化研究(中文版』 24, 성균관대학교 유교문화연구소
이우진, 2016, 「왕양명의 『오경억설(五經臆說)』 연구」, 『東洋哲學研究』 86, 동양철학연구회
이우진, 2016, 「왕양명 심즉리(心卽理)와 그 도덕교육적 의미」, 『동서철학연구』 80, 한국동서철학회
최재목, 2016.2, 「양명학(陽明學)과 공공성(公共性)」, 『儒學研究』 34집, 충남대 유학연구소
朱晓蓉, 2016.4, 「王阳明的"格物"观和他的"居夷诗"创作」, 『중국인문과학』 62, 중국인문학회
양선진, 2016.4, 「왕수인 심즉리의 현상학적 의미」, 『陽明學』 43호, 한국양명학회
양선진, 2016.5, 「왕양명의 생명존재론 -왕양명의 자연과 생명에 대한 이해-」, 『儒學研究』 35집, 충남대 유학연구소
이우진, 2016.8, 「왕양명의 사회교육사상-「남감향약」을 중심으로-」, 『儒學研究』 36집, 충남대 유학연구소
方俊吉, 2016.8, 「王陽明「致良知」說, 對當前青少年教育之重要性」, 『儒學研究』 36집, 충남대 유학연구소
정빈나, 2016, 「왕수인(王守仁)과 대진(戴震)의 중화론(中和論) 비교 연구 - 양자의 내적 차이와 외적 공통점에 관한 사상사적 고찰 -」, 『철학논집』 44권, 서강대학교 철학연구소
신현승, 2016, 「신유학(新儒學)의 대동사상(大同思想)과 인(仁)의 공동체」,『동아시아문화연구』 66, 한양대학교 동아시아문화연구
김혜수, 2016.8, 「양명학 윤리설의 기본형태 및 구조에 관한 고찰」, 『陽明學』 44

호, 한국양명학회
조지선, 2016.12, 「양명학의 인성교육적 함의」, 『陽明學』 45호, 한국양명학회
최재목・장귀용, 2016.12, 「『陽明先生遺言錄』에 나타난 왕양명의 사상」, 『陽明學』 45호, 한국양명학회
양선진, 2016.12, 「양명학을 통해 본 인공지능(AI)시대의 과학기술윤리」, 『陽明學』 45호, 한국양명학회
陸永勝, 2016.12, 「王阳明龙冈书院讲学考论」, 『陽明學』 45호, 한국양명학회
蔡家和, 2016.12, 「探析心學人性論之現代意義」, 『陽明學』 45호, 한국양명학회
양선진, 2016, 「공간적 사고에서 시간적 사고로의 전환 - 왕양명과 베르그손의 사상을 중심으로 -」, 『東洋哲學』 48, 한국동양철학회
선병삼, 2016, 「양명심학의 3대 강령」, 『東洋古典研究』 62, 동양고전학회
손성은, 2016, 「한국 청소년 심리치료에 유용한 양명학 원리」, 『의철학연구』 22, 한국의철학회
양선진, 2016, 「행복심리학의 비판적 해석- 베르그손과 왕양명을 중심으로」, 『哲學研究』 140집, 대한철학회
최재목, 2017.2, 「동아시아 양명학 연구의 새 지평에 대한 모색」, 『儒學研究』 38집, 충남대 유학연구소
한정길, 2017.4, 「王守仁의 경세사상」, 陽明學』 46호, 한국양명학회
박성호, 2017.8, 「왕양명의 無와 善惡의 개념에 대한 一考」, 『陽明學』 47호, 한국양명학회
이승철, 2017.8, 「양명의 인간 본성과 본성의 사회적 실현에 관한 교육적 이해 」, 『陽明學』 47호, 한국양명학회
정갑임, 2017.8, 「왕양명철학에서 몸의 의미」, 『陽明學』 47호, 한국양명학회
권영화, 2017, 「후설의 현상학과 양명철학에서 심의 지향성」, 『東洋哲學研究,』 90집, 東洋哲學研究會
선병삼, 2017, 「양명학의 도통론 연구」, 『退溪學論集』 20호, 嶺南退溪學研究院
김민재, 2017, 「양명학의 윤리상담에 대한 시사점 고찰 - 왕수인을 중심으로 -」, 『윤리교육연구』 44, 한국윤리교육학회
김민재, 2017, 「왕수인이 제시한 마음공부의 도덕교육적 해석」, 『哲學論叢』 90,

새한철학회
郭 坦, 2017.2, 「王陽明“四句教”淺析」, 『儒教文化研究(中文版)』 Vol. 27, 성균관대학교 유교문화연구소
Wu Zhen, 2017.2, On the Notion of “Unifying Ren 仁” in Wang Yangming's Thoughts on Ren, 『儒教文化研究(中文版)』 Vol. 27, 성균관대학교 유교문화연구소
양선진, 2017, 「지성중심의 사고를 넘어선 철학상담의 가능성 모색 - 왕양명과 베르그손 사상의 유사성을 중심으로 -」, 『동서철학연구』 85호, 한국동서철학회
이상훈, 2017, 「왕양명(王陽明) 성기성물(成己成物) 공부(工夫)의 함의(涵義)」, 『동서철학연구』 85호, 한국동서철학회
이화진, 2017, 「왕양명 心觀에서 본 舞者가 갖추어야 될 心境」, 『인문과 예술』 4호, 인문예술연구소
선병삼, 2017, 「왕양명 치양지 공부론을 어떻게 이해할 것인가? - 주자의 성본체론과 대비하여」, 『東洋哲學』 48, 한국동양철학회
양선진, 2017, 「왕양명과 베르그손의 철학 상담과 인성교육」, 『汎韓哲學』 86, 범한철학회
이승철, 2017, 「양명의 인간형성론에 관한 교육목적론적 이해」, 『道德教育研究』 29, 한국도덕교육학회
박평선, 2017, 「王陽明의 聖學論과 그 現代的 意味」, 『유교사상문화연구』 70, 한국유교학회
한정길, 2017.11, 「근대 이후 한국의 양명학 연구」, 『한국학연구』 47집, 인하대학교 한국학연구소
박병진, 2017, 「양명(陽明) 철학(哲學)의 생태(生態) 윤리적(倫理的) 함의(含意)」, 『孔子學』 33, 한국공자학회
양선진, 2018, 「왕양명과 생명윤리와 전인적 인간관」, 『철학과 문화』 38, 한국외국어대학교 철학과문화연구소
김미영, 2018, 「王陽明의 心學 이론으로 본 한국전통춤의 私欲과 天理體認」, 『무용역사기록학』 48, 무용역사기록학회

임홍태, 2018.4, 「왕수인과 손응오의 四書觀 비교 연구 -「傳習錄」과 「四書近語」를 중심으로-」, 『陽明學』 49호, 한국양명학회

박성호, 2018.5, 「제4차 산업혁명시대의 인류정신혁명과 양명사상」, 『儒學硏究』 43집, 충남대학교 유학연구소

조지선, 2018.5, 「4차 산업시대의 공동체와 양명학의 활용가치」, 『儒學硏究』 43집, 충남대학교 유학연구소

이천일, 2018.8, 『왕양명 교육론의 교육원리 고찰』, 『陽明學』 50호, 한국양명학회

陸永勝, 2018.8, 『心·经·学 - 王陽明經學觀硏究』, 『陽明學』 50호, 한국양명학회

박성호, 2018, 「왕양명 지행론의 중층적 의미구조에 대한 일고」, 『원불교사상과 종교문화』 77, 원광대학교 원불교사상연구원

전상모, 2018.8, 「양명 심학의 미학적 이해」, 『儒學硏究』 44집, 충남대학교 유학연구소

전상모, 2018, 「왕양명의 '狂者' 정신과 그 자득 경지」, 『동양예술』 40, 한국동양예술학회

김세정, 2018.11, 「제4차 산업혁명시대, 돌봄과 공생의 양명학」, 『儒學硏究』 45집, 충남대학교 유학연구소

김덕균, 2018.11, 「양명학의 시대정신 - 최근 언론에 보도된 한국사회의 문제를 중심으로」, 『儒學硏究』 45집, 충남대학교 유학연구소

고재석, 2018.12, 「양명 만물일체의 구조와 의미에 대한 연구」, 『陽明學』 51호, 한국양명학회

김세정, 2018.12, 「양명심학을 통해 본 돌봄과 치유의 효 인성교육」, 『陽明學』 51호, 한국양명학회

李紅軍, 2018.12 「从西方现代实践哲学视角观王阳明"知行合一"的本质和意义」, 『陽明學』 51호, 한국양명학회

안태모, 2018, 「양명의 본체와 공부에 관한 연구」, 『철학 · 사상 · 문화』 27, 동국대학교 동서사상연구소

선병삼, 2018, 「양명심학과 명대 정치문화」, 『유교사상문화연구』 74, 한국유교학회

장지훈, 2018, 「서예, 그 心身合一의 미학」, 『동양예술』 40, 한국동양예술학회

김용재, 2019.1,「傳統儒家와 王陽明의 '實踐' 중심의 教育觀 – 反主知主義 성향을 중심으로 –」,『溫知論叢』 58, 온지학회

이천일, 2019.3,「왕양명 독서교육론 고찰」,『陽明學』 52호, 한국양명학회

권영화, 2019.3,「왕양명의 양지와 베르그손의 직관에 대한 유사성에 관한 연구」,『동서철학연구』 91, 한국동서철학회

황진수, 2019.5,「동서양 심성론의 측면에서 본 왕양명의 양지(良知)의 자족성(自足性)에 대한 고찰」,『儒學研究』 47집, 충남대학교 유학연구소

문성호, 2019.5,「주자(朱子)와 양명(陽明)의 '지(知)와 행(行)'에 관한 2019년 "윤리와 사상" 교과서의 정확성」,『교육과정평가연구』 22권-2호, 한국교육과정평가원

최재목, 2019.6,「왕양명의 초상과 폐병, 그리고 측달지심(惻怛之心)의 관련성 시론(試論)」,『퇴계학논집』 24호, 영남퇴계학연구원

양선진, 2019.6,「네트워크 존재론의 시대- 왕양명과 메를로-뽕띠를 중심으로 -」,『퇴계학논집』 24호, 영남퇴계학연구원

윤경숙, 2019.6,「양명 심학(心學)의 관점에서 바라본 인간관계 이해」,『인문사회 21』 10권-3호, 사단법인 아시아문화학술원

선병삼, 2019.7,「왕양명 심즉리설을 어떻게 이해할 것인가?」,『東洋哲學』 51집, 한국동양철학회

정갑임, 2019.8,「왕양명의 심학(心學)과 공감」,『儒學研究』 48집, 충남대학교 유학연구소

찾아보기

ㅈ

ㅊ

ㅋ

ㅌ

ㅍ

ㅎ